避暑山庄湖区鸟瞰图

清人绘乾隆皇帝在万树园赐宴蒙古等少数民族王公贵族和文武百官图

清人绘避暑山庄和外八庙全图

仿西藏三摩耶庙（桑耶寺）建造的普宁寺主体建筑大乘之阁

普乐寺（俗称“圆亭子”）

仿札什伦布寺建造须弥福寿之庙（俗称“班禅行宫”）

仿布达拉宫建造的普陀宗乘之庙

普陀宗乘之庙的五塔白台

清朝塞外皇都

——承德避暑山庄与外八庙研究

张羽新 张双智 著

學苑出版社

图书在版编目（CIP）数据

清朝塞外皇都 ：承德避暑山庄和外八庙研究 / 张羽新，张双智著．—北京 ：学苑出版社，2013.8

ISBN 978-7-5077-4344-9

Ⅰ．①清… Ⅱ．①张… ②张… Ⅲ．①承德避暑山庄－文集②外八庙－文集 Ⅳ．① K928.7-53

中国版本图书馆 CIP 数据核字（2013）第 190496 号

出 版 人：孟 白
责任编辑：洪文雄 何纯谱
封面设计：徐道会
出版发行：学苑出版社
社　　址：北京市丰台区南方庄 2 号院 1 号楼
邮政编码：100079
网　　址：www.book001.com
电子信箱：xueyuan@public.bta.net.cn
销售电话：010-67675512 67678944 67601101（邮购）
经　　销：新华书店
印 刷 厂：河北省三河市灵山红旗印刷厂
开本尺寸：710×1000 1/16
印　　张：41.25
字　　数：680 千字
版　　次：2013 年 9 月北京第 1 版
印　　次：2013 年 9 月第 1 次印刷
定　　价：360.00 元（精装）

目　录

因缘际遇话山庄（代序）

将多年来有关避暑山庄和外八庙的文稿结集出版，这是在许多友人提示、鼓励下形成的想法。有些在文物部门工作的友人，闲谈中说起，我的一些文章，对于避暑山庄和外八庙的整修开放，曾起到过很大的促进和推动作用。现在，国家又拨巨款对避暑山庄和外八庙进行大规模保护维修，改革开放形势很好，发展很快，研究工作也取得了很大成绩，正在进一步深入，很想把那些文章找来参考。近些年的好找，但有些是三四十年前的，很难找；也有几位友人茶余饭后谈天说地，对岁月的流失感慨万千（这大概是许多老年人的通病），都说应该进行人生总结了。谈到这里，有些惭愧。几十年来，只做了两件事：一是促成避暑山庄和外八庙的整修、开放（这是承德改革、开放的引擎）；二是编纂了总计近3亿字的西藏和新疆的相关文献史料。当然，为了维持全家生活，也要做其他一些事。但，能够向家庭、向师友、向社会"报账"的，主要就是这两项，且都与避暑山庄和外八庙密切相关，所以整理一下有关文稿也是应该的。

也许上帝让我来到人间，就是为了干这两件事吧。它使我耗尽了毕生心血，尝尽了人生苦辣酸甜，领略了世间风雨波澜，我想这是命中注定吧！因为天老爷安排我属马，早在一百多年前，一生坎坷、命运多舛的刘鹗就预先给我算过命，并在《老残游记·自序》中清清楚楚写下来："马与牛，终岁勤苦，食不过刍秣，与鞭策相终始，可谓辛苦矣"，"而际遇之顺逆不与焉"。吃草受鞭打，是命运中注定，而际遇顺逆，则取决于时与会（"时与会"是乾隆皇帝在一篇文章中说的。用现代语言来解释，大概就是时势与机遇，也即社会环境与个人因缘际遇——所谓时来运转，命该如此之类）。我一生的荣辱沉浮、际遇顺逆，似乎都与避暑山庄密切关联，这大概就是佛家所说的"因缘"吧。

先从结缘谈起

1961年11月，我从河北文化学院图书博物馆系毕业，分配到承德市。当时已是初冬，从平原（校址在保定市）来到塞外，穿上所有御寒棉衣，都要缩脖子抱紧双肩，第一次感受到了什么是“寒风刺骨”的滋味。偶尔闲步街头，看到的是临街商店大门紧闭（后来了解到，是因为风大，不便开门），行人屈指可数。经常听到的顺口溜是“一条马路一座楼，一个警察一个猴”。所谓一条马路，是说作为主要街道的南营子大街有一条窄窄的柏油马路，这条唯一的马路是承德市区别于农村的地标；地委招待处一座楼，则是这座塞外山城的唯一标志性现代建筑；作为市区中心的火神庙，时常可见一个值班交警，这是全市唯一可见的警察；避暑山庄月色江声半岛的东部戒得堂遗址上，建有一个小动物园，铁笼里禁闭一只无精打采的小猴，是全园的主要景观。这些，都令我和一起来工作的同学心中产生了一种被流放的感觉，自嘲被幽禁于十万大山之中。

工作单位名“避暑山庄博物馆”（即避暑山庄正宫区），是一个有7重宫院、7名馆员的宫廷博物馆，门票5分。当时，我是一个熬过半年多才满20周岁的青年，食欲旺盛，每月粮食定量27斤，肚中空虚，走路只能像老翁慢步挪动。为了糊弄经常咕咕乱叫的肚子，每人在院子里都种了点玉米、西红柿等，这不仅不影响观览，还能增加一点生活情趣。因为每天的观众和看馆人员差不多，过于寂寞。后来听说家庭条件好、社会关系硬的同学，差不多都分配到省直机关或比较富裕的中原城市，偶尔谈到这些，我们几个同时报到的同学更加重了对命运的感叹。但我并不感觉难过，也没有怨言。因为，当时因难以填饱肚皮而浮肿、病倒的很多。要设法维持生命，不能多想乱动，更不能谈什么理想、事业；再说，总算有“皇粮”可吃，比起农村很多吃不上饭的人要好多了，这叫做“比上不足，比下有余”；此外，就家庭和个人条件而言，难与人比，这样安排，已经很不错了，也算是青少年时代奋力追求的梦想实现了——

我生在农村，兄弟姐妹6人，家中太穷，全靠父母在生产合作社（人民公社前身）劳动挣点口粮，养几只鸡，用鸡蛋换油盐酱醋补贴家用。一直念到小学3年级，我们男孩春、夏都是穿小短裤上课。记得3年级末，老师要求每人买本《学生小字典》，只需5角钱，家中实在交不出，我哭闹了两三天，把家长惹火了，要我退学。也许是命吧，我在行别营区（当时县下设区）全区小学生会考中，以1分之差名列第二（我村小学第一名），获奖一盒铅笔、两个练习本。班主任当然很高兴，听说我要退学，跑到家中好几趟做说服工作，并答应让我跳级，直接升入5年级，算是奖励，也为家庭减轻1年学费负担，同时，安排我和另外两个同学合买一个字典，轮流看。问题总算解决了。因为这是关系我命运转折的一件大事，所以虽然过去了60多年，还能清楚地记得，经常怀念那位白白胖胖的女老师。同时，自己也设法挣点钱，减轻家庭负担。没有别的办法，主要是拣“知了（蝉）皮”（可入药，中药名为“蝉蜕”）换钱。有两种办法：一是用马尾丝拴个活套，捆在树枝做成的长竿上，套爬在树上的“知了”；还一种办法是雨天从地下拣或挖活的幼蝉，去肉把皮晒干。好在当时农村树多、水池多（蝉性喜湿，雨后池边特多）。每个暑假拣的“知了皮”一般能卖一两元，运气好的话，可卖三四元。很多同学都是靠这种办法解决课本、铅笔和练习本的费用（当时不收学杂费）。这样总算坚持读完了小学。

考上河间中学（曾名河北三中，全省重点中学之一），学费又成了难题。学校规定，学生每月伙食费8元，我因家庭困难，学校每月补助5元。个人应当交纳的3元，又成了家庭最大难题。好在天无绝人之路。当时还允许一些人做小生意，爷爷驾着木轮手推车赶集串村卖布。每到星期日，我都到集市为爷爷看货车，挣几角钱，如果生意好，有时能给1元多（当时，爷爷孙辈、我的堂兄弟10余人，都很穷，如果不用这种方式，而是公开为我交纳学费，就容易闹矛盾）。也许是命中注定吧，读到初三，爷爷腿脚受风寒不能赶集串村了，我的3元伙食费也就没有了来源。所以，继续念高中根本不可能了。大概又是命运安排吧，大跃进的1958年，教育也是大跃进，各种中专、大专如雨后春笋，蓬勃兴起，只要报考，就能录取。我选择了管吃住、免学费、学制又短的河北文化学院（招生简章规定学制2年，入学后改为3年）。这样，既减免了家庭负担，也想自己早些毕业，挣点钱养活自己。入学时正是大跃进的热潮，所以半年多的“课程”是大炼钢铁。热潮变冷之后，是盖校舍（因为学校是大跃进产物，校舍严重缺乏）。大约过了一年多，到了1960年，社会上的“低指标、瓜菜代”开始侵入学校，已经没力气盖楼了，就到处寻找能吃的树叶、野菜。当时昼思夜想的是尽快离开学校，走上社会。

——正是有了这些因缘，当拿到第一个月32元工资的时候，激动了好几天。莫名其妙的流放感，也就渐渐淡化了。后来我想，这大概就是所谓的缘分吧！假如家庭和个人条件好一点，避暑山庄的工作环境优越一点，假如……那，我和避暑山庄也就无缘了。我的人生道路，大概是另外一个样子，我的人生履历就要改写。

1964年春，我的人生道路出现了大转折——应征服兵役（按古代文人的说法，就是“投笔从戎”了）。征兵领队军官多次找我面谈（这是应征者极为难得的礼遇）表示，你的条件很好，入伍后很快就会被提拔为军官，比你现在的工资高多了（最低的军官是少尉，月薪62元，比我当时转正后38元的工资差不多快高出1倍了），而且家庭也会受到照顾。虽然避暑山庄是那样的冷漠萧疏，但真的要离开它（或许一辈子再不能见到它），却“别是一般滋味在心头”，甚至到军营以后的半年左右，还不时会梦到那里的宫殿和往事（人与人，人与物，人与事，都会日久生情——这也是佛家所说的因缘吧）。军营里的许多老领导，对我确实很照顾，甚至偏爱，也想帮我尽快解决提干（军官）问题。但多次政审调查，都说我来到人世之前即已离家出走的一位伯父在台湾，因而提干也就成了镜花水月。苦闷彷徨中，命运之神暗中指引我读到杜甫小诗：“天时人事日相催，冬去阳生春又来。”这位诗圣似乎早在千多年以前就预知我的心事，谶语释怀。“心有灵犀一点通”。既然冬去春来、人事代谢是上天安排，万事不由人，何必自寻烦恼。1968年秋，我脱却军装换便装。当时，复员转业人员最向往的部门是党政、财政、税务、粮食等“油水”大的部门。当然，这需要有过硬的社会关系，而这正是我所缺。所以，离开将近5年，我又回到了避暑山庄。冥冥之中的命运之神，牢牢掌握着我的人生轨迹，不许偏离半步。

复员后有长时间休假，到单位上班差不多就是1968年岁末了。那时，“文革”大规模的武斗和打派仗似乎转入了低潮，人们都感觉累了，厌倦了。我没有参加过单位打派仗，日子过得倒很闲适。这样过了三四年，文化好像开始复苏。国家文物主管部门——国务院图博口（国家文物局前身。为行文方便，以下统称“国家文物局”）的领导和专家、由“五·七”干校返城的学者、教授等，陆陆续续来到避暑山庄和外八庙参观。年富力强而又闲得难受的我（经过几年恶斗的社会，虽然还没有醒来，但已筋疲力尽，近于瘫痪地喘息着，人心茫然，无所事事——这大概是物极必反的规律；年轻人不怕累只怕闲，这是另一个普遍规律），陪同参观，自然是一种乐事，耳濡目染，不知不觉中，我可以把避暑山庄和外八庙与清朝历史联系起来，与康熙、乾隆皇帝联系起来，年轻人的好奇心、求知欲被激活，我开始从资料室找来一些旧书（谢天谢地，博物馆属国家保护单位，没遭受“破四旧”摧残），反复阅读。至今仍然记得的是《东华录》（节本）、《圣武记》（残本），还有日本人稻叶君山的《清朝全史》。为了消磨时间，开始记笔记、抄书。

读的多了，抄的多了，自然而然地形成了一些想法。1974 年春天，我把读书笔记整理成万余字的长文，斗胆寄给了复刊不久的《文物》杂志。出乎意料，它竟然引起了国家文物局领导的高度重视。王冶秋局长，以及沈竹、陈滋德、谢辰生、罗哲文等领导和专家都给予高度关注。文物出版社（《文物》月刊主办单位）的社长高履芳、总编金冲及和副总编杨瑾等还对这篇稿子进行了专门研究，并指定专人审改，以《我国统一多民族国家巩固和发展的历史见证》为题，很快以笔名（黎工）在《文物》（1974 年第 12 期）发表。

在这过程中，承德市的领导袁振、翟向东，以及市文物局局长白坪和许许多多的领导、同事都给予了大力支持，没有他们的指导和帮助，我个人不可能有什么作为的。无奈由于篇幅所限，难以一一志谢。

我在文中首次提出的，避暑山庄和外八庙“是我国统一多民族国家巩固和发展的历史见证”、“清代第二政治中心”的基本观点，得到领导机关和学术界的认同。国家文物局以此作为历史理论根据，与河北省革委会，联合上报国务院批准（国务院的批复认同上述基本论点），启动了避暑山庄和外八庙整修规划，承德市成立了全国第一个地（市）级文物局，负责具体贯彻落实。这对于我，当然是极大的鼓励与鞭策。之后，又一鼓作气，接连在报刊发了十几篇文章（遗憾的是有些没有找到，所以未能编入这部文集）。这使我逐步认识到，只有从中华民族发展进步的大历史角度，才能正确揭示避暑山庄和外八庙的政治历史价值。在以 1840 年鸦片战争为开始的、西方侵略势力大规模入侵前夜，清朝彻底统一全国，奠定了近代中国版图，这在中华民族发展史上，具有重要的、划时代的里程碑意义。外八庙是清朝统一新疆、西藏的纪功碑，也是其民族宗教政策的“昭示碑”。从艺术角度来说，避暑山庄是用“移天缩地入君怀”的造园手法，摹写秀丽的江南水乡和壮美的塞北草原、森林，使之化为园林胜景。而其外围的外八庙，则是浓墨重彩的围屏，拱卫着大江南北美好江山，两者交相辉映，相得益彰，宛如天造地设镶嵌在神州大地上的“万里江山一统图”。总之，避暑山庄和外八庙是我国统一多民族国家巩固和发展的历史见证，也是清朝大一统①的壮丽历史画卷。避暑山庄和外八庙就这样注入了我的灵魂深处。

但是，却也因此招来一场无妄之灾。其实，早在两千多年前的哲人老子、庄子等就警示人们：祸福相倚、祸福同门。只是我等俗人，未能参透天机，难免遭难。1977 年，神州大地迎来了“文革”十年动乱结束后的第一个春天。但，春风不度古北关，承德仍旧风雪交加倒春寒——继续批“封资修”。我发表的几篇文章，被改制成“吹捧康熙、乾隆等帝王将相”、“为封建统治阶级歌功颂德”两顶高帽，遭受公开批判，并因此失去了 108 天人身自由（好心人提醒我：你少不更事，鼓吹避暑山庄外八庙整修、开放，触犯了山神土地的既得利益，以后不要再干这种傻事）。好在公道自在人心。承德的父老乡亲有着宽广仁厚的胸怀，许多在台上口念批判稿的人，台下无人处跟我长时间握手，以深情、炽热的目光热情鼓励。还有很多同志，不畏风险，帮我解决了不少生活困难。对此，我至今铭记于心。以此之故，虽遭此难，我仍将承德作为第二故乡，反而加深了对避暑山庄的感情。（后来，市委、市政府正式颁发文件给我平反，并颁发荣誉证书，褒奖我对保护和宣传避暑山庄和外八庙、促进承德改革开放作出的突出贡献。虽然公平正义姗姗来迟，但毕竟说明了社会的文明进步。）

1978 年，恢复高考，招收“文革”后第一批研究生。经过反复考虑，为改变一下工作、生活环境，征得家庭同意，我决定报考中国人民大学清史研究所研究生班。也许是听说过我的遭遇，知识分子油然而生的同病相怜心理吧，戴逸、罗明老师录取了我（这也是我与避暑山庄因缘演变的一种结果，如果我不是因避暑山庄而学习清史，当然也不会与清史所结缘）。这件事，在小小的山城承德还曾经引起了小小的轰动。清史所各位老师温文尔雅，人际关系良好，学风严谨，使我受益终生。当时我和爱人的工资，合计 70 多元，一家 5 口，两地生活，由于孩子太小，我每个月必须回承德家中买煤、买柴、买粮（这些生活必需品，当时都是限量的，必须按月购买），来回火车票要花去十几元，这是一笔相当沉重的负担。再加上孩子的学费和我在京生活费等必不可少的开支，生活有时到了难以

① 《公羊传·隐公元年》：“何言乎王正月？大一统也。”陈立义疏引《汉书·王阳传》：“春秋所以大一统者，六合同风，九州共贯也。”义为天下诸侯统一于周天子。后世因称封建王朝统一全国为“大一统”。

为继的地步（有一次，我曾经怀揣2角钱坚持一个多星期）。曾经好几次产生退学的想法。如果不是各位老师的大力支持、帮助，我无论如何是坚持不到毕业的。1981年，研究生毕业，留京工作，这是决定后半生的重大转折。真的要离开工作、生活了近20年的避暑山庄，实在流连难舍，但又不得不听从命运之神的安排，五味杂陈，两位古人诗句悄然涌上心头："黯然销魂者，唯别而已矣。"（江淹：《别赋》）；"别绪静愔愔，牵愁暗入心。"（韩偓：《别绪》）个中滋味确实难以言说。于是，写诗三首在《承德群众报》发表（见附录），表达惜别之情，也权代告别辞。

毕业留京，在国家文物局机关文山会海中讨生活（这大概也是因为我有关避暑山庄文章结的缘）。"长安米贵"，自古皆然。从山沟里钻出来的青年，孤身闯京城要拼尽全力，苦苦挣扎。只要能站住脚，能生存，什么都干。为此，没完没了地开会、处理繁杂政务。

苍天不负苦命人。全家迁京得以团聚，完成了对家庭应负的基本责任。期间虽然也发表过一些学术论文、出版了《避暑山庄的造园艺术》、《清政府与喇嘛教》、《清代前期西部边政史论》、《清代四大活佛》等几部书，但这和我处理过的会议文件和各种公文相比较，只不过是几块河卵石和一座山头的对比。

也许是命运之神见我奔波劳苦太可怜，冥冥之中又对我做了另外安排。临近耳顺之年，望见工作码头之时，由于书生气十足，不懂官场潜规则，为保护国家财产，阻挡了某些人的财路，遭到宵小暗算，被以"莫须有"的罪名打翻在地，并遭到黑恶势力的威胁恐吓。好在毕竟世上好人多，许多不畏强权的正义人士，勇施援手，救我于劫难（他们的名字我将铭记终生）。在这人生的又一个转折关头，四顾茫然时，与避暑山庄和外八庙的不解之缘，暗中指引"柳暗花明又一村"。由于多年研究清代最大的皇家喇嘛庙群——外八庙，我对清代西藏问题有了基本了解，所以转到中国藏学研究中心专门从事研究。从此，摆脱俗务，一身轻松，避开官场、市场的喧闹，专心致志在故纸堆里挖掘久被尘封的历史，与古人做笔谈。我真心诚意感谢命运之神的厚爱，使我找到了"人生桃花源"。与避暑山庄和外八庙的因缘转化为激情，康熙、乾隆似乎也在暗中助力，五六年间，在中国藏学出版社总编的岗位上，主编了《现代中国藏学文库》等一系列丛书（退休后主编易人），同时，也发表了一批藏学研究论文。其中，《驻藏大臣政治地位和职权的历史考察》一文，被美国柯尔比科学文化信息中心评选为世纪优秀论文，在国际互联网的信息网站作介绍。又出版藏学著作两种，总计近200万字：《清朝治藏典章研究》（114万余字）、《清代治藏要论》（38万字）。这样，觉得把浪费了多年的时间又找了回来，聊可以此自我安慰。

离开工作岗位之后，可以自由支配时间了，我将从避暑山庄工作时就开始搜集、几十年来积累的有关清代新疆和西藏的史料进行了整理，出版了几套边疆民族史料：《清朝治藏法规汇编》、《中国西藏及甘青川滇藏区方志汇编》、《民国藏事史料汇编》、《唐宋元明清藏事史料汇编》，这四种，共同组成《中国藏学汉文历史文献集成》，总计约2亿字，被学术界誉为一个专题史料库，新华社多次发通稿，向国内外介绍，几十家国内外媒体和报刊都有评价，谬加赞誉。另外，还整理主编了《清代治理新疆方略汇编》、《关帝文化集成》、《清朝安边治国民族立法文献汇编》、《中国古代吏治文化文献集成》等几部史料集，合计也近亿字。许多报刊、媒体都作了评介，产生了一定的社会影响，引起了社会各界的广泛注意。这些，都是避暑山庄和外八庙历史紧密关联的。虽然经历事兴谤随的种种波折磨难，毕竟苍天不负苦心人，差可聊以自慰。

当我考虑好友建议，拟将有关避暑山庄和外八庙的文章结集出版时，犹豫了很长时间：这些文稿时间跨度30余年，文风很不一致。有的重在分析论述，有的旨在考证，立意各有不同，集在一起，有些类似拼盘，更重要的是，这些文稿写作和编辑加工时，不可避免地受当时社会思潮的影响，留下时代的烙印。所以用现在的观点重新审视，有些稚嫩或隔代之感。这些，当然是读者可以理解的，但我总觉得有些不安。原拟重新改写一遍，但深感力不从心。正在为难之时，有的学者建议说：没有那种必要，原汁原味真面目示人，远比化妆美容更能赢得读者青睐，这和做人是同样道理。我觉得这是应该接受的忠告，又考虑到我生活道路的每次重大转折、荣辱沉浮，以及所有的学术论著，都与避暑山庄和外八庙有关，此中因缘不可思议（至于际遇顺逆，世人评说，在所不计），于是接受了这个建议。

好在命运之神，又在冥冥之中给予了帮助：幼子双智获得历史学博士学位之后，有时间帮助我对文稿进行整理、校补，减轻了我的大量事务性劳动；他撰写的几篇关于乾隆和藏传佛教的文章，事涉避暑山庄和外八庙，可补我之缺，故附于相关篇目之后；有关西藏和新疆的藏事史料汇编，以及关帝和古代吏治文化文献汇编，都是我们共同主编的。本书收录的有关文章也是两人合写的（目录篇名后注明“合撰”）。另外，找到了十来篇读史随笔，也与避暑山庄有些关系，故附于书末。这也是因缘——因避暑山庄而结缘。

附此说明的是，学苑出版社社长兼总编孟白先生、责编洪文雄先生十余年来大力支持与帮助——策划选题、指点迷津，筹措经费，雕琢文稿，倾注了大量心血。字以亿计、册以百计的《中国藏学汉文历史文献集成》得以面世，并走出国门，他们是幕后推手。这将永远留在历史的记忆中。

不少人出书喜欢请名家作序，以为镀金，借以提高身价。这不符合我的性格，于是拉拉杂杂写了这些话，权代序言。

张羽新

2013 年元旦

附录：承德风景三题

棒槌山

又名“磬槌峰”，冠于承德市东群山之巅。郦道元《水经注》名其为“石梃”，称“孤石云举，临崖危峻，高可百余仞。”

霞为衣裳云作衫，
孤石危耸万山巅。
狂风暴雨经多少，
不媚不折拄蓝天。

热河泉

在避暑山庄内，平流汩汩，清澈可鉴，为热河源之一。每当寒冬早晨，热气蒸腾，蔚为奇观。

汩汩平流不求闻，
但将温暖济世人。
冰天雪地显德色，
独争塞外一片春。

武烈河

热河又名“武烈河”，始见于《水经注》，发源于塞外群山之间，于承德市东南注入滦河，东流入海。

细流淙琤穿万山，
涓滴不弃成巨川。
百阻千折不回头，
东奔大海化波澜。

（原载《承德群众报》1981年8月13日）

避暑山庄的造园艺术

一、引　言

我国的古典园林，在历史上曾大放异彩，并以其崇高的艺术成就和独特风格驰誉世界。避暑山庄则是我国古典园林中一颗璀璨夺目的明珠。由于有了避暑山庄，承德这座塞外山城，才成为我国的历史文化名城和著名风景区。

北宋以前，古典园林之花盛开在中原地区。南宋以后，则以江南最为发达。到了清代，园林的中心转移到了北方，并且以帝王苑囿为突出代表，而其中的佼佼者，是北京的圆明园和承德的避暑山庄。由于圆明园在1860年被英法联军野蛮焚毁，避暑山庄就更加显得珍贵，更为举世瞩目了。

避暑山庄占地560万平方米（约8400市亩），周长20华里，比圆明园要大，是颐和园的三倍，是我国现存古典园林中规模最大的一个。它荟萃了我国古典园林的艺术成就，把南方园林的秀丽和北方园林的雄浑熔于一炉，创造了一种独特的艺术风格。

全园的地理形势错综复杂：西部山区，峰岭如浪涛奔涌，地势很高；东部，北为较开阔的平地，中为池沼，南为土阜，很有些像祖国地理的模拟沙盘。造园家巧妙地利用园林手法，把不同民族居住地区的自然风貌和具有代表性的建筑，组织在一个宏伟的艺术空间，从而使她成为清代前期统一多民族国家的艺术象征。

山庄的园林景观，极为绚烂多彩：殿阁楼台，桥亭轩榭，琳琅满目；山林草原，湖泉瀑布，兼而有之；万木峥嵘，百花吐艳，灿若图画；白鹤翔空，麋鹿漫游，极富自然野趣。比起北京清代皇家的三山五园以及金元以来的内外三海，在强调园林的自然美方面，山庄都更胜一筹。它是我国古典园林的一个里程碑，堪称我国古典园林的代表作和集大成者。

山庄的园林艺术成就，在清代就已经在世界上声誉鹊起。18 世纪，朝鲜著名的学者朴趾源和他的高足柳得恭，都曾以精彩的文笔，描绘了山庄的迷人风景，赞叹她的崇高艺术成就。

乾隆五十八年（1793），英国第一个使华团——马嘎尔尼率领的使节团，游览了山庄之后，曾为之倾倒。在使节团副使斯当冬写的《英使谒见乾隆纪实》中，曾经这样记述了他们的观感：

在游览中，一行人发觉到，在全园中包括天南地北截然不同的地段，有的地方生长着北方的耐寒橡树，也有的地方生长了南方的娇嫩花草。在大块平地上，用大块石头堆成各种景致点缀风景。整个花园既有天然的雄浑气概，又有秀丽的人工创造。

游人既能参观动物形态又能欣赏飞鸟鸣声。园内饲养了许多种食草动物和飞鸟，但没有凶猛的野兽苑囿。澄清的水池中有各色巨大的金鱼，池底垫的是小块玛瑙、碧玉和其他宝石。

整个园中没有沙石走道，没有成簇的林木（这不确切）。他们尽量使这个花园具有一种天然风景，除非为了交通和其他的方便，不用人工加以改造。园内的自然产物似乎天造地设地使它生长在那里点缀风趣。而人的加工部分，看上去，似乎没有使用工具，而只是人的双手创造。

此处没有一般描写中国御花园里的那种雅致和美丽。在这点上，北京附近的圆明园同热河的御花园（即避暑山庄）大不相同。夸大一点，可以说，一处的太过正好补其他一处的不足。

这大体上说明了避暑山庄造园艺术的一般特点。但是，这些记述对于我们今天了解这座历史名园的造园艺术，显然是差得太远，太远了。在我国的历史文献和现代人的著述中，概略的介绍山庄园林艺术成就的有一些，但科学的、全面的分析研究的论著，则属凤毛麟角。为此，想在这方面做些拾遗补缺的工作，并祈望能起到抛砖引玉的作用。

研究避暑山庄造园艺术的意义，是否可以从以下几个方面理解？

首先，可以从一个侧面帮助我们了解和研究清代前期的历史。园林是历史的产物，反映着一定时代的历史特点。避暑山庄是清王朝投入了大量的人力、物力，苦心经营了将近一个世纪才建成的大型皇家苑囿，清朝皇帝每年约有半年的时间住在这里，接见少数民族王公贵族和进行其他政治活动。因此，这座塞外园林，在清代前期，实际上起到了第二个政治中心的作用。山庄的盛衰，是与清王朝的盛衰紧密联系在一起的。李格非

《题〈洛阳名园记〉后》说："洛阳之盛衰者，天下治乱之候也……园圃之兴废，洛阳盛衰之候也。且天下之治乱，候于洛阳之盛衰。而知洛阳之盛衰，候于园圃之兴废而得。"这是深刻的历史经验总结，对避暑山庄也应如是观。它的兴衰，是清王朝盛衰的一面镜子和具体实物见证。

其次，通过山庄这个园林实例，可以使我们更加深刻了解我国的园林艺术传统，加深爱国主义感情，同时得到美的享受。

园林是建筑、文学、绘画等的综合艺术，也是一个国家和民族政治、经济、文化的综合产物，体现着一个国家和民族的历史特点与文化传统。

造园又是一个物质生产和艺术创作的过程。实现这一过程的是千千万万人民群众，包括工程专家、艺术专家、工匠和普通劳动者等。无论什么社会，也无论什么人占有的园林，都是人民群众智慧和血汗的结晶。园林艺术的光辉成就，凝结着他们的天才和创造能力。

研究避暑山庄的造园艺术，可以使我们通过一个园林实例，了解我国古典园林艺术的一般特点和艺术规律，特别是清代帝王苑囿的艺术特点，更加深刻地了解我们民族的优秀文化传统和古代人民的创造才能，更加热爱祖国中华传统文化。

很多人都有这样的体验：感觉到的东西，不一定能够理解它，只有理解了的东西，才能更深刻地感觉它。通过研究避暑山庄的造园艺术，可以使我们在游览这座历史名园时，能更深刻地了解、认识她，得到更多美的享受，更加热爱大自然，热爱祖国的大好河山。

再次，为保护、整修避暑山庄提供一些必要的参考资料，为建设社会主义新园林提供历史借鉴。

避暑山庄在历史上曾遭到严重的摧残和破坏，园林面貌有了很大改变。随着我国文化事业和旅游事业的发展，保护和整修这座历史名园，就成为越来越紧迫的任务了。党和国家对此事非常重视，为此拨了巨款。但由于历史的破坏、文献资料的缺乏，要完成这一任务殊非易事，这需要社会各方面的通力合作。从实际工作的角度来说，要保护、整修好这座大型的历史名园，首先必须掌握历史的、科学的根据。笔者在避暑山庄工作十余年期间，根据实地勘察的材料和尽可能搜集到的文献资料连缀成篇，希望能为山庄的保护和整修，提供一些有用的资料。

园林风景是我国珍贵的文化艺术遗产和旅游资源。保护和建设园林风景是社会主义建设的一个重要方面，是建设现代化城市的一个重要标志，也是社会精神文明的一种表现，许多经济发达的国家，对此都非常重视。随着现代工业和城市的发展，园林对改造环境、造福人类的重要作用越来越显示出来了。它可以调节气候，净化空气，防风防尘，降低噪音，美化人们劳动、工作、学习和生活的环境，丰富人们的精神文化生活，增进身体健康。同时，它还可以促进旅游事业的发展，为经济建设积累资金。

可以预期，随着社会主义建设事业的发展和人民生活水平的不断提高，必将有越来越多的新园林，出现在全国各地的城市中。这就要求我们要认真研究、继承我国优秀的园林艺术遗产，发扬民族的优良传统，同时吸收外国的园林艺术成就，才能创造出具有我国人民喜闻乐见的民族形式，和具有社会主义内容的园林艺术新风格。研究和了解避暑山庄的造园艺术，可以为这项工作提供一些历史的借鉴。

二、盛期概貌

我们研究避暑山庄的造园艺术，是以它的现状为基础的，否则读者会有隔雾看花之叹；同时，又是以它的兴盛时期为依据的，因为盛期最能代表它的全貌和所达到的艺术水平，否则就难免有管中窥豹之憾。

我们说的盛期，是指经过乾隆时期的改造和扩建后的山庄鼎盛时期。但是，我们现在看到的避暑山庄，是经过历史的破坏之后的面貌，园林风景有了很大改观，因此，有必要勾勒一下它的盛期概貌。

为了叙述的方便和便于理解，我们还是以现状为线索，这样游人可以按图索骥。对于已经毁坏的风景和建筑，我们可以利用实地调查的资料和文献材料，把它在头脑中“复原”起来。这样，我们就会全局在胸，便于进行比较。

山庄现存城墙20华里，基本上是原貌。据《热河志》的记载，清制为十六里三分。南面有三门：正中“丽正门”、东“德汇门”、西“碧峰门”；东面有“流杯亭”门；东北有“惠迪吉”门；西北有“小西北门”。另有“小南门”、“仓门”、“瓮城门”等专用门。除“惠迪吉”外，其余各门还都存在。

如果按照园林的功能区分，整个山在可以分成宫殿区和苑景区两大部分。宫殿区是清帝处理政务和日常居住的地方，苑景区是清帝游玩赏景和进行其他活动的地方。

宫殿区

宫殿区位于全国的南部，由“正宫”、“松鹤斋”、“万壑松风”、“东宫”等宫殿式建筑群组成。

正宫：

丽正门，也是正宫一组建筑的大门。门洞三间，上覆城楼。门额上刻有乾隆用满、藏、汉、维、蒙五种文字题写的“丽正门”。两侧安置石狮一对，雄浑威猛，虎气凌人。前有石条铺地的小型广场。广场两侧各有用汉、满、蒙、藏四种文字题刻“官员人等至此下马”的制碑一通，名“下马碑”，前有高大的红照壁与外界空间分隔。

门内东西相对的内外朝房各十间，原为中央六部“值庐”。遇有“大典”，各少数民族王公贵族及文武大臣都在这里等候皇帝的传唤。

再内，有一区四合院式建筑，即山庄正殿“澹泊敬诚”所在。门殿三间，称“避暑山庄门”，因悬康熙题“避暑山庄”匾而得名。门前列置铜狮一对，姿态威猛，颇带山林野气。门洞两侧的墙壁上，刻有乾隆手书律诗四首。院内面南大殿，面阔七间，康熙题名“澹泊敬诚”。清帝正式接见文武官员和各少数民族王公贵族以及外国使节，举行“万寿盛典”（皇帝过生日）时接受官员的朝拜，都在这里举行。殿内原贮《古今图书集成》一部，挂有《皇舆全图》（即当时全国大地图）及许多诗联、画屏。地为花斑石铺砌而成。整个建筑为楠木结构，故俗称“楠木殿”，每当夏雨连绵，殿内散发着浓郁的楠木香气。左右各有配殿五间，东配殿原悬乾隆所题“宝筏喻”匾（取李白“宝筏渡迷津”诗意），是佛堂；西配殿用途无考。院内行列栽植古松四十二株，衬托出一派幽静的山居气息。东南、西南两角各有方亭一座，为举行“大典”时奏乐之所。

“澹泊敬诚”两侧有回廊与后殿相交通。后殿五间，康熙题名“依清旷”，乾隆改题“四知书屋”（“四知”是从《易经》上“知柔、知刚、知微、知彰”演化来的，指封建统治的权术）。清帝在这里个别接见少数民族王公贵族，六世班禅就曾在这里受到乾隆的接见。西间原有乾隆撰文的《土尔扈特全部归顺记》云母字炕屏，显示着清帝在这里进行政治活动的一些特色。

“四知书屋”后，有一排显得很冗长的平房，共十九间，名“万岁照房”，是放置皇帝出巡时用的仪仗和衣冠之类东西的库房。它把整个正宫区分成两部分，此前为“前朝”部分，此后即为“后寝”部分。

十九间房后，有门殿三间，两侧有低矮的耳房相连。内有高大的殿堂五间，康熙题名“烟波致爽”，是为皇帝的寝宫。嘉庆（颙琰）、咸丰（奕詝）就死在这里。西间为皇帝寝室，西次间为佛堂。中堂设宝座。寝宫两侧各有一区小院落，均为前后三间的格局。名东所、西所，为后妃居处。咸丰时，慈安住东所，慈禧住西所。历史上有名的“祺祥政变”，即是慈禧等人在西所策划的。

寝宫后有二层楼一座，康熙题名“云山胜地”。中秋佳节时，清帝与后妃常于楼下赏月。楼前有假山一座，循级可达第二层。登楼北眺，湖光山色可以一览尽收。《热河志》上说：“八窗洞达，俯瞰群峰，夕霭朝岚，顷刻变化，不可名状。”现在登楼，仍有同感。楼两侧各有建筑七间与楼相连接。

楼后为“岫云门”，是正宫一组建筑的后门，开门可见“望鹿亭”和“驯鹿坡”。当年这里麋鹿漫游，西北群山如画，一派山林景象。出门即是湖区风景的西路，那已属苑景区了。

松鹤斋：

正宫东面，有一组布局与正宫相似的建筑，是乾隆为他母亲居住而建的，名为松鹤斋，取松鹤延年的意思。

门殿与避暑山庄门并列，内有殿七间，名“含晖堂”。两侧原有回廊，与后面相通，又有殿七间，乾隆题名“松鹤斋”，惜已无存。

松鹤斋后有一排十七间平房，与正宫“万岁照房”相似。再后为“继德堂”，是乾隆五十五年（1790）建造的七间殿堂建筑，也是山庄最晚的一所建筑，现在基址尚存。最后为“畅远楼”，与云山胜地形制相同。楼后有垂花门一座，可通“万壑松风”。

万壑松风：

松鹤斋北一组建筑，据岗临湖，建筑布局灵活多变，不求对称，颇具江南园林手法。主体建筑为“万壑松风”殿。殿面阔五间，进深二间，与一般殿堂南向的规矩相反，面北向湖，有石级可达湖岸。开门北眺，湖光山色尽收眼底。康熙时常于此殿批阅奏章、引见官吏。乾隆时改名“纪恩堂”，并写有《纪恩堂记》一文，记述了他于康熙六十一年（1722），十一岁时第一次来避暑山庄在此殿随侍康熙的情形。

殿南有房三间，乾隆题名“鉴始斋”，是乾隆第一次随康熙到避暑山庄时读书的地方。两侧配置单层建筑十余间，都有回廊相连通。建筑周围多植古松、巨槐，如影盖幢幢，颇为清幽雅致。

东宫：

在松鹤斋东面地势低下之处，德汇门内，有一片平地，现在古建基址尚存，这就是俗称为“东宫”的一组建筑。根据古建基址，结合文献资料，我们可以大体描绘一下它当年的面貌：

入德汇门，距离不过数丈，有七间门殿，布局显得有些拥挤，其左右各有井亭一座。内为四合方形院落，与门殿相对为面阔十一间的殿堂，文献称为前殿，左右配殿与门殿相连接。前殿后有进深三间的三层楼，有游廊与后面的“清音阁”（俗名‘大戏楼’）相连，阁为三层建筑，是清帝接见少数民族王公及外国使节时演戏的地方。两旁有重层长廊与北面的“福寿园”（殿五间，皇帝观戏之所）相通，中间形成天井。再北，有殿五间，名为“勤政殿”，为清帝处理日常政务之所。左右各有配殿五间。殿之北，临湖岸有一敞亭式建筑，乾隆曾题名“卷阿胜境”（现已修复）。清帝接见少数民族王公贵族时，常于此举行便宴，坐览湖区风景。

苑景区

湖区、平原区、山区共同组成了苑景区，是园林风景的主要所在。

湖区：

在宫殿区以北、平原区以南，山区以东，其东毗连宫墙。原有水面约八百亩，现存约五百亩。洲、岛、桥、堤将湖岸分割成形状不同、大小各异的池沼十来个，分别称为银湖、下湖、上湖、如意湖、澄湖、镜湖、长湖、西湖（已不存）等。每当夏日，荷花吐艳，湖面犹如大花圃，许多殿、阁、楼、亭掩映于青杨绿柳之中，组成一幅幅美丽的图画。风清水静，白云、蓝天、桥、亭、山、树，倒映水中，自是水中图画。而当彩云徐渡或细雨飘洒之时，湖光变幻，另是一番景象。

湖区风景，可分中、东、西三路。

中路：主要包括“环碧”、“如意洲”、“烟雨楼”等处。

由万壑松风北，循石级而达湖岸，原有一小亭，名“碧亭”，可以坐览湖光山色。

东过万壑松风桥，有堤“逶迤曲折，径分三枝，列大小洲三，形若芝英、若云朵、复若如意”，因名“芝径云堤”。据记载，是仿西湖苏堤建造的。今天漫游堤上，仍有“苑若苏堤游”的感觉。

堤东通“月色江声”。堤北向稍西，有一岛，称为“环碧”。原有正殿及东西配殿各三间（现已修复），回廊环绕，掩映于绿柳之中。现残存石券门一座，上刻“拥翠”二字。岛北端有“采菱渡”草亭一座，每当新菱出水，漂荡于荷花绿盖之间，清帝与后妃常于此驾舟采菱。

过环碧，沿长堤北行，过土丘，可突见一洲，因形似如意而命名。濒如意湖岸，有一方亭，名为“观莲所”。其北有一四合院式建筑，名为“金莲映日”。当年，这里金莲匝地，有如满地黄金。

“金莲映日”东，有三重院落，第一重“无暑清凉”，殿五间；第二重“延薰山馆”，殿七间，东西各有配殿；最后一重为“水芳岩秀”，殿十五间，乾隆改题“乐寿堂”。

又东，有二层楼一所，名“一片云”，清帝宴赏少数民族王公贵族时看戏的地方。

再东，庙宇一座，名“般若相”。前殿题额“法林寺”，后殿题额“般若相”。

其东濒湖岸，原有“清晖亭”，“亭角出柳荫中，有清旷绝尘之趣”，可以坐览金山亭一带风景。

“金莲映日”之西，原有“云帆月舫”，仿船形为室，上覆重楼，如舵楼，登临眺望，“宛如驾轻舟、浮明月”。

“金莲映日”西北，濒澄湖岸，原有阁一所，名“西岭晨霞”，可西眺群山。

“金莲映日”之北，有建筑一区，有回廊与“水芳岩秀”相连通，名“沧浪屿”。其布局以水池为中心，前建殿三间，后为假山，“峭壁直下，有千仞之势”，现已修复，大体近于原貌。洲北端临湖岸，原有“澄波叠翠”亭，可以眺望湖内景色。

如意洲北，澄湖碧波中，有一孤岛，名“青莲岛”。岛上仿浙江嘉兴“烟雨楼”，建二层楼一座，乾隆亦题名“烟雨楼”。楼东有“青杨书屋”，为清帝读书之所。屋南北各有亭一座。楼西有对山斋。斋前假山突兀，循石级而上，“有亭翼然”，即名“翼亭”，可以纵览湖光山色。

东路：由“卷阿胜境”往北稍偏东，有重檐亭三座，名“水心榭”，坐落于石砌驳岸堤上，将下湖和银湖分隔开来。原来南北各有牌坊一座。

由亭向东望，可见银湖中假山突兀，那就是“文园狮子林”遗址了。

原来是仿姑苏狮子林建造的，有十六景：狮子林、虹桥、假山、纳景室、清闷阁、藤架、蹬道、占峰亭、清淑斋、小香幢、探真书屋、延景楼、画舫、云林石室、横碧轩、水门。它自成一区，可谓“园中园”（现已修复）。

过水心榭沿下湖东岸往北、左边有一组四周环水的建筑，康熙题名“月色江声”。经过新中国成立后的维修整理，它比较完整地显现了原来面貌。南濒下湖岸边，有门殿五间，原悬康熙题“月色江声”匾。其西方亭一座，名“冷香亭”，可以坐览湖景。过门殿而北，为“静寄山房”，面阔七间。其西各有单层建筑三间。北有“莹心堂”，面阔七间。“莹心堂”后为一四合院，名“湖山罨画”，院内有假山藤架。东北湖岸有鱼矶。

“月色江声”东，临镜湖，原有建筑一区，康熙题名“清舒山馆”。正殿三间，康熙题名“承庆堂”，原为康熙前期所立太子胤礽的住所。后来废弃太子，改为读书之处。乾隆改题“烟霞澄鲜”。西南隅别殿一所，名“萝月松风”。东北有台，名“畅远”，可以登高远眺。

清舒山馆东北隔湖与一岛相望，现基址尚存，原为“戒得堂”所在。堂为五间，南向，其后庑题名“镜香亭”。堂北有楼，名“向月楼”。楼东有“群玉亭”。亭南有轩，额题“含古”。再南为“来薰书屋”、“佳荫室”。另有斋三间，俯临流水，因名“面水斋”。

戒得堂西北，隔湖与“汇万总春之庙”相望，现亦仅存遗址。原有正殿五间，左右配殿各三间，为供四季花神之处，俗有花神庙之称。庙旁有书房一处，额题“华敷坞”。东有高楼，名“峻秀楼”。

汇万总春之庙与月色江声之间略北，为新所，现存殿堂五间，余无考。

新所之北，隔水与“金山”相望。岛兀立澄湖中，因仿镇江金山寺，岛亦以“金山”名。岛上建正殿三间，康熙题“天宇咸畅”。殿后耸立三层建筑，文献上称为“上帝阁”（俗称金山亭）。一层匾题“皇穹永佑”，二层匾额“元武威灵”，三层悬“天高听卑”匾。登阁远眺，可极目所之。由“天宇咸畅”西循石级而下，建殿五间，西向临湖，康熙题名“镜水云岑”。外有曲廊，沿湖岸而弯曲，如半月形，因名“半月廊”。阁之北，湖岸有亭，名“芳洲”。

由金山逶迤曲折北行，即可达热河泉，是著名的热河源之一。湖水清澈，游鱼可数。北岸有石砌船坞。南岸古松耸立，原有“香远益清”殿五间。后殿三间，额题“紫浮稍”。西有“依绿斋”。另有“含澄景”亭。可以想见当年这一带荷花绚烂，清芳飘溢的美景。

西路：出岫云门，沿驯鹿坡而下，沿湖岸北行，湖光山色，步移景异。西部沿山建筑一区，名“芳园居”。清帝在避暑山庄的生活用品，大都在此保管、贮存，有“上用库”之称。它的东面，濒岸一亭，东临如意湖，因名“如意湖亭”。稍北行，巨石枕流，上置一亭，康熙题名“芳渚临流”（现已修复）。

其北有虹桥卧波，南北各有牌坊一座，分别题为“长虹饮练”、“双湖夹镜”，分隔如意湖与西湖。由于日军侵占时把西湖填平，桥曾泯灭无存。

桥东湖中有一岛，岛南与环碧隔湖遥遥相望，总名“临芳墅”。岛南端有殿五间，题名“知鱼矶”，隔湖即为采菱渡。它的后面，有殿五间，名“临芳墅”。旁有船坞，是乾隆时乘坐的游船“青雀舫”的停泊之所，俗称西船坞，惜已无存。

过长桥，沿西湖岸北行，约半里，原有建筑一区，康熙题名“远近泉声”。当年瀑布悬空，飞流琤鸣，荷花艳丽，风景极盛。“远近泉声”之东，有“聚香斋”，斋后“听瀑”亭，另有“招凉榭”。之南，有亭一所，康熙题名“石矶观鱼”，旁有平石，可坐以垂钓。可惜，现在只能从文献上考知其貌。

平原区：

在湖区以北。面积约千亩。澄湖北岸由西船坞至热河泉一带，建有“水流云在”、“濠濮间想”、“莺啭乔木”、“甫田丛樾”四亭，可以坐览湖光山色。

整个平原区，可以分为万树园、试马埭两部分。

万树园在平原区东部。当年，万木参天，珍禽戏鸣，一片森林景色。乾隆时期，常于此野宴蒙古王公贵族及其他少数民族首领，还曾在这里接见过英国使节马嘎尔尼。

万树园东南，临近热河泉附近，原有殿三间，乾隆题名“萍香泮”。临湖有轩五间，额题“花际霞峰”。后有亭，题名“巢翠”。总名之“春好轩”（现基本复原）。

万树园东部近宫墙处，原有“嘉树轩”三间。周围老树成林，蔽荫数十亩。往北原有“乐成阁”，登阁东望，宫墙外“近远山田一望迩”。与之相对，一塔巍然，即舍利塔，仿浙江杭州六和塔建造，故俗有六和塔之称。不过彼为木构，此为砖石建筑，且形稍瘦而已，至今仍屹然耸立。塔前原有“永佑寺”，曾供康熙至嘉庆几代皇帝的遗像，是清帝家庙。

舍利塔东北，于引武烈河水入园处置闸，上建阁，康熙题名“暖流暄波”。它的北面即为“惠迪吉”门，殿五间，前檐额题“澄观斋”，旁有平台，可以观赏风景，名为“宿云檐”，其后有亭，名“翠云岩”，现仅存遗迹。

万树园西，原为一片大草坪，乾隆时立石碣，题名“试马埭”。乾隆时，常于此举行赛马、摔跤等活动。

西部傍山，仿浙江范氏“天一阁”，建“文津阁”一所。阁为三层建筑，为遮蔽阳光，中间一层用大屋檐遮挡，从外观看，是二层建筑。阁前有水池，池前有假山，上置“趣亭”，亭东有“月台”。整个建筑布局与颐和园“谐趣园”、香山“见心斋”大体相似，都是以水池为中心，周围布置建筑。它与北京故宫“文渊阁”、圆明园之“文源阁”、沈阳故宫“文溯阁”，同为宫廷贮藏四库全书之所。清末，文津阁所藏“四库全书”一部运往北京，现存北京国家图书馆。

山区：

在全园西部，约占山庄总面积的百分之七十以上。山无奇峰峻岭，尽为缓坡，便于登游。原来泉水很多，深山泉响，细流成溪。惜遭破坏，泉水断绝，殊为憾事。原来建筑很多，也均遭破坏。新中国成立后，修复了“南山积雪”、“北枕双峰”、“四面云山”、“锤峰落照”四座高亭，余俱留遗址。

松云峡，山区最北的一条峡谷，有石砌“御路”，可达小西北门。谷中苍松密布，松涛振响，有关口锁于入口处。

入口处北山麓，有亭名“曲水荷香”，俯临半月湖。半山腰有泉，飞流直下，摩崖镌刻康熙所题“泉源石壁”四字。其西有“瞩朝霞”亭。

峰顶一亭耸立，康熙题“南山积雪”，与之相对峙，北峰一亭，康熙题“北枕双峰”。两亭之间的凹平之处，建筑一区，名“青枫绿屿”有前殿三间，额题“青枫绿屿”。后殿五间，题名“风泉满清听”。东配殿三间，题名“霞标”，西配殿四间，额书“吟红榭”。

青枫绿屿之西北山巅，有殿三间，名“斗姆阁”，前檐额题“慈荫天枢”。其北最高峰上，有亭“拔地倚天”，“飘飘有凌云之致”，即为“凌太虚”。亭下建殿五间，名“清溪远流”，西殿三间，额题“含粹斋”。

入松云峡西行，一谷北伸，有跨涧石桥三座，于深谷奥区，建筑一所，名“山近轩”，有门殿三间、正殿五间、西殿三间，名“清娱室”，东殿五间，名“养粹堂”。堂南有“延山楼”。西向面涧敞亭三间，曲廊环抱，为“簇奇廊”。东面山顶有亭，苍松掩映，题名“古松书屋”。

由“山近轩”过跨涧石桥，循石级而上，山顶有“广元官”，庙门南向，内有“仁育门”，门南有“馨德亭”，也名“灵昭长养”。东西各有山门一座。正殿五间，东西配殿各三间。庙外有享，名“古俱亭”。

广元宫之西，因岭筑屋，名“敞晴斋”。左有“青绮书屋”，右有“绘韵楼”。门外有石桥。

“敞晴斋”之西，小西北门内，依临宫墙处，别筑一区，正殿五间，题名“宜照斋”。右为“属霄楼”，左有“却炎榭”，树东有“就松堂”，其后为“积嘉亭”。此处为经小西北门去外八庙的临时休憩之所。

由小西北门折返，在南山麓有一谷通向山岭深处，沿谷而进，有经过修筑的山石形成自然阶梯。循石级而上，有“含青斋”。左有“挹秀书屋”，右为“松霞室”。整个建筑群与敞晴斋隔松云峡相望。

再溯涧而上，至山巅，有屋三间，额题“玉岑室”，右为“贮云檐”。山径旁置“涌玉”、“积翠”二亭。依山坡构屋三间，名“小沧浪”。总名为“玉岑精舍”。

“含青斋”之东，隔岭有深谷。溯谷而上，倚山构层，额题“碧静堂”，左为“松壑间楼”，右名“静赏室”。一楼跨涧飞架，即名“静练溪楼”。

顺松云峡继续下行，一谷南向，深谷奥区，有殿三间，额题“众香胜处”。旁有“天籁书屋”。山顶有小池，旁建“澹轩”亭。另有池水一潭，旁建“沧洲”亭。高楼依山，名“松云楼”。其东又有“澄霁楼”。更东山涧幽邃，建楼名“云润”。总名称之为“旃檀林”。

旃檀林东，于众山环抱处，建“水月庵”，山门外有石坊一座。正殿三间，供水月大士像，题额“普陀善现”。半山之中有屋，名“水心精舍”。攀小径而达山顶，有亭题为“放鹤亭”。

梨树峪，由松云峡而南，沿山麓，过文津阁，一条深谷插入群山，谷底铺有石砌御道，即为梨树峪。

峪口正对西湖，谷内溪流由此倾泻入湖。入口处，有关口封锁，名“旷观”。其北山坡有殿五间，名“云容水态”，为赏水景而建。其北有轩一所，题名“玉琴轩”，专听激流泉响。轩东有仿吴中著名风景“千尺雪”建筑一区，亦以“千尺雪”名。其后，依山构屋，名“宁静斋”。

进梨树峪，沿石砌御路而进，至谷深之半，依北山麓，建筑一区，康熙题名“梨花伴月”，以梨花胜景而名。建筑成阶梯形依山上叠。前殿五间，名“永恬居”，最上一层，殿五间，名“素尚斋”。

沿梨树峪继续深入，山径崎岖，一谷北向，于其尽处，依山建屋三间，题名“创得斋”。斋后有“夕佳楼”，前为“枕霞楼”。

梨树峪南侧，有松林峪斜入西南峰岭中。有泉自峪中流出，建筑多因此而构。于近峪口处，依山作亭，题名“澄泉绕石”。半山中构亭一座，名“观瀑”。再上一亭，题“瀑源”。攀援而至山顶，有“笠云亭”。由“观瀑”沿崎岖小径，数转幽曲，于山间构屋三间，题名“食蔗居”。左二间题为“小许庵”，右有“依翠”亭，东北有“松岩”亭。

梨树峪入口处之南，一峰耸立，有瀑布倾泻。山半腰构殿三间，额为“涌翠岩”，旁有高楼，名为“自在天”。由此而登攀，约至峰顶处，一楼耸立入云，名“绿云楼”。旁有屋三间，即“水映花承”，其前有殿三间，额题“水月精舍”。

于峰顶，建寺庙一座，名“珠源寺”。山门东向，石券拱门。门内为“天王殿”。殿后为佛阁，上额“宗镜阁”，下额“海藏持轮”，全部为铜件构成，据记载，用46万斤铜造成，制仿颐和园“铜亭”。阁后为大须弥山，最后一楼耸立，名“众香楼”。寺内所供佛像，同于一般喇嘛庙。

西峪，由珠源寺一带往南，转过山坡，过“芳园居”，至驯鹿坡下，一峪向西深入群山，即为西峪，俗称“西沟”。

人峪而西，约半里，依北山之麓，建筑一区，前殿五间，南向。康熙题名“松鹤清樾”，是康熙为其母居住所建。后殿名“静余轩”。

与之毗连，西边别有一区，前殿三间，康熙题“风泉清听”，其后为“秋澄斋”。

松鹤清樾之北山巅，构亭三间，即康熙三十六景之一的“锤峰落照”。

沿石砌御路西行，约里余，于山谷回抱处，古松成林，隐隐寺庙一所，即“碧峰寺”，山门东向，石券拱门。门内为天王殿，后即正殿，额题“法华宝殿”，左配殿名“松风”、右配殿名“水月”。后有藏经楼，额题“宗乘阁”。寺后有“味甘”书屋，右建“丛碧楼”。楼前有水池，池旁建“回溪亭”。

顺谷逶迤而西，至西峪尽处，稍折而北有“鹫云寺”。正殿三间，后有楼一幢。寺之北，依东山麓，建筑一区，名为“静含太古”。其西有“不遮山楼”，南有“趣亭”。与之隔涧相望，依北山麓，有“秀起堂”。堂下有“经畬书屋”，东北建“振藻楼”。

由秀起堂登山北上，山顶处有亭名“眺远”，再上而愈高，一峰耸出群山之上，上置亭，即“四面云山”。这里是山庄的制高点，登临极目，群山隐约于烟云之间，如波涛汹涌，万马奔腾，“各开生面，数百里外，如列屏障”。

西峪南侧，临近南部宫墙，有两处大的建筑群。一在碧峰门内，名“有真意轩”，殿三间。左有“空翠书楼”，右有“小有佳处”，后置“对画亭”。

在西峪入口处的南侧山麓近宫墙处建楼，北向，名“绮望楼”，其后有楼南向，名“坦坦荡荡”，为眺望园外街市风俗画之所。其东即内务府所在地。

三、建造避暑山庄的历史背景

园林的建造，既是一个艺术创作的过程，也是一个物质生产的过程，因而，它要受一定的世界观和美学思想的指导，也要受一定的物质条件的制约。所以，一座园林往往能反映出园主的思想、性格特点及其社会地位和经济状况。帝王园林是根据封建帝王的需要而建造的，因而最高封建统治者的统治思想，以及社会的政治、经济状况，必然会对园林的创造产生重要影响。所以，为了了解避暑山庄的造园艺术，我们有必要对当时的历史背景和社会条件，做一个概括的考察。

避暑山庄是从18世纪初开始，经历了将近一个世纪的漫长岁月才建造完成的。这是清代历史上一个重要的时期，无论政治、经济或其他各个方面，都有许多突出的特点。就其对避暑山庄的建造来说，影响较大的，有以下几点：

我国多民族国家空前统一和巩固

我国自古就是一个统一的多民族国家，在长期的历史发展过程中，各族人民政治、经济、文化上的联系，日益密切，形成了血肉般的统一体，各族人民都为祖国的发展和进步做出了贡献。

在这个历史基础上，18 世纪，我国的多民族国家呈现了空前统一和巩固的盛况——表现为清朝对全国统一的历史形式。

当时，统治全国的是清朝，主宰清朝统治机器的是康熙、雍正、乾隆三个皇帝。他们为了维护和巩固自己的统治地位，曾经进行了一系列的统一国家的活动。

康熙十二至二十年（1673—1681）清朝经过多次用兵，平定了割据西南地区的以吴三桂为首的“三藩之乱”，使国家避免了一次可能出现的分裂。

康熙二十二年（1683）清朝利用郑氏集团分裂的机会，统一了台湾。设置台湾府，隶属于福建省台湾厦门道。同时，派总兵和水师副将率兵一万名，分驻台湾和澎湖，这对于遏制西方殖民主义者对我国东南沿海的侵略，起了重要作用。

康熙二十四、二十五年（1685、1686）两次派兵反击入侵我国黑龙江流域雅克萨的沙俄侵略军，取得了重大胜利。康熙二十八年（1689）中俄签订了《尼布楚条约》，从法律上解决了中俄东段边界问题。后来，又于雍正五年（1727），与沙俄签订了《布连斯奇条约》，规定了中俄中段边界。这些，对于巩固祖国边疆、遏制外来侵略，有着重要意义。

康雍两朝曾多次对新疆准噶尔部少数上层割据势力作战，但没有彻底解决问题。乾隆继承两朝遗业，于乾隆二十年（1755）平定了达瓦齐，旋于二十二年（1757）平定了阿睦尔撒纳，彻底摧垮了准噶尔部上层分子的割据势力。又于乾隆二十四年（1759）肃清了南疆维吾尔族大小和卓的叛乱势力，从而彻底统一了新疆。乾隆二十七年（1762）设置伊犁将军，统辖新疆军政事务，所属大小官员一千二百余，派驻士兵三万余。设置卡伦（哨所），加强了西北边防。又实行屯田，开办矿业，兴建牧场，发展贸易，促进了新疆经济的发展。

西藏地方和清中央政权的关系加密切。顺治十年（1653）清朝册封五世达赖为“西天大善自在佛所领天下释教普通瓦赤喇怛喇达赖喇嘛”，康熙五十二年（1713）又法定了“班禅额尔德尼”的封号。乾隆五十三、五十六年（1788、1791）两次派兵入藏，打退了廓尔喀对西藏的侵略，保卫了西藏地方的安全。在这前后，清朝整顿、改革了西藏的行政管理制度，取消了封授郡王的制度，设噶伦四人，于“噶沙公所（即西藏地方政府），公同办事”，“遇有紧要事务，禀知达赖喇嘛与驻藏大臣，遵其指示而行”。乾隆五十八年（1793）清朝颁发了著名的《钦定西藏章程二十九条》，把西藏的各项行政管理制度用法律的形式固定下来，提高了驻藏大臣的职权，规定：“驻藏大臣督办藏内事务，应与达赖喇嘛、班禅额尔德尼平等，自噶布伦以下番目及管事喇嘛，分系属员，事无大小，均应禀命驻藏大臣办理。至札什伦布诸务，亦俱一体禀知驻藏大臣办理，仍于巡边之便，就近稽查管束。”实际上是由清朝任命的驻藏大臣统辖西藏地方的用人、行政、财政、军事、对外关系等大权。这些，把西藏地方和祖国其他地区以及中央政府的关系，推向了一个新阶段。

当时清朝疆域辽阔、版图稳定。东北至外兴安岭、乌第河和库页岛，北达恰克图，西北界巴尔喀什湖和葱岭，南辖南沙群岛、西沙群岛、海南岛，东有台湾及其附属岛屿钓鱼岛等。各民族、各地区空前牢固地统一在中央政权管理之下，各民族之间的经济、文化交流日益频繁和密切。

这些都启发了造园家的思想，开拓了他们的视野，并为园林创造提供了新的素材，使我国古代园林，第一次以整个多民族统一的国家为其表现内容。

封建经济的繁荣和发展

造园艺术不同于其他艺术（例如绘画、音乐、舞蹈、诗歌、小说、戏剧等）的重要特点之一，就是：它是以巨大的物质材料（例如砖瓦、木料、山石、树木、花卉、水等）为表现手段和艺术形式的。因而，比起其他艺术形式来，它需要更多、更广大的物质基础。在这个意义上说，园林的面貌如何，取决于园主的经济力量。所以，我们研究山庄的园林艺术，必须了解当时清朝的经济状况。

18 世纪正是清代封建经济发展和繁荣的时期，康雍乾三朝曾采取了一些恢复和发展生产的政策和措施，使明末清初遭到严重破坏的社会经济得到了恢复，并进一步有所发展，使封建经济呈现了繁荣的景象，历史上曾称为“康乾盛世”。

中央财政大大充裕。顺治时清朝的财政基本上是入不敷出，每年都有数十万两的亏空。康熙初年，仍未好转，因而平定“三藩之乱”时，不得不开捐助饷；至其晚年，情况初步好转，户部库存积至八百万两白银。雍正整顿财政，颇著成效，户部库存积至六千余万两。乾隆初年，因西北用兵，减至三千余万两。以后逐年好转，至乾隆三十七年（1772），户部库存达到七千八百余万两。清代著名史学家魏源曾称这个时期“为国藏之极盛”。

仓储增加。据《清实录》记载的清政府的仓储情况是：顺治十八年（1661）“米、豆、麦六百一十万七千五百五十八石有奇”；康熙十年（1671）“米、豆、麦六百二十一万四千九百一十石二斗有奇”；六十年（1721）“米、豆、麦六百九十万二千三百五十三石有奇”；雍正十二年（1734）“米、豆、麦四百七十九万三千八百二十八石有奇”；乾隆二十五年（1760）“各省通共存仓米、谷三千一百九十七万九千八百四十一石”，五十六年（1791）“各省通共存仓米、谷四千五百七十五万二千五百八十一石”。这反映了仓储增加的趋势是很快的，说明当时农业有了一个较快的发展。

矿业、手工业、商业也有较大的发展，突出的是矿业。全国各种矿的在采厂数，顺治时仅3处，康熙五十九年（1720）增加到70处，雍正十三年（1735）又增加到161处，乾隆四十八年（1783）猛增到313处。采矿几乎遍及全国，包括新疆等广大边疆地区。规模很大，云南年产两三万斤的铜矿屡见不鲜。产量很高，乾隆三十一年（1766）滇铜的年产量达到一千四百六十七万余斤。

人口大量增加。经济的发展，社会的安定，刺激了人口的增长，有人计算，由乾隆六年（1741）至乾隆五十八年（1793），五十二年时间里，平均人口的增长率为15.1%。据《清实录》记载，乾隆五十五年（1790）全国人口突破了三亿大关。大量的人口涌向了古北口外，康熙五十一年（1712）达到十万。康熙末年，玄烨咏承德的诗已有“聚民至万家”的句子，至乾隆时“不啻倍蓰”，更大量增加。

这些，都为建造山庄准备了充足的物质条件和提供了大量劳动力。

封建专制主义的高度发展和“因俗习为治”的民族政策

园林既然是根据园主的生活习惯和特殊需要而建造的，所以园主的思想、爱好等等，不能不对园林的布置产生重要影响。避暑山庄作为皇家园林，清朝统治阶级的统治思想，对于园林的面貌，就有着巨大的、甚至决定性的影响。这也是我们研究避暑山庄的造园艺术首先需要弄清的一个重要问题。我认为，这方面至少有两点值得注意。

其一，绝对君主专制主义和严格的等级观念。

中国历史上，封建专制制度的核心是君主专制，维护它的社会基础则是严格的等级制度。这在18世纪，发展到了顶峰。其主要标志是秉承皇帝意旨、总揽军政事务的军机处，成为中央政府的中枢。

清代为加强君主专制制度，不设宰相，以防造成君权的敌体。同时，又采取措施，限制、打击宦官和外戚的势力，消除可能影响君权的因素。但是，清初仍沿袭关外制度，设议政王大臣会议，参预重大问题的决策。上层皇族的政治势力还相当强大，有时甚至严重威胁着君权。康熙除鳌拜、雍正诛杀兄弟，演出了一幕幕皇权与上层皇族争夺最高统治权的惊心动魄的斗争。

从康熙到乾隆，又从制度上进行了一系列改革，以加强君权。康熙于十六年（1677）设立南书房，直接为皇帝起草谕旨和处理机密奏章；五十七年（1718），派皇子管理八旗事务，以削弱八旗旗主的权力。雍正元年（1723）更命八旗各派御史二员，稽察旗内一切事务，进一步限制八旗旗主权力。同时又将六科给事中改隶都察院，其职权仅是监察百官，原来的封驳之权被取消。雍正七年（1729）设立军机处，逐步取代了议政王大臣会议和内阁的权力。

乾隆继位之初，即于雍正十三年（1735）十月下令“停诸王兼管部院事”。乾隆二年（1737），撤销雍正遗命指定的总理事务王大臣，复设军机处。同时，在名单中排除了总理王大臣中的两个上层皇族，即庄亲王允禄、果亲王允礼，而只保留了鄂尔泰、张廷玉。以后更明令不准亲王在军机处行走。乾隆五十六年（1791）干脆连名义上的议政王大臣也取消了，上层皇族的实权完全被取消。军机处代理了议政王大臣会议的所有权力，成为政府的政治中枢。

但是，军机处只是秉承皇帝意旨办事的秘书机构，君权的附庸，没有任何决策权。“无论宦寺不得参，即承旨诸大臣亦只供传述缮撰，而不能稍有赞画于其间也”。这样就造成了绝对君权，使之可以不受任何阻碍而得以充分发挥。即如乾隆自已所说的“乾纲独揽”、“太阿在握、威柄不移”。

这对于清代的社会思想是有重大影响的，使君主至高无上的思想和等级观念得以大大膨胀。这反映在园林的设计思想上，就是极力突出君权，这在避暑山庄表现是很明显的。

为了维护封建君主的统治地位，防止劳动人民的武装反抗，园林的四周，布置了高大坚实的城墙，安置了许多军营哨卡，造成一种警跸森严的气氛。

园林的主要入口——丽正门，起造城楼，两旁列置石狮，设置下马碑和鹿栅，极力显示皇室的尊严和威势。

皇帝居处的宫殿，建筑于高阜之上，借以加强其威严气势，同时采取严格对称和封闭式的布局，其规模和体量，比起其他建筑来，都要崇宏高大。这些，都旨在显示皇权的至高无上。

其二，是多民族国家空前统一引起的统治阶级的思想观念上的变化。

首先是关于边疆概念的变化。清代以前的历代封建统治者，总是把自己的势力范围看作一个政治实体，而把其边缘视为边界。由于在长期的历史发展过程中，北方草原民族经常与中央政权处于对立的状态，所以历代以汉族为主体的封建中央政权，总是修筑长城，把“塞防”作为防边的基本政策，秦汉防备匈奴，唐宋防契丹，明朝防蒙古，都是如此。由于清朝对全国的空前统一，这种观念就起了根本性的变化，以防御外国的侵略，作为边防基本政策。康熙曾经说过：“我朝不设边防，以蒙古部落为屏藩”，就体现了这种观念上的根本变化。

其三，是对待少数民族政策上的变化。以前的历代中央政权，对于边疆地区的少数民族，尤其是北方的草原民族，其政策的基本点是“防”。到了清代，由于情况起了变化，其政策也就有了根本性的改变，基本点是“怀柔”，主要做法是“因俗习而治”，即利用少数民族的风俗习惯进行统治。

统治阶级思想观念上的这些变化，对园林产生了重大影响，这一点，无论从避暑山庄的活动内容、总体设计思想，还是风景构图、园林建筑等方面，都表现得非常明显。它有许多清帝接见少数民族王公的活动内容，并把许多边疆风景纳入园林的风景构图之中，在历史上第一次把边疆地区少数民族的建筑纳入园林，突出的是藏传佛教建筑，等等。

我国古代造园艺术和古代文化已经臻于成熟，这也是避暑山庄赖以产生的社会条件之一

园林艺术受本身传统的制约和影响。同时，它又是一种综合艺术，还受其他各种艺术形式，例如建筑、文学、绘画等的影响。我国的古代园林，尤其受山水画、山水诗的影响更为突出。

我国的古代园林，发展到18世纪，已经臻于成熟。其主要标志是：

已经形成了一种具有民族传统的独特的园林风格——以自然风景构图为主要特征的自然式园林。

造园的技术和艺术发展到了成熟阶段，例如：

建筑：适用于封建制度各种内容需要的园林建筑形式，都已齐备；封建社会生产力水平范围内可能生产的各种建筑材料，包括土、木、砖、石、陶瓷、琉璃等，都得到了广泛的应用；已经创造出了丰富多彩的美丽生动的园林建筑形象等。

假山：山石的产地、品种、质地等得到了广泛的认识和鉴别；假山叠石的技术和艺术，都发展到了很高的水平。

理水：随着对水的物理特性认识的不断深化，创造了一套理水法。充分调动水的动静曲折等性格。创造了各种水的艺术形式，如池沼、溪流、瀑布等，以及丰富的水景构图。

树木花卉：无论从品种的鉴别、认识，还是栽植技术、艺术构图方法等方面，都积累了一套成功的经验。

有了一套比较系统的造园理论，以明代计成所著《园冶》一书为代表。全书对于园林的艺术构图，相地择址，建筑配置以及建筑形式、方法，假山的叠造技术和艺术及山石的产地、品种，园林的借景等方面，都作了系统深刻的阐述，从而把我国古代的造园艺术，提高到了理论的高度。

此外，我国古代劳动人民曾经创造了璀璨瑰丽的文化。诗经、楚辞、汉赋、唐诗、宋词、元曲、明代传奇、明清的长篇小说……这些灿烂的硕果，使我国古代文化大放光芒。18世纪，与避暑山庄同时代的优秀古典小说《红楼梦》的出现，标志着中国古代文化已经达到了它的历史高峰。这些，从艺术创作的指导思想上或方法上，都给避暑山庄的造园艺术以巨大的影响。

这些就是避暑山庄建造的历史背景及其社会条件。

四、刻意经营近百年

避暑山庄是在18世纪初至18世纪末，将近百年的漫长历史过程中，经康熙、乾隆两朝的刻意经营，几经扩建和改造，才形成了现在的规模。研究它的建造经过，对我们了解它的造园艺术，有着重要的作用。

根据现有材料看，山庄是从康熙四十一年（1702）开始建造。至乾隆五十七年（1792）才全部完工的。经历了“热河上营行宫”、“热河行宫”、“避暑山庄”三个大的历史发展阶段。

关于“热河上营行宫”，我们现在看到的材料，只有汪灏写的《随銮纪恩》一文。康熙四十二年（1703）他随同康熙到古北口外木兰秋狝，看到古北口外已有八处行宫，“热河上营”是其中之一。根据汪灏的记述，古北口外二十里有两间房行宫，“此为塞外避暑第一处”；鞍子岭行宫，“是避暑第二处矣”；化渔沟（亦名桦榆沟），“为第三处避暑行宫”；喀喇河屯（今承德市滦河镇）行宫，是“皇上第四处避暑行宫也”；“七月十六日，驾发喀喇河屯，幸热河上营……又十里，千峰如削，一石如琵琶倒插山尖，一方石如盆盛之，土人呼为棒槌山，为易其名曰‘琵琶峰’。其地行宫为塞外第五处也”。据文中所述方位、里程、地貌特征等推断，热河上营即在现承德市区。其行宫即避暑山庄所在地。文中所述，“热河上营行宫”内有“朵殿”，为大臣值庐，另有“皇太子行宫”，余缺略，但可以看出它已是初具规模的小行宫了。其建造时间当在康熙四十一年（1702）。

以后，经过不断加以改造和扩建，到康熙四十七年（1708）才形成了一座具有相当规模的行宫，它的作用和规模，都超过了古北口外的其他行宫，并且正式有了“热河行宫”的名称。

根据《清实录》、《热河志》等书的记载，康熙四十二至四十六年（1703—1707），康熙到这一带巡行狩猎的“驻跸”之所，都在“热河上营”（或下营）。而到了康熙四十七年（1708）记载中就改称“热河行宫”了，“热河上营”的名称，也从此在官方记载中不再使用。

康熙四十七年（1708）六月二日，经康熙允许，张玉书曾和一些大臣们进热河行宫游观，后来写成《扈从赐游记》，文中对园中情况记载颇详。从中我们得知，当时的热河行宫有十六景之胜：澄波叠翠、芝径云堤、长虹饮练、暖流暄波、双湖夹镜、万壑松风、曲水荷香、西岭晨霞、锤峰落照、芳渚临流、南山积雪、金莲映日、梨花伴月、莺啭乔木、石矶观鱼、甫田丛樾。

根据文中所记各风景点的方位以及对周围自然风貌的描述，可以大体推知它们的位置："万壑松风"即现存"万壑松风"的所在；作为皇太子读书之所的"云山罨画"，当在现在"月色江声"处；被称为"御座正门"的"澄波叠翠"，在现存的"无暑清凉"处；"延薰山馆"相当于现存的"金莲映日"位置；"水芳岩秀"大约与现存"水芳岩秀"位置同；"一片云"也与现存"一片云"位置差不多。另外，当时在现称为"热河泉"的一带，曾引武烈水入园，有闸，名为"暖流暄波"，岸边有荷池，池上凉殿称"曲水荷香"，殿后有亭名"萍香泮"。现在的松云峡，当时被称为"狮子峪"，峪口有轩，称为"濠濮间想"。从文中描绘的园林风貌看，整个园林的布局是以水池为中心的。十六景中，以水景为主题的就有八处，而山区建筑仅有两三处，而现在的宫殿区，当时只有"万壑松风"一处建筑，可证明宫殿区是经过后来人工整理地形才形成的。在当时，园林布局主要因借自然地形，很少经过人工整理。特别值得注意的是，当时建筑和园林布局的中心是在如意湖，它四面环水，利于安全警戒，康熙居住和处理政务都在这里，是整个园林的中心。

此后，又进行了大规模的扩建和改造，至康熙五十年（1711），基本上奠定了现存园林的布局。这一年，康熙亲题了"避暑山庄"的匾额，正式有了"避暑山庄"的名称。康熙撰写的"避暑山庄三十六景诗"，也同时集册刊行。后来，一般称为康熙三十六景，均以四字命名，这就是：

烟波致爽	芝径云堤	无暑清凉	延薰山馆
水芳岩秀	万壑松风	松鹤清樾	云山胜地
四面云山	北枕双峰	西岭晨霞	锤峰落照
南山积雪	梨花伴月	曲水荷香	风泉清听
濠濮间想	天宇咸畅	暖流暄波	泉源石壁
青枫绿屿	莺啭乔木	香远益清	金莲映日
远近泉声	云帆月舫	芳渚临流	云容水态
澄泉绕石	澄波叠翠	石矶观鱼	镜水云岑
双湖夹镜	长虹饮练	甫田丛樾	水流云在

可以看出，康熙五十年（1711）的避暑山庄比起康熙四十七年（1708）的热河行宫来，风景增添了一倍多。三十六景包括了十六景的全部，但根据新的风景布局要求，进行了许多改造：“澄波叠翠”门改造成为一所殿堂，更名“无暑清凉”，而另在如意洲北端建凉亭，题名“澄波叠翠”；“暖流暄波”也由热河泉附近移到了万树园东北。另外，康熙四十七年已有的“水芳岩秀”、“濠濮间想”，也被纳入了三十六景之中。但是“濠濮间想”也由轩改成凉亭，并从松云峡谷口移到了澄湖北岸。

康熙五十二年（1713）又建造了城墙，把整个园林范围起来。乾隆在《石城》一诗的自注中写道：“至于园亭，并不用正帑，率以内府余帑给价，或贪官污吏，罚其出资助修。山庄石城加康熙年间令噶礼修筑者”。此外，在《石城诗识语》中，他又写道：“噶礼操守难信，依议革职，事在康熙五十一年，此石城之修当即其时罚彼所为”。据《清实录》等记载，噶礼被夺职是在康熙五十一年（1702）十月，罚其出资修山庄宫墙当在其时，那么，宫墙建成必在第二年无疑。《清史稿》说，“康熙四十二年建避暑山庄于热河，岁巡幸焉。五十二年，城之”，当是本乾隆说法而来。朝鲜人朴趾源在《热河日记》中也曾写道：“热河城高三丈余、周二十里，康熙五十二年杂石冰绞皱筑，所谓哥窑纹。人家城垣尽为此法，城上虽施堞，无异墙垣。”热河城是没有城墙的，他在这里所说“热河城”，即指山庄宫墙而言，所述规模、筑法，都与山庄宫墙相合。康熙五十二年山庄宫墙的建成，标志着这座大型皇家园林的规模和布局基本确定下来了。我们拿这时的避暑山庄和康熙四十七年（1708）的热河行宫比较，可以看出，这期间园林的布局有一个根本性的调整和改造：

扩大了山区。康熙四十七年（1708）的山区建筑，只有南山积雪、锤峰落照等，都是在靠近水池的峰岭位置。至康熙五十年，山区的建筑有大量的增加，如康熙三十六景中就有北枕双峰、四面云山、梨花伴月等，分布范围很广，四面云山距锤峰落照西北有数里之遥。园林的山区有大幅度的扩展。

拓展了平原区。康熙四十七年（1708）的十六景中，几乎没有提到平原区的建筑，只有南面近湖处有一二座凉亭，是作为湖区点缀而设的。在康熙五十年（1711）的三十六景中，就有了平原区的建筑。最突出的是把热河泉附近的引武烈河入园的水闸“暖流暄波”移到了平原区的东北，反映了当时已经辟治了一大片平地，纳于园林构图之中，园外的武烈河河道的改造，可能也是这期间进行的。汤佑曾在康熙五十二年（1713）五月二十五日游避暑山庄，曾写有《怀恩纪事诗二十首》，其中就有一首是专写“万树园”的，说明当时辟治平原区已经完成。

重要的是形成了宫殿区。康熙四十七年时宫殿区的建筑只有“万壑松风”一处，而在康熙五十年（1711）的三十六景中，宫殿区的建筑大量增加，如“烟波致爽”、“云山胜地”等，标志着“正宫”部分的建筑布局正式形成。清朝皇帝居住和处理政务的活动，由如意洲移到了宫殿区。宫殿区的形成，反映了这座塞外园林的性质，有了重大变化，“行宫”的色彩更加突出了。说明清朝皇帝在这里停留的时间长了，处理政务的活动多了。它从主要是供秋狝停留的普通行宫，变为在政治上具有特殊意义的一个重要的政治活动场所了。这使它的地位和作用，远远超过了古北口外的其他行宫，成为了塞外行宫的中心。

反映康熙四十七年（1708）的“热河行宫”向康熙五十年的“避暑山庄”转变的，有冷枚所绘《热河行宫图》一幅，是极为珍贵的形象资料，这也是我们现在所见到的最早一幅《热河行官图》。原画 254. 8 × 172 厘米，绢地，左下有“小臣冷枚恭绘”的题款，专家们鉴定为真迹，现藏故宫。冷枚字吉臣，山东胶州（今胶县）人，焦秉贞的弟子，大约生于 17 世纪末、卒于 18 世纪初，是康熙时著名的宫廷画家。康熙五十六年（1717）曾与别人合作《万寿盛典图》。我们拿《热河行宫图》与有关的文献资料相对照，可以肯定这是一幅写实之作。而且它所描绘的恰是康熙四十七年以后、康熙五十年（1711）以前的情景。

画面所绘“万壑松风”殿五间，而康熙四十七年（1708）时为三间，反映了经过改建，而与康熙五十年（1711）的情况相合。画面上在如意洲东的湖中有一孤岛，并有一高层建筑和其他小型建筑，这即是后来的“金山”，其高层建筑应是“上帝阁”。小型建筑应是康熙五十年（1711）所题三十六景中的“天宇咸畅”和“镜水云岑”等。这一组建筑也是康熙四十七年（1708）所没有的。画面上相当于平原区南端临湖岸的位置，有并列四亭，应是“甫田丛樾”、“莺啭乔木”、“濠濮间想”、“水流云在”，而在康熙四十七年（1708）只有“甫田丛樾”、“莺啭乔木”二亭，“濠濮间想”还是远在松云峡谷口的一座轩式建筑。这些都说明，这幅画必在康熙四十七年（1708）之后无疑。

康熙五十年（1711）所题三十六景中，有“云山胜地”、“烟波致爽”，而冷枚的画上却没有。当然这不可能是画家的疏忽或剪裁省略。最有力的证据还是画的本身。画面上相当于“云山胜地”的位置，是行宫的正门，这就最权威地排除了上述两种可能，而这正与张玉书所记康熙四十七年的情形相吻合。张玉书《扈从赐游记》一文记这年六月初二日，他游热河行宫是“由正门入。向东北行，至山崖，有殿三楹，额曰‘万壑松风’”。于此可见，当时行宫的正门是在“万壑松风”的西南，结合冷枚的画看，其位置恰好是“云山胜地”的位置。这就恰好说明他画的是康熙三十六景完成以前的情景。所以这幅画创作的时间是康熙四十七年（1708）之后、五十年（1711）之前。当时还没有避暑山庄的名称，这幅画称为《热河行宫图》比较确切。

《热河行宫图》的正门前是一片小丘陵，这有力地说明，康熙五十年前后辟治宫殿区，这一带地形是经过人工整理的。另外值得注意的是，图的正门为三间单层建筑，两侧各附掖门二间，而不像后来的丽正门那样门上覆城楼。细审其形制，有些类似沈阳故宫的“大清门”。这反映了在“热河行宫”阶段，还保留有浓厚的早期满族建筑的遗风。

现在我们可以简单地归纳一下山庄的建造过程：康熙四十一年（1702）开始在热河上营建造行宫，至四十二年（1703）建成“热河上营行宫”，它是山庄的雏形阶段。至康熙四十七年（1708）建成“热河行宫”，初具园林规模，可以说是山庄的初级阶段。康熙五十年（1711）正式建成避暑山庄，基本上奠定了这座大型园林的规模和布局。概括地说，它是经过了“热河上营行宫”——“热河行宫”——“避暑山庄”，这样三个大的发展阶段。

康熙死后，雍正当皇帝的十三年间，由于种种原因，没有到过避暑山庄，这座园林的建造活动，也就中止了。

乾隆统治期间，又对山庄进行了大规模的扩建活动，但是，园林的基本布局没有大的改变。终乾隆一生，对山庄的建造活动，几乎没有停止。直到乾隆五十七年（1792）才全部完成了山庄的主要建筑工程，以后就不再增添新建筑了。

乾隆十九年（1754），乾隆又以三字命名，题了三十六景，后来一般称之为乾隆三十六景，这就是：

丽正门　勤政殿　松鹤斋　如意湖

青雀舫　绮望楼　驯鹿坡　水心榭

颐志堂　畅远台　静好堂　冷香亭
采菱渡　观莲所　清晖亭　般若相
沧浪屿　一片云　萍香泮　万树园
试马埭　嘉树轩　乐成阁　宿云檐
澄观斋　翠云岩　罨画窗　凌太虚
千尺雪　宁静斋　玉琴轩　临芳墅
知鱼矶　涌翠岩　素尚斋　永恬居

这三十六景，有许多都是康熙时的建筑而没“入景”的，如“水心榭”“一片云”、“萍香泮”、“万树园”、“永恬居”等。

如果我们把乾隆三十六景和有关材料与康熙时的园林加以比较研究，可以看出，乾隆时期的建造活动，规模是相当大的，对于整个园林风貌的影响也是巨大的。

乾隆时期，继康熙建造溥仁寺、溥善寺之后，又在山庄周围陆续修建了“普宁寺”等九座大型的、不同民族风格的寺庙，扩大了山庄的空间范围，使这座园林与周围的自然环境和人工建筑，更加紧密地联系在一起，丰富了园林的风景。

同时，在湖区大量增添了仿江南著名风景的建筑，如“文园狮子林”、“烟雨楼”、“千尺雪”等，更加突出了湖区的江南景色。戒德堂等处，是康熙时所没有的，靠近东部宫墙附近的镜湖等，可能是乾隆时扩展或加以整理而扩大了的湖区范围。

在平原区，辟治了“试马埭”，更加突出了这庄园林在“抚绥蒙古”方面的政治内容。

这些，都是乾隆时期统一的多民族封建国家不断巩固和发展在这座园林中的具体反映。

在山区，增添了大量宗教建筑，如广元宫、水月庵、旃檀林、斗姥阁、珠源寺、碧峰寺、鹫云寺等，而且是道教、佛教等兼收并蓄，使这座园林弥漫着一种神秘的宗教气氛。

在宫殿区，除“正宫”、“万壑松风”之外，增添了“松鹤斋”和“东宫”两部分以及丽正门、德汇门两座大门。使宫殿区的面积，增加了一倍还要多，明显地加强了宫殿区在整个园林布局中的比重。同时对“正宫”部分，也进行了改造。把“澹泊敬诚”殿改造成楠木大殿。原故宫明清档案部存有改建“澹泊敬诚”为楠木大殿的“黄册”，虽无朝年可稽，但从纸地、格式等分析，无疑是乾隆年间的。同时在正宫部分增建朝房二十间。于敏中在一首诗的自注中说："丽正门内增设各部院值庐，一如正朝之制。"乾隆时在山庄处理有关边疆及民族问题的活动频繁，宫殿区的扩建正是反映了这种情况。这更进一步加强了山庄的"行宫"色彩。

清人汪春田有一首诗，极言改园之难："换却花篱补石阑，改园更比改诗难。果然字字吟来稳，小有亭台亦耐看。"从造园艺术的角度看，乾隆时期对山庄的建造活动，主要是增添了许多建筑（比康熙时增加约一倍），各部分的区分更加明显，内容更加突出。另一方面，和康熙时比较起来，人工痕迹大大加重了，利弊俱增。

乾隆后期，清王朝已呈江河日下之势。他死后，嘉庆虽然勉应故事地到山庄来过几次，但已根本无力对这座园林进行建造了。嘉庆之后，清朝皇帝再也顾不上"秋狝"了，山庄也再不为其所问津，逐渐衰败了。只是到了咸丰十年（1860）英法联军进攻北京，咸丰仓惶逃到承德避难，曾对山庄略事整修。第二年，咸丰死去，清政府迁回北京，维修旋即停止。咸丰十一年（1861）十二月清廷曾用同治的名义，发出一道上谕，说：

热河避暑山庄停止巡幸已四十余年，所有殿廷各工，日久未修，多就倾圮。上年我皇考大行皇帝（即咸丰）举行秋狝，驻跸山庄，不得已于各处紧要工程，稍加葺治。现在梓宫已恭奉回京。朕奉两宫皇太后亦已旋跸。所有热河一切未竟工程，著即停止。（《热河庭园则例》）

避暑山庄随着清王朝的衰败，呈现出了一派凄凉的景象。光绪时期虽然有时也拨出一二千两银对山庄略事维修，但是杯水车薪，根本无补于它的衰败。清王朝灭亡不久，"向时所谓三十六景、七十二景，今则少半零落矣"。军阀和日本侵略者对山庄的破坏更加严重。新中国成立后，这座古老的园林才又焕发出青春。

五、特殊的活动内容

艺术创作都强调个性，最忌蹈袭、雷同。千部一腔、千人一面的作品，向来为人所恶。园林也是这样，其个性越强烈，艺术评价就越高。园林的个性不仅表现在风景构图上，而且也体现在功能要求上，特别是其特殊的活动内容上。从造园的角度来说，后者是第一位的，起着决定性作用。

避暑山庄是清王朝根据特殊的政治需要而建立的，清朝皇帝除了避暑游乐之外，还在这里进行一系列的重要政治活动，这就是避暑山庄特殊的活动内容。正是这些，决定着避暑山庄的个性，决定着避暑山庄不同于士大夫园林，也不同于一般的帝王苑囿的特殊性，决定着它的园林艺术特征。

对于这个问题，我们可以从以下两个方面考察：

建造避暑山庄的政治目的。清朝统治者所以要建立避暑山庄，主要出于一种政治上的考虑。乾隆追述说："我皇祖（指康熙）建此山庄于塞外，非为一己之豫游，盖贻万世之缔构也。"他解释说："使诚以游冶是尚，即深居九重，厌见百辟，恣声色，怠政事，谁其禁之？而必往来沙塞，风尘有所不避，饮食或至不时，以是为乐，固未见其乐也。"他进一步阐述说："且也，三代以上无论矣；三代以下，享国最久者，莫如汉、唐、宋、明。然四姓皆一再世而变乱生焉，是岂天心之怠眷，亦人事之偷惰实致之。我皇祖有鉴于此，故自三逆底定（指康熙平定"三藩之乱"）之后，即不敢以逸豫为念，巡狩之典，或一岁而二三举行。耗财劳众之论，夫岂不虑？然而凛天戒，鉴前车，察民瘼，备边防，合内外之心，成巩固之业，习劳苦之役，惩宴安之怀，所全者大，则其小者有不必恤矣。"

乾隆说得很明白，历代封建王朝，特别是汉、唐、宋、明政权丧亡的历史教训，使得清统治者想起来就心惊肉跳。清朝入关后，满洲贵族浮华奢靡，迅速腐败；曾以骁勇著称的八旗劲旅，也由于腐化而很快变成一支缺乏战斗力的军队。为了保持自己的统治地位，从顺治开始，就不断举行"巡狩之典"，企图用满族传统的围猎活动，振作满族官僚的精神和八旗军队的士气。这一点，乾隆在他登上皇位的第六年（1741），第一次举行秋狝巡边的上谕中，进一步作了补充说明，他承认："况今升平日久，弓马渐不如前，人情狃于安逸，亦不可不加振励。朕之降旨行围，所以遵祖制，整饬戎兵，怀柔属国，非驰骋游观之谓。"这是第一点。

第二，更重要的一点，是乾隆所说的"备边防，合内外之心，成巩固之业"，这是指的加强北部边防，密切同蒙古族上层分子的联系，以巩固清王朝的统治之业。这一点，在乾隆六年（1741）的谕旨中说得很清楚："至巡行口外，按励蒙古诸藩，加之恩意，因此寓怀远之略，所关甚巨。”后来，乾隆又称这是“朝家驭远千年计”，并反复说明这一点：“敢图逸豫忘深虑，亦为怀柔恤远人”；“肆武宁边具深意，万年家法仰仁皇”；“秋搜意寓圣人深，无逸诘戎联众心”；“钦承家法联中外，巩固金瓯奕叶庆”……可见，这在清统治者的心目中，是占据着重要地位的。

如果联系当时的历史情况来看，我们就会更清楚地理解这一点。

蒙古问题，对于清王朝来说，是一个至关重要的问题。清朝所以能够统一全国，原因固然很多，其中重要的一点是借助了蒙古族的力量。入关之后，清朝采取了一系列措施，例如提高蒙古族上层分子的政治地位，给予优厚的待遇和特权，实行联婚等，以保持和加强同蒙古上层分子的联盟。但是，强大的蒙古族在历史上曾经建立过全国性的政权——元朝。在明代，也一直与明中央政权相抗衡。这些，清初的满族统治者总是萦绕于怀的。后来，乾隆在《出古北口》一诗中写道：“塞有塞之意，由来畏北人”，就表现了清统治者的这种忧虑。特别是康熙十四年（1675）正当清政府集中全力平定三藩之乱的紧张关头，察哈尔蒙古发生了布尔尼之乱，使清统治者大为震惊。虽然叛乱很快被镇压下去，但清统治者一直是心有余悸的。所以，当平定三藩之乱的战争有了转机，康熙立即把注意力转向了北方。

另一方面，从17世纪中叶开始，沙俄曾多次派遣侵略军侵入我国黑龙江流域和蒙古地区，并派遣间谍、武装骚扰，唆使我国边疆少数民族中一小撮坚持分裂的上层贵族，实行武装分裂，从而对我国的统一造成了严重威胁。这样，蒙古就成为巩固北部边疆、加强和巩固国家统一的一个弥足重要的问题。康熙对这一点是有所认识的，他在《中俄尼布禁条约》签订后的七年，即康熙三十五年（1696）曾经深刻地指出：“我朝施恩于喀尔喀，使之防备朔方，较长城更为坚固也。”

基于这种认识，还在康熙十六年（1677），当平定三藩之乱的战局基本好转时，康熙就已经注意蒙古问题，开始了每年一次巡视长城以北地区的活动，率领大批军队，由蒙古王公陪同打猎，称为“秋狝”。康熙二十年（1681）平定了三藩之乱之后，内蒙翁牛特、喀喇沁等部贵族，把一块很大的牧场，奉献给康熙作为秋狝的猎场，康熙决定在这里设立一个规模很大的围场（周长约千里），即后来通称的“木兰围场”（今河北省围场县）。“木兰”是满语哨鹿的意思，这里麋鹿很多，是狩猎的主要对象，围场便因此得名。康熙三十年（1691），清政府还在离围场不远的多伦

（今内蒙古自治区多伦县）举行了历史上著名的“多伦会盟”，加强了对喀尔喀的行政管理。

以后，康熙几乎每年都要去木兰围场打猎，实际上是举行大规模的军事演习，以震慑蒙古王公，同时，通过接见、赏赐等手段，以求达到对其“恩益深而情益联”的目的。这种活动，被称为“木兰秋狝”，逐步成为清朝加强对蒙古行政管理的一项重要措施。清代著名的史学家魏源在《圣武记》中就曾经指出：“本朝抚绥蒙古之典，以木兰秋狝为最盛……凡内外各札萨克，悉率左右，分班扈猎，星罗景从，霆驱雨合，而天子亲御王孤，止齐步伐，三驱田禽，寓绥远于训武。”

为适应“木兰秋狝”的需要，由京师至木兰围场的沿途，修建了许多行宫。至康熙四十二年（1703）之前，古北口外已经有了八处行宫，包括热河地方的一个小行宫。由于热河特殊的地理位置和优美的自然环境，热河地方的小行宫逐渐扩大规模，发展成为避暑山庄，成为木兰秋狝的中心，这就是避暑山庄兴建的由来。

这一点，连当时的外国人也看得很清楚。乾隆时期，曾到过避暑山庄的朝鲜著名学者朴趾源，在《热河日记》中就深刻地指出：热河“地据险要，扼蒙古之咽喉，为塞北奥区，名虽避暑，而实天子身自防胡，如元世草青出遆都，草枯南还。大抵天子近北居住，数出巡猎，则诸‘胡虏’不敢南下放牧，故天子往还，常以草之青枯为期。所以名避暑者，此也。”他的学生柳得恭在《滦阳录》中对这一点也作了深刻分析，指出：“窃观热河形势……北压蒙古，右引回回，左通辽沈，南制天下，此康熙皇帝之苦心，而其曰‘避暑山庄’者，特讳之也。”

另外，从清朝皇帝在避暑山庄的主要活动来考察。除了娱乐、休息之外，清朝皇帝还在避暑山庄进行一系列政治活动：

1. 接见、宴赏蒙古族及其他少数民族的王公贵族

清朝皇帝每年进行木兰秋狝时，都要指令蒙古族王公陪同打猎。据记载，“从猎蒙古王公、内札萨克四十九族，又喀尔喀四部及四卫拉特（即厄鲁特蒙古）并青海等部落各札萨克，不下百余旗”。避暑山庄是接见这些蒙古族王公的重要场所。另外据记载，东北黑龙江流域的索伦、达斡尔官兵，新疆地区的哈萨克、维吾尔、柯尔克孜，四川、西藏地区的藏族，以及台湾地区的高山族等边疆地区少数民族中的上层分子，都曾到避暑山庄朝觐。

接见这些少数民族王公贵族时，还要在避暑山庄举行许多文娱活动，如举行野宴、表演杂技、放焰火等。届时要在园内搭起许多蒙古包，喝酒取乐，同时表演各种文娱节目。乾隆有《山庄灯词》八首，专门写当时野宴的盛况：

傍晚山云静碧空，芳园万树幕当中。
鑲鎘君长新来享，应许观灯示大同。

野宴还要表演蒙古族传统的娱乐活动。主要有：

诈马，即赛马。马不备鞍辔，选六七岁的儿童乘骑，驰骋追逐。

什榜，本为蒙古乐名。饮宴时用蒙古族特有的乐器演奏乐曲，伴以歌唱，以为笑乐。

布库，也名相扑，即摔跤比赛。如果是宴赏厄鲁特蒙古贵族，即用厄鲁特蒙古族喜好的形式，角斗士赤膊搏斗。

教駣，就是驯马。届时驱生马驹多头散牧，由王公贵族子弟执套马杆，追逐勇猛善驰者索套，乘骑调驯。

2. 引见官吏和“阅射”

引见，是清朝特有的一种官僚制度。清代规定，对官僚三年考核一次，决定他们的升、调、转、补（担任实职）。届时，吏、兵二部分别派员带领文武官员（吏部管文官、兵部管武官）谒见皇帝一次，经过皇帝的认可之后，才算最后确定，这种制度称为“引见”。清朝皇帝在避暑山庄时，就由吏、兵二部派员带领参加引见的官员到避暑山庄谒见皇帝。乾隆时规定，文官知县以上，武职守备以上，才到热河参加引见。

阅射就是皇帝亲自观看射箭比赛。有时皇帝亲自拉弓射箭，有时令侍卫或王公大臣比赛射箭。康熙时的名臣查慎行在《山庄杂咏》中曾有一首诗，就是写当时阅射的：“画鹿宫门树射棚，冬胶秋幹试初呈。静中人籁皆天籁，朱鹭单传中的声。”

这两种活动，都在避暑山庄门举行。现在门两侧的墙壁上，还刻有乾隆写的两首诗，就是记述引见官吏和阅射的。

射一首

巡狩宁稽除授官，门前次第引来看。
随材简职仍余暇，以己先人与众观。
弓燥手柔秋正好，候空鹄揭月轮团。
髫龄回忆原兹地，屡中亲承仁祖欢。

又

射是朝家夙所长，承平游豫那宜忘。

携来新附控弦部，驻此当年避暑庄。

亲御矢弧聊示度，数颁币帛用旌良。

树候叠中休称颂，敌仰前猷敢不蘉。

这些活动内容，是其他园林中少见的。它们在某种程度上决定着园林的面貌和性格。

六、选　址

造园首在选址。选址是否得当，不仅影响修建工程，而且影响园林景观质量。明代计成在《园冶》中，总结历史上的造园经验，深刻指出，只有“相地合宜”，才能“构园得体”。欧洲的古典园林和中国的古典园林，虽有不同的传统和风格，但在造园选址的要求上，几乎是完全相同的。法国著名的造园史专家和园林理论家G·格罗莫尔，在其名著《造园艺术》中也着重指出，造园“首先要选址，这是最重要的，怎么强调都不过分。地址要好，清洁卫生，有丘有壑，草地和树林相间”。可见，选址得当，这是中外造园艺术中一个共同遵守的法则。

陆游有一诗句说得好：“文章本天成，妙手偶得之。”他说的是写诗作文，而造园选址何尝不是如此。祖国的壮丽山河，为造园选址提供了丰富的素材，但只有造园的“妙手”，才会选中理想的园址。大自然是美好的，但也并非尽善尽美；它具有丰富、生动的景观素材，却也有散漫零乱之处。因此，兴建任何园林（不管规模多大），都会受到一定环境的限制，不可能把自然界的美景尽收无遗。这就需要造园家去勘察、去发现、去认识、去择取那些能集中并典型地体现自然美的理想境地，作为园址。

承德市的避暑山庄，在造园史上是独树一帜的。它之所以能树起独特的旗帜，非常重要的一个因素，就是选址得当。

康熙曾经写过一首诗，概括地叙述了避暑山庄选址的经过：

万几少暇出丹阙，乐山乐水好难歇。

避暑漠北土脉肥，访问村老寻石碣。

众云蒙古牧马场，并乏人家无枯骨。

草木茂，绝蚊蝎，泉水佳，人少疾。

因而乘骑阅河隈，弯弯曲曲满林樾。
测量荒野阅水平，庄田勿动树勿发。
自然天成地就势，不待人力假虚设。
君不见，磬锤峰，独峙山麓立其东。
又不见，万壑松，偃盖重林造化同。

当然，康熙在这里不免有点自我卖弄的意思。作为一个封建皇帝，他是不会亲自访问那些鹑衣粗手的村老的，也不会在杂树乱草中进行测量的。不过，我们把它作为历史资料来读，从中也可以知道，正是当地的劳动人民，为这块理想园址的发现，提供了线索。

计成在《园冶》一书中，把造园的地段分为山林地、城市地、村庄地、郊野地、傍宅地、江湖地等几种，并且品评了它们的优劣，指出"园地惟山林最胜，有高有凹，有曲有深，有峻而悬，有平而坦。成自然之趣，不烦人事之功"。避暑山庄的选址，大体与此原则相符。

康熙和乾隆就曾把这里的自然条件，与其他地方进行过比较，认为它有得天独厚之处。康熙在《避暑山庄记》中说："金山发脉，暖流分泉，云壑渟泓，石潭青霭，境广草肥，无伤田庐之害；风清夏爽，宜人调养之功。自天地之生成，归造化之品汇。……因而度高平远近之差，开自然峰岚之势。依松为斋，则窍崖润色；引水在亭，则榛烟出谷，皆非人力之所能。借芳甸而为助，无刻桷丹楹之费，喜林泉抱素之怀。"乾隆在一首题为《月夜游湖作歌》的长诗中，也有同样的看法："天下名山与名水，二者兼之应鲜矣。即有兼者路途遥，无因游奕而往就之理。塞外避暑斯山庄，去京不过四百里，山明水秀萃美善。"可见，当时之所以选择这块地方建造宫苑，除政治上的原因之外，主要是因为它具有优越的自然条件。

第一，这里"山明水秀"，可资园林借景的自然景色非常丰富。

古北口外，燕山山脉连绵起伏，而热河附近，峰奇岭怪，最为幽胜。揆叙等在康熙五十一年（1712）写的《御制三十六景诗跋》中，就以精彩的文笔写道："自京师东北行，群峰回合，清流萦绕，至热河而形势融结，蔚然深秀。古称西北山川多雄奇，东南多幽曲，兹地实兼美焉。"乾隆时，著名学者纪晓岚曾多次至热河，经过亲身体察，也得出了同样的看法，在《阅微草堂笔记》中指出，"长城以外，万山环抱，然皆坡陀如冈阜，至王家营以东（即热河一带），则嵚崎奇拔，皴皱皆合画意"。这些奇峰怪石，都是天然画景。

“远岑如竞秀，近岭似争奇”（康熙诗）这不是艺术夸张，而是写实。站在山庄高处远眺，四周群山环抱，峰岭连绵，奇峰怪石，蔚为奇观：有如平桥凌空飞架的天桥山；有如雄鸡昂首长鸣的鸡冠峰；有如僧帽浮空的僧冠峰；蛤蟆石则像一个翘首鼓腹的巨大蛤蟆；罗汉山则如坦腹趺坐的胖大罗汉；最令人感兴趣的还是磬锤峰，《水经注》称之为石梃，说它“危崖耸立，高可百余仞”，在层峦之巅，傲然支拄苍天。这些奇异的山景，自然是园林难得的借景素材。

第二，这里“泉甘水清”，有丰富的水源和难得的温泉。“名泉亦多览，未若此为首”。（康熙诗）热河泉算不上天下第一泉，但它确是水质很好的温泉，为造园提供了天然的良好水源。附近还有水量充沛的滦河与武烈河，都为造园提供了丰富的水源。康熙时就曾引武烈河水注入避暑山庄。这也是选定园址的重要自然条件之一。

第三，热河夏天平均气温约22℃~24℃（6月至8月平均气温），比北京低2度左右。园内有山水林木，空气清洁凉爽，适宜避暑。康熙就曾说过：“热河地既高敞、气亦清朗，无蒙雾霾氛。……四周秀岭，十里澄湖，致有爽气。”园内的山峰，在全园的西北部，山脉大体由西北向东南略低。北部是高峻的狮子岭，它就像一座天然屏障，阻挡了冬季来自西北的主风向。对于园林小气候的形成，是非常有利的条件。

第四，园内山岭的土层，比周围的山岭要厚得多，平均大约在一米以上，而且土质好，水位高，特别适宜植物的生长。康熙时到过热河的意大利神甫马国贤在《京廷十三年记》中，就曾经特别提到了这一点；“大自然为这精选的胜地，又添加了万物繁茂的迷人景色。在广漠的鞑靼地区，一棵树也是很罕见的。但在热河，平原、坡坎以及小山上，到处都是浓绿成荫，榛子、胡荽、梨和苹果，虽然都是野生的，其味道却佳美异常。”另外，从前面所引康熙的诗中知道，在勘察园址的时候，这一带“草木茂”，植物生长茂盛，武烈河岸布满了树林，所谓“弯弯曲曲满林樾”，更有山岭之中“万壑松”。山庄园林的绿化和以花木为风景主题的景观布置，正是充分利用了自然环境所提供的有利条件。

相地择址的成功，为避暑山庄的辟治，提供了良好的客观基础，也给我们美化环境，择地造园留下了许多有益的启示。

七、建筑特点

避暑山庄的园林建筑，广泛吸收了我国古代传统的建筑艺术手法和技巧，把宫殿建筑的严谨宏伟、北方民居的方整密合、南方园林建筑的小巧玲珑等特点，熔为一炉，同时，又与当地的自然环境和气候条件紧密结合，充分体现了山庄独特的园林内容和艺术风格，有着强烈的个性，在我国古代造园史上，独树一帜。研究和了解山庄的园林建筑特点，对于研究和了解山庄的园林艺术以及整修这座历史名园，都有着特殊的重要意义。

建筑在园林中的重要作用

建筑是我国古代园林的重要组成部分，并在很大程度上决定着一座园林的性格和面貌。明代计成曾说过："凡园圃立基，定厅堂为主。"他是从造园的角度，说明了建筑在园林中的主导作用。清代沈元禄也谓"奠一园之体势者，莫如堂"。他是从造园和赏园的角度，说明了同样的问题。避暑山庄的园林艺术特点，也在很大程度上通过建筑体现出来，主要表现在以下三个方面：

1. 建筑是体现园林功能要求的主要手段

园林是人们生活、休息的现实环境之一，因此它要满足园主的特殊生活需要，包括娱乐、休息的需要等。人们对园林的这些功能要求，离开建筑都很难得到满足。清朝皇帝在山庄接见王公贵族及少数民族首领，处理日常政务等重要活动，一般都是在澹泊敬诚殿和勤政殿等宫殿建筑中进行。烟波致爽则是皇帝的寝宫。清朝皇帝在山庄休息、读书、娱乐等，大都在如意洲、月色江声，以及山区的建筑中进行。因此可以说，没有这些建筑，就没有避暑山庄，山庄的园林内容，主要是通过建筑体现出来的。

2. 建筑也是山庄风景构图的主要因素

我国古代建筑往往与山水、花草树木等结合而组成风景。山庄的"七十二景"的每一景，都含有建筑。而且建筑一般都是每一景的风景构图中心。水心榭是以三个形式各不相同的亭子为风景构图中心的。金山岛的风景构图中心是上帝阁。其他，如烟雨楼、万壑松风、碧峰寺等，无不是以建筑为中心组织风景构图的。同时，在某个具体的景观中，建筑还经常起到"灵魂"的作用。游人站在万壑松风北眺，湖光山色，绮丽如画，但最引人注目的还是南山积雪亭。游人无论是在湖区或平原区的视野开阔处，都会看到“南山积雪”等四个山顶高亭，并把它们作为目标，乘兴奔去。假如取消了这些建筑，山峰也就失去了吸引力。正是这些建筑，赋予了大自然以生命力，使峰岭“活”了起来。游人站在上帝阁开窗北望，万树园一带，绿云簇簇，远处山峰连着蓝天，而最能打动人心的还是万树簇拥的金光闪烁的舍利塔。如果在山区的深谷密林中寻幽探奇，突然间发现一座寺庙或一处其他建筑，心情是会多么喜悦、激动啊！这正是人工建筑比起自然界的山水来，所特有的感染力。这是人发现自己的创造力所产生的喜悦和自豪感。从这种意义上可以说，建筑是园林风景的“灵魂”。

3. 建筑也是欣赏园林风景最理想的位置

园林风景是经过精心设计和安排的。游人需要站在一定的位置、从一定的角度去欣赏，才能得到美的享受。山庄七十二景的题名，不仅标示着具体的风景点，也标示着某一特定园林景观的最佳欣赏地点，而欣赏风景的最理想位置，则往往在建筑物的内部。建筑物的门窗常常是透视风景的“景框”。山庄在选择建筑物的地理位置，安排建筑物的朝向和门窗的位置、角度等方面，都是经过深思熟虑的，把能够欣赏美好的景观，作为考虑的首要条件。上帝阁、乐成阁等高层建筑，则是利用建筑物本身提高风景观赏点的位置，把园内外许多优美的风景，收进游人的视野，从而大大提高了园林风景的艺术评价。所以，失去了建筑，也就失去了园林景观。

散点式的总平面构图

我国古代建筑的基本形式，往往是若干单体建筑的群体组合。通常说的一座住宅、一座庙宇、一座宫殿等，都是指的整个建筑群（组）。大型园林，一般都包括若干建筑群（组）。避暑山庄也是如此。七十二景的每一景，如万壑松风、月色江声、清舒山馆、水心榭、一片云等，都是自成一个单元的建筑群（组）。根据园林功能的要求、风景构图的需要，以及周围环境的特点等，这些建筑群（组）大小不一、形式各异、自然灵活地分布了全园各处。和我国古代公共建筑均衡对称的布局方法相反，就整个园林的建筑布局来说，它们之间并没有建筑形体上的轴线可循，而是因依地势，灵活安排，随意布置。“山庄有斋亦有楼，随宜构筑佳景收。青者为山绿者水，底须山水之外求。”——乾隆的这首诗，正是这种建筑布局方法的形象说明。如果把这些建筑群（组）画到一张平面图上，它们就像一幅幅自由散落的图案，其间并没有必然的形体上的联系。假如把一个个建筑群（组）当做一朵朵盛开的花朵，那么，道路（包括桥、堤等）则是自由舒放的枝茎，使之互相联系起来，结成一体。我们可以把这种建筑的总平面构图方法，称之为散点式的总平面构图（也有人称之为“什锦式”的平面构图法）。

这种散点式的总平面构图法，是和山庄总的艺术风格相一致的，加强了园林的自然情趣。建筑和周围的自然环境妥贴吻合，从而可以极尽自然变化之妙。清代著名的文人查慎行曾有诗赞道：“天然图画引跻攀，尽出宸衷指点间。岩壑不须多架构，下因流水上因山。”这正符合我国古代造园理论中“虽由人作，宛如天开”的原则。清代著名官僚张玉书在《扈从赐游记》中，也写道：“宇内山林，无此奇胜；宇内园亭，无此宏旷。先后布置，皆由圣心指点而成。未成之时，人不知其绝胜；既成之后，则皆以为不可易矣。大抵顺其自然，行所无事，因地之势，度土之宜，而以人事区划其间。”把山庄的园林艺术成就，完全归功于封建皇帝的“指点”，当然是封建文人的阿谀之词。但是，山庄的建筑布局因借自然山水，“因地之势，度土之宜”，“顺其自然”而略加人工区划，是符合事实的。“台榭参差随意筑，山川环立自天成”（张廷玉诗）。建筑的散点式构图方法，使得建筑好像是大自然的一个组成部分，对自然风景起到了“画龙点睛”的作用，使人感到有如“天造地设”一样。

这种散点式的构图方法，也加强了建筑本身的艺术感染力，提高了园林风景的艺术评价。山庄的建筑虽然很多，但并不拥挤；而显得极为疏朗自由。这也符合我国古代造园理论所要求的“有远有近，有疏有密，有大有小，有显有隐”的构图原则。同时，用山峰、土丘、水池、树木等将建筑分隔、隐蔽，使之“或藏或露，或浅或深”，“曲折有法”，容易收到“山重水复疑无路，柳暗花明又一村”的艺术效果，使游人在无意中发现建筑，从而产生一种喜悦感，因而也就加强了建筑的艺术感染力。游览路线很自然的引导游人从一处建筑走向另一处建筑，从一处风景点，走向另一个意趣全新的风景点，不断领略新的风景，从而增加游兴，产生愉快感。这种时间上的渐进过程，也能激发游人对建筑艺术的低回品味、仔细咀嚼的情趣。

宫与苑的分置与结合

我国古代帝王园林，一般多与行宫相结合，因而一座具体的园林，常常是包括两部分，一是帝王处理政务、日常居住的“宫”，二是供帝王游玩、娱乐的“苑”。这两部分建筑，在布局上或功能要求上、建筑形式上，都有明显的区分，但又相辅相成，玉成一个统一的艺术整体。作为帝王园囿的避暑山庄，自然也具有这样的特点。

山庄宫与苑的区分是非常明显的。正宫、松鹤斋、万壑松风、东宫等几组宫殿建筑，集中于南部，从全园来说，形成前宫后苑的总体布局。宫的部分所占面积虽然比苑的部分要小得多，但其位置很重要，宫门是全园的主要入口，游人要经过宫才能进入苑。所以，它给游人的是第一印象，形成一种先入为主的效果。同时，宫殿建筑大都置于高阜之上，和临近的湖区、平原区建筑形成对比，显得崇宏高大，而山区的建筑，又大都隐蔽于峰岭和树木之中，游人不会很快全部看到。所以，宫的建筑数量虽然比苑的建筑要少得多，但给游人的印象却是突出和深刻的。

宫与苑的建筑，无论是建筑形式或格局等，都有着明显的区别。

宫殿建筑，如高大的殿堂、城门楼、下马碑等，是封建制度下皇宫所特有的建筑形式，而苑的建筑，多亭、阁、楼、台等适于娱乐和赏景的园林建筑。前者多体量宏大而形式规整拘谨，后者一般小巧玲珑而形式灵活多变。

为了维护封建等级制度和适应封建帝王的特殊生活需要，宫的建筑仍然沿袭和保持了古代建筑的一般特点，在平面布局上，采取严格对称的均衡格局。以正宫为例，丽正门、避暑山庄门、澹泊敬诚、四知书屋、烟波致爽、岫云门，这些主要建筑顺序排列，方向一律朝南，有一条中轴线控制。其余的附属建筑则布置在这些主要建筑的两侧，相互对称均衡。每一组建筑都用墙、廊或房屋与其他组建筑分隔开来，形成一个个院落，并且层层套进，向纵深发展，形成形制不同的封闭式空间。而且，还运用许多建筑手法，突出主要建筑，以显示封建皇权的至高无上。作为正宫部分主体建筑的澹泊敬诚殿，下承有高大的石砌台基，以提高建筑物本身的高度和空间位置，其体量也比周围其他建筑高大得多，顶部采用殿庑顶形式，突出了建筑的崇宏宽广形象，使它很自然地成为全组建筑的中心和主体。从而也就使全组建筑主次分明，参差错落，富于节奏感。

苑的建筑，如果从性质和内容上区分，似乎可以分成两类，一是狭义上的园林建筑，如亭、榭、楼、台等，多布置于湖区、平原区以及山区峰顶山巅等便于借景之处，形式一般是小巧玲珑，比较雅致，主要是供游人休憩娱乐和欣赏风景；另一类是寺庙建筑，例如“永佑寺”、“广元宫”、“珠源寺”、“碧峰寺”、“水月庵”等，多置于幽谷奥区，规模一般较大，有的还很堂皇，其用途除宗教活动外，还为读书、娱乐、体憩之所。这些建筑的布局灵活自然，根据建筑的功能要求、景观的需要、周围的自然环境等，随宜布置。清代著名官僚张廷玉的两句诗“迎凉楼阁依山回，避暑轩窗傍水多”，写出了其建筑布局的特点。建于湖区的，多置于湖岸或洲岛；建于平原区的，多置于边缘地带，且用树木等隐蔽起来，避免全部暴露；建于山区的，或置于深峡幽谷，或置于峰顶山巅。虽然各各不同，独具特色，但原则都是一个，即《园冶》所说“宜亭斯亭、宜榭斯榭”。有些大的建筑群（组），如月色江声、如意洲等，虽然其内部布局也讲求中轴对称，但并不严格。如意洲的主要建筑无暑清凉、延薰山馆、水芳岩秀虽然布置在一条中轴线上，但其余建筑，如金莲映日、般若相、一片云、沧浪屿等，并不受那条中轴线的控制，也不讲究对称均衡，而是自由散置。其建筑形式灵活多变，绝不互相雷同。

宫与苑虽然分置，但又紧密结合，互相呼应，玉成一个统一的艺术整体，不仅不产生割裂感，反而有着互相对比、相得益彰的艺术效果，加强了园林的艺术感染力。在这方面，避暑山庄的处理手法有许多独到之处。

首先，是将宫殿建筑园林化，使之与苑的建筑格调相和谐。山庄的宫殿建筑虽然在中轴对称的布局、建筑的形制等方面，保持了宫殿建筑的规范做法，但它不像北京紫禁城的建筑那样崇宏高大、压抑森严，而是体量较小，吸收了北方民居四合院的许多特点，使之更适合日常生活的需要；它也不像一般帝王宫殿那样雕梁画柱，大面积的使用黄、红二色，以显示富丽堂皇和崇高的等级，而是装饰简朴，素瓦灰顶，色彩淡雅，以与整个“山庄”的情调相谐调。北京紫禁城的宫殿附近，大都不植树种花，而山庄的宫殿建筑附近，遍植花草，其寝宫“烟波致爽”院中是“触目皆仙草，迎窗遍药花”（康熙诗），很像一个小花圃。其后还有假山（松鹤斋一组也布置有假山、花草），很有园林气息。这自然容易与苑的部分相谐调。

其次，利用高大的松树，统调宫与苑，使之统一为一体。山庄各处遍植乔松，是全园的骨干树种，宫殿区也不例外。北京紫禁城的太和殿前没有一株高大的树木，而山庄主殿澹泊敬诚之前，却行列栽植古松四十二株，万壑松风更是古松成林成片。松鹤斋也是“常见青松蟠户外”，松树罗植。这些高大的松树，隐没了宫殿的身影，而与苑囿区的松树遥相呼应，连成一气，宫与苑也就融而为一体了。

再次，宫与苑结合部的建筑，兼有二者的特点，不使形成截然性的强烈对比，也是一种颇具匠心的处理手法。万壑松风是宫殿区最北面的一组建筑，也是宫与苑的结合部。它的主殿万壑松风，崇宏高大，颇具一般宫殿建筑的特点，而其附属建筑，则灵活布置，不讲求中轴对称，建筑之间用游廊连结，周围遍植古松，又与苑景区的建筑格调相一致。这样，它既与宫殿区的建筑相统一，又与苑景区的格调相谐调，宫殿区到苑景区这种渐进过渡方法，避免了截然对比造成的割裂感。

另外，宫与苑互相透景、借景，相互呼应，在空间上连成一体，在景观上融为一炉，也是使宫与苑紧密结合而形成一个园林艺术整体的艺术处理手法。东宫的最北一座建筑卷阿胜境，是一座敞亭，于亭中凭窗北眺，水心榭、如意洲、南山积雪等处风景和湖光山色尽收眼底。站在万壑松风殿北门，纵目远望，南山积雪一带丽景，历历在目，金山亭遥遥在望，如展画屏。正宫的云山胜地楼，更是眺望苑景的好地方，康熙在一首诗的小序中说，登此楼“凭窗远眺，林峦烟水，一望无极，气象万千”，并有诗赞道：“万顷园林达远阡，湖光山色入诗笺。”造园家正是通过这些艺术手法，让游人在宫殿区透视苑景区的风景，并把苑景区的风景引进到宫殿建筑中来，以达到宫与苑和谐统一的艺术效果。

丰富多彩的建筑形式　美丽动人的建筑形象

我国古代园林对建筑形式和个体建筑形象极为讲究，并把它作为提高园林风景艺术评价的重要手段之一。避暑山庄的建筑，继承了这个优良传统并加以创造，把宫殿建筑的崇宏高大、严整拘谨与园林建筑的小巧玲珑、灵活多变统一起来，创造出了许多形式丰富多彩、形象生动美丽的园林建筑，从而极大地加强了园林的艺术感染力。

山庄的建筑种类和形式，有以下一些。

殿：是宫殿区的主体建筑，也是体现山庄园林功能要求和活动内容的主要建筑形式之一。作为封建皇帝处理政务和日常起居之所，殿的建筑一般保持了宫殿建筑的格局，体量崇宏高大，有较高的台基，而且一般处于建筑群（组）的适中位置，方向多朝南，并以能眺望优美风景为重要条件。其在园林中的位置，如普通园林中的厅堂。《园冶》说："凡园圃立基，定厅堂为主，先乎取景，妙在朝南"。山庄对殿的处理，大体上是符合这个原则的。康熙、乾隆题名的殿有：澹泊敬诚、依清旷（四知书屋）、万壑松风、松鹤斋、勤政殿等，不下数十处。

坊：是我国古代大的建筑群前面或跨通衢大道的一种装饰性建筑，山庄则多将其置于桥的两端以壮观瞻。如芝径云堤，"左右皆湖，中架木为桥，南北树宝坊"（见《热河志》）。分隔如意湖与西湖的长桥，也各建坊一座（现已修复），分别题名"双湖夹镜"、"长虹饮练"。另外，根据文献记载，水心榭南北原各建坊一座，珠源寺山门外跨涧桥两端，也有一座华坊。坊的建筑体量高大，外观装饰复杂华丽，现多已毁废。

室：在古代园林中，一般为居住之所，建筑小于厅堂，且多注意取景。《园冶》说，室"按时景为精，方向随宜"。山庄的室则和书屋同为一类性质，多为读书娱乐之所，其建筑形式小巧玲珑多变化，位置多坐落于幽僻清静之区，以能观赏美景为主要条件，乾隆等题名的有：静赏室、松霞室、来薰书屋、佳荫室、青杨书屋、青绮书屋、挹秀书屋、经畬书屋、探真书屋、玉岑室、小沧浪、纳景室、云林石室、清娱室等。

斋：规模较殿堂为小，形式也较灵活，一般多坐落于幽静之区，为读书、娱乐之所，有鉴始斋、秋澄斋、依绿斋、聚香斋、澄观斋、宁静斋、素尚斋、含德斋、面水斋、对山斋、创得斋、敞晴斋、含青斋、清淑斋、宜照斋等。

亭：亭者，停也，为休憩凭眺之所，也是园林的点缀建筑。《园冶》说："亭胡拘水际，通泉竹里，按景山巅，苍松蟠郁之麓，或假濠濮之上，入想观鱼，倘支沧浪之中，非歌濯足。亭安有式，基立无凭。"山庄亭的布置极为灵活，或安水际，或耸立峰巅，或藏于深峡幽谷，或嵌于山腰，或置于假山之顶，随宜立基，各擅佳胜。根据文献记载和实地调查，山庄的亭有六十来个。

轩：是一种形似古代车子式的建筑，园林中多建于高敞之处，以助观瞻。山庄略取其意，作为读书、娱乐之所，山区、平地均有建筑，有静余轩、山近轩、峡琴轩、嘉树轩、玉琴轩、含古轩、春好轩、有真意轩、横碧轩等。

山房：在古代园林中本为寝居之所。山庄所标示的山房，则是另外一种意义，有如厅堂，多为一组建筑的主体建筑，用途也不一样，如静寄山房，为读书娱乐之所；静含太古山房，则系宗教建筑。

楼：系多层建筑，一般置于殿堂等主体建筑之后，或独成一区，为读书、文化娱乐、赏景之所。宫殿区、湖沼区、平原区、山区均有建筑，如云山胜地、旷观、绮望楼、澄霁楼、一片云、自在天、向月楼、烟雨楼、绿云楼、夕佳楼、枕碧、绘韵楼、振藻楼、不遮山楼、空翠书楼、松壑间楼、净练溪楼、延景楼、属霄楼、延山楼等。

阁：据《园冶》的解释，"阁者，四阿开四牖"。山庄的阁，一般也是四面开窗的多层建筑，它常为借景园外的凭眺之处，有上帝阁（金山亭）、暖流暄波、乐成阁、青闳阁等。

台：我国古代园林中的台，大体有三种形式："掇石而高上平者"，"木架高而版平无屋者"，"楼阁前出一步而敞者"，其作用主要是远眺风景，山庄有畅远台、宿云檐等。

榭：《释名》说"榭者，借也"。其形式不一，多为凉亭式建筑，或岸边水际，或崖间花旁，借景而建，山庄有水心榭、却炎榭、招凉榭、吟红榭等。

舫：俗称旱船，为临水船形建筑，与水易于谐调，互相因借成景，有云帆月舫、画舫等。

堂：其规模、形制一如殿，而作用略次之。山庄多用来做读书、娱乐之所，如颐志堂、学古堂、静好堂、承庆堂、戒得堂、莹心堂、碧静堂、养粹堂、继德堂等。

馆：《园冶》说"散寄之居曰馆"。多为单层建筑，山庄有"清舒山馆"，原为康熙所立太子居住之处，太子废黜后改为读书、娱乐之所。

廊：是建筑之间互相联系的纽带，古典园林中常用做主要风景的导游线，还有划分空间、增加景深、遮蔽风雨等作用。山庄一些大的建筑群（组），如正宫、松鹤斋、万壑松风、月色江声、如意洲、山近轩等，都有廊式建筑。金山岛等处游廊，随假山之势曲折起伏，极为灵活。

门楼：门上建房如楼，以壮观瞻，两侧多连城墙，山庄的主要出入口，例如丽正门、德汇门、碧峰门等都建有门楼。

除此之外，还有桥、堤，以及塔等宗教建筑。

这许多不同的建筑形式，使山庄的百余建筑群（组），各具特色，各擅佳趣，绝不重复，互不雷同。建筑不施彩绘，保持山居野趣，更突出了建筑形象的美丽生动。即使是同一形式的建筑，个体形象也绝不雷同，而是各有千秋。例如，六十来个亭式建筑，就有方形、长方、六角、八角、梅花、扇形、圆形等多种样式；其顶有攒尖、歇山等多种做法，并有单檐、重檐之分；建筑材料有瓦顶、琉璃顶、草顶的区别。

建筑形式的丰富多彩和建筑形象的美丽生动，是山庄园林建筑具有迷人魅力的重要因素之一。

因岩壑天然之妙

我国古代园林的突出成就之一，是巧于因借自然。计成《园冶》说："因者，随基势高下，体形之端正，碍木删桠，泉流石注，互相借资，宜亭斯亭，宜榭斯榭，不妨偏径，顿置宛转，斯谓精而合宜者也。"这对于建筑来说，就是巧于因借自然地势和周围环境。避暑山庄在这方面，也有其匠心独到之处，"凡所营构，皆因岩壑天然之妙"（揆叙等：《〈御制避暑山庄三十六景诗〉跋》）。其手法主要有以下几种：

借地势突出建筑。宫殿区的建筑是布置在全园南部的一个高阜之上。游人在湖区一带眺望这些宫殿建筑，须得仰视，感到它的气度宏大，大有压倒一切之势，给人的感染力是很强烈的。当然，这在思想意义上，是突出皇权的至高无上，是封建制度和封建意识在建筑上的反映，是应该抛弃的历史陈迹。但就建造艺术来说，它无疑有成功之处：造园家并没有花费很大的人力、物力去提高建筑的绝对高度和夸大建筑本身的体量，以加强建筑的感染力，而主要是凭借利用自然地势，提高建筑物的空间位置，用较少的人力、物力，就收到了预期的效果，这是一种很经济的手法。

建筑形象与周围环境妥贴结合。湖区建筑在这方面是很有代表性的实例。它利用了水能倒影的物理特点，使建筑形象更加美丽。水心榭是三座亭式建筑，下承石砌驳岸，由"芝径云堤"东望，碧水如镜，水心榭就像凌波荡漾的画船，形象极为美丽动人。珠源寺建在逼临西湖的一个小山顶上，整个建筑群规整凝重，单体建筑的组合错落有致，而且例外地大面积使用了红色，与周围林木互相对比补衬，俨如一幅色彩艳丽的图画。游人驾船荡漾于西湖，仰视珠源寺，其高与天齐，宛似天上宫阙；倒影湖中，如水底别有洞天，令人凝神谛视。山庄的建筑很少飞檐翘角，而如意洲东端的清晖亭，却例外地使用了大翘角，使之"垂杨披岸，亭角出柳荫中”（《热河志》），造成一种“借问酒家何处有？牧童遥指杏花村”的引人遥望、激人游兴的艺术效果。万树园在康熙时是一片树林，未置建筑，由南山积雪或金山亭眺望万树园，只见绿云簇簇，未免有些单调。故乾隆时于万树丛中筑起一座十三层的舍利塔，高高的塔身耸出绿云之上，突破了万树园的横野平空，形成对比，使整个画面活跃起来；在地理位置上，它恰当北部山区的峰峦回抱处与平原区的结合部，又是园外武烈河二源的汇合处，北倚蓝天，南控湖区，西引南山积雪亭，东招磬锤峰，正是风云会集处的点睛之作。

巧于相地择址。山庄有许多突起的山峰，位置高敞，四望都是动人的景色。南山积雪、北枕双峰、四面云山、锤峰落照、凌太虚、放鹤亭等都雄踞峰岭的制高点，有意让游人站得高、看得远、看得多、看得尽。建筑本身也显得气度凝重。同时，几个高亭又遥相呼应，互为借景。由于有了这些建筑，自然的山峰平添了许多生气，“活”了起来，山的主峰更加突出，峰岭的高低错落更加显明。

西峪一带，山谷回环，境界不够开阔，不适于远眺，因而在山谷回抱处布置了松鹤清樾、风泉清听、碧峰寺等建筑，就近利用溪流、树木等组织景观，诱人近赏细玩，创造了一种恬静的休息、读书环境。

在松云峡南山麓的最深处。有处“个”字形的山岭，碧静堂即踞此而置。建筑群的入口处为六角形阁，将近山顶为碧静堂，左有松壑间楼，右有静赏室，净练溪楼则跨涧飞架。登楼远眺，一望无极，下俯溪流，淙淙有声。景观有动有静，开阔幽静兼而得之。在相地择址上，独具匠心。

梨树峪的中段，山坡平缓，地形并无显著起伏变化，但造园家大胆地选择它布置了“梨花伴月”。整个建筑成田字形四合院，又依山势而层层上叠，四周回廊成阶梯式次第上升，显示出强烈的节奏。这是于平淡中见新奇。

山近轩在松云峡北面的一条小沟谷中，四周峰峦叠翠，下临溪流，有三座石桥跨涧而架，与广元宫有石砌蹬道相交通。环境幽深而又视野升阔。既可坐听溪流，又可静憩阅读，还可登高远眺，借景南山积雪、广元宫及湖区，整个建筑群充分利用了自然地势的变化，以错落曲折取胜。

巧于择向　妙在取景

“屋斜无定向，随意筑林丘”（查慎行诗），“择向尤宜随地势”，“开处奇观一窗纳”（乾隆诗）——清人的这些诗句，说明了山庄园林建筑的又一特点，即因依自然地势，根据赏景需要，巧妙地安排建筑的朝向，以摄取美好的风景。

透过门窗观赏画景，这是我国古代园林建筑区别于其他建筑的重要特点之一，所以，建筑的朝向问题至关重要。“两个黄鹂鸣翠柳，一行白鹭上青天。窗含西岭千秋雪，门泊东吴万里船。”——杜甫的这首著名绝句，形象地说明了这个问题。山庄在建筑择向问题上，独具匠心，取得了很高的艺术成就，从而极大地提高了园林的艺术评价。

乾隆三十六景之一的秀起堂，踞于西峪深处的一个小山头，“西峪中峰特起，列岫层峦，奔趋拱极。据峰为堂，备览诸胜”。由于周围峰岭奔趋，古松森森，取景较难，造园家别出心裁，西向开窗，利用两个山峰之间的空间开辟了一条透视线，把四十里之外的广仁岭一带山色引入堂中。乾隆《秀起堂》一诗写道：“秀起象山头，到兹必憩留。旧年如昨日，今日又新秋。万树鸣相达，千峰翠互流。适来清跸路，一髪见西沟。”他在诗的夹注中写道：“坐堂中，广仁岭及西沟皆可望见。”利用“一髪”之隙，透视数十里，可见造园家的匠心。

梨树峪东口有“悬流喷薄”，“卷沫跳波，寒光四射，若六花飞舞晴空也”。因而于附近建殿五间，朝向瀑布，乾隆题名“千尺雪”，并写诗纪其事：“引流叠石落飞泉，千尺窗前雪色悬。漫拟春明称转斠，所欣结构借天然。”造园家把窗户朝向瀑布，使之如画帘悬于窗前。

如意洲西端有“西岭晨霞”，由于四面都没有较高的遮蔽物，所以四面开窗取景，“杰阁凌波，轩窗四出”，但以西为主要取景方向，“朝霞初焕，林影错绣，西山丽景，入几案间”。乾隆有诗云：“窗户含西岭，晨霞亦可称。恍如赤城畔，高出白云层。映日真还幻，随风散复凝。今朝准为雨，农谚有明徵。”所谓“西山丽景”，正是取景开窗的主要根据。

梨树峪的最深处，有创得斋，踞山而建，后有“夕佳楼”，由于建筑是依梨树峪北山腰，取景很难，只有西向山谷较宽，可以远眺落霞，故门窗西向。乾隆《夕佳楼》一诗，特别说明这种经过深思熟虑的构思：“筑室随山向，山楼所向西。故常含夕照，因以额前题，紫气色如幻，倳池状莫齐。无殊元亮趣，归去每来兮。”

西北门内的宜照斋，在建筑朝向问题上，也经过了一番精心设计。它建筑在一个小山丘的西侧，向东无法取景，面北有宫墙挡住视线，南面则山丘隆起，乔木丛立，唯有西向有一个比较开阔的空间，因而门窗西向，以夕阳落照为景观题材。乾隆的《宜照斋》诗，说明了这种设计意图："择向尤宜随地势，筑斋窗户正开西。千峰夕照呈当面，一室虚明雅入题。翻叶林间闪金碧，过云阶下幻高低。此情此景本太古，静者于斯自取携。"

山庄西北的敞晴斋和含青斋，隔溪相对，门窗的朝向也相对，而各擅佳胜。敞晴斋在溪谷之北，踞山之阳，窗向南开，以青山绿树做画屏，"秋高气朗，苍碧千里，于晴宜也"。其左有"青绮书屋"，右有"绘韵楼"。绘韵楼的开窗更为灵活，佳景尽收。"两架山楼接敞晴，开窗万景毕来呈"；"千峰出翠霁光迎，开著楼窗画意呈"；"小小山楼才两间，千岩万壑座中攀"；"一窗所纳无穷，四时之景不同"——乾隆的这些诗句，写出了给韵楼门窗取景之妙。

含青斋踞溪谷之南，坐落于山之北侧，故门窗北向，以翠峰绿嶂为画景。"斋据山之阴，户对山之阳。翠峰与绿嶂，面面胥包藏。虽秋叶未稀，不描画自张。"——乾隆的这首诗，写出了含青斋因窗取景的建筑构思。

只要有好的画景，哪怕只是一株古松，造园家也选取最佳角度，将门窗对准它，将其摄人画面中。宜照斋一组建筑中有一处名"就松室"，即是以一棵古松为景观主题建造的，其建筑的门窗就朝向这株古松。乾隆在一首诗中，特别说明了这一点："筑室本就松，人亦恒就室"；"室本就松为，松如就室茂"。静含太古山房内的"不遮山楼"，也是以一株古松作为景观主题的，其构思与就松室相同。乾隆在一首诗里，也对此有过描述："山楼倚巘出青霞，凸态凹姿总不遮。独有当窗一枝好，天然小幅展倪家。"碧静堂一组建筑的"松壑间楼"和"静赏室"，也是以一株古松决定建筑朝向的。乾隆在《松壑间楼》诗中写道："枝峰蔓壑不可数，峙有长松千岁古。择向为楼适其间，天风飒沓为鼓舞。"他在《静赏室》一诗中也写道："肩舆盘过翠微峰，别有壶天隔岁逢。指向蜃窗聊纵目，当前恰得一株松。"在这些建筑中，建筑的朝向，完全是以景观素材决定的。

在一些视野并不十分开阔的地方，建筑的门窗也总是朝向最美好的画景，或在墙壁间开辟一些漏窗，摄取美景。总之，使游人置身于建筑内，临窗如面画。青枫绿屿是以枫叶为风景主题的。不引人远眺，而以近赏为趣，窗对枫树，画景万千："北岭多枫，叶茂而美荫，其色油然，不减梧桐、芭蕉也。疏窗掩映，虚凉自生。萝薦交枝，垂挂崖畔。水似青罗带，山如碧玉簪，奇境在户牖间矣。"乾隆《吟红榭》（在青枫绿屿一组建筑内）诗云："霜染横林沓嶂巅，开窗遥对画图悬。聊吟烂漫峰头缬，莫慢飘零谷口填。"罨画窗的窗间画景，更是绚漫多姿："自青枫绿屿折而东西，曲室窈深，疏棂洞启，皇上御题曰'罨画窗'。高据山椒，峭壁陡削，窗嵌其巅，峰岭林泉，咸在几席。"（《热河志》卷三二）每扇窗户，都是一幅活生生的图画："点砌叶多林渐空，个间活景画难工。却饶无尽烟云意，收入凭窗默会中。"（乾隆：《罨画窗》）

八、植物风景构图

"四面有山皆入画，一年无时不看花"——这是清人写避暑山庄的两句诗。从中可以体会到，清代山庄，树木花卉等极盛，并在一定程度上影响着这座园林的面貌和性格。避暑山庄在植物风景构图方面，继承和发扬了我国古典园林的独特传统，并达到了历史的高峰。

我国古代园林是非常注意植物风景构图的。汉上林苑"（将各地进献）名果异卉三千余种植其中"（《三辅黄图》），袁广汉之园"奇树异草，靡不俱植"（《西京杂记》），晋王导的西园"果木成林"（《晋书·郭文传》），《洛阳伽蓝记》写张伦所造景阳山（私园名）"高林巨树，足使日月蔽亏，悬葛垂萝，能令风烟出入"，隋代的帝王园林也是"杨柳修竹，四面郁茂，名花美草，隐映轩陛"（《大业记》），宋代寿山艮岳更是"四方花竹奇石，悉萃于斯"（《枫窗小牍》）。即使规模较小的私家园林，也布置花草树木。名园荟萃的洛阳，虽仅一亩之园，也是"奇花修竹，布列左右"（苏轼：《洛阳李氏园池诗记》）。豪贵巨富经营的园林，更是广植奇花异草，堪与帝王园林争高低，《癸辛杂识》所记卫清叔吴中之园，假山连亘二十余亩，"上荫巨竹寿藤，苍寒茂密，不见天日，旁植名药奇草，薜荔、女萝、菟丝，花红叶碧"。

这些造园实践，大大丰富了古代造园理论。明代著名的园林专家计成，在其所著《园冶》一书中，即强调指出，园林要"收四时之烂漫"，以"桐荫匝地，槐荫当庭，插柳沿堤，栽梅绕屋，结茅竹里"，作为理想境界。清代陈扶摇在《花镜》一书中更深刻地指出："有名园而无佳卉，犹金屋之鲜丽人”。这个比喻当然有酸腐的味道，但他强调树木花卉在园林中的重要作用，是很正确的。

建造避暑山庄的大师们，从这些古代造园的实践和理论中汲取了营养，在历史所提供的特定条件下，施展了自己的聪明才智，创造了园林植物风景构图的一个典型实例，比起北京的三山五园来说，也是略胜一筹的。

山庄植物的配置及构图

清代著名的园艺家陈扶摇说：“有佳卉而无位置，犹玉堂之列牧竖”（《花镜》）。比喻虽然陈腐，但道理是对的。园林植物风景构图首先要位置有方，构图得体，否则，变成树林和花圃，就失去了感人的艺术力量。

树木花卉配置之法，当视园林的性质、规模而定，“如园中地广，多植果木松篁；地隘，只宜花草药苗”（《花镜》）。同时，又要照顾到周围环境，特别是建筑物，应使之互相谐调，自然妥贴，收相得益彰之效，“设若左有茂林，右必留旷野以疏之；前有芳塘，后须筑台榭以实之；外有曲径，内当叠奇石以邃之”（《花镜》）。特别重要的是，要根据草木花卉的习性、形态、花色叶状等特点，巧妙布置，即如《花镜》所说：“因其质之高下，随其花之时候，配其色之浅深，多方巧搭，虽药苗野卉，皆可点缀姿容，以补园林之不足，使四时有不谢之花，方不愧名园二字”。山庄的植物配置及构图，大体上是符合这个原则的。

山庄作为规模巨大的皇家园林，只布置低矮纤细的花卉，是不能与之相称的，所以，它以松树为骨干，广植乔木，就使全园广阔的艺术空间，显得充实丰满。山庄地形复杂，建筑繁多，景区区分明显，所以，树木花卉的位置、调配，也与一般规模较小的私家园林采用的突出一两种观赏植物的单一构图方法不同，而是采取多单元、多层次的构图方法：根据地形条件、建筑内容及特点、园林的功能要求等，划分了若干“区”，即植物风景构图的单元，每一单元突出一二种观赏植物，造成强烈的个性特点。这些独具特色的单元，组合起来，即成为一幅节奏强烈、五彩缤纷的植物风景构图画卷。在每一个单元内部，又根据树木花卉的习性、形态、花色叶状等特点与风景构图的需要，巧妙布置、调配，使之自成画景。

由于历史原因，山庄的植物风景构图遭到严重破坏，我们很难一睹它当年的芳姿，但我们可以根据实地调查和文献资料，把它“复原”起来。

宫殿区：坐落于全园的南部，包括正宫、松鹤斋、东宫、万壑松风四组宫殿式建筑，为清帝日常起居及处理政务之所，其树木配置以松树为主，以与宫殿区整肃、庄重的气氛相谐调。

正宫部分，由丽正门至避暑山庄门之间，几乎是林木花卉的空白区（现有的小松树为新中国成立后栽植的），想其原因：一、是功能的要求。避暑山庄门是清帝接见王公大臣及看射箭比赛的地方，自然不能有林木遮挡；二、从美学的角度看，这一段“空白”恰与避暑山庄门内参天的古松形成对比，是欲扬先抑，欲放先收。游人由丽正门进入以后，经过这样一段林木“空白”区，突然看到避暑山庄门内的参天古松，会产生一种“别有洞天”的喜悦感，这正是“此处无声胜有声”的艺术感染力量。

避暑山庄门内，“澹泊敬诚”一组建筑的院落中，行列栽植油松四十二株，夹角墙内植有虺枝密叶的国槐。由此往后，直到正宫的最后一组建筑——“云山胜地”，院落中都植有古松。只有在“烟波致爽”——清帝的寝宫前，点缀了一些花卉。康熙写“烟波致爽”的诗有“触目皆仙草，迎窗遍药花”的句子，乾隆也有“回跸游仙地，空庭遍野花”的写实之作。可以想见当年“烟波致爽”窗前花影闪烁、流芳溢彩的情景。

“松鹤斋”院落中所植主要也是油松。乾隆《松鹤斋》诗有云：“常见青松蟠户外，更欣白鹤舞庭前”，可为证明。

“东宫”一组，原来建筑过于繁密，院落中似乎很少林木，只散植了一些松、槐。

“万壑松风”如名称所示，当年遍布巨松。据《热河志》记载，当时“长松数百，掩映周回”。康熙诗“偃盖龙鳞万壑青”，乾隆诗“四时无改色，众木有超群。盖影晴仍暗，涛声静不纷”，都是写万壑松风附近松林蓊郁的景观。根据实地考察，附近还散植了一些国槐。

湖岛区：湖岛区是全国风景的中心，景观的布置，突出夏景，意在引人流连近赏。植物配置，突出荷花。每当夏秋之季，满池锦绣，流彩溢香，灿烂绚丽，足称大观。

有三条游览干线贯通湖区，连络宫殿区与平原区，植物的配置各有千秋：

中路风景，以芝径云堤为干道，上连万壑松风，经环碧岛，以如意洲为高潮，至青莲岛（烟雨楼）为结景。

芝径云堤“夹道垂杨”，绿荫蔽空，使人长堤漫步，犹如置身凉亭中。两侧湖中，荷花焕彩，“风吹菡萏倒垂枝”（乾隆诗），足以引人留步。

沿堤北行，至环碧岛，风景构图的色彩为之一变，“新菱出水，带露萦烟”（《热河志》），随风飘逸，荡漾于青波。其“花色白而心黄，瓣凡六出”（《花木小志》），清新淡雅，比艳丽灿烂的荷花，另是一番风采。“菱花菱实满池塘，谷口风来拂棹香”——乾隆的这两句诗，使人很容易想起梁简文帝的《采菱歌》及其与宫女采菱嬉乐的故事。

沿堤继续北行，即达如意洲，是为中路风景的高潮，“红莲满渚，绿树缘堤”（《避暑山庄诗》），风景构图极为绚烂。《热河志》说：“如意洲东，临水一亭，垂柳披岸，亭角出柳荫中。”可见当时沿湖岸垂柳戏水藏亭的浓密景况。乾隆在一首题“延薰山馆”的诗中写道：“松声风入静，花气露生香。竹素悦心永，珠林味道长。”说明当年这一带栽植了许多松树和竹子。最突出的是金莲花，当时有“金莲映日”之盛。康熙描写当时的盛景说：“广庭数亩，植金莲花万本，枝叶高挺，花面圆径二寸余，日光照射，精彩焕目，登楼下视，直作黄金布地观”（《避暑山庄诗》），确有一番奇丽景象。据《广群芳谱》，金莲花“六月盛开，一望遍地金色灿然。至秋，花干而不落”，是开花时间较长的草本植物，可伴游人度过盛夏。当时，建筑周围还配置了一些供人赏玩的奇花异草。张玉书于康熙四十七年（1708）游览如意洲时，曾看到“群花列植，极多异种。绣球五本，分五色，目中所未见也”（《扈从赐游记》）。乾隆在《无暑清凉恭和元韵》一诗中有“苔纹千点万点绿，菊蕊三枝五枝芳”之句。这些绣球、菊花等名花异草与满湖红莲，更烘托出金莲花的灿烂，构成一幅极为绚烂奇丽的风景画，形成了中路风景的高潮。如意洲后有“澄波叠翠”亭，“亭畔一松盘郁，古色苍然”（《热河志》），是用单体的古松与凉亭造成的静态构图，引人凝思，也与“金莲映日”的灿烂形成对比，引导游人的精神进入了另一境界。与如意洲隔水相望的青莲岛，是中路风景的结景。乾隆《题烟雨楼》诗说“却胜南巡凭赏者，平湖风递芰荷香”，说明岛四周荷花满池，一片艳丽，但岛上的植物布置另具意趣。在主体建筑“烟雨楼”前栽植了几株大松树，而“楼外青杨蓊蔚”（《热河志》），书斋即以“青杨书屋”为名。杨树素有“响叶”美称，每当细雨迷蒙，杨叶翻翻作响，益显岛之清幽。

湖岛区东路风景，南起“水心榭”，东连“文园狮子林”，北行有

“月色江声”、“清舒山馆”、“戒得堂”、“花神庙”、“金山岛”，以热河泉为结景。

“水心榭”系坐览风景之所，可以欣赏两侧湖中荷花。东面的“文园狮子林”，以小巧玲珑的建筑取胜，并不着意于树木花卉的观赏。乾隆有《题文园狮子林十六景诗》，其一即《藤架》：“藤架石桥上，中矩随曲折。两岸植其根，延蔓相连缀。施松彼竖上，缘木斯横列。”这是文园狮子林中唯一的一处植物风景构图。“月色江声”岛的植物风景构图则比较复杂，“峡琴轩”为听“松涛水声”之所，想见过去附近有小片松林。乾隆《静寄山房》诗有“碧草白沙步野塘，槐荫还有读书堂”之句，在另外题为《楂梨》的关于“静寄山房”的诗中则写道：“山中有楂秋已熟，闲庭自落声簌簌”，说明山房周围植有大槐树和楂梨（俗称山里红）。在“罨画窗”的四合院中，原有假山藤架，现在仍有遗迹可寻。另外，岛上还布置有适于近赏的植物。在岛的西南端，即交接芝径云堤处，有“冷香亭”，如其名称所示，原为赏荷之所，乾隆曾题诗云：“四柱池亭绕绿荷，冷香雨后袭人多”。从冷枚画上看，亭的附近还布置了竹子、梅花等适于近赏植物。

“清舒山馆”为读书之所，要求清雅幽静，植物的配置也要求与之适应，除松树之外，突出竹子。《热河志》记载，“此间竹净苔清，觉鸟语泉声都增净赏”，道出了其间植物风景构图的特点。乾隆题“静好堂”（清舒山馆建筑之一）诗有“翠屏遮户静无尘，觺觺阶前长绿筠”，当为写实之作。其东有“畅远台”，为登临眺望之所，并不布置近赏植物。据《热河志》记载，其东“绿柳绕堤，红荷近渚”，与清舒山馆以竹为主题的幽静风景构图，迥然有别。

“清舒山馆”之东有小岛，为“戒得堂”所在。堂后有“镜香亭”，应为赏荷之所。岛南有“佳荫室”，附近当有古松等巨树。乾隆题“戒得堂”诗有云“庭余古树全铺荫，阶绕新花自放荣”。可见岛上古树匝密，花卉也很不少。

“清舒山馆”之北的“花神庙”，是供奉十二季花神的地方，重在赏花，不重在赏景，诱人近观，不引人远眺，当年这里曾经栽植和盆植了不少名贵花卉。

独立于湖中的金山岛，为东路风景的高潮，主要引人登高远眺，不诱人近赏，所以不布置花卉等使人近赏的植物。乾隆咏“金山”的词有

“枫叶槲叶纷错，松枝竹枝参差”的句子，说明当时岛上曾布置了松、槲、枫、竹一些较为高大的树木，以烘托建筑，风景构图以建筑为中心，植物仅为附衬。

热河泉一带的风景构图，意在诱人近赏。湖面“中多青萍，丰茸浅蔚，每微风乍起，清香袭人”（《热河志》），有“萍香泮”之胜。其南有“香远益清”，“中植重台、千叶诸名种，翠盖凌波，朱房含露，流风冉冉，芳气竟谷”（《避暑山庄诗》），乾隆曾有词写道：“俯弄清漪，平临锦绣，净植含奇。华岳峰头，西施湖畔，幽艳谁知?”热河泉正是以幽、艳兼得为东路风景作结。

湖岛区西路风景是沿如意湖西岸北行，经“芳渚临流”，过“长虹饮练——双湖夹镜”桥，再经“临芳墅”、“千林岛”，至“远近泉声”为高潮，北行直到山脚下“半月湖”为结景。

“芳渚临流”是供人坐览风景的凉亭。康熙曾有一首诗，描写周围的风景：“堤柳沙汀翡翠茵，清流芳渚跃凡鳞。数丛夹岸山花放，独坐临流惜谷神。”岸边垂柳，水中荷花，山坡绿草，野花点缀，造园家用这些植物编织了一幅天然图画。

“长虹饮练——双湖夹镜”桥，界分西湖、如意湖，又是交通孔道，“桥南种敖汉荷花万枝，间以内地白莲，锦错霞变，清芬袭人”（《避暑山庄诗》）。“两岸烟澜渺弥，杨柳纷敷，异花滋漫，掩映白莲，缛采清芬，弥望如一”（《热河志》）。根据这些记载，可知这一带是以荷花为风景构图主题的，其意在引人于桥上俯视水面图画。

“长虹饮练——双湖夹镜”桥北端之东，有半岛，上建“临芳墅”。“知鱼矶”各五间，南与“采菱渡”隔湖相对。据《热河志》记载，“药栏河沼，芬郁左右”，乾隆也有诗写道：“奇葩异草四时芬，八百功常鼻观闻，是药是花皆采取，文殊于此亦疑麖?”据此可知，岛上原来是小花圃，其意也在诱人近赏。

“长虹饮练——双湖夹镜”桥之北，有千林岛，立于西湖与长湖之间。据历史文献记载，清代岛上遍植果树，应是一个小果园，除草荔枝、普盘（木莓）外，以樱额为盛。《康熙几暇格物篇》曾有记述：“樱额，果树也。产于盛京、乌喇等处，古北口外亦有之。其树丛生，果形如野黑葡萄而稍小。味甘涩，性温暖，补脾止泻，鲜食固美，至以晒干为末，可以致远，食品中适用处多，洵佳果也。今山庄之千林岛，遍植此种。每当夏日，则累累缀枝，游观其下，殊堪娱目，不独秋实之可采也。”其植物风景构图，以清幽取胜，与长桥附近之荷花灿烂情调迥异。

“千林岛”之北，原为瀑布、涌泉荟萃之处，附近“远近泉声”、“千尺雪”、“云容水态”等建筑，都是各具特点的观赏水景的所在。其植物风景构图，亦以水上植物为主调。据康熙《远近泉声》诗小序说：“北为趵突泉，涌地霏沸，西为瀑布，银河倒泻，晶帘映崖，微风斜卷，珠玑散空。前后池塘，白莲万朵，花芬泉响，直入庐山胜境矣”（《避暑山庄诗》）。据此可知，这一带的植物配置，突出白莲，其与“金莲映日”附近之金莲、红莲，另是一番情趣。

溯长湖而北，至“南山积雪”亭山脚下，原有“半月湖”，附近建“曲水荷香”，即为湖岛区西路风景的结景处。顾名思义，“曲水荷香”是以荷花取胜。据《热河志》记载，曲水荷香“下临曲沼，藕花无数。荷植亭亭，翠盖红葩，翛然香远”。乾隆在一首诗里，也突出描述了这一带的荷花盛景：“镜面铺霞锦，芳飏习习轻。花常留待赏，香是远来清。”在逼近山岭处，以水上植物组织风景构图，在其他园林中是不多见的。

平原区：主要包括“万树园”、“试马埭”两大部分，其植物配置别具一番风采。

“万树园”如名称所示，是一片树林。当年“嘉木罗植”，蔽天遮日。现在仍然保存着几株古树，应是当时的遗存。从现在的三四十年代的一幅照片看，这一带确有不少古松、老柳、巨槐。从康熙时冷枚所绘《热河行宫图》看，这一带还有不少枫树。一般认为冷枚这幅画是写实之作，当时这里栽种一些枫树是可信的。嘉庆《甫田丛樾》诗有“渐觉松阴满，又看枫叶翻”的句子，也说明这里是有枫树的。另外，万树园南濒湖岸有“莺啭乔木”亭，可以推想当年这一带曾经布置了一些浆果植物和灌木丛，以吸引鸟类。

万树园之西，南濒湖，西至文津阁，北到“南山积雪”一带山脚下，当时称为“试马埭”，原来是一片大草坪。因编纂《四库全书》闻名的纪晓岚，曾以精彩的文笔描述了草坪的景象：“细草沿坡带谷，皆茸茸如绿罽，高不数寸，齐如裁剪，无一茎参差长短者，苑丁谓之规矩草”（《阅微草堂笔记》）。现在，那里还保存着乾隆手书的《绿毯八韵》碑，他在诗的小序中说：“山庄土美草丰，连冈遍野，而以鹿多恣食，不致蔚长，铺地不过寸余，诚绿毯也。”

“万树园”、“热河泉”、“金山岛”以东，有一片平地，在清代是瓜圃，当时种植了许多香瓜、西瓜。康熙在《烟波致爽》一诗中说“地厚登双谷，泉甘剖翠瓜”是记述他在山庄吃瓜的情景。清朝皇帝还常把山庄产的香瓜和西瓜赏赐大臣和奴仆。据清档《起居注册》记载，康熙五十五年（1716）六月，康熙住在山庄时，于十二日、十六日、十八日，多次“赐大臣、官员、执事人员、护军、七省官兵西瓜、香瓜”，说明当时山庄瓜圃所产的瓜还很不少。

从文献记载来看，康熙时避暑山庄还种了一些农作物。现在我们很难确指其布种的具体地点，但据理推论，当在湖区与平原区的结合部位。汤右曾有一首诗，是专写山庄“稻田麦陇”的：“稻垂麦仰足阴阳，土厚泉甘草木香，会吐双岐衔九穗，一星天上应农祥。”（《康熙五十二年五月二十五日，蒙恩宣赐筵宴，得游避暑行宫，怀恩纪事诗二十首之一》）可见当时山庄里的庄稼长得还很不错。从历史资料看，山庄种植的农作物主要有麦、稻、乌喇白粟。这在康熙的诗文中，都有明确记载。

康熙《刈麦记》一文，记载了康熙五十四年（1715）在山庄割麦的情形。他是这样写的：“山庄苑内，麦、谷、黍、稻皆寓焉。……五十四年夏六月，小暑，乃苑中刈麦之候，荐新观成，如云表盛，晨气暖风，秀渐标奇。远闻各省麦秋相同，此目前之实景也。”（《清圣祖御制文（四集)》、《畿辅通志》卷八）

康熙时还曾把北京丰泽园的一种稻子，布种于山庄、康熙说：“四十年以来，内膳所进，皆（丰泽园）苑米也。其米色微红而籽长，气香而味腴，以其生自苑田，故名御稻米。一岁两种，亦能成活两熟。口外种稻非至白露以后数天不能成熟，惟此种可以白露前收割。故山庄稻田所收，每岁避暑用之，尚有赢余。”（《康熙几暇格物编》）可证山庄稻田确曾有过。

乌喇白粟，据康熙说，原产于乌喇（今吉林）地方，“味既甘美，性复柔和，有以此粟来献者，朕命布植于山庄之内，茎干叶穗，较他种倍大，熟亦先时，作为糕饵，洁白如糯稻，而细腻香滑，殆过之。”（《康熙几暇格物编》）

这些农作物的种植，有力地渲染了园林的“山庄”野趣。但乾隆时的历史文献，我们至今没有找到山庄种植农作物的任何记载，大约不再种植了。社会风气一变，园林风格也随之起了变化，“野味”少了，人工痕迹多了。

山峦区："烟光浓淡写晴空，多少旌旗掩映中。大抵无峰无好树，一峰不与一峰同。"（见《敬业堂诗集》）查慎行的这首诗，大体说出了山峦区植物风景构图的特点。山区的树木配置，以西峪、梨树峪、松云峡三条主要游览路线为中心，因借峰岭等自然地势划分景区，每区突出一二个树种，造成个性各殊的景观。

西峪，与宫殿区相连接，是山区三条山谷中最南的一条，其深处即榛子峪，自外而内依次布置有松鹤清樾、碧峰寺、有真意轩、鹫云寺、静含太古山房、秀起堂等建筑。其植物配置，以松、榛为主。据《热河志》说，进西峪谷口，"香草遍地，异花缀崖，夹岭虬松苍蔚"。现在，我们沿御路漫步于西峪，依然可以看到道路两旁古松苍然，蓊郁深秀。在西峪深处，即榛子峪，则变化了树种，以榛子树为主。《热河志》说"行宫中榛树尤多。山庄内之西岭，有榛子峪，亦以此得名"。现在这一带虽然榛子树仍然有存，但已经不像清代那样成林成片蔚为景观了。到西峪最深处，即"鹫云寺"、"静含太古山房"、"秀起堂"一带，植物的配置，又起了变化，仍以松树为主。乾隆在一首咏"静含太古山房"的诗中写道："松不烦新种，石皆入古图"，当是写实之笔。现在我们在这一带仍然可以看到一片松林。

西峪之北最长的一条山谷即梨树峪，原有"梨花伴月"之胜。其植物配置，突出梨树。当时"梨花万树，微云淡月时，清景尤绝"。此外，还兼有其他一些树种。康熙在一首题为《梨树峪道中步辇口占》的诗中曾写道；"山中独见松林影，时有清流助鼓琴"。又写道，"一溪展转见山花，步步石苔杨柳斜。试看目前将熟果，青榛郁李并堪夸"。说明当时梨树峪除梨树外，还有松、榛、杨、柳、李等树。

山峦区最北的一条峡谷即松云峡，有石砌御道通西北门，可达山庄以北的各个寺庙。峡谷中建筑较少，主要以松树组织风景构图。现在我们在御道上漫游，犹有置身于大森林中的感觉。特别值得提起的是，松云峡北岭的植物风景构图。这一带峰岭北靠宫墙，地势很高，既可眺望园外，又可俯视全园，也是园内各风景观赏点的天然借景。它的植物配置以枫树为主，《热河志》说："（山庄）北岭多枫，叶茂而美荫，其色油然不减梧桐、芭蕉也。"有"青枫绿屿"之胜。其周围"掩映枫林，浅碧浓青，远迩一色，每轻霜乍染，万叶皆赪，锦树分丛，丹霞竞彩"（《热河志》）。

这些记载是可信的，现在在这一带仍然可以看到不少枫树。经霜点染的红叶，如火如荼，浓艳耀目，使峰岭的形象格外鲜明突出，因而更好地成为借景素材。

山庄植物风景构图的艺术特点

山庄植物风景构图有两个突出的艺术特点：一是以松树为骨干，加强全园风景构图的和谐与统一；二是通过大量引种各地有代表性的树木花卉，使植物风景构图与园林内容保持高度的统一。

园林植物风景构图和其他艺术作品一样，都讲求和谐与统一，这是形式美的重要法则之一。欧洲古代美学的先驱亚里士多德把这个法则称为“整一性”（《诗学》），19世纪著名的法国史学家兼文艺批评家丹纳则称之为“集中的规律”（《艺术哲学》），黑格尔老人把它叫做“整齐一律”（《美学》第一卷）。总之，都是一个意思，就是要求一件文艺作品本身必须和谐统一。我国的古典园林实践，也是遵循这条法则的。避暑山庄的植物风景构图在这方面是独具特色的。

山庄是以油松为主调统调全园，从而保持全园植物风景构图的和谐与统一的，避免了品种繁多、数量极大的树木花卉在风景构图上容易形成的散乱。这一点，只要我们稍微实地体验和考察一下就会强烈地感觉到。你看，无论是在宫殿区，或是湖区，或是平原区，或是山峦区，甚至辉煌壮丽的外八庙，到处都有挺拔苍劲的古松，或成片密林，或稀疏点缀，或拱抱建筑，或独立于旷野，或迎风冒雪傲立于山峰，或出类拔萃于绿丛，它们互相联络，互通气息，相互呼应，使整个园林浑然一体，呈现一派苍古景色，有力地加强了园林的感染力量。

造园家所以选择油松为骨干树种，首先是根据当地的特殊自然条件决定的。这是我国古代“体宜因借”（《园冶》）造园法则在园林植物风景构图上的具体运用。康熙在他追述辟治山庄经过的《芝径云堤》一诗中，曾经写道：“君不见，磬锤峰，独峙山麓立其东；又不见，万壑松，偃盖重林造化同。”说明始治山庄时，这一带就生长着成片松林。辟治园林之初，造园家有意识地保留了不少古松。张玉书在《扈从赐游记》一文中，就曾特别提到了这一点：“（湖）岸有乔木数株，近侍云：‘此皆奉上命所留。’随树筑堤，苍翠交映，而古干更具屈蟠之势。”从他描绘的“苍翠交映”，“古干更具屈蟠之势”的形态来看，无疑是古松。当时是康熙四十七年（1708），即是刚刚建造避暑山庄后数年间的事，所谓“奉上命所留”云云，就是说的始治园林时有意识保留下来的。在辟治园林的同时，还根据风景构图的需要，栽植了不少松树。乾隆在《山庄即景》一诗中曾经写道：“种松庭际较余老”。乾隆生于康熙五十年（1711），说明在这之前，就曾经栽植了不少松树。乾隆时期避暑山庄的绿化工作，更突出栽植松树。从现在查到的一件档案看，乾隆三十八至四十三年（1773—1778）六年间共植树4602株，其中松树1692株，杂树1961株，自生小树949株。杂树是指松树以外的其他树种，自生小树则包括松树和杂树。从这个统计数字看，松树几乎与其他树种的总和相等，即是说，约占全园树木总数的一半。这也反映了松树在山庄的植物风景构图中占有突出的地位。松树所以成为统调全园的骨干树种，数量多是一个重要原因，再加它那苍古挺拔的高大身影，经风雪而不凋的强大生命力，给游人的感觉就特别强烈。乾隆在《松风》诗中曾经写道，“塞山树万种，就里老松佳。落落四时翠，森森列嶂排”，形象地写出了松树给人的强烈印象。随着时代的变迁，避暑山庄的古建筑有很大变化，但松树作为统调全园的骨干树种这一特征，始终保持未变。道光以后，清朝日益衰弱，清朝皇帝不再到避暑山庄来，山庄的建筑有不少逐渐颓圮，但松树依然茂盛。同治时期，乔重禧游观山庄时，仍然以“松声万壑雷”来赞美它，他在自注中写道：“山庄松树最盛”（《陔南池馆遗集》）。我国近代著名的地理学家张相文先生1910年游览避暑山庄时，也写道“（行宫内）松柏森森”，“老树婆裟，大皆逾抱”（《南园丛稿》）。这些都说明，松树作为全园植物风景构图的主调，历久不衰，形成了山庄一个震撼人心的特点。

园林植物风景构图和其他艺术一样，都要求形式与内容的统一。普列汉诺夫曾经强调指出：艺术创作的规律“最终不过归结为一点：形式必须和内容相适应”（《没有地址的信》）。这是形式美的灵魂和生命力的源泉。园林植物风景构图的最高成就也在这里。在这一点上，避暑山庄的成就，达到了我国古典园林的最高峰。

避暑山庄和外八庙是清代统一多民族国家巩固和发展的历史见证，从一个侧面反映了清朝统一全国的历史进程。用乾隆的话来说就是“表镇抚而资宣慰”（《千佛阁碑记》）。清朝皇帝每年到山庄避暑，用他们的话说，是为了达到“察民瘼，备边防，合内外之心，成巩固之业”（《避暑山庄百韵诗》序）的政治目的，即通过接见、宴赏、打猎等手段，抚绥、震慑少数民族王公贵族，使之与清中央政府“合心”，从而达到巩固多民族国家统一的政治目的。

避暑山庄的园林植物风景构图，与其园林布局和建筑一样，都反映了上述内容，从而达到了形式与内容的高度统一。

在这方面，造园家主要是通过大量引种各地有代表性的树木花卉，唤起游人对清朝统一全国历史进程的记忆，反映祖国地大物博、多民族国家统一这样一个历史内容的。

康熙曾指令将外兴安岭一带的一种野果，移植山庄，并亲自命名为“草荔枝”，还把它作为一种珍品，赏赐大臣们吃。乾隆曾写有《草荔枝》一诗：“渡溪越岭来非易，小核薄皮芳有余。草荔枝虽同品味，自珍未入蔡家书。”他在诗的自注中写道：“草荔枝似塞外普盘而无子，皇祖时命移植山庄，锡以今名，以其实甘芳，亦有解渴生津之益。”后来，何秋涛在《朔方备乘》中，还对它作了专门考证：“草荔枝，丛生、朱颗、味甘，似普盘而无子，内地所无，惟塞外兴安及乌拉有之。圣祖命移植避暑山庄，锡以今名，较之闽贡蠲渴生津未易伯仲，并蒙高宗奎藻题咏。谨案：外兴安岭与俄罗斯接界，故列于此（指《北徼方物考》）。”这自然使人很容易联想到康熙时打退沙俄对黑龙江流域的侵略，加强对黑龙江流域的行政管理的历史。

清朝建立避暑山庄的一个重要政治目的是“抚绥”蒙古族王公。造园家在安排山庄的植物风景构图时，自然不会忘记这一重要的园林内容，试马埭即是仿照蒙古草原风光设置的。康熙时还曾把内蒙古敖汉荷花，移植山庄，使湖区平添了不少风韵。乾隆在《荷二首》中，对它作过描述，现录其一，以资证明：

芙蓉出水塞垣开，秋浦偏看霞锦裁。
十丈谁诚分玉井，灵根真自敖汉来。

他在自注中写道：“敖汉荷花色鲜瓣大，胜于内地。皇祖时移根于此。”乾隆时期还曾将蒙古草原一种名叫“乌沙尔器”的果树移植山庄。据《热河志》记载，这种果树高数尺，秋结红果，一枝累累千万颗，其实如樱桃而小，可食，味酸苦。乾隆写有《乌沙尔器》一诗：“是果皆花自作林，林囊错落翠荫森。笑他移植郭驼拙，尺许行宫伴倚吟。”并自注说：“尝命移植御园，虽成活而不茂。”

乾隆时期清中央政府彻底统一了新疆，这是清代多民族国家统一的一个重要里程碑，新疆各少数民族上层人物多次到山庄朝见清朝皇帝。这样的历史内容，亦在山庄的植物风景构图中表现出来，天山南麓一种名为“奇石蜜食”的绿葡萄被移植山庄。乾隆写有《奇石蜜食》一诗，专纪其事：“枝叶蝉封献者同，碧琉璃颗独中空，采条移植上林苑，结实颁餐造物功……”他在诗的小序中说：“（奇石蜜食）回语，绿葡萄之名也。凡葡萄皆有子，此独无子，截条植地而生……前年命取根移植禁苑，今成活结实。”（《清高宗御制诗文十全集》卷十八）这里的禁苑即指山庄（参见《热河志》卷九十三）。

江南的花草名品桂花、兰草等，也在这塞外园林生根开花。乾隆曾写有《题钱维城九秋图·金桂》一诗：

粟想方蕤金想黄，西风常与逐风狂。

谁知一种江南卉，也作中秋塞北香。

他自注说：“秋花九种，钱维城图以进避暑山庄者，山庄今亦有桂云。”

乾隆还写过一首《戏题兰》：

泽兰自昔拟骚人，南国移来塞地新。

水土不谙风月异，芳菲强弄鲜精神。

乾隆这首诗的手迹现仍存避暑山庄博物馆。另外，《热河志》卷九十四有明确记载：“兰，自关内移植山庄，虽不甚繁，亦能作花。”说明当时山庄内确有兰草。

这些江南名品，大都是官僚贵族奉献的。例如，与《红楼梦》作者曹雪芹祖上有姻亲之谊的苏州织造李煦，于康熙五十九年（1720），即遵旨派儿子李鼎“送丹桂二十盆至热河”（《李煦奏折》）。

对其他各地有代表性的树木花卉，也广为搜罗，充实山庄。著名的金莲花，即是从山西五台山移植来的。康熙《金莲映日》诗，对此作了说明：“正色山川秀，金莲出五台。塞北无梅竹，炎天映日开。”据《清凉山志》记载：五台山有旱金莲，如真金挺生绿地。相传为文殊胜迹，很有些名气，所以康熙命人把它移植山庄。

乾隆时期，还把围场、内蒙古一带的落叶松移植山庄。乾隆在《桧》这首诗的自注中对此作了说明：“落叶松似桧而非，冬时落叶，生兴安岭北，近移植山庄亦成活。”他还专门写了一首《落叶松》诗，也还有点趣味。

亦被八公号，移来千里途。
春前生嫩叶，霜后剩枯枝。
颇有充君子，宁无假大夫？
真松莫相怨，聊得岁寒乎！

从全国各地移植来的其他树木花卉还有很多。康熙对这一点是很得意的，他在《香远益清》这首词中，就曾写道：“沙漠龙堆、青湖芳草，疑是谁知，移根各地参差。”沙漠龙堆是指蒙古地区，青湖在湖南，泛指南北各地的名花异草，都罗致于山庄了。因而，山庄内“奇种异植，茂密蒙茸”，堪称一个大植物园。

清朝皇帝所以要把全国各地的名贵树木花卉移植山庄，主观上当然是为了满足耳目口腹之欲；同时客观上也显示了国家的统一和地大物博。这些有代表性的树木花卉与仿建的各地著名建筑和模拟的各地自然地理特点，融在一起，使整个园林很像祖国地理的一个模拟沙盘，给人以强烈的艺术感染力量。乾隆五十七年（1792）马嘎尔尼率领的英国使华团，参观了避暑山庄之后，曾经这样记述了他们的观感：“在游览中一行人发觉到，在全园中包括着天南地北绝然不同的地段，有的地方生长着北方的耐寒橡树，也有地方生长着南方的娇嫩花草……整个园林既有天然的雄浑气概，又有秀丽的人工创造。”（《英使谒见乾隆纪实》）

“山庄咫尺间，直作万里观”——这是乾隆写山庄的两句诗。造园家运用移天缩地的手法，使园林有限的艺术空间，大有囊括四海、包容天南地北之势，植物风景构图与园林内容的高度统一是一个重要的因素。“形象大于思想”，造园家创造的园林艺术形象，大大超越了清朝统治者的主观意图，有着永久的艺术魅力。

山庄植物素材对提高园林评价的作用

丰富多彩的树木花卉，对于提高避暑山庄风景的艺术评价及加强园林的功能等方面，都有着重要的作用。

极大地丰富了园林景色。在创造园林景色方面，树木花卉比其他园林素材（例如楼台亭阁、假山、池沼等）是经济的，受地形、地势等自然条件的限制也较少，构图灵活，富于变化，而且可以通过色、香、味、形等直接作用于人的感官，感染力强。所以，它历来为造园家所重视。

避暑山庄在利用树木花卉创造园林景色方面，是富于创造性的。例如："万壑松风"是以树之声——松涛为风景主题的；"青枫绿屿"与"金莲映日"是以叶色和花色组织风景构图的；"冷香亭"、"香远益清"、"曲水荷香"等是利用荷花的芳香，为园林风景题材的；"莺啭乔木"则是利用浆果植物吸引鸟类的特点，创造了一种"鸟鸣清幽"园林意境的。总之，造园家利用各种园林手法，充分调动和利用树木花卉的性格、特点，创造了绚烂多彩的园林风景。仅以康熙、乾隆题名的"七十二景"为例，以树木花卉为风景主题的就有万壑松风、松鹤清樾、梨花伴月、曲水荷香、青枫绿屿、莺啭乔木、香远益清、金莲映日、芳渚临流、甫田丛樾、松鹤斋、冷香亭、采菱渡、观莲所、萍香泮、万树园、嘉树轩、临芳墅等18处之多，约占"七十二景"的四分之一。其他，如"西岭晨霞"、"远近泉声"等，也是以树木花卉与其他园林素材相结合，组织风景构图的。这样算起来，几乎山庄的每一"景"都与树木花卉有关。正是由于树木花卉为园林提供了丰富多彩的风景素材，从而大大丰富了园林景观。

植物风景极大提高了园林风景的艺术评价。山庄以松树为骨干树种，统调全园，使整个园林形成一个宏伟的艺术整体，加强了园林风景构图的和谐统一。同时，大量引种各地有代表性的树木花卉，摹拟各地自然风貌，把清代前期多民族国家的统一和地大物博的历史形象，通过园林手法，反映在风景构图中，加强了园林艺术形式与内容的统一。

树木花卉还大大突出了园林风景的自然美。乾隆时期到过承德的朝鲜著名学者朴趾源，评价避暑山庄时曾经指出，"其山水胜景，逾于燕京（指北京诸园）"（《热河日记》）。英国马嘎尔尼使华团，谈到对避暑山庄的印象时，也说它"具有一种天然风景"（《英使谒见乾隆纪实》）。山庄这种自然野趣的园林风格，是与树木花卉分不开的。树木花卉与山水等自然素材相结合，形成了森林、草原、溪流等许多自然景色。遍布全园的古松等高大树木，隐蔽了楼台亭阁等人工建筑，使园内与园外的自然山林，从空间上连成一个艺术整体。这些，都有力地渲染了园林的自然风采。

树木花卉还有力地加强了山庄园林风景构图的节奏感。任何艺术都要求有一定的韵律，要有节奏感，它对艺术品起着丰富和变化的作用。否则，艺术的统一就会变得呆板。这是形式美的法则之一，也是园林风景构图的艺术评价标准之一。树木花卉对加强山庄园林风景构图的节奏感，有着显著作用。

树木花卉有力地显示了地形的错综复杂变化。古人论画说："山借树而为衣，树借山而为骨”（荆浩（传）《画山水赋》）。这也适用于园林风景的布置。山庄北部山岭突出枫树，每当轻霜乍染，溢彩流丹，峰岭如火如荼；梨树峪以梨树为主，当春风送绿，梨花淡若轻烟，峰岭则如轻纱素裹；西峪一带，古松苍翠，峰岭滴翠。不同的树种，使峰岭各具姿容，显示不同的特点。从而使人强烈感觉到山峦的起伏变化。

造园家还利用不同的栽植方法，以加强风景构图的节奏感。宫殿区（特别是正宫部分）采取行列栽植法，给人以整齐、庄重的感觉，而湖岛区、山峦区则采取随地势而自由散植的方法，给人以轻松闲适的感觉。游人从宫殿区走到湖岛区，会有一种轻松的喜悦感。这是构图的节奏感引起的人们心理变化的一种表现。

利用树木花卉形体叶状的变化，加强风景构图的节奏感，也是造园家惯用的一种手法。宫殿区的松树体型高大挺拔，湖岸的垂柳婀娜多姿，湖中荷花随波荡漾于水面，平原区的绿草平铺如织……它们不同的体态，形成了一种天然韵律。松叶如针，柳叶如眉，枫叶如掌，杨叶阔圆，这许多不同的叶状，也是一种自然节奏。

花色、叶色的变化，也是一种节奏。金莲花灿若黄金，红荷美若丹霞，敖汉白莲洁若白雪，枫叶如丹，梨花素淡……这是造园家用植物色彩的变幻，谱出的一部乐章。

利用树木花卉以应时令，是传统的园林手法之一。在这方面，山庄也有独到之处。梨花为山庄早报春讯，荷花怒放恰当夏日炎炎，如丹枫叶为金秋添色，傲雪苍松是严冬胜景。它们显示着季节的交替，给人一种时间节奏感。

对“宜人调养之功”的园林“小气候”的形成，起了重要作用。园村是人们日常生活的现实环境之一，它应该满足人们卫生防护、文化休息等功能的要求。适应人们生活、休养的园林“小气候”如何，是园林评价的重要标准之一。树木花卉对于提高避暑山庄这方面朝功能，也是有着重要作用的。

净化空气：植物可以吸收有害气体，呼出人类所需要的氧气。据现代科学测算，一亩林每天约吸收 60 千克二氧化碳，呼出 40 千克氧气。避暑山庄如果按 8000 亩林计算，在树木生长期内，每天约吸收 480 吨二氧化碳，呼出 320 吨氧气。其次很多树木在其生长发育过程中，能分泌出大量挥发性杀菌素。据测算，一亩松林一个月能分泌约 60 千克杀菌素。如果山庄按8000亩松林计算，每月可分泌约480吨杀菌素，可以杀死大量的结核、伤寒、白喉、痢疾等病菌。再次，树木枝叶多，树冠大，可以降低风速，减少飞尘。树木的枝干和叶片表面粗糙有毛细气孔，能分泌黏液和油脂，可吸附大量的灰尘。据测算，一亩林每年可吸收各种灰尘20～60千克，如果山庄按8000亩林计算，每年可吸附各种灰尘160～480吨。

减少噪音：噪音影响人们的生活和休息，长期在超标准的噪音环境中生活，会使人听力减弱，甚至会引起心脏、血压和神经系统的慢性病。树木可以通过繁密的枝叶和干皮，削弱和吸收声波的传播，特别是由乔木、灌木、绿篱和草坪混合配置的具有一定宽度的绿带，减噪作用最为显著。据有关部门测算，以乔木、灌木、草坪混合配置的25米宽的绿带，可净减噪量3～5.5分贝。避暑山庄作为数里宽的大绿带，其减噪作用是很大的。

这些，对于改善避暑山庄的气候和环境，无疑起了良好的作用。康熙就曾说过，避暑山庄空气清新，“无蒙雾霾氛”，环境安适“静然少喧哗”(《避暑山在诗》)。《大清一统志》也说，避暑山庄“邃谷穷林，纤尘不到”，空气是极为清洁的。因而避暑山庄的园林“小气候”“清凉爽垲”(揆叙等:《避暑山庄诗跋》)，宜于避暑休养，有益于人的身体健康，用康熙的话来说，就是“风清夏爽，宜人调养之功”(《避暑山庄记》)。所以，我们说，大量的树木花卉，有力地提高了避暑山庄的园林功能，是不过分的。

总之，避暑山庄在植物的配置、构图方法以及植物风景构图的艺术性等方面，都有强烈的特点，取得了很高的成就。山庄的植物素材对于提高园林风景的艺术评价及加强园林功能等方面，都有着重要作用。总结这方面的历史经验，对于我们评价和整修这座驰名中外的历史名园，为建设现代化的园林提供历史借鉴等都是有益处的。

九、园林用水

“山庄以山名，而趣实在水”——乾隆这句话，画龙点睛地说明了避暑山庄的园林艺术特点。避暑山庄所以在中国古代园林史上独树一帜，园林用水之妙，是一个重要因素。

避暑山庄原有水面800余亩（现存约500亩），约占全园总面积的十分之一，大量的风景建筑，荟萃于湖区。康熙曾评价避暑山庄是“水心山骨”，很能说明这座历史名园的艺术构图的特点。康熙、乾隆所题的“七十二景”，即有三十来个是以水为风景主题的，如：烟波致爽、芝径云堤、水芳岩秀、曲水荷香、风泉清听、濠濮间想、暖流暄波、泉源石壁、远近泉声、芳渚临流、云容水态、澄泉绕石、澄波叠翠、石矶观鱼、镜水云岑、双湖夹镜、长虹饮练、水流云在、如意湖、水心榭、采菱渡、沧浪屿、萍香泮、澄观斋、千尺雪、玉琴轩、知鱼矶、涌翠岩等。此外，烟雨楼、观瀑亭等，也都是以水为风景主题的。如此算来，水景约占全园风景构图的一半。水在避暑山庄园林风景构图中的重要作用，于此可见一斑。

因此，要了解避暑山庄的造园艺术，发掘和吸收其精华，以为发展社会主义新园林的借鉴，不可不研究山庄的园林用水。

引武烈水入园和疏泉导流

园林用水，贵在一个“活”字。“一潭死水”，为人所恶，亦为园林之大忌。所以造园须先得充沛的水源和足够的活水，山地园林更是如此。明代著名文人王世贞说：“凡山居者，恒恨无水；水居者，恒恨无山。”（《安氏西林记》），又说，“山以水袭，大奇也；水得山，复大奇。”（《弇山园记》）他的同代人邹迪光也感慨地说：“园林之胜，惟是山与水二物。无论二者俱无，与有山无水、有水无山，不足称胜，即山旷率而不能收水之情、水径直而不能受山之趣，要无当于奇。”（《愚公谷乘》）园林得水之难，就难在它往往要依靠大自然的恩赐而不似建筑、假山等可以人力得。明朝王永积说：“假山可为，假水不可为”（《锡山景物略》），其道理即在于此。清朝潘耒也深有体会地说：“盖园居最难得者水，水不可以人力致，强而蓄焉，止则竭，漏则涸……大旱不枯，宜园之易以为胜。”造园之难，往往就难在“独患无不竭之水”（《纵棹园记》）。所谓“假水不可为”或“水不可以人力致”，并不是说，在造园活动中，人不能对水进行艺术加工和整理，而是说，人很难创造出滔滔不绝的活水。所以寻找丰沛的水源和足够的活水，是造园家所必须首先注意的。早在宋代，叶梦得就曾指出：“有山处常患无水，虽有水，涸集不时，亦不足贵。”（《玉涧杂书》）这是古代造园经验的深刻总结。这一点，古今中外，概莫能外。

所以，从一定意义上来说，丰沛的水源，是园林的生命线。因此，大规模的园林多以河川、湖泊、涌泉为水源。我国的古代造园家，对解决园林用水问题，早就积累了一套成功经验。规模宏大的帝王苑囿和私家园林，多引河水为水源。“名园依绿水”——杜甫的名句，正是古代造园经验的结晶。史书记载，秦始皇筑咸阳宫，引渭水、樊川之水，作为园林水源。杜牧《阿房宫赋》说“二川溶溶，流入宫墙”，即指引渭水和樊川水入宫苑事。汉、唐以长安为都城时，其宫苑也多以二水为水源。北宋时，都城迁至河南。洛阳的园林特别发达，其重要条件之一，是有伊、洛二水。南宋迁都杭州，江浙一带园林空前发达，也是由于那里河川溪流以及湖泊涌泉极多，水源丰富。元、明、清以北京为都城，多辟治大规模的皇家园林，最著名的有三山五园，也是由于有玉泉等提供了丰富的水源。

这些历史的经验，被造园家们成功地吸收、运用到了避暑山庄的建造活动中，使之在解决园林用水问题上，取得了突出成就。这座大型园林，不仅冬夏水常充盈，而且永远保持着洁净清澈，从而使园林风景，充满清新的活力。其所以能如此，是它在解决水源问题上，颇具一番匠心。康熙曾引用朱熹的一句诗，说明山庄园林用水之妙：“问渠哪得清如许？为有源头活水来。”在这种意义上可以说，丰沛的水源，也是山庄园林风景的源泉。

避暑山庄的水源，是从三个方面解决的：一是引武烈河水，二是利用涌泉，三是收集雨水作为补充。其中，最主要的是引武烈水入园。这个问题，早在辟治园林之始，就已经用心筹划了。

康熙在《芝径云堤》一诗中，记述辟治避暑山庄的经过时曾说他为选择园址时访问过村老，认为曾经作为蒙古人民游牧场的武烈河边的一块地方很好：“并乏人家无枯骨，草木茂，绝蚊蝎，泉水佳，人少疾。”因而他“乘骑阅河隈”，进行了详细勘察，认为确能保证园林用水时，才确定了园址。

为了保证园林有丰沛的水源，首先是引武烈河水入园。这一点，现在游览避暑山庄的人，可能感到无法理解，因为避暑山庄与武烈河相隔甚远，其间也没有任何沟渠相联系，而且武烈河冬夏常枯，经常是只有河底细流，如何能供给这座大型园林的用水？其实，这是历史破坏的结果，使之面目变异罢了。我们完全可以依据历史文献和实地勘察，勾勒出其庐山真面目。

武烈河，即热河，是避暑山庄东北的主要河流，由固都尔呼河、茅沟河、赛音郭勒河汇合而成，绕避暑山庄之东，南流曲折入滦河。乾隆考证说："热河即武烈水，其源出中关北之固都尔呼山，会茅沟河、赛音郭勒河，至三道沟南折而东南与汤泉合，距山庄东北数十余里之武列谿，又东南历石梃（即棒槌峰）下。"（《清高宗御制诗（五集）》并参见《热河志》所录乾隆《热河考》一文）固都尔呼河等，都以温泉为源，四季不枯，同时又汇集了附近的山水，所以三河汇流之后，水量极为充沛。例如：康熙四十二年（1703），康熙曾去赛音郭勒河源头的汤泉洗温泉浴，返回避暑山庄时，即由山庄东北二十余里外的黄土坎地方，弃马登舟，顺流而下，扈从人员则分乘十余条大木船，尾随其后，至山庄附近始登岸。其河水流量之大，于此可以想见。所以，当时武烈河的水量，完全可以满足山庄园林用水的需要。

康熙开始经营避暑山庄时，即在山庄的东北开渠（前几年，承德市有关部门在施工时，曾发现了这条引水渠的部分石岸），将武烈水引入园内康熙三十六景之一的"暖流暄波"（在现存六合塔东北的宫墙处），即是这条水渠上控制流量的闸门。道光时编辑的《承德府志》有关图上，在此也标明了"进水闸"字样。康熙在《暖流暄波》一诗的序中说："曲水之南，过小阜，有水自宫墙外流入，盖汤泉余波也"（见《御制避暑山庄三十六景诗》），指的就是这条引水渠。

历史文献中的许多材料，也证明了这一点。乾隆在他的诗文中，就曾多次提到"山庄引武烈水为湖"的事。他在《千尺雪二首》的诗注中写道："千尺雪于山庄行宫东北，引武烈水为之。"在《望源亭》诗中又写道："引来武烈百余里，初入山庄可号源。"并在夹注中说明："于此引其（武烈水）一流，入山庄之东北门，是处以近东北门，即谓山庄之水源可也。"他在同样题目的另一首诗中，也写道："分来武烈流，咫尺入水关。"自注说："园中诸水皆由东北水关引武烈水入。"（均见《清高宗御制诗（五集）》）

乾隆时编修的《热河志》上也说明"山庄东北隅有闸，汤泉余波，自宫墙外演迤流入，建阁其上"，阁名"暖流暄波"。清人吴振棫著《养吉斋丛录》一书，也有这样的记载："武烈水自塞外来，注众涧，汇于山庄。康熙间，由东北门引入，辟为湖，名如意湖，亦名塞湖。"清代前期曾游历过避暑山庄的意大利神甫马国贤，在其所著《京廷十三年》中也曾经做过同样的记述："皇上把热河附近一条河的水，引进花园（即避暑山庄），造成此湖及几条人工河，里面养着大量的淡水鱼。"他说的这条河，即指武烈水。

这些可靠的历史资料，都证明了清代确实曾将武烈水引入山庄。虽然由于历史的破坏，我们无法看到武烈水引入山庄后的情景，但是，我们仍然可以从清代绘制的一些避暑山庄图上，弄清它的大体情况。故宫博物院珍藏的康熙时宫廷画家冷枚所绘《热河行宫图》，日本学者关野贞《热河》一书卷首所录清人绘制《避暑山庄图》，以及避暑山庄博物馆现藏清代咸、同间无名氏所绘《避暑山庄图》，都标明了这条引水渠。它由"暖流暄波"入园后，至康熙三十六景之一的"泉源石壁"附近汇为小湖（今"南山积雪"亭东山脚下），折而南流，在"文津阁"之北，一分为二，西流随山脚而宛转，过"玉琴轩"亭，入"珠源寺"山脚下的西湖；其东一支，过"千尺雪"亭，曲折南流，入"临芳墅"一带湖中（现存所谓"长湖"，即其东流旧渠的一部分）。

除引武烈水入园外，还疏泉引流，注入湖沼中，这是避暑山庄解决水源问题的另一重要手段。

康熙在辟治山庄之初，就注意了这个问题。他在《汤山龙尊王佛庙碑记》中写道："塞外山脉自西北来，至热河冈峦回合，形势郁盘，环左右百里间多名泉。"这许多温泉，不仅流量大，而且水质好。康熙曾命大臣们取山庄内热河泉的水，与其他名泉进行比较，认为其水质仅次于北京玉泉，优于其他名泉。后来，他在一首题为《水芳岩秀》的诗中，还曾专门提到这件事，说："水性杂苦甜，水芳即体厚。名泉亦多览，未若此为首。"这当然是辟治园林最理想的自然条件。

山庄内的泉水很多，而以"热河泉"最为有名。泉在湖区的东北，辟治山庄时，即拓泉为湖，使泉水直接流入湖沼中。所谓"热河泉"并不是一个有巨大喷口的喷泉，而是由一群细泉组成，它们如串串珍珠喷出，然后汇流入湖，是湖水的主要源泉之一。

除热河泉之外，山区还有许多涌泉，辟治山庄时，将它们疏导，顺西峪、梨树峪、松云峡三条山谷汇流入湖。这些虽然现在已泯灭无存，但史籍有明确记载，而且尚有遗迹可寻。

西峪是山区最南边的一条山谷，东对"万壑松风"桥，据《热河志》记载，这条山谷的南北"两峰之间，流泉滈滈"，"琤琮穿注"，东流入湖。康熙三十六景之一的“风泉清听”，即是为听泉音而建的。

梨树峪内松林峪是涌泉荟萃之区，其泉源“自石罅山，截架鸣筜，依山引流”注入西湖。前几年，避暑山庄管理部门施工时，曾在梨树峪出口处的南山阴侧，发现了引流石槽，应是清代引泉入湖而设的。另外，其南山的“珠源寺”附近，原有“涌翠岩”，是观瀑之所。据《热河志》记载，这里“石罅泉流，出山庄西北，淙淙潺潺，下为瀑布”，可见其流量很不小。

山区最北的一条山谷松云峡，其北侧山岭，原来泉水也很多，最突出的是“泉源石壁”附近的飞泉。《热河志》记载，其“飞流百丈，从石壁流出”。形成颇为壮观的瀑布，其流量当亦不小。

另在“远近泉声”北部有一趵突泉，是泉水涌流之冠。康熙时还曾在西峪、梨树峪、松云峡三条山谷谷底砌石为渠，将山水导入湖中。康熙曾在一首诗的小序中说，山庄“雨后溪壑奔注”，水势很猛，所以“各作石堰以遏泥沙，故池水常澄澈可鉴”（《御制避暑山庄三十六景诗》）。现在，这些石堰尚存。不过，导山水入湖，仅是解决山庄水源的一种补充手段，对于园林用水，并无多大影响。

由前所述可以得知，清代解决避暑山庄的水源问题，主要是引武烈水入园，其次是疏泉导流，故其水源丰沛。正如乾隆所说，“避暑山庄园内本有温泉，又引武烈之水，以故湖沼水富”（《清高宗御制诗（五集）》）。现在，避暑山庄水面减少，湖水变浅，已经在一定程度上影响了这座名园的风貌，究其原因，主要是武烈水不再入园，山区泉水亦已大部断绝，水源成了大问题，仅靠已受严重破坏的热河泉水供应湖沼，显然是不行的。所以，整修避暑山庄，应该把解决水源问题，提到重要的议事日程。

丰富多彩的艺术形式

自然界的水，例如河流、湖泊、涌泉等，对于园林来说，不过是一些待用的素材，需要雕琢的“坯料”，必须经过人工整理，才能成为园林用水，成为园林艺术的组成部分——这首先要赋予水以一定的艺术形式。这也是我国古代园林史上理水法的核心和精华所在。

和其他园林要素，如假山、建筑等一样，水体的艺术形式，也是由园林的内容和基本风格决定的。避暑山庄极力追求自然美，所以，其水体的艺术形式，也极力摹拟自然，主要有池沼、瀑布、溪流三种艺术形式。

园林水体既不能硬搬照用自然界的水，又要极力摹拟自然界的水，这正是艺术创造的真谛。经过艺术加工的园林用水，比自然的水，能更集中、更强烈、更典型地反映和体现出水的动静曲折性格和美的本质。这是我国古代园林史上理水法的最高成就。避暑山庄在这方面，可算得一个典范。

避暑山庄水体的艺术形式，虽然仍然以湖沼为主体，但在具体处理上，却比已往的园林，别有一番新意。它抛弃了一池三山的固定的僵化的格局，也不采取清漪园、圆明园那种以一个主湖为主，附有几个副湖的平面构图方法，而是采取了大聚小分的布局手法。所谓“大聚”，就是将湖沼集中于宫殿区以北、平原区以南、山区以东一带地方。所谓“小分”，就是将湖沼分成澄湖、如意湖、上湖、下湖、银湖、镜湖、长湖、西湖（已不存）、半月湖（已不存）等十来个大小不同、形式各异（如名称所示，或如半月，或如眼镜，或似如意等）的中型水面。这样，从局部上看，从湖区看，似乎没有主湖、副湖，没有中心；但从整体上看，从全园平面构图的角度看，湖沼集中于一处，互相联络，又互通气息，形成了一个有机的艺术整体，又是风景荟萃之区，是全园风景的重心，所以仍然是有中心的。这种大聚小分的布局手法，既可造成迷人的水乡景色，又避免了大面积水面（如颐和园昆明湖那样）苍茫一片的单调感，可以令人仔细咀嚼体察，留恋于尽而不尽之意境中。正如清人张玉书在《扈从赐游记》中，以游览山庄的切身体会，对此做出的评价所说：“湖之极空旷处，与西湖仿佛，其清幽澄洁之胜，则西湖不及也。”

这些湖沼的不同形式和大小，看似随便自然，实际是经过科学整理的，是以加强风景构图的感染力为主要根据的。山庄的湖区是利用水面组织和安排空间的，而空间的直径距离（在这里，即湖沼水面的直径）与四周景物（在这里，主要是指岸边的建筑、树木等），有着科学的比例。如果把空间的直径与四周景物的高度之间的比例夸大或缩小到不适当的程度（例如，十倍以上或三倍以下），风景的艺术评价就会降低。就山庄现存的湖沼来看，两者之间的比例，一般都在这个比较科学的比例之内。所以，既不感觉闭塞，又不感到苍茫。而某些例外，也是从风景构图的特殊需要考虑的。

洲岛桥亭的布局错落有致，这对于水体的艺术形式和风景构图，也有着重要的意义。比较大的岛屿有月色江声、如意洲、环碧、清舒山馆、戒得堂等。月色江声、如意洲、环碧三者略呈三角形相向，有芝径云堤相交通联系。戒得堂、清舒山馆似隔又连，靠近东宫墙。青莲岛、金山岛则突兀湖中，凭水独立。千林岛斜分西湖、长湖，绵亘舒展。洲岛的不同形制，使水面也因之而变化。

堤是分隔水面的重要手段之一，同时也有导游路线的作用。其委婉曲折，以芝径云堤为最。康熙在《芝径云堤》诗的序中说："夹水为堤，逶迤曲折，径分三枝，列大小洲三，形若芝英，若云朵，复若如意，有二桥通舟楫"，其堤状的委婉自然，最为得体。

桥不仅起着分隔水面的作用，而且解决交通问题，桥孔也使两湖之间，互相联系，互通气息。同时，桥也是组织风景构图的重要因素，对其形制的艺术要求很高。山庄的桥，有梁式、拱式、步石桥等，形式灵活多变，各具特点，与周围环境相协调。万壑松风桥是一座简易木板桥（现在的钢筋水泥结构拱式桥系新建），略高于水面，不设栏杆，简朴自然，颇似山乡野渡的草桥。长虹饮练—双湖夹镜是一座规模较大的石桥，取意于李白诗"两水夹明镜，双桥落彩虹"。其规模较大，是因为两边湖面宽阔，非此不足与之相称，也非此不能使西湖之水下泻如意湖。康熙在《双湖夹镜》诗的序中说，西湖之水，"从石桥下注，放为大湖，两湖相连，阻以长堤，犹西湖之里外湖也"。其桥有如长堤，起着分割水面的作用。桥下原植荷，当夏季雨后，荷花迎风摇漾，锦云霞簇，蔚为奇观。游人可于桥上俯视这湖中美景，自是赏心悦目。惜原貌已破坏，难复旧观。

"岛屿堪图画，溪桥宛自成"——乾隆的这两句诗，虽然难免有些艺术夸张，但它反映山庄在的洲岛桥堤的布置还是自然妥贴的。它有力地加强了湖沼艺术构图的感染力。用个比喻的说法，湖沼如花朵，则洲岛如绿叶，桥堤如枝干。

湖沼的岸线，毫无例外地避免几何直线，而呈自然曲线，大部分都是土岸（现在的许多石砌驳岸是后加的），复以绿草或灌木丛，造成一种青草连绿水的自然野趣。在金山岛和水心榭等几处地方，利用块石，砌成驳岸，那主要是为了特殊的风景构图的需要。在金山岛东部及热河泉等处地方，则利用天然石块，叠砌曲折委婉的池岸。半月湖、西湖，则湖水拥抱山脚，以裸露的山石为岸池。康熙《双湖夹镜》诗："连山隔水百泉齐，夹镜平流花雨堤。非是天然石岸起，何能人力作雕题。"这种天然石岸，更富野趣。

幅员较大的湖沼，都设水口，以加强气势和感染力。西湖的水口，设在梨花伴月的山口，那一带水源丰沛，溪流顺谷而来，加之瀑布飞流，大有滔滔不绝之势。如意湖是在芳渚临流附近设有水口，它是利用了西湖与如意湖的落差，使西湖“湖水自长桥（即双湖夹镜—长虹饮练桥）泻出，至此折而南行”（康熙：《芳渚临流》诗序），大有滔滔不绝之势。长湖与如意湖衔接处，也形成了一个水口。长湖由西北曲折而来，汩汩泻入如意湖，显得水源深远。水口的设置，加强了湖沼的气势，显得含蓄而源远流长，湖水静中有动。

较小的人工水型是水池，可以沧浪屿与文津阁的水池为代表。这种小水地与周围的建筑融为一体，而且一般处于中心位置，成为点睛之作。因为水面较小，不可能容纳更多的活动内容（例如划船等），其主要作用在引人近赏。这种小水池，属于静的性格，即所谓一池清水如镜。如果处理不得法，则往往失之于呆板。所以，对其进行艺术处理，重在使之活泼。沧浪屿的池水处理，别开生面。池面很小，不满十弓，南有殿三楹，其余三面是假山。假山壁立峻峭，逼临水池，确系出人意外之作，弄得不好，就容易使人有面壁之感。但造园家把水引上假山，水流下泻，形成小瀑布，下注水池，从而造成生动活泼的景象。这正是造园家天才的表现。

山庄水体的艺术形式，除湖沼之外，突出的还有溪流、瀑布。

山庄溪流可数者，约有四：一是将武烈河水引入园内，穿越平原区的一条人工水渠；二是松云峡沟谷之水，顺谷而流入半月湖；三是梨树峪，“幽涧潺湲”，有“泉自石窦出”，引导而出西湖；四是西峪，“有泉出两山间，琤琮穿注”，曲折而达如意湖。

乾隆评论避暑山庄时说：“山贵有环抱，水贵有曲折。”这全从实际体验中得来。山庄的溪流，极尽自然曲折之妙。清代官僚张玉书也指出：这些山涧溪流，“皆随地势曲折疏导而得之”，“大抵顺其自然，行所无事，因地之势，度土之宜，而以人事区划其间”（《扈从赐游记》），即因其自然而成园林之美。疏泉引流，循其自然，力避矫揉造作，这是山庄处理溪流的最基本原则。

涓涓溪流固多幽趣，而瀑布飞流更为壮观。山庄的瀑布，多因借自然山势，利用水的自然落差，疏导流泉而成，以梨树峪谷口、松云峡谷口一带最为集中。他如泉源石壁、千尺雪、云容水态、涌翠岩、观瀑亭等，都是欣赏瀑布的风景观赏点。

在山庄辟治之初，就已经把瀑布作为创造园林景观的重要手段。康熙在一首诗中写道："引泉开瀑布，迸水起飞珠。锵玉云崖应，色空有若无。"极写山庄瀑布之胜。《热河志》记载，"北山之麓，悬崖之下，旁无路蹊，飞流百丈，从石壁泻出。"——这是说的"泉源石壁"；"石罅泉流，出山庄西北，淙淙潺潺，下为瀑布。"——这是指"涌翠岩"；"北为趵突泉，涌地觱沸，西为瀑布，银河倒泻，晶帘映崖，微风斜卷，珠玑散空。"——这是描述"远近泉声"附近的瀑布景观。

"山庄崖馆云阿，深林穷谷，咸以瀑布增胜"。《热河志》里的这段话，大体道出了当年山庄内的瀑布盛况。可惜我们只有从文献资料上想象其壮观，难得一饱眼福。相信有一天总会复其旧观的。

水景的创造

水，是大自然对人类的一种恩赐，在造园中，它不像建筑那样要花费很大的人力物力去营造；也不像树木花卉那样需要精心管理和一个较长时间的生长过程；只要稍加人工整理，即可收到一定的艺术效果。因此它是造园中一种极为经济和容易奏效的手段。

水，也是园林美的重要因素。它不仅使园林的艺术构图生动活泼，而且还可以大大加强园林的功能——造成湿润的气候，调节气温，使园林的小气候，更适合于人们的生活要求，有益于游人的健康；它还可以丰富园林的活动内容，例如钓鱼、划船等；水中可以养鱼，栽莲植藕，既可供人观赏，还可为人们提供生活资料，增加物质财富。赋予一定艺术形式的园林用水，和其他园林因素，例如建筑、树木、花卉、假山等相结合，可以创造出许多动人的景观。这些，我国的古代造园家早就认识到并在造园实践中巧妙加以运用。北魏杨衒之在《洛阳伽蓝记》中，对水在园林景观创造中的作用，有过比较全面的阐述，他在记述景明寺时说："青林垂影，绿水为文"、"寺有三池，萑蒲菱藕，水物生焉。或黄甲紫鳞，出没于繁藻，或青凫白雁，浮沉于绿水。磑碹舂簸，皆用水功。"他在这里概括地叙述了因借池水创造园林景观的几个方面：倒影，水生植物，水族，水鸟等的风景构图。以后，园林因水创造的景观，更为丰富多彩，手法也更加成熟。山庄继承和发扬了这方面的传统，运用各种园林手法，创造了丰富多彩的景观。

1. 利用水的倒影

倒影有一种特殊的迷人魅力。乾隆有一首题为《水闸放舟至影湖楼》的诗："四面清波平似镜，两层高阁耸如图。影湖底识为佳处，幻景真情半有无。"（《清高宗诗文十全集》卷四十一）倒影组成水中图画的迷人之处，就在于半有半无、似实而虚的幻景中。利用倒影组织风景构图，最主要的是布置岸边景物，以及选择最佳风景观赏点。

水心榭的倒影，是成功的一例。三座形式各异的凉亭，架于石堤上，宛如画船凌于碧波。倒影入湖，水面因之彩色斑驳。亭影与蓝天白云共同组成一幅图画，犹如水中别有一天。游人在"卷阿胜境"或"芝径云堤"之上，可以尽情领略这奇丽的景色。乾隆曾有题为《水心榭》的一首诗，描述他所看到的这幅图景："一缕堤分内外湖，上头轩榭水中图。因心秋意萧而淡，入目烟光有若无。"别管他是怀着怎样的心情来欣赏的，这幅天然图画确是迷人的。

金山倒影另有迷人之处。金山岛东面临溪，其余三面临湖，西与如意洲隔湖相对的一面，有石砌驳岸，上建半月形游廊。每当风和日丽，碧波如镜，游人站在如意洲东岸，遥望金山、白云、蓝天、山石、树木，以及上帝阁、游廊等，统统倒影水中，俨然似水中宫殿。特别令人感兴趣的是，十余里外的棒槌峰，也出现在这幅天然图画中，令人心旷神怡。不由使人想起，清人魏际瑞一首题为《金山》诗中的两句："不信山从水底出，却疑身在画中看。"

"澄波迭翠"也是欣赏倒影的好地方。康熙《澄波迭翠》诗序说："如意洲之后，小亭临湖，湖水清涟澈底。北面层峦重掩，云簇涛涌，特开屏障。偏舟过此，辄为流连。"《热河志》上说，此处"湖光一碧，远极天际，其北翠壁千寻，浮光掩映，亭畔一松盘郁，古色苍然"。碧绿清洁的湖水，把这迷人的景色，都摄成图画。康熙诗云："迭翠耸千仞，澄波属紫文。鉴开倒影列，返照共氤氲。"乾隆的一首诗，写得更有韵味："峰翠落湖心，悠然意与深。游鱼欣觅树，飞鸟讶迷林。"树影入湖，迷住了游鱼、飞鸟，其湖水之清，倒影之美，全可从这两句诗中体会出来。

"云容水态"与"水流云在"两处，是专为欣赏行云流水的所在。康熙《云容水态》诗序说，由云容水态下望："绿树为田，青峰如堵。川流溶溶，白云冶冶，不知孰为云，孰为水也。"这是蓝天白云组成的一幅水中图画。水流云在处于澄湖岸边，这里"湖水澄虚空明，上下悠然"

(《热河志》)，坐在水流云在亭中，仔细观看着缓缓平流的湖水，水底的白云似乎也在不停地游动，足以令人心旷神怡。

清代陈维嵩在《水绘园记》中说："水绘之义：绘者，会也。南北东西，皆水绘其中，林峦葩卉，块圠掩映，若绘画然。"其论园林池水之倒影，最为得体。山庄正是利用湖水倒影，创造出了许多令人目迷心醉的景观。

2. 借流水音

流水之音，足悦人耳目。避暑山庄以水之声组织景观实例很多。

"暖流暄波"是用水闸造成的人工波涛。据康熙《暖流暄波》诗序说："曲水之南，过小阜，有水自宫墙外流入，盖汤泉余波也。喷薄直下，层石齿齿，如漱玉液，飞珠溅沫，犹带云蒸霞蔚之势。"可以想见当年急流汹涌，气势磅礴，其浪花飞溅，如飞珠乱跳，蔚为壮观，悦人耳目。

"泉源石壁"则是观赏飞瀑的所在。据《热河志》记载："北山之麓，悬崖之下，旁无路蹊，飞流百丈，从石壁泻出。"是疏导涌泉造成的人工瀑布。嘉庆有诗云："山下出泉源，千仞依石壁。淙淙溅珠玑，谷口音荡激。"飞流顺崖而泻，其声、其色、其景，都足以令人心旷神怡。

"远近泉声"更是欣赏激荡之水的好地方。康熙《远近泉声》诗序说，其"北为趵突泉，涌地觱沸。西为瀑布，银河倒泻。晶帘映崖，微风斜卷，珠玑散空。前后池塘，白莲万朵，花芬泉响，直入庐山胜境矣。"《热河志》上说，其瀑布之声"拟金戛玉，水乐琅然。"康熙诗云："引泉开瀑布，迸水起飞珠。锵玉云岩应，色空有若无。"乾隆写诗赞之曰："飞流如挂玉，溅沫似喷珠。"其飞流瀑布足与庐山香炉峰比美，堪称大观。

"千尺雪"如其名所示，也是一处瀑布。《热河志》上说，其瀑布"悬流喷薄"，"瀑源来自云根，卷沫跳波，寒光四射，洒然晴昼玉花"。造园家把动荡之水的艺术形象，诉诸人的听觉和视觉，创造出一幅动人心弦的景观。

"涌翠岩"附近的瀑布，则是另外一种形象。当瀑流顺崖而泻，四围青山将瀑布染成翠绿，衬托得其声更加清脆悦耳。康熙在一首题为《涌翠岩观瀑赏白莲》的诗中写道："毕竟天然造化功，方能巧设古今同。喷云百尺穿岩石，瀑水千层点药丛。波涌白莲承晓露，溪浮绿盖动香风。经声似脱红尘外，泡影依稀宇宙中。”其声悦耳，其色可餐。

“观瀑亭”也是专为观赏瀑布而设的。此处瀑布虽非百丈飞流，然其声也足与丝竹比美，犹如天然乐章。乾隆《观瀑》诗云：“天籁岂徒风，地籁无过此。松篁不敢鸣，琴筑那堪比”、“瀑泉相问答，各唱喁于声。跳珠出浦圆，垂虹挂川晴”。其声色之雄伟壮观，足使园林增色。

《大清一统志》上说，“山庄岩馆云阿、深林穷谷。咸以瀑流增胜”，这许多瀑布，使峰岭增色，全园生动。涌泉大而造成瀑布，固然壮观，小而涓涓细流，穿峡顺谷而淌，也自有一番幽趣。山庄内这样的小溪流很多。据《热河志》记载：西峪松鹤清樾之西，“有泉出两山间，琤琮穿注，风来涧响，尝与鹤韵松声相应答”。乾隆有诗云：“出石泉惟冽，因风响益清。虹垂饮涧势，琴谱号钟声。”其流声逸韵，自是一部天然乐章。梨树峪也是“平冈逶迤，幽涧潺湲。入梨树峪，一径青苍，泉自石窦出……响若璆琳”。幽涧泉鸣，其音格外清幽，清人曾写诗称赞它“如鼓琴”。玉琴轩，顾名思义，是听流水音的所在。《热河志》上说，轩“当潀流激湍间，触石琮琤，琼瑶宫徵，清越相应”。乾隆写诗称赞它“玉自无言比桃李，水因不竞中宫商”。嘉庆也写诗赞道：“涧曲注流泉，迂回发清响。宫商出天然，戛击鸣琴仿。”可见其声响清脆悦耳，其节奏韵致天然。园林点滴之水都弥足珍贵，造园家将其收集整理，并进行艺术加工处理，令其声、色都纳入园林景观之中，这正是造园家天才的表现。

3. 以鱼为景

以鱼为景观，最重要的条件，是园林用水须极为清澈。这一点，避暑山庄有得天独厚的条件，其池沼之水，清澄见底。英国人斯当冬写的《英使谒见乾隆纪实》一书，曾记述乾隆五十八年（1793）英国使团在山庄湖沼中坐船游览时看到的情景：“澄清的水池中，有各色巨大的金鱼，池底垫的是小块玛瑙、碧玉和其他宝石。”他们在船上不仅能看到水中游鱼，而且看见了湖底各色小石子，真可谓一眼见底，山庄湖水之清澈，于此可以想见。

这样清澈的湖水，为创造以鱼为主题的景观，提供了极好的条件。造园家自然会在这方面一逞创造才能。山庄池水宽广丰富，以鱼为风景主题的景观很多，其中以“牣鱼”、“石矶观鱼”、“知鱼矶”三处最胜。

“牣鱼”是乾隆题写的凉亭名，坐落在水心榭之东宫墙附近，原为文园狮子林的一部分。这里池水清浅，游鱼可数，每当晴空万里，云影落入湖中，游鱼怡然自乐，如翔空中，观赏其景，自可涤人烦虑。

“石矶观鱼”是康熙所题三十六景之一，为观鱼、钓鱼之所。这里“溪水清澈，修鳞衔尾，荇藻交枝，历历可数”（康熙：《石矶观鱼》诗序）。“有石矶平广，作亭其上，东向，俯视澄波，潜鳞涵泳，悉可指数”（《热河志》），清朝皇帝住居山庄时，常于此垂钓。康熙曾写诗记其事：“唱晚渔歌傍石矶，空中任鸟带云飞。羡鱼结网何须计，备有长竿坠钓肥。”这诗并非绝妙好辞，不过其闲情野趣，当也是实在情景。

“知鱼矶”是乾隆所题三十六景之一。其踞如意湖北岸，面南对湖，阳光可透湖底，自是观赏游鱼的好地方。乾隆曾有一首诗，记他在此观鱼的情景：“出水轻儵乐意洋，临矶欣觉会心长。由来万物天机适，安用劳劳辩惠庄。”他是想学隐士野叟的样子，但可惜总不像，所以这首诗并没有完全写出其自然野趣。嘉庆的一首诗写得似乎稍微好一些：“游心濠濮间，在藻锦鳞戏。洋洋唼浪花，穿萍影浮翠。咸若畅大生，奚必垂香饵。恩波遍育含，泽及水族类。机械久相忘，浩渺江天意。”他虽然是想借此为爱新觉罗氏歌功颂德，但字里行间却透露出一些自然野趣。

别管封建皇帝是以怎样的心情或趣味欣赏这些风景，都不能影响这些景观的客观艺术评价。

4. 利用水生植物美化水面

以水生植物美化水面，创造园林景观，也是我国古代园林常用的艺术手法之一。山庄宽广的水面上，布满了水生植物，它们与池水和其他园林素材相结合，成为园林风景的主题。例如，康熙三十六景中的曲水荷香、香远益清，乾隆三十六景中的冷香亭、观莲所、萍香泮、采菱渡等都是。

这方面的景观，以荷花最胜。荷花的美丽清妍向为人们所喜爱。宋代周敦颐在脍炙人口的《爱莲说》中，把它喻为“花之君子”，赞美它“出淤泥而不染，濯清涟而不妖，中通外直，不蔓不枝，香远益清，亭亭净植，可远观而不可亵玩也”。清代李渔在《李笠翁一家言》的“种植部”也说，“芙蕖之可人，其事不一而足”，“自荷钱出水之日，便为点缀绿波；及其茎叶既生，则又日高日上，日上日妍，有风既作飘摇之态，无风亦呈袅娜之姿”。“迨至菡萏成花，娇姿欲滴，后先相继，自夏徂秋”，及花之既谢，“乃复蒂下生蓬，蓬中结实，亭亭独立，犹似未开之花，与翠叶并擎，不至白露为霜而能事不已。此皆言其可目者也”，“可鼻，则有荷叶之清香，荷花之异馥；避暑而暑为之退，纳凉而凉遂生”。有此之美，故荷花向为造园家所钟爱，避暑山庄当然也不例外。每当夏季荷花盛开时，满湖锦簇，红白相映，绿叶相间，湖水变得五彩缤纷，如锦铺霞染。乾隆曾多次写诗称赞，“御湖芙蓉强半紫，山庄菡萏如霞美”，“每至山庄玩晚荷，依然云锦落澄波”，“芙蓉出水塞垣开，秋浦偏看霞锦裁”，“绿盖红冠塞水滨，风前雨后越精神”。正是这满湖荷花，使池水变得艳丽多姿，使之“六月呈春色”。由于山庄内有温泉，所以荷花久开不谢，常至深秋，“红霞剪剪耐秋寒”。乾隆有诗称赞道：“霞衣犹耐九秋寒，翠盖敲风绿未残。应是香红久寂寞，故留冷艳待人看。”这些盛开的荷花，常留春色至深秋，从而使湖沼保持着艳丽的形象。

山庄荷花以曲水荷香、远近泉声、双湖夹镜—长虹饮练、香远益清、观莲所等处最胜。

曲水荷香实际上是一池荷花。据康熙《曲水荷香》诗序说：“碧溪请浅，随石盘折，流为小池。藕花无数，绿叶高低，每新雨初过，平提水足，落红波面，贴贴如泛杯。”池水完全被荷花覆盖，变为一池锦绣。

“远近泉声”附近的池塘中，遍植白莲，“北为趵突泉，涌地觱沸，西为瀑布，银河倒泻，晶帘映崖，微风斜卷，珠玑散空。前后池塘，白莲万朵，花芬泉响，直入庐山胜境矣。”（康熙：《远近泉声》诗序）双湖夹镜—长虹饮练桥附近湖面，则“种敖汉荷花万枝，间以内地白莲，锦错霞变，清芬袭人”（康熙：《长虹饮练》诗序）。这两处湖沼的形象，与曲水荷香又是不同。盛开的白莲与飞泻的瀑布和湍流激起的浪花，相映益彰，更显湖水之素洁——它是以此加强湖水的艺术感染力的。

观莲所附近湖中也植满荷花：“芙蕖万柄，涵光照影，天葩琼蕊，洵为甲观”（《热河志》）。冷香亭附近的荷花：“深秋未落，与晚菊寒梅同韵”（《热河志》）。乾隆诗云：“四柱池亭绕绿荷，冷香雨后袭人多。七襄可识天孙锦，弥望盈盈接绛河。”这两处所植荷花不限一种，如锦绣铺湖，湖沼因而变得艳丽多彩，它与远近泉声和附近池沼的雪白银素的形象相较，自然另有一番风趣。

除植荷之外，造园家还用其他水生植物来装饰湖沼水面。如萍香泮：“湖水分流，一鉴澄澈。中多青萍，丰茸浅蔚，清香袭人”（《热河志》）。再如采菱渡附近多菱：“新菱出水，带露萦烟”（《热河志》）。这两种绿色的水生植物，都飘浮于水面，加强了湖水的碧绿。当微风乍起，它们随波漾溢，使湖水更加柔媚。乾隆诗云：“菱花菱实满池塘，谷口风来拂棹香。何必江南罗绮月，请看塞北水云乡。”正是这些绿色的水生植物，使湖水变得更加碧绿、柔媚，从而更富于水乡风韵。

清代李笠翁说：“水上升萍，极多雅趣。也怪其涨漫太甚，克塞池沼，使人居有如陆地，亦恨事也。”（《闲情偶寄》）山庄湖面宽广，水生植物只做点缀，没有“克塞池沼”的事。“曲水荷香”虽然满池荷花，但从湖沼的总体来看，它只是一个很小的局部，也不会使整个湖区产生“克塞”之感，相反却变化了池沼的形象。造园家正是利用了不同特点的水生植物布置水面，使池沼呈现出不同的形象，从而大大加强了湖沼的艺术感染力。

总之，避暑山庄无论在解决水源、水体的艺术形式，或是水景的创造等方面，都有许多成功之处，有力地加强了园林的艺术评价。对于避暑山庄的整修来说，这也是一个值得注意的问题。

十、假山叠石

承德避暑山庄有康熙、乾隆年间建造的各类园林建筑一百多处，据粗略统计，假山叠石就有六十余处，几乎每一“景”中都有假山叠石。所以，我们研究山庄的造园艺术和整修这座历史名园，不能不论及假山叠石。

假山叠石是我国古代园林的重要素材，也是创造园林景观的重要手段。清代著名的园林专家李笠翁说，这是“变城市为山林，招飞来峰使居平地”的一种“妙术”（《闲情偶寄》），一直是我国古代园林具有高度艺术性的传统建筑科目之一。

选石近便易得

堆叠假山，首先要有山石。所以，造园家首先注意的是选石，避暑山庄打破了历史上长期形成的迷信太湖石的传统观念，大胆采用了当地所产塞外山石，这在造园史上具有创造性的意义。

建造避暑山庄，若从江南选运太湖石，或从北京郊区选运房山石（北方园林常用的一种山石），路途遥远，难以办到，这就使造园家们不得不把目光投向了周围的崇山峻岭。但是，长城以北虽产有塞外山石，却很少有人问津，造园家们经过艰苦的勘察，终于在附近找到了两种适于堆叠假山的山石：一是青石，色青而润，坚硬多棱角，纹理都是大直丝、大横丝，即水波纹。宜平摆，不宜竖立，不宜做峰石；二是黄石，色白而黄，坚硬圆润，面多孔窍，纹理纵横古拙，有如核桃纹，适宜堆叠峰峦崖岫。因此，避暑山庄及外八庙的假山，全都采用了当地所产生的这两类山石。就地取材，不仅节约了大量人力物力，也为园林叠山提供了新的山石品类和产地。同时，对山庄假山叠石古朴雄厚风格的形成，也起到了重要作用。

形式优美多样

避暑山庄的假山，因地制宜、因景构图、因材施用，艺术形式丰富多彩。约略来说，有以下几种：

1. 大假山

即严格意义上的假山，规模较大，不是作为建筑物附属的独立假山。李笠翁《闲情偶寄》称其为“大山”。他说：“山之小者易工，大者难好。”可以文津阁、烟雨楼、文园狮子林三处的假山为代表。文津阁前的假山，全部以当地所产黄石构成，占地面积800余平方米，曾耗费了大量人力、物力（参见附录）。其平面构图逶迤曲折，峰石林立，洞壑宛转，暗窦叮咚，既有洞府可探幽，又有凉亭供人远眺。烟雨楼前的假山，则另具一格，其面积约500平方米，亦全以黄石叠成，体态丰隆而不逶迤漫衍，如高峰兀立。文园狮子林的假山，又与他处不同，占地约200平方米，其布局既不像文津阁假山那样逶迤曲折，又不像烟雨楼假山那样傲然兀立，而是散漫置之。如崇山峻岭，但第一峰似乎又独立自成画景。其峰岭绵亘，得北山雄浑之意，而“小景”起伏，又取南山秀丽之精神。所以，乾隆写诗称之为“南秀北雄此兼得”。文园狮子林假山之趣、之妙，全在于此。

2. 楼面作山

以云山胜地楼和畅远楼前的假山最富代表性。“云山胜地”为二层楼，假山置于楼前东侧，是楼的一个组成部分，设有磴道，代替楼梯，可达楼的第二层。所用山石均为当地所产青石，现在“云山胜地”楼前有几块黄石，为后来整修时所置，显得有些不合。假山曲折错落的身影，使规整的院落空间增添了曲线变化；而前面高大的寝殿和周围古松冠盖洒下斑驳陆离的阴影，使假山显得气度凝重，虽然没有悬崖峭壁，绝对高度不过一丈，但由于院落空间的视角关系，游人对它须作仰视，故显得气势雄伟。

3. 依崖叠山

“万壑松风”临湖一侧的坡崖叠山，可称佳作。其所用石料全为青石。石块半嵌入土，显得厚重有根。古松挺拔，青苔芳草，点缀于山石之间，使之如自然生成一般。蹬道曲折，也平添了许多自然幽趣。于湖中乘舟荡漾，仰望坡崖，颇具峰岭峻峭之势，万壑松风殿也显得更为高大。

4. 叠石成岛

岛上置建筑。整个金山岛即是用山石堆叠而成的大假山，其上建有“上帝阁”、“镜水云岑”等。假山的山石全为青石，不作飞崖悬石危耸之状，而以纹理参差，自成嶙嶒之态。假山上的建筑又反衬出假山的骨骼和层次。整个假山占地面积约1000平方米。所用山石约5000立方米。这样大规模的假山，颇为罕见。

5. 庭院中作为点缀的小假山

一般置于院落中作为点景之用，规模较小。山庄内的湖山罨画、水月庵、山近轩、广元宫、宜照斋、旃檀林、珠源寺、碧峰寺等建筑群（组）内，都有这种小假山。一般是以屋宇为主，假山只作点缀，用来变化院落的空间组合。其规模都不大，也不甚高（一般不超过屋檐），以免喧宾夺主。山石多选用玲珑古拙者，宜于近处赏玩。山庄的这种小假山，一般还配置树木和花草，“湖山罨画”中的小假山并有藤萝等攀缘植物作为装饰。

6. 烘托路旁碑碣等的山石点缀

为了激发人们的游趣，山庄的路旁布置了一些碑碣，突出的如西峪的《古栎歌》碑、万树园的《绿毯八韵》碑、松云峡的《林下戏题》碑等。碑侧布置假山一般都不高大，且都嵌入土中，使之如自然生成一般。疏落散置，而不做峰岭之状。《古栎歌》碑附近的山石叠法，又与他处不同。由于它处于山路的转弯处，所以，利用了北侧的自然山势，装点了一些大块山石，成陡崖悬石之状，以壮气势。山石都半嵌山坡中，两侧则装置一些小块山石簇拥石碑。远看，卧碑犹如嵌于山石间。

西湖南岸山脚下，由芳渚临流通向珠源寺的山脚御道旁，还布置有峰笋。其东面一块大型峰石，中刻乾隆诗文，下承以石座，周围点缀几块小山石，使峰石犹如一座画屏。西面有一峰石笋，上刻隶书“奢鉴”二个大字。靠山一面，布置几块山石，犹如山上凸出的一般，与山脚妥贴吻合，手法极为自然。

北枕双峰前的两座石笋，置于山巅的小路旁，《热河志》上说："（北枕双峰）亭前两石笋，秀削青瑶，矗立云际，上镌圣祖（康熙）诗"。造园家只在石笋座下布置几块小山石，而不多做点缀，使石笋更加显示出挺拔矗立之势。

7. 池山

"沧浪屿"的假山，即属此种。"沧浪屿"的建筑布局，是以水池为中心，池南敞厅三间，其余三面则叠石为假山。《热河志》上记载："屿不满十弓，而峭壁直下，有千仞之势。中为小池，石发冒池如绿云浮空。由西岭晨霞阁后沿缘而下，有室三楹，窗外临池，四围石壁，空嵌谽谺，豁闻后檐。"假山的布局是环水池而曲折逶迤，中峰突出，略做峭壁之状。假山绝对高度不过丈余，而竟有千仞之势。

8. 叠石小品

李笠翁称之为"零星小石"，既有点缀作用，又有实用价值。例如，在岸边散置几块大型湖石，供游人坐览风景；于湖岸堆砌几块山石，既可护岸，又变化了岸线；或者在殿堂门口，堆砌几块山石，用作台阶，于墙角、亭角堆叠几块山石，加固基础，又丰富了建筑物的线条变化；在一些水口，点缀几块石块，既可防流水冲岸，又与乔松野卉相配合，渲染林泉野趣。……其对山石的要求，并不十分严格，似是随手拈来，任意而置。它没有严格的布局，随需要而定。

9. 依真山做假山

即把自然山的某些局部，加以人工整理，再用山石作局部处理，使它们既是真山的组成部分，又具假山的艺术特征。这种做法在山庄的山区建筑中比较普遍。

假山叠石的艺术特点

随宜布置，尽物之力。避暑山庄以当地所产青石和黄石为假山叠石材料，这不仅节约了人力、物力，也使假山容易与周围环境相谐调。假山叠石的选址及形式和做法，则随建筑的功能要求和周围环境而定。叠石成岛、依坡崖叠山、以假山代楼梯（楼山）等，是根据建筑物功能要求而确定的。有的因真山做假山，随地之宜，是将真山的某些局部加以整理、改造，在其基础上再堆叠假山，假山构成真山的一部分，假山依附于真山，真山中有假山，不仅加强了建筑的功能，也使假山与周围的建筑和环境和谐一致，相得益彰。有时利用一些零星石料，堆叠一些小品，既丰富了园林的风景，也充分利用了物力，这是一种节约人力物力的“随宜布置”。

清初，吴伟业为叠山名手张涟（南垣）作传，总结出三条主要经验，即“因深就高，合自然，惜人力”。张潮在《张南垣传》的跋语中，也强调指出，堆叠假山最主要的是“合地宜，因石性，物多不当弃其有余，物少而不必补其不足”。张南垣自己则把这几条概括为“随宜布置”四个字。他的后人历代从事叠山业，居北京，并供奉宫廷，世称“山子张”。避暑山庄的假山，显然是直接继承了这些宝贵的经验。

苍然古色，野趣天成。假山虽由人造，但是“以真作假，作假成真”。避暑山庄的假山叠石，极力追求的正是这种妙似真山的自然情趣。避暑山庄的假山抛弃了帝王苑囿中常用的“一池三山”那种僵化了的格局，另出新意。根据建筑功能和景观的需要，随宜布置，使假山叠石与建筑和周围环境融洽妥贴，如出自然。同时，利用树木花草、暗窦幽泉等点缀假山，以渲染假山叠石的自然情趣。乾隆在写避暑山庄假山的诗中，就曾多次提到了这些：“假山纵新成，林古山因古。峻峰隐曲涧，活泼流泉吐”；“假山新垒作，古石似天成。根带树丛长，窍穿花蕊荣”；“缀景阁之前，假山太古然。明亭向敞亭，暗窦出幽泉”。正是这些花草树木、暗窦幽泉，使假山充满了山野的情趣。

避暑山庄的假山叠石，竭力突出其自然情趣，与周围的环境相谐调，融为一体，并与全园的格调相一致，这正是其叠山艺术的精髓，也是整修这座历史名园时应该注意继承和发扬的一个重要问题。

附录 永和等查报文津阁假山工程档案

园内修建文津阁工程已经完竣，所有堆放山石活计应需现工物料，前经奏明，派永和、明山保就近稽查在案。嗣据永和、明山保查报，该工堆山实用过：

大山石一百五十块；

小件山石一万七千四百十八车五分六厘；

虎皮石五十四方四分；

榆木折见方尺一百七十九尺三寸四分；

大绳五万二千一百五十五斤；
缚绳二万五千二百二十六斤四两；
熟铁料六万六千一百三十七斤九两一钱；
小米条铁丝四百七十九斤；
油灰一千七百六十三堆；
大木匠九十三工；
楠木匠二百八十四工；
石匠一千五百四十工；
搭材匠四千八百三十六工；
运夫二千九百六十四名；
山子匠一万二千八百三十一工；
扛夫六万七千六百八十七名；
土作夫六千五百六十九名。
物料计值银一万五千八百三十两九钱四分九厘；
工价值银八千七百五十六两八钱八分二厘；
共银二万四千五百八十七两九钱三分一厘。
乾隆四十年十月

英廉　刘浩　奏

十一、撷取青山做画图

避暑山庄以山林取胜。康熙说它是“水心山骨”，乾隆也曾用“园林有塞山，可识斯图美”的诗句来赞美它。可见这座现存规模最大的皇家园林，也是以山为其特点的。

避暑山庄在真山入园的做法上，继承了以往的传统，又加以新的创造。

藏山于园，首先要选择适宜于造园的真山。真山是自然界长期运动的产物。造园家的天才，在于巧妙地利用它，把它纳于园林的风景构图之中。

古北口外，燕山奔趋，峰岭连绵数百里，造园家为什么只选择承德几个不大的山岭入园？除了各种政治的、地理的原因之外，主要是这里的山，有适宜于造园的优点。清代著名的官僚张玉书是这样分析的：“自京师东北行，群峰回合，清流萦绕，至热河形势融合，蔚然深秀。古称西北山川多雄奇，东南多幽曲，兹地实兼美焉。”（《御制避暑山庄诗》跋）说的是这一带的峰岭，兼有雄奇、幽曲的特点。这一点，实地观察就可以体会出来。园外的磬锤峰、蛤蟆石、天桥山、僧冠山等奇峰怪石，颇为壮观。园内山岭虽无奇峰怪石，却具幽曲之趣。横峰侧岭，婉转自然，层次分明，不枝不蔓，深谷幽峡，回环曲折，含蓄蕴藉，为园林艺术构图，提供了良好的自然条件。

和其他园林素材一样，自然界的山，对于园林来说，不过是一些“原料”或“毛坯”，要使它适合于风景艺术构图的需要，还要进行一番艺术加工。这当然不是要花费很大的力量去改变山的自然形势，而是利用多种造园艺术手法，使山更富于艺术性，更适合于风景构图的需要。《避暑录话》曾说：“李翱习之论山居，以怪石奇峰、走泉、深潭、老木、嘉草、新花、远视七者为胜。”这实际上也是古代园林对山进行艺术加工的标准。这里面既包括对山的选择，也包括对自然界的山进行艺术加工的要求。

第一，以花草树木渲染和加强山的形象。避暑山庄以松树为全园骨干树种和绿化基调；同时，又以自然峰岭划分成不同景区，每一景区突出一两个树种。清代官僚查慎行有一首诗，专写避暑山庄山区的树木：“烟光浓淡写晴空，多少旌旗掩映中。大抵无峰无好树，一峰不与一峰同。”这是以树木渲染峰岭个性的一种手法。西峪、榛子峪，以松树和榛子树为主要树种；梨树峪突出梨树；松云峡则遍植古松；“南山积雪”一带峰岭，又以枫树为主。这些不同形象，使峰岭的个性更加鲜明、突出。松树、榛树春夏碧绿如染，使峰岭滴翠；梨花春日淡如烟霞，峰岭如披轻纱；枫叶经霜如丹，峰岭如火。它们强烈地渲染了山峰的色彩，塑造了峰岭的各种美的形象。

草木的荣枯，使峰岭随季节变化而变换着姿容。欧阳修《醉翁亭记》说：“野芳发而幽香，佳木秀而繁阴，风霜高洁，水落而石出者，山间之四时也。”即是指草木荣枯引起的峰岭姿容的变换。

树木花卉不仅使峰岭显示出鲜明的个性，也使之随季节的变化，而有着强烈的节奏感。造园家正是利用这种手法，使避暑山庄自然界的山，增添了艺术感染力。

第二，以建筑物对山进行装饰。清代画家郑绩说：“楼阁亭宇，乃山水之眉目也。”这不仅是绘画艺术的法则，也是造园艺术的法则。建造避暑山庄的匠师们，也利用建筑物做装饰，对山进行艺术加工。峰顶置亭，幽谷建庙，是最常用的手法。“锤峰落照”、“四面云山”、“北枕双峰”、“南山积雪”四亭，置于四个山峰之巅，使主峰更加突出。建筑物的颜色与树木的叶色交相辉映、使峰岭的色彩更加绚烂，从而更能激发人的游兴。另外，在幽谷奥区，建有碧峰寺、鹫云寺、静含太古山房、水月庵等许多寺庙，从而使深谷幽山，显出勃勃生气，使游人感到一种征服大自然的创造力，吸引游人驻足观赏，仔细体味山的幽趣。此外，“梨花伴月”依山而建，建筑层层上叠，随地势而高低错落，愈显出山势的起伏曲折，这也是用建筑物以壮山势的一种手法。

第三，理山活水。就园林来说，山与水是不可分离的，两者相辅相成，相得益彰。有山无水或有水无山，都不成园林胜景。明代邹迪光说：“园林之胜，惟是山与水二物”（《愚公谷乘》）。所以，山地园林，最重要的是水。明代王世贞说：“园以藏山，所贵者反在水。”（《寓山注》）避暑山庄的山所以“南秀北雄此兼得”，理水得法是一个重要原因。

山庄山区内泉水非常丰富，造园家把它加以疏导和艺术处理，使之变为溪流和瀑布，从而成为园林风景的重要组成部分。

山庄的“泉源石壁”、“千尺雪”、“涌翠岩”等处，曾引溪流为瀑布。飞流如雪如帛，悬于青山绿崖，其雪色特别动人。乾隆欣赏山庄瀑布的诗写道：“窗含水白与山青，无色无声妙净形”，“引流叠石落飞泉，千尺窗前雪色悬”。瀑布飞流使青山的颜色变得生动活泼了。

园林景观有静有动。游人长时间地观赏静的景物，容易产生枯燥感；而长时间地观赏动的景物，也会感到疲倦。所以园林景观要动静结合，才有迷人的艺术魅力。从园林的角度说，山是静的性格，流水则是动的景观，山水结合，园林景观有动有静，足令游人赏心悦目。

流水的声音，还使幽静的山谷，充满勃勃生气“天籁岂徒风，地籁无过此。松篁不敢鸣，琴筑那堪比”（乾隆：《观瀑》）。这种天然的音乐，自然能够涤人胸襟，“涧曲注流泉，迂回发清响。宫商出天然，戛击鸣琴仿”（嘉庆：《玉琴轩》）。这种细流清响，令人沉思，启人想象。而瀑布激流，如雷鸣涛涌，则使青山显得极为热烈而壮丽，从而激发游人豪迈的感情。

第四，巧借自然。园林所容纳的自然界的山，毕竟是有限的，而人们要求园林具有丰富多彩的景观。高明的造园家并不是花费巨大的人力财力，去改变山的形态，以适应园林风景的需要，而是巧妙地利用各种造园技巧，让游人欣赏山陵丘壑的千姿百态。这除了前文所述的利用树木对山的形象进行艺术加工之外，还须利用变换风景观赏点的位置，多视角展现山的自然美景。避暑山庄在这方面也有许多匠心独运之处。

一是变换风景观赏点的位置。著名文学家苏轼有诗曰："横看成岭侧成峰，远近高低各不同。"从造园角度说，这就是变换风景观赏点的位置，得到不同的欣赏效果。

建造避暑山庄的大师们，是深谙此理的。例如，"南山积雪"亭所在的山头，在游人眼中，就有许多不同的形象。游人站在"锤峰落照"处望去，不见高耸的峰头，只见"南山积雪"亭隐藏在高低参差的绿树丛中；游人站在"万壑松风"北门，穿过湖面向北眺望，"南山积雪"山头，给人以丰隆浑圆的美感，峰顶的高亭更显挺拔；站在"卷阿胜境"望去，"南山积雪"山头，在树木掩映中，遁去了大半个身影，更显得淡远飘逸，小亭一座依稀浮于其上；游人站在"泉源石壁"附近，由于距离很近，"南山积雪"一带峰岭，显得极为高峻，瀑布悬空，声震天宇，巉岩峭壁，威严雄秀。由于观赏点不同，虽然同为一山，而形象各异。

二是利用春夏秋冬、朝暮阴晴不同，欣赏山景变态。宋代郭熙说："山，春夏看如此，秋冬看又如此，所谓四时之景不同也；山，朝看如此，暮看又如此，阴晴看又如此，所谓朝暮之变态不同也。如此，是一山而兼数十百山之意态，可得不究乎？"

建造避暑山庄的大师们，将上述理论用于造园的实践，把大自然对山的装饰美化，纳入园林风景的构图之中。

"西岭晨霞"，专为欣赏朝霞而设，它坐落于如意洲西端。每当清晨朝霞初焕，站在这里，西眺"珠源寺"一带，色彩斑烂，"林影错绣"，令人心旷神怡；"锤峰落照"，则是专门欣赏磬锤峰晚霞夕照的。每当"红轮西照，是峰迥出孤际，扬晖天际"，颇为动人；"南山积雪"，欣赏山之雪景；"四面云山"，则欣赏白云烟岚中的山景；烟雨中的山，更有一种迷濛之感。乾隆游山庄时，曾有《雨山》诗云："竖峰横岭总模糊，凸叠凹棱幻有无。玉塞远非荆楚地，如何认作米家图。"

第五，远借群山。任何园林，占地面积都有限，总受一定空间的制约，所以，藏山于园的做法，也总有一定限度。天才的造园家，并不是无限制地扩大园林规模，将许多自然界的山，包纳于园林之中，而是利用借景手法，将园外的真山，引入园林风景构图之中，使之成为园林风景的有机组成部分。这就是《园冶》上所说的“远峰偏宜借景”。这方面，避暑山庄的做法，主要有两点：

1. 凭水借影，倒映远山

山庄湖水清澈如镜，天光峰影尽收其中。造园家利用水的倒影，将园外群山引入湖中，供人观赏。

原来“双湖夹镜”一带，湖水平流，清澈见底，岸边绿树，水上荷花，四围青山，组成一幅天然图画。

如意洲北端，原建有小亭一座，康熙题名为“澄波叠翠”，是欣赏水中山影之所在。《热河志》上说，这里“湖光一碧，远极天际”，群山入湖，自成画景。康熙诗称：“叠翠耸千仞，澄波属紫文。鉴开倒影列，返照共氤氲。”嘉庆则赞此地：“波光浸遥岫，峰影印虚奁。翠叠千林角，青涵万岭尖。”

如意洲东端，原建有“清晖亭”一座，是欣赏“金山”（仿镇江金山寺建筑）倒影的地方。每逢旭日东升，园外的磬锤峰与“金山”的亭阁游廊，一起倒映入湖，令人驻足品赏。

2. 峰顶安亭，远眺群山

“欲穷千里目，更上一层楼。”王之涣的诗句道出了一个真理：登高可以望远。造园大师运用这一真理，提高观景点的位置，让游人眺望园外风光。

峰顶安亭，“因高得旷，于延山宜”。这是避暑山庄借景园外群山最成功的一种手法。

“锤峰落照”，敞亭三间，置于西峪北山峰顶之上，专为眺望园外磬锤峰一带风光。每当晚霞放彩，东望波澜壮阔的群峰，如火如荼；磬锤峰倚天独立，金碧辉煌。武烈河如白色绸带飘落大地，与群山辉映。当年康熙在此东望，挥笔赞赏“诸峰横列于前，夕阳西映，红紫万状，似展黄公望浮岚暖翠图。有山矗然倚天，特作金碧色者，磬锤峰也”。

“南山积雪”亭，在山庄北部最东的一个峰顶之上，可眺望山庄之南僧冠峰一带群山雪景。冬雪之后，银装素裹，僧冠峰如银雕玉镂，分外迷人。

“北枕双峰”，是山庄最北面的一座高亭，在此可眺望路山庄百里之遥的金山和黑山。

“四面云山”在山庄西北，耸立于全园的最高峰上。登亭远眺，四周群山，尽收眼底，令人心胸豁朗，顿生豪气。

造园家通过这些借景手法，将周围群山引入园中，丰富了园林景观。同时使山庄与周围景观浑然一体，令游人犹如置身于大自然之中。

十二、鸟兽虫鱼风景构图

“花香鸟语”是我国古典园林追求的理想境界。从园林艺术的角度和广义的范围来说，“花香”是指园林的树木花卉等植物景观，“鸟语”是指鸟兽虫鱼等动物景观。避暑山庄在这方面有许多独特的创造。乾隆皇帝曾用“鸟似有情依客语，鹿知无害向人亲”，这副对联生动地描写了这一皇家园林的山村野趣。

山庄的鸟兽虫鱼景观

清代康熙时著名的园艺家陈扶摇说：“枝头好鸟，林下文禽，皆足以鼓吹名园。”这句话，很好地说明了鸟兽虫鱼景观在园林中的重要作用，这也是我国古代造园艺术的优秀传统的一个重要方面。

早在殷周时期，帝王苑囿就广畜鸟兽。《史记·殷本纪》说，殷纣王好酒淫乐，“益收狗马奇物，充牣宫室，益广沙丘苑台，多取野兽蜚（飞）鸟置其中”。《诗经·大雅》记周文王灵台，有“麀鹿濯濯，白鸟翯翯，王在灵沼，于牣于跃”的诗句。《孟子》也说：“文王之囿，方七十里，刍荛者往焉，雉兔者往焉，与民同之”。说明文王之苑，鸟兽非常之多。《史记·滑稽列传》记述了这样一个小故事：“（秦）始皇尝议欲大苑囿，东至函谷关，西至雍陈仓。优旃曰：‘善。多纵禽兽于其中，寇从东方来，令麋鹿触之足矣’。始皇以故辍止。”说明在秦代的园林中，更是广畜禽兽。著名的汉代富豪袁广汉之园，东西四里，南北五里，“养白鹦鹉、紫鸳鸯、犛牛、青兕，奇兽珍禽，委积其间”（《西京杂记》）。汉代的宫内苑，也是“育麋鹿麑麀，鸟兽百种”（《汉官典职》）。《海山记》记载隋炀帝造西苑，周二百里，“诏天下境内所有鸟兽草木，驿至京师，天下共进花木鸟兽虫鱼，莫知其数”，“金猿青鹿，动辄成群”。著名的宋代寿山艮岳，更是“珍禽异兽，无不毕集”。《宋史·地理志》记载，“及金人再至，围城日久，钦宗命取山禽水鸟十余万，尽投之汴河，听其所之。又取大鹿数百千头，杀之以饷卫士云”。其苑内鸟兽之多，于此可见一斑。

避暑山庄在利用鸟兽虫鱼组织园林景观方面，比起历代帝王苑囿来说，似乎更胜一筹。它不仅以鸟兽禽鱼数量之多、品种之富取胜，更重要的是，它在动物景观的创造上，别出新意。英人斯当冬写的《英使谒见乾隆纪实》一书，记载乾隆五十八年（1793）英使马嘎尔尼等人，在游览避暑山庄时看到的许多迷人风景：“游人既能参观动物形态，又能欣赏飞鸟鸣声。园中饲养了许多食草动物和飞鸟，但没有凶猛的野兽。苑囿澄清的水池中有各色巨大的金鱼，池底垫的是小块玛瑙、碧玉和其他宝石。”

纳入山庄园林景观的动物，可分为三类，即飞禽、走兽、水族。造园家是根据它们不同的生活习性和特点，与其他园林素材相结合，组织景观的。

我国古代造园家选取飞禽组织园林景观的标准是：“非取其羽毛丰美，即取其声音娇好；非取其鸷悍善斗，即取其游泳绿波”（陈扶摇：《花镜》）。其中，以有美丽羽毛或婉啭歌喉的禽鸟最为造园家所重视。避暑山庄当然也不例外。建造山庄的大师们，首先是看中了充满神话色彩的鹤。《热河志》上说：“鹤，山庄内多畜之，有松鹤清樾及放鹤亭之胜”。乾隆在一首题为《鹤鹿》的诗中也写道：“鹤鹿虽异类，胥足助山景。鹤则赋之粮，惟取声露警。”鹤以其充满神话色彩的传说、美丽的羽毛、高雅的行止，为山庄添色不少。

造园家们以鹤为景观，主要是取其三点；一是舞，二是翔，三是鸣。

避暑山庄的“松鹤清樾”、“松鹤斋”，即是以看鹤舞为主要景观的地方。乾隆有一首写松鹤斋的诗道：“常见青松蟠户外，更欣白鹤舞堂前。”看，窗外青松挺拔劲立，白鹤翩翩起舞，是一幅多么雅静高洁的图画啊！

鹤以其美丽的羽毛，矫健直上蓝天的翔姿，曾激起了许多诗人的遐思咏叹，启发了造园家的想象，将诗人歌咏的鹤翔形象，纳入了园林的风景构图之中。

避暑山庄在山峰高峻处，建放鹤亭一所，以为欣赏鹤翔之处。乾隆曾多次写诗记载山庄欣赏鹤翔事：“舞鹤翩迁掠过轩，不低还复不高骞。分明自适云山乐，亦自未忘粱稻田”；“山城飞出又飞来，大异笼中大快哉。

一举吾因获而得，何曾少却羽仙陪”。别管乾隆是怀着怎样的心情来欣赏它的，白鹤翔空确是一幅高雅的鲜活的图画。

《诗经》有云：“鹤鸣九皋，声闻于野”，其声沉浑悠长。造园家亦借其声，以为园林乐事。避暑山庄白鹤很多，游人常听鹤唳，以为赏心悦目事。乾隆曾写诗记其事：“放出笼中才阅年，塞山夐不让青田。因风吹送云间响，只觉其音特自然”；“飞去飞来已昨年，将雏更不出墙边。风清月白一声唳，其意肫然亦洒然”。在深山树林之中，皓月当空之际，猛然听到一声鹤唳，自然是动人心弦的。

山庄的鸟类，除鹤之外，还有许多，例如雁、鹰、雉、黄鹂、雀、燕、乌鸦、鹊、杜鹃、鸽、鹌鹑、山画眉、啄木鸟等，仅《热河志》记载的就有数十种。这些鸟类，或以美丽的羽毛，或以婉啭的歌喉，为山庄添色。

造园家很早就知道以鸟鸣来创造园林意境。著名的西湖十景，就有一景题名“柳浪闻莺”。建造避暑山庄的大师们当然也不会忘记这一点。在湖区以北，万树园之南，原来有一处灌木丛，栽植了许多浆果植物，以吸引黄鹂、山画眉等小鸟，是诱使游人听鸟鸣的地方，康熙时建敞亭一座，题名“莺啭乔木”。每当“晨曦始旭，宿露未晞，黄鸟好音，与薰风相和，流声逸韵，山中一部笙簧也”（康熙：《莺啭乔木》诗序）。

“百啭千声随意移，山花红紫树高低。始知锁向金笼听，不及园林自在啼。”欧阳修这首诗，极写山鸟在园林中自由鸣唱的快活情景，反衬出园林的自然情趣。山庄也是以这种手法，加强园林的艺术感染力的。无论是在宫殿院落里，绿树的枝头上，深山幽谷中，蔚蓝的天幕下，到处有小鸟的鸣叫，活画出一幅生机盎然的景象。

为了突出湖区的水乡景色。清代的避暑山庄还有鸬鹚、野水鸭等一些水鸟。现在山庄已经干枯了的西湖南岸，还保留有一块峰石，上面有乾隆书写的一首题为《鸬鹚》的诗。试想，在宁静的一池湖水中，忽而飞来一只鸬鹚，叼起一条小鱼；或在芦苇密丛中，忽然飞出一只水鸭，这幅活生生的画图，怎能不打动游人的心弦！

以鱼等水族组织园林景观，也是我国古代国体常用的手法。避暑山庄的设计师们布置了许多以观鱼为主要内容的景观。康熙三十六景之一的“石矶观鱼”、乾隆三十六景之一的“知鱼矶”等即是以欣赏游鱼为风景主题的。据《热河志》说：“由远近泉声而下，清溪一曲。有石矶平广，作亭其上，东向，俯视澄波，潜鳞涵泳，悉可指数。”清朝皇帝在山庄避暑时，常在此赏鱼垂钓。

我国古代园林，也有以兽类为景观的传统做法。“兽之种类甚多，但野性狼心，皆非可驯之物，无足供园林之好，兹所取者，皆人豢养之兽”（陈扶摇《花镜》），即驯顺无害、美丽可观的，才可为园林所用。鹿正好符合这些条件。

热河一带山区，明末清初人烟稀少，林茂草丰，适于鹿的生长。木兰围场即以产鹿得名。造园家充分利用了这一条件，把它纳入了园林的风景构图之中。《热河志》上说：“塞山多鹿，孳息繁衍，而山庄所畜为特驯。山径逶迤，儦俟成群，乐依文囿。”山庄内原来麋鹿成群，无拘无束，随意漫游，或饮湖水，或卧草坪，忽而驰骋，骤然伫望，寻草觅叶，悠然自得，更显出一派山林野气。驯鹿坡、望鹿亭等，就是提醒游人注意欣赏这一幅幅活的图画。

清朝皇帝到木兰围场打猎时，还经常捕获一些活的鹿、狍、獐等，把它们放入山庄喂养，以渲染山庄的野趣。有乾隆《围中获生狍致之避暑山庄即目得句》一诗可证：“生狍无数获围中，放入山庄枫柏丛。取之外囿置中囿，岂是深谋苟息同。”此外，山庄还有许多野兔等小野兽。

另外，清朝皇帝在接见蒙古王公时，经常在“试马埭”一带进行骑马比赛或骑马较射。届时，骏马奔腾，别具一番景象。从园林艺术的角度说，这也可似看作是以动物组织园林风景构图的特殊手段。

鸟兽虫鱼丰富和美化了园林景观

山庄里的许多鸟兽虫鱼，对于丰富和美化园林景观的意义，概括起来，主要有以下几方面。

1. 丰富了园林景观

利用鸟兽虫鱼创造景观，是极为经济的一种造园手法。建造避暑山庄的园林大师们，正是巧妙地安排了鸟兽虫鱼的风景构图，才大大地丰富了园林景观。康熙、乾隆题名的七十二景中，就有许多是以鸟兽虫鱼为风景主题的。鸟兽虫鱼景观，约占山庄园林景观风景构图的十分之一。从这个意义上也可以说，避暑山庄丰富多彩的园林景观，有许多是来自鸟兽虫鱼。

2. 渲染了山庄的自然野趣

避暑山庄的园林美，突出地表现在自然野趣上，这也是避暑山庄比起其他古代园林来说，更胜一筹的地方。乾隆把山庄与历史上的名园进行了比较，说："若夫崇山峻岭，水态林姿，鹤鹿之游，鸢鱼之乐，加之岩斋溪阁，芳草古木，物有天然之趣，人忘尘世之怀，较之汉唐离宫别苑，有过之无不及也。"（《避暑山庄后序》）避暑山庄的鸟兽虫鱼等动物景观之胜，是超过了其他历史名园的。

众多的鸟兽虫鱼，有力地渲染了山庄的山林野趣。康熙说"文禽戏绿水而不避，麀鹿映夕阳而成群。鸢飞鱼跃，从天性之高下"（《避暑山庄记》）。这样的环境，可以使游人加深对大自然的理解，领略大自然的美。"琴在壁间浑太古，鹿来窗外识吾怀。秋虫唧唧如相诉，多少风光付藓阶。"乾隆的这几句诗，写出了他在山庄游览时的切身感受，是陶醉于自然美的一种感情流露。

3. 加强了园林风景构图的动景和节奏感

园林的艺术构图，要有静有动，静中有动，动中有静，动静结合，才能引人入胜。楼台亭阁，树木花卉，假山池沼，一般地说，是静态构图。久静思动，是人们常常产生的普遍的心理状态。游人长时间地观赏静态景观，很容易感到平淡无味和产生疲倦感。因此，必须用动态构图加以谐调。鸟兽虫鱼正是造园家创造动态风景构图的重要素材，避暑山庄在这方面是别出新意的。

湖池平静的水面上，忽有游鱼跳出绿水，溅起一簇浪花。"醉鱼时蹙浪，上下溅明珠"，那情景，确是令人激动的。"山庄幽事足，林坞鸟声哗"，鸟儿的歌唱，使山林更加显得活泼，生机勃勃。坐在船上，欣赏湖光山色，忽见飞鸟掠空，也会引人遐思。"飞鸟去何急，遥舟望莫兮"，这幅活的图画，也足令人心旷神怡。坐在画楼之中，静静地咀嚼那山林美景，"拂檐鸟惊瞥，隔谷鹿声呦"，那情景，也会使人产生喜悦感。这种鸟兽虫鱼组成的景观，比单纯的静态风景构图，容易使游人产生突然发现的惊喜，从而使园林的风景构图成为一幅活的画图。

另外，鸟是节候的使者。燕子、布谷鸟是春的信使；被称做金衣公子的黄鹂，是炎夏的歌手；秋雁长鸣，暗示着严冬即将降临。这些都渲染了园林风景四季交替而产生的节奏感。

4. 增加了园林的活动内容

园林的重要功能之一，是要最大限度地满足人们的生活要求，要有丰富的活动内容。山庄大量的鸟兽虫鱼，不仅提高了园林的艺术评价，也在一定程度上加强了园林的功能，丰富了园林活动内容。

首先，它给游人提供了钓鱼的条件，“石矶观鱼”即是供人垂钓之所。康熙曾有诗记述了他在这里钓鱼的情景：“唱晚渔歌傍石矶，空中任鸟带云飞。羡鱼结网何须计，备有长竿坠钓肥。”乾隆也时往这里垂钓；“重把青竿坐钓矶，闲看溪鸟惊波飞。渔歌漫忆吴江水，绝胜鲈鱼秋后肥。”

其次，许多飞禽走兽，也为游人提供了狩猎的条件。“甫田丛樾”即是专供步猎的场所。清朝皇帝常于此步猎习射。乾隆还经常持火枪射鹿。有了狩猎的场所，自然可以增加游兴，给人以乐趣。

5. 有利于园林的生态平衡和保持优美的环境

园林既然是人们现实生活的环境之一，它就应该使游人感到生活环境的舒适。其重要的一点，就是要保持空气新鲜，水体清洁，以及林木花卉繁茂，有一个优美的环境。鸟兽虫鱼在这方面，也有重要的作用。

鸟兽对园林最明显的益处，就是消灭害虫。山庄内的食虫鸟类很多，它们所捕食的昆虫各有不同。山庄的树种以松树为骨干，间有其他各种树木，绿树成林。鸟类在保护林木免遭虫害及消灭兽害方面，有着很大的作用。杜鹃鸟喜欢食对松林危灾最大的松毛虫。鹰和猫头鹰等喜食老鼠，对于控制园林的鼠害以及疫病的传播，有着重要作用。乌鸦等喜食一些腐败物质，对于清洁环境，大有好处。一些鸟类还喜吃蚊蝇。另外，不少鸟类在传播植物种籽和花粉方面，有很大的作用，这也是山庄林木花卉繁茂的重要条件。

综上所述，鸟兽虫鱼是避暑山庄园林美的重要因素。我们在整修这座名园时，对于这一点，也要给予足够的重视。

十三、利用天候组织园林景观

清代学者龚炜在《巢林笔谈续编》里，有一段文字，专记天候变化对大自然渲染之妙：“从夏镇抵南阳，时当落照，云霞曳天，澄波倒影，依仰上下，无彩不呈。俄而浓云四布，宝净色忽焉惨淡。已，又推出新月，清光一钩，疏星万点。大块文章，真是变化不尽也。”的确，四季循环，昼夜交替，朝霞暮霭，风云雨雪等的天候变化，是大自然最好的美容师，它用神奇的力量，使山河大地平添了许多迷人的魅力。所以，它一直是许多骚人墨客讴歌的主题。“阳春召我以烟景，大块假我以文章。”——读李白《春夜宴桃李园序》的这些名句，总给人以韵味无穷的艺术想象和美的享受。

高明的造园家当然不会让诗人、作家独得这大自然的恩赐，也会充分利用它们，将其组织到园林景观中去，借以增强柏林风景的艺术感染力。这也是我国古代园林的传统手法之一。在这方面，避暑山庄也充分表现了造园家的天才。

园林是人们休息、生活的现实环境之一，也是大自然的一个组成部分。所以，它必须能适应自然天候的变化，才能给人以舒适感，并加强自身的艺术感染力。清末朱祖谋题宜园云：“春宜花，秋宜月，夏宜凉风，冬宜晴雪。景与兴会，情与时适，无乎不宜，则名之曰‘宜园’亦宜”，极写园林适应四季变化之美。栽植树木花卉以应时令，利用天候变化组织园林景观，是古典园林常用的造园手法。关于前者，此前已有论述，这里，着重说一下后者。

“朝暮山容变，高低眼界移”——这是乾隆游览避暑山庄时写下的两句即兴诗。这座富于真山真水的大型皇家园林，早晚景色不同，风景各异，这不仅是大自然的恩赐，也是造园家精心安排的结果。

每当旭日初升，朝霞灿烂，万木千山披霞挂彩，景色鲜丽，平添了许多诗情画意。造园家撷取了这良辰美景，把它组织到了园林景观中去。

康熙三十六景之一的“西岭晨霞”，正是特意为此而建造的。这是一座临湖而立的楼阁，位于如意湖西端。每当朝霞焕彩，西望珠源寺一带，万花千树，带露萦烟，格外清新，山寺掩映林间，色彩斑烂，俨如一幅浓墨重彩的图画。康熙在一首题为《西岭晨霞》的诗序中说：“杰阁凌波，轩窗四出。朝霞初焕，林影错绣，西山丽景，入几案间。”乾隆亦曾题诗云：“翔阳腾晓海门东，似飐红旗锦扬风。何必暮山夸返照，试看西岭画屏中”；“窗户含西岭，晨霞亦可称。恍如赤城畔，高出白云层”。嘉庆的一首诗，也颇能道出其诗情画意：“霞绚西崖日上东，画家烘染讵能工。赤城标建光层迭，万片珊瑚漾碎红。”

在松云峡入口处不远，原有“瞩朝霞”亭，也是欣赏朝霞的风景观赏点。每当朝霞焕彩，东望舍利塔，金顶光芒四射，乐成阁、永佑寺身影清晰，极为壮观；磬锤峰一带，遍山涂上一层金色，景色奇丽。

阳光对于花卉的颜色影响很大，古乐府有“映日花光动，迎春香气来”的诗句，被人们千古传诵。山庄内“金莲映日”正是提醒游人注意早晨、中午旱金莲的丽景。每当曙光晞微，金莲花“叶椏枝交，含风挹露，晨景初出，金彩鲜新”；而中午前后，在强烈的阳光照耀下，则另是一番景色：“日光照射，精彩焕目。登楼下视，直作黄金布地观。”

落日霞光是美好的，它曾经激发了无数诗人、画家的创作激情。“夕阳无限好”，“长河落日圆”，都是脍炙人口的名句。康熙三十六景之一的“锤峰落照”，正是造园家为游人安排的欣赏落日霞光的最佳风景点。特别是夏天雷雨过后，雨洗青山，站在“锤峰落照”东望，蜿蜒的武烈河，犹如白色的绸带飘落大地；磬锤峰一带山岭，一片斑驳陆离，很像一幅浓墨重彩的画卷；而普乐寺和安远庙，则犹如这巨幅画卷上色彩绚烂的图案。康熙在一首题为《锤峰落照》的诗序中，以生动的文笔，描绘了这幅动人心弦的画景：“平冈之上，敞亭东向，诸峰横列于前。夕阳西映，红紫万状，似展黄公望浮岚暖翠图。有山矗然倚天作金碧色者，磬锤峰也。”

风，古称“天籁”。它有一种天然的韵律与节奏，如恰当地利用，使之与其他园林因素相结合，亦足以悦人耳目，创造出引人入胜的园林意境。避暑山庄在这方面，也有不少值得称赞的实例。

风入松而韵，松得风而响，松风相得，最是可人。松涛一直是我国古代园林传统的风景主题之一。明代刘基《松风阁记》，曾记述了这方面一个令人心驰神往的实例：“盖阁后之峰，独高于群峰，而松又在峰顶，仰视如幢葆临头上。当日正中时，有风拂其枝，如龙凤飞舞，离褷蜿蜒，轇轕徘徊，影落檐瓦间，金碧相组绣，观之者目为之明。有声如吹埙篪，如过雨，又如水激崖石，或如铁马驰骤。剑槊相磨戛，忽又作草虫鸣切切，乍大乍小，若远若近，莫可名状。听之者耳为之聪。”

山庄内的“万壑松风”，即取传统的松风主题，再添一番新意。它“据高阜，临深流”，为松风相得创造了有利的地势条件。据高阜，就使本来高大的松树，更出众水之上，极易得风；临深流，即高阜之北临湖，湖面地势低，而风多从北来，得风极易。因而“壑丘风度，如笙镛迭奏声，不数西湖万松岭也”，俨如一部天然乐章。

康熙三十六景之一的“风泉清听”，是借轻风以成趣。它在西峪山谷间，幽深憩静，溪泉流淌，树密草深。每当轻风顺谷而流，树响草鸣，流水之音更加悦耳，“两峰之间，流泉潏潏，微风披拂，滴石作琴筑音，与鹤鸣松韵相应答”。

承德山高气爽，晴日居多，蓝天白云也为园林景观提供了难得的素材。“水流云在”、“云容水态”、“镜水云岑”、“宿云檐”等，都是利用片片游云而组织风景构图的。

“水流云在”是万树园南濒湖最西一亭。这里，湖水澄明，清澈见底。蓝天白云倒影水中，恰似湖底另有一天。湖水平流，汩汩不绝，永无尽意；白云片片，去而又来，长留水底。诗情画意，俱在白云流水间。“水流心不兢，云在意俱迟”——杜甫的诗意，都可于兹体会出来。

“云容水态”在梨树峪入口处，是溪流瀑布荟萃之区。飞流悬天，激荡喧腾。“横峰侧岭，献秀争奇”，影落水中，簇簇翠绿。瀑布泻入西湖，雪浪团团，山影、白云倒入水中，千姿百态。“川流溶溶。白云冶冶，不知孰为云孰为水也。”“山客随浪动，山影逐波流”——好一幅令人目迷心醉的画景。

金山岛上的“镜水云岑”，三面临湖一面有溪。这里，湖水空明净澈如镜，“波光岚影，变化烟云，佳景无边，令人应接不暇”。蓝天白云、殿阁楼台，倒影入湖，宛如水中另有一天。

山庄峰岭罗列，早晚间岚气特多。“岚本山之气，霭则云之容，所以霭从雨，而岚斯从风。朝岚夕霭语，泛用原可通”（乾隆：《岚霭》，见《热阿志》）。岚霭是山地特有的云气，姿容千变万化，山峰神态也随之变幻，古人因称岚霭为山之神采。“大块文章险以奇，云气变幻山可移”（德保：《恭和御制雾元韵》，见《热河志》）。这自然为园林景观的创造，提供了难得的素材。山庄的不少景观，即是以此为题材的。

北山近宫墙一带，“晨霞暮霭，绚紫绯青，岩峦交复，云气特多”。构“翠云岩”亭以揽其胜景。惠迪吉门内有“宿云檐”，“因地势高敞，构平台以揽胜。云气往来，若宿檐际”。“山居幽致许谁同，变态烟云晓暮中”（乾隆：《山居》，见《热河志》）——岚霭确为山庄平添了许多幽趣。

山庄为避暑之所，雨景自然不可少。每当雨雾濛濛之时，山影隐幻，景色迷人：“竖峰横岭总模糊，凸叠凹棱幻有无。玉塞远非荆楚地，如何认作米家图。”林木也自另具一番景色：“涧叶岩枝披一色，低翻高掠逞千姿。爱看万点飞空罢，尚有露珠林下垂。”烟雨楼正是欣赏这类雨景的好地方。它突兀湖中，四面临水，每当夏雨迷濛，水天一片，远山近树尽在苍茫之中。登楼眺望，令人心旷神怡：“奔腾万马过银塘，楼上空濛复渺茫。戢翼文鸳真解事，绿荷盖底作双藏”（乾隆：《雨景四首》，见《热河志》）。

山庄地处塞北，瑞雪降早而消晚，雪景自然也不可少。康熙三十六景之一的“南山积雪”，即特为欣赏雪景而设。它据山庄北面群峰之巅，南赏景物都在视线之下，视野极为开阔，可以远眺山庄之南的僧冠峰等，“塞地高寒杪秋雪下，南望诸峰，皎然寒玉”。而当春风送暖，积雪渐消，而僧冠峰却独留雪景，如玉雕银镂，“岭上积雪，经时不消，于北亭遥望，皓洁凝映，晴日朝鲜，琼瑶失素，峨眉明月，西昆阆风，差足比拟”（康熙：《南山积雪》诗序）。这是借雪组织园林景观比较成功的一例。

月下景物，是诗人讴歌的永恒题材，而水月相互借资，更能平添无穷诗情画意。清代龚炜《巢林笔谈续编》有一条专门描述了月色之妙：“天上月色能移世界，邵茂齐之言也。闻雁主人引而伸之曰：‘石上泉洄，梵刹园亭，屋庐竹树，种种常见之物，月照之则深，蒙之则净。金碧之彩，披之则醇；惨悴之容，承之则奇；浅深浓淡之色，按之望之，则屡易而不可了。以至山河大地，邈若皇古；犬吠松涛，远于岩谷；草生水长，闲如坐卧。人在月下，亦尝忘我之为我也。’形容月色之妙，全从切身体会中得来。”造园家也借助月色，创造了许多迷人的园林景观。

“初看月朗渐星生，经纬分明纵与横。此是素娥莫大德，一分还任众分明”（乾隆诗）。月色迷离，一切景物都披上了一层神迷的面纱，耐人寻味。磬锤峰则另有一番幽趣：“底识望前真妙趣，群峰都入照无遗。小游仙处观壶峤，玉笥森森碧海基”（乾隆：《月峰》）；林影蒙笼，“不辨苍松与翠柏”，别有意境：“箾篸高岭复低冈，都作蓊蒙丹桂香。应是广寒容不了，枝枝天馥布山庄”（乾隆：《月树》）；荷花虽绿隐红藏，但清香沁人：“夕阳红绿一湖明，入夕花藏只叶晶。却是清香收不住，因风馥郁送舟轻”（乾隆：《月荷》）。康熙三十六景之一的“梨花伴月”就是特别提醒游人注意欣赏月下梨花。这里溪涧潺湲，极为清幽，每当春暖花开，梨花盛开，丽景迷人，“曲廊上下，层阁参差，翠岭作屏。梨花万树，微云淡月时，清景尤绝”。月下梨花，幽香迷离，令人目迷心醉。

王世贞《弇山园记》云："水之奇在月"。水在月下，更有许多迷人的雅趣。"载月本宜湖，塞湖更佳趣"。月下游湖别有一番情趣："沙萦石络源来浅，岸转舟行闻贮深。千载塞湖千载月，一时幽兴一时吟"（乾隆：《塞湖月》）。造园家当然不会忘记把这些美景纳入风景构图之中，"月色江声"即是为此而设。它取意于苏东坡的前后《赤壁赋》："月出于东山之上，徘徊于斗牛之间，白露横江，水光接天"；"江流有声，断岸千尺，山高月小，水落石出"。每当皓月当空，远山露影，近树隐形，诗情画意，启人遐思："清风徐来水兴波，赤壁之游想若想"，至月色西沉，则另是一番情趣，"四周山色入苍茫，一片湖光生峭凉"（乾隆诗）。

总的来说，利用天候组织园林景观，是一种极为经济的造园手法，也是使园林与自然融洽无间，提高园林艺术评价的一种艺术手法。避暑山庄在这方面的成就，是值得研究和借鉴的。

十四、园林道路

避暑山庄的自然地形非常复杂，有湖沼、山岭和平原，又有近百组建筑，错落有致地分布于全园，但其风景构图，并没有零碎散乱之感，而是构成一个有机的艺术整体。究其所以然，园林道路布置之妙是一个重要因素。所以，研究避暑山庄的园林艺术，不能不研究一下其园林道路。

园林道路不仅解决园林的交通问题，也是园林风景构图的重要组成部分，是贯穿全园并使整个园林形成一个现实生活中的时间、空间上艺术整体的若干纽带。这些无形的艺术纽带，很自然地引导游人，从一个景区再到另一个景区，从一个风景点转移到另一个风景点，从一个风景环境走向另一个意趣全新的环境，使园林景观像一幅幅连续的画图，不断呈现在游人面前，从而起到导游的作用。反之，道路布置不当，美好的景观，也会黯然失色，特别是地形复杂的山地园林更是如此。《檐曝偶谈》有云："凡山居者，先须识道，未识道而先居山，但见其山，不见其道，故心境未通，瞩物成壅，则郁郁长松，峨峨耸峭，鸟兽呜咽，松竹森梢，水石峥嵘，风枝萧索，藤萝萦绊，云雾氤氲，适足以资其喧耳。"这用来说明道路在园林中的重要作用，也是非常恰当的。研究避暑山庄园林道路的重要意义，也在这里。

高卑因地胜　为胜辄勿同

和其他古代园林一样，山庄园林道路的安排，首先在便利交通，其次宜于赏景，第三是因依自然地势，第四是要灵活多变，避免千篇一律。便利交通问题，道理很容易明白，用不着多加论述，宜于赏景问题，下面再详述。关于第三、第四两点，用乾隆的两句诗来说，就是“高卑因地胜”，“为胜辄勿同”，当然这需要稍加阐释。

所谓“高卑因地胜”，是说不必花费很大的人力、物力去整理地形，辟治道路，而是随地势高低而升降起伏，因地势的曲折宛转而逶迤变化，稍加人工整治而成。用造园理论的专门术语来说，就是“因高就下，通窒去蔽”，“因其自然，辅以雅趣”（陆游：《南园记》），“大抵虚者实之，实者虚之，聚者散之，敞者聚之，险者夷之，夷者险之，如良医之治病，攻补互投；如良将之治兵，奇正并用；如名手作画，不使一笔不灵；如名流作文，不使一语不韵”（祁彪佳：《寓山注》）。山庄道路的安排，湖区多因堤岸，山区多就山谷，使道路与自然地势妥贴吻合，与周围景物融洽无间，极尽自然变化之妙。关于这一点，下面还将比较详细的谈到，于此不赘。

所谓“为胜辄勿同”是指道路的形式，要灵活多变，不可千篇一律，否则就会显得呆板、枯燥，容易使游人厌倦。从形式来说，山庄的园林道路，大体有以下几种：

石砌“御道”：这是山庄园林道路的主体，一般用 1 米 ×0.5 米的白色石条铺砌而成，多用于宫殿区和主要的游览干道。其特点是显得华贵和气派，在我国的古代园林中，只有大型园林特别是皇家园林中才有这种做法，“驰道广庭，以武康石皮砌者最华整”（文震亨：《长物志》），但要耗费巨大的人力、物力，而且处理不好，容易使游人一览无余，景观太暴露，少含蓄，降低园林的艺术评价。所以，我国古代园林常在这种道路两旁，栽植树冠很大的常绿乔木以补其缺陷。山庄石砌“御道”的两旁多植乔松，绿云遮顶，避免景观过于暴露。山庄的石砌“御道”，现存的尚有：丽正门前一条，长约 200 米，东与德汇门相连；万壑松风门殿前一条，长约 50 米，与驯鹿坡相连；芝径云堤一条，长约 50 米；由芳渚临流至珠源寺一条，长约 1000 米；西峪、梨花伴月、松云峡各有一条，各长约 2000 米。其所用石条，虽是就地取材，但所耗费的人力、物力也是相当大的。

石子路：用小石子铺砌而成，这是我国古代园林中最常用的道路形式。《园冶》上称之为“乱石路”，“园林砌路，惟小乱石砌如榴子者坚固而雅致，曲折高卑，从山摄壑，惟斯如一”。这种做法节省人力、物力，而且显得自然，容易与周围环境谐调，多用于湖岸及林荫中。山庄由水心榭至热河泉，由热河泉沿澄湖北岸至水流云在亭的道路，都是这种做法，估计总长在数千米。山区也偶然用之，多为连接建筑群（组）短路。现在鸳云寺至静含太古山房遗址之间，还残留一段。

磴道：用自然石块叠砌而成或直接凿石成阶梯，多用于丘阜及山岭地带。它所花费人力、物力不大，又容易与周围环境融为一体，极尽自然之妙，又启人攀登之趣。万壑松风临湖北坡，金山岛及山近轩、广元宫等处，都有这种道路。假山也多取这种做法为道路。文园狮子林的假山磴道，是其十六景之一，乾隆就写了不少题为《磴道》的诗，其中有两句云：“砌石砧腭跻攀，羊肠萦绕云关”，就是对磴道的真实描写。

土路：这种道路省工省力，又容易与周围环境融洽，显得极为朴素自然，山庄各处都有，以山区和平原区最多。或羊肠曲径，或平坦逶迤，都有一番野趣。

砖砌甬路：这也是我国古代园林中常用的一种道路形式。《园冶》对此做过专门介绍：“诸砖砌地屋内，或磨扁铺庭下，宜仄砌，方胜叠胜，步步胜者，古之常套也。今之人字席纹、斗纹，量砖长短合宜可也。”山庄用这种道路形式不多，偶或用之，都不太长，主要是在宫殿区的院落内或其他大的建筑群（组）之间，用以解决院落之间或各单体建筑之间的交通。

廊：既是一种建筑形式，也是一种道路形式，山庄多用于宫殿区或其他大的建筑群（组），作为连接建筑之间的纽带。其功能除增加建筑物的美观和遮蔽风雨外，主要在引人坐览风景。其做法如《园冶》所说，“宜曲宜长”，“蹑山腰落水面，任高低曲折，自然断续蜿蜒”。

为避免单调感，还根据建筑的功能要求，景观的需要，以及附近的环境和地形，不断变换或交替使用不同的道路形式。既使道路与周围环境谐调，又满足游人的赏景需要，克服单调和枯燥感，消除游人精神疲倦，提高游兴。

磴以曲致佳　道实近若远

“磴以曲致佳，道实近若远”——乾隆咏文园狮子林“磴道”的这两句诗，画龙点睛地说明了山庄园林道路的艺术特点。

我国古代园林的道路安排，都毫无例外地避免笔直和硬性尖角交叉，自然曲折变化和富于节奏感。《清闲供》所说“门内有径，径欲曲，径转有屏，屏欲小”，以及《闲情偶寄》所说“径莫便于捷，而又莫妙于纡”，这些正是历史经验的总结。

我国的造园家，早就注意了这方面的问题。北魏时期，杨衒之在《洛阳伽蓝记》中记张伦所造景阳山，就特别指出了其道路幽曲之妙：“崎岖石路，似壅而通，峥嵘涧道，盘纡复直，是以山情野兴之士游以忘归”，说明了园林道路布置的曲折有致，是园林艺术产生迷人魅力的重要因素之一。宋代著名的艮岳，更是“随其斡旋之势，斩石开径”，“盘纡萦曲”，“周环曲折，有蜀道之难”（宋徽宗：《艮岳记》）。明代王世贞在《弇山园记》中，也特别记述了弇山园道路之曲折险峻：“大抵游客自阳道，则池与涧之胜各半得之；其自阴经，所擅涧而已，径不为叠蹬，上下甚峻而滑，忽起忽伏。其上，则袂相挽，小断则踬；下则履相踵，小近则啮，以故游者或苦之，而振奇之士，更栩栩夸快，涧尽其阴径出而得池，然再断，断之中为平坡，其再断之中复再断，而中叠石以度，度者必振衣而跃，乃克济。”其园林道路之曲之险，正可激人游兴也。明代郑元勋《影园自记》，记影园之胜也说：“大抵地方广不过数亩，而无易尽之患，山径不上下穿，而可坦步，然皆自然幽折，不见人工。”这个占地不过数亩的小园，即以道路幽折之妙，平添了许多雅趣。

“随山依水揉辐齐”、“自然天成地就势”——康熙《芝径云堤》诗中的这两句话，说明了避暑山庄的道路安排，是根据自然地形地势而曲折变化的，即如《园冶》所说：“随形而弯，依势而曲，或蟠山腰，或穷水际，通花渡壑，蜿蜒无尽。”

宫殿区：由于其建筑有着特殊的功能要求，建筑布局有着严格的规定，其道路的设置，受到建筑功能和布局的限制，主要是靠游廊和甬路解决，在欣赏风景方面，没有什么价值。万壑松风一组建筑，主要是曲廊联系各个单体建筑和解决道路交通问题，由于其临近湖区，故可以在其中欣赏湖光山色，作为园林道路来说，其艺术评价是比较高的。

湖区道路：是因借堤桥、湖岸而设的，即古代造园理论所说的“幽廊与水而曲”（刘侗：《帝京景物略》），即随湖岸和提桥的曲折而自然曲折变化，并与宫殿区、平原区、山区相联系。主要的游览道路有三条。

东路，以水心榭为起景，南与卷阿胜境相接，连系东宫。水心榭建筑在石砌驳岸上，两旁湖水清澈。坐在榭中，犹如置身于游船，东望文园狮子林，西对万壑松风桥和环碧。游人由德汇门经东宫一路走来，经过一段建筑密集的局促环境，至此会感到豁然开朗。过榭而北，原有石子路沿湖岸逶迤曲折，有小桥通向月色江声，过小阜而东，通向清舒山馆和花神庙、戒德堂。顺路而北，沿湖岸有自然石块堆砌的道路可达金山岛，这是东路风景的高潮。岛上地势高敞，可以纵目远眺，亦可依曲廊而观赏水中倒影，画景迷人，美不胜收。湖岸有曲折小径北达热河泉。这里湖水平流，古松参天，北有船坞，南有香远益清，风景清幽雅静，吸引游人静坐憩息，乐而忘归。东路风景，至此而收。

中路，由万壑松风沿石砌蹬道而下，以万壑松风桥作为起景。逶迤曲折的芝径云堤是主要的游览干道，东达月色江声，北过环碧达如意洲。这里建筑很多，活动内容丰富，花木繁盛，引人流连久赏，是中路风景的高潮。坐船而北至青莲岛，可登烟雨楼及翼亭，远眺四周画景，中路风景以此作结。

西路，是由正宫北门—岫云门往北，顺驯鹿坡而下，遥望南山积雪亭，沿如意湖西岸北行。西有青山做屏，东与环碧、如意湖等隔湖相望，有如意湖亭、芳渚临流亭可供坐览风景。长虹饮练—双湖夹镜桥是此路风景的高潮。这里，荷花放彩，流水有声，西有珠源寺，东望如意洲、烟雨楼，北对试马埭、千林岛，南望正宫，四面皆成画景。过桥而北，有土路可至远近泉声。此处青山如画，瀑布飞悬，荷花闪光，风送幽香，“直入庐山胜境矣”。西路风景，于此而收。

如果说，湖区东路风景结于清幽，中路结于迷远，西路则结于绚烂。各有千秋，各尽其妙，相互辉映，相得益彰。

平原区：由于文献记载语焉不详，风景及地貌改观甚多，对平原区的道路很难作具体分析与描述。现只临湖岸有一条道路仍有踪迹可寻，它大体上是布置在南田丛樾、濠濮间想、莺啭乔木、水流云在与澄湖北岸之间，用石子铺砌而成，宽约一米半，长约一里，贯通东西，东连船坞、热河泉，西过试马埭，与湖区两路风景相连接。道路随湖岸逶迤曲折，两旁芳草古木，绿荫生凉，点缀一些碑碣和叠石小品，风景绚丽多姿，诱人仔细品玩。南望金山岛，画景更是迷人：远处淡蓝色的群山犹如天幕高张，岛上建筑，参差错落，线条清晰，与湖光山色相辉映，今人心旷神怡，是这路风景的荟萃之处。

山区：把松云峡、梨树峪、西峪三条山谷的自然地势，稍加整治，形成三条骨干道路，并有崎岖小径通往各风景观赏点。

松云峡，是山区最北的一条峡谷，有石条铺砌的“御道”，通达小西北门。有高层建筑（文献上称为“关口”），锁住入口，把峡谷里的风景遮蔽起来，起到障景的作用。关口前临半月湖，荷花满池，异彩流光，芬芳袭人，起景不俗。入关口，两旁峰岭叠翠，乔松林立，盖天蔽日，令游人如置身于深山老林中。南侧，溪流琤琮，“空山响流泉”，更觉幽静。北侧，有羊肠小径可通南山积雪、青枫绿屿、北枕双峰。更往里行，北侧幽谷泉响，架石为桥，可通山近轩、广元宫等处。沿主道继续前进，南侧深谷曲径，可达旃檀林、碧静堂、水月庵等处，又可攀登山间小径登放鹤亭远眺。路的尽头，小西北门内，有宜照斋，可供憩息。有蹬道可上宫墙，北眺殊像寺、广安寺、罗汉堂、普陀宗乘、须弥福寿之庙。出西北门，有小路与上述各庙相交通。

梨树峪，其道路布置与松云峡手法略似，沿山谷用石条铺成“御路”，作为骨干道路。由西湖乘舟，可达入口处，有“旷观”锁住入口。其左右峰岭有瀑布飞流，泻入湖中，雪浪震响，波涛奔涌。这是梨树峪一路风景的序景。循“御路”宛转而进，至梨花伴月，是风景的高潮，建筑依山而置，犹如画屏，万树梨花，淡如烟霞。循路而进，愈加清幽。在一山岭回抱处，苍松掩映间，创得斋巍然而立，其处山深林密，落叶有声，环境清幽雅静，宜人读书休息。此路风景，至此一收。有幽曲小径，通四面云山等处，寻幽探奇，可攀登而至。

西峪，是山区最南的一条山谷，内与榛子峪相通，也有石砌“御道”作为主干道。其入口处与驯坡相接。当年，这一带麋鹿漫游，或卧或嬉，寻草觅食，一幅天然活画，恰成为此路风景的序景。入谷行不及一里，在山沟处，有松鹤清樾、风泉清听，可供休憩静读。有盘旋曲径，可达锤峰落照。顺“御道”逶迤行进，有碧峰寺迎立面前，石砌御路伸展到庙内，真使人感到“山重水复疑无路”，穿庙而过，石砌“御路”忽然消失，绕过小土丘，峰回路转，变成山间土路，另有风景在眼前，使人产生“柳暗花明又一村”的喜悦感。沿路布置有“古栎歌碑”及有真意轩等建筑。至最深处，有鹫云寺、静含太古山房、秀起堂等建筑群（组）。附近幽谷深涧，古松参天，是此路风景的又一高潮，也是结景。然而，它又不完全结束，在秀起堂之上，又有眺远亭，引人攀登远望，曲径逶迤可达四面云山等处。它的艺术处理手法，正如清代王昱《东庄画论》中所说：“一起，如万马绝尘，须勒得住而又有住而不住之势；一结，如群流归海，要收得尽而又有尽而不尽之意”。

总的来看，山庄的园林道路，是随地形地势而起伏曲折，极尽自然变化之妙。“升高降下几盘回，石户岩斋坦荡开”，“高低叠处皆成趣，曲折盘中总入奇”——乾隆的这几句诗，写出了山庄园林道路的一般特点。

道路过于宽广，容易令人一览无余，咀嚼无味。所以，山庄的道路，除石砌“御路”外，一般都比较窄，唯其窄才更显得逶迤曲折，“引径若发殊郁纡，辟缝似斧复嵚岗”，“岩径更蹀步，仄蹬盘云斜”——乾隆的这几句诗，都极写曲径之窄。他在一首咏文园狮子林假山蹬道的诗中更形象地写道：“蹬道层层砌假山，林岑曲折费登攀，设如次第论诗品，只在郊寒岛瘦间。”以孟郊和贾岛诗歌的“寒”、“瘦”，比喻曲径的窄细和崎岖，算是乾隆的一个创造。

我国古典园林道路的两侧，多点缀花草，并植树遮阴，既可生凉，又多野趣。文震亨《长物志》说：“驰道广庭，以武康石皮砌才者最华整。花间岸侧，以石子砌成，或以碎瓦斜砌者，雨久生苔，自然古色”，就是指的这个意思。山庄道路的布置也自不俗。“诘屈山径幽，绿云蔚其上。线天中得路，到斋却寥旷”；“翠荫复曲折，有路草芊芊”；“一径穿林入，人踪杂鹿踪”——乾隆的这些诗，写出了山庄园林道路的幽曲野趣。明代祁彪佳《寓山注》有云：“径旁尽植草花，红紫杂古翠间”，“转觉生韵”。山庄的道路布置，也是追求的这种艺术效果。

一步一换形　一曲一改观

当然，道路的曲折，不是盲目的、任意的乱转弯，而是经过精心设计、合理安排的。最重要的是，讲求眼前对景，即每一转折，都能令游人欣赏到美好的风景，即古代造园家所追求的“措置有法，故愈折愈胜”（邹迪光《愚公谷乘》），如“从山阴道上行，山川自相映发，使人应接不暇”（《世说新语·言语》），用一个专门的术语来说。就是“步移景异”。

乾隆在游览山庄时，对道路的曲折之妙，极为欣赏，曾经写下了这样的诗句：“西峪有佳处，一曲一改观”（《空翠书楼》）；“仄径更向西，溪壑益复幽，一步一换形，幻景呈转眸”（《玉岑精舍》），这是他的切身体验，客观上也说明了山庄园林道路安排的一个艺术原则。

这一点，我们现在游览避暑山庄时，仍然可以实际体验到。可以万壑松风北坡的蹬道及芝径云堤作为一个实例：万壑松风北坡的石砌蹬道是中路风景的起景处，是一条多级之字形的石砌蹬道，站在其起始处（即万壑松风北门），可以透过如意湖的狭长空间，北眺南山积雪亭，东望磬锤峰；循石级降而西向，正对锤峰落照亭；再折而东，可以俯视满池荷花及水心榭；复曲折而下，可见晴碧亭坐落于湖岸；沿湖岸达万壑松风桥，向东遥望磬锤峰，前进数十步，有一个小型活动广场，即芝径云堤的起始处，东望水心榭，如画船荡漾于碧波；顺芝径云堤而北，环碧一区建筑，掩映于绿柳之中，启人游兴，继而向北，如意洲绿树藏屋，画景可人；由芝径云堤起始处而东北，绿树丛中，飞檐画角或隐或露，正是康熙三十六景之一的月色江声所在，放眼远眺，则金山亭遥遥在望，逗人游兴。造园家就是利用道路的曲折转向，使一幅幅画景，不断展现在游人面前。

这种曲折形成的眼前对景，以突然发现为妙。造园家们常用峰岭或树木将主要风景掩蔽起来，使游人走到近前，才猛然发现迷人的画景，从而产生一种“山重水复疑无路，柳暗花明又一村”的喜悦感。避暑山庄山区的道路，采用这种手法最多。梨树峪之深处有松林峪，在这方面是很成功的一例。据《热河志》说：“听瀑而穷其源，缘山取径，缭绕数折，乃至食蔗居，凡三楹，松林峪之胜境也。未至，十步不见屋角，及岩斋乍启，周览徬徨，则万象森罗，如临户牖。”乾隆曾有一首诗，记述了他游览时的亲身感受：“小小山居藏委宛，趣佳咀嚼正无穷。空林行不见门径，抵在峰遮崦罗中。”另外，乾隆游览创得斋时，也特别强烈地感受到突然发现的喜悦，他在一首题为《创得斋得句》的七律中写道：“溪山深处惬幽探，石道频驱小步骖。人面峰开墅忽到，树头楼出景全含”；在一首题为《创得斋》的五律中又写道：“入山不见墅，到墅忽临山。依古松为幄，叠苍石作关”。

西峪最深处有鹫云寺、静含太古山房、秀起堂，其建筑坐落于峰岭幽曲环抱之处，掩蔽于翠峰古松之中，其道路随山势而曲折，极尽幽曲之妙。《热河志》上说，此处“万峰环之，旷如奥如，得静者机焉”，“邃谷含风，穹林隐日，纤尘不到，众籁阒然……由西廊而出曰‘不遮山楼’，高入云际，林岚回抱，缭白萦青，楼下曲径缅连山腰石磴间，不觉登陟之劳”，让游人全在突然中发现建筑。乾隆在此处游览时，对此感受非常强烈，并写下了许多诗篇，其中两首五律，还很有趣味：“仄径才容步，过桥便到门。藉峰做屏障，倚巘筑墙垣”；“盘磴下威纡，入壑穹委宛。山房忽面前，既近仍拟远”——这也正是造园家所刻意追求的艺术效果。

许多人看戏或读小说，总希望有个“光明的结尾”。园林道路的安排也是这样。游人在崎岖小路行走，虽然不断有新的画景呈现在眼前，但时间稍长，总会感到疲倦，因而需要心灵的调节，精神的焕新，所以，避暑山庄在山峰上，都安置了视野开阔的风景观赏点，使游人经过一段曲折小路的奔劳，都可以登上峰巅，远眺风景，借以调节精神，激发游兴。四面云山、锤峰落照、北枕双峰、南山积雪四个高亭，都有这种作用。另外，还有放鹤亭、眺远亭，以及其他置于峰巅的建筑，也都有这种作用。乾隆有一次入松云峡，经过崎岖小路的攀登，到达青枫绿屿，在罨画窗即兴写了一首诗，抒发了他经过攀登而登高望远的喜悦心情：“几盘云径万峰晴，小阁凌虚畅远情。今日凭窗真是喜，一川多稼报秋成。”他在一首题为《题四面云山亭子》的诗中，抒发了同样的感情：“四柱构峰巅，松萝作扉闼。诘曲频攀跻，造极心乃豁。一览群山小，左挹云容活。鹤唳与鹿呦，饶依相问答。山中无朝暮，行漏丁丁报。东峰尚夕阳，西岭已落照。秋云淡远天，万里纵情眺。”经过一段曲折小径的攀登，登高而望远，可以冲刷疲劳，荡涤胸襟，激发征服大自然的豪迈感。所以，避暑山庄的园林道路虽然仄径曲折，但它们都通达峰巅的风景观赏点。

十五、借　景

避暑山庄之所以取得很高的艺术成就，巧于借景是一个重要因素。

所谓借景，据计成说就是：“借者，园虽别内外，得景则无拘远近……极目所至，俗则摒之，嘉则收之”（《园冶》），这就是说，要把游人视线所及的园内外景物，加以艺术地选择取舍，摒去粗俗的，而把美好的纳入风景构图中。清代著名的诗人和作家袁枚在《随园记》中说：“登小仓山，诸景隆然上浮，凡江湖之大，云烟之变，非山所有者，皆山之所有也。”他在这里就是具体说的小仓山的借景。也就是把“非山所有”（原来并非园林本身所有的）的风景，借为“山之所有”（纳入园林之中）。这样，可以用较少的人力、物力，创造出丰富多彩的园林景观，所以，借景也是我国古代园林的经济手法之一。计成说，借景乃“林园之最要者也”。

借景的内容是极为丰富的，远山近岭，市井田园、行云流水、草木花卉，鸟语禽音、朝霞暮霭、阴晴雨雪等，皆可借资，纳入园林景观，如计成所说，“远借、邻借、仰借、俯借、应时而借”，“触情俱是”，“似意在笔先，庶几描写之尽哉！”借景手法也不一而足。“构园无格，借景有因”。景到机随，即可借资。所谓“功夫到处，一片化机”是也。

避暑山庄的借景，在古典园林中是比较突出的。其内容非常丰富，手法极为灵活。有些虽然此前在有关部分作了简略论述，但借景作为重要的造园手法之一，还是应该独立专题，集中、概略地加以说明，这对于游园赏景、整修与研究都大有益处，故约略言之。

园外借山

这是园林中常用的借景手法。《园冶》上说“高原极望，远岫环屏”，“山容霭霭，坐石品泉”，“山媚可餐之秀色”等，都是指的借山。山庄周围多奇峰怪石，景色秀丽，可借之山景颇多，最突出的是锤峰落照等四高亭。

“锤峰落照”是专门欣赏山庄以东十五里之遥的磬锤峰一带夕阳落照的。特别是夏季雷雨过后，群山如洗，晚霞似火，起伏的峰岭艳丽斑烂，磬锤峰如拄天巨柱，景色辉煌壮丽。清代人曾用绚丽的文笔描述了这一壮观景色：“诸峰横列于前，夕阳西映，红紫万状，似展黄公望浮岚暖翠图。有山矗然依天，特作金碧色者，磬锤峰也”。

“四面云山”是专为眺望四围山景的高亭。站在这里放眼眺望，四周群山如惊涛骇浪，奔腾于白云烟岚间，令人心旷神怡，大有“登泰山而小天下”的豪迈感。清代人曾这样记述了当时的观感：“诸峰罗列，若揖若拱。天气晴朗，数百里外，峦光云影，皆可远瞩。”说可以远眺数百里，当然有些夸张，但我们现在实际体验一下，总可远眺数十里外的云光岚影。

“南山积雪”是看山庄以南十余里外僧冠峰一带积雪的：“山庄之南，复岭环拱。岭上积雪，经时不消。于北亭遥望，皓洁凝映，晴日朝鲜，琼瑶失素，峨眉明月，西昆阆风，差足比拟”，颇能令人目驰神往。

“北枕双峰”是专门欣赏山庄以北百里之遥的金山、黑山的。清人记述说：“环山庄皆山也。山形至北尤高。亭之西北，一峰峻出，势陂陀而逶迤者，金山也；其东北，一峰拔起，势雄伟而崒嵂者，黑山也。两峰翼抱，与兹亭相鼎峙焉。”借景于百里之遥，可谓匠心独运。

风俗入画

把园外一些可以入画的人工和世俗景物，摄入园中，也是山庄借景的重要手法。

辉煌壮丽的外八庙，是山庄借景的重要素材。游人站在“锤峰落照”亭东望，波澜壮阔的群山，犹如浓墨重彩的画卷，普乐寺和安远庙恰如这幅绚丽多彩的长卷上的图案。站在北部宫墙北望，依山面水自东而西依次排列的须弥福寿之庙、普陀宗乘之庙、广安寺、罗汉堂、殊像寺等，恰如一幅幅精雕细琢的巨大挂屏，镶嵌在峰岭之上。

园外的田园景色，也吸收入园，使之成为园林风景。在万树园东北角，原来建有一座高大的“乐成阁”，登阁可以眺望武烈河岸边的庄田。“近远山田一望弥，秋巡恒值乐成时。璇题宝篆垂明训，稼穑艰难尚可知”（乾隆诗）。每年秋天从木兰围场打猎回来之后，清朝皇帝常常登阁眺望秋收景况。当然，封建皇帝是不可能与劳动人民以同样的心情共享“乐成”的。“一溪热水今还昔，四野平川耕与桑”。在封建社会里，帝王园囿借景田园景色，这倒是一个不可多得的范例。

在山庄的西南临近城墙处，建有绮望楼，是借景市俗风景的，“下视缘堤庐会舍，阛阓历历可数，山环水抱，俨在画图中”。在清代，绮望楼正对的园外市区，是一条买卖街，登楼可见熙熙攘攘的市俗风景。嘉庆有一首题为《绮望楼歌》的七律写道：“高楼巍峨倚层岩，平临众甃石城表。凭栏南望豁远眸，万家烟火市廛绕。”这里有一个小插曲。据《英使谒见乾隆纪实》一书记载：“特使（指英国特使马嘎尔尼）及随员、警卫、乐队等排列整齐进入热河（市区）。御花园（避暑山庄）的高处可以望到公路上。后来听说，陛下（指乾隆）在行宫内一个高台上观看使节团进入时的仪仗队伍。”当时英国使团是由广仁岭而下，沿御道（即前引文所谓“公路”）而进入热河市区。市区内的御道，几乎与南面宫墙的西段成平行。乾隆正是在绮望楼上欣赏英国使团仪仗队的。园林一般建在僻静之处，避开喧闹的市区，山庄却把喧闹的市俗画纳入园林之中，这大概是“久动思静，久静思动”的心理规律在起作用吧。

借水成趣

水是园林风景的重要素材，借水成趣是造园家常用的手法。《园冶》里“借景”一章，就曾多处讲到借水问题，例如，“门引春流到泽”、“看竹溪湾、观鱼濠上”、“水面鳞鳞，爽气觉来欹枕”、“俯流玩月，坐石品泉”、“湖平无际之浮光”等等，都是说的因水而组织园林风景。在这方面，避暑山庄既有继承，又有创新。

水有映物的物理特性，造园家常借水的倒影组织景观。水心榭的风景即以此成趣，“凭栏东望，青翠杳然，波间上下，天光影落空际。两侧银涛万叠，浩淼溟濛，丹碧楼台，幻成异彩”（《热河志》），乾隆咏水心榭诗云：“一缕堤分内外湖，上头轩榭水中图。因心秋意萧而淡，入目烟光有若无。”

古诗云“何必丝与竹，山水有清音”，流水之音足悦人耳目，造园家也把它纳入园林的艺术构图之中。山庄的暖流喧波、远近泉声、玉琴轩等，都是借水之声创造园林景观的。清人记“玉琴轩”说，“当潭流激湍间，触石琮琤，清越相应”，如琴音悦耳。“峡琴轩”也是清流如丝竹，“波淙响越，水香微送，雅韵鉴流，沨沨乎如闻海上水仙操矣”。山谷间的溪流更为清幽。康熙《梨树峪道中步辇口占》曾记其亲历之景：“入谷桥分三岔路，傍崖步辇景何深。山中独见松林影，时有清流助鼓琴。”

应时借花

“树罨入窗成活画，云垂列障耸奇文”（杜玉林诗，见《热河志》卷一一八）——山庄内繁茂的芳草古木，为园林借景，提供了丰富的素材。山庄内以树木花卉为风景主题的景观有二十余处，大都以叶色花香为借资。

康熙三十六景之一的“青枫绿屿”，以如火如荼的枫叶为借景：“云窗月牖，掩映枫林，浅碧浓青，远迩一色，每经霜乍染，万叶皆頳，锦树分丛，丹霞竞彩，盖寒林石径，光景弥新”（《热河志》卷二十八）。

金莲映日则以闪烁的光影为借景：“金莲花本出五台，移植山庄。是花环莳，叶桠枝交，含风挹露，每晨光启牖，旭影临铺，金彩鲜新，灿然匝地”（同上）。

曲水荷香、香远益清、冷香亭等，是借花之香。曲水荷香是一区荷池，“藕花无数”，每当夏季，荷花正艳，“荷植亭亭，翠盖红葩，翛然香远”，乾隆有诗云：“镜面铺霞锦，芳飙习习轻。花常留待赏，香是远来清”；香远益清也以荷香取胜，“曲沼涟漪，凉轩明净，绿房紫葩，芳菲袭人，当雨过风来，生香远挹，对之宽心境双清”（《热河志》卷二八）。

借资鸟语兽影

避暑山庄不仅有崇山峻岭、水态林姿、崖态溪阁、芳草古木的山林情趣，同时也有“鹤鹿之游，鸢鱼之乐”的野趣，用康熙的话来说就是，“文禽戏绿水而不避，麋鹿映夕阳而成群。鸢飞鱼跃，从天性之高下”（《避暑山庄记》）。这些也都是园林借景的素材。

“仙鹿任遨游，踱蹊儦俟走。眠莎复饮池，或群亦或友”——嘉庆的这几句诗，极写山庄内麋鹿漫游的怡然自得之态。清代在避暑山庄内放养了许多麋鹿，它们那美丽的身影，是一幅幅活生生的图画，被造园家撷取纳入园林的风景构图之中，乾隆三十六景之一的“驯鹿坡”，就是借此组织园林景观的。

“山深悦鸟性，乔木早迁莺。最爱清和节，频闻睍睆声。双柑思旧韵，一部锡新名。欹案现宵雅，嘤嘤倍有情。”——这是乾隆漫游“莺啭乔木”时写的一首即兴诗。莺啭乔木正是借鸟语禽音为风景主题的，这一带“夏木千章，浓荫数里。晨曦始旭，宿露未稀。黄鸟好音，与熏风相和，流声逸韵，山中一部笙簧也”。

巧借天候

“芳有时而春韶，翠有时而秋消。阅荣枯兮四序，含动静兮终古”——这是乾隆写山庄《翠云崖》风景的《云崖歌》中的四句诗。它说明了一个道理，四季循环、昼夜交替、阴晴雨雪、朝霞暮霭、月色星空等天候变化，是大自然的美容师，经常变换着大自然的姿容。也使园林的景观千姿百态。建造山庄的大师们，巧借这些自然天候的变化，创造出了丰富多彩的园林景观。

“谁道边关外，春时亦有花。寒香雪添艳，淡影月增嘉”（乾隆：《梨花伴月》）。造园家借春风催开梨花，使这座塞外园林早得春消息。

“正色山川秀，金莲出五台。塞北无梅竹，炎天映日开”（康熙：《金莲映日》）。炎炎夏日当头，酷热令人难忍，但它却使金莲花与荷花争艳怒放，造园家借此为夏日的山庄，安排了迷人的景观。

“青枫多秀色，乍可傲霜朝。楼榭惟存意，烟霞尽许招”（乾隆：《青枫绿屿》）。萧瑟的秋风令万木萧疏，而秋霜却使枫叶如丹。造园家借助于这一自然规律，在山庄的北山种植了大量枫树，使山庄在万水调零的秋天，充满了勃勃生机。

“芙蓉十二列峰容，最喜寒英缀古松。此景只宜诗想象，留观直待到深冬”（乾隆：《南山积雪》）。严冬冰封雪飞，万物枯索，园林得景最难，建造山庄的大师们却借雪为景，使山庄景观别具一番情趣。

造园家不仅借四季循环创造园林景观，也将朝霞暮霭化作园林画景。

西岭晨霞是借朝霞为景观题材：“霞绚西崖日上东，画家烘染讵能工。赤城标建光层迭，万片珊瑚漾碎红”（嘉庆诗）；锤峰落照则是借晚霞：“西日隐东峰，天光入水底。披襟松籁寒，千林纷翠紫”（乾隆诗）；宿云檐则是借山岚：“筑室近翠岩，高下随山势。英英起谷中，檐晖倏阴霁。萦绕几席间，岚霭侵衣袂。林影合冥冥，炉烟浮细细”（嘉庆诗）。

风泉清听是借风成趣：“出石泉惟洌，因风响益清。虹垂饮涧势，琴谱号钟声”（乾隆诗）；云容水态是借云影以成画景：“寄意属空阔，开轩见水云。波轻含蔚叆，烟细结漪纹”（乾隆诗）。

烟雨楼是借雨成景，“每当山雨湖烟，顿增胜概”，乾隆曾有诗赞道：“最宜雨态烟容处，无碍天高地广文。却胜南巡凭赏者，平湖风递芰荷芬”；月色江声是借月色星光创造园林意境的：“高烛悬霄半镜悬，星辰入影共清妍。却饶塞水添疑虑，淡荡何来漾画船”（乾隆诗）。

借景既无一定模式，借景手法也就千变万化。可说是，美景本天成，妙手偶得之。但是，也和其他艺术创造一样，都有一定规律可循。山庄常用的借景手法，约略来说，有以下几种：

一是提高风景观赏点的位置。“欲穷千里目，更上一层楼”。登高可以望远，望远须得登高，这是古人早就知道的自然规律，造园家当然也明此理。为了借景园外，造园家常常把风景观赏点的位置安排得很高，使游人视野极为开阔，令人看得远。在这方面，建造山庄的大师们，具体采取了两种做法。

1. 峰顶安亭，因高望远

这是我国古代园林常用的一种借景园外的手法。乾隆在《塔山西面记》一文中说："室之有高下，犹山之有曲折，水之有波澜。故水无波澜不致清，山无曲折不致灵，室无高下不致情。然室不能自为高下，故因山川构室者，其趣恒佳。"峰顶安亭，可借助于自然山峰，使游人站得高，望得远，用较少的人力、物力，收到满意的借景效果。避暑山庄在适宜借景的峰顶各置凉亭，供游人眺望园外风景。清代人对这种做法，给予了很高的评价："山庄每峰顶各冠以亭，南则锤峰落照，其北为北枕双峰，少北而西则四面云山，东北则南山积雪也。四亭列峙，各擅佳胜，而千岩之秀撷矣，四时之气备矣"（《热河志》卷二七）。

2. 利用高层建筑

即提高建筑物本身的绝对高度，以提高风景观赏点的位置，解决借景园外问题，也是山庄常用的一种借景手法。金山亭（上帝阁）、舍利塔、乐成阁等，都是采取的这种做法。它们所据的地势，都比较低。前者建在一个小岛上，后两者建在平地上。但它们都是多层建筑，绝对高度都有数十米，周围的建筑、林木，都比它们低得多。其建筑内部的高层，都有适宜的风景观赏点。游人登高远望，视野极为开阔，园外景物可以一览尽收。这种手法，一般适用于地势较平坦的地方，但耗费的人力、财力太大，士大夫园林用得较少，只有像避暑山庄这样大型的皇家园林，才有条件较多的利用。

二是合理解决建筑布局及朝向问题。所谓借景，不仅仅是对于某一局部景观的引入，也包括把整个园林作为一个艺术整体，把园内外各种风景素材，巧妙地剪裁利用，纳入风景构图之中。袁枚在《随园记》中说："随其高为置江楼，随其下为置溪亭，随其夹涧为之桥，随其湍流为之舟，随其地之隆中而欹侧也为缀峰岫，随其蓊郁而旷也为设宧窔（泛称屋宇），或扶而起之，或挤而止之，皆随其丰杀繁瘠，就势取景，而莫之夭阏（遏止之意）"。园林建筑既是欣赏风景的最佳位置，也是形成园林景观的人文因素。因此，为了解决借景问题，要把全园作为一个艺术整体，统筹安排好各种园林素材，合理解决建筑的布局和朝向问题。

根据自然地形地势，选择适于借景的最佳位置安排建筑，是首先应该注意的。避暑山庄借景最成功的锤峰落照等四个峰顶高亭的位置选择，是经过深思熟虑的。锤峰落照所据的一个小山头，虽然不很高，但它临近湖区，与借景素材磬锤峰之间，没有阻挡视线的遮蔽物，而且是欣赏磬锤峰最好的角度；南山积雪所据的小山头虽然在山区北部，凸出于平原区，大有异峰突起之势，正好南望僧冠峰，而中间地势低平，视野极为开阔，可以远眺；北枕双峰据北部山区的最高一个山头，东、西、南都没有理想的借景素材，而北望则视野开阔，可以眺望金山和黑山；四面云山据山区最高的峰顶，四周峰岭杂沓簇拥，没有理想的借景素材，只能以远处云岚缭绕若隐若现的峰岭为借景。所以凉亭置于峰顶的最高处，引人远眺。

选择最适宜的建筑朝向，对于借景问题，也是至关重要的。李笠翁说“开窗莫妙于借景”，就是说，门窗应该朝向最理想的借景素材。“构舍取幽不取广，开窗宜画复宜吟”——乾隆写秀起堂的这两句诗，说明了山庄建筑通过巧妙安排建筑朝向，解决借景问题的一个艺术原则。秀起堂透过两峰之间的“一发”之隙，远借数十里外的广仁岭景色，是突出的一例。万壑松风桥的角度，正对磬锤峰，游人沿湖岸踏上这座板桥，向芝径云堤走去，可以遥见磬锤峰，这都是经过匠心设计的。乐成阁借景山庄外的田园景色，主要借景方向向东；而绮望楼借景园外的市廛闹景，主要借景方向向南，它们的开窗取景，都是根据这些主要借景素材安排的。

为了解决建筑物与借景素材之间的透视问题，建造山庄的大师们并没有花费大量的人力、物力去整理地形，专门开辟透视线，而主要是利用了山谷、山峰之间的空隙、道路、水面、草坪等，是一种很自然、很经济的做法，表现了造园家高度的艺术修养。

山庄的设计师们，还特别注意了建筑本身的形象及其周围环境问题，特别是以因借水的倒影为风景主题的情况下，更是如此。金山岛上的建筑，极为错落有致，手法简洁，线条分明，形象美丽。倒影水中，与蓝天白云融洽无间，宛如天上宫阙。水心榭是三个形式各不相同的凉亭，倒影水中，犹如画船，画面极为美丽。而且这些利用倒影为借景的建筑的基础，都用石砌驳岸形式，以使倒影清晰。建筑周围的环境极为整洁，没有杂树和其他无关建筑，以使倒影的形象显得极为分明突出。

建筑周围的环境处理不好，会影响借景问题。在这方面，山庄在历史上也有过失败的教训。四面云山亭筑成以后，一个时期内周围的树木长高了，没有进行合理的整治，遮挡了游人视野，很难远眺，借景受到了影响。康熙有一次登亭游览，对此感受很深，他写了一首题为《登四面云山》的七绝，抒发了这种颇为遗憾的心情：“云梯石磴逼笼苁，倚杖旁观众壑同。更上一层图远望，奈何树杂与烟笼。”从这一点也可以说明，如果不把各种园林素材作为一个艺术整体来考虑，合理安排，是很难解决借景问题的。

三是选择适宜的树木花卉。巧植花木以应时令，是我国古典园林常用的借景手法之一，避暑山庄当然也不例外。梨花伴月其用梨花以应春令，湖沼区主要以荷花以应夏令，北山一带以枫叶应秋令。园艺师们对于花木的叶色花香，经过仔细的研究，精心的选择适宜于借景的品种，这是借景成功的重要原因之一。莺啭乔木一带为了吸引鸟类，种植了一些浆果植物。万壑松风是以松涛为风景主题的，所以栽植了一片松林。为了听杨树的叶响，青杨书屋附近栽植了许多青杨。

十六、七十二景的由来和景观取材

避暑山庄有康熙以四字题名的三十六景，又有乾隆以三字题名的三十六景，合称七十二景，它的由来是怎么回事？另外，山庄绚烂多彩的园林景观，是如何立意取材的？搞清这些问题，对于研究这座大型皇家园林的设计思想及造园艺术，是有重要帮助的。

七十二景的由来

我国古代的一些大型园林和风景胜地，往往品题为许多“景”。杭州自宋代开始，即有“十景”之说，广州有“羊城八景”，云南大理有“点苍山十景”，明代著名的安氏“西林”有“三十二景”，清代著名的皇家园林圆明园有“四十景”，静宜园有“二十八景”，静明园有“十六景”，桂林、扬州之景更多。

避暑山庄于康熙四十七年（1708）初步建成时，曾题名“十六景”，张玉书《扈从赐游记》一文，有较详细的记述。康熙五十二年（1713），建成之后，清帝玄烨以四字题名“三十六景”，俗称“康熙三十六景”，后来，乾隆又以三字题名“三十六景”，俗称“乾隆三十六景”，习惯上又把这先后“三十六景”合称“七十二景”，这在清代已经流传开来。咸（丰）、同（治）时期的乔重禧在《陔南池馆遗集》中，就有“（山庄）宫殿及园中前后七十二景”的说法，并写有“敬瞻避暑山庄前后七十二景恭记”的诗文。不过，他说避暑山庄“前后七十二景”并不准确，应该说是前后三十六景，合称七十二景，或说前后共七十二景。那么康熙和乾隆为什么各题三十六景，而不题三十五景或三十七景，或是三十景、五十景?

为了说明这个问题，需要先从“三十六”和“七十二”说起。原来，在我国古代，“三十六”和“七十二”，以及它们的十、百等倍数，在指事物时，通常是作为极言其多的虚指约数，具有修辞夸张的色彩，而并非实指。刘师培《古书疑义举例（补)》说：“古人于浩繁之数，有不能确指其目者，则所举之数，或曰‘三十六’，或曰‘七十二’。如三十六天、三十六宫是也。三十六天之例，与九天同；三十六宫之例。与千门万户同。不必泥定数以求也。”徐珂所辑《清稗类钞》之“农商类”说：“三十六行者，种种职业也。就其分工而约计之，日‘三十六行’；倍之，则为七十二行；十之，则为三百六十行，皆就成数而言。”这样的例子，俯拾皆是。

如果我们简略地追溯一下它们的来历，可以知道，这大约发端于战国，流行于两汉，和阴阳五行思想很有关系，并逐渐被蒙上了一层虚无缥缈的神秘色彩。《路史》注引“麻姑仙人紫坛歌”曾有“女娲炼得五方气，变化成形补天地。三十六变世应知，七十二化处其位”的说法。道家认为北斗丛星中有三十六个天罡星和七十二个地煞星，每个天罡星和地煞星各有一个神，同时，称神仙所居的名山胜地有三十六洞天、七十二福地。《云笈七签》卷二十七还载有所谓三十六洞天、七十二福地的名称。

道家的这种虚幻的神话，悄悄地浸润了历代帝王的思想。他们总是幻想长生不老，永享人间荣华富贵，或是得道成仙，享受天国的幸福快乐。这种思想，不可避免地也反映在帝王园林中。秦始皇就曾派人到海上传说中的蓬莱、方丈、瀛洲三神仙岛去求取长生不老药，当然这终成泡影。不过，这个故事，却为后来的园林创作提供了素材。古代帝王苑囿中一池三山的布局即是从此取材的。清朝的皇帝当然也不例外，他们也总是幻想成为神仙，以长享富贵荣华，但是，他们并不满足于那虚无缥缈的梦幻，而且希望神仙胜地变成现实，于是，他们不惜花费巨大的人力、物力，竭力想把避暑山庄建造成这样的仙境。在康熙和乾隆的诗文中，屡称避暑山庄为“仙庄”、“仙地”、“仙境”、“福地”。乾隆在一首咏避暑山庄的诗中，更有“已是洞天传玉简，得教福地续琅玕”的句子，直把山庄当作为神仙所居的“洞天福地”了。乾隆时期的著名官僚于敏中在一首咏避暑山庄的诗中，也有“仙界林峦福地过”的词句，他在这句诗的注中写道：“山庄前后各三十六景，适符福地之数”（《热河志》）。其实，把“适符”改为“硬凑”更为确切。乾隆比他说得要直率一些，其《再题避暑山庄三十六景诗序》，对此毫不隐讳：“几政之余，登临揽结，乃知（康熙）三十六景之外，佳胜尚多，萃而录之，复得三十六景，各题二十八字。其中有皇祖（康熙）当年题额者，亦有迩年新署名者，统前后计之，得列仙福地之数，匪谓搜造物无尽之藏，盖即由旧之中寓新知之旨云尔”（《热河志》卷二十五）。这就清楚地说明了，康熙品题避暑山庄的风景为什么要凑成“三十六”之数，乾隆续题风景为什么又是一个“三十六”之数，只不过是为了附会道家所说神仙所居三十六洞天、七十二福地的神话。如此而已，岂有他哉！

景观取材

避暑山庄除七十二景之外，还有不少“景”，约略算来有一百余处，清朝皇帝的主观愿望是想“天上人间诸景备”，把人世间和幻想中的美景，都纳于此园，乾隆就曾自鸣得意地说：“若夫崇山峻岭，水态林姿，鹤鹿之游，鸢鱼之乐，加之崖斋溪阁，芳草古木，物有天然之趣，人忘尘世之怀，较之汉唐离宫别苑，有过之而无不及也。”（《避暑山庄后序》）这当然难免溢美，但在某种意义上来说，也是实况。其景观异常丰富多彩，足称大观。这和它取材广泛，立意不俗是分不开的。

一、取材于传统的神话传说。我国的古典园林，一直受到神话传说的影响。秦始皇于公元前219年东巡时，“齐人徐市等上书，言海中有三神山，名曰蓬莱、方丈、瀛洲，仙人居之。请得斋戒，与童男女求之。于是，遣徐市发童男女数千人，入海求仙人”（《史记·秦始皇本纪》）。后来，封建统治阶级一直把所谓的三神山，认做神仙所居，并幻想在现实生活中得到它。汉武帝刘彻于公元前140年，在长安建造建章宫，并凿太液池，中筑三假山，以象征三神山。之后，帝王苑囿中，一直把一池三山作为重要的风景题材。避暑山庄在湖沼和假山的布局上虽然打破了“一池三山”的僵化格局，但仍取其遗意，布置景观。万树园南的澄湖，向东而西，有金山岛、青莲岛、千林岛，即仿三神山的意境而布局的。由万树园南望，湖光变幻；三岛林木掩映，上接天光，确有脱俗拔尘之感。康熙时的著名官僚汤右曾在一首题为《万树园》的诗中写道：“遥青不断绿云铺，万木苍然总画图。对面千林有瑶岛，蓬壶高处望方壶。”嘉庆在一首咏烟雨楼的诗中也写道：“楼名烟雨境亦异，宜雨宜旸佳趣备”，“三山突兀水中央，回环百顷波汤汤”。这是用诗的形式描绘的澄湖景观，同时也反映了园林的设计思想，说明这是根据海上三神山的神话传说设计的园林景观。

二、摹写著名山水。造园家还利用写意手法，把全国著名山水摹写于这座大型皇家园林之中，利用移天缩地的手法，使天下著名自然风景集于一园。

远近泉声一带仿庐山胜境。庐山，是我国著名的自然风景名胜区，在江西九江市南，亦名匡山或匡庐。奇峰险绝，瀑布飞流，繁花似锦，胜景天成，因有“匡庐奇秀甲天下”的赞誉，尤以瀑布最为奇丽壮观，历代诗人题咏甚多。“挂流三百丈，喷壑数十里”，“飞流直下三千尺，疑是银河落九天”——李白的这些脍炙人口的名句，千古流传。其仙人洞西北的锦绣谷，“春时异葩怪卉，层出杂见，相错如锦绣然”（王廷珪：《游庐山记》）。建造避暑山庄的大师们，利用天才的造园手法，把庐山的这些奇丽景观，再现于山庄中。康熙曾这样写下了他在远近泉声一带的观感：“北为趵突泉，涌地觱沸，西为瀑布，银河倒泻，晶帘映崖，微风斜捲，珠玑散空，前后池塘，白莲万朵，花芬泉响，直入庐山胜境矣。”（《御制三十六景诗》）。看来，造园家的艺术创作，达到了预期的效果。

泰山的奇丽景观，也被造园家摹写于园林中。泰山，在山东省泰安县，古称岱，或岱宗，为五岳之首。其山势磅礴雄伟，峰峦突兀峻拔，景色壮丽。其东临大海，每曙光初动，红日从海上冉冉浮升，辉映半山，景色奇丽，泰山观日出，自古称奇。元代散曲作家张养浩《登泰山》写道：“风云一举到天关，快意平生有此观。万古齐州烟九点，五更沧海日三竿。”此外，奇花异卉，古松老柏，也堪称绝，著名的有传为秦时所植的五大夫松，乾隆就有“岱宗最佳处，秦松真奇绝”的诗句。造园家将这些奇丽景色，再现于山庄中。每当夏日清晨，站在芝径云堤东望，旭日初升，湖光闪烁，远处青山黛影，苍松拄天，令游人恍如登泰山而赏美景。乾隆有一次在芝径云堤漫游时，曾写下了这样的诗篇：“旋步云堤忆夙游，倚吟转觉逸兴发。丹黄四面展画屏，一幅关仝色乍设。寒林穷处忽成峰，仿佛如登泰麓东。山葩野卉难争艳，五株疑是秦时松。”造园家正是利用天才的造园手法，把奇峰、日出、泰松等这些泰山典型景色，再现于园林中，使游人联想起泰山美景。

造园家还在山庄中摹写了四明山景色。四明山在浙江省宁波市西南，系天台山支脉，是曹娥江、甬江的分水岭，传说山上有方石，四面如窗，中通日、月、星宿之光，故名四明山，山多松柏竹林。山庄的“云容水态”周围风景，即模拟其奇丽景色。康熙在一首咏云容水态诗的小序中写道：“关口之南，有屋东向，绿坡下望，绿树为田，青峰如堵，川流溶溶，白云冶冶，不知孰为云孰为水也。由长桥而渡，疑入四明山中，一径分过云南北”（《御制三十六景诗》），这也是造园家所极力追求的艺术效果。

金山岛的风景仿镇江金山。金山，在江苏省镇江市西北江边。原来突兀屹立江中，由于长江水流变迁，沙淤成陆，清道光年间，金山与南岸相接。因山建造金山寺，有慈寿塔、江天一览亭矗立山巅，山与寺混为一体，格外壮观。元代作家冯子振《登金山》诗极写其盛：“双塔嵯峨耸碧空，烂银堆里紫金峰。江流吴楚三千里，山压蓬莱第一宫。云外楼台迷鸟雀，水边钟鼓震蛟龙。问僧何处风涛险。郭璞坟前浪打风。”避暑山庄的金山岛系人工堆砌的大假山，三面临湖一面有溪，也是兀立水中，仿江天一览亭建上帝阁于其上，并有镜水云岑等建筑，格局尽从金山寺变化而来，其风景尽仿镇江金山：“湖中一山突兀，顶有平台，架屋三楹，北即上帝阁也。仰接云霄，俯临碧水，如登妙高峰上，北固烟云、海门风月，皆归一览”（《御制三十六景诗》），这清楚地说明了金山岛的风景取材和立意所在。

三、仿著名园林和建筑。避暑山庄还从许多著名园林和建筑中，摄取了风景素材，并仿其意境，再现于园林中，以象征全国各地的地理风貌。

湖区的风景构图略仿杭州西湖之意。西湖，在浙江省杭州市之西，古有武林水、钱塘湖、西子湖之称，是我国著名的风景区和古代园林。湖体约六平方公里，湖岸周长约十五公里，有金沙港、龙泓涧、长桥溪等注入其中。湖中有孤山、小瀛洲、湖山亭、阮公墩四岛。白堤和苏堤将湖面分割成外湖、里湖、岳湖、西里湖、小南湖五个池沼。湖光山色美丽如画。宋代著名文学家苏轼有一首咏西湖诗，极写其美：“水光潋滟晴方好，山色空濛雨亦奇；欲把西湖比西子，淡妆浓抹总相宜。”避暑山庄湖区的风景构图，全以西湖为蓝本，而另加翻新创造，用洲岛堤桥将湖面分割为大小不等、形体各异的十来个池沼，在洲岛上布置建筑，康熙有一副对联：

“自有山川开北极，天然风景胜西湖”，是说山庄的湖区虽仿西湖，但又有创新之妙。双湖夹镜一长虹饮练桥，连山隔水，是风景荟萃之区，“山中诸泉，从板桥流出，汇为一湖，在石桥之右，复从石桥下注，放为大湖，两湖相连，阻以长堤，犹西湖之里外湖也”（御制《三十六景诗》），其刻意仿西湖风景，自不待言。汤右曾有一首诗写道：“夹镜澄明倒碧虚，四山青翠绕周庐。分明图画西湖景，此景西湖较不如”，也说明了山庄湖区风景构图的立意。

烟雨楼仿嘉兴南湖烟雨楼而建。南湖烟雨楼建在浙江省嘉兴市南湖湖心岛上。五代时钱元璙在湖滨筑楼，为眺望风景之所，取唐代诗人杜牧“南朝四百八十寺，多少楼台烟雨中”之诗意名楼，后毁废。明代仿其制建楼于湖心岛，每当细雨如织，景色迷人，而“风日晴霁，水天一色，登斯楼也。凭高远眺，心目俱旷”（王元凤：《烟雨楼记》），成为著名风景，也是一区名园。清帝乾隆南巡时，曾多次登楼赏景，并命人绘图携归，于乾隆四十五年（1780），在山庄仿其制建楼于青莲岛，也题名烟雨楼。翌年落成时，乾隆还写下了诗句以为纪念：“携图去岁兴工始，断乎今年蒇事勤。数典可知自元璙，赓诗更以忆陈群。最宜雨态烟容处，无碍天高地广文。却胜南巡凭赏者，平湖风递芰荷香。十五年违烟雨楼，重临未免惜情投。虽然写景原藏弆，莫若肖形可咏游。底论南吴及北塞，敢忘后乐与先忧。凭栏俯视清冷镜，武烈鸳湖异水不？”

文园狮子林之制仿苏州狮子林。苏州狮子林系元至正间僧天如为纪念其师中峰禅师所筑菩提正宗寺之后花园，因园中有怪石如狮，又因其师曾结茅天目山狮子谷，故取佛经中“狮子座”之义以为园名。时人倪瓒曾绘狮子林图，流传颇广，所以后世多以为“狮子林”为倪瓒所创，故又称“倪氏狮子林”。乾隆二十二年（1757），清帝乾隆南巡时，曾访其胜迹。后来，又参照倪瓒所绘狮子林图，在北京长春园、蓟县盘山之静寄山庄、承德避暑山庄，“因倪瓒狮子林之式”，各建小园一区，均以狮子林名之。乾隆曾有诗云：“最忆倪家狮子林，涉园黄氏幻为今。因教规写闾城趣，为便寻常御苑临。不可移来唯古树，谌由飞去是遐心。峰姿池影都无二，呼出艰逢懒瓒吟”，说明其仿倪氏狮子林，刻意求其似。

乾隆三十六景之一的千尺雪仿自苏州寒山寺千尺雪。寒山千尺雪系明代赵宧光所建，是江南的一处著名风景。乾隆十六年（1751），清帝乾隆南巡时，曾访其胜，并命人写图携归，于避暑山庄等处按式建造。他还曾多次作诗写文记述其事，说明“吴中寒山千尺雪，明处士赵宧光所标目也。南巡过之，爱其清越。因于近地有泉有石若西苑、盘山及此（指山庄）并仿其意，而命以斯名，且为四图合贮其地”（《热河志》卷三二）。

此外，文津阁仿浙江范氏天一阁，碧霞元君庙仿泰山之碧霞元君祠，斗姆阁仿泰山之斗姆宫，舍利塔仿杭州之六和塔和南京之报恩寺塔等，都是取其意仿其制而创造的园林建筑。

仿建许多著名园林和建筑，将其纳于一园，这在古代的士大夫园林中是难以办到的，在帝王园苑中，也是少见的。从这个意义上可以说，承德避暑山庄集我国古代园林建筑的大成，并非溢美。

四、取意于古代诗情画意。我国的古代园林受山水诗和山水画的影响很大。诗情画意启发、丰富了造园家的艺术想象，为园林景观的创造提供了丰富的素材。山庄的景观，就有不少取意于古代的诗情画意。

康熙三十六景之一的“水流云在”，取意于杜甫的名篇《江亭》：“坦腹江亭暖，长吟野望时。水流心不兢，云在意俱迟。寂寂春将晚，欣欣物自私。故体归未得，排问强裁诗。”

长虹饮练—双湖夹镜，取意于李白的著名诗篇《秋登宣城谢朓北楼》：“江城如画里，山晚望晴空。两水夹明镜，双桥落彩虹。人烟寒桔柚，秋色老梧桐。谁念北楼上，临风怀谢公。”

“梨花伴月”显然受到晚唐诗人郑谷“月里见梨花”诗意的启发。郑谷《旅寓洛南村舍》诗写道：“村落清明近，秋千稚女夸。春阴妨柳絮，月里见梨花。白鸟窥鱼网，青帘认酒家。幽楼虽自适，交友在京华。”

“南山积雪”的意境创造，无疑是受到了古代诗人咏积雪诗意的启示。唐代诗人祖咏《终南望余雪》是千古名篇：“终南阴岭秀，积雪浮云端。林表明霁色，城中增暮寒”；宋代唐庚《春日郊外》写初春欣赏积雪更有韵味：“城中未省有春光，城外榆槐已半黄。山好更宜余积雪，水生看欲倒垂杨。莺边日暖如人语，草际风来作药香。疑此江头有佳句，为君寻取却茫茫。”建造避暑山庄的大师们，无疑受到了这些诗意的启发。

“月色江声”，取意于苏东坡的《前赤壁赋》：“惟江上之清风，与山间之明月，耳得之而为声，目遇之而成色，取之无禁，用之不竭，是造物者之无尽藏也”。

“沧浪屿”，取意于《孟子》所引的《渔父歌》：“沧浪之水清兮，可以濯吾缨；沧浪之水浊兮，可以濯吾足。”

建造避暑山庄的大师们，还从古代山水画中得到启发，根据绘画大师们的画意或笔法，安排风景构图。因画成景，景作画观。“烟容波态皆如画，属意悠然在杳冥”；“构舍取幽不取广，开窗宜画复宜吟”；“松不烦新种，石皆入古图”；“山庄也自寻常看，写入画图故合诗”；“都称景如画，画可似兹不?”；“千峰隐现晚烟浓，活画宜人面面逢”；“满空风露标真净，倒影林岚入画图”（乾隆诗）；“山山到处秋如画，胜日来时境是仙”（裘曰修诗）；“到处林亭宜入画，望来岩壑宛疑仙”（钱大昕诗）；“霞绚西崖日上东，画家烘染讵能工”；“肩舆小憩下石磴，山房纳景图画披”（嘉庆诗）。清人这些咏避暑山庄的诗，都说明山庄的风景构图，深合画意。当时，造园大师们正是根据古代许多山水画家的画意和笔法组织风景构图的，特别是受唐、宋、元著名山水画家的影响最大，例如：

王维（701—761），字摩诘，是盛唐时著名诗人兼画家。开元初中进士，官至尚书右丞，后去官家于蓝田辋川。作诗绘画，大多表现自然山水，画风简淡清新，宋代著名文学家苏城评价他的作品是“诗中有画”，“画中有诗”。《历代名画大成》对他的评语是：“善画，尤精山水，思致高远，出于天性，作诗为无形之画，作画为不语之诗。”避暑山庄组织园林景观，极力追求山水野趣，在一定程度上是受了王维画风的影响，乾隆在一首题为《四面云山》的诗中写道：“攀跻步崇岭，摩诘画中诗。岭壑依然在，川原望里奇”，直接把山庄的园林景观与王维的诗画相比较。

关仝，五代著名画家，长安人。山水画师、唐末著名画家荆浩，晚年自成一家，《历代名画大成》对他的评语是：“笔愈简而气愈壮，景愈少而意愈长。深造古淡，石树出于毕宏，有枝无干”，喜绘秋山寒林，深谷大石，笔法概括生动。避暑山庄许多风景布置，颇合其画意。乾隆在《芝径云堤》一诗中写道：“丹黄四面展画屏，一幅关仝色乍设。寒林穷处忽成峰，仿佛如登泰麓东”，他认为这些景观和关仝的山水画相仿佛。

避暑山庄的风景构图，也直接受到宋代著名山水画家李成、范宽、马远的影响。

李成，字咸熙，五代时避乱于山东青州营丘。博学能文，一生抑郁不得志，常以绘画写胸中之块垒，“师关仝，凡烟云变灭，水石幽闲，树木萧森，山川险易，下笔辄妙”（《历代名画大成》）。

范宽，名中正，字中立，陕西华原人，因性温厚，嗜酒落魄，有大度，人故以宽名之，山水画先师荆浩、李成，后师法自然，自树一帜，其画“山顶好作密林，水际多作大石”（《历代名画大成》）。

马远，字遥父，南宋宫廷画家，善画山水、人物、花禽，远传其家学，自成一体。所画山水构图简洁，画面留空白较多，好做“一角”，“半边”之景，有“马一角”之称。

避暑山庄的风景构图，取意于李成、范宽、马远画意和笔法的颇多。例如“罨画窗”的景观，直接取意于李成的《寿林图》，乾隆在《罨画窗》一诗写道：“近岭遥峰面面呈，嵰岈潇落最多情。今朝所会又殊特，直展寒林阅李成”，他在自注中又说明：“《石渠宝笈》有李成《寒林图》”；“对画亭”景观的布置，也师法李成、马远的笔法，这从乾隆《对画亭》诗可以体会出来：“窗入千峰作画看，较于画更备多端。即如乍雨乍晴况，李（成）马（远）知他欲状难”；“芳渚临流”附近密林丰草，巨石枕流，“岸石天成，亘二里许，苍苔紫藓，丰草灌木，极似范宽图画”（康熙：《芳渚临流》诗序），其取意于范宽山水画，一望可知。

我国古代的山水画，到元代有了一个重要发展，特别讲求笔墨之趣。当时在画坛上享有盛誉的赵孟頫、黄公望、王蒙、吴镇，被后人尊为“元四大家”。其中，黄公望在设色用墨上更有独创性。黄公望，字子久，号大痴，又号一峰，江苏常熟人，喜画层峦叠峰，杂木长松，烟云流润，气势雄浑，设色画多用赭色，墨青墨绿合染，即所谓浅绛法。避暑山庄的锤峰落照即取其画意：“平冈之上，敞亭东向，诸峰横列于前，夕阳西映，红紫万状，似展黄公望《浮岚暖翠图》。”

倪瓒也是元代著名的画家。他字元镇，号云林子等，江苏无锡人。其山水画多作江南小景，多水墨，少着色，“摹画山水林石，位置简雅，惟取神致，似嫩而苍，似淡而工”（《历代名画大成》）。他的这种画法，也被造园家运用于风景构图中。“不遮山楼”以窗户为景框，以当窗一株古松作画面，很似倪瓒小幅山水。乾隆《不遮山楼》诗云：“山楼依巘出青霞，凸态凹姿总不遮。独有当窗一枝好，天然小幅展倪家。”此外，山庄还有不少风景，取意于宋代画家米芾父子，以及元代著名画家王蒙的画意。

“佳景拟图画，图画岂天成”（乾隆诗），“深合画家烘染法，山水佳气妙氤氲”（嘉庆诗）——避暑山庄的园林景观之所以具有迷人的魅力，深合画意是一个重要因素。

十七、景名、楹联与诗文

我国的古典园林自古就与文学结下了不解之缘。园林胜景为骚人墨客提供了丰富的吟咏写作素材，而动人的诗文则使园林风景增辉生色，得以广泛留传。清初著名的文学家尤侗说：“山水藉文章以显，文章亦凭山水以传。士即负旷世逸才，不得云海荡胸，烟峦决眦，皆无以发其嵚崎历落之思，飞扬跋扈之气。至于千岩竞秀，万壑争流，若无骚人墨客登访其间，镌惊人句，搔首问青天，则终南太华，等顽石耳。”（《天下名山游记序》）园林风景的题名、楹联，以及题刻的诗文，也是园林风景的重要组成部分，研究避暑山庄的园林艺术，这也是一个不可或缺的方面。

风景题名

“有地无题地不传，名山自古赖名篇”（许祥龄：《题画舫录》）。我国古代许多优美的自然风景和园林景观，都有一个令人难忘的题名，因而使得这些自然风景和园林景观兴味盎然，令人咀嚼不厌，平添了不少游兴，久久难以忘怀。缺乏美好题名的自然风景或园林景观，则往往令游人兴味索然，清代著名文学家曹雪芹，也是一位造诣很深的园林艺术专家，他在其名著《红楼梦》第十七回“大观园试才题对额”中，借贾政之口说：“若大景致，若干亭榭，无字标题，任是花柳山水，也断不能生色。”这也是历史上造园经验的总结。

美好的风景题名，都具有迷人的艺术魅力，并且常常与一些典故或神话传说相结合，经过人们长期的玩味琢磨以及文人学士们的加工润色，得到社会的广泛承认而流传下来，可以说是一种集体的创作，社会的艺术，因而具有永久的生命力。但是，避暑山庄是皇家苑囿，当时布衣百姓难以涉足，其风景题名全为皇帝和官僚所垄断，因而情况很复杂。其中，有些艺术性较高，有助于提高园林风景的艺术评价；有的则较平庸，只能起到风景标签的作用。

山庄一些好的风景题名，有以下一些特点：

一、以简练的字句，标明该景的时间、地点及景观特点。风景题名最忌泛泛而缺乏特点。李格非《洛阳名园记》就曾记述了湖园一个风景题名失败的例子：“园中有湖……湖北之大堂曰‘四并堂’，名盖不足，胜盖有余也”。这本来是一处很优美的风景，但其题未并不成功。这个题名的出处，是谢灵运《拟魏太子邺中集诗·序》“天下良辰、美景、赏心、乐事，四者难并”。这句话的意思是指人生很难同时得到这四件美事，但用它做具体园林建筑风景的题名，就显得有些文不对题，脱离了眼前具体风景，而得过于泛泛而浮夸。

避暑山庄一些成功的景名，往往用极简练的词句，说明该景的具体时间、地点和景观特点，“使人一览若身步其地而目睹其概”，“俾因文问景者若亲历其间，尝鼎一脔，足知全味”（乾隆：《白塔山总记》），因而给人留下了深刻的印象。

锤峰落照——“锤峰”是具体指避暑山庄以东的磬锤峰，“落照”是说明了欣赏风景的最理想时间。它也说明了这处景观的特点，提醒人们注意欣赏晚霞落照中的磬锤峰；南山积雪——“南山”，特指山庄以南的僧冠峰，“积雪”，点明了欣赏这一景色的时间，以及景观的特点；西岭晨霞——“西岭”，具体指珠源寺一带峰岭，“晨霞”说明了欣赏这一景色的理想时间和景观特点。这些题名，使游人可以按图索骤，目得心会，深刻体察领略景观的特点，正如古人论诗所云：“搜求于象，心入于境，神会于物，因心而得”（胡震亨：《唐音癸签》引王昌龄语）。

二、因景之趣而题名，名与景符。李格非《洛阳名园记》记述《水北胡氏园》说，其园虽“天授地设，不待人力而巧者”，景色极美，“但其亭台之名，皆不足载，载之且乱实。如：其台四望，尽百余里，而萦伊绕洛乎其间，林木荟蔚，烟云掩映，高楼曲榭，时隐时现，使画工极思不可图，而名之曰‘玩月台’；有庵在松桧藤葛之中，辟旁牖，则台之所见，亦毕陈于前，避松桧、搴藤葛，自然与人目相会，而名之曰‘学古庵’，其失皆类此”。所谓“玩月台”，是一处高台建筑，可眺望伊、洛二水，放眼百里之外，佳景如画，以远眺风景见美，而名之曰“玩月台”，所失在名与景不符，很难引导启发游人欣赏眼前美景。所谓“学古庵”者，景观与“玩月台”相仿佛，其题名之失，亦与之相同。

山庄一些好的景名，都力避此弊。松云峡出口处，“碧溪清浅，随石盘折，流为小池，藕花无数，绿叶高低，每新雨初过，平堤水足，落红波面，贴贴如泛杯，兰亭觞咏，无此天趣”，是一处以满池荷花为主题的景观，因而题名“曲水荷香”；梨树峪之中，“梨花万树，微云淡月时，清景尤绝”，因而以“梨花伴月”命名风景；山庄东北，引武烈河入园，其水入宫墙处，有控水闸，并建阁其上，登阁下视，“（急流）喷薄直下，层石齿齿，如漱玉液，飞珠溅沫，犹带云蒸霞蔚之势”，因而题名“暖流暄波”。这些景名，都与景观相符，因而具有较强的艺术感染力，正如古人所云：“即物寓景”（冯多福：《研山园记》），“语适与境合也”（顾大典：《谐赏园记》）。

三、虚实结合，片言摄百景。开朗风景，视野开阔，常常是四面皆成画景，题名最为不易。太实，容易只顾一点不及其余；太虚，则往往流之于空洞。要之，应该虚实结合，百景纳于一言，“近而不浮，远而不尽，然后可以言韵外之致耳”（胡震亨：《唐音癸签》引司图空语），此谓得之。

宋代杨简曾于杭州高爽处建书斋一所，而苦于题名，作《莫能名斋记。云：“东江西湖，云山千里，幽人骚士来其上，无不曰奇，曰壮哉快哉！且曰：是不可不命名。简思所以名之，东望大江，巨涛际天，越山对揖，衮衮如画，风帆飞鸟，夕阳烟芜，朝暮晦明，变态百出，于是间名之乎？如此命名，不惟游逸颠迷，沉溺外景，要不可谓真识江山。西望钱水，玉洁如镜，茂林奇峰，楼观辉月，烟霭翠蒙，模写不可，于是间名之乎？如此命名，不惟游逸颠迷，沉溺外景，要不可谓真识湖山，反而即渚本事，敛其放情，落其外慕，穷理窟之幽微，探元珠之杳冥，不则事理两融，曲畅旁通，百川会同，归宿于中，又不则悠然无事，惟事所之，无所造为，乐亦熙熙，于是名之乎？如此命名，不惟游逸颠迷，沉溺外景，俱不可谓实识本真。周思天下古今名言，无一可以称此，又岂惟简莫能名，正恐尽万古明智绝识之士，竭意悉虑，穷日夜之力，终莫能名。于是榜曰‘莫能名斋’。然则终不可得而名之乎？曰有能名之者：是斋之南，高松扶疏，微风过之，萧然有声，是能名吾斋矣；是斋之东，洪涛驾风，怒号翻空，是能名吾斋矣；是斋之西，湖光翠迷，云飞鸟啼，是能名吾斋矣；是斋之北与其麓，鳞比万屋，人物往复，啾啾碌碌，是能名吾斋矣。有嘲曰：既曰‘莫能名’，又曰‘是能名’，何其立说之无常？简曰‘常’”（《淳祐临安志》）。其所以难题名者，得之东则失之西，写南不能绘北，都难以尽其景观。

避暑山庄在处理这种位置很高、四面皆成画景的开朗风景题名时，主要是采取了两种办法：一是虚拟摹写，引而不发，古人所谓“状难写之景如在目前，含不尽之意见于言外”（胡震亨：《唐音癸签》引梅圣俞语）。如“四面云山”亭，“出众山之巅，诸峰罗列，若揖若拱，天气晴朗，数百里外，峦光云影，皆可远瞩”，视野极为开阔，四望皆成丽景，如仅以一面景观题名，则失之偏窄，因名之为“四面云山”，这样才能概括四周景观，而又不失之太虚，可以激发游人仔细体察、尽情领略四面云山气势，诸景皆摄而意趣无穷，所谓‘片言可以明百意，坐驰可以役万景’是也”（胡震亨：《唐音癸签》引刘禹锡语）。二是采取一景多名的办法处理。例如，“青枫绿屿”一组建筑，中殿题“风泉满清听”，以风泉清音悦人耳目；门外面西三间，题“霞标”，以晚霞点染的画景引人游兴；东向四间，名为“吟红榭”，是以霜染红叶的美景为题。“文园狮子林”内有十六景，景各有名。这是用连环画册的手法，把一组组画面推向游人面前，所谓景中有景也。

四、平易朴实而不庸俗，不用冷僻的典故和词语；含蓄蕴藉，言有尽而意无穷。宋代洪迈在其名著《容斋漫笔》里写道：“立亭榭名最易蹈袭，既不可近俗，而务为奇涩亦非是”，这是经验之谈。

题景名如做诗文，不可太浅太露，否则失之于平淡而少韵味，即所谓“近俗”也。乾隆三十六景的“丽正门”、“勤政殿”、“青雀舫”等这些门牌号似的景名，很难激发游人的遐思和想象，就有“近俗”的毛病。

要避免“近俗”，就要有立意新，含蓄蕴藉，如做诗文，“要变化不穷，如鱼龙出没沤涛，观者无不神耸”，要“使味之者无极，闻之者心动”（胡震亨：《唐音癸签》卷二），总之，要能启发游人的想象力，耐人寻味咀嚼，山庄在这方面有不少好的实例。

南山积雪、四面云山、北枕双峰、锤峰落照——这些风景题名，都能激发游人远眺，努力去搜寻、品味远处若隐若现、隐约含露的景观。

芝径云堤，比喻长堤如灵芝复为云朵；千尺雪，足用夸张的手法，比喻瀑布的壮观；玉琴轩，是以琴声暗喻瀑布的音响。这些景名都是以比喻为特色，它们的艺术力量，在于启发人们的想象，去寻觅、体察、发现景观的特点。

远近泉声，逗人听流泉，不过泉音虽然悦耳，但有远有近，或显或隐，需要去发现、去寻觅；石矶观鱼、意在引人赏游鱼。鱼游于水，或深或浅，或隐或现，忽而来忽而去，其景虽美，也需要人去发现、去寻觅。这些景名的艺术力量，在引而不发，让游人在发现中获得喜悦。

忌蹈袭，贵创新，这是艺术创作的一般规律，园林的风景题名也是这样。同样以山为风景主题的，山庄就有许多，而题名各不相同，有四面云山、北枕双峰、锤峰落照、南山积雪等，各擅佳胜，各具特征；同样以荷花为风景主题的，就有曲水荷香、香远益清、冷香亭、观莲所等不同景名，都各具特色，引导游人或赏其艳或闻其香，绝不觉得重复；因水题名的更多，有水流云在、云容水态、暖流暄波、远近泉声、玉琴轩、千尺雪等，或观其静，或赏其动，或观其色，或听其声，景色不同，题名各异，令游人总感到有新意在而游兴不减。

古人论文说，“文章当从三易：易见事，一也；易识字，二也；易诵，三也”（胡震亨：《唐音癸签》引沈隐候语）。风景的题名也是如此，应该平易朴实，切忌奇涩。在这方面，山庄有不成功的例子。例如，“濠濮间想”，就用了一个比较冷僻的典故。它出于《世说新语》“简文入华林园，顾谓左右：‘会心处不必在远，翳然林木，便自有濠濮间想，觉鸟兽禽鱼，自来亲人’”。如果游人没有读过这段话，就会对这个景名茫无所知，也就难于激发游兴，品味眼前景观，其失即在用典奇涩。当然，山庄在这方面成功的例子很多。例如，水流云在，是出典于杜甫《江亭》里的两句诗：“水流心不竞，云在意俱迟”；双湖夹镜—长虹饮练，出典于李白的名篇《秋登宣城谢朓北楼》里的两句诗：“两水夹明镜，双桥落彩虹”。这几个景名，虽然用典，但不露痕迹，写景贴切，给人留下了神思驰骋的广阔天地，游人即使没有读过李、杜的这两首诗，也不会感到冷僻难解。山庄一些好的景名，大都用字浅显而意蕴深远，且音韵抑扬顿挫，富于节奏感易于诵读上口。

楹联与诗文

清代著名学者钱大昕说：“亭台树石之胜，必待名流宴赏、诗文唱酬以传”（《网师园记》）。作为园林风景有机组成部分的楹联与诗文，对于提高园林风景的艺术评价，有着特殊的重要作用。

园林之有楹联，具体始于何时，现在难以确切考如。据清代纪晓岚和梁章钜考证，始于宋代，是从古代桃符演变来的。据汉代典籍《淮南子》记载，桃符是用一寸来宽，七八寸长的桃木做成，有的上面写些除灾降福之类的吉祥语，春节时将其钉在门的两侧，称为“桃符板”，以祈求辟邪降福。到五代时，后蜀国主孟昶有一次在桃符板上写了两句话：“新年纳余庆，嘉书号长春”，这就是春联的滥觞。后来。人们将一些喜庆祝词写在大板或纸上，春节时挂（贴）于门的两侧，就形成了春联。春联的出现，很受人们喜爱，至迟到明代，人们也将春联贴在了园林、寺院、酒店等公共活动场所，不仅新年时作为一种喜庆象征，而且常年不替。另外，也从单纯的祝福之词，发展为品赏风景，抒发胸臆，评说历史等丰富多彩的内容。到了清代，这种形式更为普遍，几乎每处园林都有许多楹联，成了园林风景的一个必不可少的有机组成部分。避暑山庄当然也不例外。这些楹联大都刻于木板，悬挂于柱上，通称为“抱联”。其文字均出于皇帝之手（多为御用文人代拟，以皇帝名义书写），故不少无聊之作，但也有许多韵味可人之作，颇能助人游兴。例如，以品评风景见长的：

“自有山川开北极，天然风景胜西湖”——“月色江声”之“莹心堂”的这幅盛联，颇能道出山在湖区风景的美妙，引人遐思。

“雄笔振清词追赏得烟云之趣，佳辰逢胜景乘间探丘壑之奇”——“月色江声”之“静寄山房”的这幅楹联，颇能启发游人仔细咀嚼山庄的园林野趣。

“水当窗面天然白，山接林端分外青”——“月色江声”之“罨画窗”的这幅楹联，摹写眼前风景，别具一番新意。

“百尺起空濛碧涵莲岛，八窗临渺沵澄印鸳湖”——这副对联写“烟雨楼”的景观，颇能得其神韵。

“山高先得月，岭峻自来风”——读此联，益能体会出“四面云山”亭之高敞。

“莺留花下立，鹤引水边行”；“云卧天窥无不可，风清月白致多佳”；“窗外远山如黛色，槛边列树作涛声”——“西岭晨霞”的这几副对联，颇能衬托出一幅清景。

“岚气湿青屏天际遥看烟树色，水光燃素练风中时听石泉声”——“锤峰落照”的这幅楹联，很能启发游人远眺。

“素影写波澄境原无暑，清风拂林爽气最宜秋”——这副对朕把“风泉清听”的意境，刻画得淋漓尽致。

“疏幕几重当画卷，遥山三面送青来”（“霞标”）；“远见波光来玉涧，近临山翠入书窗”；“乔木遮窗连岭翠，澄波映槛接天光”（“香远益清”）；“似疑画楫浮天上，欲挂轻帆入镜中”；“秋心宛在水晶域，晴色遥呈罨画天”（“云帆月航”）；“松生青石上，泉落白云间”（“沧浪屿”）；“云容自在舒还卷，山色何妨有若无”（“宿云檐”）；“岸花沾露满，湖月漾波宽”（“临芳墅”）——这些楹联，状景抒情，都具新意，有助于提高游人的游兴。

园林中题刻诗文，也是我国古典园林艺术的特色之一。唐代以前，人们游览名胜古迹时，常将即兴吟诵的诗文题写于墙壁上，不过，这毕竟不太雅观，而且墙壁面积有限，容纳不了许多。到了唐代，一些人又将诗文题写于木板上，称为“诗板”，置于寺庙和风景名胜处，供人游览风景时吟诵欣赏。后来，人们又把诗板加以美化，做成诗屏或诗匾，悬挂于屋檐下，或置放于屋内。为了永久保存，人们又将诗文刻在石头上，置于园林中游人经常逗留的风景优美之处，这就是诗碑和诗碣。明清时代，这些东西特别流行，在园林或名胜古迹处，几乎到处都可以看到。

清朝皇帝，特别是乾隆到避暑山庄避暑时，经常写些诗文，制成碑匾置于园林各处（还有刻石嵌于墙壁上的题壁诗），留存到现在的还有不少。这些诗文，从内容上分，主要有三类：

一是宣扬建造避暑山庄的政治目的。现在山庄内永佑寺遗址附近，还耸立着乾隆撰文的两通巨碑，一题为《避暑山庄后序》，一题为《避暑山庄百韵诗（并序）》。他在《避暑山庄后序》中，简略地回顾了建造避暑山庄的经过，强调指出，康熙所以建造这样一座规模巨大的避暑行宫，是为了“诘戎绥遐”，“意深远也”，他解释说，“盖汉唐以来、离宫别苑，何代无之？然不过费人材，逞己欲，其甚者，乃至破国亡家，是可戒无足法也。若今之山庄，乃在关塞之外，义重习武，不重崇文”，是为了训练军队和绥抚边疆地区少数民族王公贵族，故“其所系者大”。他在《避暑山庄百韵诗》的“序”中，也特别强调指出，建造山庄，就是为了“察民瘼，备边防，合内外之心，成巩固之业，习劳苦之役，惩晏安之怀”。所谓“合内外之心”，用现代语言来解释，就是要边疆少数民族上层分子与清朝统治者统一思想，统一意识，以达到巩固清朝政权与多民族国家统一“之业”。在《避暑山庄百韵诗》中，乾隆用诗歌的形式，概括地介绍了山庄的主要风景。

现在，我们在一些园林和名胜古迹的入口处，经常看到一些“说明牌”和“导游图”，通过这些，游人可以了解这些园林和名胜古迹的历史和风景特点。上述两通石碑，实际上也是清代避暑山庄的“说明牌”和“导游图”。今天，读这两通碑文，对我们了解山庄的历史及其园林艺术特点，仍有启发作用。

二是记述典故。避暑山庄的主要入口“丽正门”里面的宫墙上，刻有乾隆写的一首七律：“岩城埤堄固金汤，诶荡门开向午阳，两字新题标丽正，车书恒此会遐方”，说明当时少数民族王公贵族到山庄朝觐的情况，显示着国家的统一。

“避暑山庄门”门壁上，有乾隆题写的四首诗。略引数句——《阅射六韵》：“阅射门前却自思，髫龄曾此沐恩慈”；《射一首》：“髫龄回忆原兹地，屡中亲承仁祖欢”，都是记述他在十二岁时，随从祖父康熙到山庄避暑，在这座门前射箭屡中，得到康熙嘉奖的故事。诗中还记述了乾隆当皇帝时在这里“引见官吏”和阅看射箭比赛的情况：“巡狩宁稽除授官，门前次第引来看。随材简职仍余暇，以己先人与众观”；“亲御矢弧聊示度，数颁币帛用旌良”。人们游览至此，置身于这座建筑环境之中，再读到这些诗，自然会联想起有关典故，会增加不少游兴。

三是品评风景。现在避暑山庄湖区北岸还存有一通乾隆书写的《绿毯八韵》诗碑，另外锤峰落照，以及西峪、松云峡、西湖南岸，也都留存有乾隆书写的诗碑。这些诗，都是结合具体风景的即兴之作。游人欣赏风景时，又读这些诗，也很能增加游兴。

总之，楹联和诗文，对于美化风景，使游人深刻理解、体会园林风景的艺术特点和美好意境，增加游兴，都有着重要作用，因此，它是园林艺术不可或缺的有机组成部分。

附录

避暑山庄楹联辑存

月色江声

雄笔振清词，追赏得烟云之趣

佳辰逢胜景，乘间探丘壑之奇

自有山川开北极

天然风景胜西湖

取欢知仁乐
寄畅山水音

水当窗面天然白
山接林端分外清

四面云山
山高先得月
岭峻自来风

锤峰落照
岚气湿青屏天际，遥看烟树色
水光燃素练风中，时听石泉声

青枫绿屿
笙簧响入疏松里
锦绣云从翠壁来

疏幕几重当画卷
遥山三面送青来

香远益清
远见波光来玉涧
近临山翠入书窗

乔木拂窗连岭翠
澄波映槛接天光

远近泉声
四围山色连云汉
一径林边去暑风

四面浮青开日景
一泓澄碧见天心

云帆月舫

似疑画楫浮天上
欲挂轻帆入镜中

秋心宛在水晶域
晴色遥呈罨画天

照涧波萦青雀舫
轻桡香趁木兰堂

镜水云岑

翠接东山浮柳嫩
泉连西苑泛花新

双涧常流月千峰
自合云殿依山构

风泉清听

云晴当槛碧
山晓入楼青

钩帘云雾生衣上
当幌山川入镜中

石激水流处
天寒松色间

日影飞花殿
风文积草间

清舒山馆

解带挂长松，惯住山中忘鹿性

披襟临积水，数行树下识禽音

绮望楼

万家烟火随民便

千亩山田待岁丰

畅远台

长对流光观物性

静中佳趣得天如

环碧

夹岸好花萦晓雾

隔岸芳草带晴烟

观莲所

能解三庚暑

还生六月秋

沧浪屿

松生青石上

泉落白云间

临芳墅

岸花沾露满

湖月漾波宽

（以上康熙撰书）

烟雨楼

百尺起空濛碧涵莲岛

八窗临渺㳽澄印鸳湖

泉临香涧落

峰入碧云高

空澄正印虚明体

摇漾又宜流动情

西岭晨霞

莺留花下立

鹤引水边行

云卧天窥无不可

风清月白致多佳

窗外远山如黛色

槛边列树作涛声

风泉清听

素影写波澄境原无暑

清风拂林爽气最宜秋

勤政殿

中外同风持盈长保泰

山川竞秀弥性并怡情

卷阿胜境

文囿俯川原千载游歌地胜

豳风咨稼穑三秋图画天开

青雀舫

虚槛月移松桂影
仙源风送芰荷香

绮望楼

汲泉砚畔鱼知乐
试墨松边鹤喜陪

一庭缥缈云霞气
四壁清凉水石心

闲寻绮思千万丽
静想高吟六义清

宿云檐

云容自在舒还卷
山色何妨有若无

窗含远景正无尽
笔点诸峰自有神

凌太虚

赴谷远因探放之而准
在山清可会逝者如斯

涌翠岩

松径飞花雨
莲台霭法云

澹泊敬诚

先泽志钦承宵衣旰食

民依心切含春雨秋旸

四面云山契仁寿

万家烟井验民和

祖训式钦思日鉴

天行惟健体时乘

澹泊敬诚东配殿

法云自护三乘义

慧日常开四照花

清舒山馆

高拥三山临水鉴

勤思六字上春台

云移溪树侵书幌

风动岩花点砚池

绿野风斜日

青山淡晚烟

戒得堂

祖德绍稀龄戒垂务广

圣言明要道矩仰从心

春好轩

上塞寄遥情烟云入画

南荣开胜览花鸟知春

永佑寺

得现一切色身善应常修智方便
成就甚深慧力普明独澄法圆通

松磴云开宛呈真实相
莲池月朗长印妙明心

凡有为中皆幻想
到无心处是真禅

舍利塔

佛幢结鬘安禅竟
僧帽披云礼梵初

觚棱日上盘承露
铃铎风回座散花

屹峙锤峰标窣堵
分流濡水指神州

浮图焕彩神明舍
塞苑祥开纳钵天

户外七星罗玉宇
园中万树拱珠标

积雪全消横远岭
浮云净卷俯高楼

夕霭明边雁台出
晨霜起处鹫峰来

挂檐新月参三点
射角明河映九层

轩庭悬舜日
岩壑蔚龙光

水月庵
印不即离间是相非相
悟最澄明处内空外空

山静尘清水参如是观
天高云浮月喻本来心

云岫无心参自在
石泉不垢见真如
（以上乾隆撰书）

十八、风景构图的形式美

避暑山庄的园林风景之所以感人，不仅在于局部的、具体的景观布置上引人入胜，而且在于风景构图的整体布局上是很美的，是一个完美的艺术整体。

我国的古典园林，对于整体的风景构图是非常讲究的。《履园丛话》说："造园如做诗文，必使曲折有法，前后呼应，最忌堆砌，方称佳构。"《浮生六记》说："大中见小，小中见大，虚中有实，实中有虚，或藏或露，或浅或深，不仅在周围曲折四字也"，就是这方面历史经验的总结。

避暑山庄吸收、继承了这些历史经验，并加以创造性的发挥，在风景构图方面，充分注意了形式美。

形式与内容相适应

形式与内容相适应，是一切艺术美的主要原则。普列汉诺夫称"形式和内容的完全一致，是真正艺术作品的第一个主要的标志。"他指出：

“（艺术创作的规律）这一切规律最终不过归结为一点：形式必须和内容相适应。然而，这个规律对于一切流派——不论古典主义者，还是浪漫主义者等等——都是重要的。当然，为了使形式适应于内容，就必须有‘技术’，即艺术的技巧。这是逐渐积累起来的……”（《没有地址的信》）。

形式必须充分地体现内容，与内容完全一致，才能饱满、生动，具有生命力，才能给人以美感；否则，它就是枯萎、呆板、僵化的，也是不美的。从这方面看，山庄的风景构图是成功的，和同时代其他园林比较起来，也是很出色的。

山庄作为一座大型帝王园林，在风景构图上的一个突出特点，就是“宫”与“苑”的分置。它把宫殿部分集中在整个园林的南部，建筑集中，位置突出，特点鲜明，保持了宫殿建筑的布局和特点，使之与苑景部分有明显的区分。这种布局方法，是适应清朝皇帝在山庄居住、处理日常政务和游乐活动的园林内容的。

在风景的布置上，设置江南水乡景色、蒙古草原风光，并摹仿了西藏、新疆等边疆地区的自然地理风貌及著名建筑，引植各地有代表性的植物布置景观等，反映了当时多民族国家统一的历史形象。这在古代园林中是独树一帜的，也是与当时清帝在山庄接见少数民族王公贵族、处理有关民族问题这样一个重要内容相适应的。

统一与和谐

统一与和谐也是艺术美的重要法则。对欧洲古代文艺产生过重大影响的意大利文艺理论家贺拉斯（前65—8年）在其名著《诗艺》中就曾指出：“总之，不论做什么，至少要做到统一、一致”。

首先，统一就是要求一个具体的艺术品的各部分之间的一致性。黑格尔曾经这样表述过这个美学的原则：“就它本身来说，整齐一律一般是外表的一致性，说得更明确一点，是同一形状的一致的重复，这种重复对于对象的形式就成为赋与定性作用的统一。由于它的本来的抽象性，这样一种统一就远不是具体概念的有理性的整体，因此它的美只是抽象的理解力所能掌握的美；因为理解力所依据的原则就是抽象的一致性而不是从本身得到定性的一致性和同一性。”（《美学》）统一的法则，不仅是要求外表的一致性，同时，更重要的是要求内在的同一性与和谐。

其次，统一本质上也是指具体的某个艺术整体的各个组成部分，必须是有机的联系，而不是偶然的拼凑，可有可无的零件。拉法格说："人为的环境完全同有机生物和自然环境一样，构成一个综合体，一个在空间和时间上没有精确界限的复杂的体系；这个体系的一切部分是这样地彼此适应着和紧密联系着，以致任何一部分如果不引起其他部分中的震荡便不能变化，其他部分同样地也一定会遇到变化。"(《思想起源论》著名的欧洲古代哲人亚里士多德，在其美学名著《诗学》里也曾经指出："在诗里，情节既然是行动的摹仿，它所摹仿的就只限于一个完整的行动，里面的事件要有紧密的组织，任何一部分一经挪动或删除，就会使整体松动脱节。要是某一部分可有可无，并不引起显著的差异，那就不是整体中的有机部分"。这些，都是就某个艺术品内部各部分之间的关系而言的。

此外，统一是和变化相辅相成的。形式上的高度统一，就要求各个部分的变化，否则就会使人感到单调和枯燥。没有变化，也就没有统一。统一是起集中和强调的作用，变化是起丰富和加强的作用。艺术品不仅要从统一中寻求变化，而且要通过变化加强统一。

如果我们用这个美学法则来检验一下避暑山庄的园林艺术构图，那就不难发现，它是非常成功的。园林的规模虽然庞大，但它却是一个高度统一的艺术整体。为了加强全国艺术构图的统一，山庄采取了许多园林艺术特有的手法，例如：

用规模巨大的宫墙，把整个园林范围起来，使其在"外表"上与周围环境分隔开来，自成一体。

各个局部的风景构图风格上的一致。通过借景手法，使周围自然环境与园林融成一片，并把蓝天、白云、朝霞、暮霭等自然景色纳入风景构图之中。在景观的布置上，突出溪流瀑布、花草树木、飞禽走兽、湖光山色等自然景色。在建筑上，采取民居的格局，色彩素雅，等等。这样，各个具体风景的主题虽然不同，千状万态，变化无穷，但在艺术风格上，都强调自然景色，万变不离其宗。这就使全园的艺术构图有和谐统一，浑然一体，而毫无紊乱、支离破碎之感。

各个景区互相联系、互相依赖、互相呼应、互通气息，形成一个自然整体。各个景区之间，有导游路线相交通，互相联系，游人可以从一个景区走到另一个景区，而无阻隔之感。各个风景点之间，也是互相呼应，互通气息的。游人站在宫殿区，可以欣赏湖区和山区的许多风景；站在湖区，通过提高风景观赏点位置的办法，也可以欣赏宫殿区、平原区和山区的许多风景；站在山区能够观赏全园的风景。这样，各个景区之间，是互相依存，相得益彰的，从而玉成一个艺术整体。

利用油松，统调全园树种。全园的树种花草，虽有千百之别，各个景区的色彩变化，斑斓缤纷，但都有一个统一的基调，无论宫殿区、湖区、山区、平原区，都有油松的高大身影，是它起到了统调作用，这也是加强全园艺术构图统一的一种手法。

这样，规模虽然庞大但不零散，变化无穷而不紊乱，这就是园林艺术构图的统一性。它有力地加强了园林景观的艺术感染力。

节奏感

山庄的艺术构图，非常富于节奏感，这是它的艺术感染力很强的一个重要因素。

节奏感，也是各种艺术美的普遍规律。“它在艺术史上也曾起过巨大的作用”（普列汉诺夫语）。它最初是与人的心理、生理的节奏有关。随着生产技术和人类感情的提高，得到了升华，被运用到了艺术创作中。普列汉诺夫指出：“人的本性（他的神经系统的生理本性）给了他觉察节奏的音乐性和欣赏它的能力，而他的生产技术决定了这种能力后来的命运。”（《没有地址的信》）乔治·汤姆逊也指出：“节奏的定义，可以广义地来说是一连串的声音，具有一定的高低和时间的间歇。它的终极的起源，无疑是生理的——可能同心脏的跳动有关。可是在这一程度上，人和动物没有差别。我们在这里谈的，不是节奏的生理的基础，而是人类把节奏怎样运用。人类把节奏加以人化，就是说，使它发生社会的功用——把人们的意志组织起来，使动作可以协调，或者发展到后来，就是把人们的感情组织起来，使他们更密切地团结在相互同情的集体当中。不难看出，这种人化的节奏，是起源于工具的运用的。”（《论诗歌源流》）

艺术作品的节奏感，可以激发人的感情，调节人的精神，从而加强艺术的感染力。

节奏的运用，在各种艺术形式中，是有不同的表现形式和手段的。在音乐中，它主要是以声律的变化体现的。在诗歌中，是以语言的抑扬顿挫实现的，在舞蹈中，是以动作的韵律作为表现形式的……园林，作为时间和空间的综合艺术，有它自己特殊的表现形式和手法。避暑山庄艺术构图的节奏感，是诉诸人的视觉、听觉和感觉，从而提高和加强风景的艺术感染力。例如，利用自然地势的高低起伏，加强风景构图的节奏感。山庄的风景构图，是根据自然地势设置的。宫殿区踞于高阜之上，湖区和平原区则地势低下，山区最高。高低上下，抑扬顿挫，韵致盎然。如果我们站在山区高峰上，欣赏一下宫墙，这一点就会有更明显的感觉。那蜿蜒曲折的宫墙，高低起伏，强烈的节奏很能打动人的心弦。

多样化的空间艺术组织形式，也造成了一种自然的节奏感。在宫殿区是方形和长方形等几何图形的空间形式。山区的空间艺术形式和峡谷等同。这样，游人不断从一个空间环境走到另一个意趣全新的空间环境，感受会随之不断变换，从而有着节奏感。另外，封闭式空间和开朗空间交替使用，也是园林艺术构图产生节奏感的一种手法。游人由丽正门进入正宫区，经过的全是闭锁空间，到了万壑松风，眼前突然开朗，是一个半开朗空间，游人的精神会为之一振。再进入湖区，又是一系列闭锁空间。到了金山亭，登高望远，视野极为开朗。而峡谷则是闭锁空间。这样，闭锁空间与开朗空间不断变换，使游人的视野一合一开，精神上一张一弛不断变幻，从而也就产生了节奏感。

建筑的配置，高低错落，大小相间。在东宫一片建筑中，清音阁横空出群。向北，水心榭、月色江声等建筑规模则较小，而至金山岛，上帝阁特出高耸。又北，香远益清、甫田丛樾也较平矮，而舍利塔则耸入云霄。山区的建筑，或在深谷，或立峰尖，随自然地势而高低相间。在一组建筑中，建筑体量和形象却不相同，这些都形成了一种自然韵律。

树木的配置，树体高大的与低矮的，树型挺拔的与斜曲的，针叶的与阔叶的，叶色绿的与红的……交替配置，也形成一种自然节奏。

同时，在树木花草的配植上，春夏秋冬安排应时花木。春天突出梨花，夏天强调荷花、杨柳，秋季以红叶取胜，严冬则青松傲雪。园林的风貌随着时令而变化，也给游人以时间的节奏感。另外，早赏朝霞，暮看落日，因时而风景异趣，也给游人以时间的节奏感。

强调中心

一部小说、一部故事片、一出戏，总有一个（或一组）主要人物，有一个贯穿始终的故事线索。一部乐章，总有一个主旋律。一幅图画，也总有一个中心（或重心）。一组建筑，也总有一个主体。这就是说，任何一种形式的艺术，任何一件具体的艺术作品，总有一个中心（或重心）。园林的艺术构图，也是遵循这个美学法则的。

避暑山庄的园林艺术构图，也特别强调中心。

从全园的总体布局来看，湖区是全园艺术构图的中心。康熙说山庄风景是"水心山骨"，乾隆则说山庄"名为山庄，趣实在于水"，都说的是这个意思。从园林的性质和内容来看，它作为避暑之所，主要突出夏景。园主在山庄的生活，也是在炎夏逗留的时间最长，因此，湖区很自然地成为活动中心。从地理位置上来看，它的南面为宫殿区，北为平原区，西为山区，处于全园的中心位置。从园林建造的历史来看，也是先辟治湖区，然后再及其余。所以，我们说湖区是全园艺术构图的中心，是符合实际情况的。

每一景区的局部风景构图，也有各自的中心（或重心）。正宫部分的中心是澹泊敬诚，东宫一组的中心是清音阁，万壑松风一组的中心是纪恩堂。湖区东路风景的重心是金山，中路风景的重心是如意洲，西路风景的重心是远近泉声。平原区风景构图的中心是舍利塔，山区风景构图的中心是锤峰落照等四亭。松云峡的重心是碧静堂，梨树峪的重心是梨花伴月，西峪的重心是碧峰寺。

在山区四高峰上，冠以锤峰落照、四面云山、北枕双峰、南山积雪四亭，使得主峰更加突出，峰岭的主次更加分明，也是强调重心的一种手法。

这样，园林的艺术构图，重点突出，主次分明，层次清楚，给人的印象深刻、强烈。

对　比

我们在日常生活中，常常会遇到这样的事：一个身材矮小的人，如果让他和一个巨人站在一起，给人的印象就特别强烈，高者愈显其高，矮者更显其矮。事物的特性，往往在对比中更容易显露出来，对比愈强烈，个性则愈鲜明。这个道理运用到艺术中，就是对比的原则。

"朱门酒肉臭，路有冻死骨"、"蝉噪林愈静，鸟鸣山更幽"。诗人这种对比的写法，产生的艺术效果非常强烈。小说家刻画人物，也往往在对比上下功夫。诸葛亮与周瑜、林黛玉与薛宝钗、孙悟空与猪八戒等，都是通过对比的写法，鲜明地刻画出人物的个性。写黛玉之死，作家不是着力写她离世的悲惨景况，而是把其放在贾、薛新婚的喜乐声中，两相对比，贾、林的爱情悲剧，更能强烈地打动读者的心弦。

普列汉诺夫曾经深刻指出对比规律的作用，他说："总之，不能怀疑，原始民族对某种颜色的装饰品的喜爱，是取决于他们自己皮肤的颜色，并且是服从于对比的规律的。这个对比的规律在习俗、风尚和趣味的发展史上一般是起着非常重要的作用的。"他举例说，"例如，据拜尔顿说，吴瓦诺诺部落的黑人（在东非洲）喜欢用石灰涂抹脑袋，因为石灰的白色把他们的黑色皮肤陪衬得更加好看。这些吴瓦诺诺人，为了同样的原因，喜欢佩戴一些用河马牙齿做成的白得刺眼的装饰品。据封·登·斯坦因说，巴西的印第安人，同样比较喜欢浅蓝色的珠串，因为这类珠串在他们的皮肤衬托下比别类串珠更美丽。总之，对比的作用（对立的原则）在这样的情况下，是具有非常重大意义的。"（《没有地址的信》）

对比原则在园林风景构图中的作用，同样也很重要，它也是避暑山庄风景构图的一个重要原则，主要以下几种手法：

1. 自然地形的对比

山庄的山峰绝对高度，最高者不过海拔500余米。如果把它们放在崇山峻岭之中，不过是一些小山丘而已。唯其把它们与平地、湖池紧密组织在一个不大的范围里，形成对比，则显得危峻险陡。

2. 风景构图方法的对比

宫殿区的建筑密集，空间艺术形式多呈几何形，且为封闭式；而湖区的艺术构图，则灵活多变，极为自由，再加杨柳依依，金莲红荷，艳丽多彩。游人经过宫殿区来到湖区，顿觉开朗，印象特别强烈。这就是对比的效果。

3. 建筑的对比

山庄周围布置辉煌壮丽的寺庙群，它们有金光闪烁的镏金瓦顶，大面积的红色和黄色，建筑体量宏大；而山庄的建筑，一般都是灰瓦顶，色彩淡雅，建筑体量较小。建筑材料、色彩、体量的这种强烈对比，更加突出了山庄朴素自然的特色。在园林内部，宫殿区的建筑布局严谨，讲求中轴对称，形象规整而少变化，色彩素雅，均为木结构；而苑景区的建筑，布局灵活多变，形象美丽生动，色彩也有变化，除木结构外，还有砖石（如舍利塔）、草（如采菱渡）、铜（如珠源寺铜亭）等建筑。这些对比，都有力地突出了宫与苑的不同性格。

4. 动与静的对比

空山响流泉，更显深山的幽静；瀑布飞流，更衬托出湖水的平静；麋鹿漫游、白鹤飞翔，更渲染了园林的恬静闲适气氛。

比　例

亚里士多德曾经指出："一个美的事物——一个活东西或一个由某些部分组成之物——不但它的各部分应有一定的安排，而且它的体积也应有一定的大小；因为美要依靠体积与安排，一个非常小的活东西不能美，因为我们的观察处于不可感知的空间内，以致模糊不清；一个非常大的活东西，例如一个一千里长的活东西，也不能美，因为不能一览而尽，看不出它的整一性；因此，情节也须有长度（以易于记忆者为限），正如身体，亦即活的东西，须有长度（以易于观察者为限）一样。"（《诗学》）他在这里谈的就是艺术作品的比例。比例是艺术美的一个重要法则。

比例在山庄的园林风景构图中，也是一个重要的原则。它正确地利用和安排了园林的各种因素自身及相互间的比例关系，加强了园林艺术构图的形式美，从而提高了园林风景的艺术评价，而且在一定程度上，也是一种很经济的造园手法。

建筑和其他园林因素，例如山、水、树木、假山等相较，处于主导和决定的地位。所以，园林风景构图的比例，是以建筑为基础的，是由建筑所决定的。而建筑本身的比例（例如房屋的高矮、门窗的大小等），则是根据人体决定的。从园林艺术构图的角度来说，建筑和各种园林景观相互之间的关系，都是各种比例关系的组合。

在某一具体建筑组中，为强调主次关系，也往往运用间量的比例关系。澹泊敬诚殿与两旁配殿间量的此例约为 7：3。万壑松风一组，主殿与配殿之间的间量的比例为约 5：3。其他各组建筑，也往往运用这种间量的比例关系来显示其主次关系。

为了突出宫殿区的建筑，把它们安置在高阜之上。高阜的高度与湖区建筑的高度大体相等。所以，宫殿区与湖区的建筑的绝对高度大体相等。但是，它的相对高度要比湖区的建筑高出一倍，所以显得高大、宏伟。这也可以看作运用比例关系，加强建筑效果的一例。

距离之间的比例，也是山庄风景构图的一个因素。水池的空间距离，即相对两岸间的距离。是根据岸边的景物（建筑、树木等）的高度决定的。一般的情况是，岸边的景物的高度与水池的空间距离的比例，在1∶3至1∶10之间。因为小于这个比例，就使游人有闭塞感，产生坐井之叹；而大于这个比例，岸边的景物，就会变得模糊，有空疏之感。无论比例过小或过大，风景的艺术评价都会降低。其湖沼所以大小不同，形式各异，大体上都是由这个比例决定的。

造园家还往往利用建筑或水池等，限制假山周围的距离，使游人在假山面前须得仰视，以加强假山高峻的艺术效果。一般来说，人体高度加上人与假山之间的距离，与假山高度之间的距离的比例，须在1∶1.5以上，假山的艺术效果才会强烈。

宫殿区和湖区的建筑较密集，而山区的建筑则较稀疏。前者与后者建筑群（组）之间的空间距离的比例，约为一比数十或数百。这样，游人在宫殿区和湖区逗留的时间要长，而看到的风景也丰富。因且它们给游人的感觉，并不显得比山区小。古人云，“稀地可以跑马，密地不能藏针”，指的就是这种运用比例关系处理构图的原则。

对称与均衡

对称与均衡也是艺术美的重要法则之一。对称是指依据一中心点，左右或上下采用相同的物象组织构图的方法。给人的感觉是整齐、安详、庄重，一般来说，有静的感觉；均衡，一般是指不严格的对称。它的中心点的左右或上下的物象，大体相同，而不严格一致。总的来看，是保持平衡的。普列汉诺夫曾说：“我还要指出‘对称的规律’。它的意义是巨大的和不容置疑的。它的根源是什么呢？大概是人的身体的结构，以及动物身体的结构”。同时又指出：“自然给予人以能力，而这种能力的练习和实际运用，则由他的文化的发展进程所决定。”（《没有地址的信》）

由于中国古代园林追求自然情趣，其总体构图不讲求中轴对称，但它仍然讲究均衡。从山庄的园林艺术构图来看，仍然运用了均衡的原则。

山区与宫殿区、湖区、平原区之间由于地势的关系，很自然地形成两部分。如果我们假定其间有一条轴线，那么它的左右虽然不对称，但大体上是均衡的。虽然山区的实际而积要比宫殿区、平原区、湖区三者的总和要大几倍，但仍然给人以均衡的感觉。这是因为宫殿区、湖区、平原区的景观丰富，建筑密集，所以给人的感觉并不比山区小，其分量并不比山区轻。所以仍然是均衡的格局。

宫殿区的建筑虽然可以分成四组，但从总体构图上来看，由于自然地势的关系，很自然地形成两部分。东宫自成一区，而正宫、松鹤斋、万壑松风同在一高阜之上，很自然地形成一区。虽然高阜之上的建筑数量多、面积大，但东宫有高大宏伟的清音阁，就使这一部分的分量大大加重了。所以宫殿区的两部分，仍然保持了均衡的格局。

湖区的风景是由三条导游路线控制，东路由水心榭至热河泉；西路由驯鹿坡至远近泉声；中路由万壑松风桥经芝径云堤至烟雨楼。从平面构图的角度来看，中路导游路线起到了轴线的作用，左右也是均衡的。

平原区也是自然地分成两部分，我们假定中间有一条轴线，则试马埭、万树园东西两部分，仍是大体对称的形式。

山区自北而南有贯穿东西的三条主要导游路线控制，即松云峡、梨树峪、西峪。梨树峪也可视为一条轴线，其南北也为均衡形式。

总起来看，山庄的园林艺术构图，虽然没有中轴线控制，不采取严格对称的格局，但它仍然是均衡的，特别是各个局部，一般都是采用了均衡的构图方法。

十九、外八庙的园林化手法

分布于避暑山庄东面及北面山麓的辉煌壮丽的外八庙，无论从内容上或形式上都是与山庄紧密联系，融为一体的，它们是山庄这座大型园林有机的重要组成部分，是我国古代寺庙和园林结合得最好的一个范例。我们谈避暑山庄的造园艺术，自然不能不涉及外八庙，在这里用一定的篇幅专门谈一下外八庙的园林艺术和手法，该不是画蛇添足。

外八庙经营的时间和历史内容，与避暑山庄大体上是一致的。它们都是清王朝在解决北部、西北部边疆和西藏问题的历史过程中的产物，是清帝在避暑山庄处理这些问题的历史纪念建筑物。也可以说，外八庙的内容是由山庄的内容决定的，它们反映了清朝皇帝在避暑山庄的重大政治活动，突出了避暑山庄的园林内容。

康熙时建造了两座寺庙，即溥仁寺和溥善寺。它们建造的时间是在康熙五十二年（1713）。当时恰值康熙六十寿辰，众蒙古王、公、台吉等到避暑山庄朝觐，奏请建造寺庙为康熙祝寿。康熙考虑到承德是中原地区与蒙古地区的结合地带，山庄又是每年接见蒙古王公的地方，又考虑到蒙古王公信奉喇嘛教，所以特准在山庄以东建造了这两座喇嘛庙。

其余的喇嘛庙都是乾隆时建造的。嘉庆二年（1797），即乾隆生前最后一次到承德，曾对这些寺庙的兴建原因和过程，作过一次总结性的说明。他指出："山庄城北北山一带，崇建寺庙，如：普宁寺，系乾隆二十年（1755）平定西陲，四卫拉特来觐，仿西藏三摩耶庙式建此，以纪武成；安远庙则二十四年（1759）（碑文及《热河志》记载，此庙建于乾隆二十九年，即1764年），因降人达计达瓦部落迁居于此，仿伊犁固尔札庙之式为之；普乐寺则三十一年（1766）所建，以备诸藩瞻觐；至布达拉庙（即普陀宗乘之庙），成于三十五年（1770），仿西藏大昭寺（碑文记载仿布达拉宫），敬建以祝慈厘；札什伦布庙（即须弥福寿之庙）乃四十五年（1780），班禅额尔德尼来热河为预祝七旬万寿时，仿后藏班禅所居创建者。其他如殊像寺、广安寺、罗汉堂诸所营建，实以旧藩新附接踵输忱，其俗皆崇信黄教，用构兹梵宇，以遂瞻礼而寓绥怀，非徒侈丽之观也。"

于此可见，外八庙的内容是服从于避暑山庄的。从这个意义上也可以说，它们形象地、具体地体现了山庄的内容和功能要求。由于有了外八庙，避暑山庄这座大型园林，内容才更加充实，更加饱满，更富于生命力。

从园林艺术形式上来说，外八庙与避暑山庄是一个统一的宏伟的空间艺术整体，它们互相因借，互相呼应，交相辉映，相得益彰。外八庙宛如众星捧月之势，烘托着避暑山庄，并且是山庄联系周围群山和武烈河等自然景色的艺术纽带，它使周围波澜壮阔的群山平添了无限生趣，而且丰富和扩展了山庄的艺术空间，使之与周围山川融为一体，加强了山庄的自然情调。

此外，把我国的传统的园林艺术手法用于寺庙建筑，使外八庙极富园林风趣，使寺庙园林化，也是使外八庙与山庄形成统一的园林艺术整体的重要因素。本来，寺庙建筑的要求是森严刻板的，造成压抑感，给人以精神威慑；而园林的基本要求则是生动活泼，给人以轻松愉快感，使人得以休息。从这个意义说，它们是截然相反的，但是清代劳动人民和造园家、建筑家把这两者巧妙地结合，而且做得恰当、自然，这不能不说是一种创造。

先说庙址的选择。外八庙在庙址的选择上是从避暑山庄园林风景构图上来考虑的，而且充分运用了我国古代园林选择园址的一些手法。

避暑山庄的地形，在前面已经作过介绍。西部是山区，地势较高，而且园外是连绵的山岗，中间没有开阔地带，难于远眺；重要的是缺乏自然的借景因素。山庄的东部则是湖区和平地，地势较低，而园外与东面的群山之间有一个狭长的开阔地带，站在山庄的山峰，向东可以远眺；特别是园外磬锤峰、蛤蟆石、天桥山、武烈河等足资借景的自然景色，都集中在山庄东面。所以，东面是园林布置借景的主要方向，外八庙中的许多庙址都选在山庄的东面。这样由山庄的山峰东眺，可以看到许多优美的风景。山庄以北的山地地理条件，从造园的角度来看，比起东面要差一些，但比起西面来说仍然要好些：山庄与北面的山地中间有狮子沟，当时有溪水流淌，足可借资；而园内山区北部的山峰，比起园外相邻的山岭要高，这样，站在园内北眺，仍可形成借景；园内山区的四条峡谷，只有北面的松云峡是贯通园内外的，其余的三条都有山岭与园外阻隔。因此，山庄西北恰当松云峡向园外伸展之处，开辟了小西北门，形成山庄通向北面寺庙的重要通道，使园林与寺庙连成一气。这是山庄以北仍然布置了许多寺庙的重要原因。从外八庙修造的历史来看，也是先从东面开始，先建溥仁寺和溥善寺，而后是东北（普宁寺），最后是北面，而西面则未建任何寺庙。可见，外八庙的庙址选择、安排，完全是从山庄园林风景构图的整体考虑的。

在具体的庙址选择上，也运用了我国古代园林选择园址的成功经验，选择地形复杂、建筑易于奏效、且宜于借景的地方。各个庙宇虽各异趣，但都依山傍水，坐落于风景幽胜之区。它只是把原有的地形稍加整理，而不是花费巨大的劳动去改造原来的地形。利用自然地形的高低变化，显示建筑本身的错落和强烈的节奏感。主体建筑往往布置在全庙地势的最高处，以强调其崇高、雄伟，而并不需要花费巨大的人力、物力过分加强建筑本身的绝对高度。这不仅节省了建筑寺庙的费用，而且加强了建筑效果。同时，每座殿堂的位置都经过深思熟虑的选择，力求与周围自然环境妥贴无间，使建筑与周围的地形、自然风景，极为自然地融洽结合在一起，这不仅突出了建筑本身，而且使附近的自然环境变得生动活泼，仿佛有了活的灵魂，加强了它们的艺术感染力。正是由于有了这些建筑，使人能够更强烈地感觉到地形的起伏，更清楚地看出地形的变化。

外八庙还成功地运用了我国古代园林借景的创作手法，广泛吸收了周围的自然风景和人工建筑，增强了园林趣味。每个寺庙几乎都是通过借景与山庄和其他寺庙互相呼应，互通气息的，共同形成了一个不可分割的空间艺术整体。

这首先是通过择向实现的。寺庙建筑本来有着比较严格的规定性，一般都讲究中轴对称、均衡整齐的布局，层层套进的院落，造成一个个封闭性的空间。因此其建筑的朝向，也有一定的规定性，主体建筑一般都是朝南，其余的朝向院落中间的天井。建筑的四周一般都环以围墙，与四围空间相隔绝，形成一个大的封闭空间。山门是解决庙内外交通和空间联系的主要手段，它一般是朝向正南。但外八庙各个寺庙的朝向，则打破了这个一般化做法，除建筑年代较早的溥仁寺、溥善寺之外，几乎是毫无例外地朝向避暑山庄，而不一定必须朝南，例如安远庙和普乐寺都是朝西。当然，这从园林和建筑的思想性来说，是体现了以帝王为中心的封建思想，山庄是皇帝的起居之所，朝向山庄是体现对帝王的尊崇。但是，从园林艺术的角度来说，唯其如此，外八庙对山庄才正好形成了众星捧月之势，有如花瓣簇拥着花心，使人感到自然顺妥，好像唯有这样才好。造成这种艺术效果，通过山门借景山庄与其他寺庙，从而使之形成一个艺术整体，是一个重要原因。

外八庙的山门，往往是借景的重要位置。安远庙可以算作一个很好的范例。站在安远庙山门纵目远眺，武烈河急流奔涌，水声激荡，令人心旷神怡。山庄舍利塔一带，如画风景，历历在目：山庄北部的群山轮廓线条格外清楚，如画如染，色彩斑驳；南山积雪等建筑，大有凌云之势，耸峙蓝天；北部随山势起伏的宫墙，宛如游龙骄娆，便群山增添了无限生机。而这一切恰为舍利塔作了背景，有力地烘托出它那劲拔挺峻的身影，塔身垂直刚硬的线条，与山岭天然灵活的自然曲线形成强烈的对比；宝塔的砖石本色、溜金塔尖的闪烁金光，都与群山绚烂而浓厚的色彩相映衬。多么动人心弦的一幅图画啊！它给人以豪放感，令人顿时心胸开阔。转眼西北，须弥福寿之庙一带的风景好似一幅浓墨重彩的图画。须弥福寿之庙与普陀宗乘之庙的距离突然拉近，距离较远的普陀宗乘之庙所据的位置比须弥福寿之庙要高得多，而且建筑错落，色彩浓重，两座寺庙变得重叠起来，好像在一个画面上。两庙所据的地理位置，在山的向阳面，光线充足，比较明亮，使建筑本身的色彩更加艳丽夺目；它们的前面正好是山庄北部的山岭，地势很高，北面是阴影，这与寺庙正好形成对比，使两庙的建筑色彩变得更加清晰。远处的山峰则是经常云气缭绕，似乎隐隐约约藏于无边无际的云海中，使这两座壮丽辉煌的寺庙好像天上宫阙一般，有一种神秘感，令人凝视久望，仔细咀嚼，玩味体会，有着强烈的吸引力。南望普乐寺一带，群山逶迤，显得格外恬静，上接蓝天、白云，普乐寺显得非常凝重，如团团绿云的松树，簇拥着金光闪闪的旭光阁，有如精雕细作的盆景。北眺普宁寺，色彩斑驳，隐约于绿色的群山，宛如一幅挂起来的图画，令人品味不厌。

外八庙还利用高层建筑，解决借景问题，这也是最灵活的一种手段。每一座寺庙几乎都有一座主体建筑，它一般体量宏大，绝对高度比起周围建筑要大得多，而且一般是布置在全庙的最后部，雄踞高峻的地势。其本来的目的在于宣扬佛法至高无上的思想，但是，能工巧匠们却正好利用它解决借景问题。

普乐寺的主体建筑是阇城，三重高台，最上置旭光阁（类似北京天坛祈年殿的圆形建筑）。站在最高的第三重台上，放眼四望，四周景色尽收眼底。寺庙压抑束缚的感觉，顿然烟消云散。北望，安远庙整齐规矩的建筑体型，黑色的殿顶，在蓝天下显得格外凝重；远处的普宁寺，恰像线条清晰、刀法纯熟的雕刻，镶嵌在翠色的画屏上。西北望去，庙内松树挺拔舒展的枝桠，形成了自然的画窗，含着远处的普陀宗乘之庙和须弥福寿之庙，在烟云缭绕中显得更加深远、神秘。南望，僧冠山一带，白云缭绕，一片迷茫，正是我国古代绘画理论中所要求的迷远的境界。

安远庙的主体建筑普渡殿，是一座方形三层堂，外观采用了许多藏式盲窗，突出了它的特点。第三层除盲窗之外，还采用了汉式建筑的竖方窗形式，以便采光，这也恰好是借景的理想位置。它们正是景框，尽收周围风景。南望普乐寺，旭光阁金光闪烁，殿堂顶盖掩映于苍松间。北望普宁寺，倚依翠岭，色彩艳丽。西望须弥福寿之庙、普陀宗乘之庙，迷离于苍山、白云间。因为殿内光线不足，比较暗淡，殿外的风景显得格外清晰。由于人的视域受到限制，四周的风景都变成静态构图，如画帘挂于窗前，正是“景物难锁小牖通”。

普宁寺的建筑分成两部分，前半部布置在平地上，后半部耸立于十余米高的广台之上，主体建筑大乘之阁和许多藏式白台、喇嘛塔等就布置在上面，地势很高。当游人登越三角殿两侧近于壁立的台阶，再登临高耸的广台，很容易产生一种登泰山而小天下的喜悦、豪迈感。站在日殿的顶部，遥望避暑山庄一带，葱笼蓊郁，正不知多少引人入胜处。尤其是大乘之阁后平台的东侧，是欣赏磬锤峰一带风景的理想位置。这里是一个不太大的活动广场，游人经过许多攀登之后，可以在这里稍事休息，舒展一下情绪。松树遒劲伸展的枝叶，恰如天然的凉蓬，南望磬锤峰一带，别具一番情趣；起伏的群山凝然不动，磬锤峰也有如铁铸一般，显得格外稳重。或当细雨飘洒，群山才如波涛翻涌，而磬锤峰则如一只帆船，漂摇于波浪间。大乘之阁后的金刚殿，地势高峻，游人站在殿上，视野开阔，可以望得很远、很远。

须弥福寿之庙是利用了主体建筑大红台内群楼的平顶，解决借景问题的。它的高度在四围的其他建筑之上，四望视野极为开阔，给人以寥廓苍茫的豪迈感。东望磬锤峰挺拔天际，群山万里，安远庙、普乐寺各逞雄姿。南望避暑山庄，宫墙起伏，翠岭如屏。西望普陀宗乘之庙，雄踞山顶，犹如突起半天之中，建筑的错落变化，显得极为清晰，那强烈的节奏，很能叩动人的心弦。

普陀宗乘之庙由于本身所处的地势很高，借景之处更多，几乎每座建筑都可形成借景。主体建筑大红台坐落于整个建筑群的最后，置于一座小山丘的顶上，大有居高临下之势。它的正面可分成两部分：下部十七米多高，呈白色，俗称大白台。大白台之上才是大红台。大红台前有一个小型广场，可以眺望四围风景。当游人经过一番攀登，到达这里，放眼四望，苍茫无垠，无限风景尽在烟云中，会产生一种征服险峻的喜悦感。须弥福寿之庙的主殿“妙高庄严”，耀眼生辉，殿顶上八条鎏金铜龙，大有腾空欲飞之势。游人由大红台东侧的石级可达大红台内部，那里主殿“万法归一”的四周，原来也有群楼环绕，也是形成借景的重要位置，只是现在已毁，难以具体描述它的风最构图。

殊像寺风景的高潮在主体建筑“会乘殿”后，原来有“宝相阁”等建筑耸立于小山丘顶上，视野也非常开阔，可以借景普陀宗乘之庙、须弥福寿之庙及磬锤峰一带风景。

外八庙所以富于园林趣味，还有重要的一点，是把我国古代园林中堆叠假山的艺术，运用于寺庙建筑之中。普宁寺、须弥福寿之庙、普陀宗乘之庙、殊像寺的假山都极富园林的风趣。这些假山，就其思想性来说，是宗教建筑的一部分，宣扬宗教迷信思想的（在宗教意义上，这里的许多假山，都是象征须弥山的）。但从园林的角度来看，它们提高了寺庙建筑的风景价值，使之富于园林气息。在堆叠技术和艺术上，也有所创造，值得研究、借鉴。

这些假山共同的特点，都是因借自然地势，不是花费很大的人力、物力去强调假山本身的绝对高度。石料都是就地取材，而且与周围的建筑及自然环境妥贴结合，具有浓厚的自然风趣，形象都比较生动。

普宁寺大乘之阁后的假山，是利用了小山丘的自然地势，利用当地的青石叠成的。它没有一般园林中假山那种高峻挺拔的形象，而成散漫连绵的形式。它的顶部是平台，上置金刚殿。给人的感觉是稳重而又具波澜，很像自然的山岭。它利用大乘之阁，限制了前面的距离，使游人不得不在它面前仰视，从而利用游人的视觉错觉，加强了假山本身的高度，增加了气势。由于整个寺庙前半部都是比较均衡对称的格局，给人以严整的感觉，后半部，即大乘之阁周围的建筑布局，虽然有所变化，采取了错落布局的手法，给人以轻松感，但建筑的整齐几何线条，以及高大建筑给人造成的压抑感，仍然使人感到拘谨。假山则创造了一种轻松的气氛，再加上周围的借景，松树掩映，都使阴森的寺庙透进一股清新的气息。假山的堆叠不追求个别山石的奇巧，不追求“小趣”，而是着眼于总的形态构图和与周围建筑、自然环境的关系，并且布置了林木和攀缘植物，使之富于野趣。

须弥福寿之庙的假山别具风格。它是布置在碑亭后，借叠石而成广台，上建琉璃门。它强烈地显示了地形的变化，加强了建筑本身的感染力。它取材于当地的青石，这种石料多为波浪纹，宜于横置堆叠，给人以稳妥踏实的感觉。由于它适应建筑上的需要，顶部为平台，上置建筑，所以整个假山的艺术构图比较丰隆，而不是追求岩巉峻峭。在堆法上是含石于土，既省工省料，又比较自然，有如自然生成的一般。另外，在大红台的四周及吉祥法禧殿前后，都有散置的假山叠石，规模一般较小，意在点缀，而且紧密结合周围的建筑和自然环境。有的则是直接就自然山石整理而成。

普陀宗乘之庙的假山叠石，更接近于自然。在琉璃牌坊前，利用原有的土坡，叠石入土，砌成磴道，并栽植了许多树木，很有自然山林野趣。形象比较丰隆、朴实、自然。因为它主要用来作通道，并衬托建筑，所以本身的形象并不要求很突出。它并不是严格意义上的假山，可以看做一种叠石小品。大红台前的布置更有意思，只是把原来的自然山石略加整理，使之更加明显突出，并随处点缀几块山石，略作人工点缀，使原来的自然地形变化，更加明显，而这更加强了其自然情调。再加上树木的配置等手法，都使这一带充满了园林情趣。

殊像寺会乘殿后的假山，规模宏大，气势磅礴，形象生动，在古代园林的假山中，可算佼佼者。它是利用了一个自然的小山丘，人工进行叠石堆砌，给人的感觉，有如天造地设一般。它所用的山石是当地所产黄石。这种石头纹理纵横、古拙，假山的堆叠，成巉岩峻峭之势，合乎我国古代绘画理论中高远、深远的要求。由于石质坚硬，纵横合于皴法，运用了许多大块山石，使之突出飞翘，给人一种全体飞动之感。它利用了会乘殿限制了前面的距离，逼使游人在它面前仰视，给人的感觉异常高峻。下面布置了许多洞府，并有曲折的磴道，增加了幽趣。这可以说是利用自然山丘堆叠假山比较成功的一例，加强了殊像寺的园林趣味。

外八庙在树木配置、庭院布置等方面，也广泛吸收了古代园林的艺术手法，增强了寺庙的园林气氛。外八庙的树木，几乎毫无例外地以松树为主调。这有力地突出了地方特点，并很自然地与山庄和周围的自然环境谐调起来。而且四季不衰的绿叶，恰与外八庙金碧辉煌的建筑色彩相补衬。它那高大挺直的树干，正好烘托寺庙的高大的建筑体形。在栽植方法上，采取灵活散植，每棵古松都经过深思熟虑的选择位置，使之不影响建筑本身的外观，使人从远处的任何一个角度看去，它们与寺庙的主体建筑都呈烘托之势，强调和突出了主体建筑，形成很美的风景构图。在树形上，一般都保持松树本身所固有的高大挺直的形象，但不千篇一律，也因艺术构图的需要而灵活变通。普陀宗乘之庙大红台前比较广阔的一片建筑空白，林木稀疏。但这几株古松大都经过人工整理树形。有的呈自然倾斜之势，有的则自然曲折，它们那曲折变化的身影，丰富了大白台本身的几何图形的外观。同时，经过人工整理的树冠，也如绿云浮空，使蓝色的天幕，增添了几幅图案。

在庭院的布置等方面，外八庙也吸取了我国古代造园艺术的一些手法，加强了寺庙的园林气氛。讲求具体建筑物之间的对景；利用小中见大的手法，扩大空间；道路的安排曲折起伏，并且讲求眼前对景，令游人步移景异，不断产生新发现的惊喜感。形式有砖石路、土路、石砌磴道等多种变化；利用花草或在假山上布置攀缘植物，增加生活气息。普陀宗乘之庙、须弥福寿之庙都在较大的建筑空白区，保留了较已大面积的自然地貌，这使寺庙与周围的地形和自然环境妥切结合，在渲染自然风采方面起了重要作用。

外八庙正是利用了许多园林手法，把许多庙宇和避暑山庄造成了一个宏伟的空间艺术整体，同时使寺庙园林化。

（据文物出版社 1989 年版单行本修订）

我国统一多民族国家巩固与发展的历史见证

北京东北二百多公里、出古北口不远，在层层叠叠山峦环抱的承德市，有两组规模宏大的古建筑群。这就是避暑山庄和外八庙。两个世纪以前，即清初的康熙和乾隆时期，这里曾经是清朝政府的第二个政治中心，演出过许许多多有声有色的历史场面。这些古建筑以及其中保存的许多碑刻和文物，具有重大的历史价值，是我国统一多民族国家巩固与发展的重要历史见证和实物记录。

一

避暑山庄，又名热河行宫，当地人也称为离宫。它占地达560万平方米，包括宫殿区、湖区、平原区、山区四个部分。始建于清康熙四十二年（1703），建成于乾隆五十五年（1790），历时87年。

为什么康熙要选择长城以北的承德这个地方，投下这么大的力量，兴建自己的第二个政治中心？这个问题，必须根据当时清朝政治形势的客观需要来进行分析，必须联系我国统一多民族国家巩固和发展的历史背景来进行考察。

毛主席指出："中国是一个由多数民族结合而成的拥有广大人口的国家"，"从很早的古代起，我们中华民族的祖先就劳动、生息，繁殖在这块广大的土地之上。"[①]长期以来，我国各族人民之间，不断发展着政治交往和经济、文化联系。尽管在历史上有时也出现过分裂和割据，但统一始终是历史发展的主流。到了17世纪和18世纪，各族人民之间的这种联系和交往更加密切了。巩固和加强国家的统一，这是历史发展的必然趋势，也是各族人民共同的迫切愿望。

就在这个时候，我国北方漫长的边境线上却升起了一片令人不安的乌云。野心勃勃的沙俄侵略势力在16世纪末越过乌拉尔山脉向东推进后，到17世纪中叶就把魔爪开始插入我国的神圣领土——黑龙江、蒙古、新疆等地区。他们在东西伯利亚先后建立了雅库茨克、伊尔库茨克等重要侵略据点后，就不断派出由哥萨克头目率领的几十人、百余人或几百人的武装队伍，侵入我国的黑龙江流域。他们到处横行霸道，任意杀戮居民，奸淫妇女，抢劫粮食和皮毛，“以致于阿穆尔河（指黑龙江）上的居民，仅仅提到‘哥萨克来了’，便足够使他们在脑海里浮现出一幅酷刑、诱拐、死亡和吃人生番的图景”[②]，给我国东北的少数民族带来极大的灾难。他们在新侵占的地区，加紧建立起一个又一个的武装城堡，包括雅克萨这样的重要据点，作为他们发动新的侵略活动的基地。他们还采用虚声恫吓、重金贿买等方式，拉拢我国少数民族中极少数上层分子，从事分裂和颠覆活动。

在严重的侵略威胁面前，统一才有力量，分裂就会灭亡。客观形势更迫切地把巩固和加强我国统一多民族国家这个问题提到了历史的议事日程上来。

康熙对出现在北方边境的严重危险是十分焦虑的。用他自己的话来说，就是：“罗刹（指沙俄）扰我黑龙江、松花江一带三十余年”，“不速加翦除，恐边徼之民不获宁息。朕自十三岁亲政，即留意于此。”[③]但是，就在他亲政后不久，南方发生了以吴三桂为首的分裂割据势力的大规模叛乱。反叛势力在一段时间内席卷了南部一些省份，构成对国家统一的严重威胁。康熙不能不首先集中力量解决南方的问题。到康熙十五年（1676）末，南方的战局发生了重大的变化，清军在军事上取得了优势，转入全线进攻。于是，康熙立刻把一部分注意力开始转向他焦虑已久的北方。

翻开《钦定热河志》就可以看到，正是从南方战局基本扭转的第二年——康熙十六年（1677）开始，康熙每年都要从北京出发，出古北口或喜峰口，巡视长城以北的我国北方地区。这种定期的北上巡视，在那以后的四十五年中，除了康熙三十五年（1696年，康熙亲率大军，远出漠北，追击噶尔丹）外，每年都要进行，终康熙的一生没有停止过。这就是康熙在古北口外的承德建立避暑山庄的由来。

康熙二十年（1681），吴三桂发动的叛乱完全平定了。第二年，清朝政府就认真总结了北疆边防的教训。接着，就两次发动了雅克萨反击战，收复了被沙俄侵占的部分领土。终于在康熙二十八年（1689）经过双方平等协商，并由中国政府作了让步后，同沙俄签订了《尼布楚条约》，从法律上确定了中俄两国东段的边界。

但是，永无止歇的扩张野心是沙皇俄国对外政策的一个坚持不变的重要特点。《尼布楚条约》的签订没有也不可能使沙俄侵略势力就此止步。正如马克思所指出："俄国的政策并没有改变。它的方法、它的策略、它的手段可能改变，但是这一政策的主旨——世界霸权是不会改变的。"[④]它们对中国的侵略活动在东段被暂时遏制了，就把重点转向中段和西段的蒙古、新疆地区。在侵略活动的方式上，也更多地从背后施展收买拉拢、策动叛乱等阴谋手段，同我国少数民族中一些分裂割据势力相勾结。这种分裂割据势力的重要代表，就是准噶尔的首领噶尔丹。

准噶尔，是我国蒙古族厄鲁特四部之一，原居我国新疆北部的巴尔喀什湖以东、天山以北一带。厄鲁特蒙古在明代称为瓦剌。瓦剌首领在永乐年间就接受了明朝的顺宁王、贤义王、安乐王等封爵。瓦剌各部经常地派遣使臣、商人来到中原地区，携带大量马匹、玉石等，换取中原地区的丝绸、粮食、铁器等，络绎道途，岁岁不绝。汉族和准噶尔族人民之间的经济、文化联系和相互依赖，又有了进一步的发展。到了清代，这种关系也没有改变。沙俄势力渗入新疆地区后，竭力挑拨汉族和准噶尔族之间的关系。康熙七年（1668），沙俄直接向准噶尔供应武器。康熙十六年（1677），准噶尔部首领噶尔丹就自称为汗，实行割据，并且暗结掌握西藏政教权力的第巴桑杰，发动武装叛乱，先后攻占青海地区和新疆南部的维吾尔族地区，对当地人民实行残酷的政治压迫和经济剥削。当康熙同沙俄军队在黑龙江流域对峙时，噶尔丹又率部倾巢而出，横冲直撞地大举侵入喀尔喀蒙古。《尼布楚条约》签订的第二年（1690），他率兵两万自呼伦池南下，扬言联合沙俄军队进攻北京。康熙严厉警告当时在北京的沙俄使节：如果沙俄要出兵帮助噶尔丹，"是负信誓而开兵端也"[⑤]。同时，立即举兵迎击。在离古北口二百多公里的乌兰布通，经过激烈的战斗，将噶尔丹部先头部队击破。次年，沙俄又派了大贵族的儿子马特维·尤金到噶尔丹处联络。噶尔丹也积极地同沙俄相勾结。这就进一步暴露出噶尔丹里通外国、妄图破坏祖国统一的祸心。康熙三十五年（1696），康熙亲率大军十万人，分三路北上，大败噶尔丹于昭莫多。准噶尔族人民对噶尔丹的不满也日益增强。第二年（1697），康熙再次亲征噶尔丹。噶尔丹众叛亲离，走投无路，被迫服毒自杀。

事实很清楚，来自北方的沙俄侵略的严重威胁并没有消除。为了抵御沙俄的侵略，关键的问题是要在内部巩固我们多民族国家的统一。这就是康熙在承德兴建避暑山庄的直接的政治背景。离开这个政治背景，就不可能正确理解康熙兴建避暑山庄的原因所在。

康熙平定噶尔丹叛乱后第六年（1703），承德避暑山庄开始兴修。从这时起，康熙每年都有将近一半的时间住在这里，通常是五月来承德，九月回北京。他每次来，都带领大批军队围猎比武，实际上是一次大规模的军事演习。同时，每年指定蒙古族王公轮班陪同打猎。在避暑山庄建立了很大的赛马场，经常组织摔跤等蒙古族喜爱的节目。每年还举行盛大的宴会，给予蒙古族王公大量的赏赐。康熙这一系列措施，就在于力求对蒙古王公达到“恩益深而情益联”[⑥]的目的。

避暑山庄的这种政治作用，乾隆在《避暑山庄百韵诗》的序言中有一段话讲得很清楚。他说：“我皇祖（指康熙）建此山庄于塞外，非为一己之豫游，盖贻万世之缔构也。”他解释道：“使诚以游冶为尚，即深居九重，厌见百辟，恣声色，怠政事，谁其禁之？而必往来沙塞，风尘有所不避，饮食或致不时，以是为乐，固未见其乐也。”当然，乾隆这样说，是在美化他们自己，但从中也反映出康熙之所以在长城以北的承德建立这所行宫，不只是为了游乐，主要的还是为了达到一个政治目的，即为了“合内外之心，成巩固之业”[⑦]。他们说的“合内外之心”，就是要联络国内各民族，以“合”朝廷“内外之心”。他们说的“成巩固之业”，当然是要巩固清朝中央政府对全国的政治统治，而这在客观上也就是要完成巩固和加强统一多民族国家这个事业。这样做，直接的重要政治目的是抵御沙俄对我国北部边疆的侵略。用他们的话来说，就是“施恩于喀尔喀，使之防备朔方”[⑧]。这对巩固国内的统一、抵御外来的侵略，无疑收到了积极的效果。

二

康熙制订并推行的巩固国内统一、抵御外来侵略的政策，在他以后的一段时间内（主要是乾隆的前期），继续得到了贯彻。康熙死后，雍正继位。雍正在位的十三年间，由于统治集团内部的矛盾十分激烈，一次也没有到过承德。乾隆是雍正的儿子，在乾隆统治时期，清王朝经历了由盛到衰的巨大转折。但是，在巩固和发展统一多民族国家这一点上。乾隆还是有过一些积极的作为的。从乾隆六年（1741）起，他又像康熙那样每年有四五个月住在承德。

当时，我国统一的主要威胁，依然来自北方的沙俄侵略势力以及与沙俄勾结的准噶尔部少数坚持分裂的上层贵族。18世纪初，沙俄就派出以布赫哥列兹中校为头目的侵略军，妄图侵占从额尔齐斯河上游直至叶尔羌的我国新疆广大地区。20年代初盛传叶尔羌发现丰富的金矿，这更引起了沙俄的贪涎。沙俄派遣了翁科夫斯基大尉到准噶尔地区进行分裂活动。到40年代，沙俄抽调由金杰尔曼少将指挥的两个步兵团和三个骑兵团推进到额尔齐斯河一带，并建立了这个地区俄军的指挥所。我国的西北边境上，出现了剑拔弩张的紧张局势。同时，准噶尔部搞分裂的上层贵族也不断发动叛乱，把势力伸入青海、西藏等地区，构成对祖国统一的严重威胁。

18世纪50年代，准噶尔上层贵族内部发生了争夺汗位的斗争。经过长期混战，达瓦齐攫取了准噶尔部的统治权。被击败的上层贵族阿睦尔撒纳率部二万余人归来，表示服从清朝中央政府。乾隆十九年（1754），阿睦尔撒纳来到承德，觐见乾隆。乾隆看到这是平定准噶尔之乱的有利时机，就下决心在第二年两路出兵，偕同阿睦尔撒纳等部，长途奔袭达瓦齐盘踞的中心——伊犁。由于新疆各族人民，包括准噶尔族人民在内，十分不满准噶尔上层贵族的分裂活动，坚决反对沙俄对新疆地区的侵略，迫切地要求统一，所以，这次出兵进展十分顺利，一举平定了准噶尔。叛乱一平定，乾隆就在承德避暑山庄大宴厄鲁特蒙古四部（准噶尔、都尔伯特、辉特、和硕特）。由于厄鲁特四部都信奉喇嘛教（即藏传佛教），就“依西藏三摩耶庙之式”⑨在避暑山庄东北兴建了普宁寺（俗称大佛寺），其大乘之阁内置有高达22.28米的木雕千手千眼菩萨像。并在寺内立了满、汉、蒙、藏四种文字书写的《平定准噶尔勒铭伊犁之碑》，以纪其事。

阿睦尔撒纳同样是一个野心家。在他的政敌达瓦齐被打败后，他的分裂阴谋就逐渐暴露出来。“辄隐以汗自处，……生杀任意，置副将军印不用”。加之，沙俄同他暗中勾结，沙俄政府又下令西伯利亚省督米亚特列弗增兵中俄边境。清朝政府觉察了他们的阴谋，又在乾隆二十三年（1758）迅速决策出兵，平定了阿睦尔撒纳的叛乱。沙皇政府这时抛开伪装，在接受所谓厄鲁特部“难民”的旗号下，公然接受并庇护包括阿睦尔撒纳本人在内的叛乱分子。清政府多次向沙俄交涉，要求引渡，沙俄却竭力抵赖。沙皇还召开御前会议，决定继续增兵中俄边境。但是，由于沙俄当时正卷入对普鲁士的七年战争，无法抽调更多的兵力到东方来，不久阿睦尔撒纳又病死，沙俄才把阿睦尔撒纳的尸体交了出来。准噶尔部上层贵族的分裂活动，这时方告结束。在普宁寺里，现在还有着另一块用满、汉、蒙、藏四种文字书写的《平定准噶尔后勒铭伊犁之碑》，记录了这次平定准噶尔的经过。这次战争，对保卫我国西部和北部领土，遏制沙俄侵略，具有重要意义。

准噶尔平定后，中俄边境的紧张局势并没有缓和下来。沙俄政府一面拒绝交出逃入沙俄境内的其他分裂分子，一面在中俄边境加紧修筑碉堡，并继续派人到居住在准噶尔部相邻地区的我国哈萨克族中策划分裂活动。野心勃勃的沙皇叶卡特林娜二世上台后，又密令边疆官员千方百计贿买蒙古王公，寻找机会侵犯中国。沙俄军队不断在中国的蒙古、黑龙江边境制造事件，杀害我国驻卡官兵。这种紧张局势的发展，直接导致了乾隆二十七年（1762）中俄恰克图贸易的中断。二十九年（1764）沙皇又召开御前会议，讨论中俄边境问题，决定不仅要增加西西伯利亚的兵力，并且要增加东西伯利亚的兵力，威胁我国的黑龙江和蒙古地区。

中俄边境紧张局势的不断发展和沙皇俄国在我国少数民族中策划的分裂活动，不能不引起清朝政府对北方边境安全的极大关注。正是在这种政治局势下，乾隆在二十九年（1764）下令，仿照阿睦尔撒纳叛乱时焚毁的准噶尔地区最大的喇嘛庙——固尔札庙的原状，在承德兴建安远庙（俗称伊犁庙），供当时迁居承德的一部分准噶尔部众以及每年夏季来到承德的少数民族上层人物从事宗教活动。乾隆三十一年（1766），为了供当时历年都要到承德朝见清朝皇帝的哈萨克、布鲁特等族上层人物瞻仰，又在安远庙旁建立了普乐寺（俗称圆亭子）。普乐寺建造的历史事实，说明当时我国哈萨克、布鲁特等族同中央政府的密切关系，也生动地证明了中国的西部边界原来是在巴尔喀什湖。

从康熙到乾隆这一系列平定准噶尔上层分子叛乱、遏制沙俄侵略的重大政治行动，有力地促进了我国统一多民族国家的巩固，加强了国内各民族对中央政府的向心力。就在准噶尔平定以后不久，内蒙、喀尔喀、青海等地的蒙古、维吾尔等族上层人物齐集承德，祝贺乾隆的六十寿辰和他母亲的八十寿辰。这样多地区的少数民族上层人物在同一个时候齐集一地朝见中央的皇帝，确是历史上的一件盛事，象征着我们祖国的统一。清朝政府对这件事十分重视。从乾隆三十二年（1767）至三十六年（1771），用了整整四年时间，仿照当时全国喇嘛教的中心——西藏拉萨的布达拉宫，在承德建造了规模宏伟、占地达二十二万平方米的普陀宗乘之庙（俗称小布达拉宫）。

正当普陀宗乘之庙落成的时候，刚从沙俄率众返回祖国的土尔扈特部首领渥巴锡来到承德，朝见乾隆。土尔扈特部本来也是我国新疆北部的蒙古族的一部分，明崇祯三年（1630）时，由于内部矛盾，远牧伏尔加河流域。可是，他们并没有在那里找到“乐园”。“沙皇专制制度同欧洲和亚洲的邻国比较，又是最反动最野蛮的国家制度。”[11]沙皇政权对土尔扈特部长期实行歧视，“时加欺凌”[12]，进行残酷的政治压迫、经济剥削，使土尔扈特部忍无可忍。康熙曾派遣图理琛远道前往探望土尔扈特部。到乾隆中期，“俄罗斯察罕汗（即沙皇）屡征土尔扈特兵与邻国战，败绩，土尔扈特部众死者七八万人。察罕汗思雪其耻，复征兵于土尔扈特，土尔扈特诸部落人人忧惧”[13]。于是，土尔扈特部决计全部返回祖国。在渥巴锡汗率领下于乾隆三十五年（1770）十一月，从伏尔加河流域出发，历时八个月，行程万余里，忍受了巨大的牺牲，终于在乾隆三十六年（1771）六月全部回到祖国。出发时“户凡三万三千有奇，口十六万九千有奇。其至伊犁者，仅以半计”。渥巴锡汗向乾隆报告了艰苦悲壮的返国经历，“并献其先世所受永乐八年汉篆封爵玉印一颗”。乾隆对土尔扈特部首领渥巴锡来到承德十分高兴，就命渥巴锡等随同前往普陀宗乘之庙瞻礼，并在庙内立了《土尔扈特全部归顺记》、《优恤土尔扈特部众记》两块以满、汉、蒙、藏四种文字书写的巨型石碑。土尔扈特部人民历尽千难万险返回祖国，这件事有力地反映了我国各族人民是坚决反对异族压迫、坚持祖国统一的爱国精神。

过了几年，后藏的政教首领六世班禅也远经二万里，来到承德，向乾隆祝贺七十寿辰。由于六世班禅是全国喇嘛教的重要首领，他到承德朝见中央皇帝这件事，在各蒙古族上层人物中产生了巨大的影响，“一闻其来，无不欢欣舞蹈，欲执役供奉”[14]。乾隆对六世班禅前来的政治作用也十分重视，“诏仿后藏札什伦布式，建须弥福寿之庙于热河”[15]，供六世班禅居住，反映了西藏地方和中央政府的密切关系。在这以后，清朝政府又通过颁布《西藏章程二十九条》、设置“金奔巴瓶”、提高驻藏大臣职权、保卫西藏地方安全等措施，进一步加强了中央政府对西藏地方的管辖。

综观承德外八庙兴建的漫长过程，可以清楚地看到：清朝政府所以要在承德大兴土木，兴建这么多寺庙，宗教只是它所利用的一种手段，真正的目的还是为了巩固国家的统一。那时候，喇嘛教在我国蒙古、西藏、青海以及新疆北部等大片的少数民族地区在政治和思想上都占有支配的地位。上层喇嘛不仅在精神领域内具有巨大的影响，在经济上拥有很多的土地和财产，并且直接操纵着许多少数民族地区的地方政权。西藏的达赖、班禅，不仅是宗教首领，并且是当时西藏地区政治上的统治者。喀尔喀、内蒙、北疆等蒙古族地区的喇嘛教，在政治事务中也具有重要的影响。乾隆采取“因其教，不易其俗”[16]、“以俗习为治”[17]的政策，把喇嘛教颁布为国教。所谓“兴黄教，即所以安众蒙古，所系非小，故不可不保护之”[18]，表明他的大修喇嘛庙，无非是为了顺应各少数民族（特别是蒙古族）上层人物的宗教信仰，使之倾心于中央政府，“俾满所欲，无二心焉”[19]。这在当时的历史条件下，对我国统一多民族国家的巩固和加强，对遏制沙俄对我国边疆地区的侵略和渗透，是有着重大的积极意义的。

就是这样，避暑山庄和外八庙，这两组古代建筑群，记录了清代初期我国统一多民族国家巩固发展的历史，以及当时我国各族人民同沙俄侵略者反复斗争的历史，成了祖国统一的极为重要的历史见证。同时，又利用“移天缩地入君怀”，风景构图、建筑形象等艺术手法，将这些历史化为引人入胜的景观，使避暑山庄成为我国大好河山的象征。它的湖区，宛如祖国江南秀丽的水乡；绿草如茵的试马埭，具有我国草原风光的特色；古木参天的万树园，使人联想起大兴安岭莽莽的森林；从离宫山顶远望普陀宗乘之庙、须弥福寿之庙，就像看到了祖国的西藏；看到安远庙，就像看到了祖国的新疆。外八庙吸收了我国各民族的建筑特点，有着很高的科学和艺术价值。例如，普陀宗乘之庙和须弥福寿之庙，因山就势，显得十分雄伟壮观。这两组规模宏大的建筑群都吸收了藏、汉两族的不同的建筑手法，融合在一起，表现了藏族地区和汉族地区文化、技术的交流。

我们肯定承德避暑山庄和外八庙的巨大历史价值，“是给历史以一定的科学的地位，是尊重历史的辩证法的发展，而不是颂古非今，不是赞扬任何封建的毒素”。

三

清初我国各族人民抵抗沙俄侵略的历史事实证明：统一多民族国家的巩固和发展，对抵抗外来侵略，有着十分重大的意义。外来的侵略者总是千方百计地挑拨我们的民族关系，从事民族分裂活动，以便他们各个击破，达到“分而治之”的目的。在这样的共同敌人面前，只有坚决地维护国家的统一，共同反对外来侵略者，才能形成一股巨大的难以摧毁的力量，有力地打击侵略者，保卫我们民族的生存。同时，在这种形势下，也只有同外来侵略者进行坚决的斗争，沉重地打击他们的侵略活动，粉碎他们的分裂阴谋，才能使我们的统一多民族国家得到巩固和发展。这是一条重要的历史经验。

我国统一多民族国家的形成、巩固和发展，有着十分深厚的历史基础。长期以来，我国各族人民，就在中国的领土上劳动着、生息着、发展着。各民族人民之间有着长期的密切的经济文化的联系。边疆地区的少数民族需要汉族地区的粮食、茶叶、食盐、铁器、布帛和其他生活用品。汉族地区则需要少数民族地区的马匹、牛羊、皮毛、药材等。各族之间有着历史悠久的、密切的贸易往来。此外，在遭遇自然灾害的袭击或其他事件时，许多草原上的游牧民族曾经一次又一次地向南方农业地区靠近。而农业区的汉族农民，每当在残酷的封建压迫下无法生活下去的时候，也常常渡关出塞，投奔到少数民族聚居的草原地区和山区去从事农垦。因此出现了许多大面积的民族杂居的地区。各族人民在千百年的经济联系和文化交流的过程中，相互影响，彼此接近，促进了政治上的统一。中国之所以成为一个统一多民族国家，从根本上说，正是各族人民千百年来政治上、经济上和文化上紧密联系发展的结果。清代初期，康熙、乾隆之所以能够对于统一多民族国家的巩固做出积极的贡献，就是因为他们在这个问题上适应了历史发展的客观要求。自然，康熙也好，乾隆也好，他们毕竟都是封建地主阶级的统治者。他们对各族的广大劳动人民来说是统治者和压迫者，特别当国内的阶级矛盾逐步上升、逐步激化、发展到从根本上威胁他们的封建统治时，他们就会把镇压国内劳动人民斗争的问题提到首位，而对外软弱妥协。乾隆时，清朝的统治已经一步一步地走向下坡。国内的状况有如《红楼梦》中的冷子兴所说：“如今外面的架子虽没很倒，内囊却也尽上来了。”到他的晚年，国内的阶级矛盾已经日趋激化。就在他让位给他的儿子嘉庆、自己去当太上皇的那年，规模巨大的川楚白莲教大起义爆发了。在普陀宗乘之庙里留有一块匾，上面有乾隆在嘉庆二年（1797）所作的一首诗，注里写道：本来他“每岁驻跸山庄，时往（外八庙）瞻礼。近因盼望军营捷报，心绪焦劳，久未瓣香申礼”。这时，他日夜“焦劳”的首要问题，已是如何镇压农民大起义，别的事情显然都顾不上了。又过了六十多年，到了嘉庆的孙子咸丰统治的时期，中国已进入半殖民地半封建社会。帝国主义的侵入，加深了我国各族人民的苦难。而这时的清朝政府已成为对外投降卖国的政府。咸丰十年（1860），英法联军曾经攻占北京。咸丰以“坐镇京北”为名，逃往承德。并且就在承德，在沙俄强迫下同意签订了《中俄北京条约》，连同两年前被强迫签订的《中俄瑷珲条约》，共把中国东北一百万平方公里的土地割让给了沙俄。承德，是沙皇强迫签订一系列不平等条约的地方，又是清朝政府可耻的卖国投降行为的历史见证。

我们一定要重视避暑山庄和外八庙这个重要的历史见证，借以认真地研究我国统一多民族国家巩固和发展的历史经验，加强全国各族人民的大团结，以争取更大的胜利。

注释：

①毛泽东：《中国革命和中国共产党》。

②戈耳德：《一六四一——一八五〇年俄国在太平洋上的扩张》，1914 年克利夫兰版，第 40 页。

③《平定罗刹方略》卷 2。

④马克思：《1867 年 1 月 22 日在伦敦纪念波兰起义大会上的演说》，《马克思恩格斯全集》第 16 卷，第 226 页。

⑤《清实录》康熙朝，卷 146。

⑥《热河志》卷 20。

⑦《热河志》卷 79。

⑧《东华录》康熙朝，卷 47。

⑨乾隆：《普宁寺碑文》，碑藏承德普宁寺。

⑩赵翼：《皇朝武功纪盛》卷 3。

⑪列宁：《1913 年俄国社会民主工党中央委员会夏季会议的决议》，《列宁全集》第 19 卷，第 427 集。

⑫昭梿：《啸亭杂录》卷1。

⑬何秋涛：《朔方备乘》卷38。

⑭《热河志》卷24。

⑮魏源：《圣武记》卷5。

⑯⑲乾隆：《普乐寺碑文》，碑藏承德普乐寺。

⑰《承德府志》卷19。

⑱乾隆：《喇嘛说》，碑存北京雍和宫。

（原载《文物》1974年第12期）

再论避暑山庄的历史价值

避暑山庄作为著名的旅游胜地，吸引了一批又一批国内外游客，赢得了不同肤色、不同服饰，和操不同语言的人们的共同赞美；作为国家重点文物保护单位，它的重要历史价值，也被越来越多的人所认识，所理解，所重视。笔者1974年写过一篇文章，着重从“我国统一多民族国家巩固和发展的历史见证”和“清代的第二个政治中心”两个方面，论述了避暑山庄的重要历史价值①。当时，对加强避暑山庄和外八庙的维修、保护，起到了一定的推动作用。但是，现在看来，这已经不够了，需要补充和修订。于是，以此“再论”塞责。

首先需要说明的是，本文以“避暑山庄”命题，是为了行文的简便，实际研究内容，除避暑山庄外，还包括外八庙、木兰围场、古北口外其他行宫等，可以说是广义上的“避暑山庄”。这算几句“开篇”，下面归入正题。

一、清代古北口外最大的避暑行宫，现存规模最大的皇家园林

历代皇帝为满足政治和游乐的需要，都曾大量修建行宫。清代也是如此。崛起于北方的辽、金统治者，游牧、射猎，随季候迁徙，即所谓“秋冬违寒，春夏避暑”，有四时“纳钵”。清朝统治者受这种遗风影响，除在中原和江南风景名胜区建造数量众多的行宫外，更花费大量人力、物力，在东北和古北口外，建立了数处围场和许多行宫。其中，木兰围场是规模最大的围场，避暑山庄则是古北口外最大的避暑行宫。

康熙二十二年（1683）在避暑山庄以北约300里建立木兰围场之后，由京师至木兰围场沿途逐步建立了许多行宫，至乾隆时，建造的行宫，多达20余座：汤山行宫（属昌平洲），王家店（又名山峡店）、南后槽行宫（均属顺义县），祗园寺行宫（属怀柔县），刘家店、罗家桥、要亭（又名瑶亭、姚汀）行宫及南天门御书房（均属密云县），巴克什营、两间房、

常山峪、王家营、喀喇河屯行宫（均属滦平县）；此外，避暑山庄以东、以北，至木兰围场，尚有钓鱼台、黄土坎、中关、什巴尔台、波罗河屯、张三营、济尔哈朗图、阿穆呼朗图八处行宫。

康熙四十二年（1703），清朝开始投入大量人力、物力，在原来“热河上营行宫”的基础上，大事扩建，至康熙四十七年（1708）正式建成了规模颇大的“热河行宫”，以后又陆续扩建和改造，至康熙五十年（1711）题写了“避暑山庄”匾额，基本上奠定了现存园林的布局。乾隆执政时期，继续进行了大规模的改造和扩建，增添了大量新景点和新建筑，至乾隆五十七年（1792），才全部完成避暑山庄的主要建筑工程。可以说，避暑山庄是清王朝用了近一个世纪的时间，刻意经营而成的一座大型皇家园林。

避暑山庄占地560万余平方米（约8400亩），周长20华里。它的整体布局，很有些像祖国地理的模拟沙盘。造园家巧妙地利用园林手法，把不同民族居住地区的自然风貌和具有代表性的建筑，组织在一个宏伟的艺术空间，从而使它成为清代前期统一多民族国家的艺术象征。

它的规模，不仅比古北口外的其他行宫要大得多，而且比北京的清朝皇家三山五园也要大。三山五园中规模最大的是圆明园，占地约5,200亩（与附园长春园、万春园合在一起周长20余华里，大体与避暑山庄相等），比避暑山庄稍逊一筹，而另一大园颐和园，占地面积约为避暑山庄的三分之一。从这个意义上可以说，避暑山庄是清代最大的皇家园林。

我国的古代园林，北宋以前，以中原地区最为发达，南宋以后，以江南地区最盛。到了清代，园林的中心转移到北方，并且以帝王园林为突出代表，而其中的佼佼者，是北京的圆明园和承德的避暑山庄。由于圆明园在1860年被英、法联军野蛮焚毁，避暑山庄就更加显得珍贵，为举世瞩目了。

二、清朝训练军队、抚绥蒙古的重要场所

清朝皇帝每年到避暑山庄避暑，都要率领数万军队，到木兰围场狩猎，借以训练军队。

乾隆曾追述说：“我皇祖（指康熙）建此山庄于塞外，非为一己之豫游，盖贻万世之缔构也”，他是把避暑山庄和政权的巩固、国家的安危联

系起来的。他解释说："且也，三代以上无论矣，三代以下享国最久者，莫如汉、唐、宋、明，然四姓皆一再世而变乱生焉，是岂天心之怠眷，亦人事之偷惰实致之。我皇祖有鉴于此，故自三逆底定之后，即不敢以逸豫为念，巡猎之典，或一岁而二三举行，轻财劳众之论，夫岂不虑？然而凛天戒，鉴前车，察民瘼，备边防，合内外之心，成巩固之业，习劳苦之役，惩晏安之怀，所全者大，则其小者有不必恤矣。使诚以游冶是尚，即深居九重，厌见百辟，恣声色，怠政事，谁其禁之？而必往来沙塞，风尘有所不避，饮食或致不同，以是为乐，固未见其乐也。"②

在这里，乾隆不免有为自己和康熙游乐辩解的狡猾之笔，但是，也应该承认，他确实道出了内心的隐忧。清朝入关之前，满洲贵族统治了东北地区以后，安享尊荣、贪图富贵的情绪即不断滋长。对此，皇太极已经表示了极大担心，他要求八旗贵族坚持骑射，发扬勇敢战斗精神③。清朝入主中原后，满洲贵族、八旗军队迅速腐化，战斗力明显下降，这不能不引起统治集团中有识之士的深切担忧。

康熙时建立木兰围场之后，即经常率领王公贵族和大批军队，出口行围，"诸皇子、皇孙毕从，俾习劳也"④。同时，举行大规模军事演习，以训练军队，"巡狩从来寓习军，何妨小试善将将"⑤。康熙辞世前，在总结自己一生的经验时指出："从前曾有以朕每年出口行围劳苦军士条奏者，不知国家承平日久，岂可遂忘武备？"⑥

康熙说得比较委婉，乾隆则讲的比较直率，他训谕八旗贵族说："在昔时，无论长幼，争相奋励，皆以行兵出猎为喜，尔时仆从甚少，各牧马披鞍，析薪自爨，如此艰苦，尚各为主效力，国势日隆，非由此劳瘁而致乎？今子弟遇行兵出猎，或言妻子有疾，或以家事为辞者多矣。不思勇往奋发，而唯耽恋室家，偷安习玩，国势能无衰乎？此等流弊，有关于满洲风气，是以蒙太宗皇帝谆切训谕。"⑦乾隆六年（1741），他首举木兰之典时，再次重申："皇祖每年出口行围，于军伍最为有益，而纪纲整饬，政事悉举，原与在京无异。至巡行口外，按历蒙古诸藩，加之恩意，因此寓怀远之略，所关甚钜。"⑧在他的晚年，还写诗谆谆告诫子孙们，牢记这一点："儿孙须听殷勤语，莫忘家风此意深。"⑨

"敢图逸豫忘深意，亦为柔怀恤远人"⑩；"秋搜意寓圣人深，无逸诘戒联众心"⑪——乾隆的这些诗句，说明清朝皇帝每年到热河行宫避暑和木兰秋狝，还有一个重要的政治目的，就是利用"恩威并济"的手段，密切同少数民族王公贵族的联系，特别是进一步密切同蒙古王公贵族的联系。

清朝入关以前，就利用联姻等手段，与蒙古王公贵族结成了政治联盟。清朝入主中原，在一定意义上说，是借助了蒙古骑兵的力量，蒙古王公贵族成了清中央政权的重要支柱和基础。另一方面，蒙古贵族曾建立元朝，夺取全国政权，后来，又对明王朝造成严重威胁，这些，让清朝统治者的内心深处，不时掠过忧虑的阴影。清代前期，蒙古各部又处于反击沙俄侵略的最前线。这诸多因素，使清朝统治者形成了一种认识，即能否搞好同蒙古王公贵族的关系，直接影响到政权的稳固与否，所以，对此极为重视。避暑山庄和木兰围场，正是清朝抚绥蒙古王公贵族的重要场所。

蒙古王公贵族分成“年班”，每年轮流到避暑山庄朝见皇帝，这正迎合了他们畏痘怕热的心理和习惯。对此，乾隆曾解释说：“国家承天命，抚有中外，于古未有之地，尽入版图，未服之国，尽受封爵。而四十八旗诸部落，屏蔽塞外，恭顺有加。每岁入朝，锡赉燕飨，厥有常典。但其人有未出痘者，以进塞为惧，延颈举踵，以望天御之临。觐光饮德之念，有固然也。我皇祖俯从其愿，岁避暑于此，鳞集仰流而来者，无不满志以归。”⑫

清朝皇帝每年都要在避暑山庄举行蒙古王公贵族喜爱的娱乐活动，例如，射箭比赛（步射在避暑山庄门，骑射在试马埭），以及被乾隆称为“塞宴四事”的诈马（幼童赛马）、教駣（套马、驯马）、什榜（蒙古族乐队演奏）、布库（蒙古语称为“布克”，即摔跤），还有演戏和杂技表演等。

清朝皇帝每年还要在避暑山庄举行“大蒙古包宴”，宴请蒙古和其他少数民族王公贵族，并给予大量赏赐，以联络感情。乾隆说：“旧例，木兰行围，札萨克盟长等进公宴、家宴凡数次，朕命合数宴为一，所贡之马、驼、牛、羊，并却不纳，既以联中外一家之情，兼寓体恤之意云。”⑬

为了满足蒙古王公贵族的宗教信仰，清朝还陆续在避暑山庄周围建造了溥仁寺等12座喇嘛庙（俗称“外八庙”）。乾隆说，“惟大漠之俗，素崇黄教，将欲因其教，不易其俗，缘初构而踵成之”，使蒙古王公贵族到承德朝见皇帝时，有礼佛之处，“以遂其仰瞻，兴其肃恭，俾满所欲，无二心焉”⑭。

除了怀柔笼络之外，清朝皇帝对蒙古王公贵族，还有另外的一手，即率领大批军队，以围猎为名，显示威慑力量。对此，18 世纪朝鲜著名学者朴趾源有过深刻的分析，他指出："（热河）为长城外要害之地，自康熙皇帝时，常于夏月驻跸于此，为清暑之所。所居宫殿不为采斫，谓之避暑山庄。帝居此书籍自娱，逍遥林泉，遗外天下，常有布素之意。而其实地据险要，扼蒙古之咽喉，为塞北奥区，名虽避暑，而实天子身自防胡，如元世草青出巃都，草枯南还。大抵天子近北居住，数出巡猎，则诸胡虏不敢南下放牧，故天子往还，常以草之青枯为期，所以避暑者，此也。"⑮他的学生柳得恭也这样分析："（热河）北压蒙古，右引回回，左通辽沈，南制天下，此康熙皇帝之苦心，而其曰'避暑山庄'者，特讳之也"，又指出："当今之世，为满洲深忧远虑，非蒙古而谁也？皇帝每年一至热河，抚摩之，弹压之，乌可已乎？"⑯

清朝统治阶级内部的一些人，对此也毫不隐晦。曾任承德知府的成格就曾指出："由都城东北出古北口，山川绵亘，越数百里，而承德为之都会，外连沙漠，控制蒙古诸部落，内以拱卫神京。"⑰

清代著名史学家魏源，研究了康、乾时期的大量史实后，也指出："本朝抚绥蒙古之典，以木兰秋狝为最盛……岁举搜狩，车攻马同，以师兵为营卫，凡内外各札萨克，悉率左右，分班扈猎，星罗景从，三驱田禽，寓绥远于训武。"⑱避暑山庄作为清朝实施对蒙古族政策的重要场所，其意义是很深远的。

三、清代前期统一多民族国家巩固和发展的历史见证

我国自古就是一个统一的多民族国家。清代前期，我国统一多民族国家空前巩固和发展。它把边疆各少数民族地区完全统一在中央政权之下，并与邻国签订了边界条约，加强了边政管理，奠定了我国近代版图。这是我国历史上极为重要的一个发展时期。山庄和外八庙的建造历史，以及许多文物和古建筑，作为历史的见证，反映了清代前期我国统一多民族国家巩固和发展的历史轨迹。

康熙平定三藩之乱以后，立即把政治目光投向北方。当时，影响国家统一和清朝中央政权巩固的，主要是来自沙俄的侵略，和新疆厄鲁特蒙古噶尔丹的分裂活动。康熙十六年（1677）开始，特别是二十二年（1683）建立木兰围场之后，经常出古北口巡猎，安抚蒙古和部署反击沙俄侵略的

战斗。康熙二十四年（1685），正在这一带巡行狩猎的康熙，接到了雅克萨反击战胜利的捷报，即在古北口外的一处小行宫，举行了庆典。康熙二十八年（1689），清朝派出谈判代表团，途径古北口外，前往尼布楚，与沙俄代表团举行谈判。十月，谈判代表团完成任务后，向正在古北口外狩猎的康熙报告了《中俄尼布楚条约》签订的经过，得到批准。

康熙二十七年（1688），噶尔丹在沙俄暗中支持和怂恿下，率军进击漠北，喀尔喀蒙古陷入一片混乱，数十万人南迁。清朝派军队出古北口外迎击，在乌兰布通（木兰围场北、克什克腾旗境内）击溃了噶尔丹军队。康熙三十年（1690）为了加强对蒙古各部的统一和管理，集中力量对付噶尔丹的分裂活动和防御沙俄的侵略，康熙又一次出巡古北口外，召集喀尔喀三部和内蒙古四十九旗，举行了历史上著名的多伦会盟，并建汇宗寺以为纪念。清朝在内外蒙古编旗设盟，加强了行政管理。

康熙五十二年（1713），蒙古各部王公贵族齐集承德，为康熙庆祝六十寿辰，并在山庄之东、武烈河岸，建立溥仁寺、溥善寺以为纪念。溥仁寺里至今还耸立着康熙撰写的一通巨碑，记述事情的经过。它表明，清朝对蒙古的政策，取得了成功。蒙古各部和清中央政府的关系进一步密切和加强，北部边疆安定，藩篱巩固。

乾隆执政后，集中力量解决新疆问题。当时，厄鲁特蒙古准噶尔占据天山以北，并统治了天山以南广大地区，游离于清中央政权之外，是当时国家和民族统一的最大障碍。乾隆二十年（1755）五月，清军出击伊犁，消灭了最后一个准噶尔汗王，十月，在避暑山庄举行了规模巨大的庆典。因厄鲁特蒙古信奉喇嘛教，乾隆下令“依西藏三摩耶庙”式样，在山庄东北建普宁寺，乾隆亲撰碑文，记述其事。碑文中写道：“众建王公，游牧各安，宰桑王公，属我旗籍”，表现了清中央政府对准噶尔部加强管理，结束长期战乱，促进新疆稳定发展的愿望。但不久，曾归降清中央政府的厄鲁特蒙古辉特部首领阿睦尔撒纳举兵再叛，清军再次出兵伊犁，阿睦尔撒纳兵败逃亡沙俄病死。乾隆二十三年（1758）战事结束之后，乾隆又亲撰《平定准噶尔后勒铭伊犁之碑》，植于庙中。

乾隆二十四年（1759），清朝平定了天山南麓大、小和卓之乱，彻底统一了新疆。在这一历史过程中，原准噶尔部的一支——达什达瓦部数千人，长途跋涉，由伊犁河畔，迁居热河，居住在普宁寺附近。为了使这些人有一个宗教活动场所，同时，也是为了利用喇嘛教进一步加强对厄鲁特蒙古的思想统治，乾隆又命仿厄鲁特蒙古的宗教中心——在战火中被焚毁的伊犁固尔扎庙，在避暑山庄以东建造安远庙。

清朝统一新疆后，设立伊犁将军，总理天山南北军政事务，管辖巴尔克什湖以东、以南广大地区，新疆各民族对清中央政府的向心力不断加强。为了满足各少数民族王公贵族的宗教信仰，清政府决定在山庄以东，再建普乐寺。乾隆三十一年（1766）动工，翌年庙成。乾隆在其所撰《普乐寺碑记》中，特别说明了建寺的缘起："且每岁山庄秋巡，内外札萨克观光以来者，肩摩踵接，而新附之都尔伯特，及左右哈萨克、东西布鲁特，亦宜有，以遂其观瞻，兴其肃恭，俾满所欲，无二心焉。"

耸立在山庄之北、宏伟壮丽的普陀宗乘之庙，是清王朝达到其历史鼎盛的一个象征。乾隆三十五年（1770），是乾隆60寿辰，第二年是他母亲80岁生日。为了大大庆祝一番，乾隆三十二年（1767）三月动工，用了四年半时间，至乾隆三十六年（1771）建成了这坐仿西藏布达拉宫的巨大喇嘛庙。这个时期，清王朝政权巩固，经济发展，各少数民族王公贵族倾心于清中央政府，纷纷到山庄为乾隆及其母亲祝寿："自旧隶蒙古喀尔喀、青海王公台吉等，暨新附准部、回部众藩长，连轸偕徕，胪欢祝嘏"⑲，这充分显示了国家和民族的大统一。恰在寺庙落成时，明末远牧伏尔加河流域的土尔扈特部，在其首领渥巴锡的率领下，忍受了巨大牺牲，跋涉万余里，举部回归祖国。清政府将他们妥善安置在原来游牧地伊犁河畔。渥巴锡率本部王公贵族到山庄觐见乾隆。乾隆怀着极其兴奋的心情，撰写了《土尔扈特归顺记》和《优恤土尔扈特部众记》两通巨碑，植于庙中，纪念这一历史盛事。

加强对西藏的管理，巩固西南边疆，是清朝加强多民族国家统一的一项重要历史目标。顺治、康熙、雍正王朝，曾对此作过巨大努力。乾隆时，平定了珠尔墨特那木札勒之乱，对西藏行政管理制度进行了重大改革。西藏地方和中央政府的关系进一步密切和加强。乾隆四十五年（1780），六世班禅不远数千里，到承德为乾隆庆祝70寿辰。乾隆认为，六世班禅作为喇嘛教首领之一，此举必然会产生重大政治影响，进一步加强蒙藏民族对中央政权的向心力，用他的话讲就是"敬一人而千万悦"。因此，他下令仿日喀则札什伦布寺在山庄之北建造了须弥福寿之庙，以为班禅在承德的诵经、起居之所。虽然六世班禅当年因出天花死在北京，但此行的政治影响是深远的。此后，清政府两次派兵入藏，击败了廓尔喀对西藏的侵略，订立了对西藏全面加强管理的“钦定章程”，巩固了西南边疆。

从以上简略的叙述，可以明白，避暑山庄和外八庙作为清代前期统一多民族国家巩固和发展的历史见证，是当之无愧的。

四、乾隆时期的第二个政治中心

康熙时建成避暑山庄之后，几乎每年都到此避暑并到木兰围场狩猎。雍正当皇帝时，穷于应付统治集团内部斗争，没有来过。乾隆在其登上皇帝宝座的第六年（1741），首举木兰秋狝之典。乾隆十六年（1751）正式确立“木兰秋狝岁一举行”的制度。此后，乾隆每年约有半年左右的时间，住在避暑山庄，处理政务。避暑山庄实际上成为当时的第二个政治中心。

乾隆每次到避暑山庄，除皇子皇孙、妃嫔随行之外，军机大臣、重要的文武官员、少数民族王公贵族都要陪侍，等于是清中央政府的一次大搬家。

避暑山庄门前，有两排东西相对的平房，一如北京紫禁城午门前的朝房，在当时是六部“值庐”，是文武官员和少数民族王公贵族等候皇帝召见的地方。秉承皇帝意旨处理军政要务的军机处的“值庐”，也在附近（具体位置，现已难确指）。许多重要的文武大臣，都在山庄附近建造了府第。

清帝驻跸山庄时，许多重大的政治活动都在这里进行。澹泊敬诚殿是正式接见王公大臣、少数民族首领，以及外国使节，和举行“万寿庆典”（庆祝皇帝诞辰）等重大活动的场所，其作用如紫禁城内的太和殿。勤政殿则是乾隆批阅奏章和处理日常政务的所在（康熙时，这类活动在“万壑松风”殿）。澹泊敬诚殿之后的“依清旷”殿（乾隆时改名“四知书屋”），“召见臣工往往在此”[20]，皇帝与军机大臣等商议机密重务常在此殿。有时，也在这里个别召见极重要的少数民族政教首领。例如，乾隆三十六年（1771），土尔扈特部首领渥巴锡，就在这里受到乾隆接见。乾隆四十五年（1780）六世班禅在这里与乾隆进行了密谈。判处死刑案件，最后由皇帝核准的“勾到”仪式，也在这里举行[21]。

清代规定，文武官员升转调补，赴任之前，由吏、兵二部分别带领觐见皇帝，由皇帝最后审定、核准，这种制度称为“引见”。引见仪式，在避暑山庄门前举行。乾隆特别强调“驻跸山庄数月，所有铨选人员，文职之佐杂、武职之护军校、骁骑校等官，即命留京王大臣验看”，“文员知县以上、武员守备以上，职任较重，因令吏、兵两部每月各轮一人带至山庄引见，以昭慎重”[22]。

许多重大决策，也是在山庄做出的。

乾隆把执政期间指挥的十次大的战事，自诩为十全武功：“十功者，平准噶尔为二，定回部为一，扫金川为二，靖台湾为一，降缅甸、安南各一，即今受廓尔喀降，合为十。”[23]这所谓“十全武功”，决策和指挥，大都在山庄和木兰围场进行。

例如，平准噶尔、定回部，即统一新疆的战争，这件在清代历史上、也是在中华民族发展史上的大事，其决策和指挥中心即在山庄。乾隆十八年（1753），在准噶尔内部斗争中失利的杜尔伯特部部长车凌、台吉车凌乌巴什和车凌孟克（史称“三车凌”）率本部3000余户1万多人归附清中央政府。第二年，乾隆利用到山庄避暑之机，接见了三车凌，询问准噶尔内部情况，认为统一新疆时机已经成熟，决计明年进兵：“今车凌、车凌乌巴什等来到，问其情形及准噶尔来使敦多布等光景，彼处人心不一，甚属乖离。乘其不备，议定明年由阿尔台（泰）、巴里坤二路进兵”[24]。这是当年五月的事。恰在这时，准噶尔辉特部台吉阿睦尔撒纳也率本部万余人投降了清中央政府。乾隆又决定在山庄接见他。阿睦尔撒纳受命奔赴热河，已到十一月。乾隆冒着严寒，由北京骑马三天赶到热河（一般情况下要走七天）。清代史书记载：“阿逆（阿睦尔撒纳）入觐，上（乾隆）以抚绥事急，乘马三日而至热河，命王公大臣皆从往陪宴。阿逆行抱见礼，上从容抚慰，并赐上驷与之乘，亲与其分较马射，并以蒙古语询其变乱始末，赐宴而退。”[25]乾隆与阿睦尔撒纳交谈之后，掌握了更多的有关准噶尔内部情况，更加坚定了出兵伊犁的决心。第二年，即乾隆二十年（1755）五月，清军按原定计划出击伊犁，乾隆则与往年一样，夏天到山庄避暑，遥控新疆战局，指挥清军作战。十月，乾隆在山庄举行了盛大庆祝会，欢庆战争胜利，决定建造普宁寺以为纪念。另外，由前面的叙述可知，山庄附近的安远庙、普乐寺等，都是统一新疆的产物。是清中央政府决策新疆问题的象征。

乾隆自诩为“十全武功”之一的“靖台湾”，是指镇压林爽文起义。

乾隆五十一年（1786）冬天，林爽文在天地会推动下，举兵反抗官府的残暴统治，杀贪官、攻县城，搞得统治阶级惶惶不安，官军连连吃败仗。第二年夏天，像往年一样到山庄避暑的乾隆，已经没有那么多的闲情逸致了，每天愁眉苦脸地和军机大臣筹划镇压之策。乾隆五十三年（1788）春天，林爽文兵败被杀。这年夏天，乾隆又到山庄避暑，写了一篇《四知书屋记》，对此仍心有余悸："（四知书屋）实理事召见群臣之所，去岁筹画台湾诸务，日或三、四觐军机大臣于此。"[26]同时，他又撰写了《平定台湾告成热河文庙碑文》，记述了在山庄指挥镇压林爽文起义的经过，即所谓"筹于斯，发于斯，臻于斯"[27]。

其他，如大、小金川之役，缅甸、安南之役，两次反击廓尔喀（尼泊尔）侵藏战争，以及乾隆末年和嘉庆初年镇压川楚白莲教起义等重大战事，清中央政府的决策和指挥中心，除了北京之外，主要是在承德。因此，从这种意义上，也可以说，避暑山庄确是当时的第二个政治中心。

五、民族和宗教历史博物馆

避暑山庄和外八庙，不同于一般的帝王行宫和苑囿，也不同于一般的寺庙群，最根本的原因在于它有极丰富的历史内涵。保存有极丰富的清代前期的民族和宗教建筑、文物、史料和遗迹，是它的一个突出特色，所以，在一定意义上可以说，它是一座民族和宗教历史博物馆。

前已述及，山庄和外八庙的建造历史，深刻反映了清代前期统一多民族国家巩固和发展的历史进程，特别是清中央政府统一内外蒙古、新疆、西藏等少数民族地区的历史进程，这是研究清代民族和宗教问题最可宝贵的史料。

众所周知，清代前期，漠北喀尔喀蒙古、漠南内蒙古，新疆和青海地区的厄鲁特蒙古，天山南北的哈萨克、柯尔克孜（清代称为布鲁特）、维吾尔（清代称为回部），西藏、四川、青海等地区的藏族，台湾的高山族等许多少数民族的王公贵族和代表性人物，都曾到山庄朝觐清朝皇帝。东北地区的达斡尔、锡伯、索伦等少数民族官兵，也曾奉命到山庄、外八庙及古北口外行宫、木兰围场驻防。他们在承德的政治活动和日常生活，都给我们留下了需要深入研究的课题。

从各民族之间经济、文化交流的角度看问题，值得重视和研究的实物和史料更多。

清朝皇帝和许多官僚，在承德撰写了大量碑铭、诗文，而且不少是用汉、满、蒙、藏等多种民族文字题刻，这些，除了对研究民族、宗教史之外，对于研究民族文化交流，也是极为难得的实物资料。

山庄和外八庙是全国各族劳动人民智慧和血汗的结晶，溥仁寺、溥善寺、殊像寺等，是采用的汉族寺庙布局和建筑手法，但其内部装饰、壁画、佛像等又吸收了许多蒙藏民族信奉的喇嘛教的东西。普宁寺、普乐寺、普陀宗乘之庙、须弥福寿之庙，一般采用了前半部为汉族寺庙、后半部为蒙藏喇嘛庙的布局手法，无论从建筑风格、建造手法，还是佛像、壁画等哪方面来说，都称得上是汉、藏等经济、文化融合与交流的典型。安远庙原来是准噶尔部仿照西藏喇嘛庙在伊犁河畔建造的。因而融进了不少蒙古族的文化特点，清政府将其仿建于承德，又吸收了许多汉族的东西。山庄内的许多宫殿建筑，也吸收了许多满族特点。

清代还将许多民族地区有代表性的树木花卉，移植到山庄，例如，内蒙古的金莲花、荷花，新疆的绿葡萄，东北的普盘果、乌拉白粟等，以及江南地区的兰草等各类花草，都曾在山庄生根、开花、结果。

如果我们深入研究清代各民族之间经济、文化的交流，都可以从中得到许多有益的启示。

我国历史上的民族问题，往往和宗教问题密切联系在一起。山庄和外八庙保存的有关宗教历史文物和史料也极为丰富。

清朝皇宫里供奉的神像很繁杂，宗教活动也很多。除满族信奉的原始宗教——萨满教外，其他像佛教（特别是其中的喇嘛教）、道教，乃至关羽，以及日月星辰等，什么都信奉。山庄和外八庙也反映了这个特点，以至遗留下的宗教遗迹、遗物非常多。

先谈正宫部分。在山庄的正殿——澹泊敬诚的后殿“四知书屋”，其东间即布置为佛堂，乾隆曾题“宝筏喻”（取“宝筏渡迷津”之意）。皇帝的寝殿“烟波致爽”，西次间也为佛堂，为皇帝晨昏礼佛之所，一如沈阳故宫的清宁宫和北京故宫的坤宁宫之例。烟波致爽后的“云山胜地”楼，西间设佛堂，名“莲花室”，供奉观世音菩萨。

此外，山庄内还建有许多寺观（有人统计有28座之多）。例如，万树园附近的“永佑寺”，是供奉已经魂归天国的皇帝“御容”的佛寺，前殿供弥勒佛，中殿供三世佛、八大菩萨，后殿供无量寿佛。碧峰寺、旃檀林、鹫云寺、般若相、金山亭（仿镇江金山寺，清代亦称“上帝阁”）等均为佛寺。珠源寺则是一座喇嘛庙，“内有铜佛堂一所，柱壁以精铜为之，藏铜佛像百余尊，皆裸形秘戏图也”[28]。水月庵供奉的是水月大士，仿泰山斗姆宫建造的斗姆阁，供奉的是斗姆及十二星君像。此外，山庄西北，引武烈水入园处附近，有“龙王庙”、“河神庙”，供奉水神。在“月色江声”之东，有“汇万总春之庙”，供奉十二季花神。

山庄宫墙之外，更是寺庙林立。外八庙中每一座寺庙，都可以说是一座民族博物馆。其每一座建筑、每一通碑碣、每一幅壁画、每一尊佛像，都是内涵极为丰富的珍贵文物、动人心弦的“展品”，令人神驰遐想。

山庄正门“丽正门”西南，有一座规模很大的“武庙”，供奉的是被清朝统治阶级奉为“战神”、“保护神”的关羽。武庙之南（现承德市二仙居附近）有一座规模颇大的清真寺，是乾隆时期供职于太医院的伊斯兰教民集资修造的。它是热河建造年代最早、规模最大的一座伊斯兰教堂（现已无存）。

山庄和外八庙作为大型和民族、宗教历史博物馆，内容是极为丰富的。

六、清代前期的对外“窗口”

几乎与清朝入关的同时，1640 年的英国工业革命，标志着资本主义世界的开始，世界上的许多事情连成一气了。中国虽然还处于封建社会，但与其他国家的交往，也逐渐增多。清代前期，特别是乾隆时期，清朝皇帝在山庄接见了许多国家的来华使节，许多外国人来到承德，他们在山庄，观察、了解清中央政府和中国的社会，清朝也通过这些活动，了解到国外一些情况，在这个意义上说，山庄成为清代前期的对外“窗口”。

根据清代有关史料记载，乾隆在山庄接见的外国使节有：乾隆三十六年（1771）接见南掌（老挝）使者叭西门遮昆等，四十五年（1780）接见朝鲜使者朴明源等，四十六年（1781）接见越南使者阮维宏等，五十三年（1788）接见缅甸使者细哈觉控委卢撒亚等。五十五年（1790），是乾隆 80 大寿，许多国家派出使节，到山庄为其祝寿，“乾隆五十五年，圣寿八旬，朝鲜、琉球、安南、巴勒布（尼泊尔）皆诣阙祝厘。因复赐宴于御园（此指圆明园）。诸国正使，高宗皆手卮以赐。午刻宣示御制诗章，俾使臣能诗者恭和。于是朝鲜、安南、琉球三国使臣，皆拜效颂祝，得诗九章。”㉙这些使节是先到山庄为乾隆祝寿（乾隆为八月十三日生日），事后又随乾隆返回北京，在圆明园再受到宴赏的。据《清高宗实录》记载，是年到山庄为乾隆庆祝 80 寿辰的还有越南国王阮光平，以及南掌（老挝）使者等。五十八年（1793）接见英国特使马嘎尔尼等。

许多国家的使臣，通过山庄这个“窗口”。了解清王朝，了解中国。

马嘎尔尼使团作为英国政府派出的第一个正式访华使团，是鸦片战争前西方殖民主义者的先遣队，他们希望通过与中国最高当局的谈判，打开中国门户、开拓中国市场的预定任务，因为遭到清政府的拒绝，而碰壁了。不过，使团的另一使命，即了解、搜集中国的情况，为英国以后对中国的政策提供依据，却在一定程度上完成了。他们通过观察和与清朝官吏的接触，了解到清朝统治阶级内部，存在着尖锐的矛盾。特别是满、汉官僚之间的矛盾，“满、汉之间地位悬殊是很大的，任何一个低微的鞑靼人（此处泛指满族和蒙古族官僚贵族）在汉人面前都有一种优越感”㉚；至于当时中国社会的矛盾，主要是官府和人民群众之间已经相当激烈，“中国老百姓身家性命的安全操在官吏们的手中，对于这种命运，他们是不甘心”，因而“会引起不可抑止的复仇心理”，“这种心理经常在一个或另一个地方引起暴乱”。马嘎尔尼使华团还对当时中国科学技术的落后、军队的腐败等情况，作了深刻的观察和了解。当然，通过对山庄园林美景的切身感受，他们对中国古老的文明和优秀文化，也有了一个初步了解，由衷地赞叹。

18 世纪朝鲜著名的学者朴趾源和他的弟子柳得恭，曾随朝鲜使团到热河，回国之后，都写下了传世之作。他们通过对清朝皇帝和官僚的政治、日常生活的观察，对清王朝的政策和中国的社会情况，了解得很深刻。朴趾源在其名著《热河日记》中，记述了清王朝严酷的思想文化统治造成的社会压抑和不满，“（汉人）所以开口称颂，举笔谀佞，益见其自外于当世也。汉人之为心亦已苦矣，与人语，虽寻常酬答之事，语后即焚，不留片纸，此非但汉人如是，满人为尤甚。满人皆职居近密，故益知宪令严苛，然则非但汉人之心苦矣，天下法禁之心苦矣”。这是对文字狱造成“万马齐喑”局面的写照。他通过对外八庙的观察、了解、对清朝的喇嘛教政策，作了精辟分析：“西藩（此指藏族和厄鲁特蒙古）强悍而其畏黄教，则皇帝循其俗而躬自崇奉，迎其法师，盛饰宫室，以悦其心，分封名王，以析其势，此清人所以制四方之术也。”这种观察是很深刻的。

另外，当时在清朝宫廷供职的一些法国、葡萄牙、意大利神甫和其他人员，以及沙俄的一些人员，都曾到过承德，通过山庄和外八庙，观察、了解到了清朝政权和中国社会的许多情况，并留下了不少著作。这些，对于我们今天研究清朝历史和清代前期的中外关系，都是值得重视的史料。

七、我国古典园林和建筑艺术的集大成者和里程碑

我国的古典园林，在历史上曾大放异彩，并以其崇高的艺术成就和独特风格驰誉世界。避暑山庄继承了古代园林的优秀传统和艺术成就，并加以创造性地发扬光大，使之成为集大成者。

山庄以独特的园林手法，模拟全国的自然地理风貌，集中、融合了南、北园林的特点。很像祖国大好河山的一个缩影。西北多山而东南多水，北部一片宽敞的绿地。在湖区，采用了南方园林的艺术手法，仿建了许多江南著名风景，显示出一派江南风光。平原区当年绿草如茵，古木参天，麋鹿徘徊，常使人想起祖国的蒙古草原和东北森林；看到园外的安远庙和“小布达拉”（普陀宗乘之庙），又使人想到新疆和西藏。“山庄咫尺间，直作万里观”。在一个不大的园林空间，似乎使人看到、想到了祖国的万里河山。

山庄构图巧妙，极富自然情趣。大体因依自然地势的变化，而很少大规模的人工整理地形，极力摹仿和创造自然景观，例如森林、草原、溪流等等。麋鹿漫游、禽鸟飞翔、莺歌燕舞，又为塞外园林增添了不少自然情趣。

园内建筑丰富多彩，形象生动美丽的殿阁楼台、桥亭轩谢、假山叠石、寺观塔碣，应有尽有，几乎包括了古代宫殿、民居、园林、寺庙的所有建筑形式，组成了一个动人心魄的建筑艺术整体，“一邱一壑，向背稍殊，而半窗半轩，领略顿异”。

造园家又用借景手法，使山庄和周围自然山川融为一体，把园外的许多奇妙景观引进园内，使人感到园林是大自然的一个有机组成部分。

避暑山庄崇高的造园艺术，在清代就已经驰誉世界。许多外国人对它赞叹不已，并为之倾倒。乾隆五十八年（1793），英国的第一个使华团

——马嘎尔尼率领的使节团，游览了山庄之后，叹为观止。使节团的副使斯当冬写的《英使谒见乾隆纪实》中，这样记述了他们的观感：“在游览中，一行人发觉到，在全园中包括着天南地北绝然不同的地段，有的地方生长着北方的耐寒橡树，也有的地方生长了南方的娇嫩花草。在大块平地上，用大块石头堆成各种景致点缀风景。整个花园既有天然的雄浑气概，又有秀丽的人工创造”；“园内的自然景物似乎天造地设地使它生长在那里点缀风趣。而人的加工部分，看上去，似乎没有使用工具，而只是人的双手创造”；“此处没有一般描写中国御花园里的那种雅致和美丽。在这点上，北京附近的圆明园同热河的御花园（即避暑山庄）大不相同。夸大一点，可以说，一处的太过正好补其他一处的不足”。

外八庙无论是内容上或是艺术上，都和避暑山庄是一个整体，共同组成了一个宏伟而壮丽的艺术空间。它集中、融合了我国汉、藏等多民族的建筑艺术，具有强烈的民族色彩，充分体现了多民族建筑风格的结合，又创造了一种新格调。将众多民族的代表性建筑，集中在一起，置于皇家园林的周围，并使之玉成一个艺术整体，这在历史上是一个创举，具有历史里程碑的意义。

外八庙和山庄作为一个有机的艺术整体，交相辉映，相得益彰。外八庙宛如众星捧月，烘托山庄，成为山庄与周围群山及武烈河等自然景观联结的纽带，使之浑然一体，共同组成为一个气势宏伟的空间，这在我国古代建筑史上，是一个难得的实例。

各寺庙在地址的选择上，或平地，或高阜，或山坡，虽各异趣，但都依山傍水，选择在向阳之处，坐落于风景优美之区。它利用了古典园林的借景方法，巧妙地利用了周围的自然风景和人工建筑，造成丰富多彩的景观，各寺庙之间互相联络，互通气息，相互因借，从各寺庙能欣赏山庄的美景，从山庄也可以观赏各寺庙。

在利用地形上，外八庙是非常成功的。它只是将原来的地形稍加改造和整理，而不是花费巨大的劳动去改变地形。每一坐建筑物的位置，都经过深思熟虑的选择，利用地形的高低起伏变化，以显示建筑物的错落和强烈的节奏。每座寺庙的主体建筑都位于最高处，以强调其崇高。宏伟，给人以强烈印象。

在建筑布局和艺术造型上，各庙自具特点。一般是前半部采取汉族寺庙的中轴对称手法，后半部则用藏式喇嘛庙灵活多变的布局方法，随地形而高低错落有致。建筑造型极为丰富而生动，殿阁楼亭、廊庑塔台，琳琅满目，令人目不暇接。体量宏伟巨大的大红台、大白台、更是动人心弦。在建筑色彩上，大面积采用黄（包括金）、红、白、绿等单色或间色，对比中求得和谐与统一，显得格外壮丽华美，金碧辉煌。

外八庙还是寺庙与园林结合的典范。每座寺庙都采用了许多造园手法，使寺庙的庄严肃穆与园林的幽雅曲折，完美的结合，给人以美的享受。

避暑山庄和外八庙作为我国古典园林和建筑的典范之一，是园林和建筑史上的艺术高峰。它的成就是多方面的，许多论著已有深刻论述，此文只是略作说明。

八、用山水、建筑、园林、文物编写的清史

李格非《题（洛阳名园记）后》说："洛阳之盛衰者，天下治乱之候也……园圃之兴废，洛阳盛衰之候也。且天下之治乱，候于洛阳之盛衰。而加洛阳之盛衰，候于园圃之兴废而得"。这是历史经验的深刻总结。对避暑山庄和外八庙也应如是观。它的兴衰，是清王朝盛衰的一面镜子和历史见证。

从前面的叙述中，我们可以知道，避暑山庄和外八庙的建造历史，是与清代前期的历史，与清代前期多民族国家巩固和发展的历史进程，紧密联系在一起的。从一定意义上可以说，避暑山庄和外八庙的兴盛，是清代前期政权巩固、国家统一、经济发展、文化发达的反映，也是统一多民族国家巩固和发展的象征。

另一方面，避暑山庄和外八庙的衰落，也深刻反映了清王朝的衰败。

乾隆时期，达到了历史上称为"康乾盛世"的顶峰，但随之很快急转直下，衰败下去。到乾隆晚年，吏治腐败、贿赂公行、经济萧条、民不聊生，阶级矛盾日益尖锐，农民的反抗斗争风起云涌。避暑山庄和外八庙，以其独特的"历史语言"，记录了这样一个历史过程。乾隆亲自撰写的《平定台湾告成热河文庙碑》，以一个侧面反映了乾隆晚期的严重社会矛盾，它已经不是清朝叱咤风云统一边疆地区的"纪功碑"，而是无可奈何的哀叹，是"落花流水春去也"的信号。

嘉庆元年（1796）爆发的川、楚、陕白莲教农民大起义，从根本上

动摇了清王朝的统治基础。嘉庆二年（1797），当了“太上皇”的乾隆，在嘉庆的陪同下，又一次来到山庄避暑。但是，昔日的辉煌早已烟消云散，迎面而来的是悲凉。八月的一天，他在嘉庆和王公大臣的陪同下，再一次到须弥福寿之庙和普陀宗乘之庙梵香礼佛，祈求佛菩萨保佑摇摇欲坠的江山，他把满怀苦闷，倾泻在《出山庄北门瞻礼梵庙之作》这首诗中。他在诗的自注中写道：“近因盼望军营捷报，心绪焦劳”，“予盼捷之怀，日甚一日，殊难自遣”。苦闷焦虑而又无可奈何的心情，溢于言表。他命工匠将其精工制成了一块匾，存放在普陀宗乘之庙。但是，白莲教起义的烈火越烧越烈，搅得统治阶级寝食不安。嘉庆三年（1798），乾隆最后一次来到山庄，又写了一首《出山庄北门瞻礼梵庙之作》，反映了极为惶恐不安的心情：“许多梵宇因平远，何事区中邪教张。挞伐六军宁可罢，迁延三载尚如常”。他如前次一样，命人制成诗匾，存放庙中。这两块匾，作为清王朝盛衰转折的见证，现在仍完好地保存着。

嘉庆十八年（1813），嘉庆又一次到承德避暑，并去木兰围场狩猎。天理教农民起义军乘机攻入紫禁城，虽然被镇压下去，但嘉庆已是心惊胆战，慌忙返京，避暑山庄留给他的只是痛苦的回忆。嘉庆二十五年（1820），他在山庄结束了生命。他的儿子道光当皇帝之后，内外交困，再也没有到山庄来过。

咸丰继承道光当皇帝后，清王朝已经成为万倾涛浪中的一艘即将倾覆的破船。1860 年，在英、法联军兵临北京城的危机情况下，咸丰扯起了“秋狝木兰”的旧旗，狼狈逃奔承德避难。已经 40 年无人居住的山庄，显得极为萧疏冷落了。昔日气焰万丈的全国第二个政治中心，变成苦难悲凉的清王朝的避难所了。咸丰蜷缩在烟波致爽殿，以颤抖的手，批准了丧权辱国的《中英北京条约》、《中法北京条约》，又在沙俄的威逼讹诈下，批准了丧失大片中国领土的《中俄北京条约》，使中国进一步沦为半殖民地半封建社会。

咸丰十一年（1861）七月，烟波致爽殿里一片悲鸣，咸丰命归西天。他的儿子载淳（同治）只有 5 岁，根本谈不上管理国事，因此，围绕谁来执掌最高权力问题，在统治集团内部，展开了一场你死我活的斗争。慈禧以阴谋手段，清除了咸丰临终任命的八个顾命大臣，夺取了最高统治权，这是清王朝在避暑山庄演出的最后一场政治活剧（慈禧等回到北京之后，这场活剧才落下帐幕）。这便是历史上有名的“祺祥政变”。

当年十月，清政府下令停止了避暑山庄的一切工程："热河避暑山庄停止巡幸已四十余年，所有殿廷各工，日久未修，多就倾记，上年我皇考大行皇帝举行秋狝，驻跸山庄，不得已于各处紧要工程稍加葺治，现在梓宫已恭奉回京，朕奉两宫皇太后亦已旋跸，所有热河一切未竟工程，著即停止。"[31]此后，直至清朝灭亡，避暑山庄再没有像样的维修过，随着清王朝的行将就木，它也逐渐破落了（只有在新中国成立后，它才再次恢复了青春）。

从一定的意义上说，避暑山庄和外八庙是清朝的政治风云汇集之处，有清一代的许多惊心动魄的政治活剧曾经在这里演出过，不过，它是以喜剧开始，以悲剧结束的。这是一部以宫殿、园林、寺庙形式，用山水、砖石、花木等特殊"语言"编写的清朝历史。

以上，从八个方面，概略地说明了避暑山庄和外八庙的历史价值。当然，避暑山庄和外八庙的历史价值，还有许多方面值得深入研究和探讨，但这八个方面值得我们特别重视。

避暑山庄的外在美，人们可以通过感官去体验（当然也需要思考、研究），然而了解它的丰富内涵（特别是其历史价值），仅此是不够的，这需要专门家收集大量的资料，进行科学研究，才能发现，才能理解，才能说明。也只有作到这一点，才能更深刻地理解它的外在美，才能对其进行科学的维修、保护。这是研究避暑山庄的关键所在。

避暑山庄和外八庙的研究，涉及清史、文物、园林、古建、民族、宗教等许多方面，需要各方面的专家通力合作，才能不断取得新成就。

人们的认识，是一个由浅入深、由表及里、不断深化、不断提高的过程，对避暑山庄和外八庙历史价值的认识和研究，也是如此。笔者希望本文作为引玉之砖，期待着更多的科学论著问世。

注释：

①见《我国统一多民族国家巩固与发展的历史见证——承德避暑山庄和外八庙》（原载《文物》1974年12期，署名卫今、黎工）。

②乾隆：《避暑山庄百韵诗序》，碑藏避暑山庄。

③皇太极曾语重心长地教训八旗贵族："先时，儒臣巴克什达海、库尔阐屡劝朕改满洲衣冠，效汉人服饰制度，朕不从、辄以为朕不纳谏。朕设为比喻，如我等于此聚集，宽衣大袖、左佩矢，右挟弓，急遇硕翁科罗巴图鲁、劳萨，挺身突出，我等能

御之乎?”(《清太宗实录》卷32)。

④《热河志》卷17。

⑤成格等:《承德府志》卷首7。

⑥《热河志》卷45。

⑦《热河志》卷45。

⑧《热河志》卷首2。

⑨乾隆:《启跸幸避暑山庄之作》,见《热河志》卷首9。

⑩乾隆:《驻跸避暑山庄》,见《承德府志》卷首6。

⑪乾隆:《木兰启跸纪事》,见《承德府志》卷首7。

⑫乾隆:《避暑山庄百韵诗序》,碑藏避暑山庄。

⑬《热河志》卷17。

⑭乾隆:《普乐寺碑记》,碑藏承德普乐寺。

⑮〔朝鲜〕朴趾源:《热河日记》,见北京图出馆出版社1996年版,第232页。

⑯柳得恭:《滦阳录》,《辽海丛书》本。

⑰成格:《承德府志·序》。

⑱魏源:《圣武记》卷3。

⑲乾隆:《普陀宗乘之庙碑记》,碑藏承德普陀宗乘之庙。

⑳吴振棫:《养吉斋丛录》卷18。

㉑吴振棫:《养吉斋丛录》卷6:“向时勾到之地,宫内在懋勤殿,圆明园在洞明堂,香山在勤政殿后、臻远斋之东、正直和平楼下,避暑山庄在依清旷。”

㉒乾隆:《御门引见月官成什》,载《热河志》卷11。

㉓乾隆:《十全记》,见《清高宗诗文十全记》卷153。

㉔《清高宗实录》卷465。

㉕昭梿:《啸亭杂录》卷3。

㉖乾隆:《四知书屋记》,见《清高宗御制诗文十全集》卷38。

㉗乾隆:《平定台湾告成热河文庙碑文》,见《清高宗御制诗文十全集》卷39。

㉘徐珂辑:《清稗类钞·宫苑类》,1984年中华书局版第一册。

㉙吴振棫:《养吉斋丛录》卷15。

㉚〔英〕斯当东《英使谒见乾隆纪实》。本节引文凡未注明出处的,均引自此书。

㉛《热河园庭现行则例》卷4。

(原载《山庄研究——纪念避暑山庄建园290周年论文集》,紫禁城出版社1994年版)

附：传承优秀历史文化　再铸新时代的辉煌

——漫谈避暑山庄和外八庙与承德文化大市建设

在神州大地喜迎第一个“文化遗产日”之际，承德市委宣传部、市文物局等八个部门联合召开建设文化大市研讨会，邀请社会各界贤达之士，集思广益，建言献策，共同描绘承德市新时代的发展蓝图，这是一件有利群众、惠及子孙的大好事！

同志们热情洋溢的发言，深刻的理论阐述，使我学到了许多新知识，也听到了承德广大群众的心声，感到了时代脉搏的跳动。所以，也随便说几句，算是“帮腔”。

一、时代命题　战略构想

“建设文化大市”，这是一个紧跟时代潮流的命题，也是新世纪城市发展的战略构想。

当今世界，和平与发展是主题，全球化是发展的大趋势。我们面对的是经济竞争与文化竞争群雄逐鹿的局面。世界各国、各民族越来越重视通过文化交流和文明对话，获取前进的动力，加强自身在国际事务中的实力地位。

根据这种新的世界格局，新的时代特点，党和国家审时度势，将经济、政治、文化的协调统一发展纳入社会发展的总体战略中。党的十六大报告指出：“当今世界，文化与经济和政治相互交融，在综合国力竞争中的地位和作用越来越突出。”党的十六届四中全会把深化文化体制改革，解放和发展文化生产力，作为当前和今后一个时期加强党的执政能力建设的重要任务。同时，也是加强物质文明、精神文明、政治文明建设，构建和谐社会的重要内容。胡锦涛总书记在一次重要讲话中深刻指出：“一个没有文化底蕴的民族，一个不能不断进行文化创新的民族，是很难发展起来的，也是很难立于世界民族之林的。”这些，都从理论高度揭示了当前国际社会的一个重要特点：当今世界的社会发展，不仅仅是经济的发展，同时也是文化的发展，文化的发展已经成为社会进步的重要指标。文化已深深融入经济和社会的方方面面，几乎所有的经济和社会活动中都蕴含着文化。文化日益成为经济发展和社会进步的重要推动力。从一定意义上也可以说，文化已经成为一个国家的软实力。因此，提出建设文化大市，是顺应历史发展的总趋势，也是符合时代潮流的。

“建设文化大市”不是一句空洞的政治口号，而是一个行动的纲领，也是城市发展的未来蓝图。因此，明确“文化大市”的标准是什么，就成了首先要解决的问题。对这个问题，只能通过深入调查研究，反复进行科学论证，才能得出正确的答案。不过，根据中央有关文件精神，参照国内外成功经验，最基本的几点是应该明确的，那就是：文化经济成为城市的主要支柱，文化产品的产值是这个城市总产值中的主要部分，成为支撑城市发展的主要经济基础：形成了独具特色的文化产业链，而且上升为城市发展的主导系统；城市的性格和形象，独具文化特色；在城市管理和发展运行中，文化起着指导作用；文化作为一种生产形态，成为新经济增长点，引发新的产业群；文化的产业化和经济的“文化化”影响和制约着城市发展的方方面面，从而形成一种新的生产形态和社会生活方式；广大人民群众，在充分享受现代化物质文明和政治文明成果的同时，更多地享受着文化和精神产品的成果，其消费大大超过基本物质生活的消费。有的专家预言：新世纪的经济将是文化经济，人类将从农业经济、工业经济时代进入全新的文化经济时代。知识经济。信息经济正是为新的文化经济时代开辟道路。

这些，当然还需要进一步严格的科学论证和社会实践的检验，才能成为定论。但这并不影响“文化建市”作为一个时代命题和战略构想的严肃性和前瞻性，因为这毕竟为一个城市的发展提供了新思路。

二、百事并举　科研当先

作为一个历史文化名城，承德市建设成为现代化的文化城市，具有得天独厚的条件。这主要是避暑山庄和外八庙为它提供了深厚的文化底蕴。

避暑山庄和外八庙是这座山城的灵魂和生命线。清康熙四十二年（1703）开始建造避暑山庄以前，这里不过是仅有几户人家的小山村，藏在深山无人知。

经过康熙、雍正、乾隆三帝近百年的苦心经营，完成了山庄和外八庙的主要工程，皇帝每年有半年时间住在这里，以木兰秋狝为名，训练军队，联络边疆少数民族王公贵族，接见王公大臣和外国使节，处理国家统一和边疆民族问题，因而成为当时北京以外的第二个政治中心。这才有了清代的承德府和今天的承德市。从文化的角度来说，避暑山庄和外八庙形成的丰富深厚的历史文化，融汇于承德市的血肉之中，成为它的灵魂和生命依托。如果没有了避暑山庄和外八庙，承德市将失去生命力。

现在，避暑山庄和外八庙已从帝王行宫变为全国重点文物保护单位和世界文化遗产，成为全国各民族和人类的历史财富。承德市之所以闻名于世，主要是因为有了避暑山庄和外八庙。国内外大批游人来承德市，主要是想一睹她的丰采。因此，它是承德市独具魅力的“名片”，也是展示承德市的“橱窗”和联系国内外的重要渠道，同时，也是承德社会发展的重要历史动力。因此，要建设“文化大市”，首要的是继承和弘扬避暑山庄和外八庙独具特色的历史文化（承德的同志将其称为“避暑山庄文化”，本文因之）。这是承德文化的根基和血脉，是先人对这座山城的神圣恩赐，它“蕴含着中华民族特有的精神价值、思维方式、想象力，体现着中华民族的生命力和创造力，是各民族智慧的结晶，也是全人类文明的瑰宝。保护文化遗产，保持民族文化的传承，是连接民族情感纽带、增进民族团结和维护国家统一及社会稳定的重要文化基础，也是维护世界文化多样性和创造性，促进人类共同发展的前提。”《国务院关于加强文化遗产保护的通知》中的这段话，高屋建瓴而又深刻，简直就为避暑山庄和外八庙“量身定制”的。我们应该站在这样的高度，理解避暑山庄文化及其在承德建设“文化大市”中的作用。

按照怀特《文化科学》的观点，文化包括器物（包括建筑等一切有形文化）、制度、精神三个层面，用现在流行的语言来说，就是物质文化和非物质文化。我们说“避暑山庄文化”，包括物质文化，也包括非物质文化。园林、宫殿、寺庙等是物质文化；木兰秋狝制度、朝觐制度和相关的重大事件，宫廷生活、宗教活动、文化产品（例如诗词等），及其蕴含的时代精神等，都是非物质文化。

这些，都是承德建设“文化大市”的重要基础，是基础就要夯实。首先，是要按照“保护为主，抢救第一”的方针，把它保护好，否则，建设“文化大市”的构想就变成了无源之水。其次，才是“合理利用”、“传承发展”，使之在承德市的发展中充分发挥应有的作用。而这一切都应该建立在科学基础之上，否则是盲目的，有时甚至是破坏性的，所以科学研究是前提。上世纪 70 年代，在科学研究基础上提出的：避暑山庄和外八庙——“我国统一多民族国家巩固和发展的历史见证”、“清代第二个政治中心”的观点，为国务院批准避暑山庄和外八庙整修、开放，提供了历史理论根据，这就是很好的证明。现在，30 多年过去了，避暑山庄和外八庙的整修，以及承德市的建设，都取得了举世瞩目的成就。但是，要前进、要发展，还需要有创新性的理论支持，因此，要不断加强科学研究。

避暑山庄文化的内容是博大精深的，应该进行多学科研究，条件成熟时，应该创立一个新学科——避暑山庄学。这里只能约略说一说，例如，从历史学来说，避暑山庄和外八庙是一部用园林和寺庙建筑写成的清史。清代统一多民族国家的巩固和发展，近代中国版图的奠定，清朝的盛衰转折等，使这部独具特色的清史内容丰富而生动。

清代东北、内外蒙古、新疆、西藏、四川、台湾等地区少数民族的王公贵族，都在这里留下过历史足迹。所以，从民族学的角度来说，避暑山庄和外八庙堪称一座内容丰富的民族博物苑，同时也是一部内容翔实的清代民族史。

避暑山庄是我国古典园林的里程碑。在总体构图上，它模拟全国的地理形势，宛如全国地理沙盘。它荟萃全国著名风景名胜，兼具南秀北雄之美。在给游人提供现实的幽美休闲环境的同时，也使人以亲自体验的方式阅读一部园林巨著。从建筑史的角度来说，它将宫殿、寺庙、园林、民居等建筑组成一个巨大的艺术空间，熔汉、藏等民族建筑风格于一炉。说它集古代建筑之大成，名副其实。

避暑山庄和外八庙还是一座巨大的清代宗教博物馆。各种宗教建筑极具代表性，各种佛像和宗教用品，都代表了当时最高工艺水平，作为清代宗教小百科来读，是引人入胜的。

还有其他许许多多方面的内容，不一一列举。总之，要深入研究，只有在科学研究的基础上才能做好保护、利用，以及传承发展工作。在这方面说两个小例子。有一天，我在万树园漫步，沐浴着习习和风，领略着夕照下的湖光山色，神清气爽，几乎到了忘我境界。忽见不远处有几个人高马大的“老外”，在指指点点，谈笑风生，擦肩而过时，翻译凑过来说，那几个洋人在问，远处几座现代化高楼（火神庙附近）是在园内还是在园外，为什么盖那么高？园内几条广阔的水泥大马路，是什么时候修的，清朝皇帝坐大汽车吗？我无言以对，哑然匆匆而过。还有一次，我出丽正门，遇到一位白发苍苍、似曾相识的老学者，寒暄之后，聊起了关帝庙，他那满脸闲适的微笑立即被学者特有的严谨所代替，悠然而又有些慨然地说：“清朝奉关公为保护神，在皇宫里秘密供奉，有专人朝夕祭祀。丽正门外的这座皇家关帝庙是避暑山庄和外八庙的总护法神。清代信奉的是喇嘛教，皇宫不供奉道教。怎么把它变成道教活动场所呢？清朝在雍和宫和历代帝王庙都建有一座小型关帝庙，作为护法。清代最大的关帝庙是北京的白马关帝庙，可以称为清代的护国神庙，是列入国家祀典的。承德市的关帝庙怎么能称清代最大的关帝庙呢？”然后又带调侃的口吻说：“避暑山庄和外八庙没有了总护法神，可别出乱子啊！”说完微微摇头，一声叹息。通过这两件事，我悟出了一个道理：名胜古迹归根结底是争夺眼球的文化经济。避暑山庄和外八庙不仅仅属于承德，也属于全国和全世界，成了世界公民的“大众情人”，每天都要经受成千上万双眼睛“考验”，要得“高分”谈何容易。保护、利用，或是“传承发展”，一切都要建立在科学研究基础上，否则，事倍功半，徒留许多后悔，承德要建设“文化大市”，应该逐步建立“避暑山庄学”作为理论支撑。

三、前景辉煌　路在脚下

承德打造“文化大市”的目标已经确定，光辉前景可以预期。接下来的问题就是，按预定目标一步一步地走，扎扎实实地干。路在脚下，成功靠决心和坚持。我们说继承和弘扬避暑山庄文化，不是发思古之幽情，更不是让人们回到过去，而是为了今天更美好，更是为了明天的辉煌。

承德打造“文化大市”，当然要紧紧扣住避暑山庄文化这个主题，用好、用足这张金字招牌及其丰富的文化资源。

我们强调历史文化的作用，一般是说：传承文明、启迪智慧、增广知识、丰富生活，往往忽略它作为深厚而丰富的文化资源，直接拉动社会发展的作用。历史文化其实是一种软实力，它可以为社会注入创新的活力，催生新的生产力。避暑山庄文化当然也是如此。

为达到预期目标，承德有关部门当务之急需要做的是，在调查研究、科学论证的基础上制定近期、中期远景规划及保证措施，开拓创新，锐意进取，尽快实现文化事业的产业化和产业的“文化化”。

计划经济时期，文化事业只是强调其社会宣传功能，不强调经济效益，通常是将其作为公益事业，而不是作为产业。在市场经济条件下，这种观念正在起根本性变化。文化作为一种产业，逐渐得到了社会各界的认同，而且正式上升为国家政策。根据国家统计局、文化部、广电总局、新闻出版署等部门制定的《文化及相关产业指标体系框架》，文化产业的定义为“为社会公众提供文化、娱乐产品和服务的活动，以及与这些活动有关联的活动的集合”。文化产业及相关产品的范围包括：提供文化产品，文化传播服务和文化休闲娱乐活动有直接关联的用品，设备的生产和销售活动，以及相关文化产品的生产和销售活动。文化部于 2006 年 5 月又发布了《中国文化产业 2006 投资项目手册》，对文化产业作了具体说明，分为出版发行、影视传播、演艺娱乐、工艺美术、文化旅游等七大类，开列了 921 个文化产业投融资项目。这就是当前国家有关文化产业的政策。根据上述标准来衡量，承德市目前已经有了一批文化产业，问题是如何强化和提高。

首先，是要规模化。承德市目前的文化产业有一些，例如旅游服务、工艺品等，但都投资较少，分散经营，没有形成规模，没有出现像矿主那样的千万富翁、亿万富翁，因而规避风险能力较差，更没有对全市经济发展起到主导作用。要进一步发展就要加快规模经营。这其中一个重要原因是资本少，属个体经营。其实是可以引进外资的，也可以吸收资本雄厚的矿主投资文化产业。同时要大力开拓国内外市场，引进来、走出去两条腿走路方针。从政府来讲，要有配套政策措施；其次，要逐步形成系列化。只有系列化产品才能有较强的市场竞争力。零打碎敲是难以占领市场的，而且难以形成规模；突出避暑山庄文化特点，实现产品个性化，是实现文化产品规模化和系列化的重要前提，也是提高市场竞争力的重要条件。内蒙古的成吉思汗酒，就是利用历史文化创品牌，赢得市场，获得巨大经济效益的；要坚定地树立精品意识和品牌意识，下大力气打造品牌产品。有了品牌产品，文化产业才有龙头，才有招牌。品牌就是竞争力，品牌就是财富。许多老字号品牌保持经久不衰的市场生命力就是很好的证明。我们从荧屏上看到的“丝路花雨”、“千手观音”等，都是在传承历史文化基础上创造的新的文化品牌。这样的例子还有很多，都值得借鉴。对现有的相关产业，例如旅游、餐饮、交通、服务等，要不断丰富其科技文化含量，愈来愈多地注入文化的理念和内涵，使游人和消费者在休闲、娱乐中感受到避暑山庄文化的魅力。

总之，目标明确，前景辉煌，坚持进步，目的一定能够达到。

对于城市管理和文化产业，我是门外汉，拉拉杂杂说来，可能被视为笑谈。但是，我是奉献的一片真诚，我为避暑山庄贡献了17年青春，它的山水桥亭都留下了我的足迹、我的梦。离开它30年，日夜萦绕于怀，常做“梦中游”。承德市是我的第二故乡，我经常向苍天祷告，愿它变得更美好，成为“塞外苏杭”、“东方威尼斯”，到那一天，我愿和第二故乡的亲朋好友一起“对酒当歌”，干上一千杯！

（本文原为2006年6月在“承德民族历史文化与建设文化大市学术论坛”发言提纲，见《承德历史与建设文化大市学术论坛文选》，辽宁民族出版社2006年10月版第7—14页。）

清代前期多民族国家统一观念的历史特征

——从避暑山庄丽正门五种民族文字门额谈起

在驰誉中外的塞外最大的清代皇家园林避暑山庄（亦称“热河行宫”）正门——丽正门，镌刻着乾隆皇帝御题满、汉、蒙、回（维吾尔）、藏五种民族文字门额，这在清代紫禁城和其他行宫、皇家园林中所仅见的，更是历代王朝所不曾有的。这当然不是乾隆的个人爱好或兴之所至，而是经过深思熟虑的重大政治举措，体现了他的治国理念，反映了当时特定历史条件下，多民族国家统一观念的历史特征，为了说明这个问题，我们需要从大历史的视角，进行较深入的探讨。

我国自古就是一个统一的多民族国家，虽然在历史的进程中，也曾发生过短暂的分裂，但经过一个时期的矛盾、斗争、融合，又会出现新的统一，这是中国历史发展的重要推动力之一。总的说来，统一的历史，大大超过了分裂时间。所以，统一是中国历史发展的主流和总趋势。这是中国历史的重要特点之一。与之相适应的是，在中国政治思想史上，形成了各民族统一的思想观念。这是多民族统一国家和中华民族统一的政治观念，也是多民族统一国家和中华民族内聚力最深厚、最坚实的思想基础。由于各个历史时期的历史条件和社会环境不同，多民族统一国家的形成和内容，也不尽相同，因而，在不同的历史时期，多民族统一的观念，也呈现出不同的历史特征。就这方面来说，清代前期，比起汉、唐和宋、元、明各个统一时期，又有许多不同之处。

清代前期，即十七八世纪，清王朝彻底统一了全国，各民族都统一在清朝中央政权之下；另一方面，西方早期殖民主义者的武装侵略，对我国的领土完整和国家、民族的统一造成了严重威胁。在这种特定历史条件下，各民族统一的观念，比起历史上各个时期来，有了许多不同的新内容，发生了许多深刻变革，有了新的发展，呈现了许多新的历史特征。这主要表现在以下三个方面。

一、历史地批判“华夷论”

在各民族统一观念的历史主旋律中，历史上也存在着一种“不谐音”，这就是在汉族封建统治集团中长期流传的“华夷论”。

以“夷”作为以汉族为主的中原农耕地区周围的少数民族的泛称，大概在传说中的夏代就有了①。到商代，甲骨文中正式出现了关于“夷人”的记载②。不过，那时尚未寓有褒贬之义。至春秋战国时代，出现了以“四夷”总称中原地区周围少数民族的说法，并寓有了轻蔑的贬义③。这是以汉族王朝为中心形成的、对汉族比较先进的农耕文化自我尊崇、对周围少数民族文化加以贬斥的思想观念，从而使“夷”变成了一种蔑称，成了“经济文化落后”的同义语。至迟到汉代，正式形成了“华夏”（指汉族）与“蛮夷”连称并举的说法（例如，《史记·五帝本纪》就有“蛮夷猾（华）夏”的说法）。这就是“华夷论”产生、形成的简要过程。

“华夷论”在历史上延续了两千年左右，一直被封建统治阶级奉为统治、压迫、歧视边疆少数民族的“理论”根据。这对于各民族之间的融合、经济文化的交流，都是一种销蚀剂，因而不断受到一些有远见的政治家（特别是少数民族政治家）的抨击。

清朝统一全国后，举凡内外蒙古、天山南北、西藏等少数民族地区，皆归清朝统治，多民族国家的统一发展到一个新的历史阶段。每个汗毛孔都滴着鲜血的西方殖民主义者磨牙擦爪，伺机鱼肉中国。在这种特定历史条件下，中华民族只有加强统一，才能进步，才能发展，才能独立于世界民族之林。“华夷论”作为历史前进的羁绊，不可避免地，要受到历史的批判。

雍正时期的曾静反清事件，在一定的历史意义上说，是一场关于“华夷论”的大斗争、大辩论。《大义觉迷录》一书，保存了这方面的许多珍贵史料。

曾静、吕留良、严鸿逵和清初其他一些知识分子，曾以“华夷论”为主要理论武器，进行反清斗争。其主要论点是：“华夷之分，大于君臣之伦。华之与夷，乃人与物之分界，为域中第一义”；“中华之外，四面皆是夷狄。与中土稍近者，尚有分毫人气。转远转与禽兽无异”；“中国人之诡谲反复、无耻无状者，其行习原类夷狄。只是恶亦是人之恶，天经地义，究竟不致扫灭。若是夷狄，他就无许多顾虑了，不管父子之亲、君臣之义、长幼之序、夫妇之别、朋友之信”；清朝入主中原是“明君失德，中原陆沉，夷狄乘虚入我中国，窃据神器”，“夷狄盗窃天位，染污中华，如强盗劫去家财，复将我主人赶出在外，占据我家。今家人在外者，探得消息，可以追逐得他！”，“夷狄侵陵中国，在圣人所必诛而不宥者，只有杀而已矣，砍而已矣，更有何说可以宽解得？”

雍正为了说明清朝为中华之主的合法性，针对曾静的论点，广征博引，痛加批驳：“至于今日蒙古四十八旗喀尔喀等，尊君亲上，慎守法度，盗贼不兴，命案罕见，无奸伪盗诈之习，有熙皞宁静之风，此安得以禽兽目之乎！若夫本朝自关外创业以来，存仁义之心，行仁义之政，即古者之贤君令主，亦罕能与我朝伦比。且自入中国已八十余年，敷猷布教，礼乐昌明，政事文学之盛，灿然备举。而犹得谓为禽兽乎？”他又列举了大量史实，总结说：“盖尊亲之大义，明上下之定分，则谓之人；若沦丧天常，绝灭人纪，则谓之禽兽，此理之显然者也”。这种以封建伦理纲常划分先进与落后的说法，显然要比曾静等人以人与禽兽喻比华、夷的说法，具有进步性。

雍正还从理论的高度，进一步批驳了“华夷论”，他说：

“在逆贼等（指吕留良、曾静等）之意，徒谓本朝以满洲之君，入为中国之主，妄生此疆彼界之私，遂故为讪谤诋讥之说耳。不知本朝之为满洲，犹中国之有籍贯。舜为东夷之人，文王为西夷之人，曾何损于圣德乎？《诗》言‘戎狄是膺，荆舒是惩’者，以其僭王猾夏，不知君臣之大义，故声其罪而惩艾之，非以其为戎狄而外之也”。他说明，夷狄只是一种地域概念（籍贯），而并非特指落后。

“盖从来华夷之说，乃在晋、宋六朝偏安之时，彼此地丑德齐莫能相尚，是以北人诋南为岛夷，南人指北为索虏。在当日之人，不务修德行仁，而徒事口舌相讥，已为至卑至陋之见。今逆贼等于天下一统、华夷一家之时，而妄判中外，谬生忿戾，岂非逆天悖理，无父无君，蜂蚁不若之异类乎！

“且自古中国一统之世，幅员不能广远，其中有不向化者，则斥之为夷狄。如三代以上之有苗、荆楚、猃狁，即今湖南、湖北、山西之地也。在今日而目为夷狄可乎？至于汉、唐、宋末盛之时，北狄、西戎世为边患，从未能臣服而有其地，是以有此疆彼界之分。自我朝入主中土，君临天下，并蒙古极边诸部落，俱归版图，是中国之疆土开拓广远，乃中国臣民之大幸，何得尚有华夷中外之分论哉！”他特别强调，当国家、民族大一统之时，再以华夷“妄判中外”，是“逆天悖理”。既不合人情、时宜，且逆历史潮流。

就曾静反清事件来说，史家见仁见智。清朝入关伊始，对汉族人民实行残酷的屠杀和镇压，汉族人民愤而进行反抗，应该说是正义的，具有进步意义。但曾静等人以“华夷论”作为反清的理论武器，就犹如手持一件破旧不堪的武器向敌人进攻，结果不仅未能伤及敌人，武器就自我爆炸，伤及自身。这正是曾静等人反清不能成功的历史悲剧。曾静反清事件，遭到残酷镇压（曾静本人在乾隆时被处死），是清朝文字狱之一。对清朝文字狱，后人是切齿痛责的，因为它钳制了人们的思想，毁坏了大量文化典籍，残杀了许多文人学士。

如果从中华民族思想发展史的意义上来说，这场关于“华夷”大辩论的理论意义，大大超过了这个事件本身。它宣告，不利于各民族统一、融合的“华夷论”，理论根基坍塌了。此后，“华夷论”虽然还没有彻底退出历史舞台，但其在中华各民族大统一的强烈思想意识的潮流面前，却日益显得渺小和暗淡无光了。

雍正对“华夷论”的批判，虽然还没有脱离传统窠臼的影响，也没有建立新的理论体系，但是，它毕竟给了旧的理论体系致命的一击，为新的理论体系的建立，开辟了道路。他曾下令将这场政治大辩论的材料，汇编成《大义觉迷录》一书，全国各地学宫均置一部，供文人浏览。这对于继续扫荡“华夷论”，强化各民族统一的意识，发挥了重要作用。

此后，清朝统治者在许多重要的政治场合和重要的官方文件中，特别注意避免对边疆少数民族使用带有刺激性的“夷狄”字样和称谓。乾隆时，还为此处分过一些大臣。乾隆五十二年（1787），陕西巡抚巴延三即因此遭到严厉斥责。乾隆指斥他：“本日巴延三奏报前藏达赖喇嘛遣使过境日期一折，内称‘夷狄’字样，甚属错谬。国家中外一家，况卫藏久隶版图，非若俄罗斯之尚在羁縻，犹以外夷目之者可比。自应以来使堪布书写为是。乃一任庸劣幕友混行填写夷使字样，率而具奏。巴延三于此等陈奏事件全不留心寓目，何至糊涂若此？著传旨严行申饬！”④

清朝利用政权的力量，对传统的“华夷论”进行了一次大规模的批判，从其主观意图来说，当然是为其统治全国的合法性作辩护，但是，从客观意义上来说，这是中华民族思想发展史上的一次深刻变革（在现实政治生活中，清朝对各少数民族，尤其边疆少数民族，施行的是歧视和压迫政策，因为封建统治阶级的“宣言”和实际行动往往是两回事），是中华各民族大统一思想的一次时代闪光，是有利于我国统一多民族国家的统一和巩固的，因而具有进步意义。

二、近代领土、边界、主权观念的形成

这是清代前期各民族大统一观念的另一个突出的时代特征。

清代以前，没有近代意义上的领土、边界、主权观念。而是以中央政权辖区周围少数民族地区为“边”。到了清代，这些少数民族地区已完全统一在中央政权之下，当然不能再自为“边”了，与邻国接壤的地区，自然被视为边疆。诚如《清朝通典》所说：“杜佑叙列历代以来荒外之国，享王背服、兴废沿革，与其山川风气、习俗性尚殊方异族之跡，而统目之以边防。诚以四边辽远，声教莫通，经纬控制之宜，有不可不大为之防者。其体例唯载荒外诸国朝贡、征伐，而不及内地沿边控御屯戍之政，名曰‘边防’，实即列史之四裔传也。自唐以来，四裔之国分并迁徙，纷纭不已，见于五朝《续典》。洪惟我圣朝……举凡前代之所为劳师设备，长驾远驭，兢兢防制之不暇者，莫不备职方而凛藩服，来瀛西漠，环集辐辏，固已无边之可言，而亦岂列代防御之术所可比论哉！”⑤

清朝关于边界问题的观念，是在资本主义世界出现之后（1640 年的英国工业革命，标志着资本主义世界的开始），逐步形成的，具备了近代领土、边界、主权观念的特征。

近代领土、边界、主权观念，是资本主义世界出现之后的产物。近代国家和民族是紧密联系在一起的。领土、人民、主权，是构成近代国家和民族的三大要素。领土是近代国家和民族赖以生存、发展的空间和最根本的物质条件，作为领土周边地区的边界，是领土的界定。主权是近代国家保护领土和民族最根本的政治权力。丧失了领土和主权，国家和民族就会沦丧或名存实亡。近代领土、边界、主权观念的形成，是一个国家和民族自我觉醒、自我保卫和抵御外来侵略的巨大精神力量、是民族内聚力的重要体现。

清代前期虽然还处于封建社会，但是，世界资本主义的出现使世界上不同国家和民族的许多问题都联系在一起，因而中华民族的思想观念，不能不受世界潮流的影响，发生许多新变化。是西方早期殖民主义者的入侵，从反面促进了中华民族的觉醒，在抵御外来侵略的斗争中，逐渐形成了近代领土、边界、主权观念。

西方早期殖民主义者对我国的骚扰，早在清朝入主中原之前就已经开始。继16世纪中叶葡萄牙人入侵澳门之后，17世纪初，荷兰人两次（1604年，1622—1624年）攻占澎湖，进而占据台湾达三十多年；其间，鸡笼（基隆）、淡水一带曾一度为西班牙人所控制（1626—1641）。这些西方早期殖民主义者的侵扰目标，主要是南疆海岛，尚没有对国家的安危造成严重威胁，又加明朝政权腐朽，全国政局混乱，最高统治阶层，还没有从领土、主权的高度来认识这些问题。但是，它毕竟是一个严重的历史信号，警告中华民族，中国的事情和世界的事情连在一起了，西方殖民主义者的武装侵略，将给国家和民族的安危，造成严重威胁。

17世纪初，沙俄侵略者越过乌拉尔山向东扩张。几乎是与清朝夺取全国的同时，沙俄侵略军大肆侵扰我国黑龙江流域。明崇祯十六年（1643），波雅科夫率沙俄侵略军，闯进我国黑龙江北面支流精奇里江一带，烧杀抢掠。顺治八年（1651），强占黑龙江上游北岸的雅克萨，筑垒屯兵。顺治十五年（1658），强占我国的尼布楚地方。康熙四年（1665），再次强占雅克萨，并盘据二十余年之久。沙俄的侵略行径，理所当然地激起了东北各族人民的强烈反抗。清朝对“发祥重地”遭到侵扰，也给予了严重关注，派出军队，于康熙二十四年、二十五年（1685、1686）组织了历史上著名的两次雅克萨反击战，打败了入侵军。

在反对沙俄侵略的斗争中，清朝政府正式形成了领土、边界、主权观念。康熙二十二年（1683）的一项谕旨指出：“向者，鄂罗斯无故侵扰我边陲，后复渐入，越我疆界，索伦、赫哲、费雅喀、奇勒尔等处之人，皆被扰害。不获宁居……”[6]至迟在这时，康熙正式明确提出国家边界的概念，指出，沙俄的侵扰是对我国边疆的侵略。康熙二十四年（1685）的谕旨再次重申：“向者，罗刹（沙俄）无故犯边，收我逋逃，后渐越界而来”，“罗刹扰我黑龙江、松花江一带三十余年，其所窃据，距我朝发祥之地甚近，不速加剪除，恐边徼之民不获宁息”[7]。再次明确指出了沙俄侵略军的行径是“越界”入侵，强调了边界不容侵犯。

康熙二十七年（1688），清政府派谈判使团前往尼布楚与沙俄使团谈判。临行前，康熙给使团颁布谕令，指示谈判原则，特别强调了领土、边界、主权问题：

“罗刹侵我边境，交战于黑龙、松花、呼马尔诸江，扰我属所居尼布潮（楚）、雅克萨地方，收纳我逃人根特木儿等。及我兵筑城黑龙江，两次进剿雅克萨，攻围其城，此从事罗刹之原委也。其黑龙江之地最为扼要，由黑龙江而下，可至松花江，由松花江而下，可至嫩江。南行，可通库尔瀚江（牡丹江），及乌喇（吉林）、宁古塔、席北、科尔沁、索伦、打虎儿（达斡尔）诸处。若向黑龙江口，可达于海。又，恒滚、牛满等江及静溪里江口俱合流于黑龙江。环江左右，均系我属鄂罗春、奇勒尔、毕喇尔等人民及赫哲、飞牙喀（费雅喀）所居之地，若不尽取之，边民终不获安，朕以为尼布潮、雅克萨、黑龙江上下，及通此江之一河一溪，皆我所属之地，不可少弃之于鄂罗斯。我之逃人根特木儿等三佐领，又继逃一二人，悉应向彼索还。如鄂罗斯遵谕而行，即归彼逃人及我大兵所俘获招抚者，与之画定疆界，准其通使贸易。否则，尔等即还，不便更与彼议和矣。”⑧

从这项谕令中可以看出，清政府关于领土、主权的观念，是非常明确和强烈的。康熙特别强调领土、主权不可丝毫丧失，指出：“尼布潮（楚）、雅克萨、黑龙江上下，及通此江之一河一溪，皆我所属之地，不可少弃之于俄罗斯”；他还特别强调了与邻国划定边界的问题，指出：“如鄂罗斯遵谕而行，即归彼逃人及我大兵所俘获招抚者，与之画定疆界，准其通使贸易”。这是近代国家处理邻国关系的一条基本准则。

此后，清朝政府对这些原则，始终坚持不渝。中、俄双方在平等基础上，于康熙二十八年（1689）签订了《中俄尼布楚条约》。条约共6条，主要内容是中俄东段边界的划分，越界侵略和逃人的处理，中俄往来贸易的规定等。在长达一二个世纪的历史时期，它一直是中俄双方处理两国关系和边界的准则。它是中、俄之间签订的第一个条约，也是中国与外国正式签订的第一个条约。从这个条约内容可以看出，清朝关于领土、边界、主权的认识，已和当时的西方各国，达到了同样的时代高度。

此后，清朝在处理边界和邻国关系问题上都遵循了康熙时制定的这些原则。雍正五年（1727），与沙俄签订了《中俄布连斯奇条约》，双方随即派官员勘分了中段全部边界，并设置了界标，订立了《阿巴哈依图界约》和《色楞额界约》。雍正六年（1728），在上述条约的基础上，再签订了《中俄恰克图条约》，规定了中俄在政治、边界、经济贸易、宗教、文化等各方面的关系。

乾隆时期，统一天山南北之后，清朝设置伊犁将军统辖巴尔喀什湖以东、以南广大地区军政事务，并在沿边堆设鄂博（石堆界标），并于“可入俄罗斯之要路，俱安设卡伦”[9]，设官驻军，建立了定期巡查制度。当时，中国西部边界与沙俄距离尚远，但未雨绸缪，边防是严密的。

乾隆末年，击退廓尔喀对西藏的侵略之后，特别加强了西南边防，沿边“各设鄂博，厘定疆域”。[10]乾隆五十七年（1792）八月，第二次反击廓尔喀入侵的战争刚刚结束，乾隆即谕令福康安等，迅速与廓尔喀划定边界，“查系藏内边地，一一设立鄂博”。福康安等迅即照办，不久即奏复：“于济咙之热索桥，聂拉木外札木地方之铁索桥，及绒辖边界，均已设立鄂博，厘定疆域”[11]。乾隆五十八年（1793），清政府批准了这次划界。廓尔喀也认为，这次划界“定立地界，极为公道”，表示“两家照旧和好，永远不敢滋事”，对于“所立地界，永远遵奉，不敢丝毫有违”[12]。

乾隆五十九年（1794），驻藏大臣和琳以“藏界西南通外番地方，如萨喀、定结、帕克哩等处，均未定有鄂博，难得日久不无事端”，因而派熟于边务的游击张志林“会同各营官，自萨喀起，酌于紧要处所，将应立鄂博地方，绘图帖说”，在福康安划界的基础上，进行补充划界。同年五月，和琳向乾隆奏报这次划界结果：“定日阅兵完竣，随带游击张志林、噶布伦丹津那木结、代本拉旺策卜丹等，携带噶厦底案，由萨喀、宗喀、聂拉木、绒辖、定结、帕克哩沿边一带，率同该处营官，悉心讲求，查对底册。张志林所拟应立鄂博处所，均与噶厦底册年老番民禀告相符。查，各处路径崎岖，雪山重叠，臣分派营弁，眼同各该处营官，将旧有玛尼堆等，加高添砌，其全无形迹者，一律堆设整齐，所有唐古忒西南，与外番布鲁克巴、哲孟雄、作木朗、洛敏汤、廓尔喀各交界，均已画然清楚”[13]。

乾隆末年，当英国以“租用”、“暂住”等名义，向清朝提出领土要求时，乾隆当即拒绝，并严正指出：“天朝尺土俱为版籍，疆址森然。即岛屿、沙洲，亦必画界分疆，各有专属”[14]。再次强调了康熙以来的一贯指导思想，即划定边界，严守边疆。

清代前期领土、边界、主权观念不断加强的另一突出表现是，加强边防："与俄罗斯接壤之处，各有重兵，形势联络，自科布多以西约千余里为塔尔巴哈台，有大臣驻焉。自塔尔巴哈台以西约千余里，为伊犁，有将军驻焉。其外境皆哈萨克部落。受封爵、纳赋税，比于内地蒙古各部，而哈萨克之外，惟俄罗斯为强国，然则边防所重，盖可知矣"——这是何秋涛分析了乾隆时期北部和西北边疆形势以后得出的结论。他进一步指出："夫国家承平二百余年，西北诸部若内蒙古、若喀尔喀、若杜尔伯特、若土尔扈特、若乌梁海、若哈萨克，皆我朝所戡定而卵翼之者，绸缪固结，更无边衅可虞，然常宿兵于漠北，将帅大巨星罗棋布，东西相望，其所以防患于未然者，意至深远。乾隆、嘉庆年间，满洲大臣多自西北军营入襄纶阁枢庭之治，若兆惠、阿桂、舒赫德等皆起自新疆军营，松筠任库伦办事大臣、伊犁将军前后十余年之久，庆桂以科布多参赞入辅政，诚以西北塞防乃国家根本，故久其任用竣其迁擢也"，"盖我朝边圉之政，至高宗而集其大成"[15]。

近代领土、边界、主权观念的形成和不断加强，使中华民族在空间和地域上有了一个政治上的界定，使全民族筑起了一道心理长城，加强了守土御侮观念，从而进一步提高了中华各民族大统一的意识。

三、以汉、满、蒙、维、藏五族一体，作为国家和民族统一的象征

这是清代前期中华各民族大统一观念的另一个突出的时代特征。

在中国近代史上，有一种很重要的思潮，很响亮的政治口号，即"五族共和"。孙中山先生在1912年发表的《总统宣言书》上明确提出；"国家之本，在于人民，合汉、满、蒙、回、藏诸地为一国，则合汉、满、蒙、回、藏诸族为一人，是曰民族之统一"。这在中国近代史上，是一个促进各民族团结、统一、进步、发展的口号，曾产生过重大而深远的历史影响。从历史研究的角度看问题，这种以汉、满、蒙、回、藏五族一体，作为国家和民族统一象征的思想，产生于清代前期，具体说，形成于乾隆时期。

乾隆时期，统一的多民族国家空前巩固和发展。全国各民族，彻底统一在封建中央政权之下，此后，再没有出现过大的民族分裂；各民族的生活、生产区域基本稳定，奠定了近代各民族的分布格局；各民族之间政治、经济、文化的交流，进一步密切和加强，形成了谁也离不开谁的民族

统一体；反对外来（特别是西方早期殖民主义者）侵略的斗争，促使各民族之间休戚与共的思想意识空前加强，传统的各民族大统一思想，注入了新的历史内容。这些标志着近代中华民族的形成。如何认识和反映这个时期的历史特点，提到了历史的议事日程。清朝统治阶级，特别是乾隆皇帝本人，根据自己的认识，提出了以汉、满、蒙、维、藏五族一体，作为国家和民族大统一象征的思想。

乾隆皇帝本人，除通晓汉语文和满语文之外，还特别注意学习蒙、藏、维语。据他自己说："乾隆八年（1743）始习蒙古语；二十五年（1760）平回部（指维吾尔族），遂习回语（指维吾尔语）；四十一年（1776）平两金川，略习番语（大、小金川地方藏语）；四十五年（1780）因班禅来谒，兼习唐古忒语（指藏语）。是以每岁年班，蒙古、回部、番部等到京接见，即以其语慰问，无藉通译"[16]。作为一个封建皇帝，这样努力学习少数民族语言，在历史上是少见的。这在一定程度上反映了清政府和乾隆本人对这几个民族的特别注意与重视。

根据乾隆的旨意，组织了大批学者，官修了《西域同文志》，分地名、山名、水名、人名四门，"每门则首冠国书（满文），次汉字详注，次三音切合，次蒙古字，次西番字（藏文），次托忒字（新疆地区使用的蒙古文），次回字（维吾尔文），循环毗附，重译相通，凡二十四卷"[17]。这是历史上第一部五种民族文字对照的辞书。乾隆时，还对官修的《清文鉴》进行了修订，完成了《三体（满、蒙、汉）清文鉴》、《四体清文鉴》（满、蒙、汉、藏四种文字对照的辞书）和《五体清文鉴》（满、蒙、汉、藏、维五种文字对照的辞书）。这又从一个方面说明，清政府和乾隆，对这五个民族的特别重视。

乾隆还下令，将这五种民族文字，题刻在皇家许多重要建筑上，以显示国家和民族的统一，用乾隆的话说，就是"以昭我国家一统同文之盛"！

乾隆十九年（1754），在改造热河避暑山庄正门——丽正门时，用汉、满、蒙、维、藏五种文字，题写了门额。这在历史上是一个创举。

避暑山庄是古北口外最大的避暑行宫和当时的第二个政治中心。清朝皇帝每年夏天都要率领王公大臣和大批军队到这里避暑并去木兰围场（今河北围场县）打猎，同时接见各少数民族王公贵族和外国使节。丽正门正是清朝皇帝举行大典时，王公大臣和各少数民族首领，以及外国使节，出入避暑山庄的正门。用五种民族文字题写这主要出入口的门额，正是借此显示国家和民族的统一。“两字新题标丽正，车书恒此会遐方”——乾隆的这两句诗（现仍刻写在丽正门内），很能说明其政治用意。

出于同样的政治目的，乾隆又于四十八年（1783）下令将盛京（今沈阳）的大清门，以及永陵、福陵、昭陵“所有下马木牌，俱著改用石碑，镌刻清、汉、蒙古、西番（藏）、回子（维吾尔）五体字，以昭我国家一统同文之盛”[18]，很显然，乾隆就是要用这五种民族文字，昭示国家和民族的大统一。

这是在当时特定历史条件下形成的一种政治观念。

汉族人口众多，经济、文化发达，是中华民族的主体民族；满洲贵族掌握着全国统治权，满族在全国处于统治地位。清朝统治者讲国家和民族的统一，当然不能离开满、汉民族，这个道理很容易理解。问题是，在全国众多的民族中，除满、汉民族之外，清朝统治者又为什么特别重视蒙、藏、维三个民族呢？这是和清朝统治者对当时国情的认识分不开的。

满洲贵族入主中原以前，就通过联姻等手段，和蒙古王公贵族结成了政治联盟。清朝夺取全国统治权，在很大程度上是依靠了蒙古骑兵的力量。清朝掌握全国统治权后，蒙古王公贵族成了这个政权的主要依靠力量和重要支柱。清代前期，对国家领土、主权造成威胁的，主要是来自北方沙俄的侵略。在这场斗争中，蒙古处于最前线。康熙说，“本朝不设边防，以蒙古部落为之屏藩”[19]，“我朝施恩于喀尔喀，使之防备朔方，较之长城更为坚固”[20]。这是清朝的一项重要战略思想原则，即抚绥蒙古，以巩固北部边疆，防御外来侵略。所以，清朝讲国家和民族的统一，必然会把蒙古族提到极为重要的位置。

维吾尔族是新疆的主体民族。新疆“东捍长城，北蔽蒙古，南连卫藏，西倚葱岭，以为固居神州大陆之脊，势若高屋之建瓴。得之，则足以屏卫中国，巩我藩篱；不得，则关陇隘其封，河湟失其险。一举足而中原为之动摇”[21]。这种特殊的地理位置，对国家的安危，有着特别重要的关系。沙俄对我国新疆地区的侵略野心，在乾隆二十二年（1757）的阿睦尔撒纳之乱中，已经暴露无遗了。新疆在当时也处于反对外来侵略的最前线。清朝认为，“（新疆）塞防乃国家根本”[22]，其原因也在于此。厄鲁特蒙古虽然曾一度统治了天山南北，但在乾隆二十四年（1759）清朝彻底统一新疆之后，厄鲁特蒙古的人口锐减，政治势力微乎其微了，维吾尔族成为新疆的主体民族，更明显的突出和加强了。要巩固西北边疆，必须加强对维吾尔族的统一。维吾尔族的统一、安定，直接关系到国家和民族的统一，这正是清朝统治者特别重视维吾尔族的主要原因。

西藏在清代前期政治中，占有特殊的重要地位。西藏作为喇嘛教的发源地和中心所在地，对西南地区和蒙古地区的政局，有着举足轻重的影响。喇嘛教在蒙藏民族中得到普遍信仰，有着巨大的传统和政治势力。利用喇嘛教统治蒙藏民族，是清朝的一项传统政策。乾隆说，“卫藏为黄教兴隆之地，内外诸蒙古无不以是为宗，所关事体大”[23]。清朝重视西藏，一个重要原因，就是重视喇嘛教问题。西藏作为喇嘛教首领达赖、班禅的居住、焚修所在地，直接影响到蒙古地区政局的安定与否，用乾隆的话说，就是“盖中外黄教（喇嘛教）总司以此二人，各部蒙古一心归之，兴黄教即所以安众蒙古，所系非小，故不可不保护之”[24]。另外，清代前期，英国和沙俄已经开始把侵略的魔爪伸向了西藏。作为祖国的西南门户，西藏对国家的安全，有着极重要的关系。清代的一些有识之士，对此曾有深刻的论述：“夫唐古忒（西藏）与廓番（廓尔喀）接壤，廓番又与英圭黎（英吉利，即英国）属之印度接壤。英圭黎常思开通藏路以达中国（此指中原地区），胜海路之纡险，是以经营印度汲汲若不终日，而唐古忒齮龁之，不得逞。然则今日之藏卫，其关系中外利害数倍于昔”[25]。这说的虽然是鸦片战争以后的形势，但鸦片战争以前，就已经存在，乾隆末年在反击廓尔喀侵略西藏的战争中，清朝就已经察觉了英国在暗中怂恿廓尔喀问题。喇嘛教和西南边疆的安定，正是清朝特别重视西藏问题的原因所在。

从清代前期的历史来说，顺治、康熙、雍正、乾隆四朝，以最大努力刻苦经营多民族国家统一和巩固、发展的重大历史课题，除抗击沙俄入侵之外，就是蒙古、新疆和西藏问题，这经过了四代、一个半世纪的苦心经营，到乾隆时才基本完成。清朝统治者认为，汉、满、蒙、维、藏五个民族安定和统一了，国家和全民族就能安定和统一。因此，把汉、满、蒙、维、藏五族一体，作为国家和民族统一的象征，这正是在当时特定历史条件下形成的一种政治观念和思想意识。

总之，清代前期，即十七八世纪，中华民族大统一观念的历史新特征，主要表现在：历史地批判不利于各民族统一、融合的“华夷论”，进一步强化民族大统一意识；形成了近代领土、边界、主权观念，使全民族在政治上、心理上，筑起了一道坚固的新长城；以汉、满、蒙、维、藏五族一体，作为国家和民族统一的象征。这是在清代前期我国统一多民族国家空前巩固和发展、西方早期殖民主义者的武装侵略对国家和民族的统一造成严重威胁的特殊历史条件下，传统的中华各民族大统一观念的光辉升华，它当时对于加强中华民族的内聚力，进一步巩固和加强国家、民族的统一，抵御外来侵略，都起了重要的历史作用。

注释：

①《竹书纪年》记夏代史实，多次提到“夷人”，例如，“（帝相）元年，征淮夷”、“二年征风夷及黄夷”；《说苑·权谋》记夏桀召九夷，而“九夷之师不起”。

②甲骨文有不少提到“王正（征）尸方”，“尸”、“夷”通用，“尸方”即“夷方”，参见《甲骨文编》等。

③西周以前，“夷”特指东方少数民族，《说文》：“夷，东方之人也，从大从弓。”春秋战国时，始以“夷”总称四周少数民族，《左传·文公十六年》：“戎伐其西南”，疏：“夷为四方总号”；《春秋谷梁传·序》：“四夷交侵，华戎同贯。”疏：“四夷者，东夷、西戎、南蛮、北狄之总号也”。“夷”作为一种蔑称，也始于春秋战国时期：《论语·八佾》：“夷狄之有君，不如诸夏之无”；《公羊传·隐公七年》：“不与夷狄之执中国礼”；清代人撰写的《说文通训定声》解释这些话的意思是：“夷狄之俗，非如华夏之民有礼义文章之美也”。

④《清高宗实录》卷1292。

⑤《清朝通典》卷97。

⑥何秋涛：《朔方备乘》卷首1。

⑦何秋涛：《朔方备乘》卷首1。

⑧《清朝通典》卷135。

⑨《平定准噶尔方略（正编）》卷55。

⑩《清高宗实录》卷1421。

⑪《清高宗实录》卷1411。

⑫《卫藏通志》卷2。

⑬《卫藏通志》卷2。

⑭《粤海关志》卷23。

⑮何秋涛：《朔方备乘》卷11。

⑯乾隆：《上元灯词》，见《清高宗御制诗文十全集》卷34。

⑰鄂尔泰等：《国朝宫史》卷31。

⑱王先谦:《东华续录》，乾隆朝卷3。

⑲《承德府志》卷首1。

⑳《清圣祖实录》151。

㉑钟广生:《西疆备乘》卷1。

㉒何秋涛:《朔方备乘》卷11。

㉓乾隆:《边报六韵》，见《清高宗御制诗文十全集》。

㉔乾隆:《喇嘛说》，碑藏北京雍和宫。

㉕丁士彬:《西藏图考·序》。

（原载《清史研究》1996年第2期）

附：清朝皇帝的华夷观

中国古代的华夷观形成于春秋战国时期，华夏人自视为文明礼仪，“四夷”为野蛮落后。相应地，中国、华夏、中华、诸夏含义等同，代表最先进文明礼仪；用夏变夷，夷夏之防；只有华夏人才能居于中国统治“四夷”；“中国”之外都是“四夷”；华尊夷卑等观念，都构成了华夷观念的内涵，是为华夷之辨。华夷观念不仅仅是华夏—汉人的文化心理、政治思想，伴随着华夷对举，也深刻影响周围的“四夷”。在清代，满洲人面临着无处不在的华夷之辨，作为国家最高统治者的皇帝，对华夷观也有着自身的体认，体现了传统与现代的变化。

一、自认为夷与满洲意识的确立

朱元璋以华夷之辨为口号推翻蒙古人统治，恢复了汉人独尊的地位，建立明朝。被统治的女真人，自不免于为华尊夷卑观念所笼罩。明末女真—满洲人崛起，在与汉人争夺天下过程中，努尔哈赤、皇太极清醒地认识到，处在汪洋大海般汉人中的自身身份认同问题。如果完全接受汉人赋予的“夷”的身份，那么女真—满洲人将永远处于心理弱势地位，或者是被汉人同化掉。如果完全否认华夷之辨，在实力弱小的时候，是不会有说服力的，只会激起汉人更大的敌视，不利于实现最大的政治利益。但不论怎样，女真—满洲人都无法回避华夷之辨的冲击，解决自身的身份认同，既是一种政治思想，又是民族意识的体现，当然又要以实力为基础。

在整体实力还非常弱小时，努尔哈赤基本上接受了汉人赋予的文化身份。万历十七年（1589）九月，明朝命努尔哈赤为都督佥事，赐建州左卫之印，努尔哈赤接受敕封，宣称自己是“女直国建州卫管束夷人之主佟奴儿哈赤”，“保守天朝九百五十余里边疆”。[①]承认是明朝的臣民，接受了汉人的华夷观念，自认为“夷”。在统一女真过程中，努尔哈赤是以“夷”的身份与明朝进行政治交锋。为了获得明对其占领土地的实际承认，万历三十四年（1606）至万历三十六年（1608），努尔哈赤与明朝在开原立碑定界，碑文内容《满文老档》，《清太祖武皇帝实录》只记录一部分，但明朝言官在指责边臣“分疆”行为时，批评碑文中有“尔中国，我外国，两家一家等语”。[②]努尔哈赤将明朝称为“中国”，与“女真国”是一个国家中的平等“两家”。而“中国”的本义侧重于民族文化，以明华尊夷卑地位。努尔哈赤虽然在努力争取获得与明朝平等的地位，但是在文化心理、民族意识上仍旧运用了汉人构造的话语。

随着实力的增强，努尔哈赤建金国称汗，视为历史上金朝（1115—1234）的继续，效仿历史上的女真人，“斥中国为南朝”。[③]以金、宋史事自喻，昭示了华夷观念的潜在，也突显了努尔哈赤志在“中国”的雄心。这种雄心是“与时俱进”的，皇太极继位后，明示天下，“古之大辽、金、大元，俱由小国而成为皇帝矣……岂有一姓人登皇帝位，永世不移之理乎！”。[④]辽、金、元分别是由契丹、女真、蒙古建立的国家，在汉人眼里是为“夷狄”。女真人灭北宋的故事，使得“金”之国号很容易引起明朝汉人的恐惧与仇视，激起华夷之辨情绪。皇太极以之自喻，是向汉人宣布“夷狄”也可以入主“中国”。虽然文中没出现“夷狄”字样，但原文可能在清入关后，编修《满文老档》、《太宗实录》时改写过，特别是乾隆年间禁书，凡涉及辽金元事迹的书籍，及称女真为夷、酋，自贬尊明的地方都要删改或禁毁。以之为忌讳，说明满洲人在心理上是认可了辽、金、元的夷狄身份。

对告天“七大恨”原文本的改窜，也体现了满洲人自认为“夷”的心理。天命三年四月十三日（万历四十六年，1618），努尔哈赤书“七大恨”告天伐明，成为满洲人入关前反明最重要的政治宣传。孟森先生曾发现过天聪四年正月木刻揭牓之七大恨文，据此考证“七大恨”原文本是汉文。原本称明为南朝，“我祖宗与南朝看边进贡，忠顺已久”。自视为夷，“我国与北关（叶赫），同是外番”；“北关与建州，同是属夷”；称蒙古为“虏”，我礼聘之叶赫老女，因“南朝护助，改嫁西虏”。[⑤]体现了满洲人对待华夷观的态度。而在《满洲老档》、《武皇帝实录》、《太祖实录》中，将夷、虏、南朝、番等词全部删去。如孟森先生所言，乾隆年间将“其尊崇大明之处，乃自称为夷为酋，与建州卫及金国汗等字样，皆经改窜。”[⑥]

木刻揭牓之七大恨文，类似今天的传单。努尔哈赤、皇太极在政治宣传时，采用的是汉人的话语，说明华夷观念对他们的影响，也说明了文化弱势群体在与强势文化群体打交道时，在文化、思想意识层面都显得比较被动，强大的一方操纵话语，弱小的一方被迫承认或者进行解释、辩驳。这也反映出，华夷观作为一种心理意识、政治思想，在中国历史上的巨大影响力，具有普遍性、权威性，“四夷”要统治汉人都无法回避它的无处不在，甚至要接受它。例如，前秦氐人符坚标榜自己是“轩辕之苗裔”。[7]十六国时期夏之国主赫连勃勃（匈奴族）自称“朕大禹之后”。[8]实际上都向汉人的华夷观屈服了，甚至要改变自己的血缘祖先，想以此抵消华夷之辨的负面影响，确立统治“中国”的合法政治地位。

满洲人也面临着同样的问题，但是，努尔哈赤、皇太极与两晋南北朝时期的鲜卑、匈奴等族不同的是，并不试图改变自己的身份，而是努力塑造与汉人平等的女真—满洲共同体意识。努尔哈赤在统一女真各部过程中，有意识地强调与蒙古、汉人之间的区别，停止使用蒙古文，创制新的女真文字，在服饰、礼仪等方面努力保持自身的文化特色与生活方式。皇太极在这个基础上，加强了对满洲意识的培养和塑造。一方面积极学习汉文化，参汉酌金，加快“汉化”进程，在政治制度上尽量与正统的汉王朝接轨，为定鼎中原作各方面的准备。一方面又采取一系列强化满洲认同意识的措施，进一步改进满文，使之规范化，强调满文、满语的重要性。并告诫满洲臣民，“国家承天创业，各有制度，不相沿袭，未有弃其国语，反习它国之语也。事不忘初，是以能垂之久远，永世弗替也”。不能像蒙古一样，“自弃蒙古之语、名号，俱学喇嘛，卒致国运衰微”。所以，“朕缵承基业，岂可改我国之制，而听从他国”。[9]把满语、满文的使用与国运兴衰联系起来。这对满洲人树立共同的文化心理、族体意识，增强凝聚力，起到了无法替代的作用。

与此同时，皇太极以满洲为新族名，代替原来的泛称诸申。天聪十年（1635），皇太极又改国号“金”为“清”。金国本身代表了夷狄的身份，又仅是灭北宋而已，享国不久，即为蒙古所灭，征兆不吉。皇太极继位，清醒地认识到这一点，加速变革，其战略目标是统一天下，改金为清，有继秦汉隋唐元明，承继大一统的含义。同时，女真改为满洲，金改为清，是正式向天下人昭告，女真人已经发展成为新的族体，与先世女真、金国彻底绝离。正如天聪五年（1631），皇太极给祖大寿劝降书中所说：我屡致书欲和，“而明君臣，惟以前宋帝为鉴，竟无一言回报。然大明帝非宋帝裔，我又非先金汗之后。彼一时也，此一时也。天时人心，各有不同。”[10]说明皇太极早就想彻底改变自身的身份，只待时机成熟，正式宣告天下。

在学习借鉴汉文化的过程中，不断有汉人臣僚主张“改满洲衣冠，效汉人服饰制度”，全面实行汉法。对此，皇太极明确反对，指出金世宗在位时，“奋图法祖，勤求治理，惟恐子孙仍效汉俗，预为禁约，屡以无忘祖宗为训。衣服语言，悉遵旧制，时时练习骑射，以备武功。虽垂训如此，后世之君，渐至懈废，忘其骑射，至于哀宗，社稷倾危，国遂灭亡。”[11]借鉴金朝兴亡的历史教训，皇太极把保持本族的衣服、语言、骑射等习俗视作国家长久，满洲兴旺的根本，清醒地认识到，严重的汉化，就可能成为历史上金国的下场。因此，皇太极严厉申谕：“嗣后，凡出师、田猎，许服便服，其余悉令遵照国初定制，仍服朝衣。并欲使后世子孙勿轻变弃祖制。”并专门制定法令，“有效他国衣冠、束发、裹足者，重治其罪”。[12]

努尔哈赤、皇太极在学习汉文化的同时，坚持本族的语言文字、骑射、衣冠服饰习俗，培育满洲认同意识，充分体现了他们的自信，与强烈的民族意识。这为入关后，清帝突破华夷之辨的束缚，在国家内部构造各族平等奠定了祖宗之法。而满汉围绕“衣冠、剃发”的斗争，却一直延续下来，成为华夷之辨存在的外在表现。

二、以国内的华夷为臣民

顺治元年（1644），多尔衮率清兵入关，祭告天地曰：“因兹定鼎燕京，以绥中国”。[13]正式宣告满洲人成为中国之主，自身的身份发生了翻天覆地的变化，成为天下国家疆土、华夷的统治者。这对清朝的皇帝是个巨大的考验。一方面，无论满、汉都不可能消除根深蒂固的华夷之别，满汉之间不可调和的矛盾，使得满洲人常怀少数人的恐惧，清帝必须维护满洲人的根本利益，“首崇满洲”遂成为基本国策，在政策、体制上造就了满汉畛域。另一方面，清帝作为全国的统治者，还需要站在中央政权的高度，维持住对全体臣民的统治，面对人口众多的汉人，清帝必须采取笼络汉人的政策和措施，并为满洲人统一“中国”、统一边疆“诸族”进行合理的解释，化解汉人的华夷之辨，及蒙古族、藏族、维吾尔族等强烈的本族意识，以巩固大一统的国家，这也是清帝努力的一个主要目标。

所以，这两个方面把清帝置在民族利益与国家利益的两难中，也体现了古代中国民族意识与国家意识内在的矛盾性。秦汉以来的中国，在华夷对举的朝代更替中，民族与国家意识往往纠缠不清。对汉人而言，中国是汉人的中国，“夷”是没有资格入主中国的。而“夷”要想统治中国，必须摆脱华夷之辨的负面影响，或者编造自己是黄帝、尧、舜、禹之后，与汉人同源同祖；或者全面接受汉文化。做不到，只能以武力遏制华夷之辨的言论，政治上制造夷夏畛域。可以说，民族之别成为“夷”统治中国的最大的心理障碍。这其中充满了巨大的悖论，民族与国家是可以区别的不同概念，但是在古代中国，文化意义上的民族利益经常凌驾于政治意义上的国家观念之上。汉人把中国等同于汉人的国家，上演了一幕幕你死我活，又难分对错的历史活剧。同样，在清代，汉人成为了清朝国家的臣民，满洲皇帝成为汉人的君父，但是汉人却不断的反清，把反清等同于反满族。满洲皇帝也把大清国等同于满洲的国家，坚决维护满洲人的利益，处处限制，防范汉人，首崇满洲，以本族利益置于国家利益之上。可以说，满汉矛盾归结到一点，是由谁来统治中国，但这又是不可调和的矛盾。不过，不管由何族来当最高统治者，都要维护国家的长治久安。作为“异族”，清帝无法超越满洲意识，但是作为国家的最高统治者，清帝需要在华夷对举中，找到一个平衡点，来突破华夷之辨的束缚。最好的方法就是以各族平等的臣民意识来统合华夷，强调对大一统国家的认同。

应该说，在开国时期，努尔哈赤、皇太极为消弭满汉对立，都强调过平等的臣民意识：“今诸申、尼堪全都是汗的国人。”[14]“满汉之人，均属一体”。[15]但在这个时候，努尔哈赤、皇太极没有对国家，各民族关系有一个全面的考量，基于当时的特殊情况，他们所说的更多的是策略与斗争的需要，此处的“汉”主要指的是已经臣属满洲的汉人。

入关之后，清初诸帝需要逐步完成内地与边疆的大一统。在这一过程中，清帝要维持统一，不断强调的是国家臣民意识。康熙曾针对准噶尔说过：“朕统御寰区，一切生民，皆朕赤子，中外并无异视”。[16]以此来应对“异族”强烈的独立意识。要实现这一点，走的路却很漫长。满洲人统治中国，对汉人来说是强烈的心理刺激。从西北到东南的反清斗争；从迭起的“朱三太子”案，到天地会等秘密团体的反清复明，引燃了激烈的华夷之辨情绪。对应的是，满洲人入主中原厉行的屠杀、圈地、剃发、易服政策，在行政、军事等各方面的限制。华夷畛域盘桓在满汉人心中，弥漫于社会，存在于民间，时不时的就突显一下。挥之不散的华夷之辨构成了清代社会满汉矛盾的内在动因。

汉人强烈的华夷观念的存在和言行，使得满洲人不可能充分信任汉人，视汉人为心腹大患也是很正常的。康熙晚年，就声称："若有变动，或在中国，蒙古断无此虑。"[17]实际上是对弥漫于社会的华夷之辨有感而发。事实上也是如此，扬州十日、嘉定三屠的故事，广泛流传于民间，更为华夷之辨提供了有力的注解。清初普遍存在的反清复明情绪，最终引发了曾静反清案。曾静是以吕留良的"盖以华夷之分，大于君臣之伦。华之与夷，乃人与物之分界，为域中第一义"[18]为立论核心，号召汉人反清复明，把民族利益凌驾于国家之上。这为好发高论，且自视高明的雍正帝提供了历史性机会，得以全面批判华夏—汉人构造流传千年之久的华夷观念。

雍正帝首先承认满洲为"夷"，"夷狄之名，本朝所不讳"。[19]但是，他指出华、夷的本义不是文化的差别，只是地域上的区别，"不知本朝之为满洲，犹中国之有籍贯"。而统一天下最重要的是德，不管是华还是夷，有德者可得天下，"上天厌弃内地无有德者，方眷命我外夷为内地主"。也就是说，满洲人因德有天下，"舜为东夷之人，文王为西夷之人，曾何损于德乎！"[20]其重要性在于，雍正承认为夷，并不等于完全接受了汉人的华夷之辨，这与努尔哈赤自认为夷又有显著的不同。而是把华、夷放在一个平等的地位考量，因为地域是无所谓尊卑的，体现出了各族平等的意识。

在批驳华夷之辨时，雍正的中心思想即是以大一统国家内部的君臣关系来代替华夷关系。雍正指出了汉人"吵闹"华夷之辨的原因是，"从来华夷之说，乃在晋、宋六朝偏安之时，彼此地丑德齐莫能相尚。是以北人诋南为岛夷，南人指北为索虏"。[21]"华夷之辨，此盖因昔之历代人君，不能使中外一统，而自作此疆彼界之见耳"。如今，满洲人承天命，使得"中国成一统之盛，并东南极边番夷诸部俱归版图，是从古中国之疆宇，至今日而开廓"。[22]从大一统的角度讲，满洲人对"中国"是有大功的，"自古中外一家，幅员极广，未有如我朝者也"。[23]"并蒙古极边诸部落，俱归版图，是中国之疆土开拓广远，乃中国臣民之大幸，何得有华夷中外之分论哉"。[24]也就是说，当今是华夷一家，中外一体的国家，已不再有华尊夷卑的区分。

在统一的国家内部只有君臣之分，所谓“君臣居五伦之首，天下有无君之人而尚可谓之人乎！人而怀无君之心，而尚不谓之禽兽乎！”[25]雍正又引用儒家经典来说明：“《孟子》曰：‘无父无君，是禽兽也’”。[26]“孔子成《春秋》，原为君臣、父子之大伦，扶植纲常，辩定名分”。[27]主要意思就是，君臣之义大于华夷之分，不讲君臣之道的才是禽兽。“夫我朝既仰承天命，为中外臣民之主，则所以蒙抚绥爱育者，何得以华夷而有殊视。而中外臣民既共奉我朝以为君，则所以归诚效顺，尽臣民之道者，尤不得以华夷而有异心。……莫不知大一统之在我朝，悉子悉臣罔敢越志者也”。[28]既然华夷都奉我朝为君，作为臣民，应该恪守君臣之道，以臣待君，君臣之间是没有华夷之分的。在国家内部，华夷都是国家平等的臣民，“夫满、汉、蒙古，并无歧视”。[29]不应再尊华攘夷，反对国家的大一统。以臣民意识代替华夷意识，与唐太宗、明太祖强调“华夷一家”的本意有相通之处。而雍正以少数民族身份，则放下了汉人历史文化的包袱，能全面的批判华夷之辨，并为满洲人统治“中国”找到了合理的依据。

为了标榜华夷平等的主张，雍正帝公开宣布，“朕览本朝人刊写书籍，凡遇胡虏夷狄等字，每作空白，又或改易形声，如以夷为彝，以虏为卤之类。殊不可解，揣其意，盖为本朝忌讳”。“犹泥满汉之形迹于文艺纪载间，删改夷虏诸字，以避忌讳。将以此为臣子之尊敬君父乎。不知即此一念，已犯大不敬之罪矣。嗣后临文作字，及刊刻书籍，如仍蹈前辙，将此等字样空白及更换者，照大不敬律治罪”。[30]并不忌讳胡、虏、夷、狄等字。雍正的本意是，既然满洲人是以德得天下，仁心仁政，那么再避讳夷狄，反而彰显出满洲人“心中有鬼”，有以夷为耻的真实感受，不如，公开承认为夷，以标榜自己所说：华夷没有文化道德上优劣之分，仅是地域之别，岂不更显我满洲人之德。雍正所说在理论上是积极正面的，但要想扭转延续两千年之久的华夷之辨，却不是一朝之功。

而雍正刊布上谕证实，文字的背后是社会上华夷观念的弥漫。至乾隆十七年（1752），仍有人打着“朱姓”的名义起事：“西洋出幼主，名朱洪锦，系明后裔”，“西洋不日起事，兴复汉朝。”[31]说明汉人复明反清的情绪，始终存在于心中。反过来，这又坚定了清帝整肃思想文化的决心，使得文字之祸泛滥于闾巷百姓。以文字狱对付汉人的华夷之辨，可以从思想上钳制汉人知识分子，使之噤若寒蝉，不敢思，不敢言，控制华夷之辨言论在普通民众中的流传散布，不失为一个最有效的手段。

而乾隆时期文治武功之隆盛，为以“文字狱”手段解决盘桓在汉人心中的华夷之辨，提供了必要的条件。所以，乾隆一改康熙宽简，雍正的故作姿态，手段上精细酷烈。乾隆继承乃父，解释“华、夷”是地域籍贯之名，“至于东夷、西戎、南蛮、北狄，因地得名，与江南、河北、山左、关右何异！”“如孟子称舜东夷之人，文王西夷之人，此无可讳，亦不必讳”。[32]但在行动上大力禁毁华夷之辨的文字，禁书期间凡涉及辽东及女真、辽金元事迹，诋毁夷狄的文字，轻则删改，重则全部销毁。陈垣先生在《旧五代史辑本发覆》中，曾列出清帝所忌虏、戎、胡、夷狄、犬戎、蕃、酋、伪、贼、犯阙等诸字。乾隆四十五年（1780），山东民人魏塾批注西晋江统所做《徙戎论》，有“遂酿成五胡之灾”诸语，即被处斩。可见，乾隆在国内整肃华夷之辨的力度。

既然华夷是平等的，就不需要再刻意模糊满汉之别。相反，乾隆极力强化满汉界限，把地域上与文化上日渐离散的满洲人凝聚起来，塑造出不可动摇的满洲意识。乾隆帝刚即位不久，即颁发谕旨：“八旗满洲姓氏众多，向无汇载之书，难于稽考，著将八旗姓氏详细查明，并从前何时归顺情由，详记备载，纂成卷帙，候朕览定刊刻，以垂永久。”[33]命人编纂《八旗满洲氏族通谱》，辑录满洲姓氏，追述祖源，以清源流。以后，又陆续修纂《满洲源流考》、《满洲祭神祭天典礼》、《满洲实录》，将满洲起源的神话与历史事实结合起来，培育满洲人同源共祖的意识，增强满洲共同体的凝聚力，有意识地强调满洲在血缘、历史、文化上的独特性。把同为八旗的汉军排除在外，“汉军其初本系汉人”，[34]建构出与汉人平等的满洲历史源流，并应保持本族的特色，避免融化于汉人之中，因此，乾隆不时晓谕：“满洲风俗，素以尊君亲上，朴诚忠敬为根本。”[35]衣冠、骑射为满洲之本，是祖宗之礼法。如果满洲人变本忘祖，必会同辽、金、元一样，希望“奕世子孙深维根本之法之计，毋为流言所惑，永恪遵朕训”。[36]保持满洲人固有的习俗和共同的本族意识。这也是从努尔哈赤、皇太极起清朝诸皇帝的共识。清帝的努力，与北魏鲜卑族断北语、易胡服，辽、金、元走的路子不同，而是坚定不移地培养与汉人平等的满洲共同体的意识，使之具有了近代意义上的民族特性。所以，从乾隆以降，满洲人虽然汉化的越来越严重，但强烈的满洲意识却始终在发挥作用。

同时，乾隆帝强调国家的大一统与各民族的平等，指出："大一统而斥偏安，内中华而外夷狄，此天地之常经，古今之通义。是故夷狄而中华，则中华之；中华而夷狄，则夷狄之。此亦《春秋》之法，司马光、朱子所为亟亟也。"[37]把以华夷之别为立论的正统论排除，强调的是无论华、夷，只要能实现大一统，就是正统国家。在统一国家的内部，各族都是平等的臣民，乾隆一直强调这一点，曾严厉斥责过甘肃巡抚鄂昌，"即如鄂昌身系满洲，世受国恩，今检其所作塞上吟，……且至称蒙古为胡儿。夫蒙古自我朝先世，即倾心归附，与满洲本属一体，乃目以胡儿，正与自加诋毁者何异！"诏赐自尽。[38]乾隆还为此训斥过陕西巡抚巴延三，"本日巴延三奏报前藏达赖喇嘛遣使过境日期一折，内称'夷使'字样，甚属错谬。国家中外一家，况卫藏久隶版图，非若俄罗斯之尚在羁縻，犹以外夷目之者可比。自应以来使堪布书写为是。乃一任庸劣幕友混行填写夷使字样，率而具奏。"[39]从上谕可以看出，乾隆强调的是各族共尊一君，"中华一统"。按照雍、乾的标准，凡是服从王化，归顺大一统国家的都是平等的臣民，反之，则可视为"夷"。当准噶尔还自立于清朝直接统治之外时，雍正称："今普天之下，率土皆臣。虽穷边远徼，我朝犹不忍以虏视之。惟准噶尔背天逆命，自弃于王化之外，或可呼之为胡虏耳。"[40]事实上，也是如此，直到乾隆统一准噶尔前，犹斥之为"夷"。以后，当维吾尔族、内地回族、苗族不服王化，或起义、或闹事时，清廷愤恨之，或以"夷"诋毁之。伴之以镇压、屠杀，不是以臣民视之，视之为叛逆。

事实上，在清前期，满洲皇帝身为"异族"能以己推人，不愿意再以"夷"字来指称其他"异族"，努力培养各族平等的意识。对"异族"有了蒙古、藏、回等具体名称，再加上汉、满，形成了汉、满、蒙、回、藏五大民族并立的事实，昭示出清末"五族共和"说产生的历史内因。尽管，对南方少数民族常常称番，指为落后，仍带有一些贬义，但离意为"禽兽"的"夷"已相距甚远。后继清帝也恪守祖训。同治元年(1862)，对待起义的陕甘回民，清廷的态度是："该回民等久隶中华，同受国家覆育之恩，食毛践土，二百余年。"[41]"第汉回不和，到处皆然，均系国家赤子，必得查明曲直情由，秉公办理，不可稍存汉回之见致有偏倚。"[42]清帝以平等的臣民视汉、回，在国内突破了非华即夷的束缚。以国家臣民意识来统合国内各族，这对汉人也会有直接影响的。事实上，从乾隆朝晚期起，汉人越来越对国家有强烈地认同感。以沈垚、张穆、龚自珍等为代表的知识分子，纷纷关心边疆大事，为国家的稳定献计献策。龚自珍认为“回人皆内地人也”，[43]都是一家人，泯灭了华夷之别；并上疏安西北之策，将新疆等同于内地，“疆其土，子其民，以遂将千万年而无尺寸可议弃之地，所由中外一家，与前史迥异也”。[44]魏源更是编写《圣武记》，为清帝歌功颂德，完全认同了满洲人的清朝。地方上知识分子的态度，也发生了相应变化。有学者研究了乾隆、道光、光绪等不同时期编写的《凤凰厅志》，发现编撰者对南方苗族的态度有从苗蛮、苗人、到苗民的转变，反映出民间对国家、对各族平等的认同。[45]这是清帝努力的成果，也是国家长期统一发展的客观结果。

三、夷、洋之变

清帝致力于国家的大一统，强调各族的平等，但这不等于说完全摒弃了传统的华夷观念。华夷之辨存在了两千年之久，仍有着顽强的生命力。身处儒家文化独尊的大环境，清帝自不能“免俗”，以“中国”、“中华”自称，自诩为“礼仪上邦”，继承了历代大一统王朝视外国为“夷”的传统，在主观意识里，华夷分野的很清楚，大一统国家之外的都是“夷”，以华夷秩序作为处理与各国关系的准则，把华夷观延伸到国外。

清帝眼中的大一统的中国，是以东北、蒙古、西藏、新疆、西南、沿海岛屿为国家的边疆区域，有着相对固定的疆域范围和臣属的民族。在边疆之外，清朝又把外国分成两部分。据乾隆朝《会典》载：“凡四夷朝贡之国，东曰朝鲜，东南曰琉球、苏禄，南曰安南、暹罗。西南曰西洋、缅甸、南掌，西北番夷见理藩院，皆遣陪臣为使，奉表纳贡来朝。”[46]西北番夷指的是，哈萨克左右部、布鲁特东西部、安集延、玛尔噶朗、霍罕、那木干四城、塔什罕、拔达克山、博罗尔、爱乌罕、奇齐玉斯、乌尔根齐等诸外藩部落，因地缘关系，附于新疆回城之后。哈萨克、布鲁特比较特殊些，有一部分在新疆境内。此外，于西藏后附有廓尔喀等。统一由理藩院管理。因俄罗斯与中国西北边疆接壤，对边疆安全影响很大，有关事务由理藩院管理。朝鲜、琉球、苏禄、安南、暹罗、西洋、缅甸、南掌列为朝贡之国，一般由礼部管理相关事务。清前期，对这些部落或国家除了称呼其名外，清朝还经常称之为“外夷”，承续了传统的华夷观念。但是，清代的“外夷”与历代最大的不同，是西方“夷人”崛起，从一开始就使得清帝的华夷世界观与历代有所不同。

在明末，西方的势力已扩展到中国周边。清立国后，西方传教士来华有增无减，带来了许多新鲜的文化事物，影响了清帝对世界的认识，这也反映到华夷观念的变化上。所以，清早期的皇帝并不是一味的称外国为“夷”，而是经常指为“西洋”，可以说是洋、夷混杂。康熙皇帝谈及“地球说”时，就说：“自古论历法，未尝不善，总未言及地球。……自西洋人至中国，方有此说，而合历根。”[47]说明康熙通过与传教士的接触，也学习了许多西方文化知识，冲击了华夷观笼罩下的中国居中，四方皆夷的地域视野。大体上讲，康熙对西方文化事物，基本上持开放、欢迎态度。白晋曾记述过康熙，在了解欧洲的科学、艺术成就之后，认识到“中国并不是唯一的文明国家”，“与汉人的排外主义相反，他赐予这些国家使节以破格的优遇和尊重”。[48]汉人的排外主义应该指的是，一概斥西方为夷的华夷观念。而康熙基于对西方的了解，认识到西方国家非是一般的“夷”。翻阅康熙朝的《起居注》、《实录》可以发现，康熙谈及西方时，大多数情况下称之为西洋。先后继位的雍正、乾隆也接触到了许多传教士，及西方的文化事物，承认西方国家是与中国不同的国家，在谈及“西方”时，普遍以“西洋”与中国对称。显然，康雍乾三帝比以前任何朝代的皇帝对西方的了解更多，视野更开阔些。[49]传教士的增多，及皇宫里大量的西方珍物，实际上也是当时中西方密切交流的一个缩影。这在奏折中也反映出来，在谈及天主教事务时，许多官员都以“西洋”来称呼西方国家。朝廷上下经常使用“洋”字，是有一定的社会基础的。乾隆初期，有关马朝柱反清事件，就流传着“西洋出幼主”的旗号。在《英使谒见乾隆纪实》中，英使记述了一路所见所闻，从中我们也可以发现当时的清朝官员对西方已经有了一定的了解。说明清前期社会并不是我们想象的对西方懵懂无知。尽管当时仍存在浓重的鄙“夷”氛围，“西洋”观念与清末的“西洋”观有很大的不同。但“西洋”一词的普遍使用，说明人们已经对西方有个抽象的概念。

中西方交流的频繁，按理说，清帝对西方的体认应该越来越清晰，但恰好相反，从康熙到乾隆，视西洋为夷的观念却在逐渐加强，在乾隆朝晚期至嘉道达到一个高峰。恐怕不是闭关自守及对西方懵懂无知所致，也不能简单地以华夷之辨视之。

这是一个难以言说的心理，随着对西方了解的加深，清帝觉察到某种潜在的威胁，康熙晚年，谈及对西方的态度，曰："海防乃今日之要务"。"海外如西洋等国，千百年后，中国恐受其累。"正是这种潜在的担忧，康熙更愿意用最亲近的满洲人，"广东巡抚员缺，尔等举出汉人，此滨海要地，汉人不可，应用满洲。""通海口子甚多，此时无碍，若千百年后，中国必受其害矣。外国人心最齐，不似中国之人。尔等汉人，凡事瞻顾，心便不齐。"[50]这种担忧是建立在对西方的了解基础上，才能说出这番有洞见的话，只不过他没想到仅仅一百年，中国就身受其害。而来自海外各国的潜在危险，是康熙随后颁布南洋禁海令，重申海禁的一个重要因素。

雍正即位初期，面对传教活动的"泛滥"，也意识到了西方的潜患，他曾专门召见在京的传教士，当面告知准备实施的禁教理由，"教友惟认识尔等，一旦边境有事，百姓惟尔等之命是从，虽实在不必顾虑及此。然，苟千万战艘来我海岸，则祸患大矣！""南有欧西各国，更是可惧的。"[51]清朝官方没有记载面见情况，但据传教士记述，雍正说这句话时脸色由和善变为严厉。随后，雍正宣布在国内查禁天主教，并继续采取限制出南洋的政策。乾隆继位，开始"变本加厉"，实行以防夷为第一要务的政策，增加许多新的管理条例，宣布一口通商，加强在广州的"夷人"管理，颁布《防范外夷规条》等。对西洋各国事务，乾隆是高度重视，"事涉外夷，关系国体，务须彻底根究"。[52]同时，乾隆时期称西方为"夷"却日见频繁。奉旨修的《钦定大清一统志》，将英国等西方国家列为"重译贡市"。当英国马戛尔尼来华，乾隆以天朝自居，视之为"夷"；但同时，乾隆又密切关注整个过程，从头到尾都高度重视，显示乾隆心理上很在意，没有把当马戛尔尼来华当作普通的朝贡看待。心理上的重视，与对英人态度的藐视形成鲜明对比。恰好说明，乾隆复杂的心态。在英使访华之前几年，服务于乾隆帝的法国传教士汪达洪曾一针见血的说："他们粗略地知道欧洲人征服印度的历史，他们担心中国也会遭到同样的征服。"[53]暴露出乾隆对国际形势变化的不安，及敏锐的政治嗅觉，这与康熙、雍正二帝的认识是相通的。正因如此，乾隆很难完全对外开放，不如维持大致安定局面，按天朝体制办，以"持盈保泰"，拒敌于门外。

这种潜在的畏惧心理，颇符合历代王朝统治者的心态，开国立基之初，做事尚有大气魄，大手段。但百业就绪，政权巩固，社会各方面平稳下来，统治者就趋于求稳怕乱，维持多于变革，因循多于开放。清立国百年，一派祥和，宁愿粗安，也不愿引发事端，破坏安定的局面。这必然会反映在对待西方文明的态度上，如乾隆诗所说："间年外域有人来，宁可求全关不开。人事天时诚极盛，盈虚默念惧增哉！"[54]体现了对西方文明未来的冲击心知肚明，但又不敢正视的心理，而是以自视甚高的华夷观念来掩饰大一统盛世下的胆怯和心虚。而百年发展的弊端，越积越多，终有爆发之日。同一时期的西方国家经过一番大变革、大发展之后，国强民富，视野开阔，驰骋于亚洲是早晚之事。乾隆在国家鼎盛之时，不能革旧布新，遂变成转衰之机，只能坐等历史的车轮按惯性向前滑行。

有作为皇帝尚且如此，沉浸在祖宗之法的嘉庆、道光更是不会与西方主动交流，反而比前朝更茫然不知，自守以虚骄。这一时期的奏折、上谕，与康雍乾朝相比，称西方为"夷"的占大多数，反映出清代进入了最保守封闭的一段时期。当嘉庆十三年（1808），英国侵占澳门，宣称意在保护中、英、葡贸易关系，嘉庆帝的看法是："尤属谬妄，试思天朝臣服中外，夷夏咸宾，蕞尔夷邦，何得与中华并论。"[55]嘉庆十九年（1814），英国侵略廓尔喀，廓尔喀请求清廷帮助，嘉庆竟说："披楞在廓尔喀西南"，[56]不知披楞即英国。马戛尔尼访华时，清朝官方尚问及廓尔喀与英国的关系，到嘉庆朝反而对英国更加陌生。说明，整个社会的风气是在退步。延至道光初政，英国则占有了遍布各大洲的殖民地，获得了世界霸权，已经有余力去挑战中国。世界局势发生了巨变，而道光帝在鸦片战争中犹问：英国的地理情况，来华路线，与各国的关系等等。

鸦片战争的爆发不仅没有给华夷世界观致命的一击，反而使华夷之辨甚嚣尘上，就像南北朝、辽宋金元时期，每当华夷纷争激烈时，也是华夷之辨最喧闹时。第一次鸦片战争，没有从根本上推翻国人的天朝心态，反而激起朝廷上下对"夷"同仇敌忾的心理。朝廷的奏折、上谕仍是"夷"字连篇。魏源的《海国图志》、徐继畬的《瀛环志略》，对西方客观介绍的同时，也是"夷"、"酋"充斥，但仍被时人指责为大张"英夷"之气焰。这一时期，清廷上下，弥漫的是诋"夷"的气氛，不过，这也是视外国为"夷"最后的鼎沸。

第二次鸦片战争，则真正使得清廷上下对"夷"心怀畏惧，又由"夷"变为"洋"。1858 年六月签定的《中英天津条约》规定："嗣后各式公文，无论京外，内叙大英国官民，自不得提书夷字。"[57]三个月后，钦差大臣桂良上奏，称条约载各式公文，不书夷字，"嗣后仍当照约办理"。"凡关夷务者，可否饬令毋庸发抄"，"出自圣裁。"[58]反映了在列强的压力下，清朝人虽“愤夷已极”，但畏惧之心已溢于言表。此时，最痛苦的莫过于咸丰帝，身为一国之主，眼见祖宗基业要毁于己手。而他能做的，是在英法进攻北京时，逃往热河，表示待条约签定后，“一俟该夷兵退，不再反复，朕即可回銮”。[59]后又找各种理由推脱，不愿意回京，对外国人是又恨又惧，此“夷”真乃千古未有之“夷”哉！事实上，咸丰十年（1860）左右，《文宗实录》中上谕基本上已不见“夷”，而被“洋”字取代。翌年，清廷成立总理各国事务衙门。华夷关系变为华洋平等已是事实，虽然，在以后相当长的时期里，朝廷涉及外国事务，大都夷、洋混称，但也只能私下称“夷”、“夷务”，尊己贬他，自我宽慰罢了。随着清廷屡屡被列强强烈地刺激，清帝对世界的认识也清醒了许多。到维新变法时，已不再是称“夷”、“洋”、“洋务”，而是“西法”、“泰西各国”。光绪下诏维新变法时就说：“国家振兴庶政，兼采西法，诚以为民立政，中西所同。”[60]承认了西方的地位。待八国联军进京，则彻底击碎了国人的幻想，崇洋媚外之风大起，华夷地位在国人的心中彻底改变，由自大到自卑，昭示出国家的实力和地位已沦落到何种地位，“夷”已成为过去的历史。

西方由“夷”的地位变成中西平等，甚至成为被畏惧、学习的对象，这对国人的心理、观念都是巨大的冲击，也会影响到清朝与周边国家的关系。列强强一分，清朝对周边的控制力就弱一分，对近代的国际关系准则就会接受的更多一些。随着英国、法国、俄罗斯、日本等国对中国周边国家的侵略，浩罕、廓尔喀、缅甸、越南、琉球、朝鲜等，或被吞并，或成为殖民地。清朝已不能再视周边“藩属”为“夷”，而是平等的国家，这是伴随着中西方地位的变化而改变的。可见，列强称霸，及世界政治格局的变化，是视外国为夷观念泯灭的最大外力。

综观清朝皇帝的华夷观念，用现代的话语来解释，就是体现出了民族意识与国家意识的交织，这也是清代社会群体观念的一个缩影。传统的华夷观念包含了民族、地域、文化、国家意识，混合在一起。华夷纷争时往往把民族意识凌驾于国家认同之上，这是古代中国民族矛盾比较尖锐的一个重要原因。清帝为了摆脱华尊夷卑的历史话语，维护大一统国家的稳定，有意识的在国内突破非华即夷的束缚，强调华夷平等，及对大一统国家的认同，客观上形成了汉、满、蒙、回、藏五族一体的事实。到清末民初，不管是改良派，还是革命派宣传的“五族共和”的主张，都离不开清帝长期的努力。清朝皇帝以大一统的国家意识来统合民族意识，又促进了各族对国家的认同，事实上造成了传统的民族意识与国家意识的分离。国内各族合起来形成一个国家，以国内各族为国民，统一对外，则体现了中国自发的民族国家意识的萌发，在外侮的刺激下，在近代又转化成中华民族的民族主义。

但是，各民族团结统一的中华民族国家真正走起来，却又是那么的艰难曲折。蒙、藏、维等族自立的倾向；满汉畛域的客观存在，及满洲保守派，与维新派、革命派之间的斗争，都带有各自的种族民族主义倾向。[61]当康有为组织保国会时，满洲亲贵就指为，“保中国不保大清”。军机大臣刚毅曾尖锐地说：“改革者汉人之利，而满人之害也。吾有产业，吾宁赠之于朋友，而必不使奴隶分其润也。”[62]透露出部分满洲人本族利益至上的心态，事实上戊戌变法、立宪改制等政改的失败，背后都有满洲种族意识的作梗。而清政府的腐败无能，外敌的侵略，使得革命党人把国家危亡的命运与满洲人的统治巧妙的联系起来，唤起了汉人的民族认同，造就了“驱除鞑虏，恢复中华”的合理性。似乎推翻满洲，中国就能重获新生。以至于清末国内鼎沸的种族民族主义与中华民族对外的民族主义思潮不可避免地把中国人都卷进去，维护一个种族的王朝与维护全体国民的国家之间存在着尖锐的矛盾与冲突，使得民族意识与国家认同之间又纠葛在一起。最终国家长期统一发展的事实，是不可动摇的。以清帝退位在即，对国家分裂的忧虑为体现：“共和政体，列邦有行之者，惟中国幅员寥廓，满蒙回藏及腹地各行省，民情风俗，各有不齐。是否能收统一之效，不至启纷争割裂之祸?”“总期人民安堵，海宇乂安，仍合满蒙汉回藏五族完全领土为一大中华民国”。[63]代表了包括革命党人在内的大多数国人的真实想法，就是多民族统一的国家意识超越了狭隘的种族主义的民族意识。

注释：

①〔朝鲜〕申忠一：《建州纪程图记》，见潘喆等编：《清入关前史料选辑》第2辑，中国人民大学出版社1989年版，第440页。

②（明）谈迁：《国榷》卷81，明神宗万历三十七年二月辛巳，古籍出版社1958年版，第5001页。

③《山中闻见录》卷2，见潘喆等编：《清入关前史料选辑》第3辑，中国人民大学出版社1989年版，第16页。

④《满文老档》（下），第19册，天聪三年十一月，中华书局1990年版，第959页。

⑤⑥孟森：《清太祖告天七大恨之真本研究》，《明清史论著集刊》上册，中华书局1959年版，第203—212页，第205页。

⑦《魏书》卷23，《卫操传》。

⑧《晋书》卷130，《赫连勃勃载记》。

⑨⑪《清太宗实录》卷18，天聪八年四月辛酉；卷32，崇德元年十一月癸丑；卷1，天命十一年八月丙子。

⑩⑭《满文老档》，天聪五年八月至九月，第1140页；天命七年三月，第359页。中华书局1990年。

⑫（清）蒋良骐：《东华录》卷18，崇德三年七月，中华书局1980年版，第40页。

⑬《清世祖实录》卷9，顺治元年十月乙卯。

⑯㊿《清圣祖实录》卷69，康熙十六年十月甲寅；卷270，康熙五十五年十月辛亥。

⑰《康熙起居注》第3册，康熙五十六年十一月二十六日，中华书局1984年版，第2465页。

⑱⑲⑳㉑㉒㉔㉕㉖㉗㉘中国社科院历史研究所清史室编：《大义觉迷录》卷1，《清史资料》第4期，中华书局1983年版，第52页，第22页，第5页，第4页，第85页，第5页，第8页，第56页，第36页，第4页。

㉓㉙㉚㊵《清世宗实录》卷83，雍正七年七月丙午；卷130，雍正十一年四月己卯；卷130，雍正十一年四月己卯；卷130，雍正十一年四月己卯。

㉛㉝㉞㉟㊱㊳㊴㊾《清高宗实录》卷416，乾隆十七年六月甲辰；卷8，雍正十三年十二月丙寅；卷164，乾隆七年四月壬寅；卷489，乾隆二十年五月庚寅；卷919，乾隆三十七年十月癸未；卷489，乾隆二十年五月庚寅；卷1292，乾隆五十二年十一月壬申；卷589，乾隆二十四年六戊寅。

㉜㊲（清）庆桂等编：《国朝宫史续编》卷89，北京古籍出版社1994年版，第869页。

㊶《钦定平定陕甘新疆回匪方略》卷29，同治元年十一月二十八日。

㊷《清穆宗实录》卷17，同治元年正月丁未。

㊸龚自珍：《上镇守吐鲁番领队大臣宝公书》，《龚自珍全集》（下），中华书局1961年版，第311页。

㊹龚自珍：《御试安边绥远疏》，《龚自珍全集》（上），中华书局1961年版，第112页。

㊺谭必友：《流官群体与十九世纪民族地方志描述视角的变迁》，《清史研究》

2005 年第 4 期。

㊻乾隆朝《清会典·礼部》卷 56。

㊼（清）爱新觉罗·玄烨著，李迪译注：《康熙几暇格物编译注》，上海古籍出版社 1993 年版，第 87 页。

㊽〔法〕白晋，赵晨译：《康熙皇帝》，黑龙江人民出版社 1981 年版，第 12 页。

㊾康雍乾三帝接触了大量的西方传教士，及西方的文化、事物，对西方及国际形势有许多的了解。当时，中西方的交流已经很频繁了，可参见吴伯娅：《康雍乾三帝与西学东渐》，宗教文化出版社 2002 年版。

51参见徐宗泽：《中国天主教传教史概论》所引传教士的外文材料，上海土山湾印书馆 1938 年版，第 256 页。

53朱静编译：《洋教士看中国朝廷》，上海人民出版社 1995 年版，第 225 页。

54《上元灯词》，《清高宗御制诗文全集》卷 28，人民大学出版社 1993 年版，第 8 册，第 690 页。

55故宫博物院辑：《清代外交史料》嘉庆朝，第 2 辑，（台北）成文出版社 1968 年版，第 32 页。

56《清仁宗实录》卷 296，嘉庆十九年九月乙未。

57王铁崖：《中外旧约章汇编》第 1 册，三联书店 1982 年版，第 102 页。

58《第二次鸦片战争》（三），咸丰八年九月初三，上海人民出版社 1978 年版，第 531 页。

59（咸丰朝）《筹办夷务始末》第 7 册，中华书局 1979 年版，第 2525 页。

60《清德宗实录》卷 425，光绪二十四年七月丁丑。

61中国近代的民族概念含有种族的观念，民族矛盾常常体现于“种姓”的不同。可以参阅〔英〕冯客著，杨立华译：《近代中国之种族观念》，江苏人民出版社 1999 年。

62梁启超：《戊戌政变记》，（台北）文海出版社 1964 年版，第 158 页，第 143 页。

63《宣统政纪》卷 65，宣统三年十月丁酉。卷 70，宣统三年十二月戊午。

（原载《历史档案》2008 年第 3 期）

承德武庙（关帝庙）
——避暑山庄和外八庙的总护法神庙

在著名的清代皇家园林——避暑山庄正门（丽正门）的右侧，有一座规模不大的关帝庙，俗称承德武庙。论规模，它比避暑山庄周围的外八庙中的任何一座寺庙都要小得多，但是它比任何一座寺庙距离山庄都要近（距山庄宫墙仅二三十米）。这样近距离贴近行宫正门建庙，是历代王朝所不曾有的。这当然不是因为建筑用地的限制，更不是建筑师的即兴之作。它是经过深思熟虑，刻意经营、寓意深远的点睛之笔——避暑山庄和外八庙的总护法神庙，在历史上有着特殊的重要意义。

一、关帝——清朝的护国神

承德武庙之所以是避暑山庄和外八庙的总护法神庙，是因为它所供奉的主尊——关帝，是清朝的护国神。嘉庆、道光时期曾任巡抚、总督等要职的著名学者梁章钜说："相传每朝之兴，必有尊神为之护国，前明为岳忠武（此句是为清朝讳。其实明朝也是以关帝为护国。详后），我大清则奉关帝为护国。二百年来，武功之盛，震叠古今，神亦随地显灵，威震华夏。故朝廷尊崇封祀，漾溢寰区。"（《楹联三话》卷上）

封建帝王都宣称自己是上天之子，奉天之命统治万民，因此常常要供奉一尊天神，作为护国神，这是历史上常见的，本不足为奇。需要说明的是，历史传说中的神仙何止千百，为什么独奉关帝？而且，和其他许多虚幻的神仙不一样，关帝是由人演变为神的，他就是三国时期蜀汉大将关羽（？—219），曾与蜀汉皇帝刘备和大将张飞"桃园三结义"，结拜异姓兄弟，纯血统汉族无疑。那么，出身于满族的清朝皇帝，为什么要请这样一尊异己民族的神来保佑？这当然有历史、社会、文化等多方面的原因，最主要的是政治上的需要。

清朝的开创者和奠基者努尔哈赤（1559—1626），作为一个小部落长，于明万历十一年（1583），以父祖遗甲十三副起兵，欲图大业，与明朝争夺天下。但是，满族的历史文化起步很晚（努尔哈赤起兵之后十余年，即1599年，才开始创制满文），他没有从先人那里继承一套治国、治军方略。为实现远大的政治抱负，他利用与明人打交道的机会，努力学习汉文化。粗通汉文之后，开始阅读通俗易懂的历史小说。史书说他“好看《三国（演义）》、《水浒传》”，经常随身携带一部《三国演义》，随时抽暇玩读，从中学习政治、军事谋略。《三国演义》尊刘贬曹，并把关羽神化。这些对他政治军事思想的形成，起到潜移默化的作用。他还曾以贸易为名化装进北京，观察明朝形势，当时明朝崇奉关羽的风气很盛，也对他产生了重大影响。在他的推崇、影响下，其管辖的东北地区，关羽走上神坛。其事业的继承者皇太极，尊奉关羽，一如乃父。在他们的政治中心盛京（今沈阳市）北门——地载门，建造了关帝庙，赐额“义高千古”，诚惶诚恐供奉。有的研究者认为，努尔哈赤倡导、其继承者长期贯彻执行的基本战略方针——“结盟蒙古、联合破明”，就是学习《三国演义》中“联吴抗曹”战略而制订的。数次武装进攻明朝，都大造关帝助战的舆论。

入关前，满族只占据东北一隅之地，夺取全国政权之后，要统治人口众多、地域辽阔的汉族地区，必须利用汉族文化，“以其人之道，还治其人之身”的战略，舍此别无选择。将深受汉族崇拜的关帝这尊天神拿来我用，是其治国、治军的重要方略。

汉族的关帝崇拜，源远流长、根深蒂固，广泛深入人心。在战将如云的三国时期，关羽并没有特殊的超群绝伦之处，死后也随即被历史淡忘。数百年之后，著名高僧、天台宗创始人智顗（538—597），为传播佛法，创造了一个关羽于湖北当阳玉泉山显圣的神话，并尊其为护法伽蓝。这样，他就由人变成神，声名大振，神圣的光环愈加光彩夺目。北宋时期，哲宗绍圣三年（1096），赐玉泉山关羽祠额曰“显烈庙”，徽宗崇宁元年（1102）追封“忠惠公”，大观二年（1108）加封武安王，宣和五年“敕封义勇武安王”，同时，将他引入皇家尊奉的道教，尊为“崇宁至道真君”；南宋高宗建炎二年（1128）加封“壮缪义勇武安英济王”，孝宗淳熙十四年（1187）加封“英济王”。这样逐步把他塑造成一个儒家伦理道德忠、义、仁、勇的化身，作为抗击辽金的精神号召。

降及元代，虽然蒙古贵族成为全国最高统治者，但对汉族地区的治理，就统治思想而言，基本继承了宋代。元文宗天历元年（1328）敕封关羽为“显灵义勇武安英济王”，全国各地大造关帝庙。

朱明王朝对关帝的崇奉，比宋、元更胜一筹。开国不久，即于洪武二十八年（1395），在当时的国都南京的皇家寺院鸡鸣寺，为关羽建专祠供奉，每年五月十三日（传为关帝诞辰）遣官祭祀。明成祖北征时，还编造了一个关帝骑白马为明军助战的神话，迁都北京后，又进而奉为宫廷守护神，在皇宫各门贴其神像，祈求保佑平安。万历四十二年（1614），敕封“三界伏魔大帝神威远震天尊关圣帝君”，将其神化为为可以降伏人间天上一切妖魔鬼怪的天神。同时，明代创作的历史小说《三国演义》，亦实亦虚，大力把关羽神化，使之成为家喻户晓、妇孺皆知的神圣。

“侯而王，王而帝，帝而圣，圣而天”；“三教尽皈依”，“九州隆享祀”。就这样，关羽成了忠义仁勇的化身，降除妖魔的天神，儒、释、道和社会各阶层共同崇奉的神祇。清朝夺取全国政权正需要这样一尊汉族创造、社会普遍信奉的神，既可借此宣扬接续明朝为华夏正统，又能加强政治号召力。

清朝入主中原、夺取全国政权之后，还面临着继续统一全国的重大历史任务。别无选择，还是和夺取政权一样，主要通过武力、运用战争手段解决问题。这就需要一尊军神、战神，来鼓舞士气、威吓敌人，呵护战争的胜利。经过长期的历史塑造，关帝圣君具备了这种“职能”，因此，把它作为军神虔诚供奉，每次出兵作战，都祈求他的护佑，战后为其晋封号、修祠庙。

顺治九年（1652）敕封关羽为“忠义神武关圣大帝”，答谢他助佑夺取了全国政权。

雍正三年（1725），平定青海罗卜藏丹津之乱，又挫败政敌的雍正，敕封关帝三代公爵，以答谢他冥冥之中的呵护。

乾隆二十四年（1759），彻底统一天山南北，完成统一新疆大业。第二年，乾隆敕命改关羽原谥“壮缪”为“神勇”，又于三十三年（1768）“加号灵佑”，使之封号变为“忠义神武灵佑关圣大帝”。同时，在当时新疆政治、军事的中心伊犁，大修关帝庙，又敕命京城关帝庙正殿及大门，易绿瓦为黄琉璃瓦，以崇规格，使如帝王之制。还借修《四库全书》之机，于四十一年（1776）颁发谕旨，将《三国志》关羽原谥“壮缪”改为“忠义”。

嘉庆十八年（1813），天理教农民起义军乘嘉庆木兰秋狝之机，突袭紫禁城。朝野震动。皇宫留守人员组织反击，义军失败。接着，清军又在河南打败了义军。于是，第二年，嘉庆颁发谕旨："上年，逆匪突入禁门时，恍惚之中，望见关帝神像，畏慑奔窜，立就歼擒"，河南战事，也"屡荷关帝灵爽翊卫"，为此，将其封号加赠"仁勇"。

道光八年（1828），经过数年苦战，清军战胜了武装扰掠南疆的张格尔，道光为答谢"关帝威灵显赫，默褫贼魂"，敕命将关帝封号再加"威显"二字。

道光之后，咸丰、同治、光绪朝，清朝政权处于风雨飘摇中。被太平天国起义军吓得寝食难安的咸丰，于其即位第二年（1852）敕命关帝封号加"护国"，翌年，再加"保民"。六年（1856）又加"精诚"，第二年，又加"绥靖"，欲图借助关帝神威，夺取镇压农民起义的胜利。

同治九年，再加封号"翊赞"，光绪五年（1879），又加"宣德"。

这些封号连起来就是"忠义神武灵佑仁勇显佑护国保民精诚绥靖翊赞宣德关圣帝君"，共26字，是清代，也是历史上字数最多、规格最高的封号。

二、清朝皇家宫苑祠庙例建关帝庙护法，避暑山庄和外八庙循例建武庙总护法

正是由于清朝把关帝奉为护国神，竭尽忠诚祈求他护佑国泰民安，江山万年。所以皇家宫苑祠庙都要建造一座关帝庙护法。例如，景山、圆明园、畅春园之内，长春园东门外西北、颐和园北门外近宫墙处，历代帝王庙、雍和宫、清朝皇帝京郊猎场——南苑的德寿寺，天安门外的正阳门等都建有关帝庙。紫禁城内虽不建关帝庙，但在乾清宫设关帝神像，每天专人祭祀。避暑山庄作为皇帝避暑行宫，外八庙为皇家喇嘛庙，当然也要循例建护法关帝庙。但外八庙共有十二座寺庙，过于分散，难以每座寺庙都建护法神庙，而从建筑政治目的和建筑功能需求上来说，外八庙和避暑山庄又是一个整体。所以就建造了避暑山庄和外八庙总护法神庙——承德武庙。

它坐落在避暑山庄正门——丽正门前右侧，距宫墙最近处仅20余米，其所处位置充分显示着它的崇高等级。这是经过深思熟虑匠心选择的。丽

正门作为避暑山庄正门，不仅是这座大型行宫的门面和对外窗口，在政治上也有重要意义。建筑形制仿天安门，城门上覆以城楼。门洞有三：中间的高大宽敞，左右略小。城门各九路钉（皇家专用最高等级）。皇帝正式进出避暑山庄都通过中间大门，王公大臣和少数民族首领以及外国使臣朝觐，则要通过左右掖门。

乾隆十九年（1754），皇帝御书汉、满、蒙、维（维吾尔），藏五种文字丽正门门额，门内又有御题七律一首："巌城埤堄固金汤，詄荡门开向午阳。两字新题标丽正，车书恒此会遐方。"其前两句是状景，写宫墙和宫门的壮观，最后一句是"诗眼"，寓意所在。"车书"是"车同轨，书同文"的略写，意即全国的统一。"遐方"，即"远方"，这里是指边疆少数民族王公。其寓意是，全国大一统，年年在这里接见各少数民族的王公贵族。这是用诗的语言道出了建造避暑山庄和外八庙的目的和重要政治活动，其所有的建筑都服从于这个政治目的，承德武庙当然也不例外。

现仍存于承德武庙的《承德府关帝庙碑文》，是乾隆四十五年（1780）户部尚书梁国治奉敕撰写，表达了乾隆皇帝心声。它写道："关帝庙祀遍天下，各直省府州县建祠设像，守土官吏，岁时展觐，典礼视文庙，况承德距京师数百里，日月所照临，中外所瞻，就庙貌之成，可以见国家褒崇忠义，凛纲常名教之大焉，可以使远近更易观听，动其严威严恪之诚忱焉。"这是说，关帝作为国家保护神，全国各地都设祀供奉，皇帝常年临幸的承德，为朝野仰瞻（"中外所瞻"），更应设关帝庙供万民敬仰，故此"重修丽正门右关帝庙，改易黄瓦，殿宇崇阁，规制大备"。这是说，此前这座关帝庙比较简朴，此次维修将正殿换为黄琉璃瓦顶（这是当时只有宫殿、皇陵、皇家寺庙正殿等才能使用的，显示最尊贵建筑等级的标志），以符合关圣帝君庙的规制，更显神威。

武庙建筑基址的选择，体现了这种良苦的政治用心。清朝皇帝每年到山庄避暑，都经由承德市西大街由西而东至火神庙（清代承德市区中心），折而向北，进入丽正门。武庙就坐落在火神庙至丽正门御道的西侧高坡上，而且打破庙门向南的常规，东向开门（这样，主尊神像就可以面东）。关帝圣君耸立在高坡上，近距离注视皇帝一行。随扈的王公大臣和少数民族首领，也能近距离感受关帝神威。

碑文又说："国家揆文奋武，迈古超前。自圣祖肇启山庄，成都成邑，朝宗輻凑，万国会同。我皇上覲扬光烈，四十五年以来，开辟疆宇二万余里。自蒙古王公，喀尔喀及卫拉特、回部诸藩等，莫不倾心托命，奔赴俯伏，来享来庭。于是，承德遂为古北口外一大都会，将山川灵淑之气，蕴于古而发于今耶！抑天眷有德，圣天子赫声濯灵，薄言震之，莫不震叠者也。夫制祀以作民敬也，立庙以作民诚也"。

这段文字，更清楚地说明了乾隆重修承德武庙的历史背景和政治目的。当然，这需要简单的释读。乾隆当皇帝以后，继康熙、雍正之后，通过一系列政治、军事活动进一步加强全国的统一。乾隆二十年（1755）清军直捣伊犁，平准噶尔（即承德武庙碑文所说的"卫拉特"），二十四年（1759）再定南疆维吾尔族地区（即承德武庙碑文所说"回部"），彻底统一了新疆，连境外的哈萨克、布鲁特（今柯尔克孜族。这是两个跨境民族）也"延颈面内，愿为臣仆"。为此，乾隆命于避暑山庄外建普宁寺、安远庙、普乐寺等以纪武功。臣僚们认为，夺取这些胜利，除了乾隆皇帝的正确指挥，也有赖于关帝圣君的佑护，"岂非神威布获有以襄此太平之盛烈也"，因此，在准噶尔政治中心伊犁，建关帝庙以为纪念，祈求关老爷"神之降鉴有赫，而垂佑无疆"，保佑西陲边疆永远安宁（以上引文见伊犁将军伊勒图撰：《惠宁城关帝庙碑文》）。

平定大小金川是乾隆加强全国统一的又一重大事件。乾隆十二年（1747）四川大小金川土司莎罗奔起兵攻打邻近土司，杀伤清军，乾隆遂敕命用兵，至十四年（1749）莎罗奔兵败投降。二十年后，莎罗奔侄孙索诺木联合小金川反清，乾隆再命用兵，互有胜负，敕命阿桂为定西将军督师猛攻，恶战数年。丽正门内的正宫大门——避暑山庄门的东墙，仍刻有乾隆三十九年（1774）题写的御制诗《策马》，抒发其企盼阿桂战报的焦急心情："祇渴望捷音，耆定武功罢。"至乾隆四十一年（1776）索诺木势穷请降，大小金川平定。这对于稳定川边藏区社会秩序，保证入藏道路畅通，乃至稳定西藏、巩固西南边疆，都有重大历史意义。在战争进程中，清军驻地建造了关帝庙，祈求神灵佑护，鼓舞士气。战事结束后，又大修关帝庙，感谢神威助胜。

大小金川的平定使乾隆极为高兴。他认为，从此彻底统一全国，社会安定，而这些重大的军事行动都是在避暑山庄决策的，都是关老爷在天护佑，所以决定重修承德武庙。四十四年（1779）四月动工，翌年八月竣工。

落成典礼之后，派僧人长住，洒扫焚香，以时祭祀。之后，皇帝每年巡幸热河，驻跸避暑山庄时，照例都要到关帝神像前拈香行礼，祈求神灵佑护，并赏赐看庙僧人。这在清代档案和官书中，有大量记载。仅举一例。中国第一历史档案馆现在仍保存有关档案数件，现录嘉庆十八年(1813) 七月二十三日“总管内务府大臣英和奏报此次关帝庙、城隍庙拈香请照上次之例赏给僧道银锞片”：

奴才英和谨奏：查，每逢皇帝临幸热河诣关帝庙、城隍庙拈香，均系动用广储司银两，赏给关帝庙僧众四名，每名一两重银锞各一个；城隍庙道官一名，一两重银锞二个，道士四名，每名一两重银锞各一个。此次皇上诣关帝庙、城隍庙拈香，应否仍照上次赏给，请旨遵行。谨奏，等因。于嘉庆十八年七月二十三日具奏。奏旨：照例赏给。钦此。

还有嘉庆二十一年七月二十三日“总管内务府禧恩等奏报，此次关帝庙拈香请照上次之例赏给僧道银锞片”。除日期外，其文字内容与前件档案完全一样。从这些档案中我们可以知道：清朝皇帝每年到承德避暑，都要到承德武庙礼拜上香，祈求关帝保佑；承德武庙是由僧人看守，可视为一座佛寺，其所以不用喇嘛和道士，主要是出于政治上的考虑。这是因为，喇嘛教主要是蒙藏民族的宗教信仰，充当喇嘛的也主要是藏族和蒙古族，民族特点非常鲜明；道教是汉族的宗教信仰，道士也主要是汉族，民族特点也很显著。佛教则是已经中国化的外来宗教，没有明显的民族特征。如果用喇嘛或者道士看护武庙，就把它变成了一座喇嘛庙或道观，客观上容易造成皇帝的行宫（避暑山庄）是由蒙藏民族或汉族神灵来守护的社会影响，这对于满族皇帝来说，是有伤其民族自尊的，对其政治统治也是不利的。而佛教虽然已经中国化，但它毕竟是外来宗教，无论哪个民族的僧人，都被视为释迦牟尼子孙，没有明显的民族特点，用僧人来奉祀避暑山庄和外八庙的总保护神，没有显著的民族性，这对于随扈的汉族官僚和蒙藏民族和其他少数民族王公贵族都不会造成民族感情的隔阂。

皇帝礼拜护国神，前来朝觐的各少数民族王公贵族自然随侍，或者自行前往顶礼膜拜，以投皇帝所好。而这正是重修武庙的政治目的。户部尚书梁国治奉敕撰写的碑文说：“新庙既成，文武吏士邦人咸喜，而各蒙古外藩岁时朝觐者亦得展礼庑下，以申畏神服教之诚，以昭文德武功之盛”，这几句话，道出了乾隆帝的心事：重修承德武庙，就是“昭文德武功之盛”，向天下昭示他当皇帝以来的文治武功，特别是在承德做决策的统一天山南北，平定大小金川和稳定西南边疆等加强全国统一的丰功伟绩；另外，关老爷是神威无比的战神，他暗中护佑我朝，所以攻必克战必胜，你们要服服帖帖、老老实实，不然的话，关老爷还会施展神威（出兵平乱），所以你们一定听教诲，服从统治。这就是碑文所说，少数民族王公贵族，礼拜关帝庙，“以申畏神服教之诚”的寓意。

综上所述，关帝是清朝的护国神，清代皇家宫苑、祠庙都建关帝庙以为护法。承德武庙也是依例而建的避暑山庄和外八庙总护法神庙。其修建的政治目的和外八庙相同，纪念统一边疆民族地区的“文德武功之盛”，同时也是向王公大臣和少数民族王公贵族展示、宣扬国威，精神威慑。这也正是乾隆题诗“车书恒此会遐方”的一个重要内容。

从历史的角度看问题，承德武庙的建造目的与避暑山庄外八庙是一致的，和避暑山庄外八庙是一个统一的建筑整体。因此，建议文物行政管理部门，将避暑山庄外八庙作为一个整体“大文物”，加以保护、研究、利用。这样，才符合历史的真实，才能充分体现避暑山庄和外八庙重大的历史价值。

（原载《中国文物报》2008 年 4 月 18 日）

附：清朝对其保护神关羽的崇奉

封建帝王都宣扬自己是奉天之命统治万民的。他们既以此作为统治的精神支柱，又以此愚弄百姓。为此，每个封建王朝又常常尊奉一位秉承天命的神（如果历史传说中没有，也要制造这样一尊神），以为保护神。清朝是奉关羽为保护神的。嘉庆、道光时期曾任巡抚、总督等要职的著名学者梁章钜曾说过："相传每朝之兴，必有尊神为之护国。前明为岳忠武，我大清则奉关帝为护国。二百年来，武功之盛，震叠古今，神亦随地显灵，威震华夏。故朝廷尊崇封祀，漾谧寰区。"[①]搞清这个问题，对于研究清朝的统治思想和清代历史都是有所裨益的。

一、独尊关羽　奉为护国

在我国历史上，神仙众多，何止千百，清朝为何独尊关羽为保护神？这需要首先说明。

关羽（？—219），历史上确有其人。他是三国时期蜀汉大将，字云长，河东解县（今山西运城市）人。东汉末年亡命涿州，从刘备起兵，后协助刘备建立蜀汉政权。在作战中为曹魏所俘后，备受优礼，被封为汉寿亭侯。后再归刘备，晚年为荆州守将，兵败被杀，谥壮缪侯。就是这样历史上一员普通的战将，在其死后一千四百余年，被满洲贵族建立的清王朝奉为保护神，这是为什么？回答这个问题，需要从当时的历史、社会、文化思想等多方面进行探讨。

（一）清朝建立以前，关羽已经被奉为天神

清朝是中国历史上的最后一个封建王朝，是中国历史上的一个重要发展阶段。研究它的问题，必须和其以前的历史联系起来考察。其对关羽的崇奉，也有很深的历史渊源。在清朝建立之前，关羽已被奉为天神，从历史的角度看问题，其崇奉关羽，是对历史的一种继承。

关羽在生前，只是三国时期如云战将中的一员，并没有特殊的超群绝伦之处。其死后数百年，也和其他战将一样，逐渐被历史淡忘。其声名大震，并从人变成神，是在其死后数百年，经释、道、儒各教吹捧和宋代以后封建王朝的敕封造成的。

首先是佛教把他神化，捧为护法伽蓝，这是佛教在中国化过程中的一个“创造”。佛教在西汉哀帝元年（前2）前后传入我国内地之后，逐渐与中国传统的文化思想和宗教观念渗透、斗争、融合，形成了具有我国特点的中国佛教。在这个历史过程中，佛教吸收了中国历史上的一些名人（或传说中的神仙），关羽便是其中一个。陈、隋之间的著名高僧、天台宗创始人智顗（538—597）与当时最高统治集团的关系极为密切。隋开皇十一年（591）应晋王杨广（即后来的隋炀帝）之邀，到扬州为其受菩萨戒，受“智者”封号，故世又称“智者大师”。晚年，他由浙江到湖北荆州一带传布佛法，为争取更多的信徒，便把当地历史名人关羽（荆州及其附近的当阳，是关羽生前重要的活动地区，其死后尸体埋在当阳，有关他的故事也在这一带广泛流传），[②]拉入了佛教。据《佛祖统纪》说，智顗到荆州地区的当阳（今湖北当阳市），见玉泉山一带环境幽美，欲建精舍。梦见“二人威仪如王，长者美髯而丰厚，少者冠帽而秀发”自通姓名，为关羽、关平父子，请于山中建寺，智顗从之，寺成，为关羽受五戒。从此，关羽为佛教护法，为伽蓝神之一，一直在佛寺中享受香火。关羽玉泉山显灵的故事，也广为流传。五代十国时期，后蜀孟氏就曾命画家赵忠义绘制《关将军起玉泉寺图》，“于是，忠义画自运材斫基，以至丹楹刻桷，苦役鬼神叠栱、下榻、地梁一座，佛殿将欲起立”，[③]这说明，至迟到五代十国时期，关羽玉泉寺显灵的故事，已得到社会各界（包括最高统治集团）的认同，关羽由人变成了神。

到宋代，赵氏统治集团尊奉道教，又把关羽奉为神仙。宋真宗和道士出身的宰相王钦若一唱一和，编造了一个关羽大战蚩尤的神话，把他改塑为和妖魔鬼怪作斗争、为宋王朝保驾的神仙。宋徽宗时，正式把他封为道教的“崇宁至道真君”。后来，道家一直尊奉他为“关圣帝君”，并假托其名，编造了许多通俗的劝善文，例如，《关帝觉世真经》、《关帝明圣经》等。关羽不仅被正式列为道教的神仙，而且成了斩妖除怪的天神。

当然，关羽的声名越来越大、地位越捧越高，主要是因为宋代以后，历代王朝的敕封和崇奉，并由正统思想哺育成的一个神化了的理想人物。

正统思想是在魏晋南北朝时期提出来的。当时，北方的一些少数民族南进中原，占据了大江以北广大地区，东晋偏安江左。史学家习凿齿在其所著《汉晋春秋》里，推崇蜀汉为继承东汉的正统，间接为东晋抵抗北方少数民族政权提供舆论支持，这便是正统思想的提出。到北宋末和南宋时期，随着与辽、金对峙的严峻斗争，正统思想空前发展。许多艺人将三国史实编为故事，在人民群众中广泛传播，并有明确的"尊刘反曹"倾向。适应这种政治气候，关羽被进一步神化。宋哲宗绍圣三年（1096），赐关羽玉泉祠额曰"显烈庙"；徽宗崇宁元年（1102），追封"忠惠公"；大观二年（1108），加封"武安王"；宣和五年"敕封义勇武安王"；南宋高宗建炎二年（1128）加封"壮缪义勇王"；孝宗淳熙十四年（1187）加封"英济王"。这样，赵宋王朝便把关羽封成了"壮缪义勇武安英济王"，把他塑造成一个儒家伦理道德提倡的忠、义、仁、勇的化身，间接为抵抗辽、金的政治斗争服务。

降及元代，虽然蒙古贵族成了全国最高统治者，但是它并没有一套自己的治国理论，其统治思想，依然继承宋代。当然，这也是统治广大汉族地区的政治需要。况且，宋儒理学大力宣扬的"忠孝节义"，对于维护元朝的封建秩序，也是有利的。故此，宋朝提倡、推崇的正统思想，依然成了元朝的官方思想。三国蜀汉集团的主要人物，例如，诸葛亮、关羽、张飞等，都被元朝封王。元文宗天历元年（1328）正式敕封关羽为"显灵义勇武安英济王"，这显然是从宋代继承来的。元朝最隆重、规模最大的佛事活动游皇城，要抬着关羽的神像。全国各地也大造关羽庙，求其除害降福，保佑安宁。关羽成了民间广泛信奉的神灵。

朱元璋建立的明朝，对关羽的崇奉，比起宋、元来说更高一筹。朱氏王朝开国不久，即于洪武二十八年（1395），在当时的首都南京的皇家寺院鸡鸣寺，为关羽建专祠供奉，每年五月十三日（传为关羽诞辰）遣官祭祀。明成祖北征时，又创造了一个关羽骑白马为明军助战的神话，因此，迁都北京时，即在地安门外建白马关帝庙供奉，关羽也因此被奉为军神、战神。进而又被明朝奉为宫廷守护神。内庭各门及皇宫各大门，皆供其神像，祈求他保佑平安。国有大灾，必遣官祭告关庙。万历四十二年（1614），把"敕封三界伏魔大帝、神威远震天尊关圣帝君"的封号送给了关羽，其地位等比帝王，其神力可以扫除天上、人间、阴间的一切妖魔鬼怪。

"侯而王，王而帝，帝而圣，圣而天"。就是这样，关羽便成了忠义勇武的化身、降魔除妖的天神，成了社会各阶层崇拜的偶像，儒、释、道共同供奉的神祇。"三教尽皈依，正直聪明，心似日悬天上；九州隆享祀，英灵昭格，神如水在地中"。[④]——这副对联，是明、清时期社会各阶层普遍崇拜关羽的写照。而这种崇奉之风，早在元、明时期就已经出现。

这，就是清朝崇奉关羽的历史基础。

（二）清朝曾奉《三国演义》为政治、军事教科书，其崇奉关羽是受了这部历史小说的影响

满族是由历史上的女真族发展而来，是我国历史上兴起比较晚的一个民族。1599年（明万历二十七年），努尔哈赤下令创制老满文之前，它还没有自己的民族文字。1583年（明万历十一年），当努尔哈赤以父、祖遗甲十三副起兵时，他并没有从先人那里继承一套治国、治军方略。但是，他要争雄、要发展、要干一番大事业，仅靠勇猛冲杀是不够的，还需要有驾驭政治风云、总揽全局、指挥千军万马的能力，这就需要向先人学习，需要借助历史的经验。他的先人并没有给他留下这方面的遗产，于是，他的目光投向了汉族的文化宝库，在戎马倥偬中，如饥似渴地学习汉族历史文化。《三国演义》特有的艺术魅力，深深吸引了他。史书说他"好看《三国（演义）》、《水浒（传）》"。[⑤]他经常随身携带一部《三国演义》，在战斗的间隙玩读，从中汲取政治、军事谋略。

《三国演义》作为一部雅俗共赏、引人入胜的历史小说，在描写东汉末年魏、蜀、吴三国斗争的过程中，总结、吸收、融汇贯通了历史上丰富的政治、军事经验和谋略，给人以智慧的启发。这些正适合努尔哈赤的口味和政治需要，《三国演义》里许多政治、军事谋略，成为他行动的指南。他奋战近四十年，统一了东北地区，为清王朝的建立和夺取全国政权，奠定了坚实的基础，是清朝的开创者和奠基者。他的言行，被其事业的继承者奉为圭臬，其喜读《三国演义》的爱好，也对后来发生了重要影响。

皇太极继努尔哈赤为后金（清）汗后，也喜读《三国演义》。降清的汉族知识分子沈文奎就曾上疏皇太极，意图加以劝阻，说："臣自入国（投奔后金）后，见上封事者多矣，而无劝上勤学问者。上喜阅《三国志》（此指《三国演义》，下同），此一隅之见，偏而不全。"[⑥]其实，沈文奎是从一种腐儒的偏见看这个问题的，他不理解，皇太极和努尔哈赤是通过阅读《三国演义》学习政治、军事谋略的。

皇太极和努尔哈赤的许多重大政治、军事谋略，都曾从《三国演义》得到启发。例如，联合蒙古王公贵族，是清朝的一项基本政策，也是其统一东北进而夺取全国的重要政治基础。对于这项与清朝命运攸关的战略决策，清代有的史学家认为，就是受到“桃园三结义”故事的启迪。清代人所写《缺名笔记》说：“本朝羁縻蒙古，实是利用《三国志》（此指《三国演义》，下同）。当世祖未入关也，先征服内蒙古诸部（结好蒙古是努尔哈赤和皇太极时期的一贯政策，并非从世祖顺治时始），因与蒙古诸汗约为兄弟，引《三国志》桃园结义事为例，满洲自认为刘备，而以蒙古为关羽……二百余年，备北藩而为不侵不叛之臣者，耑在于此。其意亦如关羽之于刘备，服事唯谨也。”⑦

《三国演义》里的许多谋略，也为后金（清）统治者所利用，有人认为“皇太极之去袁崇焕，即（周）公瑾赚蒋干之故智”。⑧清朝宗室昭梿的《啸亭杂录》记载了这个史实：“本朝自攻抚顺后，明人望风而溃，无敢撄其锋者，惟明巡抚袁崇焕固守宁远，攻之六月未下。高皇（努尔哈赤）怫然曰：‘何戆儿乃敢阻我兵力？’因罢兵归。故文皇（皇太极）深蓄大仇，必欲甘心于袁。己巳冬，大兵既抵燕（北京），崇焕千里入援，自恃功高。文皇乃擒明太监监于帐中，密札鲍承先在帐外作私语曰：‘今日上退兵乃袁巡抚意，不日伊即输诚矣。’复阴纵太监归。明庄烈帝（崇祯）信其间，乃立磔崇焕。举朝以为枉者，殊不知中帝之间也。”⑨这是明清之际一个著名战例。说者谓皇太极设间去袁崇焕，是受到《三国演义》的启迪，应是可信的，其手法与“蒋干盗书”如出一辙。

皇太极还常用《三国演义》里的故事教育、训导大臣、将士。天聪七年（1633），就接待降清明将孔有德、耿仲明的礼仪问题，皇太极与诸贝勒发生了分歧。皇太极提出以接见诸贝勒的最高礼仪——“抱见礼”接待他们，诸贝勒认为这样规格太高了，未表示赞同，皇太极就引用《三国演义》里关公的故事，教训他们：“昔张飞尊上而陵下，关公敬上而爱下，今以恩遇下，岂不善乎！元帅、总兵（指孔有德、耿仲明）曾取登州，攻城略地，正当强盛，而纳款输诚，遣使者三，率其兵民，航海冲敌，来归于我，功孰大焉。朕意当行抱见礼，以示优隆之意！”⑩

皇太极还命达海等人将《三国演义》等一批汉文典籍翻译为满文，

供八旗官员、将士学习。清朝宗室昭梿在其著名历史笔记《啸亭杂录》中曾专门记述此事："太宗（皇太极）天资敏捷，虽于军旅之际手不释卷。曾命儒臣翻译《三国志》及辽、金、元史，性理诸书，以教国人。"[11]

但是，由于战事匆忙等原因，皇太极时期没有将《三国演义》全部译完。清入关之初，多尔衮摄政时，又命满族学者查布海等完成全译，范文程、宁完我等汉族官员参与校订。多尔衮为此专门发布一项谕旨："谕内三院：着译《三国演义》，刊刻颁行。此书可以忠臣、义贤、孝子、节妇之懿行为鉴，又可以奸臣误国、恶政乱朝为戒。文虽粗糙，然甚有益处，应使国人知此兴衰安乱之理也。"[12]这清楚地说明，清朝译印《三国演义》，不是把它作为一部长篇历史小说供人阅读、欣赏，而是作为治国、治军方略的参考。

清朝还曾将满文《三国演义》作为兵书，颁发给不谙汉文的八旗将领学习、研究。清人陈康祺说："国初，满洲武将不识汉文者，颇多得力于此。嘉庆间，果毅公额勒登保初以侍卫从海超勇公（兰察）帐下，每战辄陷阵。超勇曰：'尔将才可造，须略识古兵法。'因以翻清《三国演义》授之，卒为经略。"[13]

《三国演义》创造了许许多多栩栩如生的政治家、军事家的艺术形象，特别是着力刻画渲染了关羽忠义勇武的形象，正如鲁迅先生所说，"至于写人，亦颇有失，以至欲显刘备之长厚而似伪，状诸葛之多智而近妖。惟于关羽，特多好语，义勇之概，时时如概矣"。[14]唯其如此，满洲贵族才奉之如神。清人王嵩儒说："本朝入关之先，以翻译《三国演义》为兵略，故其崇拜关羽。"[15]考诸史实，清朝崇奉关羽，确是受了《三国演义》重大影响。

（三）清朝需要一个神化了的偶像，作为军队的精神支柱，便把关羽作为军魂、战神来供奉，企图借助于他的威灵，鼓舞士气、呵护战争的胜利

清朝主要是依靠了骁勇的八旗军队，并且主要是采取战争的手段统一东北，进而夺取中原、统一全国的。清朝统治者对此也毫不隐讳，公开宣称，"我国家以弧矢定天下"。因此，清朝视军队为命根子，视战争为生命线，用他们自己的话来说，就是"征讨之举，所关甚重"，[16]是"定国安民以成大业"的根本。[17]

入关之前，努尔哈赤和皇太极连年带兵打仗，统一东北各部，并与明军作战，“暇则一年两征，不暇亦一年一征”。[18]入主中原之后，亦是战事频仍，镇压明末农民起义，扫荡南明小朝廷，平三藩，定台湾，平定准噶尔……大、小数百余战。日中不断军旗之影，午夜常闻鼙鼓之声。战争，成为清朝政治中的重要内容，也是关系到清朝盛衰存亡的大事。因此，它需要一种精神力量鼓舞士气，呵护战争的胜利。特别是，入主中原后，满洲贵族高官显爵、锦衣玉食、贪图安乐、临阵退缩的事司空见惯。八旗军队的腐败、缺乏战斗力成为清朝统治者的最大隐忧，更需要一种振作士气的“军魂”。但是，作为没落封建制度代表的清王朝，不可能创造一种先进的理论、先进的思想，去指导战争，作为军队的精神支柱。因而，只能和历史上一切封建统治集团一样，祈求上苍，呼唤虚无缥缈中的神承担此重任。由于历史的原因，满族本身并没有创造出这样一个神，于是，便把被神化了的三国时期的蜀国大将关羽，捧了起来，尊为军神、战神。

以关羽为军神、战神，这首先是关羽在历史上已经具备了担当此任的条件和形象。《三国演义》把他描写为忠义勇武的典型，在社会各阶层有广泛的影响。既勇武又忠于皇帝，同僚间又讲义气，这正是封建社会皇帝最需要的良将的典型，可以为八旗将领树立一个楷模。通过宋、元、明各代的敕封，和儒、释、道三教的神化，关羽成了一个能降妖除怪、战无不胜的天神，以他来呵护战争，会无往而不胜。

此外，在清朝夺取全国政权的紧要关头，一些明朝官员和宗教人士，里应外合，为关羽和佛、菩萨助佑清朝夺取全国统治权制造舆论，也是一个直接原因。

天聪十年（1636），执掌后金汗权十年的皇太极，以恩威并济、软硬兼施的政治手腕，削弱了与汗权相抗衡的诸大贝勒的权力，确立了“面南独尊”的地位；同时，又以纵横捭阖的政治、军事策略，争取了蒙古各部。特别是，将与后金相抗衡的、势力很大的察哈尔林丹汗，驱逐至青海大草滩，一命归天，极大地提高了皇太极的声威，许多明朝将吏的降附，使得后金八旗劲旅如虎添翼。在击败林丹汗得到“历代传国玉玺”后，更形成了大统攸归的强烈舆论和社会氛围。皇太极志得意满，遂于天聪十年（1636）四月，接受了满、蒙、汉大臣的上尊号、正大位的表文，举行了隆重的告祭天地大典，“践天子位，建国号曰大清，改元为崇德元年”。堂而皇之的做起了大清皇帝。他秣马厉兵，誓与明朝决战，夺取天下。八月，即派和硕睿亲王多尔衮、和硕豫亲王多铎分率两路大军攻明。

当多铎统帅的左翼军兵临锦州城下的时候，明朝的守城官兵陷入一片混乱。锦州城道士（也是一名将官），与五十人同谋，愿为内应，协助清军夺城。遣人致书多铎，说是山西平阳有金佛出世，“扶助天聪汗（皇太极）即帝位。唯助一主，不助二君。今遣人持书往请，上乞即发金兵，多则一万，少则五千。朝见关王神（关帝），指示尔至山西平阳府地方见一贤人，彼将往燕京助尔即帝位。若彼不至，则尔之称帝，将迟三四月。彼至而见尔金体，则瞬间可复见中京，天下人民齐来归附矣”。“天聪汗既主天下，上天众神兵、九星、二十八宿、三十六神、四十八仙、五十三佛、六菩萨及关帝即率兵助战，七十二贤士、八十一洞真人，三千门生、子路、颜回齐出，助天聪汗即帝位”。[19]同时说明攻克山海关、北京的策略，以及薙发、遵明制的战略决策。虽然由于清军爽约，未能实现里应外合计划，但皇太极及其决策集团很重视这封书信所提的战略、策略（后来，清朝入主中原的许多决策，与这封书信所言大体相合）。他们敏锐地觉察到，许多汉族官僚、知识分子是赞成清朝夺取中原的。特别是，关圣帝君助佑夺取天下的舆论，对他们来说，更是一副兴奋剂，正是梦寐以求的。而且，抬出关老爷的英灵，对于崇拜关公的明朝官僚和军队，也有一种精神威慑力。

皇太极下令在沈阳北门（地载门）建立了一座“关帝庙”，并亲笔题额“义高千古”。当时，欢送军队出征、迎接将士凯旋的仪式，都在地载门举行，把关帝庙建在这里，正是要借其威灵，呵护战争的胜利。“有清入关，战时，（关羽）每显灵助战”。[20]清朝统治者认为，与明朝争夺天下的战斗，连战皆捷，都是关帝圣君在冥冥之中佑助。

正是基于上述原因，八旗军队需要这样一个精神上的偶像，鼓舞士气，威慑敌人，呵护战争。求之诸神，关羽是最合适的，所以他被清朝奉为“三军之帅”，作为军神、战神供奉起来。作为“军牙六纛之神，将领之司命”的旗纛之祭，清入关前即附设于关帝庙，“天命十年（1625），定沈阳，还军扈浑河，封牛祭纛。天聪元年（1627）征朝鲜，明年凯旋，并立纛拜天。自是出征班师祭纛以为常，时旗纛附祀关帝庙也”，[21]这实际上是确立了关羽的军神形象。入关之后，旗纛之祭虽然不再附祀于关帝庙，但正式把他作为“三军之帅”供奉起来。

（四）清朝崇奉关羽，是把他作为“忠义”化身，要全国臣民以他为楷模，作为维持其封建秩序和巩固封建统治的重要思想工具

清朝入主中原后，为了巩固和加强对全国的统治权，需要尽快恢复、重建封建秩序，以维护其统治基础。为此，除了加紧镇压农民起义军，扫荡南明的残余势力、打击分裂活动，还采取了一系列重要的政治和思想文化措施。例如，以“复君父仇”为号召，礼葬崇祯皇帝，为其建造陵墓，以便把明朝文武官僚和汉族地主阶级的“亡国之恨”和打击的主要矛头，转移到农民起义军身上；广泛招徕明朝文武官员和汉族知识分子，许以高官厚禄，开科取士，网罗大批汉族知识分子，为新的封建政权服务，以增强和扩大对全国实行封建统治的社会基础。

在思想文化方面，则采取了以消除华夷之防和提倡忠君思想为主要内容的基本政策。一方面，大兴文字狱，残酷迫害具有反清思想的汉族知识分子，以图钳制、消弭汉族的对立和反抗情绪。另一方面，则又大力尊孔，崇尚程朱理学，大力提倡尊君、忠君思想。为此，顺治时期编印了《资政要览》、《劝善要言》、《训治大训》、《孝经衍义》等大量宣扬忠孝节义的书籍，广泛制造社会舆论，甚至不惜将明清鼎革时曾经是政敌的历史人物，从坟墓中拉出来，重新描画一番。

顺治十七年（1660），为陪同崇祯皇帝吊死煤山的明朝太监王承恩立碑，顺治亲撰碑文，表彰其忠义：“朕尝考诸史册，见夫忠臣烈士，身殉国难，名炳千载，未尝不掩卷三叹也。虽忠义之性命之于天，人人可以自尽，然当变乱之际，利害动于中，祸患怵于外，依违瞻顾，多不能引决。求乎风雨不渝乎常，霜露不易其操，盖难之矣。……至于国家多难，矢志不移，如明司礼太监王承恩有可纪焉。当明季寇讧，海内鼎沸，庄烈愍皇帝（崇祯）励精图治，原非失德之主，良由有君无臣，国势莫支，帝遂捐生以殉社稷，而一时戴縰垂缨之士，苟且偷生，言之可为太息。惟范景文等十九人无愧臣节，业赐谥致祭以旌其忠。独王承恩目击艰危，从容就义，从死愍帝之旁，即古之忠臣烈士，何以加焉。朕至思陵，念愍皇帝精勤遘乱，亡国非辜，躬奠椒浆，尤增悯泣，顾见陵侧有土一抔，即承恩墓也。特命从臣酹酒焉。迩者，载履明陵，念兹从死之臣，命大臣拜奠其墓，以劝忠也。按谥法，危身奉上，险不辞难曰‘忠’。矧承恩趋侍宫掖，出入禁闱，其责任不系乎封疆，名位不同乎公卿，而独能视死如归，岂非较然不欺其志者哉！用是勒之贞珉，且以告天下万世为人臣者。”[22]

对于抗击清兵入关的明朝官员，也赐谥表彰。乾隆四十年（1775）十一月，“命议予明季殉节诸臣谥典”。乾隆为此特颁谕旨，指出：“崇奖忠贞，所以风励臣节”，“至若史可法之支撑残局，力矢孤忠，终蹈一死以殉。又如，刘宗周、黄道周等之立朝謇谔，抵触佥壬，及遭际时艰，临危授命，均足称一代完人，为褒扬所当及。其他，或死守城池，或身殒行阵，与夫俘擒骈僇，视死如归者，尔时王旅徂征，自不得不申法令以明顺逆。而事后平情而论，若而人者，皆无愧于疾风劲草，即自尽以全名节，其心亦并可怜”，“凡明季尽节诸臣，既能为国抒忠，优奖实同一视，至钱谦益之自诩清流，靦颜降附，及金堡、屈大均辈之倖生畏死，诡托淄流，均属丧心无耻。若辈果能死节，则今日亦当在予旌之列。乃既不能捨命，而犹假语言文字，以图自饰其偷生，是必当明斥其进退无据之非，以隐殛其冥漠不灵之魄，一褒一贬，衮钺昭然，使天下万世共知予准情理而公好恶，以是植纲常，即以示彰瘅”。[23]在乾隆的亲自主持下，将明末死难的三千六百余人的事迹，纂辑成书，名为《胜朝殉节诸臣录》。而对于降清明将，例如洪承畴等人，则另编《贰臣传》，加以贬斥和羞辱。

这时，明朝灭亡已经百余年，复辟的危险业已消除，清朝对全国的统治根基已经巩固，宣扬为明朝殉葬的文武官员，不会给清朝带来任何危害，反而有利于清朝的巩固。因为这时的所谓“忠君”，是要文武官僚为清王朝效命。乾隆在一首题史可法像的诗中说得很明白：“纪文已识一篇笃，予谥仍留两字芳。凡此无非励臣节，鉴兹可不慎君纲。”[24]他不讳言，此举的目的，就是警戒文武官员，抵死为君王效命。

正是为了这种政治需要，清朝才极力把关羽神化。这是因为，关羽是汉族人，容易为汉族官僚和广大人民群众所接受。更主要的是，通过历代王朝的敕封，《三国演义》小说的影响，关羽的形象已经定型化，成为忠义的化身，并广泛流传于社会各阶层。“惟神忠义贯金石，勇烈冠古今”，崇祀关羽，“欲使君臣劝忠，朋友效义”——明代进步思想家李贽的这些话，[25]说明了这个问题。清朝利用关羽宣扬、提倡忠义思想，有深厚的历史、社会基础，容易奏效。同时，各阶层群众，也需要“忠义”这种精神，作为协调人与人之间、个人与社会之间的润滑剂。关羽受到社会各阶层的崇拜，清朝利用关羽宣扬忠义思想，也有广泛的社会基础。以著《聊斋志异》闻名于世的蒲松龄就曾经说过：“（在受崇拜的神灵中）至我关帝，位尤尊、灵尤著，正气满宇宙，普视一切，往往于云气之杳冥，示现神威。故愚无知者，冤愤填胸，必且持片牒，赴塑庙堂。夫天神地祇充盈世界，何以独衷我夫子？总以公喜雪不平，拔诸苦恼，故疾痛则呼之。”㉖

清朝正是利用了这样一些历史、社会、群众基础和条件，通过崇奉关羽，提倡、宣扬忠君思想，作为维护封建社会秩序、巩固统治权的思想工具。乾隆时的户部尚书梁国治奉敕撰书的《承德府关帝庙碑文》，对此有明确的说明。他说：“臣窃惟古者立国，必先建学设庙，所以定民志，一耳目也”，“夫制礼以作民敬也，立庙以作民诚也。关帝庙祀遍天下，各直省府州县建祠设像，守土官吏岁时展谒，典礼视文庙。况承德距京师数百里，日月所照临，中外所仰瞻，就庙貌之成，可以见国家褒崇忠义，凛乎纲常名教之大焉。可以使远近更易观听，动其严威严格之忱焉。”㉗用现代语言来解释，所谓“定民志，一耳目”，无非就是统一思想、统一舆论。崇奉关羽是为了“褒崇忠义”，以维持“纲常名教”（即维护封建社会秩序，维护清王朝的统治权），他把清朝崇奉关羽的政治目的，说得明明白白了。

二、叠晋崇封 屡上尊号

清朝对关羽的尊崇，在历史上可谓登峰造极。它在宋、元、明三代敕封关羽的基础上，又对其叠晋崇封，屡上尊号，神圣的光环，越加越多。其封号多达二十六字，成了无与伦比的最高天神。

顺治九年（1652），刚刚夺取中原不久的清王朝，即敕封关羽为“忠义神武关圣大帝”，以答谢其神灵助佑清朝夺取全国政权，并进而彻底统一全国。

雍正三年（1725），经过顺治、康熙两代八十年左右的治理，出现了政权稳定、经济发展的局面，雍正皇帝也挫败了政敌，稳固了皇位。于是，又想出了褒封关羽的新花样——敕封三代公爵，以答谢其在冥冥之中的助佑。先是，给事中李兰奏请追封关帝祖、父爵号，下礼部议行。关羽父、祖的名讳，杳如尘沙，早已淹没于历史长河中。不过，善于逢迎的礼部官员，还是想出了解决这个难题的办法，即只给封号，不书名讳。他们上奏雍正：“礼臣议：（李）兰原奏所称《圣迹图志》，乃近时卢湛所撰，与正史不合，尊崇正神，理宜谨慎。亚圣孟子之父，未详名讳，止称先贤孟孙氏，所以缺疑也。应照此例，追封关帝三代俱为公爵，牌位只书追封爵号，不著名氏。于京师白马关帝庙后殿供奉，遣官告祭。其山西解州、河南洛阳县塚庙，并各省、府、州、县择庙宇之大者，置主供奉后殿，春秋二次致祭。"[28]雍正朱笔一挥，照准此议。于是，封关羽曾祖为光昭公、祖为裕昌公、父为成忠公。为此，扩建京师地安门白马关帝庙，至雍正五年（1727），关羽之三代公爵木主供奉庙中。雍正皇帝还亲制碑文，记其盛事："自古圣贤名臣，各以功德食于其土。其载在祀典，由京师达于天下，郡邑有司岁时以礼致祭者，社稷山川而外惟先师孔子及关圣大帝为然。孔子祠天下学宫，而关帝庙食遍薄海内外。其地自通都大邑下至山陬海澨村墟穷僻之壤，其人自贞臣贤士仰德崇义之徒，下至愚夫愚妇儿童走卒之微贱，所在崇饰庙貌，奔走祈禳，敬畏瞻依，凛然若有所见。盖孔子以圣，关帝以神。神之陟降上下，显赫鉴观，以警动觉悟，保佑扶持，与斯人呼吸相应答者，感而通，微而著，洋洋乎忠义正直之气充塞于宇宙之间，与日月星辰同其明，江河山岳同其体，风霆雨露同其功用。宜其英灵之振古常新，而为历代贤豪所莫能并也。本朝崇奉，典礼綦隆。我世祖章皇帝顺治九年，敕封神为忠义神武关圣大帝，较往代封号尤尊且正。京师白马关帝庙为奉神之所，岁遣大臣将事惟谨。朕缵绪膺图，尊隆秩祀。登极之初，既加封先师五代，以展尊师重道至意。更念神福国庇民，御灾捍患。英风冠古，浩气不磨。生有自来，钟灵孔厚。宜追封三代，晋爵上公。爰允礼臣之议，加封神曾祖光昭公、祖裕昌公、父成忠公，博稽史册，名讳弗传。特用缺疑，以彰敬慎。虔制木主，于雍正五年六月供奉后殿，春秋崇祀，著为令典。夫礼由义起，而善则称先，事神事人，理无二致。神威灵赫濯，昭灼于千万世，则神之先人享明禋，崇美报，历千万世而勿替，以称国家昭事明神之盛典，礼制攸宜，至宏远也。是用勒文贞石，纪奉祀所始以贻示来兹，俾有考焉。"[29]

在争夺皇位的斗争中，雍正以极其残酷的手段，穷治手足，或许借敕封关羽三代公爵曲折地向先人表示一下内疚心情吧。这篇碑文虽是敷衍公事，但"夫礼由义起，而善则称先，事神事人，理无二致"一句，文意上下不连属，似别有苦心。是否以倡善淡化一下残忍的形象，只有天知、地知、已知了！不过，经过这一番敕封，关羽的三代都有了公爵头衔，在关帝庙的后殿，也都供奉其三代的木主了。咸丰五年（1855），再加封其上三代为“王”。

乾隆继承皇位之后，励精图治，多民族统一国家空前巩固和发展。乾隆二十年（1755）出兵伊犁，平定了长期游离于清中央政权之外的准噶尔部，又四年（1759），平定了天山南麓的大、小和卓之乱，从而彻底统一了全国。乾隆窃喜自己的武功，同时，希冀进一步加强封建秩序，特别是大力提倡“忠义”一类的伦理道德，以强化君权。适应这种政治需要，对关羽的形象，又进行了一番粉饰。乾隆二十五年，改关羽原谥“壮缪”为“神勇”。先是，山东布政使沈廷芳奏言，“关帝封号虽尊，谥法未协，请议更易，以光典册”。于是，乾隆命以“神勇”易原谥。

乾隆三十三年（1768），敕命关帝庙正殿及大门，易绿瓦为黄，以崇规格，使如帝王庙之制，表示尊崇。同时，“加号灵佑”，使关羽的封号变为“忠义神武灵佑关圣大帝”。为此，对京师地安门外白马关帝庙重加修葺，翌年竣工。乾隆还亲自撰书了《重修关帝庙碑记》：“人之道，非圣无以臻其极，至圣不可知而谓之神。如《书》所颂‘乃圣乃神’，与夫炎帝之称神农，夏禹之称神禹者，希焉。若神之道，旼旼穆穆，自日星河岳爰逮坊庸门霤之各颛其职，靡不缘司契以定主名，则纯乎神而非人所得予者。生为英，殁为灵，其功德勿沫于世，世亦相与俎豆尸祝以神之。然未有不推乎正直聪明足立万禩人伦之表，故睾然尊而宗之以为神圣焉。盖圣而神之，所以著圣道之精，神而圣之，所以明神道之正。若是者，尝求诸先圣先师而外，厥惟关圣大帝克以当之。考神生值炎汉之季，炳大节，锄奸宄，本末具载志传。要之，超伦轶群，其志在春秋，其气浩然常塞乎天地，以故前代屡致褒崇，至我朝而逾显。且神迹不可殚记，而于行师命讨为益彰。自顺治九年敕封忠义神武，迨康熙、雍正间，诏晋三代公爵，增置五经博士。及朕临御，以神原谥因袭陈寿旧史，名义未孚，每廑于怀。我国家久仰灵威，近于西师之役复昭蒙佑顺，因特加封曰‘忠义神武灵佑‘，并允太常议，于地安门外神庙，恭书新号神牌，门殿易盖黄瓦，其岁渝旧葺隊剥者亟之髹之，俾称茂典。以今年仲冬月讫工。宋臣苏轼言，神在天下如水之在地中，无所往而不在，顾由断港绝潢达乎河济江淮，不能不以溟澥观其汇。由墟落廛市赴乎赤畿望紧，不能不以都会统其归。于焉求神之所凭依，讵惟是褒大其封，鼎新其宇，用备昭报之靡文云尔哉！将阐夫神与圣之所从来，所以为人道扶植纲常，助宣风教，即制祀之原胥不外是。其他稗野所载，怪传荒忽，事迹不见正史者，缺而不书，惧亵神并诬圣也。”[30]

在这篇碑文中，乾隆极力宣扬关羽是与炎帝、大禹、孔子并驾齐驱的神圣。统一新疆，是得其“佑顺”，故加尊号“灵佑”。他还特别强调了褒封关羽，是“所以为人道扶植纲常，助宣风教”，是有利于维护和加强封建秩序和君权统治的。通过褒封、改易庙制等，刷掉了宋、元、明以来，蒙在关羽身上降妖除怪的妖氛怪气，使之变成了辉煌高大的神圣，从而加强了关羽作为封建纲常和人伦道德典范的形象。

乾隆四十一年（1776），大的战事暂时没有了，进一步加强封建秩序和强化君权，成了清朝政治中的大事。于是，借修《四库全书》的机会，乾隆又用修改史书原谥的手段，大力地、突出地宣扬关羽的“忠义”，再塑其人伦道德典范的形象，为此，专门颁发了一道谕旨：“关帝在当时，力扶炎汉，志节凛然，乃史书所谥，并非嘉名。陈寿于蜀汉有嫌，所撰《三国志》，多存私见，遂不为之论定，岂得谓公。……夫以神之义烈忠诚，海内咸知敬祀，而正史犹存旧谥，隐寓讥评，非所以传信万世也。今当抄录《四库全书》，不可相沿陋习，所有《（三国）志》内关帝之谥，应改为忠义。第本传相沿已久，民间所行必广，难于更易，著交武英殿，将此旨刊载传末，用垂永远。其官版及内府陈设书籍，并著改刊，此旨一体增入。”[31]

修改史书是封建统治阶级为适应政治需要所常用的一种手法，但改史书原谥，则极为罕见，这也算乾隆的一个发明创造吧！我们现在看到的清朝官印《三国志》都是按乾隆的这道谕旨改定过的。

乾隆本来是个思虑比较缜密的人，但疏忽大意之处也不少。他对关羽大加崇封，累加尊号，但在关帝庙门及神位木牌，书写封号前，照惯例常加上“敕封”二字，变成“敕封忠义神武灵佑关圣大帝”。这就露出了人造神的马脚，难免引起人们对神圣的怀疑。乾隆晚年才觉察到这个问题，于是，乾隆六十年（1795）专门下了一道谕旨，加以纠正：“所有各寺庙供奉关圣神位以及匾额内有敕封字样者，殊非敬神之义，著将此二字节去。”[32]此后，所有关帝庙的匾额及神位，只书写封号，去掉了“敕封”字样。这样，关羽的神圣似乎是与生俱来，与天地同在了。乾隆的用心可谓良苦。

乾隆后期，清王朝由盛转衰，因而更祈望关羽的神灵多加佑护内外交困，随时都有倾覆危险的政权。乾隆死后，嘉庆十八年（1813），林清、李文成领导的天理教农民大起义，乘皇帝到热河木兰秋狝、紫禁城守御薄弱之机，突然袭击皇宫，震撼了清王朝的统治根基。最高统治集团惊慌失措，嘉庆皇帝只得骤停秋狝立即返京。虽然由于农民起义组织不严密、计划不周详、对皇宫情况不熟悉等原因，武装袭击紫禁城的行动失败。但这重重的一击，已经使得最高统治集团心惊肉跳，如坐针毡了。事后，嘉庆颁布谕旨说："是日，逆匪等（指天理教农民起义的义军）在紫禁城滋扰时，恍惚之中，望见关帝神像，该逆众立时畏慑奔窜，悉就歼擒。"[33]在无可奈何之中，宣称关帝神灵保佑，这无非是借以自嘲自慰，又借以吓人——须知在那个时代，迷信神灵是当时普遍存在的一种社会心态。

进攻紫禁城的义军虽然失败，但义军领袖之一的李文成在其家乡河南滑县的群众基础仍然很雄厚，进行着顽强的抵抗。嘉庆皇帝急忙派直隶总督那彦成率兵镇压。义军终因力量悬殊而失败。已经摸透嘉庆皇帝心理的那彦成，在奏疏中，宣称在战斗中得到关帝的保佑，因而获胜——这样既可避免邀功之嫌，又可得到皇帝的欢心，也算是求升迁之一计。果然，嘉庆皇帝在愁苦中又绽现了一丝笑容，决定再为关羽晋封号。嘉庆十九年（1814）颁发上谕："上年，逆匪突入禁门时，恍惚之中，望见关帝神像，畏慑奔窜，立就歼擒。本日又据那彦成奏，当滑县克复之时，贼匪（指天理教农民起义军）于黑夜拼命突围，官兵施放枪箭未能真切。忽城旁庙宇自行起火，照同白昼，官兵两路夹击，始将贼匪截回，悉数歼除。事定后，乃知城旁庙宇供有关帝神像。庙虽焚毁，神像岿然独存，毫无损动，等语。此次逆匪滋事，屡荷关帝灵爽翊卫，实深寅感，著该衙门（指礼部）于原定封号敬拟加封二字进呈，候朕酌定，通颁直省，用答神庥，其滑县庙宇，候重修落成之日，该抚再行奏请御书匾额，敬谨悬挂。"[34]礼部议，加封"仁勇"二字，以答谢关帝助战之功。嘉庆朱笔一点，当即同意。

道光继位之后，正值清王朝多事之秋，战事连绵不断。疲于应付的最高统治集团，更加乞灵于关帝的保佑。企图建立独立的伊斯兰教政权的大、小和卓后裔张格尔，率兵窜扰南疆维吾尔族地区，致使当地陷入一片混乱。经过数年苦战，清军在维吾尔和其他各民族群众的支持下，夺取了胜利，生擒张格尔。道光皇帝在困苦焦躁之中稍微得到一点慰藉。但方寸已乱的他，不去（也不可能）正确总结这次事件的经验教训，而是急忙下令为关羽再加封号，以感谢其在天之灵的佑助。道光八年（1828）传下谕旨："我朝定鼎以来，关帝屡彰灵佑。昨据长龄（蒙古正白旗人，时为伊犁将军，与张格尔作战时的清军统帅）等奏，上年张格尔煽乱，遣其逆党扰近阿克苏。当官兵冲击之时，陡起大风，尘沙飞扬，该逆等遥见红光烛天，遂被歼擒。又，长龄等督兵进剿，师次浑河沿，该逆等竟然扰营，风起猛烈，官兵乘风冲贼，俘馘无算。次早接仗时，据获贼佥供，又见红光中兵马高大，不能抵敌，即各窜逸。此皆仰赖关帝威灵显赫，默褫贼魄，用克生擒巨憝，永靖边圉，应加展诚敬，以期亿万年护国安民，著礼部拟加封号数字具奏，用答神庥。"[35]在礼部拟进的几个封号中，朱笔圈定了"威显"二字。

道光二十年（1840）爆发的鸦片战争，是中国历史上的一大转折。英国殖民主义者用枪炮、鸦片、传教士为武器，砸开了古老中华的国门，张开血盆大口，吞噬着东方睡狮的血肉。腐败的清王朝在战场上举起白旗，又在西方强盗的枪炮威逼之下，签订了一系列丧权辱国的条约，使古老的中国逐渐沉入半殖民地的深渊。以太平天国、捻军起义为代表的近代农民大起义，敲响了清王朝的丧钟。咸丰、同治、光绪时期的清王朝，已是风雨凄迷中颠簸于惊涛骇浪的百孔千疮的破船，随时都有倾覆的危险。前途迷茫、心惊胆战的最高统治集团，寻觅不到一条摆脱败亡的出路，只好长跪在神灵面前，乞求关帝的呵护。于是，对关羽屡加封号，祈望他的威灵能够扭转乾坤。被太平天国农民大起义吓得心神不宁的咸丰皇帝，于其即位的第二年（1852），加封关羽"护国"封号，咸丰三年（1853）又封"保民"，以祈求关帝圣君的保佑。咸丰六年（1856），以神灵显佑，再加封号，并颁发谕旨："叶名琛、柏贵奏神灵显应，请加封号一折。关帝神威助顺，前已叠晋崇封，升为中祀。兹据该督等奏称，四年六月，广东省城各门外逆匪突起攻扑城垣，仰荷神灵默助，连获大捷，省城得保无虞。韶州、新会、三水、龙川各府县均被股匪围扑婴城，固守亦赖关帝显应，得以保全，朕心实深寅感，允宜加崇封号，藉申虔敬，著礼都谨拟具奏。"旋即议上，加号"精诚"。[36]咸丰七年（1857），再加封"绥靖"。

同治三年（1864），以克复江宁，同治皇帝亲至关帝庙上香。九年（1870），再加封号"翊赞"。光绪五年（1879）又加封"宣德"。

这些封号连起来就是"忠义神武灵佑仁勇显佑护国保民精诚绥靖翊赞宣德关帝圣君"，共二十六字，是清代最高的封号，在历史上也是对关羽的封号字数最多、规格最高的，可以说是把关羽抬到了至高无上的程度。

三、列入祀典　深宫秘祀

“国之大事，惟祀与戎”——这是历代封建王朝奉为金科玉律的信条。祀，就是祭祀天地鬼神，以祈求其在冥冥之中佑护；戎，就是征伐，即用武力消除敌对势力和镇压反叛，以维护和巩固政权。所以，在封建社会里，对于每个王朝来说，最大的事莫过于这两件，真可谓“悠悠万事，唯此为大”。而对于祭祀，每个王朝都有一套颇为堂皇的礼制，称为祀典，即国家的祭祀典礼。清代，正式把关羽列入国家祀典，每年按时遣官致祭。同时，又在深宫秘祀。

清朝入关之初，定制，国家诸祀分为三等：圜丘（天坛）、方泽（地坛）、祈谷、太庙、社稷为大祀；天神、地祇、太岁、朝日、夕月、历代帝王、先师（孔子）、先农为中祀；先医等庙、贤良、昭忠等祀为群祀。关羽先列群祀，咸丰时改为中祀。凡国家祀典，统由礼部负责，由太常寺、光禄寺、鸿胪寺具体承办。惟堂子元日谒拜，立杆大祭，并内廷诸祀，因有“家祭”性质，故由负责皇室和宫廷内部事务的内务府与礼部共同负责。有关关羽祀典，略述如下：

祀期：清代定制，关帝庙每岁三祭，即春、秋两季仲月（农历二月、八月）初一，以及农历五月十三日（传为关羽生日，此沿明制）。

祭器：其数量和质地（玉、铜、陶）的不同，反映着所祀神位的等级。关帝庙祭器，略逊大祀。爵三；笾、豆各十；铏、簠、簋各二；登、篚、俎、尊各一。奉祀其父、祖的后殿，笾、豆各八，略逊一筹。祭器皆用铜。

祭品，盛于祭器，笾、豆各十种（大祀为各十二种）：笾用形盐、薨鱼、枣、栗、榛、菱、芡、鹿脯、白饼、黑饼；豆用韭菹、醓醢、菁菹、鹿醢、芹菹、兔醢、笋菹、鱼醢、脾析、豚拍。

玉、帛、牲牢：清代国家祀典所用玉、帛、牲牢，系根据神位等级及不同对象而有区别。玉分六等、帛七等，牲牢四等（犊、特、太牢、少牢）。关帝庙神案，陈设白色礼神制帛一。关羽神位前用太牢（羊一、牛一、豕一），后殿用少牢（羊、豕各一）。

凡致祭，太常寺要事先奏闻，由皇帝钦点大臣充承祭官，致关帝庙行礼。典礼时，要奏乐，读祝辞。春、秋致祭的祝辞是：

正殿：维某年、月、日，皇帝遣某官致祭于关帝之神曰：惟神秀毓山河，名垂今古。英风正气，世历久而弥新；大节纯心，史相传而莫匹。念神灵之显著，命典礼以优隆。兹当仲春（秋曰“仲秋”），用昭时享，尚其歆格，鉴此精虔。尚享！[37]

后殿：维某年、月、日，皇帝遣官致祭于关帝之曾祖光昭公、祖裕昌公、父成忠公曰：惟公盛德相承，令仪足式，历数传之积累，遂钟河岳精灵。储旷代之威名，堪作岩廊矩薙。殊既沛于三世，时享宜锡于上公。兹当仲春（秋曰“仲秋”），用昭祀事，笾豆致洁，典礼加隆。尚享！

五月十三日祭祀关羽的祝辞是：

惟神纯心取义，亮节成仁。允文允武，乃圣乃神。功高当世，德被生民。两仪正气，历代名禋。英灵丕著，封号聿新。敬修岁事，显佑千春。

同日，后殿祝辞是：

礼隆报祀，谊重推恩。当菘生岳，降之期溯。木本水源之始，辉煌栋宇凭依已妥于上公。修洁豆、笾，将享告告虔于仲夏。惟神照鉴，尚其歆格。

在关羽神位前，承祭官要行三跪九叩礼（如拜帝王礼）。后殿用二跪六叩礼。

各省、府、州、县的关帝庙，也为每年三次致祭，典礼与京师同。正殿以正印官承祭，后殿以丞、史等官承祭。

堂子祭天、坤宁宫祀神，是清朝皇宫特有的、具有满族特点的宫廷宗教活动，其所祭祀主神之一即为关羽。《养吉斋丛录》云：“顺治元年，建堂子于长安左门外，玉河桥东。元旦必先致祭于此，其祭为国朝因循用旧制，历代祀典所无。又，康熙年间定，祭堂子汉官不随往，故汉官无知者。询之满洲官，亦不能言其详。”[38]这大体上说明了堂子祭天的历史渊源及其特点和神秘性。

明末清初活跃于黑龙江流域的女真（满族的前身）等少数民族，都有堂子祭天的习俗。努尔哈赤领兵攻打哈达、辉发、叶赫、乌拉、董鄂、朱舍里各部，都要先破“堂色”（即堂子），“掠祖像、神器”。这说明，各部都有堂子，而且是其部族信仰寄托的圣地、精神与上天联系的所在，攻破堂子即等于灭掉这个部族。努尔哈赤于赫图阿拉建城作根据地，也距其住所“五里许，立一堂宇，缭以垣墙，为祀天之所”。[39]凡有征伐等大事，努尔哈赤都要率诸贝勒等亲往祭祀。天命六年（1621），努尔哈赤在辽阳筑新城（即东京城），作为后金（清）都城，也设堂子祭天。天命十年（1625）再迁都沈阳，又在沈阳建堂子，以为祭天之所。顺治元年（1644）夺取北京之后，即在长安左门外建堂子，为祭天典礼之所。

《清史稿·礼志四》："（堂子）正中为享殿，五楹，南向，汇祀群神，上覆黄琉璃，前为拜天圆殿，北向。中设神杆石座，稍后，两翼分设各六行，行各六重，皇子列第一重，次亲王、郡王、贝勒、贝子、公，各按行序，均北向。东南为上神殿，三楹，南向。祭礼不一，而以元旦拜天、出征凯旋为重，皆帝所亲躬。其余月祭、杆祭、浴佛祭、马祭，则率遣所司。"这大体说明了堂子的建筑规制和祀典的一般情况。

元旦拜天，前期于十二月二十六日，恭奉关羽等神位至堂子。五鼓时，掌仪司以内监十六人（皆穿金黄缎衣）舁黄缎神舆至坤宁宫门外。司俎二人（亦穿黄缎衣），各捧朝祭神位（佛、菩萨、关圣帝君）、夕祭神位（穆里罕、画像神。），安奉舆内，内监舁行。导以御杖八、灯四（并以内监执掌，俱穿金黄缎衣）并司俎官员等六人，经宫殿各门，俱由中阈至乾清门，侍卫十人前导，掌仪司官扈行，出长安左门至堂子享殿内供奉。晨、夕献香。神位所悬纸帛，月终积贮盛以囊，除夕送堂子，与净纸、神杆等同焚。内务府大臣率员再于各神挂新纸帛二十七。元旦黎明，皇帝乘舆出宫，陪祀王公等随行。至堂子内门降舆，入中门，诣圆殿就拜位，南向，率王公行三跪九叩礼，然后回宫。正月初二日，恭奉关帝圣君等神位回宫。其祭祀的祝辞是："上天之子佛及菩萨、大君先师三军之帅关圣帝君，某年生小子、某年生小子，今敬祝者，贯以九盈，具八以呈，九期届满，立杆礼成。爰系索绳，爰备粢盛，以祭于神灵。"就这样，在香烟缭绕之中，皇帝率领王公大臣，向关羽及佛、菩萨，虔诚地顶礼膜拜，祈求他们在冥冥之中保佑。

月祭为每岁正月吉日和其余各月初一日，由满洲王公大臣到堂子行礼，惟其仪式比皇帝亲祭稍减。

立杆大祭，于每岁春、秋二季月（三月、九月）初一，或二、四、八、十月上旬吉日举行。杆木以长三丈、圆径五寸的松木为之。先一月，所司往京郊延庆州采伐，树梢留枝叶九层，抬至堂子，届期前一日，树之石座。司俎二人赴坤宁宫请佛亭及菩萨、关帝像，舁至堂子。祭祀礼毕，神像送回坤宁宫。其祝辞略与元旦拜天同。

浴佛祭，即于相传为四月八日的释迦牟尼佛诞日的祭祀典礼。是日，不杀牲，官府不理刑名。祭祀前期，享殿悬神幔，选觉罗妻正、副赞祀二人为司祝。届期由穿黄缎衣内监赴坤宁宫，请佛亭及菩萨、关帝像，司俎内监置椴叶饽饽、酿酒、红蜜以从。至堂子则陈设香灯、献糕酒，取红蜜及诸王供蜜各少许，注于黄瓷浴池，司祝请佛。浴毕，以新棉承座，还奉佛亭，陈椴叶饽饽九盘、酒盏、香碟各三，并诸王所供饽饽、酒。菩萨及关帝神像前供奉也如其式。承祭大臣在享殿内，所默诵祝辞是："上天之子佛及菩萨、大君先师、三军之帅关圣帝君！某年生小子、某年生小子，今敬祝者，遇佛诞辰，偕我诸王敬献于神，祈鉴敬献之心，俾我小子丰于首而仔于肩，卫于后而护于前，畀以嘉祥兮，齿其儿而发其黄兮，年其增而寿其长兮，根其固而身其康兮。神兮贶我，神兮佑我，永我年而寿我兮。"

所谓马祭，是指每年春、秋季月（三月、九月）于堂子圆殿祭祀所乘之马。届时，有司选白马十匹，立甬道下。而马神室则供奉佛、菩萨、关帝及夕祭神。这时，司祝者所唸的神歌是："上天之子佛及菩萨、大君先师三军之帅关圣帝君：某年生小子，今为所乘之马敬祝者：抚背以起兮，引鬃以兴兮，嘶风以奋兮，嘘雾以行兮，食草以壮兮，啮艾以腾兮，沟穴其弗蹈兮，盗贼其无撄兮。神其贶我，神其佑我。"祭马神之次日，为牧群繁息，再于祭马神室中致祭，祝词与前同，惟"所乘马"句改为"今为牧群繁息"，"沟穴"二句，改为"如萌芽之发育兮，如根本之滋荣兮"。

马祭与其他各祭作祭灌酒于猪耳时（这是满洲祭神祭天的一种仪式，杀猪作供品前，以酒和水灌猪耳，猪耳摆动，意味着神领受祭品）的祷辞是："上天之子、三军之帅关圣帝君！某年生小子（为某人之马祭，则呼某人之本生年），今为所乘马敬献粢盛，嘉悦以享兮！"其供肉祝辞是："上天之子、三军之帅关圣帝君！某年生小子（为某人之马祭，则呼某人之本生年），今为所乘马敬祝者：抚脊以起兮，引鬃以兴兮，嘶风以奋兮，嘘雾以行兮，啮艾以腾兮，沟穴其弗蹈兮，盗贼其无撄兮，神其佑我！神其佑我！"骑兵是清军的主力，战马直接关系到军队的战斗力。所以，清朝虔诚地祈求被奉为军神、战神的关圣帝君，保护它的战马。

坤宁宫祀神，是和堂子祭天并重的清代宫廷宗教活动，其所祀神也相同，关羽也为所奉神之一。坤宁宫祀神是从女真等东北少数民族的家祭宗教仪式演变来的。后金（清）建都于沈阳后，即在宫廷的寝殿——清宁宫祀神，这是清朝把满族原有的家祭宫廷化的开始。《清史稿·礼志》云：“坤宁宫祀神，昉自盛京，既建堂子祀天，复设神位清宁宫正寝。世祖（顺治）定燕京，率循旧制，定坤宁宫祀神礼。”坤宁宫为宽九间的寝殿，其内部设置，仍保留满族在东北时期的遗风，铺设大炕。西大炕供朝祭神位（即佛、菩萨、关帝），北大炕供夕祭神位（见前述），院庭树杆以祀天。其主要的祭祀活动有：元旦行礼、日祭、月祭及翼日祭、报祭、大祭、背灯祭及翼日祭、四季献神。其祭祀活动，一般由女萨满（沟通人、神之间的中介，类似汉族的女巫）主持，这些活动所祭祀的主神之一，即为关羽。

每岁元旦子刻（23时至1时），萨满于神位前上香后，皇后、皇帝行礼，此即元旦行礼。礼毕，皇帝坐于南炕，召王公大臣入于炕前，赐坐食供神豕肉。皇后则于东暖阁率贵妃以下同食。

日祭分朝祭、夕祭。顺治时规定，朝祭以丑（1时至3时）寅（3时至5时），夕祭以未（13时至15时）、申（15时至17时）。朝祭、夕祭都要上香、供豕肉、酒、糕、时鲜水果等。萨满还要在弦、板的乐声中诵祝辞。

正月初三及每月初一坤宁宫朝祭诵神歌祷祝辞是：“上天之子佛及菩萨，大君先师、三军之帅关圣帝君！某年生小子、某年生小子（为某人祭则呼某人本生年），今敬祝者：丰于首而仔于肩，卫于后而护于前，畀以嘉祥兮，齿其儿而发其黄兮，年其增而岁其长兮，根其固而身其康兮，神兮贶我，神兮佑我，永我年而寿我兮！”

其朝祭灌酒于猪耳的祷辞是：“上天之子、三军之帅关圣帝君！某年生小子（为某人祭则呼某人本生年），敬献粢盛，嘉悦以享兮！”其供肉时，再唱祝辞：“上天之子、三军之帅关圣帝君！某年生小子，某年生小子（为某人祭则呼某人本生年），今敬祝者：丰于首而仔于肩，卫于后而护于前，畀以嘉祥兮，齿其儿而发其黄兮，年其增而岁其长兮，根其固而身其康兮，神兮贶我，神兮佑我，永我年而寿我兮！”

其每日朝祭祝辞，也与前同。

坤宁宫每岁春、夏、秋、冬四季献神，神前祝辞，也是祈求关羽的保佑：“上天之子，佛及菩萨，大君先师、三军之帅关圣帝君！某年生小子，某年生小子（为某人祭则呼某人本生年），今敬祝者：谨以黄金、白银、蟒缎、龙缎、片金、倭缎、闪缎，各色缎布、良马、健牛，献于神灵！丰于首而仔于肩，卫于后而护于前，畀以嘉祥兮，齿其儿而发其黄兮，年其增而岁其长兮，根其固而身其康兮，神兮贶我，神兮佑我，永我年而寿我兮！”坤宁宫报祭、大祭的朝祭祝辞，也大体相同。

清代宫廷还有一种特殊的宗教活动，名为“求福”，也称为“柳祭”。其所供之神为“佛托妈妈”，宫中尊为“佛里佛多额莫西妈妈”，大体相当于汉族所说的子孙娘娘。祭祀前，有司先斫求高九尺、围径三寸的完整柳树，安设于坤宁宫户外廊下的柳枝石上，上悬钱帛、彩纸、彩绸等。皇帝、皇后要向其行礼求福，萨满要按规定的宗教仪式祭祀，祈祷。在这里，关羽竟然又变成了保护生育之神，与佛托妈妈一起，保佑清朝的子孙繁衍、昌盛。其神前的求福祝辞，也呼唤着关圣帝君的神灵：“上天之子佛及菩萨、大君先师、三军之帅关圣帝君，佛立佛多鄂谟锡玛玛之神位！某年生小子，某年生小子，今敬祝者：聚九家之彩线，树柳枝以牵绳，举扬神箭以祈福佑，以致敬诚。悯我某年生小子，悯我某年生小子，绥以多福，承之于首，介以繁祉，服之于膺。千祥荟集，九叙阜盈，亦即孔皆，福禄来成。神兮贶我，神兮佑我。丰于首而仔于肩，卫于后而护于前。畀以嘉祥兮，偕老而成双兮。富厚而丰穰兮，如叶之茂兮，如木之荣兮。食则丰腴兮，饮则滋营兮，甘旨其献兮，朱颜其鲜兮。岁其增而根其固兮，年其永而寿其延兮！”

清朝对关羽的崇奉，可谓典至隆、心至诚了。它虽然也崇奉孔子，并将其列入国家祀典，祭礼辉煌隆重，但在宫廷并不朝夕供奉。看起来有点官样文章的味道，只是做样子给汉族看的，内心并不把他尊为至高无上。它虽然也崇奉佛、菩萨，但只在宫廷内朝夕供奉，并未将其列为国家祀典，因为那毕竟是外来之神。唯独对于关羽，既将其列入国家祀典，又在宫廷秘祀，年年、月月、日日顶礼膜拜，祈求其保佑，是最高的护国神。

祭祀仪式是一种形式，祝辞才是内容，才是祭祀活动的核心和根本所在。所以，清朝祭祀最重祝辞。乾隆就公开说过：“若我爱新觉罗姓之祭神，则自大内以至王公之家，皆以祝辞为重。”[40]祭祀关羽的祝辞，是乾隆十二年（1747）钦定的。“言为心声”，清朝之所以最重祝辞，因为它是祝愿者最高心愿，最虔诚的祈求，最隐秘的灵魂呼唤，是人与神灵相沟通、联系的无形纽带和桥梁。从清朝对关羽的祭祀祝辞可以看出，其最主要的、最根本的，是把关羽奉为“三军之帅”，视其为军队的灵魂、社稷的保护神。同时，也祈求他保佑人寿年丰、子孙昌盛，视其为“万能之神”。

四、乞灵神佑　建庙纪功

清朝为尊崇关羽，曾在全国广建关庙，“以安神灵而昭诚敬”。在统一全国和巩固、加强封建中央政权的过程中，每有大的战事，清朝都要祈求关羽的保佑，并大建关庙以纪念武功。

早在入关以前，皇太极时期，即在沈阳地载门（北门）外，建立了关帝庙，并赐额“义高千古”，作为祭祀之所。这是清朝官建关庙的开始。

顺治元年（1644），清朝入关，夺取了全国政权。在战事频繁、百废待兴的立国之初，清朝念念不忘的仍然是祈求“关圣帝君”保佑它刚刚建立的中央政权。顺治九年（1652）为关羽封赠尊号“忠义神武”，十二年（1655）重修京师德胜门外关帝庙，顺治皇帝亲撰碑文：“朕闻国家灵长之运，必凭藉高穹玄贶而乃永于无疆者，其明禋崇报当何如耶！兹都城北德胜门外土城前，旧有关圣庙一座，创自明朝，已历多年。其间污漫倾颓，瞻礼不雅。朕念神威赫奕，忠义昭然，有感必应，有祷即灵，随发诚意，遣官重饰庙宇，庄严圣像。复建东、西两廊，山门围墙，皆焕然一新，是岂无缘而致之也哉！今已功成，噫嘻盛欤！作庙翼翼，亿万斯年。”（据《日下旧闻考》、《光绪顺天府志》，此碑原存东红庙）同时，又在北京各城门建造了关帝庙，“九门月城，俱有关帝庙”，意图请这尊战神呵护京师的安全。

后来，清朝又大事扩建地安门外的白马关帝庙，使之变成清廷祭祀关帝的皇家关帝庙。乾隆时，又将其正殿和大门顶瓦改用黄琉璃瓦，一如帝王宫殿和佛殿之制，作为最尊贵等级的标志。形成一座有前、后殿，东、西庑廊，以及燎炉、祭器库、治牲所等附属建筑的大型寺庙。其后，所有清朝官建的关帝庙，均照此规制。

除了沈阳、北京之外，清朝还在一些所谓“国家根本重地”大建关帝庙，祈求他的神灵保佑江山的牢固。例如，被清朝视为第二个政治中心的承德避暑山庄附近，也仿照京师之例，建有皇家关帝庙。

承德（今河北省承德市）避暑山庄是清朝入关后的第二代皇帝康熙

时建造的塞外行宫，在其北约三百里还有一座周长约千里的天然猎场——木兰围场。康熙和乾隆时期又陆续在山庄周围建造了十二座喇嘛庙（俗称外八庙）。从康熙开始，每年夏天，清朝皇帝都要率领大批军队在蒙古王公贵族陪同下，到木兰围场狩猎，以训练军队，宴赏、抚绥蒙古王公贵族，以达到“恩益深而情益联”的政治目的。同时，在山庄接见其他少数民族首领。据记载，大漠内外和新疆、青海等地区的蒙古族，黑龙江流域的索伦、达斡尔、锡伯，西藏、四川等地的藏族，天山南北的维吾尔、哈萨克、柯尔克孜，台湾的高山族等少数民族的首领人物，都曾到承德朝觐。清朝关于统一新疆、平定金川等重大决策也都是在山庄形成的。因此，避暑山庄和外八庙逐步成为清朝的第二个政治中心，和清朝的盛衰息息相关。为了保护这和国家命运紧密关联的“根本重地”，在山庄和外八庙建造之初，即在山庄正门——丽正门外，建造了一座关帝庙，以为护佑。到乾隆中期以后，国家统一，政局稳定，各少数民族首领纷纷前来承德朝觐，为宣扬武功，对少数民族王公贵族“建威削萌”，保护江山安宁，乾隆四十四年（1779），又大事重修关帝庙。殿顶改为黄瓦，崇宏殿堂，供前来朝觐的各少数民族王公贵族顶礼膜拜：“新庙既成，文武吏士邦人咸喜，而各蒙古外藩岁时朝觐者亦得展礼庑下，以申畏神服教之诚，以昭文德武功之盛”[41]——它其实就是避暑山庄和外八庙的总护法神庙。

在清朝的第一皇家喇嘛庙——雍和宫，也设有一座关帝庙（现已毁），为其“总护法”。利用喇嘛教统治蒙藏民族是清朝的一项基本政策。秉承皇帝意旨具体办理有关喇嘛教事务的中央机构——喇嘛印务处，即设在此庙。另外，清朝也在此培养高级御用喇嘛，并调派此庙一些喇嘛秉承钦命到蒙古、新疆、西藏、青海、四川等蒙古、藏族地区处理重大问题，并住持那里的喇嘛庙。其实，它是清朝实施喇嘛教政策的秘密机构，其政治作用和地位远在其他皇家喇嘛庙之上。所以除了在庙中安置喇嘛教原有的护法神之外，又请了关帝作为“总护法”，其实质也就是保护清朝的江山。

在清朝皇帝的最终归宿之地——河北遵化的清东陵和易县清西陵，也都建有关帝庙，奉关羽为守陵官兵的精神统帅，也是九泉之下帝后的守护神。清东陵的护陵八旗军营房，共设三镇九营，各镇各营都建有关帝庙。其形制有大小之分，并以儒、释、道三教不同形式奉祀。护陵官员和军队除参加祭陵外，每年最重要的活动就是祭祀“关圣帝君”（五月十三日关帝生日和二、八月吉日三次大祭）。届时，除值勤外的官兵，都要参加，并于前一日斋戒，不作乐、不筵宴、不办公务。祭祀结束要演戏三天。

既然清朝把关羽奉为战神和政权的保护神，所以，几乎是每一次重大战事结束，都要修关帝庙，以感谢其在冥冥之中的护佑。此风由顺治入关修京师安定门外白马关帝庙开始，至乾隆时期尤盛。

雍正元年（1723），青海和硕特部（清代卫拉特蒙古四部之一）首领罗卜藏丹津煽诱诸部欲图摆脱中央政府管辖，约准噶尔部为奥援，窥伺西藏，使青海政局陷于一片混乱。时总揽西北军务的年羹尧调遣岳钟琪等统兵围攻，翌年，罗卜藏丹津兵败，逃奔准噶尔部。战事刚刚结束，即于丹噶尔（今青海湟源县）建关帝庙以纪武功："癸卯（雍正元年、1723）冬，小丑陆梁（指罗卜藏丹津之乱）因而用张天讨，荡平青海，酌量险易，料度形势，遂之城于边外之丹噶尔，移设营制，以控青海。因念夷、番之穷苦，无以资生，仍许其于斯开市贸易，此圣天子抚柔加惠之至意也。城成之日，乃建关帝庙于城之北隅，以镇边陲"，"是赖神威镇护于边城，奠金汤于万年"。[42]这座关帝庙于雍正八年（1730）竣工。

乾隆时期彻底统一新疆，是清朝历史上的一件大事，也是中华民族发展史上的一件大事。它标志着清朝对全国的彻底统一和统一多民族国家的空前巩固和发展。乾隆二十年（1755），清朝乘准噶尔部内乱之机，派兵奔袭伊犁，消灭了最后一个准噶尔汗达瓦齐的势力。不久，又消灭了阿睦尔撒纳的叛乱。乾隆二十四年（1759），平定了南疆大、小和卓的分裂活动，从而彻底统一了新疆。乾隆二十七年（1762），设置伊犁将军，驻新疆总汇之地伊犁，统辖天山南北军政事务，并陆续建造绥定、宁远、惠远、惠宁等九城（俗称伊犁九城），以为官兵驻扎之所。城各建关帝庙，纪念武功，佑护新疆。

在伊犁将军驻节的惠远城，在建城的同时即建关帝庙一座，"北向正殿三间、左右廊房各三间、大门三间、外石狮二。殿中初设画像，于丁亥（乾隆三十二年、1767）仲夏，将军、内大臣阿桂始命满营佐领格（琫额）率工塑圣像"。是年，御赐"神佑新疆"匾额，"春秋志在威名远，戊巳屯开庙貌崇"对联。"绥定城有关帝庙二：一、建于北门内，正殿三间、后观音殿三间、两廊各二间，皆塑像；一、建于东门外，正殿三间、两廊各一间，亦系塑像而规小焉"。"惠宁城之关帝庙在城之北门内，凡大门三间、正殿五间、前观音阁三间，左为山神、右为土地庙各二间，门内碑亭二座，殿后东西住持房各三间”。乾隆三十五年（1770）伊犁将军伊勒图撰《惠宁城关帝庙碑文》，叙述了建庙缘起：“伊犁为新疆总汇之地。惠远城东七十里为惠宁城，前将军明公（瑞）之所筑也。今年初，移西安八旗官兵来驻于此。于是，置府库、立廨舍，筑室万堵，列市百重，工作既兴，乃相度城北面高塽之地，建立关帝庙，未逾年而庙成……惟神之忠义浩气，充塞于宇宙之间，如日月之经天，江河之行地，无乎往而不在也。我朝发祥以来，神乃昭显应，是于岁时报享典礼綦隆，而天下郡邑州县，以及荒远徼外之民，亦无不立庙祀神。盖神之保佑我国家、宁靖我边陲，非一朝一夕之故，百余年于兹矣。往者，天兵西指，电击霆诛，准噶尔之众，不崇朝而耆定，规方二万余里，无不宾服向化。外则哈萨克、布鲁特各部落，皆延颈面内，愿为臣仆，唯恐后时。自古声教所不通，政令所不行，我皇上肤功迅奏，殊方重译，罔有不庭，此岂尽人力也哉！即以兹城之经始也，其地僻处荒徼，曩特为准夷回部往来游牧之场耳。今一旦焕然与之更始，建城郭、立制度，同文共轨，人物嬉恬，商贾辐辏，四郊内外，烟火相望，鸡犬相闻，一转移间，遂称极盛。斯固由圣人在上，祯福锡极，独能过化而存神，要其潜期启默，俾万里之外，军民安堵，年谷顺成，无一物失所之患者，岂非神威布获有以襄此太平之盛烈也乎！”[43]平定准噶尔、统一新疆，这是关帝神威显应，而西北边陲的安宁也靠保护神的襄助——这就是伊勒图的心声，也是建造关帝庙的目的。

乾隆时期的大、小金川之役，也是清史上的著名事件，对加强清中央政权对西南少数民族的统一，起过重要作用。在这次战争过程中和战后，清朝也都照例在金川修建关帝庙。四川大、小金川是藏族居住区。乾隆十一年（1746），大金川土司莎罗奔攻打邻近土司，杀伤清兵，清朝派兵平定。至乾隆十四年（1749）莎罗奔投降，战事停止，史称大金川之役。二十余年后，大、小金川土司联合攻打邻近土司，抗拒官军，战事再起。至乾隆四十一年（1776）清军获胜，战事结束，史称小金川之役。在这次战争中，清军在美诺（小金川土司官寨）的驻兵之处，建造了一座关帝庙，供奉这位军神、战神，祈求他保佑战争的胜利。战事结束，乾隆五十一年（1786），四川总督李世杰疏奏重修：“川省美诺地方，向有旧关帝庙一座，原系军需驻兵时之创修，历经年久，风雨飘淋，将次倾颓，自当修整坚固，用肃观瞻……美诺等新疆总汇之地，附近各土司人民往来颇多，虽有广法、胜因二寺（均为喇嘛庙）引其归同正教，而关帝庙更为内地正祀，从前军需既已创立，此时不容废圮。”[44]此疏经工部复核，乾隆批准，动用公费银五百两，并由各官捐助，对关帝庙进行了重修。同时准照内地之例，动支公费银十六两，供春、秋二季祭祀之费。

乾隆五十一年（1786），台湾天地会领袖林爽文率众起义。十一月底克彰化，称大元帅，年号顺天，旋又克诸罗等地，围府城（今台南）。清朝派兵镇压，翌年，林爽文败入深山被俘，不久被杀害于北京。这对清朝来说，自认为是一个胜利，系关老爷暗中佑护所致。于是，乾隆五十三年（1788），将台湾府城康熙时所建关帝庙重加修葺，以答谢神功。台湾知府杨廷理曾立碑纪念：“台湾府城西定坊武庙，为春秋秩祀所在。典礼修于熙朝，规模敞于支邑。自建造以来，葺而治之者屡矣。乾隆五十一年，逆匪不靖（指林爽文起义），蔓延经岁，南北骚然，焚郭戕吏，在所不免，而府城得坚守无恙者，每贼众犯城时，辄闻庙中金鼓声隐隐，似有数万甲兵出而憾贼，为我民呵护者，而城获全，则神有功于兹城也大矣。迨大学士嘉勇公福公康安抵台扫逆，荡涤海氛，距今年夏，廷理始得请于台湾镇奎公林、台湾道万公钟杰捐修神宇，易其蠹窳，完其颓缺，朴斫焉，丹雘焉；明禋告虔，象设维新。其所以报神功者，当如是也。[45]

关帝圣君的英灵，似乎不仅能跨海帮助清军作战，也能履蹑高山雪域，为清军克敌助威。乾隆末年，清军两次赴西藏反击廓尔喀的入侵，也得关老爷冥冥之中助佑，因而得以扬威西南国门，故也在高山雪域为关帝重塑金身，再建庙宇。

居住在尼泊尔的廓尔喀族人民和我国的西藏各族人民历史上有着友好的联系。清朝初年，廓尔喀贵族势力逐渐强大，并取得了尼泊尔的统治权（因此，清代史书称尼泊尔为廓尔喀）。乾隆五十三年（1788），廓尔喀统治集团发动了向我国西藏边境聂拉木、济咙等地的进犯，清朝派兵赴藏反击。清朝统兵将领和驻藏大臣为邀功，暗中与西藏地方当局商议，许给廓尔喀银币了事。廓尔喀兵退出境外，清军将领却以敌降向清中央政府报捷。后廓尔喀索银币不得，于乾隆五十六年（1791）再次驱兵入藏。又一次抢占聂拉木、济咙等，并一直攻入日喀则（后藏首府、班禅焚修之地），将札什伦布寺的珍宝、法器、财物等抢掠一空。清朝派大将军福康安率师入藏，在藏族人民的大力支援下，驱逐侵略军，并一直逼近廓尔喀王朝的首都阳布（今加德满都）。廓尔喀投降，清朝大获全胜。清军中传说，在日喀则附近的战斗中，高寒荒凉之区，被困于山头的清军饮水极为困难，偶然掘地得泉，致使斗志倍增；忽然间又风雪大作，冻死了不少廓尔喀兵，这都是关帝显灵所致。因此，乾隆五十七年（1792），清军在庆捷的欢乐声中，大事重修拉萨和日喀则的关帝庙。

乾隆五十六年（1791）冬，大将军福康安统兵抵达拉萨时，命在磨盘山修建关帝庙，祈求关帝保佑出师告捷。翌年冬，班师回朝，再至拉萨，关帝庙落成。福康安自认为这是神灵有验，庆功酒宴之余，以执掌帅印、帅旗的铁掌，援笔为文，撰写了《磨盘山关帝庙碑文》："乾隆五十有六年秋，廓尔喀自作不靖，侵陵藏界，并抢掠札什伦布庙。皇上赫然震怒，谓：卫藏自策零敦多卜殄灭后，隶职方者百余年，使靳征调之烦，从移驻班禅、达赖之议，其济咙、聂拉木等地，势将尽委之贼，此后受戕者当不止前后藏矣。特贲纶音，福康安为大将军，一等公海兰察、四川总督惠龄为参赞大臣，统领劲兵，大张挞伐。大司空和琳飞刍挽粟，专司策应，为后路声援。大学士孙士毅复自昌都驰赴西招，协理军储，于五十七年夏，由宗喀、济咙整旅遄进，先是驻军前藏，征兵筹饷，谒札什城关帝庙，见其堂皇湫隘，不可以瞻礼，缅神御灾捍患，所以佑我朝者屡著其孚格。于是，度地磨盘山，鸠工庀材，命所司董其役，默祝启行，洊战贼境，七战皆捷，距阳布数十里，廓首震詟军威，乞降至再。皇帝鉴其诚，款体上天好生之德，准纳表贡，诏令班师，并御制《十全记》颁示臣下，予惟此视师，自进兵以来，山溪险劣，瘴雾毒淫，竟获履险如坦，不三月而蒇绩，自非神佑不至此。凯旋之日，庙适落成，与诸公瞻仰殿庑，徘徊俎豆，深感大功速竣，维神之力，而益欣继自今前后卫藏之永永无虞也。"㊻

在战争结束之后，被任命为驻藏大臣的和琳，又整修了拉萨札什城（清代为演武厅和驻军之所）和日喀则札什伦布寺的关帝庙，以感谢关帝对清军作战的佑护，并祈求他永远保佑西藏边境的安全。乾隆五十八年（1793）札什城关帝庙维修竣工，他亲笔撰写了《关帝庙碑文》："恭维我国家抚有区夏，东至朝鲜，西穷大漠，南极于交趾，北抵于库伦，暨海外西洋诸国，罔不输职贡奉正朔，幅员之广，千古罕有。举凡王师所向，靡不诚服，关帝圣君实默佑焉。唐古忒（西藏）在胜朝为乌斯藏，自圣祖仁皇帝时归入版图，驻兵札什城，旧建有关圣帝君庙，灵应异常，僧俗无不敬礼。乾隆辛亥（五十六年）秋，廓尔喀部落惑于逆僧沙玛尔巴游说，潜师侵略后藏，贼众我寡，凭高固守，贼屯林中，每夜数惊，自相蹂躏，以为大兵且至，畏而引去。皇帝赫斯震怒，命大学士、忠锐嘉勇公福康安为大将军，超勇公海兰察、四川总督惠龄为参赞大臣，统领索伦、汉、土官兵，声罪致讨，副都统赛尚阿、巴图鲁成德，分率偏师，由聂拉木牵缀贼势，琳同大学士（孙）士毅，筹划军储，往来策应。大将军等由济咙进，鸟道羊肠，贼人负嵎据险，我兵出奇奋勇，七战七捷，直逼贼巢。廓酋举国慑怖，哀恳乞降。我皇上如天之仁，不忍覆其巢穴，诏许归诚。自进师至凯旋，凡三阅月，固由圣主庙谟广运，指示机先，大将军运筹帷幄，靡坚不破，然究属帝君威灵呵护之所至也。大将军回藏，度地磨盘山创立神祠，以答灵贶。佥议札什城旧庙为春秋禋祀之所，废而不葺，良用缺然。爰是，琳与制府惠龄捐资庄材，诹吉鸠工，命同知李经文董其役，卑者崇之，隘者拓之，有庑有堂，有檐有翼，阅月而竣事。神之凭依于是乎在。盖国家声教之所及无非神之所讫，自非真气盘礴塞乎天地之间，辅翊景运，安能弥纶中外，灵威异彰若此乎？不敏职司边寄，凡所以整饬戎行，挽回风俗，敢不怵惕惟励，上报主知。于展谒之次，敬进官吏而励之曰：帝君有云，心在人中，如日在天上，吾等益当激昂自奋矣。”㊼

也在同一年，和琳撰写的《札什伦布关帝庙碑文》，具体记述了关圣帝君在清军反击廓尔喀入侵战争中的灵应，衷心祈愿他的神灵永远保护边陲的安宁：“札什伦布为历代班禅喇嘛焚修之所，旁有小山仄径耸峙，为营官寨，自入版图以后，即其地建帝君庙，历昭灵应，汉番僧俗奉祀惟谨。乾隆五十六年秋，廓尔喀惑于逆憎沙玛尔巴邪说，觊觎札什伦布财物，潜兵掩至，番民僧俗迫于变起仓促，皆鸟兽散，都司徐南鹏仅率绿营弁兵七八十人据营官寨，以当其冲。贼兵环之数匝，断汲水道，仰攻八昼夜，我兵固志死守，间发矢石，无不奇中，掘地十余丈，飞泉涌出，欢声动地，士气百倍，贼遂稍却，屯聚柳林中以为久计，忽夜惊自相戕杀，畏而引去，行至通拉山，风雪骤作，贼众僵毙不可胜计，咸以为帝君灵应所致。明年七月，大将军、大学士、忠锐嘉勇公福康安奉命挞伐，七战七捷，距阳布不数舍，贼酋举国震慑，遣其大头目诣军营输纳表贡，愿奉约束，永为不侵不叛之臣，哀恳再四。大将军具状以闻，诏释弗诛。九月班师，大功告蒇。盖惟圣主统驭四夷，无思不服，亦惟帝君神功赫奕，历相我国家师行数万里外，奏凯若斯之速也。琳奉命总督粮饷，往来策应。凯旋后，既修札什城旧祠以志灵贶，缅惟后藏为神迹昭著之所，堂皇湫隘，窃用恧焉。爰命所司董其役，鸠工庀材，计费千余缗，向之因陋就简者均已肃然改观，落成日，谨叙颠末而为之记，从而铭曰：惟神配天，惟皇建极，佐我国家，是凭是依。威灵显昭，不可思议。禘祀蒸尝，报功崇德。垣墉既新，丹雘既饰，殿宇耽耽，门庑翼翼。于斯万年，护此西域。”[48]

作为清朝保护神和军神的关羽的神灵，就这样被请到了雪域高原。在清朝官兵和藏族僧俗群众的顶礼膜拜下，享受着人间的烟火，为清朝呵护着西南边境的安宁。

当嘉庆元年（1796）白莲教农民大起义的浪涛，把清王朝的统治基础冲击得摇摇晃晃的时刻，手忙脚乱的最高统治集团，仍然没有忘记乞灵于心目中的保护神，为此也曾大修关帝庙。是年正月，即乾隆刚刚举行“授受大典”，把帝位传给其第十五子颙琰（即嘉庆）十几天，紧急警报就传到了紫禁城：湖北宜都、枝江的白莲教首举义旗，各地闻风响应。不久，即如烈火燎原，川楚陕义军纷起，“官逼民反”的怒吼声震云天，其主力坚持奋斗数年之久。已经如大厦将倾的清王朝，先后派出所谓得力重臣勒保、德楞泰等，统兵筹剿“教匪”。但是，已变得腐败不堪的清军，屡受重创，虽然义军最后终被镇压，但清朝统治者始终心惊胆战，暗向鬼神泣了。为了鼓励军队士气，也为了给自己壮胆，清军的指挥集团编造了许多关帝助战的神话，关圣显灵赐炮即其一例。据清人的记载，故事如此：“嘉庆丙辰（即元年），川、楚军兴，贼氛（指白莲教义军）逼荆州，州城岌岌无守炮。汉寿亭侯（即关羽）忽示梦于马厂，掘获炮九位，石子十万斤。奏闻，锡名曰神赐大炮。考荆州大庙，即当日幕府故址，宜祚顺佑民，威灵尤赫赫云。”[49]再如，白莲教义军的一支，横渡汉水，由于风高浪急，不少人落难，也被说成是关帝显灵所致：“嘉庆戊午年（嘉庆三年、1798）夏，教匪张汉潮自秦窜入楚境，势甚猖獗。楚督景安畏懦，远避武昌。贼如风飘豕突，无所抵拦。汉潮欲渡汉江，以窥全楚。时汉阳最为富饶，市廛毗连数十里，甲于天下，闻警，商贾惊避。有贾某，祈于关帝庙，会大风骤起，飘泊贼人舟楫，毙于江者如骛也。汉潮亦落水，得拯，因狼狈返秦中，自是不敢东下，逾年乃为明参政亮所擒。当时假使贼得济，蹂躏江、淮，其祸不可问矣。”[50]

在战争的过程中，清军的统帅们就曾多次修葺关帝庙以乞灵于神助。德楞泰在《（太平县）城南武庙记》是，就诚惶诚恐地写道：“当其（指白莲教义军）分股四出，若火之燎于原，不可向迩；及临以兵威，大股匪徒数万亦如摧枯拉朽。非鼠贼之诈力奸计不足也，神力有以致之耳。夫显佑本朝，莫过于关帝，前此，回部（清代特指维吾尔族地区）、台湾、廓尔喀、苗疆不靖，皆荷威灵。今又共叨福荫，无惑乎省郡州县场市无不立庙以享祀也。吾往来太平十有余次，心契帝君。见其庙在城南，常率诸将竭诚晋谒，精诚祷祈，以消邪孽。拔营前去，无不告捷。语云：神依人而行。人能奋往，则神亦佑之。其理信不诬也。兹教匪败残，凯旋，上而纾圣天子之宵旰，下而安亿万姓之身家，太平气象，焕然维新。虽曰指挥将弁调遣兵勇之功，而帝君之所以护佑者岂其微哉！但庙貌不甚威严，发心捐修。经钦命御前大臣、太子太保、经略大臣、领侍卫内大臣、都统、一等威勇侯额勒登保，嘉庆三年创之于前；吾与钦命都察院右都御史、总督四川等处地方军务粮饷、兼管巡抚事、前授经略大臣、太子太保、兵部尚书、一等威勤公勒保，继之于后。整其敝，补其缺，不安于简陋，不苟为华美，亦足以妥侑神灵而邀嘉贶于无穷矣。"[51]借关帝威灵为自己壮胆，又借关帝威灵以壮军威。作为清军的统帅来说，德楞泰是想为疲惫不堪的将士，注入一支精神兴奋剂，其实际效果如何，只有搔首问苍天了。不过，庙既修造得堂皇富丽，精神也就有所依托了。

由于清朝的提倡、鼓励，官修民建的关帝庙遍天下，包括边远的西藏、新疆、黑龙江、云南、广西、台湾等少数民族地区，也都兴建了大量关帝庙。"塞外虽两三家村必有关帝庙"。[52]对关羽的崇拜，冲破了民族和地域的界限，成了中华民族大家庭中众多民族的共同信仰。

以上，主要就清朝对其保护神的崇奉，作了简要论述：隋唐以后，儒、释、道对关羽的神化，和宋、元、明各代对关羽的敕封，使关羽由人变成神，成为一个能降妖除怪的万能之神，这是清朝奉关羽为护国神的历史基础；清朝入关前后，曾把《三国演义》作为政治、军事教科书，这部历史小说把关羽描绘为忠义勇武的典型，满洲贵族受其影响，因而把关羽作为崇拜偶像；清朝是以八旗军队作为主要支柱的，并且主要依靠战争的手段夺取了全国统治权，它需要像关羽这样一位人神敬畏的战神来振奋士气，呵护战争的胜利；清朝为了强化皇权、加强对全国的统治，需要被神化的关羽所代表的忠孝节义一类的封建伦理道德，作为思想统治的工具，这是清朝崇奉关羽的政治需要。

清朝对关羽的崇奉，在历史上达到了登峰造极的地步：首先，屡加封号，不断为其增添神圣的光环，崇宏其神秘形象，以张大其神威；其次，把祭祀关羽正式列入国家祀典，每年由皇室和官府按时祭祀，在皇宫内安设其神位，朝夕祭拜，祈求其保佑；同时，在战争中祈求其佑护，战事结束，照例建造关帝庙，由于清朝的提倡和鼓励，全国到处建造关帝庙，以致“关庙遍天下”。

如果从历史宗教学的角度来说，本文实际上是记述了一次造神运动。其实，简单说来，造神不过是人类思想和心灵的一种异化，是人们在巨大而神秘的自然和社会力量面前，感到软弱和无奈时，把自己的欲望、理想、追求异化为某种偶像，于是造出了神，然后又拜倒在神的面前，祈求其保佑，借以自慰、自欺，又借以吓人、欺人。这就是宗教的本质。对清朝崇奉关羽，也应如是观。清朝虽然虔诚地奉关羽为保护神，但关羽却保护不了清朝。清朝皇室后裔溥佳先生在《记清宫的庆典、祭祀和敬神》一文中说：“（清朝）宫内还很重视关羽，称他为关圣帝君，不准直呼其名。我初到宫内时，宫里还传说着张勋复辟失败的那一天，关羽为保护清室出了很大的力。其见证就是一个太监当天去前门关帝庙烧香的时候，看到关羽所骑的那匹泥马身上出了汗，这说明关羽是为保护清室而把它骑累了。类似这样荒诞无稽的传说，在宫内经常流传不断。”[53]可见，清朝直到灭亡，始终视关羽为保护神，但他并不能挽救清朝败亡的命运。

另外，换一个角度，从传统文化的角度看，清朝对关羽的崇奉，剥去其神秘的外衣，还有更深层次的问题。关羽崇拜，是中国本土上产生、发展起来的儒家伦理道德和道家思想，与外来的佛教文化斗争、渗透、融和的一种表现，也是各民族文化交流的结果，是中华传统文化发展史上的一个重要现象。此外，忠义勇武精神，是中华民族在长期的反抗压迫、剥削和反对外来侵略的斗争中形成和发展起来的。它在协调人与人的关系，个人与社会的关系，加强民族的凝聚力，提高民族的自信心和创造力，推动民族的发展，捍卫民族和国家的尊严和主权、领土完整等方面，都曾起到过积极作用。这是中华民族的优秀品格之一，也是传统文化的精华之一。虽然在历史上，它曾以儒家的伦理道德形式出现，但本质上，它是全民族的。这正是关羽崇拜所蕴涵的忠义勇武精神受到中华各民族、各阶层崇尚的内在原因。从这个意义上说，关羽崇拜是中华民族对忠义勇武精神的崇尚，是民族心理、民族性格的自我塑造和完善，只不过它采取的是宗教形式罢了。这是需要深入探讨和研究的重大课题，但它不是本文所承担的任务。

注释：

①梁章矩：《楹联三话》卷上。其所说岳飞为明朝护国，不确，另考。

②据《三国志》等史书记载，汉献帝建安六年（201），关羽随刘备往荆州依刘表，此后，关羽的主要政治、军事活动，都在荆州附近。建安十四年（209），刘备领荆州牧，十六年（211），刘备西入益州，关羽与诸葛亮等共守荆州诸郡，十八年（213），诸葛亮亦率部西往，留关羽专督荆州。翌年，刘备克成都，拜关羽以荡寇将军领荆州牧。建安二十四年（219），魏、蜀、吴争战荆州，关羽为东吴所袭，退守麦城，后被东吴俘获，杀害于临沮章乡。蜀汉曾为其立祠纪念。

荆州（今湖北省江陵县）与当阳为邻。当阳古属荆州郡。麦城在当阳两河乡境内，临沮水河，现尚存城墙等遗迹。残存的城垣南北长六百米、宽百米、高三十米。据《当阳县志》记载："麦城在治东南五十里，沮、漳二水之间，传楚昭王所筑。三国时，关羽为孙权所袭，西保麦城，即此。"

另，当阳有"关帝陵"，传为关羽埋尸的地方。此外，当阳一带关于关羽的故事传说还有很多。

③（宋）黄休复：《益州名画录》。按：后蜀明德年号仅有四年：明德元年（934），蜀主孟知祥；明德二至四年（935—937），蜀主为孟昶。命赵忠义绘制《关将军起玉泉寺图》的后蜀王，应为孟昶。

④梁章矩：《楹联丛话》卷3。

⑤黄道周：《博物汇典》卷20。

⑥赵尔巽等：《清史稿·沈文奎传》。

⑦转引自蒋瑞藻：《小说考证拾遗》，见孔另境辑：《中国小说史料》，上海古籍出版社1982年版。

⑧黄摩西：《小说小话》，转引自孔另境辑：《中国小说史料》。

⑨⑪昭梿：《啸亭杂录》卷1。

⑩《清太宗实录》卷14。

⑫《译印〈三国演义〉谕旨》，见《文献》第十六辑，书目文献出版社1983年版。

⑬陈康祺：《郎潜纪闻（二笔）》，中华书局1984年版。

⑭鲁迅：《中国小说史略》。

⑮王嵩儒：《掌故拾零》。

⑯《清世祖实录》卷4。

⑰《沈馆录》卷7，见《辽海丛书》第4册。

⑱《清太宗实录》卷14。

⑲《满文老档》崇德元年条，中华书局1990年出版汉译本。

⑳何刚德：《客座偶谈》，上海古籍书店1983年影印本。

㉑赵尔巽等：《清史稿》卷84。

㉒林春熙辑：《国朝掌故辑要》卷2。

㉓《清高宗实录》卷996。

㉔林春熙辑：《国朝掌故辑要》卷15。

㉕李贽《告关王文》，见《焚书》卷3。

㉖蒲松龄：《代葛千总募修关帝庙序》，见蒲松龄纪念馆编：《聊斋佚文辑注》，齐鲁书社1986年版。

㉗梁国治：《承德府关帝庙碑文》，碑藏河北承德关帝庙。

㉘《清朝文献通考》卷105。

㉙㉚于敏中等：《日下旧闻考》卷44。

㉛王先谦：《东华续录》乾隆朝卷32。

㉜㉝㉞㉟㊱刘锦藻：《清朝续文献通考》卷157。

㊲本节所引关庙祝辞，分别见于《满洲祭神祭天典礼》、《清朝文献通考》、奕赓：《佳梦轩丛著》等，不俱注。

㊳吴振棫：《养吉斋丛录》。

㊴〔朝鲜〕李民奂：《建州闻见录》。

㊵见《满洲祭神祭天典礼》。

㊶梁国治：《承德府关帝庙碑文》。

㊷杨治平：《丹噶尔厅志》，见《青海地方旧志五种》，青海人民出版社1989年版。

㊸见格琫额撰：《伊江汇览》。

㊹佚名：《金川案》，中国藏学出版社1994年排印本。

㊺见《（嘉庆）台湾县志·艺文》。

㊻㊼㊽见和宁：《卫藏通志》，渐西村舍本。

㊾陈康祺：《郎潜纪闻（二笔）》，中华书局1990年排印本。

㊿昭梿：《啸亭杂录》续录卷2，中华书局1980年排印本。

51见《（光绪）太平县志》卷9。

52洪亮吉：《天山客话》。

53全国政协文史资料研究委员会编：《晚清宫廷生活见闻》，文史出版社1982年版。

（本文原为“1997年台湾宜兰礁溪协天庙（关帝庙）首届两岸关公文化研讨会”发言稿，收录于会议论文集。经补充修改，载于《出土文献研究（第四辑）》，中华书局1998年版。）

附：清朝为什么崇奉关羽

在清代历史上，有这样一个引人注目的问题：关羽，这个在清朝建立千余年之前具有血肉之躯的活生生的人，被捧成神；这个中原地区的汉族大汉，成为崛起于东北黑水白山之间的满族皇室和军民共同供奉的护国神；这个三国时期的蜀汉大将，享受着清朝皇帝的顶礼膜拜。这是为什么？本文就是要回答这个问题。

一

清朝在历代封建王朝敕封基础上，再对关羽大加封赠，奉为本朝的护国神，并在全国各地建庙祭祀，还将其供奉于宫廷，朝夕顶礼膜拜。其对关羽的崇奉，在历史上达到了登峰造极的地步。

关羽由人变成神，享受人间香灭供奉，是在他离开人世数百年之后的隋朝。中国佛教天台宗始祖智顗大师为了发展宗教势力，制造了一个神话，说是关羽在败走麦城、授首归天的湖北当阳玉泉山显灵，起造玉泉寺，因而奉其为护法伽蓝。此后一直享受民间香火的供奉。到了宋代，身价猛然提升，正式受到皇帝敕封。当时，阶级矛盾日益激烈，民族矛盾异常尖锐，为了维持统治，从思想上控制，麻醉人民，统治阶级曾大力提倡、推崇理学，三纲五常、君臣、父子、夫妻之道，被说成是天经地义、万古不灭的天理。臣民对君主要绝对地‘忠”，人与人之间要讲“义”，这就是说，封建的统治秩序、人与人之间的封建关系，是绝对不能触动的。适应这种政治需要，死去了几百年的关羽被抬了出来，把他打扮成“忠义”的化身，大力宣扬，并对其大加敕封，以加强其政治号召力。宋哲宗绍圣三年（1096），赐关羽玉泉祠额曰“显烈庙”；徽宗崇宁元年（1102），追赠为“忠惠公”，大观二年（1108）再封“武安王”，宣和五年（1123）加封“义勇武安王”，高宗建炎三年（1129）又封“壮缪义勇王”，孝宗淳熙四年（1177），再加封“英济王”。出于同样的政治需要，元、明两代也对关羽大加敕封。元文宗天历元年（1328）封“显灵义勇武安英济王”；明太祖洪武元年（1368）复原封“汉寿亭侯”，嘉靖十年（1531）敕封“汉关帝寿亭侯”，开始称其为“帝”，神宗万历三十年（1605），加封“三界伏魔大帝、神威远镇天尊关帝圣君”。

关羽虽然被越捧越高，但宋、元，明三代对他的敕封，大体不过是“侯”、“王”，仍然维持着人臣的形象。只是到明末万历时，才被戴上了“帝君”的桂冠．但也不过是封建皇帝并肩比高。清朝则把关羽的形象，抬到了从未有过的吓人高度，使之大大超过了皇帝，变成天神，成了清朝的护国神，连帝王也要向其顶礼膜拜，对他的祭祀典礼，也达到了至高无上的程度。

清朝入关之前，即在沈阳地载门（北门）外，建关帝庙，赐额“义高千古”。入关之初，又在北京建庙崇奉。顺治九年（1652）敕封关羽为“忠义神武关圣大帝”。雍正三年（1725），追封关羽三代公爵，并授洛阳、解州关氏后裔“五经博士”，世袭承祀，并制定春、秋祀典。乾隆三十三年（1768），“以壮缪原谥，未孚定论，便命神勇，加号灵祐”[①]；乾隆四十一年（1776），改谥“忠义”，清帝乾隆还专门为此颁发了一道谕旨：“关帝在当时，力扶炎汉，志节凛然，乃史书所谥，并非嘉名。陈寿于蜀汉有嫌，所撰《三国志》多存私见，遂不为之论定，岂得谓公。从前世祖章皇帝（顺治）曾降谕旨，封为忠义神武大帝，以褒扬盛烈．朕复于乾隆三十三年降旨加灵祐二字，用示尊崇。夫神之义烈忠诚，海内咸知敬祀，而正史犹存旧谥，隐寓讥评，非所以传信万世也。今当抄录《四库全书》，不可相沿陋习，所有志内关帝谥，应改为忠义。但本传相沿已久，民间所行必广；难于更易，著交武英殿，将此旨刊载传末，用垂永远。其官板及内府陈设书籍，并著改刊此旨，一体增入”[②]。为尊崇关羽，清朝不惜改塑历史。

此后，每渡过一次大的危难，清朝都要加封关羽，感谢他在冥冥之中暗加护佑。关羽被尊为护国神，似乎是他在保佑着清朝免于倾覆的厄运。“嘉庆十八年（1813），以林清扰禁城，灵显翊卫，命皇子报祀如仪，加封‘仁勇’。道光中，加‘显佑’。咸丰二年（1852），加‘护国’。明年，加‘保民’，后又加‘精诚绥靖’封号，同治九年（1780），加封‘翊赞’，光绪五年（1879），加号‘宣德’”[③]。关羽的桂冠越戴越多，封号越加越长。这些封号连起来是，“忠义神武灵佑仁勇显佑护国保民精诚绥靖翊赞宣德关帝圣君”，它大大超过了历代封建王朝对关羽的敕封，达到了登峰造极的地步。

关羽的神像，还被请进皇宫，按时设祭行礼，甚至连清朝皇帝也要向其顶礼膜拜，这也大大超过了历代封建王朝对关羽的礼敬。

清朝最重堂子祭天、坤宁宫祭神，称为祭天祭神典礼，关羽即为祭祀诸神之一。

清朝宗室昭梿在其名著《啸亭杂录》中，对堂子祭天，有过较为详细的记述，他说：“国家起自辽、沈，有设竿祭天之礼。又总祀社稷诸神祇于静室，名曰‘堂子’，实与古明堂会祀群神之制相符，犹沿古礼也。既定鼎中原，建堂子于长安左门外，建祭神殿于正中，即汇祀诸神祇者。南向前为拜天圆殿，殿南正中设大内致祭立竿石座。次稍后两翼分设六行，行各六重”，“岁正朔，皇上率宗室、王、公、满一品文武官诣堂子，行拜天礼。凡立竿祭神于堂子之礼，岁以季春、季秋月朔日举行。祭日悬黄幡，系采绳，缀五色缯百缕，楮帛二十有七，备陈香灯。司俎官于大内恭请神位，由坤宁宫以綵亭舁出，行中路至堂子，安奉于祭神殷内东向，陈糕饵九盘，酒琖三。圆殿陈糕饵三、酒琖一，楮帛如数。司俎官以赞祀致辞行礼。大内致祭后，越日为马祭神于堂子如仪。凡月祭，孟春上旬三日，余月朔日，大内遣司俎官率堂子官吏于圆殿奠献糕酒，行礼如仪。是日，内管领一人，于上神殿献糕酒楮帛，亲、郡王各遣护卫一人，于上神殿献楮帛。凡浴佛之札，岁以孟夏上旬八日，司俎官率执事人等，自大内请佛至堂子祭神殿，陈香灯献糕酒，王公各遣人献糕。执事设盥盘，赞祀二人浴佛毕，六酌献，三致祷如仪。是日大内及军民人等不祈祷，不祭神，禁屠宰，不理刑名。凡出师展拜堂子之礼，皇上亲征，诹吉起行，内府官预设御拜褥于圆殿外，及内门外御营黄龙大纛前，兵部陈螺角，銮仪卫陈卤薄，均如仪。皇上先诣圆殿，次诣纛前，均行三跪九叩礼。六军凯旋，皇上入都门，先诣堂于行礼。命将出师，皇上率大将军及随征将士诣堂子行礼，仪均与亲征同。旋日，诣堂子行告成礼，均与古之禡禂告功明堂之礼相同”④。

堂子祭天，由紫禁城内坤宁宫请出诸神设祭者，即包括关羽神像。据乾隆十二年敕撰《满洲祭神祭天典礼》载：“堂子之制，飨殿不奉主神。遇大祭时，以奉诸神。而主神则别为圆殿，北面以向之。诸神者，有朝祭神，有夕祭神，即坤宁宫中每日朝与夕所分祭者也。朝祭神有三：释迦牟尼、观世音菩萨、关帝圣君。夕祭神，其名甚多，总称为穆哩罕诸神，画像神，蒙古神”。堂子立竿大祭飨殿内祝辞是，“上天之子，佛及菩萨，大君先师三军之帅关圣帝君！某年生小子、某年生小子。今敬祝者二贯九以盈，具八以呈。九期届满，立竿礼行。爰系索绳，爰备粢盛，以祭于神灵”⑤。

坤宁宫祭神，也是清朝入关以前即已形成的宫廷祀典。清朝建都沈阳时，即设神位于清宁宫，以时祭祀。顺治时入主中原之后，率循旧制，定坤宁宫祀神礼，“宫西供朝祭神位，北夕祭神位，廷树杆以祀天。朝祭神为佛、为关圣，夕祭神为穆哩罕诸神”⑥。其主要祀典有元旦行礼、日祭、翼日祭、报祭、大祭、背灯祭、四季献神，其仪式大体与堂子祭天相同。可见关羽在清朝皇宫每天都享受着香火供奉，这是历史上从来没有过的。

与坤宁宫祭神相似，满洲官僚贵族之家，也供奉观世音菩萨和关羽，并以时致祭，俗称为跳神。据清入记载：“跳神，满洲之大礼也。无论富贵士宦，其内室必供奉神牌，只一木版，无字。亦有用木龛者，室之中，西壁一龛，北壁一龛。凡室南向、北向，以西方上；东向、西向，则以南方为上。龛设于南，龛下有悬帘帏者，俱以黄云缎为之。有不以帘帏者。北龛上设一椅，椅下有木五，形若木主之座。西龛上设一杌，杌下有木三。春、秋择日致祭，谓之跳神。其木则香盘也。祭时，以香末洒于木上燃之。……极尊处所奉之神，首为观世音菩萨，次为伏魔大帝（关羽），次为土地，是以用香盘三也。……伏魔呵护我朝，灵异极多，国初称为‘关玛法’——玛法者，国语谓祖之称”⑦。这说明，关羽被清朝奉为护国神，受到皇室和贵族官僚的普遍崇奉，这是其他鬼神，例如历代帝王、孔子等都享受不到的殊荣。

清朝还把祭祀关羽正式列入国家祀典，为中祀。“清初定制，凡祭三等：圆丘、方泽，祈谷、太庙、社稷为大祀；天神、地祇、太岁、朝日、夕月、历代帝王、先师、先祖为中祀；先医等庙，贤良、昭忠等祠为群祀”，“咸丰时，改关圣、文昌为中祀”⑧。对关羽的祀典，岁三举，“每岁春、秋（二月、八月）并五月十三日（传为关羽诞辰）致祭祀，以太牢。各府、州、县、卫、所俱如制”⑨。京师由钦差大臣承祭，各府、县等由正印官承祭，典礼极为隆重。

由于清朝的尊崇和大力提倡、扶植，全国各地大修关帝庙，“关帝庙祀遍天下，各直省府、州、县建祠设像，守土官吏岁时展谒，典礼视文庙”[10]。连不属于汉族文化圈、不设文庙的新疆、康藏等边远地区，也建造了不少关帝庙[11]，“自王畿郡邑以逮山陬海澨，无不崇奉”[12]。

关帝庙的建筑，在当时是最高等级的。以列入清朝国家祀典的北京地安门外关帝庙为例，在《清会典》中，就有明确规定：“南向，庙门一间，左右门各一，正门三间，正殿三间，殿外御碑亭二，东西庑各三间，东庑南燎炉一，庑北斋室各三间，后殿五间，东西庑及燎炉与前殿同，东为祭器库，西为治牲所，各三间，正殿复黄琉璃瓦，余均筒瓦”[13]。黄琉璃瓦殿顶是当时建筑最高等级的标志，只有宫殿、帝王陵寝、佛殿、孔庙大殿才能用，关帝庙顶用黄琉璃瓦，正是其最高社会等级的象征，是清朝尊崇关羽的重要标志。

入于国家祀典和各地官建的关帝庙，均由官府“月给香供银”，或给“香供之地”。例如，“（京师）南红门内大屯关帝庙．给地五十六亩，大红门内关帝庙给地三顷六亩有奇，东红门内关帝庙给地六十九亩有奇，东关帝庙给地三十亩有奇，旧东红门内关帝庙给地七十五亩有奇，旧衙门关帝庙给地八十二亩有奇”，“俱作岁时香供之资”[14]。这是正式载入《清会典》的，未载入《清会典》的更多。这是从经济上扶植、鼓励崇奉关羽。

清朝把关羽捧为天神，奉为它的护国神，把他塑造成忠义道德的楷模，由于清朝统治阶级的提倡和鼓励，崇奉关羽形成了社会风气，清代社会各阶级和各行各业都把关羽作为崇拜的偶像．清人何刚德记述说：“京中茶馆唱大鼓书，多讲《（三国）演义》。走卒贩夫无人不知‘三国’。北人好听戏，尤好武戏，武戏多演‘三国’也。然凡属军人，无论南北，则谈吐间皆《（三国）演义》也。甚矣，《（三国）演义》魔力之大也。但‘三国’人才多矣，而独注重于关壮缪，或称关公，或称关老爷，南人则又称关帝。北人不敢唱关公之戏，谓一唱即撄奇疾。南人则不忌，然唱者也必十分严重，一不慎亦即立遭灾害。出台时，观者为之一肃。北人崇拜者视南人为甚，而关外为尤甚”[15]。

二

满族本来的宗教信仰是原始的萨瞒教，相信万物有灵，崇拜山川、日月、星辰、树木、岩石等自然万物，没有固定的崇拜偶像。对关羽的崇奉，是满州贵族在明朝末年统一东北地区，进而入主中原的过程中，逐步形成的。这当然不是一种偶然现象，而是有着探刻的历史、社会、政治原因。

（一）《三国演义》这部历史小说，曾被清朝统治阶级奉为政治、军事教科书。清朝崇拜关羽是受了这部历史小说的影响

满族是从历史上的女真族发展而来的，是中国历史上兴起比较晚的一个民族. 1599 年（明万历二十七年），努尔哈赤下令创制老满文之前，它还没有自己的民族文字。1583 年（明万历十一年），当努尔哈赤以父、祖遗甲十三副起兵时，他并没有从先人那里继承一套治国、治军方略。但是，他要争雄，要发展，要干一番大事业，仅靠勇猛冲杀是不够的，还需要有驾驭风云、总揽全局、指挥军队的能力，这就需要向先人学习，需要借助于历史的经验。他的先人并没有给他留下这方面的遗产，于是，他的目光投向了汉族的文化宝库。

努尔哈赤幼年丧母，遭继母虐待，为谋生，采过松子，挖过药材，贩过马。艰苦的生活，不仅培育了他的勇敢坚毅性格，也丰富了他的阅历。在和蒙古族、汉族人民的频繁交往中，他学会了蒙语、蒙文，也粗通汉语、汉文。他年轻时，曾投奔明辽东大将李成梁麾下，因作战勇敢，很得李成梁赏识。他还曾以建州女真首领的身份，多次到北京朝贡，考察明朝社会情况，学习明朝的统治经验，广泛结交汉族知识分子。在戎马倥偬中，他如饥似渴地学习汉族历史文化，《三国演义》特有的艺术魅力，深探吸引了他，史书说他“好看《三国（演义）》、《水浒》”[16]。他经常随身携带一部《三国演义》，在战斗的间隙玩读，从中汲取政治、军事谋略。

《三国演义》是一部有深远历史影响和广泛群众基础的历史小说。它描写了东汉末年魏、蜀、吴三国的斗争历史，起自黄巾起义，终于西晋统一，以引人入胜的艺术手法，描述了丰富的政治、军事谋略，给人以智慧的启发。其最吸引读者的，正如鲁迅先生在《中国小说史略》中指出的，就是两个东西——“智术”和“武勇”。这部历史小说创造了许多栩栩如生的政治家和军事家的艺术形象，特别是着力刻画渲染了关羽忠义勇武的形象，正如鲁迅先生所说，“至于写人，亦颇有失，以至欲显刘备之长厚而似伪，状诸葛之多智而近妖。惟于关羽，特多好语，义勇之概，时时如见矣”[17]。这些，正适合努尔哈赤的口味和政治需要，《三国演义》里的许多政治、军事谋略，成为他行动的指南，关羽的勇武形象，也成了他心目中的楷模。

努尔哈赤奋战近四十年，统一了东北地区，为清朝夺取全国政权奠定了历史基础，是清王朝的开创者和奠基者，他的言行，被其事业的继承者他奉为圭臬，其喜读《三国演义》的爱好，也对后世发生了重要影响。

努尔哈赤的继承者皇太极也非常喜读《三国演义》。降清的汉族知识分子沈文奎就曾上疏皇太极，意图加以劝阻，他说："臣自入国后，见上封事者多矣，而无劝上勤学问者。上喜阅《三国志》（此指《三国演义》），此一隅之见，偏而不全。"[18]但这不能阻止皇太极把它作为政治、军事、生活教科书的反复阅读。他还命达海等人将一批汉文典籍翻译为满文，供八旗官员将士学习，这其中就包括《三国演义》。清朝室昭梿在其著名历史笔记《啸亭杂录》中就曾专门记述了此事："太宗（皇太极）天资敏捷，虽于军旅之际手不释卷。曾命儒臣翻译《三国志》（此指《三国演义》）及辽、金、元史，性理诸书，以教国人。[19]

皇太极把《三国演义》作为治国、治军的方略，并特别推崇关羽，他常以此教育、训导大臣。天聪七年（1633），就接待降清明将孔有德、耿仲明的礼仪问题，皇太极与诸贝勒发生了分歧，皇太极提出要举行"抱见礼"（当时官场最隆重的礼仪），诸贝勒认为这样规格太高了，未表示赞同，皇太极就引用《三国演义》里关羽的故事，教训他们："昔张飞尊上而凌下，关公敬上而爱下，今以恩遇下，岂不善乎！元帅、总兵（指孔有德，耿仲明）曾取登州，攻城略地，正当强盛，而纳款输诚，遣使者三，率其兵民，航海冲敌，来归于我，功孰大焉。朕意当行抱见礼，以示优隆之意！"[20]

由于某种原因，皇太极时期并没有将《三国演义》全部译为满文。清入关之初，多尔衮摄政时，又命满族学士查布海等接续译完，范文程，宁完我等汉族官员参与校订。多尔衮为此还专门发布一项谕旨："谕内三院：着译《三国演义》，刊刻颁行。此书可以忠臣、义贤、孝子、节妇之懿行为鉴，又可以奸臣误国、恶政乱朝为戒。文虽粗糙，然甚有益处，应使国人知此兴衰安乱之理也"[21]从这里，能够更清楚地知道，清朝译印《三国演义》，不是把它作为一部长篇历史小说，而是作为治国、治军的方略。

清朝还曾将满文《三国演义》作为兵书，颁发给八旗将领，供他们学习、研究之用。清人陈康祺说，"国初，满洲武将不识汉文者，类多得力于此”[22]乾隆、嘉庆时的著名满族将领额勒登保就是突出的一例。史书记载：“额勒登保隶海兰察部下，海兰察谓曰：子将才，宜略知古兵法。以清文《三国演义》授之，由是晓畅战事”[23]。

清人王嵩儒说：“本朝入关之先，以翻译《三国演义》为兵略。故其崇拜关羽”[24]。此说是符合历史事实的，清朝之所以崇拜关羽，确是受了《三国演义》的重大影响。

（二）清朝是把关羽作为军魂、战神来供奉、崇拜的，企图借助于他的威灵，鼓舞士气、呵护战争的胜利

清朝主要是依靠了骁勇的八旗军队、并且主要是采取了战争的手段，统一东北、进而夺取中原，统一全国的。清朝统治者对此也毫不隐晦，清朝宗室昭梿就公开说，“我国家以弧矢定天下”[25]。因此，清朝视军队为命根子，视战争为生命线，用他们自己的话来说就是，“征讨之举．所关甚重”[26]，是“定国安民以成大业”的根本[27]。

入关之前，努尔哈赤和皇太极连年带兵打仗，统一东北各部，并与明军作战，“暇则一年两征．不暇亦一年一征”。[28]夺取中原之后，亦是战事频仍，镇压明末农民起义军，扫荡南明小朝廷，平三藩，定台湾，平定准噶尔……大、小数百余战。日中不断军旗之影，午夜常闻鼙鼓之声。战争，成为清朝政治中的重要内容，也是关系到清朝政权盛衰存亡的大事。因此，清朝要不断地祈祷战争的胜利，需要一种精神力鼓舞军队士气。特别是，入主中原后，满洲贵族高官显爵，锦衣玉食，贪图安乐，临阵退缩的事司空见惯。八旗军队的腐败、缺乏战斗力成为清朝统治的最大隐忧，更需要一种振作士气的“军魂”。但作为没落封建制度代表的清王朝，不可能创造或找到一种先进的理论，先进的思想，去指导战争，作为军队的精神支柱，因而，只能和历史上一切封建统治集团一样，祈求上苍，呼唤虚无缥缈中的神，承担此重任。于是，他们把被神化了的三国时期的蜀国大将关羽，抬了出来，供奉起来，尊为军神、战神。

乾隆十二年（1747）敕撰的《满洲祭神祭天典礼》所载的祝辞说：“上天之子佛及菩萨，大君先师、三军之帅关圣帝君！某年生小子，今敬祝者……”这很能说明上述问题，关羽确是被当做三军之帅、当作军神供奉的，清朝是把他奉为战争的保护神。

清朝入关前即已经把关羽奉为军神。据说，“有清入关，战时，（关羽）每显灵助战，以后，遇有战役显应，则必加封号，祀典渐隆”[29]。关羽的偶像，就是这样被加上了神秘的光环。

清军在出征打仗之前，几乎都要祭祀关羽，祈求他在冥冥之中加以佑护；打了胜仗之后，都要修关帝庙，以答谢关帝圣君的暗中保护。乾隆五十七年（1792），清朝取得反击廓尔喀侵藏战争的胜利后，清军统帅福康安即于拉萨磨盘山建关帝庙，以谢神佑，并亲撰碑文，以为纪念。碑文说：“……于（乾隆）五十七年夏，由宗喀、济咙整旅遄进。先是，驻军前藏，征兵筹饷，谒札什城（拉萨驻防清军的军营）关帝庙，见其堂皇湫隘，不可以瞻礼。缅神御灾捍患，所以佑我朝者，屡著其孚格。于是，度地磨盘山，鸠工庀材，命所司董其役，默祷启行，洊临敌境，七战皆捷，距阳布（廓尔喀首都，即今尼泊尔之加德满都）数十里。廓首震詟军威，乞降至再。皇帝鉴其诚款，体上天好生之德，准纳表贡。诏令班师，并御制《十全记》颁示臣下。予惟此视师，自进兵以来，山溪险劣，瘴雾毒淫，竟获履险如坦，不三月而蒇绩，自非神佑不至此。凯旋之日，庙适落成，与诸公瞻仰殿庑，徘徊俎豆，深感大功速竣，维神之力。而益欣继自今前后卫藏之永永无虞也”[30]。驻藏大臣和琳在其所撰的《重修札什城关帝庙碑文》中，也说：“恭惟我国家抚有区夏……举凡王师所向，靡不诚服，关帝圣君实默佑焉……（反击廓尔喀侵藏之战）自进师至凯旋，凡三越月，固由圣主庙谟广远，指示机先，大将军运筹帷幄，靡坚不破，然究属帝君威灵呵护之所至也。大将军回藏，度地磨盘山，创立神祠，以答灵贶，佥议札什城旧庙为春秋禋祀之所，废而不葺，良用缺然。爰是琳与制府惠龄捐资庀材；诹吉鸠工，命同知李经文董其役。卑者崇之，隘者拓之，有庑有堂，有严有翼，阅月而竣事，神之凭依，于是乎在。盖国家声教之所及，无非神威之所讫，自非真气磅礴，塞乎天地之间，辅翊景运，安能弥纶中外，灵威异彰若此乎！”[31]。这都明白无误说明，他们确是把关羽作为军神、战神来崇奉的。

这一类事例还有很多．清人陈康祺曾记述了这样一个故事：“嘉庆丙辰（嘉庆元年，1796年），川楚军兴（指镇压川楚白莲教农民起义），贼氛逼荆州，州城岌岌，无守炮。汉寿亭侯忽示梦于马厂，掘获炮九位，石子十万斤。奏闻，锡名曰‘神赐大炮’。考荆州大庙，即当日幕府故址，宜祚顺佑民，威灵尤赫云’”。[32]连白莲教起义军首领张汉潮渡汉江失利，也被清朝附会为关羽显灵阻止：“嘉庆午戊午年（嘉庆三年，1798）夏，教匪张汉潮自秦窜入楚境，势甚猖獗。楚督景安畏懦，远避武昌。贼如风飘豕突，无所抵拦。汉潮欲渡汉江，以窥全楚。时汉阳最为富饶，市廛毗连数十里，甲于天下，闻警，商贾惊避。有贾某，祈于关帝庙，会大风骤起，飘泊贼人舟楫，毙于江者如鹜也。汉潮亦落水，得拯，因狼狈返秦中，自是不敢东下。”[33]

被如火如荼的白莲教农民起义吓得心惊胆战的清军将领们，更是诚惶诚恐地祈求关羽的幽灵暗中佑护。清军统帅勒保祈祷说：“千百年来，（关羽）神圣之所运，覆育之所周，薄海内外，无不共叨灵荫，至我朝尤蒙福庇，如前此回部、台湾、廓尔喀、苗疆等处不靖，皆荷灵威显著，用能克日奏功。是以叠晋崇封，屡上尊号……伏愿神明降鉴，威助三军，齐消未净之妖氛，永护无疆之景运。”[34]另一清军统帅德楞泰也是面对关羽的偶像，顶礼膜拜：“（白莲教）当其分股四出，若火之燎于原，不可向迩；及临以兵威，大股匪徒数万亦如摧枯拉朽，非鼠贼之诈力奸计不足也，神力有以致之耳。夫显佑本朝，莫过于关帝。前此回部（清代文献中指新疆维吾尔族地区）、台湾、廓尔喀、苗疆不靖．皆荷威灵。今又共叨福荫，无惑乎省郡州县场市无不立庙以享祀也。吾往来太平十有余次，心契帝君，见其庙在城南，常率诸将竭诚晋谒，精诚祷祈，以消邪孽，拔营前去，无不告捷。”[35]

咸丰时，镇压太平天国和捻军起义，清朝也认为是关羽的幽灵在暗中保佑，因此增大祀典，说：“楚粤逆匪之乱（指太平天国和捻军起义），（关羽）显佑昭昭。大军克捷，因升春、秋二祭为中祀。”[36]此事《郎潜记闻》也有记述：“咸丰中，以蜀汉寿亭侯关公灵应尤著，制诏礼官，晋之中祀，于是庙制与句龙、弃、孔子侔盛比尊，牲牢舞佾，靡不登进，崇极大神之义，蔑以加矣。”[37]

把关羽作为军神、战神崇奉，甚至达到了可笑的程度。清人姚元之曾记述了这样一个令人喷饭的真实故事：“乾隆初，某侍卫擢荆州将军，人贺之辄痛哭。怪问其故，将军曰：‘此地以关玛法（满语呼祖之名）尚守不住，今遣老夫，是欲杀老夫也。’闻者掩口。”[38]

清朝不仅奉关羽为军神、战神，甚至尊奉他为王权和皇室的保护神。清朝皇室后裔溥佳先生，1964 年写过一篇题为《记清宫的庆典、祭祀和敬神》的文章，其中有一段说：“宫内还很重视祭祀关羽，称他为‘关帝圣君’，不准直呼其名。我初到宫内时，宫里还传说着张勋复辟失败的那一天，关羽为保护清室出了很大的力。其见证就是一个太监当天去前门关帝庙烧香的时候，看到关羽所骑的那匹泥马身上出了汗，这说明关羽是为保护清室而把它骑累了。类似这样荒诞无稽的传说，在宫内经常流传不断。”[39]这说明，清朝直到灭亡，始终把关羽视为护国神，奉为战神。

（三）清朝之所以崇奉关羽，还有一个重要的政治原因，是把他作为“忠义”的化身，树立为全国臣民的道德楷模，以维持其封建秩序和封建统治

清朝入主中原后，为了巩固对全国的统治权，需要尽快恢复，建立封建秩序，以维护其统治基础。为此，除了加紧镇压农民起义军、扫荡南明的残余势力、打击分裂活动等重大军事行动之外，还采取了一系列重要的政治和思想文化措施。例如，以“复君父仇”为号召，礼葬崇祯皇帝，为其建造陵墓，以便把明朝文武官僚和汉族地主阶级的“亡国”之恨和打击矛头，转移到农民起义军身上。又广泛招徕明朝文武官员和汉族知识分子，许以高官厚禄，开科取士，网罗大批汉族知识分子，为新的封建政权服务，以增强和扩大对全国实行封建统治的基础。

在思想文化方面，则采取了以消除华夷之防和提倡忠君思想为主要内容的基本政策。一方面，大兴文字狱，残酷迫害具有反清思想的汉族知识分子，以图钳制、消弥汉族的对立和反抗情绪。另一方面，又大力尊孔，崇尚程朱理学，太力提倡尊君、忠君思想。

为了提倡忠君思想，顺治时期编印了《资政要觉》、《劝善要言》、《顺治大训》、《孝经衍义》等大量宣扬忠孝节义的书籍，广泛制造社会舆论。甚至不惜将明清鼎革时期的历史人物，从坟墓中拉出来，重抹油彩。

顺治十七年（1660），为陪同崇祯皇帝吊死煤山的明太监王承恩立碑，表彰其忠义。顺治御撰的碑文说：“朕尝考诸史册，见夫忠臣烈士，身殉国难，名炳千载，未尝不掩卷三叹也。虽忠义之性命之于天，人人可以自尽，然当变乱之际，利害动于中，祸患怵于外，依违瞻顾，多不能引决。求乎风雨不渝乎常，霜露不易其操，盖难之矣。……至于国家多难，矢志不移，如明司礼太监王承恩有可纪焉。当明季寇讧，海内鼎沸，庄烈愍皇帝（崇祯）励精图治，原非失德之主，良由有君无臣，国势莫支，帝遂捐生以殉社稷，而一时戴縰垂缨之士，苟尽偷生，言之可为太息，惟范景文等十九人无愧臣节，业赐谥致祭以旌其忠，独王承恩目击艰危，从容就义，从死愍帝之旁，即古之忠臣烈士，何以加焉。朕至思陵，念愍皇帝精勤遘乱，亡国非辜，躬奠椒浆，尤增悯泣，顾见陵侧有土一抔，即承恩墓也。特命从臣酹酒焉。迩者载履明陵，念兹从死之臣，命大臣拜奠其墓，以劝忠也，按谥法，危身奉上，险不辞难曰'忠'。矧承恩趋侍宫掖，出入禁闱，其责任不系乎封疆，名位不同乎公辅，而独能视死如归，岂非较然不欺其志者哉。用是勒之贞珉，且以告天下万世为人臣者"[40]。

对于明、清交战之际，抗击清兵的明朝官员，也赐谥表彰。乾隆四十年（1775）十一月，"命议予明季殉节诸臣谥典"。乾隆为此特颁谕旨，指出："崇奖忠贞，所以风励臣节"，"至若史可法之支撑残局，力矢弧忠，终蹈一死以殉。又如刘宗周、黄道周等之立朝謇谔，抵触佥壬，及遭际时艰，临危授命，均足称一代完人，为褒扬所当及。其他，或死守城池，或身殒行阵，与夫俘擒骈僇，视死如归者，尔时王旅徂征，自不得不申法令以明顺逆。而事后平情而论，若而人者，皆无愧于疾风劲草，即自尽以全名节，其心亦并可怜"，"凡明季尽节诸臣，既能为国抒忠，优奖实同一视，至钱谦益之自诩清流，靦颜降附，及金堡、屈大均辈之倖生畏死，诡托淄流，均属丧心无耻。若辈果能死节，则今日亦当在予旌之列，乃既不能舍命，而犹假语言文字，以图自饰其偷生是必当明斥其进退无据之非，以隐殛其冥漠不灵之魄，一褒一贬，衮钺昭然，使天下万世共知予准情理而公好恶，以是植纲常，即以是示彰瘅"[41]。

在乾隆的亲自主持下，将明末死难的三千六百余人的事迹，纂辑成书，名为《胜朝殉节诸臣录》。而对于降清明将，例如洪承畴等人，则另编《贰臣传》，加以贬斥和羞辱。

清朝之所以这样做，乾隆在一首题史可法像的诗中说得很明白："纪文已识一篇笃，予谥仍留两字芳。凡此无非励臣节，监兹可不慎君纲"[42]。其目的很明白，就是通过此举，警戒文武官员，要抵死为君王效命。这时，明王朝灭亡已经百余年，复辟的危险已经消除，清朝对全国的统治根基已经巩固，宣扬为明朝殉葬的汉族文武官员，不会给清朝政权带来任何危害，反而有利于清朝政权的巩固。因为这时的所谓"忠君"，是要文武官僚为清王朝效命。

正是适应这种政治需要，清朝才把关羽大加神化。这是因为，关羽是汉族人，容易为汉族官僚和广大人民群众所接受。另外，通过历代封建王朝的封赠，《三国演义》小说的影响，关羽的形象已经定型化，成为忠义的化身，并广泛流传于社会各阶层。“惟神忠义贯金石，勇烈冠古今”，崇祀关羽，“欲使君臣劝忠，朋友效义”——明代进步思想家李贽的这些话㊸，说明了这个问题。清朝利用关羽宣扬、提倡忠君思想，有深厚的历史、社会基础和广泛的群众基础，容易奏效。

乾隆时的户部尚书梁国治奉敕撰书的《承德府关帝庙碑文》，对这一点说得很明白。他说：“臣窃惟古者立国，必先建学设庙，所以定民志，一耳目也”，“夫制礼以作民敬也，立庙以作民诚也。关帝庙祀遍天下，各直省府州县建祠设像，守土官吏，岁时展谒，典礼视文庙。况承德距京师数百里，日月所照临，中外所仰瞻，就庙貌之成，可以见国家褒崇忠义，凛乎纲常名教之大焉。可以使远近更易观听，动其严威严恪之忱焉”㊹。用现代语言来解释，所谓“定民志，一耳目”，无非就是统一思想，统一舆论。其崇奉关羽，就是为了以“褒崇忠义”来维持“纲常名教”，也就是说，要利用关羽这个偶像，来宣扬忠义，提倡忠君思想，以维持封建社会秩序，维护清王朝的封建统治。他把清朝崇奉关羽的政治目的，说得明明白白了。

注释：

①赵尔巽等：《清史稿》卷84。

②王先谦：《东华续录（乾隆朝）》卷32。

③赵尔巽等：《清史稿》卷84。

④昭梿：《啸亭杂录》卷8。

⑤《钦定满洲祭神祭天典礼》，见《辽海丛书》第五册。

⑥赵尔巽等：《清史稿》卷85。

⑦姚元之：《竹叶亭杂记》卷3，中华书局1982年版。

⑧赵尔巽等：《清史稿》卷83。

⑨杨应琚：《西宁府新志》卷14。

⑩梁国治：《承德府关帝庙碑文》，碑藏承德市关帝庙。

⑪洪亮吉：《天山客话》：“塞外虽两三家村，必有关帝庙。”

⑫张荣登：《崇武所城记》，福建人民出版社1987年版。

⑬《大清会典》卷58。

⑭《大清会典》卷97。

⑮何刚德：《客座偶谈》卷4，上海书店1983年版。

⑯黄道周：《博物汇典》卷20。

⑰鲁迅：《中国小说史略》。

⑱赵尔巽等：《清史稿》卷239。

⑲昭梿：《啸亭杂录》卷1。

⑳《清太宗实录》卷14。

㉑《译印〈三国演义〉谕旨》，见《文献》第16辑，书目文献出版社1983年版。

㉒陈康祺：《郎潜经闻（二笔）》，中华书局1984年版。

㉓赵尔巽等：《清史稿》卷344。

㉔王嵩儒：《掌故拾零》。

㉕昭梿：《啸亭杂录》卷1。

㉖《清世祖实录》卷4。

㉗《沈馆录》卷7，见《辽海丛书》第四册。

㉘《清太宗实录》卷14。

㉙何刚德：《客座偶谈》卷4。

㉚见《卫藏通志》卷6。

㉛见《卫藏通志》卷6。

㉜陈康祺：《郎潜纪闻（二笔）》。

㉝昭梿：《啸亭杂录》卷2。

㉞勒保：《重修武庙碑记》，见《光绪太平县志》卷9。勒保曾任云贵总督、湖广总督、四川总督，并特授经略大臣，节制川、楚、甘、豫五省军务，镇压白莲教起义。

㉟德楞泰：《城南武庙记》，见《光绪太平县志》卷9。德楞泰曾任成都将军，与勒保等共同镇压白莲教起义。

㊱吴振棫：《养吉斋丛录》卷7。

㊲陈康祺：《郎潜纪闻（初笔）》卷9。

㊳姚元之：《竹叶亭杂记》卷7，中华书局1982年版。

㊴全国政协文史资料委员会编：《晚清宫廷生活见闻》，文史资料出版社1982年版。

㊵林春熙：《国朝掌故辑要》卷2。

㊶《清高宗实录》卷996。

㊷林春熙：《国朝掌故辑要》卷15。

㊸李贽：《焚书》卷3，《关王告文》。

㊹梁国治：《承德府关帝庙碑文》，碑藏承德市关帝庙。

（原载《世界宗教研究》1992年第1期）

附：关帝——呵护炎黄子孙的“万能之神”

关帝文化是中华文化的重要组成部分，源远流长，博大精深。

关帝成神之前，是三国时期的蜀国大将关羽（？——219），字云长，忠勇绝伦，威震华夏。生为英雄，殁为神灵。数百年后的陈隋之际，显圣于当阳玉泉山，为佛教护法伽蓝。宋代以后，代晋崇封，“侯而王，王而帝，帝而圣，圣而天”。在清朝，成为军神和护国神。上至帝王，下至百姓，各行各业，都加尊奉。儒、释、道“三教尽皈依”。神祠遍华夏，“九州隆享祀”。世界各地，凡有华人、华侨的地方，也必有关帝庙，它是海外华人、华侨的精神圣殿和保护神。

经过千百年香火的演变，关帝成为忠、勇、仁、义的化身，伦理道德的楷模，也是降伏一切妖魔鬼怪、呵护华夏子孙的万能之神。这些，形成了关帝文化的精髓。

关帝文化研究在海内外日益成为一门显学。

为了弘扬中华传统文化，以及科学研究的需要，我们组织专家编纂了这部关帝文化集成。编辑宗旨，是尽可能全面地辑存有关的文献史料，例如，古人编纂的《关帝圣迹图志》、《义勇武安王集》、《关帝全书》，托名关帝的各种经卷灵签，关帝庙的金石碑刻，三大关庙所在地的山西解州、湖北当阳、河南洛阳地方志及《玉泉志》、《华阳国志》等相关典籍，有关典故和小说与诗词歌赋等。其中，元代《三国志评话》和有关杂剧，以及明代成书的《三国志通俗演义》，在关帝文化的形成和弘扬过程中，曾发挥过重要作用。故一并影印供研究参考。需要说明的是，这些典籍出自多人之手，编纂也非一时一地，内容难免有重复之处，为求完备和保护典籍完整性，便于对比研究，凡有价值者，均兼收并存。

整理历史文献的最好方法，当然是影印。但由于古代印刷条件所限，古籍难免模糊不清之处，印制成精品，确非容易。因此我们尽可能选用善本，并做了校勘，竭尽全力。

我们祝愿，关帝文化千秋万代光耀中华。

（本文原为《关帝文化集成》前言）

康熙因宠爱乾隆而传位于雍正考

——从避暑山庄鉴始斋谈起

在避暑山庄宫殿区，据岗临湖风景幽美处，有一座康熙日常批阅奏章、引见官吏的万壑松风殿，其后有3间小屋，是康熙六十一年(1722)，乾隆12岁时，随侍皇祖康熙到承德避暑时的读书之所。他每天或在此读书，或随侍皇祖批阅奏章、引见官吏，很得康熙欢心。乾隆当皇帝之后，将这间小屋题名“鉴始斋”，并写作了不少诗文记述那段快乐的时光，怀念皇祖养育之恩。含饴弄孙是人生一大乐事，这在平常百姓家本来算不了什么大事。但在政治波涛汹涌的皇宫，就是一件引起许多人关注的大事了。因为，在康熙30多个孙儿中，只有乾隆一人受此宠爱，而且，康熙已至暮年，体弱多病，继承人的问题，已是满城风雨，难免有些人将它和康熙安排后事问题联系起来。事实上，当时京城已不少这方面的传言，笔者仅以此为线索，搜索了一些相关史料，就几百年来众说纷纭的清朝重大谜案之一的雍正继位问题，提出一些看法，草成此文，提供研究参考。

在封建社会里，统治阶级内部争夺最高统治权的斗争，代有发生，举不胜书。但宫廷秘闱，外间难得其详，正史往往不录，而稗史野乘又多得之传闻。烛影斧声，留下了许多千古之谜。而作为历史问题，它却常常引起许多人的兴趣。雍正继位问题，就是清史研究中的一个颇令许多人感兴趣的问题。旧的传说中，以雍正篡改遗诏用阴谋手段夺取帝位之说较为流行。更有人根据这种说法演义为小说，影响颇大。近几年，一些历史工作者一反旧说，认为改诏之说不能成立，传位雍正是康熙的本意，亦持之有故，言之成理。

康熙与雍正是清史上两个比较著名的皇帝，都对历史的发展产生过重要影响，因而，弄清这个问题，对于康熙与雍正其人的研究和清代前期史的研究，是有所补益的。

根据我所接触的一些材料来看，康熙是因为宠爱乾隆而传位于雍正的。

二

这个观点，并不是我的发明，清代官书《清实录》即举是说。《清高宗实录》卷一：“（乾隆十二岁时）木兰从狝，入永安莽喀围场，命侍卫引射熊，取初围获熊兆，甫上马，熊突起，控辔自若。圣祖御枪殪之。事毕，入武帐，顾语温惠皇贵太妃曰：‘是命贵重，福将过予’。恩鉴之神，灼然知圣母、圣子允能膺受多福，引觐方来，深信不爽者如此”。此事发生在康熙六十一年（1722）夏。这段话说明在康熙死前数月，已默定继承人于心。《清高宗实录》卷一又说，乾隆继位是“圣祖深爱神知，默定于前；世宗垂裕谷诒，周注于后”。这也说明康熙生前已预定将传位给雍正，而最终要由乾隆继承皇位。但因为《清高宗实录》是乾隆死后才修成的，容易被人怀疑为是史家根据既成事实而臆说的，所以《清高宗实录》的这个说法不受史学界的重视也是可以理解的。

其实，乾隆本人也是这样认为的，他在一首诗的自注中写道：“康熙壬寅（康熙六十一年），皇考敬奉皇祖临幸观花，慈颜有怿，因于燕喜之次，以予名奏闻，爱抚备至，是为承恩之始。仰惟付托之重，默契圣心，投艰遗大，似即肇基于此。”这种说法，在当时统治阶级上层中间流传较广，昭梿在其著名的历史笔记《啸亭杂录》中即取此说：“纯皇（乾隆）少时，天资凝重，六龄即能诵《爱莲说》。圣祖初见于藩邸牡丹台，喜曰：‘此子福过于予’。乃命育诸禁庭，朝夕训迪，过于诸皇孙。尝扈从之木兰，圣祖枪中熊，扑，命纯皇往射，欲初围即获熊之名耳。纯皇甫上马，熊复立起，圣祖复发枪殪之。归，谕诸妃嫔曰：‘此子诚为有福，使伊至熊前而熊立起，更成何事体?’由是，益加宠爱，而燕翼之谋因之而定也。”这很明确地说明，康熙是有意让乾隆当皇帝的。但孙承祖位，前无先例，所以康熙欲传皇位于乾隆，必先传位于其父雍正。昭梿是清太祖努尔哈赤第二子代善之后，系清皇室的近支宗室，又与乾隆约略生活在同一时代，他的笔记《啸亭杂录》又以记清代掌故翔实而历来受学术界重视，因而他的说法有一定的影响。

上述几条资料，或出自乾隆本人之口，或见诸与皇室有关人之手笔，且都在雍正死后，缺乏必要的证据，故而并未引起人们足够的重视，很多人对此仍持怀疑态度，也是情理中事，我初接触清史时也作如是想。近年看了一些材料，觉得上述几条资料并非纯系子虚，而是空洞来风，事出有因。康熙因宠爱乾隆而传位于雍正之说，并非出于后人杜撰，而是出于康熙之口，并且是在康熙刚死、雍正登极伊始，乾隆尚在稚龄时即已为世人所知。这虽然在清代官书和清人笔记中没有记载，但在朝鲜的历史文献中却记载得颇为详明。《朝鲜李朝实录》中景宗二年（清康熙六十一年，1722 年）十二月有这样的记载：

远接使金演迎敕而归，以闻于译舌者言于户曹判书李台佐曰："康熙皇帝在畅春苑病剧，知其不能起，召阁老马齐言曰：'第四子雍亲王胤禛最贤，我死后立为嗣皇。胤禛第二子有英雄气象，必封为太子。'仍以为君不易之道，平治天下之要，训诫胤禛。解脱其头项所挂念珠与胤禛曰：'此乃顺治皇帝临终时赠朕之物，今我赠尔，有意存焉，尔其知之。'又曰：'废太子皇长子性行不顺，依前拘囚，丰其衣食，以终其身。废太子第二子朕所钟爱，其特封为亲王。'言讫而逝"。

这是关于康熙之死、雍正继位最详细、最具体的历史资料，它比清代官书和清人笔记所记的时间都要早，而且具体得多。康熙临终遗言，所谓"第四子雍亲王胤禛最贤，我死后立为嗣皇。胤禛第二子有英雄气象，必封为太子"，最明白地表达了康熙因宠爱乾隆而传位于雍正的本意。当然，为证明这条资料的可靠性，我们还必须做些考证。

二

首先，从这条资料的时间和来源看。

从时间上看，这条资料系在《朝鲜李朝实录》景宗二年（清康熙六十一年）十二月，应是当时所记。是在康熙死后一个月左右（康熙死于当年十一月十三日），雍正登极伊始，离事件的发生时间很近，比清代官书和清人笔记记述这个问题的时间都早。况且，康熙遗言中所提的几件事，除立雍正为"嗣皇"外，其他几件事都还没有发生，特别是乾隆当皇帝是在十几年后的事，而且属于外国人记中国事，自然不会受乾隆当皇帝的影响而所记不实。

从这条资料的来源看，是朝鲜官员听清朝官员所说，不是出于杜撰。朝鲜李氏王朝是于康熙六十一年十一月三十日（1723 年 1 月 6 日），即康熙死后半个多月听到康熙死讯和闻知清朝赴朝鲜的传讣敕使已离北京的。当天即决定“以金演为远接使，尹圣时为问礼官，李光佐为馆伴”，入中国境内迎接清朝敕使。随后，又派“李光佐为远接使，权益官为问礼官”，在朝鲜境内迎接清使。十二月十六日（1723年1月22日），清朝传讣敕使到达朝鲜都城。第二天，李氏王朝即“遣宰臣劳问敕使于馆所”。这一天，作为朝鲜“远接使”的金演，“迎敕而归”，“以闻于译舌者言于户曹判书李台佐”。所谓“译舌者”，就是翻译官。这表明，金演是到中国境内迎接清朝敕使，通过翻译打听到的。作为李氏王朝的远接使，所接触的清朝官员当然是清朝的传讣使及其周围人员，这些话，无疑是从他们之中传出的，其得自于清朝皇室，自不待言。

从这条资料所记的一些史实来看，也可以得到印证：

（一）关于雍正是否单独受命问题

前引《朝鲜李朝实录》载：康熙临终前，曾以“为君不易之道，平治天下之要，训诫胤禛”云云，说明雍正于康熙临终时曾单独受命。这在清代有关记载中，也是有蛛丝马迹可查的。

关于康熙临终和雍正继位问题，《清世宗实录》卷一是这样记载的：“十月癸酉，圣祖自畅春园幸南苑行围，遂驻跸南苑，至是圣躬不豫，因回驻畅春园。庚寅，以冬至届期，将大祀于南郊，命上恭代行礼，谕曰：‘郊祀上帝，朕躬不能亲往，特命尔恭代。斋戒大典，必须诚敬严恪，尔为朕虔诚展祀可也。’上遵旨于斋所致斋。敬念圣躬，孝思笃切。每日三次遣护卫等恭清圣安。至甲午丑刻，圣祖疾大渐，遣官驰召上于斋所。且令速至。随召诚亲王允祉、淳郡王允祐、多罗贝勒允禩、固山贝子允禟、敦郡王允䄉、固山贝子允祹、皇十三子允祥、尚书隆科多至御榻前，谕曰：‘皇四子胤禛，人品贵重，深肖朕躬，必能克承大统。著继朕登极，即皇帝位。’上闻诏驰至，趋进寝宫。圣祖告以病势日臻之故。是日，上问安，进见五次。戌刻，圣祖宾天。”

蒋良骐《东华录》卷二十四所记与《清世宗实录》大体相同：“（康熙六十一年）十一月初七日戊子，上不豫，自南苑回驻畅春园。十三日甲午丑刻，上疾大渐，命趋召皇四子于南郊斋所。寅刻，召皇三子诚亲王胤祉、皇七子淳郡王胤祐、皇八子贝勒胤禩、皇九子贝子胤禟、皇十子敦郡王胤䄉、皇十二子贝子胤祹、皇十三子胤祥、理藩院尚书隆科多至御榻前，曰：‘皇四子人品贵重，深肖联躬，必能克承大统，着继朕登基，即皇帝位。’皇四子闻召驰至，已刻，趋进寝宫，是日戌刻，上崩。”

雍正自己是这样说的：“至康熙六十一年十一月冬至之前，朕奉皇考之命，代祀南郊。时皇考圣躬不豫，静摄于畅春园。朕请侍奉左右，皇考以南郊大典，应于斋所虔诚斋戒，朕遵旨于斋所致斋。至十三日，皇考召朕于斋所。朕未至畅春园之先，皇考命诚亲王允祉、淳亲王允祐、阿其那、塞思黑、允䄉、公允祹、怡亲王允祥、原任理藩院尚书隆科多至御榻前，谕曰：‘皇四子人品贵重，深肖朕躬。必能克承大统，著继朕即皇帝位。’是时，惟恒亲王允祺以冬至命往东陵行礼，未在京师。庄亲王允禄、果亲王允礼、贝勒允祹、贝子允祎，俱在寝宫外祗候。及朕驰至问安，皇考告以症候日增之故，朕含泪劝慰。其夜戌刻，龙驭上宾。”①

这三条材料，从时间顺序来说，以《大义觉迷录》最早，蒋氏《东华录》次之，《清世宗实录》最晚，且都在雍正当皇帝以后，蒋氏《东华录》与《清世宗实录》多本雍正之说，事所必然。关于事件发生的时间、地点、经过三者所记大体相同，而且都没有关于雍正曾单独受命的记述。但是，这三条材料都说明康熙自知病将不起，曾命人往南苑驰召雍正，这是康熙有意授命雍正的有力证据。而且三条材料都说明，雍正于康熙临死前，确曾进见过康熙，《清世宗实录》还特别强调，当天，雍正曾“进见五次”，说明雍正单独受命的机会是很多的，完全有这种可能。但是雍正本人对此是讳莫如深的，他特别强调，自己“未至畅春园之先”，康熙即已对诚亲王允祉、尚书隆科多等宣布命其继承皇位。这显然是在继位问题上遭到政敌攻击之后，雍正极力为继位的合法性辩护的一种手段，特别是针对政敌散布的关于康熙喝了雍正所送一碗人参汤后死去的传言的一种隐晦的反驳。他否认的仅是康熙向允祉、隆科多宣布其继承皇位之前，曾单独受命于康熙。至于驰至畅春园以后，是否单独受命，雍正则环顾左右而言他。所以，上述所引清代官书，不能否定《朝鲜李朝实录》关于雍正于康熙临终之前单独受命的记载，反而露出种种端倪，单独受命确实存在着可能性。当然，为了说明《朝鲜李朝实录》记载的真实性，还需要举出直接的证据。

（二）关于康熙临终授给雍正所挂念珠问题

《朝鲜李朝实录》记载：康熙临终时，曾“解脱其头项所挂念珠与胤禛曰：‘此乃顺治皇帝临终时赠朕之物，今我赠尔，有意存焉，尔其知之’。”这是雍正于康熙临终前单独受命的“物证”。这在清代资料中，也是有可靠记载的。时人肖奭《永宪录》卷一说：“又，上（康熙）大渐，以所带念珠授雍亲王”。《朝鲜李朝实录》当时是朝鲜李氏王朝的宫闱秘籍，外间难得窥见，而《永宪录》当时尚未刊刻印行，两者约略同时成书于两国，当然不会有互相抄袭或影响的问题。其所记康熙临终授予雍正挂念珠事完全一样，证明确有其事，不会出于杜撰。对此，还有一个反证。野史传闻，康熙病笃时，“宣诏大臣入宫，半晌无至者。蓦见雍正立前，大怒，取玉念珠投之。有顷，康熙上宾，雍正出告百官，谓奉诏册立，并举念珠为证。百官莫辨真伪，奉之登极。康熙众子有知其事者，心皆不服，时出怨言。雍正知群情汹汹，遂以峻法严刑为治”。[②]此前还记载雍正改诏等传闻，其源盖出自雍正政敌之口，是显而易见的。在封建社会的争权斗争中，对一件事有截然相反的评论或看法，是司空见惯的，本不足怪，但这并不能影响客观上已经发生过的事实的真实性。这个传闻也证明，康熙临终授雍正念珠，确有其事。至于说是“授予”或“投掷”，则属于政敌之间的主观评论。这从反面证实了《朝鲜李朝实录》所记康熙临终授雍正念珠之事是持之有故的，并非向壁虚构。

（三）关于对废太子的待遇问题

《朝鲜李朝实录》记康熙临终对雍正的遗言，有关于对废太子胤礽的待遇问题，说：“废太子皇长子性行不顺，依前拘囚，丰其衣食，以终其身。废太子第二子朕所钟爱，其特封为亲王。”《朝鲜李朝实录》在录入康熙这项遗言时，其内容尚未成为客观事实，可后来的事实却印证了这条资料的可靠性。据《清世宗实录》，康熙六十一年（1722）十一月，康熙刚死不久，雍正在封允禩、允祥为亲王的同时，即封废太子胤礽之子弘晳为郡王。十二月，又封弘晳为多罗理郡王。翌年，即雍正元年（1723）五月，在北京西郊郑家庄为弘晳建府邸，“令伊率领子弟，于彼居住”。并经雍正批准：“由兵部领取车辆，将需用物件载往，其给与理郡王人数共三百四十五名，现有护军、领催、马甲并亲随执事等，均给钱粮，令其当差行走。郑家庄城内，原有房四百间，如尚不敷，再行添造。”雍正二年（1724）十二月，废太子胤礽死，追封为和硕理亲王，其丧事“照亲王之例办理”，对于胤礽无出之侍妾，也“另给庙舍与居，丰其衣食，以终余年”。这说明，雍正对废太子胤礽在生活上是给予了优待的，并将其子封王，这与前引《朝鲜李朝实录》所记康熙关于废太子胤礽的遗嘱是吻合的。这些事实的发生是在《朝鲜李朝实录》记录康熙遗言之后，不存在据已发生的事实写史的问题，只能说明，在这个问题上，雍正是执行了康熙遗嘱的。

（四）关于马齐领遗命问题

《朝鲜李朝实录》记康熙临终将传位雍正的遗命告诉了马齐，而前引《清世宗实录》等清朝官书，都记康熙临终前是将诚亲王允祉、尚书隆科多召至病榻前，宣布雍正继承皇位的。《大义觉迷录》所录雍正之言，也没有提到马齐曾领受康熙关于着雍正继承皇位的遗命。这都与《朝鲜李朝实录》的记载大相径庭，并对《朝鲜李朝实录》所记的可靠性造成了威胁，故此，对这个问题需要做些考证。

首先，从马齐的职位及其与康熙的关系来看，他都具备领受康熙遗命的资格。康熙决意传位与雍正，当然不会把此事告知雍正以外的其他皇子，而只能告知足以掌握政局而又可以信赖的亲近大臣。马齐应该是合适的人选。

马齐，富察氏，满洲镶黄旗人。其父米思翰曾任内务府总管、户部尚书、议政大臣，“三藩之乱”时，以力主撤藩而名噪一时，甚得康熙宠信。马齐初授工部员外郎，后迁内阁侍读学士。康熙二十四年（1685），出为山西布政使，擢巡抚，以清廉受知于康熙。二十七年（1688），迁左都御史，二十九年（1689）授议政大臣，后迁兵部尚书，调户部尚书，并兼理藩院尚书。三十八年（1699），授武英殿大学士，一直到四十七年（1708）以前，他总是占据要津，是清廷中实权人物之一。这年冬天，以皇太子胤礽既废，佟国维奏速定储位，马齐参与奏立允禩为皇太子，因而触怒康熙，马齐与其弟马武、李荣保并被夺官，这是他宦海中最大的一次挫折。

与马齐权势相埒的是佟国维，他也是满洲镶黄旗人，其妹为顺治孝康皇后，其女为康熙孝懿皇后，与清朝皇帝有姻亲之谊，康熙九年（1670）授为内大臣，二十九年（1690）再授为领侍卫内大臣，也是势炎熏天的人物。四十七年（1708）冬，议立太子时，佟国维暗中参与拥立允禩。翌年正月，康熙召集王公大臣，追问谁先举允禩为太子，“储臣莫敢对”，康熙说："是必佟国维、马齐意也"。[3]由此可见，马齐与佟国维在朝中势压群臣，有参与最高机密的政治地位。但是，佟国维天年不永，于康熙五十八年（1719）死去。

本来，康熙在令大臣集议皇太子人选时，是有意保全马齐的，事先令其"毋予议"。但既经大臣告发，不得已，只好夺其官。但时隔不久，康熙四十九年（1710），即命其董俄罗斯互市事。其弟马武、李荣保亦复起用。不久，马齐被授为署内务府总管，掌管皇室事务，五十七年（1718），复授为武英殿大学士，再次占据权力要津。据肖奭《永宪录》载"相传其女为郡王允裪妃"。以其资格、职位，这是有可能的。如此，他不仅权重群臣，且与皇室有亲，佟国维死后，他最有资格参与最高机密。所以康熙临终托孤于他，完全有可能。

从以后的一些事实来看，也可以为这种推断找到一些旁证。据肖奭《永宪录》：康熙死后第二天中午，"传大行皇帝遗诏，命领侍卫内大臣、总理銮仪卫事、嗣三等公马尔赛，提督九门巡捕三营首领、兼理藩院尚书隆科多，武英殿大学士、户部尚书马齐辅政"。马齐辅政，原本康熙遗命，这是马齐受遗命的有力证明。《清世宗实录》卷一记载与此稍别，云：十一月十四日"命贝勒允禩、十三阿哥允祥、大学士马齐、尚书隆科多总理事务。谕曰……除朕藩邸事件外，余俱交送四大臣。凡有谕旨，必交四大臣传出"。在雍正任命的四个总理事务大臣中，少了康熙遗命为辅政的马尔赛，多了允禩和允祥。这是雍正在政权未稳之际，为了稳住其觊觎政权的弟兄们，而采取的一种权宜之计。但雍正倚为心腹的则是马齐和隆科多。康熙六十一年十二月，雍正掌握政权不久，即赏马齐和隆科多阿达哈哈番世职。寻命马齐"袭伊祖哈世屯一等阿思哈尼哈番世职"，晋二等伯，加太子太傅，并任命其为"圣祖实录馆监修总裁官"[4]。在权力斗争激烈的情况下，"圣祖实录馆监修总裁官"是一个举足轻重的要职，这个任命，表明雍正对马齐的极大信任和倾心相依，并暗含将他置于隆科多之上的意思。雍正元年春三月，又进马齐、隆科多、年羹尧为太保阶，据《永宪录》载，这是"登极恩也"，是对他们拥立雍正当皇帝的一种酬答。这年五月，雍正御赐马齐一副对联："运世达权需有德，安邦守正在无私"，[5]充分说明了马齐在雍正继位中所起的特殊重要作用。后来，隆科多、年羹尧以拥戴之功自诩，实际上是在雍正遭到其弟兄们对他继位合法性的攻讦中，为雍正的政敌提供了攻击的口实，因而触怒了雍正，将他们严刑处置。后人在论述雍正嗣位问题上，也多涉及隆、年案件，因而隆、年被后人视为雍正继位中的关键性人物，而对马齐，则多漏而不提。这是因为，马齐对受遗命问题，始终秘而未宣，保高位于天年。从上述分析看出，雍正继位中的真正关键性人物是马齐，而非隆、年，独得雍正倚为心腹的也是他。《朝鲜李朝实录》记载马齐于康熙临终受命辅佐雍正，是事出有因，来源有自，并非子虚。

（五）关于康熙临终所言传位雍正（胤禛）其必立第二子乾隆（弘历）为太子的问题

前引《朝鲜李朝实录》载康熙临终对马齐所说："第四子雍亲王胤禛最贤，我死后立为嗣皇。胤禛第二子有英雄气象，必封为太子"这句话，是支持我们论点的关键所在，需要详加考订。

在《清实录》以及其他清代官书和私人著述中，都说乾隆是雍正的皇四子，这个说法得到了普遍的承认，从来没有人提出过什么疑义。所以，必须证明这句话中胤禛第二子确指乾隆（弘历），我们的论点才能成立。为此，我们需要先搞清雍正所有皇子的情况。

根据《清皇室四谱》，雍正共有皇子十人，其天伦次序如下：

（1）弘晖，康熙三十六年三月十六日生。雍正嫡妃乌拉纳喇氏、后封孝敬宪皇后所出。康熙四十三年六月初六日殇。年八岁。雍正十三年十一月乾隆继位后追封其为亲王，谥端。

（2）弘盼，康熙三十六年六月初二日生，雍正侧妃李氏、后封齐妃者出。康熙三十八年二月二十九日殇。年三岁。

（3）弘昀，康熙三十九年八月初七日生，与弘盼同母所出。康熙四十九年十月二十日殇。年十一岁。

（4）弘时，康熙四十三年二月十三日主，与弘盼、弘昀同母所出。雍正五年八月初六日以年少放纵、行事不谨，削宗籍，死年二十四岁。雍正十三年十月，乾隆即位后追复宗籍。

（5）弘历，康熙五十年八月十三日生，母钮祜禄氏，后封孝圣宪皇后。继雍正为帝，是为高宗，即乾隆皇帝。嘉庆三年正月初三日死，寿八十有九。

（6）弘昼，康熙五十年十一月二十七日生。其母耿氏，后封纯懿皇贵妃。雍正十年，赐号旭日居士，十一年二月封和亲王，十三年五月，命值办理苗疆事务处。乾隆十八年正月，授为议政大臣，三十五年七月十三日卒。年六十岁，谥恭。著有《稽古斋集》。

(7) 福宜，康熙五十九年五月二十五日生。母年氏，后封敦肃皇贵妃。康熙六十年正月十三日殇。年二岁。

(8) 福慧，康熙六十年十月初九日生，与福宜同母所出。雍正六年九月初九日殇。年八岁。以亲王例葬。雍正十三年十一月乾隆继位后追封其为亲王，谥怀。

(9) 福沛，雍正元年五月初十日生，与福宜、福慧同母所出。旋殇。年一岁。

(10) 弘瞻，雍正十一年六月十一日生。母刘氏，后封谦妃。乾隆三年三月出继果毅亲王允礼，袭封果亲王。二十八年五月，坐顽悖无状，降贝勒。三十年二月病亟，特晋果郡王，三月初八日卒。年三十三岁。谥恭。

据此，乾隆实为雍正第五子。《清皇室四谱》的编纂者唐邦治已注意到了这个问题，在按语中指出："'实录'雍正十三年载高宗追封福慧谕旨，称为皇八弟……而高宗实自居为第五子矣"。说明在乾隆继位之初，雍正诸子仍按天伦次序排列，乾隆为第五子。

那为什么后来官书概称乾隆为雍正之"皇四子"呢？这是据"玉牒"而来。原来，修玉牒有个原则，就是皇帝诸子"幼龄薨逝，不以齿序"，因而二子弘盼、七子福宜、八子福慧、九子福沛，在修玉牒时，以"幼龄薨逝"，未入雍正诸皇子之序，仅"从附于弘瞻之后"。[6]这样，乾隆在玉牒上，就成了雍正的皇四子。后修《清实录》、《皇朝文献通考》等，即以玉牒为准。

那么康熙临终遗言所指雍正之二子为谁？认真研究一下上列雍正诸子情况就会明白。按天伦次序，应指弘盼，但他早已于康熙三十八年三岁时死去；后来玉牒所列雍正之第二子，是为弘昀，但他也早已于康熙四十九年以十一岁幼龄早归天堂。故此，康熙临终所指雍正之二子必非他俩。再研究一下就会发现，康熙六十一年十一月康熙临死前仍存于世的雍正诸子中，只有四子弘时，五子弘历，六子弘昼，八子福慧四人（福沛、弘瞻尚未出生）。如以年齿序，则弘时为长，弘历为二，弘昼为三，福慧为四。所以康熙临终所言，是据雍正诸子尚存于世的情况，习惯地称弘历为第二子。因此，不能依据玉牒、《清实录》以及后来所修其他官书称乾隆为皇四子，而否定康熙所言胤禛之第二子为乾隆的说法。恰恰相反，这更证明了《朝鲜李朝实录》没有受清代政治事件和官书的干扰，具有原始资料的特点，更加可靠。

关于康熙临终所说“胤禛第二子有英雄气象”云云，是符合康熙的思想和历史事实的。雍正以乾隆继皇帝位的遗诏中说：“宝亲王皇四子弘历秉性仁慈，居心孝友，圣祖仁皇帝于诸孙之中，最为钟爱，抚养宫中，恩逾常格。”⑦这并非虚誉之辞，而是有史实可征的。

乾隆于康熙五十年（1711）生于雍和宫，康熙六十一年（1722），即他十二岁以前，一直与其异母弟、后曾封和亲王的弘昼居于雍和宫内的如意室。乾隆晚年曾多次写诗回忆这一段孩提生活：“总角读诗书，乐群识字初”。那情景，使他永远不能忘怀。他在诗的自庄中写道：“予与和亲王从幼即居此”。⑧他在另一首题为《新正雍和宫瞻礼》的诗中，又写道：“十二幼龄方离此”，即“康熙六十一年始蒙皇祖养育宫中”。⑨这一年，乾隆离雍和宫，搬入紫禁城内居住，独得康熙的眷爱，在康熙诸皇孙中，无人能受到如此宠幸。乾隆的命运也从此迥异他人。

这一切都是雍正精心安排的。在男尊女卑的封建社会里，男子继承皇位是不可改变的惯例。康熙诸子在争夺久已空置的皇储宝座斗争中，儿子是一个有利的因素。精明的雍正是深知此中奥秘的。他虽然表面日与章嘉呼图克图等人谈禅论佛，似无意逐鹿，但暗中却加紧活动。他的存世的儿子弘昼，长乾隆七岁，当时虽已是青年，但“年少放纵，行事不谨”，⑩使他很失望，只有聪明伶俐的弘历（乾隆），使他满意。于是，他利用康熙因皇储空虚而苦恼和老年人爱孙的心理，把乾隆作为一张王牌，打了出去，极力使乾隆赢得其祖的欢心，以加强争夺皇位继承权的实力。

这样的机会终于到来了。康熙六十年（1721），雍正陪侍康熙到避暑山庄避暑，使乾隆在其祖面前卖弄了一下聪明，从而赢得了康熙的喜爱。乾隆后来追述此事时写道：“康熙六十年，予年十一，随皇考（雍正）至山庄内观莲所下，皇考命予背诵所读经书，不遗一字。时皇祖（康熙）近侍，皆在旁环听，咸惊颖异。皇考始有心奏皇祖令予随侍学习。”⑪第二年，雍正又请康熙赏园，乘机再将乾隆推荐给了康熙。乾隆追述此事时写道：“康熙壬寅（六十一），皇考敬奉皇祖临幸观花，慈颜有怿，因于燕喜之次，以予名奏闻，爱抚备至，是为承恩之始。仰惟付托之重，默契圣心，投艰遗大，似即肇基于此。”⑫康熙即命将“圆明园寝殿之左，旧谓之牡丹台者，即四十景中所谓‘镂月开云’者”，为乾隆起居、读书之所，[13]使之可与他经常接近（当时康熙住居圆明园旁的畅春园）。同时，又将畅春园内“澹宁堂”赐给乾隆，使之可以随侍左右。事情过了二十余年以后，乾隆九年（1744），乾隆在一首题为“镂月开云”的诗中写道：“犹忆垂髫岁，承恩此最初”，[14]殷殷怀念此事。乾隆于圆明园受康熙宠爱之事，当在其年三月。这也有其他材料可以印证。《永宪录》记，康熙六十一年三月戊申（1722年5月9日），“上幸皇四子和硕雍亲王园”。圆明园为雍正当皇子时的赐园，所谓“和硕雍亲王园”，即指圆明园。同时，《永宪录》在上引一句之下又写道：“自（康熙）六十年两遇万寿，雍亲王皆奏请驾临，奉觞演剧，以祝无疆。天颜每霁，向妃嫔称孝养焉。”可见，雍正通过奏请赏园，赢得了康熙的欢心。

这年夏天，乾隆扈从康熙到避暑山庄避暑，备受宠爱。康熙将日常批阅奏章、引见官吏的“万壑松风”殿旁的三间小殿“鉴始斋”，赐给乾隆为其读书之所。乾隆自记“夙夜祗随圣祖，绨几展书。则亲授章句；批章引见，则敬立座侧。至于传餐侍膳，曲承含饴，依膝之欢”，[15]可见其受宠爱之深。乾隆还追述说：“忆自十二岁时，随皇祖圣祖仁皇帝驾往热河避暑，朝夕随侍。皇祖万几之暇，辄浏览书史，或亲洒宸翰，弘历从旁窃现，心慕而未敢以请也。皇祖顾弘历曰：‘汝爱吾书乎？’赐长幅一、复赐横幅一、扇一，皆持以告我皇父，宝而藏之。”这也是康熙其他皇孙不能享受到的特殊待遇，所以乾隆自己也承认“特被恩宠，迥异他人”。[16]

在避暑山庄，乾隆还以箭法优秀得到了康熙的垂爱。现在承德避暑山庄“澹泊敬诚”殿一组建筑的大门门壁上，还刻有乾隆的一首诗，专门记述此事，诗中说：“阅射门前却自思，髫龄自此沐恩慈”，他在自注中写道：“忆予十二岁时，皇祖每御门引见，恒命射于此，若连中，则慈容大悦。”对康熙的这种恩宠，乾隆年至耄耋犹未忘怀，乾隆五十六年（1791）的一项谕旨中，他还提及此事：“昔年朕随侍皇祖山庄阅射，朕连中五矢，仰蒙天语褒嘉，慈颜大悦，蒙赐黄褂，其时朕年十有二岁。”[17]

另有一件事，最能说明康熙宠爱乾隆，并有意将来让他成为皇帝。有一次，雍正请康熙到他在承德的赐园狮子园用膳，乾隆随康熙同往，康熙特令召见乾隆生母。乾隆追述当时的情景说：“是日，皇祖指予谓皇妣孝敬宪皇后（即胤禛之嫡妃）曰：‘带其生母来见’，皇祖连谓有福之人。”当时，乾隆还是一个十二岁的小孩子，其母原来只是雍亲王府的侍女，后被胤禛收为侍妾，在雍亲王府的地位很低下，康熙特别指名召见，已属破格，对她又连称"有福之人"，更非寻常，当有深意存焉！乾隆当皇帝以后，回忆起这件事来也说："即今仰窥皇祖恩意，似已知予异日可以付托，因欲预观圣母福相也。"[18]所以，后来乾隆对其在避暑山庄的际遇，一直念念不忘，说："避暑山庄为皇祖临幸最爱之地，亦孙臣受恩特深处也。"[19]

其年回到北京之后，康熙即将乾隆养育于紫禁城内的毓庆宫。毓庆宫离康熙所居住的寝宫乾清宫不远，这样祖孙可时常亲近，乾隆从此可以经常跟康熙学习统治权术。乾隆后来追忆这一段生活时说："予年十二时，始解文义，每侍皇祖于乾清宫，得瞻御座后屏风集诸经铭语，即知综括治道无遗，而为君者，必如是，然后可谓尽君道也。"[20]所谓"御座后屏风集诸经铭语"，是指康熙所居乾清宫的御座屏风上，铭刻的从四书五经上摘录的一些"治国"格言。

对于康熙对乾隆的特殊宠爱，清代官书上也约略有所记载。《清高宗实录》卷一：乾隆"康熙壬寅（康熙六十一），年十二，抵谒圣祖于圆明园之镂月开云，见即惊爱，命养育宫中，抚视周挚，备荷饴顾恩养，亲授书课，教牖有加，偶举《爱莲说》以试，诵解融彻，奖悦弥至。……其年秋（应为夏），随侍圣祖巡避暑山庄，赐居万壑松风，读书其中。一日，望见御舟泊晴碧亭畔，闻圣祖呼名，即趋岩壁下，顾谓勿疾行，恐致蹉跌，爱护殊常。狮子岭之北为世宗藩邸扈跸时赐园。圣祖幸园中进膳，特命孝敬宪皇后率孝圣宪皇后（即乾隆之生母）问安拜觐、天颜喜溢，连称有福之人，以上豫信也。木兰从狝，入永安莽喀围场，命侍卫引射熊，取初围获熊兆，甫上马，熊突起。控辔自若，圣祖御枪殪之，事毕，入武帐，顾语温惠皇贵太妃曰：'是命贵重，福将过予。'恩鉴之神。灼然知圣母、圣子允能膺受多福，引觃方来，深信不爽者如此"。从康熙皇帝口中说出"福将过予"的话来，当然非同寻常可比，他深信在自己的精心安排下，乾隆将来能当皇帝，否则很难做其他解释。所以，《清高宗实录》卷一说；乾隆继承皇位是"圣祖深爱神知，默定于前；世宗垂裕谷诒，周注于后"，当是写实之笔。

由前引材料可以看出，《朝鲜李朝实录》所录康熙临终遗言："胤禛第二子有英雄气象，必封为太子"的话确指乾隆，其渊源有自，事出有因，是符合康熙思想的，有大量旁证可以说明其确非向壁空造。这些话在雍正时之所以没有公布，雍正也没有把它作为反击政敌、证明其继承皇位的合法性的重要证据，主要是当时乾隆充当皇位继承人的问题，不能公开，否则将会重演皇子间争夺皇位继承权的闹剧。但是，他对康熙的遗言是执行了的，就在他刚刚当上皇帝不久，即密定由乾隆继承皇位，他在遗诏中说："雍正元年八月间，朕于乾清宫召诸王、满汉大臣入见，面谕以建储一事，亲书谕旨，加以密封，藏于乾清宫最高处，即立弘历为皇太子之旨也"。[21]作为对领受康熙遗命的马齐的报偿，雍正将马齐之弟李荣保的女儿，许配弘历为嫡妃，使之得以后来被册封为皇后（即孝贤纯皇后）。马齐本人则更是荣膺高位。

综上所述，本文开头所引《朝鲜李朝实录》的一段资料，是可信的。胤禛继位是康熙的本愿，康熙是因为宠爱乾隆而传位于其父雍正的。对此，笔者未敢自必，铺陈成文，聊为雍正继位问题备一说。

注释：

①《大义觉迷录》。

②《清朝野史大观》卷1，《雍正外传》。

③《清史稿·马齐传》。

④《清世宗实录》卷2。

⑤（清）肖奭：《永宪录》。

⑥⑩《清皇室四谱》。

⑦㉑《清高宗实录》卷1。

⑧⑨《清宫史续编》卷61。

⑪⑫⑬⑱《清高宗御制诗五集》卷90。

⑭《日下旧闻考》卷8□。

⑮《清高宗御制诗五集》卷93。

⑯《石渠宝笈》卷1。

⑰《清宫史续编》卷4。

⑲《清高宗御制诗初集》卷16。

⑳《清宫史续编》卷54。

（原载《故宫博物院院刊》1992年第1期）

附：雍正继位新解

如何解读雍正[①]继位，见仁见智，各有立论，众说莫一。[②]所引相关材料，皆见于世。笔者搜捡诸说，发现有一则史料尚未见征引。18 世纪，朝鲜国著名学者朴趾源记载：

康熙共二十（缺字）子而才（“才”字疑误，有缺字）子怡亲王允祥、庄亲王允禄、果亲王允礼。雍正讳允禛，第四子也。八（应为“十”）王允诫、九王允禟、十三王允禔（应为“祥”）、十五（应为“七”）王允祐、廉亲王允禩。十四王允禵，本名允祯，屡建大功，众望所属。及康熙大渐，汉阁老王惔（应为“掞”）同承顾命，误认禛字为祯字，第四为十四。惔被罪，而允祯为逆魁，改祯为禵。[③]

其中最有价值的是大学士王掞受遗命、误认之说，未见于其他史料。而《朝鲜李朝实录》记载的是：康熙病重，“召阁老马齐言曰：‘第四子雍亲王胤禛最贤，我死后立为嗣皇’”，[④]又有马齐受遗命之说。但据胤禛继位后所说，是允祉、允祐、允禩、允禟、允䄉、允祹、允祥、隆科多等同受遗诏。[⑤]许曾重、杨珍则揣测谁都没有受遗诏。[⑥]那么为何独朝鲜史料言及有马齐或王掞同受遗诏，与胤禛之说迥异，足可以启人疑窦。

再看《皇清通志纲要》记载：“康熙六十一年壬寅。至本年外藩蒙古四十九旗，喀尔喀七旗，天下太平，惟准嘎尔一事未完。时领侍卫内大臣六人：公鄂伦岱差，贝勒满都护署，侯巴浑德病，公马尔赛，公阿尔松阿，宗室吴尔占，公振恒。大学士五人：马齐，嵩祝，萧永藻，王掞，王顼龄。十一月初十日辛卯，上幸南苑，不豫，回畅春园。十三日甲午戌刻，上升遐，上寿六十九。亥刻回都。隆科多受遗诏。”[⑦]弘旺把当朝的内大臣和大学士列在康熙病逝之前，在写法上是不同寻常的，可能是以曲笔提醒人们，隆科多独受遗诏的反常。

《永宪录》则记载，康熙六十一年十一月乙未（十四日）午刻，“传大行皇帝遗诏，命领侍卫内大臣、总理銮仪卫事、嗣三等公马尔赛，提督九门巡捕三营统领兼理藩院尚书隆科多，武英殿大学士兼户部尚书马齐辅政”。[⑧]一般来说，受遗诏之人，应包括辅政之人；辅政之人，应包括在面受遗诏之列。

《热河日记》、《永宪录》、《皇清通志纲要》皆成文于乾隆年间，也就是绝大多数的直接当事人都不在人世之时，故一些信息披露不再像胤禛在位时那么敏感，或曲笔或隐讳或直言，足以促使人们深入思考。

一、马尔赛、马齐、王掞、隆科多同受遗诏

结合朝鲜史料和《皇清通志纲要》、《永宪录》，我们可以大胆推测康熙逝世之时，曾面授遗诏于当朝的内大臣和大学士，不一定是全部，但至少应包括马尔赛、马齐、王掞、隆科多四人。我们可以从史料中找到答案。

先看马尔赛。康熙五十三年十一月授为领侍卫大臣，康熙五十五年十一月，授命掌銮仪卫事。[⑨]与之同为领侍卫大臣的鄂伦岱、满都、巴浑德、阿尔松阿、吴尔占等人，因交结允禩等皇子；与大学士马齐、王掞等人都因立储事，先后受到康熙的训斥或惩罚。而马尔赛独无受过斥责惩罚的记载，这说明他很有政治头脑，小心翼翼，与各位皇子都保持一段距离，未见有结党营私之事发生，故得到了康熙的信任，不曾受惩。

满洲大学士马齐，年轻时仕途顺利，曾任过户部尚书、理藩院尚书等要职。在康熙三十八年十一月，授为武英殿大学士。康熙四十八年因立太子事受到康熙惩罚。此后十几年的时间里，马齐担任过内务府总管等职，吸取教训，小心谨慎的不再介入各皇子的党争，以自己的忠诚和干练再次受到康熙的信任。在满汉群臣中威望很高，按照康熙所说，是“满汉大臣内无能令汉大臣心服者”，故在康熙五十五年，复授马齐为大学士。[⑩]

汉大学士王掞向来自命清高，不受各派拉拢，超脱各派之上，重清誉胜过重性命。康熙五十一年为文渊阁大学士兼礼部尚书、经筵讲官。康熙六十年，因自命不凡，建言立太子事，连累儿子王奕清受到惩罚。但从中可以窥见康熙对王掞的态度，一方面康熙考虑到王掞所行，政治影响恶劣，必须惩罚，以警戒大臣，稳定大局；另一方面，康熙清楚王掞的建言，是为国家社稷着想，本身并没有错。康熙内心又以王掞所言为是，不应怪罪。故康熙以子代罚，王掞留任大学士了结。其心可知，康熙并无真心怪罪王掞之意，对他依旧信任。在汉人官员中，王掞享有很高清誉

声望。[11]

隆科多在康熙五十年受命署理步军统领之前，一直不很引人注目。在职掌拱卫京师，保卫皇帝的大任期间，隆科多鉴于前任托和齐结党于胤礽的悲惨下场，以自己的勤勉、忠心、才干和不结党营私的言行，报效康熙，赢得了康熙晚年对隆科多的完全信任。故隆科多得以在这个重要的位置上，待了10年之久。[12]

上述四人，从身份地位、信任程度，以及中立角度来说，完全有可能被康熙传召，面授遗命。此外，内大臣鄂伦岱因受差，贝勒满都当班，巴浑德得病，故三人可以排除在受急诏之外。况且鄂伦岱、满都、巴浑德、阿尔松阿、吴尔占，在康熙时都与允禩有明暗交结。胤禛继位后，他们相继受到严惩。宗室公振恒在《圣祖实录》、《世宗实录》中事迹不详，说明地位不是很突出。从资历、威望、地位的重要性、政治态度的可信性上讲，鄂伦岱、满都、巴浑德、阿尔松阿、吴尔占、振恒都与马齐、马尔赛、王掞、隆科多等人有一定距离，故康熙对他们的信任要打个折扣。

再看大学士萧永藻、王顼龄、嵩祝三人。萧永藻在康熙四十九年任吏部尚书，授文华殿大学士；五十六年，命在议政处行走，以清廉著称于世。[13]王顼龄任职年久，熟悉典章政事，康熙五十二年五月为工部尚书；八月充恩科乡试正考官；五十四年二月充会试正考官；五十七年九月授武英殿大学士。[14]嵩祝是因有军功，后逐渐升到奉天将军一职，在康熙五十一年四月授为文华殿大学士兼礼部尚书。[15]这三人也有受遗命的可能性。如果他们有拥戴之功，在胤禛继位之初，应是褒奖逾常，恩遇有加的，可是都属于迅速光荣退休之列（参见下文），说明不被信任重用，对胤禛继位没有建功，在民间也没有故事流传，当与遗诏之事无甚关联，故可以放下不论。

先假设马齐、王掞、马尔赛、隆科多同受遗诏，而胤禛又得以继皇位，故可以说这四人对胤禛继位是有大功的。那么，胤禛继位后，于情于理，应该立即褒奖重用上述四人。事实上，胤禛继位后对马尔赛、马齐、隆科多、王掞四人的态度如何呢？

对马尔赛，康熙六十一年十一月，胤禛“加封故大学士三等公图海为一等公，致祭一次，仍遣官修理坟茔。以其孙领侍卫内大臣三等公马尔赛为一等公”。[16]继续担任侍卫内大臣，至雍正六年五月，命在大学士内办事，八月为武英殿大学士兼吏部尚书。雍正十年，又为绥远将军，率兵抵御准噶尔。后因延误军机，才受到严惩。[17]从上可见，胤禛继位之后，立刻封赏马尔赛，长期信任重用。

与马尔赛相比，胤禛继位之初对马齐、隆科多显得更是无比信任重用。康熙六十一年十一月，命马齐、隆科多总理事务。令隆科多承袭一等公爵，父“佟国维坟茔，交与该部修理，加祭一次”；“隆科多应称呼舅舅，嗣后启奏处，书写舅舅隆科多”。[18]十二月，赏马齐、隆科多阿达哈哈番世职；“以大学士马齐袭伊祖哈世屯一等阿思哈尼哈番世职”；加马齐为太子太傅；授马齐二等伯，准其世袭。[19]在登基一个月内，胤禛对隆科多、马齐恩宠非常，可谓“特例”。

这三个人都是在胤禛继位的一个月内，予以奖赏重用，可谓极其迅速。隆科多的护主功劳自不必说。而马齐、马尔赛何以在诸大学士、内大臣中脱颖而出，得此殊荣呢？要说二人在康熙年间就与胤禛交好，恐非其实。胤禛为皇子时，一直小心谨慎，行韬晦之略，上有明察之君父，旁有诸皇子的虎视，不敢大张声势结党。[20]隆科多鉴于前任托和齐结党于胤礽的悲惨下场，及康熙的时时警告，非常小心谨慎的与诸皇子打交道。马齐、马尔赛、王掞也是如此。所以，胤禛为皇子时与当朝的三人私交都好，殊不可能。故马齐、马尔赛能得到胤禛的迅速信任，其中应大有缘由。

再看王掞在雍正年间的境遇。在《世宗实录》中，只有雍正元年五月，胤禛温旨挽留王掞的一条记载。此后，再无王掞及子奕清的事迹。在《国朝耆献类征初编》中，却有6篇王掞小传。其中《国史馆本传》载，王掞“雍正元年以乞老休。得旨，卿才品优长，宣力年久，恪勤尽职，倚毗正殷。今乞休，情辞恳切。著以原品休致。疏请归里，诏弗允。三月，上欲推恩大臣子弟。部臣尊旨，通列应得廕生之人因及掞。谕曰：朕即位，王掞即具奏退避，不必赏给”；“著将王奕鸿（王掞次子）发往军前，与王奕清一处效力”；“乾隆元年，召其子奕清还京”，“赐祭葬如例"等。王昶记，康熙“命掞子奕清代往军营效力。时掞以待罪不视事。世宗即位掞以衰病请告，温旨留京备顾问。越六年卒，年八十四。雍正十三年，奕清还京，为父请卹。奉旨予祭葬”。“卒后十余年，其孙怀始克举葬”。奕清效力军营界满，“雍正四年再命在阿尔泰坐台。又十年，乾隆元年始召还都仍以詹事管少詹事。明年春，陈父建言始末，请卹典。得旨谕允，且给假营葬”。袁枚撰，王掞“雍正元年正月上疏乞休，世宗许之。月余，复降旨，云朕不忍此等老臣之去。著仍留京师，备朕顾问”。宗室昭梿撰：“圣祖崩，宪宗即位。召公奖誉久之。公曰：天生圣人，社稷之福。老臣何敢居功也。”[21]

上述小传详略不等。表面看，胤禛温旨留王掞在京备顾问，并无怪罪之意。但实际上，胤禛对其子刻薄有加，王弈清代父赴军受罚时，康熙仍保留原官职；胤禛却令削籍，发配军台直到乾隆继位后。[22]并且王掞死后，没有按例恤祭营葬，况且又是大学士呢，死后不能举葬，当为“奇耻大辱”。故其中必有重大隐情。

再看胤禛对与王掞地位等同的大学士王顼龄、萧永藻、嵩祝三人的态度。雍正元年“五月上垂念耆旧大臣加顼龄太子太傅。九月以老乞休。得旨，卿品行端凝，学问渊博，典章政事经历最多。圣祖简任机务以来，镇静和平，实心任职，勤劳岁久。卿系先帝旧臣，正欲藉资赞襄以臻上治。著照旧供职。二年再疏乞休。上复慰留，并谕内阁曰：皇考简用之人，如因衰老休致，朕心不忍。王顼龄年迈之人，间时行走可也。三年七月患病，命御医诊视。赐蔆饵令加意调摄。八月卒，年八十有四。谕曰：王顼龄系圣祖仁皇帝擢用大臣，宣力多年。和平安静，简任机务，恪慎自持。朕即位以来，特加恩眷。伊去岁，以年老乞休。朕念皇考时大臣无几。每见伊等，心甚怆然，不忍遽允所请。降旨慰留。待三年后始行予告。继闻伊告病，即遣医诊视，赐蔆药调理，望其渐次得痊。不意竟至溘逝。岂朕体恤旧臣之意有未诚耶。朕心甚为伤悼，特赠太傅，恩予赐恤加祭二次，并辍朝一日。官员有系门生者，令其素服持丧。各部院汉官俱令前往祭送，以副朕惓惓老成加恩耆旧至意。赐祭葬，谥文恭。”[23]

与对王顼龄的态度比较，胤禛对萧永藻、嵩祝的态度要差一些，但也属于正常范围之内。对萧永藻，“世宗皇帝御极以永藻勤慎清廉加太子太傅衔，命往马兰峪总理。”[24]对嵩祝，胤禛于康熙六十一年十二月，“加嵩祝为太子太傅”，“充纂修圣祖仁皇帝实录并重修玉牒总裁。雍正元年赐诗有訏谟老成之句”。[25]

同是康熙朝老臣，大学士王掞、嵩祝、萧永藻、王顼龄四人，在雍正年间都属于未得到信任重用，光荣退休之列。但嵩祝，萧永藻，王顼龄三人，在胤禛继位之初，皆受褒奖，加太子太傅衔，这应是按惯例，予以的正常恩遇旧臣，没有特别之处。反观王掞，同是雍正元年正月乞休，胤禛对王顼龄是“仁至义尽”，却认为王掞是“朕即位，王掞即具奏退避，不必赏给”，对王掞显得如此刻薄，岂不有失胤禛自我标榜之仁。要说王掞建言立太子事，是出于邀清誉之心，公开进行，非为结党营私，此为天下尽知。况已受惩罚，胤禛实无必要报复。继位之初，胤禛还“奖誉久之”，温旨宽慰。但王掞在世时，却毫不留情的处罚两子；死后，并无任何赐恤，还使其不能举葬，可谓刻薄寡恩，怀恨王掞之心达13年之久，溢于言表，不惜自损皇帝“体恤旧臣”形象。何苦呢？故朴趾源所记“掞被罪”一语，当非虚语。能引起胤禛如此仇恨，必是不可原谅的，至关重要的大事。在雍正登基前后，莫如皇位一事利害最大。参照朴趾源所记，“及康熙大渐，汉阁老王惔同承顾命，误认禛字为祯字，第四为十四”之说。再与胤禛对王掞的态度相对照，由此可见，王掞受顾命一事并非空穴来风，而是必有其事。王掞都面受遗诏了，那么以马尔赛、马齐、隆科多三人的权位更会有此幸运，并因拥戴有功，迅速获得了胤禛的非常恩遇。因此，综合朝鲜史料、《皇清通志纲要》、《永宪录》，及胤禛继位后对他们的态度来看，王掞、马尔赛、马齐、隆科多同受顾命的可能性是存在的。

既然康熙召集四位大臣同受遗诏，又有公信力和权威性，那么胤禛继位后，为何又没有公开诏书呢？最终的结果又如此惹人腹诽，动荡可疑呢？这需要我们探究康熙病危期间，到底发生了什么，以致于事情变得如此奇诡。

二、康熙的所思与遗诏之事

过去人们激辩雍正继位问题时，恰恰忽视了“主持人”康熙逝世前夕的所思所行，这才是造成胤禛继位之谜最关键的地方。本文依此推论。

第一，康熙在十一月初十日至十二日病重期间为何不宣布嗣君呢？这说明，康熙内心是极其矛盾的，如果康熙完全属意胤祯或胤禛，自可在十二日之前诏告，以安天下。故胤祯和胤禛两人的分量是难分伯仲，以至于康熙难于提前取舍，不能速下决断。

第二，不能排除康熙早已属意谁的可能性，出于谨慎的性格，及十三日猝然死亡的预料之外，故康熙迟迟不下遗诏。在十三日清醒时，康熙只能被迫于自知不永之时，仓促定嗣皇。他深知，以诸子之争的惨烈，稍有不慎，必致兄弟残杀，天下大乱，这是康熙最不愿意出现的结局。

因此，传位于谁，及如何下遗诏，必要慎之又慎。召集在京所有皇子和当朝大臣，公开宣布嗣皇，不失为一种最稳妥方案。但，事实上胤禛未得面受遗诏。假设按照胤禛继位后所说，康熙有时间召集散在各处的七位皇子，那为何不同时召集在朝的内大臣和大学士，独召隆科多呢？既然七位皇子都受面命，那么为何把胤禛排除在外呢？显然，于理都不通。对此，孟森等学者都指出来。确实，把胤禛排除在外，只召集其他七位皇子和隆科多，不是周到细致的做法，必会引起猜疑，又丧失了权威性，也不符合康熙行事细致周密的风格。在这种情况下，康熙面授遗诏于自己非常信任，又具有中立色彩的马齐等四位当朝贵臣，无疑是最稳妥的，又具有公信力和权威性。因此，康熙既然不会面命胤禛，也必然不会宣布遗诏于七位皇子。胤禛继位后所说此事当是伪证。

第三，既然康熙召集四位大臣同受顾命，那么为何又没有公开的诏书呢？这说明，在面授过程中发生了一些匪夷所思，令人难以置信的事情。根据史料记载，康熙长期患的是心脑血管方面的疾病。[26]康熙从丑刻大渐，到戌刻，约17个小时，大部分时间应呈现昏迷状态，否则，康熙处理遗诏嗣皇之事必会从容的多，遂不致于引起后来的风波。故康熙病危之际，口述遗旨的可能性最大。

据《热河日记》所载，王掞“误认禛字为祯字，第四为十四。”给我们很大启发，可以是康熙遗诏“诡异”，胤禛登基难以服众的有力佐证。按，康熙口述时虽然神智清醒，但应有因病发音不够清晰有力，语句含糊不清的可能；并且口述遗命，用词都比较简单。而在皇帝即将驾崩之刻，气氛无比凝重，诸大臣手足慌乱，心中惶恐也是在所难免。康熙口述谕旨，可以先以满语述之，再以汉语复述一遍。满文遗诏可能由马齐写就，大概是“传位于第四子胤禛”之类。王掞在听写汉文遗诏时，在心耳慌乱之际，[27]大有可能误听、误写“胤禛为胤祯，第四为十四”。故十六日鸿胪寺官正式公读遗诏时，只有满文，而无汉文，这才引起御史汤保等人的参奏指责，而胤禛却不能道出真实情况，来证明自己，故无法讲出道理。[28]迟至十六日，胤禛才公布了汉文的遗命诏。[29]而且，病榻命诏，必不长，也就寥寥几句话。现存的满、汉文遗诏，是雍正继位后，加工所作。故，授人口实。据此，我们也可以解释民间流传胤禛篡改“皇位传十四子胤祯”为“皇位传于四子胤禛”的传说。就是康熙所说本来是“传第四子胤禛”，由于“第四子”与“十四子”音近；“禛”与“祯”音近，故老迈的王掞在惶急的状态下，误听、误写为“传十四子胤祯”，草就了汉文遗诏，遂酿成了千古恨事。这也是为什么，胤禛继位后马上命胤祯之“祯”改为“禵”的最直接，也是最根本的原因。以前，人们常常纠缠“十”改“于”之说，而忽略了“第”与“十”音近之误。此说一出，令人耳目一新。

第四，既然王掞误写汉文遗诏，那么胤禛又如何继位呢？这应是马尔赛、马齐、隆科多三人之力的结果。[30]康熙在口述遗诏之后，极大可能马上昏迷不醒或者言讫逝去。可谓“死无对证”。是以满文遗诏，还是以汉文遗诏为准，为胤禛、胤祯胜负的最大关键。以胤禛继位的事实反推，当是马尔赛、马齐、隆科多三人对王掞一人，胤禛获胜。其中争论的细节，是永远的迷雾，只有当事人知道。在诸皇子都不知道遗诏的情况下，以顾命大臣说的为准。故，隆科多三人马上采取措施，一面告知胤禛；一面派兵防守皇宫内外；一面布置迎御舆入大内。“诸王非传令旨不得进”，[31]只能坐等时局变化，却“无处使力”。待次日午刻，隆科多传遗诏，大局已定。

据《永宪录》记载，康熙六十一年十一月乙未午刻，“传大行皇帝遗诏。皇四子雍亲王为人贵重。事朕以孝，政事皆好。堪膺大任”。[32]但没有永远不透风的事情，遂有朝鲜史料、《永宪录》、《皇清通志纲要》等相关记载，留给世人无尽的遐想和谈资。王掞其人其事，也就成为当时人们关心的对象。在《国朝耆献类征初编》宰辅传中，王掞的小传超过与之同期的四位大学士，是最多的，资历更好的马齐，却只有一篇。在康熙过世，胤禛登基前后，所记王掞都有不同，凸现了他在这段时期的境遇，反映了其背后隐藏的故事。

而马尔赛、马齐、隆科多在关键时刻，遵照遗诏，坚决的支持胤禛。现身证明胤禛继位的合法性，对安抚群臣，使其他皇子“哑口无言的接受”，稳定朝局，起着不可估量的作用。特别是隆科多手握兵权，保证了胤禛的顺利继位。这应是马尔赛、马齐、隆科多极其迅速获得信任重用的最根本原因。

而王掞则因误认之事，差点断送了胤禛的政治生命，故胤禛能不恨他吗？表面上因王掞有顾命之功，胤禛还要“召公奖誉久之”，而王掞辞谢“老臣何敢居功也”。可谓君有君德，臣有臣义。但胤禛是“有苦说不出”，又不能公开宣布王掞之罪。故胤禛只能实行“阴谋”，不公开惩罚王掞，却折腾其子，使掞不能营葬，让其受到应有的惩罚。后乾隆觉得乃父做得太过分，遂赐恤祭葬如例。又接连“平反”允禩等人，对康熙朝储位之争盖棺论定，有了最后的“公断”。

第五，在康熙心中，胤禛、胤祯份量都很重，甚至可能胤禛更弱一些。以至于康熙迟迟不能决断，但为何康熙最终选择了胤禛呢？这应当是康熙临终的考虑。康熙一生以国家百姓为念，可谓英主。选择嗣皇，不仅仅是谁当皇帝的事，更重用的是谁更有利于国家社稷，这是英主必然要考虑的事。[33]在康熙被迫做出一生最艰难的决定，但又不能不做的时候，他会从现实出发，而不是更喜欢谁。胤祯最不利的条件是，他不在京城。如果定胤祯为嗣皇，皇位要空待二十余日，岂不危及国家社稷，这是为国为民的康熙必然要想到的，也是他放心不下的国事。因此，在未料到自己即将于十一月十三日过世之事，当年四月，康熙仍命胤祯回西北之时，就已经注定了胤祯的最终命运。在大渐之时，可能康熙内心更倾向于胤祯，但皇位虚待二十余日的后果，最终促使康熙“仓猝之间，一言而定大计”，决定了胤禛。可谓时也，命也！诚非虚语。

至于有学者认为是隆科多、胤禛合谋毒害，篡夺了皇位，殊不可能。康熙大渐，身边肯定有太监、御医日夜随侍，喂服汤药要经过他们之手。因此，毒害康熙，必须要有太监等人的配合。以康熙在世时之明，隆科多、胤禛要在康熙身边培养自己的铁杆同党，难度很大。要在大渐的短短几日，避开其他皇子的耳目，就能收买康熙身边的太监、御医，使他们愿冒祸灭全家的下场，毒害康熙，也可谓巨难。因此，康熙当是正常死亡。

也有人认为，在康熙正常死亡授命胤祯或未留遗命的情况下，胤禛与隆科多合谋篡位或夺位。从康熙之死算起，隆科多措施得当，布置周密，果断干练，确是将才，保证了胤禛的顺利登基。但这也是步军统领的份内职责，不能就说，他与胤禛之前的关系就如何好，宁死也愿意帮助胤禛篡位。相反，隆科多却有“白帝城受命之日，即是死期已至之时”[34]的预言，颇有先见，深知其中的危险。既然他明白，还辛苦的帮胤禛篡位，丢掉自己的性命，为何？不如，让胤祯顺理成章的继位，自己照样也能获得荣华富贵。何况，论势力胤禛还不如允禩集团呢。因此，如果在康熙没有明诏胤禛继位的情况下，隆科多帮胤禛比帮胤祯冒的风险更大。况且，他明知帮了胤禛早晚都要死。这是何苦呢？因此，按照一些人所说，隆科多是主动帮助胤禛篡位的，实是无任何好处的不智之举。故，隆科多只有在受康熙遗命情况下，才会死保胤禛，可谓尽忠臣之事。至于民间盛传的胤禛进人参汤，隆科多矫诏等，都与遗诏不明有关，皆因王掞误认一事，是造成所有之谜的最大隐情。

而胤禛之所以伪饰事实，也是因王掞误认，又不能当时公布汉文遗诏和遗命过程，故使胤禛陷入难于讲出事实真相的境地。如果讲出事实经过，反而更给与诸皇子以口实，直接威胁自己的皇位安危。这就迫使胤禛不得不伪饰遗命的过程，撇开马齐、马尔赛、王掞，让隆科多独受“顾命之苦”，转移大家视线，以隆科多所传遗诏为准，又无法求证。同时，增加七位皇子同受顾命之事，以坚其实。但这已是雍正五六年以后的说法，在反对胤禛的人都被诛灭之后，真正是“死无对证”了。正因为是假的，才会漏洞百出，徒增众人疑惑，给胤禛继位笼罩了一层迷雾。况且，胤禛以一匹黑马的姿态彻底击败了众望所属的胤祯，本就激发了人们的无数狂想。而胤禛有口难言的苦衷，又彻底地让继位之谜“永远”的谜下去。这是胤祯个人的不幸，也是胤禛大幸中的不幸，从此使他背上谋父、逼母、弑兄、屠弟的万古罪名。

注释：

①为了对比胤禛与胤祯，利于行文，在下文中统一称雍正为胤禛；皇十四子允祯（胤禵）为胤祯；其他皇子依“允”字称谓。

②孟森在《清世宗入承大统考实》得出雍正帝矫诏夺位的看法。此后，学术界形成两种观点。一种认为胤祯为康熙晚年属意，雍正继位存疑。代表作有：王钟翰《清世宗夺嫡考实》、《胤祯西征纪实》，（《清史杂考》，中华书局 1957 年版）；庄吉发《清世宗拘禁十四阿哥允禵始末》，（台湾《大陆杂志》49 卷 2 期）；陈捷先《清世宗继统与年羹尧之关系》，（台湾《成功大学学报》第 10 号）；金承艺《从“允禵”问题看清世宗夺位》，（台湾《近代史研究所集刊》第 5 期）、《胤祯：一个帝梦成空的皇子》，（同上，第 6 期）、《胤禛非清世宗本来名讳的探讨》，（同上，第 8 期）；黄培《清世宗与年羹尧之关系》，（台湾《大陆杂志》16 卷 4、5 期）、《史料、史学和雍正帝的即位疑案》，（《陶希圣先生八秩荣庆论文集》，台湾，1980 年）；许曾重《清世宗胤禛继承皇位问题新探》，（《清史论丛》第 4 辑，1982 年）；杨珍《关于康熙朝储位之争及雍正继位的几个问题》，（《清史论丛》第 6 辑，1985 年）、《满文档案所见允禵皇位继承人地位的新证据》（《中国史研究》1990 年 3 期）、《允禵皇位继承人地位问题研究》，（1992 年《清史论丛》）。另一种为雍正合法继位说，代表者：冯尔康《康熙朝的储位之争和胤禛的胜利》，（《故宫博物院院刊》1981 年 3 期）、《康熙十四

子胤禵改名考释》，（《历史档案》1981 年 4 期）；《雍正继位之谜》，（中国人民大学出版社 1990 年版）；史松《雍正并非篡权——雍正即位考辨》，（《河北大学学报》1983 年 2 期）；杨启樵《雍正帝及其密折制度研究》，（香港三联书店，1981 年版）等。钱宗范《雍正传位乾隆原因浅议》，（《清史研究通讯》1987 年 3 期）；张羽新《康熙因宠爱乾隆而传位于雍正考——雍正夺嫡辨正》，（《故宫博物院院刊》1992 年 1 期）；郭成康《传闻、官书与信史：乾隆皇帝之谜》，（《清史研究》1993 年 3 期）等文认为，康熙帝晚年十分喜爱弘历，故传位于胤禛，雍正帝以弘历为皇位继承人，体现了康熙帝的意旨。吴秀良《康熙朝储位斗争纪实》，（张震久、吴伯娅译，中国社会科学出版社 1988 年版）。可以参见杨珍：《雍正继承皇位问题讨论综述》，《清史研究通讯》1984 年 1 期。

③〔朝鲜〕朴趾源：《热河日记》卷 55，参见林基中编：《燕行録全集》第 55 册，东国大学校出版部 2001 年版，第 260 页。《热河日记》记述朴趾源在乾隆四十五年，随朝鲜使团访清，沿途所见所闻，名闻于朝鲜国内。虽距雍正继位间隔 48 年，但是其在北京亲耳所闻，仍不失为一则重要史料。

④《朝鲜李朝实录中的中国史料》下编卷 7，第 11 册，景宗实录二年十二月戊辰（康熙六十一年十二月十七日），中华书局 1980 年版，第 4376 页。

⑤胤禛继位后所宣布。见《清圣祖实录》卷 300，康熙六十一年十一月壬午，及《大义觉迷录》卷 1。

⑥许曾重：《清世宗胤禛继承皇位问题新探》，《清史论丛》第 4 辑，中华书局 1982 年版。他认为康熙是被隆科多、胤禛合谋毒死。胤禛捏造了七皇子同受遗诏之说。杨珍：《关于康熙朝储位之争及雍正继位的几个问题》，《清史论丛》第 6 辑，中华书局 1985 年版；及《清朝皇位继承制度》，学苑出版社 2001 年版。她认为康熙是心脑血管病，突然死亡，未留一言。故七皇子和胤禛都未受遗命。本文同意七皇子未受遗命之说。

⑦《皇清通志纲要》卷 4 下，著于乾隆十四年。作者弘旺为允禩长子，雍正时期被拘禁，乾隆继位后赦免。

⑧（清）肖奭：《永宪录》卷 1，撰成于乾隆十七年，自谓皆录自邸抄，见中华书局 1959 年版，第 49 页。

⑨《清圣祖实录》卷 261，康熙五十三年十一月丁未。卷 270，康熙五十五年十一月壬戌。

⑩《清圣祖实录》卷 268，康熙五十五年闰三月辛酉。可参见（清）李桓：《国朝耆献类征初编》卷 9，宰辅九，《马齐传》，江苏广陵古籍刻印社，第 217—220 页。

⑪《清圣祖实录》卷 291，康熙六十年三月丙子。

⑫有关隆科多与康熙的关系，可以见杨珍：《康熙朝隆科多事迹初探》，载《清史论丛》，辽宁古籍出版社 1994 年版。

⑬（清）李桓:《国朝耆献类征初编》卷12，宰辅十二，萧永藻传。江苏广陵古籍刻印社1990年版，第282页。

⑭（清）李桓:《国朝耆献类征初编》卷12，宰辅十二，王顼龄传。江苏广陵古籍刻印社1990年版，第279页。

⑮（清）李桓:《国朝耆献类征初编》卷9，宰辅九，嵩祝传。江苏广陵古籍刻印社1990年。第207—208页。

⑯《清世宗实录》卷1，康熙六十一年十一月壬寅。

⑰《清世宗实录》卷69，雍正六年五月已巳；卷72，雍正六年八月乙酉；卷123，雍正十年九月乙酉。

⑱《清世宗实录》卷2，康熙六十一年十一月癸卯，丙午日。

⑲《清世宗实录》卷2，康熙六十一年十二月甲寅，癸亥，乙亥，壬申日。

⑳《世宗宪皇帝上谕内阁》卷6，雍正元年四月十八日。“朕在藩邸，……皇考知朕中立不倚”。此后，他在《清世宗实录》卷22，雍正二年七月丁巳等处，说过“与人不结党，不结仇”，虽有伪饰，但也反映了胤禛为皇子时的处世之道。

㉑（清）李桓:《国朝耆献类征初编》卷11，宰辅十一，王掞传。江苏广陵古籍刻印社1990年版，第262—267页。

㉒（清）肖奭:《永宪录》卷2上，见中华书局1959年版，第123页。

㉓（清）李桓:《国朝耆献类征初编》卷12，宰辅十二，王顼龄传。江苏广陵古籍刻印社1990年版，第280页。《清世宗实录》卷7，雍正元年五月壬午，“加武英殿大学士王顼龄为太子太傅”。卷21，雍正二年六月癸未，“大学士王顼龄请致仕。著仍在内阁办事。”卷35，雍正三年八月，王顼龄病故。

㉔《清世宗实录》卷2，康熙六十一年十二月癸亥。可参见（清）李桓:《国朝耆献类征初编》卷12，宰辅十二，萧永藻传，江苏广陵古籍刻印社1990年版，第282页。

㉕《清世宗实录》卷2，康熙六十一年十二月乙亥。（清）李桓:《国朝耆献类征初编》卷9，宰辅九，嵩祝传，江苏广陵古籍刻印社1990年版，第208页。

㉖《康熙朝起居注》，康熙五十七年二月二十六日。记康熙所说：“手颤头摇，观瞻不雅；或遇心跳之时，容颜顿改”。康熙五十六年冬天，康熙腿肿下不了地，应是心脑血管病的典型症状。他在康熙六十一年十一月，有得脑梗塞的可能，影响行动和说话的功能。

㉗王掞在康熙六十一年，周岁为77岁。见《国朝耆献类征初编》卷11，王掞传，第263页，记载王掞于雍正六年逝世，享年84岁。以如此年迈，在心神激荡的情况下，耳眼昏花大有可能。

㉘《上谕内阁》卷1，康熙六十一年十一月十六日。“御史杨保等参奏鸿胪寺官，宣读大行皇帝遗诏时，未宣汉文”。胤禛的解释：“宣读清字诏书，时大小臣工既已共

闻，即与宣读汉字诏书无异。”

㉙王钟翰：《清史满族史讲义稿》，鹭江出版社2006年版，第242—284页。

㉚《永宪录》卷4，雍正“八年秋，因怡亲王薨，降旨矜衈允禵，欲加委任。相传令大学士马尔赛谕及圣意，回奏有杀马尔赛方任事语”，第309页。说明允禵恨马尔赛等入骨，必与传位受其阻止有关。

㉛（清）肖奭：《永宪录》卷1，见中华书局1959年版，第49页。

㉜（清）肖奭：《永宪录》卷1，见中华书局1959年版，第49页。

㉝《清圣祖实录》卷253，康熙五十二年二月庚戌。“太子之为国本，……立非其人，关系匪轻”。

㉞《清世宗实录》卷62，雍正五年十月丁亥。

（原载《清史研究》2007年第4期）

乌兰布通之战的胜败问题

康熙二十九年（1690）的乌兰布通之战，是康熙亲征噶尔丹的一次重大战役，也是清史上一个著名事件。关于这次战争的胜败问题，在以往和现在的许多历史著述中，都认为是清军的重大胜利和噶尔丹的惨重失败。但是，只要我们缜密地研究一下这次战争的全过程和有关历史事实，就会发现，上述说法是值得怀疑的。至少从军事上来说，战争的双方互有胜负，清军的损失甚至比噶尔丹军队还要大些，其指挥失误之处也很多，算不得一个大胜仗。

认为清军大败噶尔丹，多是受了清代著述的影响。《清实录》、《东华录》、《东华续录》等清朝官方文献中，关于乌兰布通之战“大败噶尔丹”的说法俯拾即是。许多私人著述中，也多持这种看法，其中以魏源和马思哈最具代表性，影响也大。魏源《圣武记》卷三是这样记述的：“八月朔，我抚远军遇贼于乌兰布通……翌日，我军进击，大战于乌兰布通。贼骑数万阵山下，依林阻水，以万驼缚足卧地，背加箱垛，蒙以湿毡，环列如栅，士卒于垛隙发矢铳，备钩距，谓之驼城。我师隔河而阵，以火器为前列，遥攻中坚，声震天地。自晡至暮，驼毙于炮，颓且仆，步骑争先陷阵，左翼兵又绕山横击，遂破其垒。贼乘夜走保高险。翌日，遣西藏剌麻济隆来军，卑词乞和。奏闻，诏‘速进兵，毋堕贼计’。而噶尔丹不俟报即拔营，由克什克腾部之什拉穆楞河载木横渡，越大碛山宵遁。所过皆烧荒，以绝追骑。逾数日。我师轻骑追之，已不及。……（噶尔丹军）狂奔绝漠而北，沿途饥踣死亡。得还科布多者仅数千人。”魏源是清代著名史学家。其说多为后来史家所本。不过，魏源的这段文字基本上是据马思哈《塞北纪程》转录的。马思哈的原文是：“（康熙二十九年七月）戊午，贼噶尔丹遣喇嘛一人诣军前言事，大将军知贼无降意，号令三军，严整旗鼓。于八月己未黎明，亲帅将士至乌兰布通地，迎敌决战。贼骑十万余，布阵于山冈，以橐驼万千，缚其足使卧于地。背加箱垛，毡渍水盖其上，排列如栅以自蔽，谓之‘驼城’，于栅隙注矢发抢，兼施钩矛。以挠我师，为不可胜计。我兵奋勇先登，无不踊跃递进，炮火齐发，自未至戌，声震天地，驼毙于火，颓且仆，阵断为二。我师乘势进击，无不以一当十。贼惊溃不支，遂破贼垒，大败之。噶尔丹乘夜遁去，我师乃还营。庚申黎明，复整兵追击。贼噶尔丹遣大喇嘛诣军前卑辞乞降，乃班师回营。”马思哈系这次战争的清军炮兵统领，曾亲自参加战斗，故魏源和后来的一些史学家把这段文字当成实录，作为立论的根据。

但是，马思哈的记述有许多不实之处。为了说明这个问题，我们不妨对乌兰布通之战的实际战况做些考察。

一、关于清军是否攻破敌阵并击溃噶尔丹军的问题

据马思哈和魏源的说法，战斗开始，清军炮火即攻破噶尔丹的驼城，使之“阵断为二”，步骑乘势陷阵，造成噶尔丹军“惊溃不支，遂破贼垒，大败之”。张穆《蒙古游牧记》、吴曾祺《清史纲要》、萧一山《清代通史》、孟森《明清史讲义》、稻叶君山《清朝全史》等的说法，大体与之相同。张维华更认为，清军不仅击破了噶尔丹的驼城，更直接造成了噶尔丹军的溃散。他说：“（噶尔丹的驼城）是被清军击破了，部众溃散，一直跑回了科布多。”[①]如果事实确实如此，当然应该说是清军大败噶尔丹。但这种说法，在主要情节上，是与事实不符的。

据清政府于战后第三天，即康熙二十九年（1690）八月初三收到的清军统帅福全于前线发回的战报，全部战况是这样的：“七月二十九日，臣等闻厄鲁特屯于乌兰布通，即整列队伍。八月初一日，黎明前进，日中见敌。设鹿角枪炮，列兵徐进。未时临敌，发枪炮击之。至山下，见厄鲁特于林内隔河高岸相距，横卧骆驼，以为障蔽。自未时交战，至掌灯时，左翼由山腰卷入，大败之，斩杀甚多。右翼进击，为河崖淖泥所阻，回至原处而立。本欲尽灭余贼，但昏夜地险，收兵徐退。其噶尔丹死于乱兵与否，俟后查明另奏。”[②]从“其噶尔丹死于乱兵与否，俟后查明另奏”一语可知，此文写于激战刚刚结束的当天夜里．可以说是最原始战报，也是研究这次战斗的第一手资料。说明双方进行了一个下午的激战，清军左翼曾一度冲入敌阵，但很快又退出战斗。根本没有反映清军攻破敌阵并造成噶尔丹军溃散的情况。当时，噶尔丹军队处于守势，有峰崖依托、河流障护、森林掩蔽，占据了有利地形，目标隐蔽，容易发扬火力；清军则呈进

攻状态，没有自然屏障物和隐蔽条件，目标暴露，容易遭受杀伤，不易发扬火力。所以，清军虽然用大炮轰破了噶尔丹的驼城，但兵力无法展开，短兵相接以后，即由进攻状态转变为被动挨打状态，遭到了敌军的猛烈射击。当时在清廷供职的法国传教士白晋在给法国皇帝路易十四上的奏折中曾提到了这次战斗，他说：“（乌兰布通之战）清军和厄鲁特蒙古族交战时受到巨大损失。在这次战斗中，敌军得以避免彻底失败的原因，据说就是由于厄鲁特蒙古人利用出色的齐射，使清军遭到猛烈的火力袭击，致使清军骑兵在交战前即被击退的缘故。”[③]马思哈的《塞北纪程》和福全的战报都回避了清军遭到噶尔丹军的猛烈射击而被迫撤出战斗这个关键性的重要情节。白晋接着写道：“自那时以来，皇上（指康熙）谕令对部分禁卫军及巡捕营官兵，进行行进中或原地放枪、射箭的训练。”这一点，也可以从清代官方文献中得到证明。《亲征平定朔漠方略》卷八康熙二十九年九月丁酉项下有这样的记载：“上谕大学士伊桑阿等：‘我军近与厄鲁特战，排列太密，为贼人乱枪所中，且进退并不鸣笳，此皆不习战阵之故也。自古兵法无不预加训练。前者，八旗之兵，春秋校猎，即训练武备之意。但校猎恐疲兵丁之马，今既停止校猎，其令八旗兵丁，春秋二季集于旷阔之地，布阵鸣笳，教演步伐’。”这是乌兰布通之战后一个月康熙所发布的上谕。他承认，在乌兰布通激战中，清军队形过密，目标暴露，纪律散乱，因而遭到了敌军的严重杀伤，所以要加强军队训练。这也证明，白晋的说法是有事实根据的。后来，康熙在总结乌兰布通之战的经验教训时曾多次指出：“（乌兰布通之战）左翼军虽能胜敌，而右翼军不能制胜。大臣而下，以至军士，阵亡、被创者甚众”[④]，连康熙的舅舅佟国纲也丧了命。这些情况在马思哈的《塞北纪程》乃至福全的战报中均未提到，可见这两个材料都有较严重的虚饰性。马思哈所说“我师乘势进击，无不以一当十”，福全战报所说“昏夜地险”而“收兵徐退”，是一种狡猾之笔，掩饰了清军遭到严重射杀的事实。

既然如上所述，是否像马思哈所说“贼惊溃不支，遂破贼垒，大败之”，或是像魏源所说“步骑争先陷阵，左翼兵又绕山，遂破其垒”，或是如后来一些史学家所说噶尔丹军“溃散”的事实呢？答案是否定的。据清军统帅福全的另一战报：“八月初一日，击败噶尔丹，薄幕收军，次日即剿杀余寇，见噶尔丹据险坚据，故使我军将士暂息。”[⑤]说明八月初一日下午的激战暂停之后，噶尔丹集结军队，凭险固守，大本营并未动摇，更没有溃散。当时在清廷供职的法国传教士张城记述当时的情况说："厄鲁特王（指噶尔丹）对他们的行军情况很熟悉，下了决心，在离北京城大约八十里格的地方（即乌兰布通）迎战。这个王所占的地形极为有利，他虽然缺少像帝国军队那种配备优良的大炮，军队的人数也少，但他仍不顾双方力量悬殊，迎接对方的挑战。开始时他的前锋受敌方的炮击损失甚重，这迫使他改变战斗部署。由于他布防在大沼泽后面，皇帝的军队不能包围他。他非常勇敢地进行防御，直到夜幕降临，各方才都收兵回营。"⑥这条材料也是说明，激战结束，双方的力量还足以对峙，清军对此是无可奈何的。

二、关于噶尔丹战后请和问题

这个问题，也是许多史学家论定清军大败噶尔丹的一个重要依据。马思哈《出塞纪程》说八月初一激战之后噶尔丹的请和是"卑辞乞降"，乾隆时期的著名史学家赵翼在《皇朝武功纪盛》中说："（清军）至乌兰布通，大败其众，噶尔丹始以书来乞和。"魏源《圣武记》中也说，战后"翌日，（噶尔丹）遣西藏剌麻来军卑词乞和"。近代许多研究著作和文章，也取此说。如华企云先生认为："（清军）出师至乌兰布通，大败其众，噶尔丹始以书乞和。"⑦这些，都是把八月初二的噶尔丹求和看做是战败后的投降认输，以此反衬清军的大胜利。但实际上，这不过是噶尔丹的退兵之策，清军则是被他愚弄了。

从前面所述可知，八月初一下午的乌兰布通激战，双方互有杀伤，实力不相上下。那么，为什么噶尔丹次日即派出喇嘛向清军讲和，并准备向科布多一带撤退呢？原因有以下几点：一、从噶尔丹来说，军事行动的主要目标——抢掠人畜和物资，在乌兰布通之战前即已达到，抢掠了乌珠穆沁的大批牲畜和物资，乌尔会河之战，又缴获了不少清军物资。二、疾驰奔驱，忽进忽退，得利急进，失利远扬，是古代游牧民族骑兵作战的特点，噶尔丹的撤军，即属这种性质。三、从军事上来说，清军是以逸待劳，兵源补充、军需供给都比较充裕，而噶尔丹则属远离根据地的长途奔袭作战，兵源补充、军需供给都极为困难，不可能长期作战。四、当时，清中央政府统治了除新疆以外的全国广大地区，军队众多、物资雄厚，乌尔会河之战虽然遭到严重失败，但它可以立即集结更大的兵力。从总的力量对比看，噶尔丹与清中央政府相较，悬殊不啻天壤。乌兰布通之战，清中央政府大有倾国之势，“斯时，诸王、大臣及国家谙悉军务之人，不在行间者少矣”[8]，军事上可以说是对噶尔丹军形成了战略包围。在这种形势下，噶尔丹深感势孤力薄，是无力再战的。迅速脱离战斗，退回根据地，才是唯一的出路。派喇嘛讲和，正是实现撤退计划的一种策略。对此，康熙也是承认的。他在追忆乌兰布通之战时说：“（清军）左翼虽能胜敌，而右翼不能制胜，大臣而下以至军士，阵亡、被创者甚众。噶尔丹亦自知无济”，因而撤退[9]。这种看法是比较客观的。

八月初二日，噶尔丹派出大喇嘛伊拉古克三胡土克图到清军统帅部请和，虽然仍坚持索要土谢图汗、哲布尊丹巴胡土克图，但又宣称“讲理修好”，停战和谈，以缓和敌对情绪。初四日，又派出大喇嘛济隆率弟子七十余人，到清军统帅部求和，承认“抢掠人畜，皆大非理”，又尊康熙为“一统宇宙之主”，自认“不过小部落头目”，“何敢妄行”。一再说明，战争是因为“索其仇土谢图汗及泽卜尊丹巴，致有此误”，并非要与清中央政府作战，最后公开声明放弃原来目标，“今亦无索土谢图汗之意”，表示立即停止军事行动。清军统帅福全对此则做出了完全错误的判断。他过高估计了噶尔丹军队所遭受的损失，过低估计了噶尔丹的战斗力，认为“噶尔丹乃狡诈之人，虽不可全信，但战之次日，屡遣人来，必多窘迫”，从而把噶尔丹的脱身之计误认为失败乞降；同时，他也知道自已军队遭到了严重损失，难以取胜，“欲进剿，则厄鲁特据险坚守”，从而做出了错误的决策和处置，按照噶尔丹的要求行事，“许汝所请，当发印文，檄各路领军诸王、大臣，暂止勿击”，为噶尔丹的撤军让出了一条大路。同时，福全又以不着边际的主观设想，向上谎报，说是“俟其往来讲解，以待盛京、乌喇、科尔沁诸军之至，齐行夹击”[10]。这其实正中了噶尔丹之计。在喇嘛穿梭往来的过程中，噶尔丹率军连夜抢渡西拉木伦河，并于八月初九日劫掠克什克腾三佐领，夺得羊二万余、牛马一千余，获得了大批物资补给。清军则完全陷入了被动，“欲追，而马力不能前进”。结果是由噶尔丹的请和变成了清军的“欲修礼好”。“与济隆胡土克图约，使噶尔丹近我而止，以定礼好”，企图借助喇嘛羁縻噶尔丹。噶尔丹比福全计高一筹，他再放烟幕，“跪于威灵佛前”，设誓“自此不敢犯喀尔喀”[11]，麻痹清军统帅，赢得了充裕的撤退时间。同年十一月，清政府追究福全等“不行追杀，纵敌远遁”之罪时，康熙有一段谕旨，很能说明这个问题："噶尔丹于乌兰布通为我军击败遁走，而领兵诸王、大臣不复追杀，反信济隆胡土克图议好之诳词，遣人语内大臣苏尔达等，令盛京、乌喇诸路兵，勿与之战，是以噶尔丹奔窜，过盛京、乌喇、科尔沁军营，竟不邀击，纵之使去。其时，苏尔达欲羁縻噶尔丹，与土谢图亲王沙律、达尔汉亲王班第等，公同商议，选差公主之子阿拉善大人鄂漆尔及郭尔罗斯台吉吴尔图纳苏图旗下佐领祈他迈，往令噶尔丹且止，将与之会语。噶尔丹不少留，仓惶宵遁。如使苏尔达等邀击之，则噶尔丹可以就擒矣。伊等不战，乃大罪也。福全俱等应依议治罪。"⑫因此福全、常宁俱罢议政、罚俸三年，福全被撤去三佐领。与此有牵连的其他官员，也各治罪有差。这算是清政府对这次军事失误的一种反省和检讨。康熙对此是非常愤懑的，他在康熙三十五年（1696）的一项谕旨中，怀着久难愈合的创痛心情追述说："向年乌兰布通之役……大兵已经击溃（噶尔丹），乃竟中贼计，致噶尔丹遁走……失此机会，至今犹以为憾。"⑬直率地承认了失误中计之事。

三、噶尔丹军队大量减员原因及清军腐败的问题

八月初一下午的乌兰布通激战后，噶尔丹军队向科布多撤退，部队大量减员，二万余人仅剩三千，是许多史学家论定清军大败噶尔丹的一个重要证据。其实，这与战斗没有直接的关系，在乌兰布通激战中，噶尔丹军队的伤亡并不十分严重，究竟什么原因造成噶尔丹军队在战后大量减员呢？许多史学家把它归结为"饥踣"。例如，吴曾祺《清史纲要》说："（噶尔丹）拔营越大碛山宵遁，沿途饥踣，得还科布多者仅数千人"；萧一山《清代通史》说："（噶尔丹归途）且尽失负驼，无辎重，狂奔绝漠而北，沿途饥踣死亡，得还科布多者仅数千人。"这就使人产生了一个疑问：噶尔丹在向科布多撤退中，曾掠夺克什克腾三佐领，抢去许多牲畜，获得了大量物资，怎么又会造成"饥踣"呢？细审有关资料，原来是瘟疫的惩罚，造成了噶尔丹军队的大量减员。康熙三十六年（1697）的一项谕旨中，重提乌兰布通之战时，透露了这个史实，说："（噶尔丹）归路遭罹瘟疫，得还科布多者，不过数千人耳。"⑭大战之后瘟疫盛行是历史上常有的事情，当时这场瘟疫蔓延严重，持续很久。激战后的第二年，即康熙三十年（I691）的初春，清朝皇帝给噶尔丹的敕谕中，也提到了此

事，说："汝厄鲁待牲畜已尽，无以为食。极其穷困。人被疾疫，死亡相继。"[15]噶尔丹的势力从此才一蹶不振。因而，不能以此作为清军大败噶尔丹的证据。

在评价乌兰布通之战胜败问题时，还有一个重要问题必须提及，这就是清军的腐败。袁森波同志在《乌兰布通之战考察》一文中[16]曾谈到这个问题，此处拟略加补充。八旗军队曾经是一支骁勇的劲旅。但入关之后，逐渐养成贪图享受、奢糜浮华的风气，"八旗将佐居家弹筝击筑，衣文秀策肥马，日从子弟宾客饮"[17]，战斗力急剧下降，这在乌兰布通之战中突出地表现出来，从而造成了清军的重大伤亡和许多失误，特别是：

将帅不和。康熙既命福全为抚远大将军，又命允禔为副帅，一为皇兄，一为皇子，势不相上下而相互掣肘，严重影响了清军的指挥能力。康熙无可奈何，只好于战前下一令："允禔听信小人谗闲之言，与裕亲王不协，妄生事端，私行陈奏，必致偾事，著撤回京"[18]，意图是使作战部队号令统一，然而大错早已铸成。

战将怕死。临战时许多将领抽取精壮兵丁护身，仅以羸弱士兵参战。乌兰布通之战结束后不久，康熙在一项谕令中着重指出："闻出征大臣官员将所有丁壮，抽取以护身，至战阵之时，丁壮甚少"[19]。他在另一谕旨中还忿懑地说："出征乌兰布通时，阿密达因天晚撤兵，云'皇上必不以撤兵故遂杀我等'，将兵撤退。索额图则选勇士数百人，近身防护。勇士云'挑选我辈，因拟或战或追，讵意止令防护，共生忿怨。'"[20]

军纪散漫。在激战过程中，火线指挥官员不经请令，即以天黑为由私令撤兵。清政府得到战报后曾严令进击，但福全违令擅行，按兵不动，致使噶尔丹远遁。此后又不经请旨，令全军内撤。战后清政府在总结这次战争教训的时候多次指出："领兵将帅或违皇上指麾，是以前此乌兰布通未能殄寇，致噶尔丹逸去。"[21]

缺乏战斗素养。由于清军日益腐败，平时极少训练，故而临阵慌乱，致遭重创。在激战过程中，清军步兵密集前进，缺乏统一号令指挥，遭噶尔丹军严重射杀。故康熙说："厄鲁特败，旋奔高山顶，遁于险恶处，因我兵排列太密，敌人乱放鸟枪，故有被创者。且进退之际，海螺未鸣，此皆未熟于战阵耳。"[22]

由此可见，马思哈在《塞北纪程》中所说"我兵奋勇先登，无不踊跃递进"、"我师乘势进击，无不以一当十"，造成"贼惊溃不支"、"大败之”的说法，显系夸饰之辞，是不符合事实的。

总之，通过对乌兰布通之战实际战况的考察，我认为，在这次激战中，双方伤亡都很惨重，清军并未击溃噶尔丹的军队。噶尔丹的战后请和只是一种退兵之策，并非“卑词乞降”。其军队的大量减员，亦非遭受清军杀伤的结果，而是瘟疫造成的。在战斗过程中，由于清军的腐败，造成了许多失误并遭受重创。因此，把乌兰布通之战说成是清军大败噶尔丹，是不符合历史事实的。

魏源在《圣武记》中曾说：“功则功，罪则罪，胜则胜，负则负，纪事之文贵从实，所以垂法戒也。近人纪皇朝武功七篇，往往言胜不言败，书功不书罪。”这段话一针见血地指出了清代史书的一个弊病，即对清军“言胜不言败，书功不书罪”。马思哈的《塞北纪程》便是一个例证。遗憾的是，魏源《圣武记》关于乌兰布通之战的记述，却照录马思哈的文字，从而使他在这个问题上违背了自己的史学主张。另外，现在一些有关康熙的论述和文艺作品，往往过分渲染乌兰布通之战大败噶尔丹。其实，肯定康熙对多民族国家统一做出了贡献，并非说他每战必胜。他的高明之处，正在于他能从失误中找出教训。

注释：

①张维华：《清初平定喀准两部时之中俄关系》，原载《学思》第2卷第1、2期，1942年出版。

②《清圣祖实录》卷148；《亲征平定朔漠方略》卷8。

③〔法〕白晋：《康熙皇帝》，黑龙江人民出版社1981年版中译本。

④《清圣祖实录》卷183。

⑤《清圣祖实录》卷148。

⑥〔法〕张诚：《对大鞑靼的历史考察概述》，见杜文凯编《清代西人见闻录》，中国人民大学出版社1985年版。

⑦华企云：《中国近代边疆经略史》，载《新亚细月刊》8卷3期，1939年出版。

⑧《清圣祖实录》卷183。

⑨《清圣祖实录》卷183。

⑩《清圣祖实录》卷148。

⑪《清圣祖实录》卷148。

⑫《亲征平定朔漠方略》卷8，《清圣祖实录》卷149。

⑬《清圣祖实录》卷170。

⑭《清圣祖实录》卷183。

⑮《亲征平定朔漠方略》卷9。

⑯载《历史研究》1983年第4期。

⑰《旗军志》,《辽海丛书》本。

⑱蒋良骐:《东华录》卷15。

⑲《清圣祖实录》卷150。

⑳《清圣祖实录》卷187。

㉑《亲征平定朔漠方略》卷17。

㉒《清圣祖实录》卷148。

(原载《历史研究》1986年第5期)

清朝前期的喇嘛教政策

利用喇嘛教统治蒙藏民族，是清朝一项重要的传统政策，也是其筹边政策的重要组成部分。它对于清代多民族国家统一的历史进程，蒙藏民族和西藏、蒙古、新疆、青海等地区政治、经济、文化的发展，以及这些边疆地区的安危，都产生过广泛而深远的影响。

对于清朝最高统治者来说，利用喇嘛教政策的提出和制订，首先是针对蒙古王公贵族的。康熙五十九年（1720），准噶尔的扰藏势力被清军驱逐之后，西藏世俗贵族逐渐控制了政局，为了遏制其势力的膨胀对国家统一造成的危险，清朝大力提高喇嘛教首领的社会、政治地位，作为抗衡力量；同样，为了防止宗教上层势力的膨胀，清朝又对喇嘛教采取了一定的管理和限制措施。总之，从雍正时期开始，清朝的喇嘛教政策更多的是针对西藏情况，这项政策对西藏历史发展造成的影响也极为重要。

喇嘛教政策的形成

利用喇嘛教统治蒙藏民族，是清朝在夺取全国政权、加强多民族国家统一的历史过程中，逐步形成的一项重要政策。提出和首先倡导这项政策的是清朝的开创者努尔哈赤，把它法律化和制度化的是其继承者皇太极，将其补充、修订，并使之逐步趋于完备和系统化的，是清朝入主中原后的顺治、康熙、雍正、乾隆时期。清朝之所以推行这项政策，有其深刻的历史、社会、政治原因。

1. 喇嘛教在蒙藏民族中经过长期发展，具有广泛的社会基础和巨大的政治和社会势力。清朝为笼络、争取蒙古族上层分子，以巩固封建中央政权，对其“从俗从宜”，加以利用。

喇嘛教是在西藏形成的一个佛教流派。7世纪左右，佛教从内地和尼泊尔传入西藏，经过与当地原始宗教——苯教两个世纪左右的长期斗争、相互渗透，逐步形成了具有浓厚地方和民族特色的藏传佛教，俗称喇嘛教。在世俗势力的支持下，喇嘛教势力逐渐膨胀，并形成了许多派别。13世纪，元朝在西藏推行政教合一的行政管理体制，敕封喇嘛教萨迦派的首领八思巴为“帝师”，统辖西藏地方政务，之后，喇嘛教上层分子长期操纵了西藏地方政权。

由于萨迦派首领人物热衷于追逐世俗利禄，“竞事争权”，“僧众骄佚”，激起了其他教派和世俗各阶层的强烈不满，随着元朝的灭亡，其势力逐渐衰微。明朝初年，宗喀巴（1357—1419）针对萨迦派的腐败，进行宗教改革，创立了新的格鲁派（俗称黄教或黄帽派），其势力逐渐强大。他的两大弟子根敦珠巴（即第一世达赖）、克珠杰（即第一世班禅），继承其衣钵，广招僧徒，逐步形成了达赖、班禅两大活佛系统。16世纪后期，即第三世达赖时，黄教势力大炽，其他教派“皆俯首称弟子”，“诸番王徒拥虚位，不复能施其号令”[①]。三世达赖还和蒙古贵族建立了政治关系，使喇嘛教在蒙古各部广泛传播，得到蒙古族的普遍信仰，成为在蒙古族占统治地位的唯一宗教。明朝末年，虔奉喇嘛教的青海厄鲁特蒙古和硕特部首领固始汗，举兵入藏，帮助五世达赖建立了噶丹颇章西藏地方政权，黄教在西藏完全占据了统治地位，“盖其僧众强胜多于百姓，而百姓惟僧是敬且信”[②]。

清朝入关以前，在东北建立了后金（清）地方政权，但与握有全国政权的明中央政府相较，力量悬殊。为了发展自己的势力，进而与明朝争夺天下，努尔哈赤及其继承者皇太极采取了结好蒙古的政策，以借助蒙古铁骑的力量。鉴于喇嘛教在蒙古族中具有传统的巨大势力，他们把把尊崇、扶持喇嘛教，作为笼络、抚绥蒙古王公的手段。在努尔哈赤亲自主持下，于正式建立后金（清）政权的前一年，即明万历四十三年（1615），在其根据地赫图阿拉城东，开始修造七座大庙，明确表示了对喇嘛教的尊崇。皇太极征服察哈尔之后，又下令修建实胜寺，把内蒙古的护法神像移至沈阳供奉，并在沈阳四门外各建喇嘛寺一座。努尔哈赤和皇太极还颁发命令，在战争中保护喇嘛庙，以减少军事行动的阻力，争取蒙古各部的支援。对于投奔后金（清）的蒙古喇嘛免除差徭，优礼相待。皇太极还派遣使者到西藏，致书达赖、班禅，宣布“延致高僧，宣扬佛教”[③]，与喇嘛教的首领人物直接建立了政治联系。

清朝夺取全国政权之后，蒙古王公成了清中央政权的重要支柱，但他们依然狂热地虔奉喇嘛教，“唯喇嘛之言是听”[④]。蒙古各部的纠纷及重大政治行动,“凡决疑定计,必咨于喇嘛而后行”。[5]。

正因为喇嘛教在蒙藏民族中有如此巨大的传统力量和政治影响,“其势有不能禁者”[6],清王朝才加以利用。清朝宗室昭梿曾明确地表示:“国家宠幸黄僧,并非崇奉其教以祈福祥也。祇以蒙古诸部敬信黄教已久,故以神道设教,藉仗其徒,使其诚心归附,以障藩篱。”[7]清朝的最高统治者也曾多次阐明这一点。雍正称:“因其教不易其俗,使人易知易从,此朕缵承先志维护黄教之意也。”[8]乾隆指出:“本朝之维持黄教,原因众蒙古素所皈依,用是尊崇,为从俗从宜计。”[9]他解释说,崇奉黄教并非佞佛,“匪尊不二法,缘系众藩情”[10],因为“蒙古向敬佛,兴黄教”[11],因而“将欲因其教,不易其俗”[12],作为“绥靖荒服,柔怀远人”[13]的一种手段,故对喇嘛教“不可不保护之,以为怀柔之道而已”[14]。嘉庆也明确地表示:“因众蒙古崇奉喇嘛,最信黄教,因而加以保护,用示怀柔。”[15]

总之,“蒙古遵黄教,其来已久时,以神道而设,因俗习为治”。[16]这就是清朝尊崇和利用喇嘛教的历史、社会原因。

2. 利用喇嘛教首领的特殊社会地位和巨大政治影响,号令蒙藏各部,并使之牵制蒙藏世俗贵族,以巩固、加强封建中央政权和国家的统一,是清朝尊崇和利用喇嘛教的政治目的。

清朝夺取全国政权之后,面临的主要政治任务是巩固政权,加强国家统一。康熙时统一了江南广大地区,打退了沙俄对黑龙江流域的侵略,巩固了东北边疆。之后,其主要政治目标是统一新疆和西藏。

当时,雄踞新疆的准噶尔部上层贵族往往以保护喇嘛教为名,并假达赖喇嘛的名义,进行反清活动。乾隆在《伊犁喇嘛行》中写道:“蒙古之教宿尚黄,宗喀巴以来三百余年其流长。昔固始汗,以此雄踞卫藏慑群部,然亦不过假名敬佛,要乃所以收众方。强吞弱噬互攘窃,无不垂涎达赖喇嘛,貌为恭谨其实心弗良。策妄阿拉布坦,创据伊犁有弗遑,然已计入西藏肆披猖。逮噶尔丹策凌,遂兴黄教曰安众生,亦效西藏建都纲……其善在此其弊即为殃。喇嘛达尔济及达瓦齐相继篡立,无不借喇嘛之力以肆强,逆贼阿睦尔撒纳,亦结若辈为党以煽乱,其穷也,旋劫喇嘛马驼用致远去扬……”[17]

有鉴于此,清朝采取“即以其人之道,还治其人之身”[18]的办法,与之针锋相对,利用保护、尊崇黄教为号召,进行国家统一的斗争。入关之初,即多次派员携带厚礼前往西藏,敦请五世达赖入京。五世达赖应命赴京后，清政府给予了隆重接待。这对于牢笼喀尔喀及蒙古各部，稳定后方，集中力量应付南方战事，巩固襁褓中的政权，起了重要作用。康熙时，西藏上层贵族进行了一场激烈的夺权斗争，操持藏政的第巴桑结嘉措为加强自己的政治地位，在五世达赖死后，私立仓央嘉措为六世达赖。第巴桑结嘉措被拉藏汗杀死后，康熙为稳定西藏政局，派护军统领席柱前往两藏，册封拉藏汗为“翊法恭顺汗”，并令其“拘假达赖喇嘛赴京”。雄踞新疆的准噶尔汗策妄阿拉布坦也派出一支军队，意图劫持仓央嘉措，把他作为招牌，加强自己在蒙藏各部的政治影响和号召力。仓央嘉措被解送北京途中，死于青海，康熙在总结这一事件时说：“前遣护军统领席柱等往擒达赖喇嘛及第巴妻子时，诸皇子及诸大臣俱言：‘一假达赖喇嘛擒之何为?’朕意以众蒙古俱倾心皈向达赖喇嘛，此虽系假达赖喇嘛，而有达赖喇嘛之名，众蒙古服之。倘不以朝命遣人往擒，若为策妄阿拉布坦迎去，则西藏、蒙古皆向策妄阿拉布坦矣。故特遣席柱等前去。席柱等方到其地，策妄阿拉布坦果令人来迎。以此观之，若非遣人前去。则假达赖喇嘛已归策妄阿拉布坦矣。”[19]这番话明确地表达了清朝利用黄教首领以号令蒙古各部的政治目的。雍正时，准噶尔多次武装骚扰喀尔喀，其重要目的之一，就是“觊觎抢夺”外蒙的喇嘛教首领哲布尊丹巴呼图克图，以挟制喀尔喀各部。清朝识破了准噶尔贵族的这一用心，命哲布尊丹巴移驻内蒙古多伦诺尔地方，并派御前侍卫率兵守护，使准噶尔“失意空还”[20]。由此可见，清朝尊崇喇嘛教，是与厄鲁特蒙古上层分裂分子作斗争的政治策略。

清朝统一蒙古各部之后，仍然推行尊崇和利用喇嘛教的政策，意图是利用喇嘛教首领的传统势力和政治影响，牵制蒙藏世俗贵族，以防其形成藩镇势力。乾隆时的官僚陈登龙对此有过明确的表述：“夫大喇嘛为我皇上之所简放以治斯民，则大喇嘛固倾心输诚于我皇上也。彼见大喇嘛而倾心输诚于皇上，即佛之倾心输诚于皇上也。佛而倾心输诚，彼民焉尔？遂凛王之章，服王之教、群听命于我皇上也。”[21]这正是清朝利用喇嘛教统治蒙藏民族的内心隐秘。

3. 清朝之所以尊崇，扶持喇嘛教，还有一个重要的政治原因，就是企图利用佛教“化导”、“柔顺”蒙藏民族，达到维护封建统治的目的。

封建统治阶级要巩固自己的政权，需要思想统治的武器。由于历史的原因，满洲贵族没有形成自己的治理社会的思想理论体系，仍然把儒家思想作为治国之本。但是，蒙藏民族的历史传统以及风俗习惯，心理素质等与汉族不同，强行灌输儒家思想难以奏效。于是，清朝便把喇嘛教作为统治蒙藏民族的思想工具。

喇嘛教教义的实质，是要人们拜倒在按人世帝王形象塑造的、虚幻想象中的佛的脚下，要人们忍受现实的苦难，把幸福的希望寄托于死后升入虚无缥缈的极乐世界。这无疑正适应了封建统治阶级的需要。掌握宗教权的大喇嘛也需要统治阶级的支持，以维护自己的特权，发展自己的势力。于是，双方一拍即合。

企图利用“喇嘛化导”蒙藏民族，使之接受统治，这正是清朝利用喇嘛教的重要政治目的之一。对此，康熙曾说：“佛教之兴，其来已久，使人迁善去恶，阴翊德化，不可忽也。”[22]雍正也明确表达过同样的思想，他说：“因思古今之有佛教，特以劝善惩恶，济世觉民为本。黄教之传，所以推广佛经之旨也。……广布黄教，宣讲经典，使番夷僧俗崇法慕义，亿万斯年，永跻仁寿之城，则以佐助王化，实有裨益。”[23]“教维神道设，总为牖斯民！”作为康熙、雍正事业继承者乾隆的这两句诗，更明确地反映了清朝尊崇和扶持喇嘛教，意在统治蒙藏民族思想、维护封建统治的政治用心。

4. 在当时面临西方殖民主义入侵的特定历史条件下，清朝尊崇和利用喇嘛教，也是维系多民族国家统一的一种特殊政治策略。

清代前期，与沙俄侵略者的斗争，是清朝为维护多民族国家统一而进行的长期斗争的一项重要内容。处于这场斗争最前线的是崇奉喇嘛教的蒙古族。拉拢对喀尔喀蒙古有巨大政治号召力的大喇嘛哲布尊丹巴，是沙俄侵略我国东北和蒙古地区的重要阴谋手段。沙皇政府曾明确指令尼布楚谈判的俄国使团团长戈洛文：“如有可能，取得（哲布尊丹巴）呼图克图的帮助，作为中俄之间的一种外交的联络人。”[24]戈洛文使尽了威胁利诱手段，企图迫使哲布尊丹巴就范，充当沙俄的侵华工具。清政府与沙俄的这一阴谋进行了针锋相对的斗争。康熙二十一年（1682），清政府决意反击沙俄入侵的紧要关头，立即派出大臣以通报平定“三藩之乱”为名，前往喀尔喀，向哲布尊丹巴通报边境情况，并对他“大加赏赉”。在反击沙俄入侵的战斗中，哲布尊丹巴多次“遣使进贡”，向清朝中央政府报告沙俄的侵略活动。沙俄为威逼明朝末年迁居伏尔加河流域的我国厄鲁特蒙古土尔扈特部归顺俄国，曾强制他们改变对喇嘛教的信仰，“无所忌惮地给伏尔加河流域的土尔扈特人施以洗礼”[25]，企图迫使他们改宗东正教，切断他们同祖国感情上的联系。清政府则派出了历史上有名的图理琛使团，不远万里，探望远离祖国的土尔扈特部，向他们说明中央政府尊崇喇嘛教的政策，以坚定其回归故土之心。

在中俄签订了边界条约，解决了东段、中段边界问题，以及清朝统一新疆之后，沙俄仍然没有放弃侵略我国的阴谋。沙俄在1763年（乾隆二十八）制定的侵华计划中写道：“如果能说服毗邻的蒙古王公和（哲布尊丹巴）呼图克图本人自愿加入俄国国籍，那将会大大有助于我们的事业（即对华侵略）取得良好的结果。”“为了号召他们归顺俄国，必须向所有的蒙古兀鲁思乃至库伦散发用蒙文写的致呼图克图的公开信。”“至于他们的信仰，则将听其按照自己的宗教教义保持不变，而不予任何限制。”“蒙古宗教事实上是基督教的一个分支，而且如果不是文字和语言上的差异造成的障碍，这两个宗教合而为一并不困难。相反，中国人（此指清政府）是公然不信上帝的人，非常自负，他们的汗竟敢亲自祭天，然而只有僧侣才配做这样的事。中国的汗对呼图克图似乎相当尊敬，而且还经常赠送礼物给他。呼图克图最好不要去理睬此事。中国的汗之所以要这样做，仅仅是由于害怕蒙古人同俄国人联合。”[26]在这种特定历史条件下，如何对待蒙藏民族虔奉的喇嘛教，就成了涉及稳定边疆、抵御外来侵略的重大问题。清朝尊崇、扶持喇嘛教政治目的之一，就是满足蒙藏民族的宗教感情要求，以加强他们在反对外来侵略斗争中的内向之心，用乾隆的话说，就是“俾满所欲，无二心焉”[27]。

另外，达赖、班禅等喇嘛教首领人物，在清朝夺取、巩固政权和加强国家统一的过程中，积极合作，并为之奔走效劳，也是清朝推行利用喇嘛教政策的一个客观原因。清朝统治阶级是为“酬班禅、达赖喇嘛累世恭顺之悃”[28]，“番僧曾立大勋于国，理宜酬锡带砺”[29]。

喇嘛教政策的主要内容

清朝利用喇嘛教政策的主要内容，大体包括两方面：一是尊崇、扶持，二是管理、限制。贯穿两者的是利用。

1. 对喇嘛教的尊崇与扶持。

为了使喇嘛教变成统治蒙藏民族的御用工具。特别是为了争取大喇嘛的拥戴与支持，并通过他们拉笼蒙藏民族，以巩固政权和加强国家的统一，清朝对喇嘛教大力尊崇与扶持。

（1）袭其旧封，制定等级，赏给名号，使大喇嘛享有极高的社会地位。

清朝入关不久，顺治五年（1648）即公开宣布，对喇嘛教首领只改换册印，仍袭其旧封："其故明所与诰敕印信，若来送进，朕即改授，一如旧例不易。"[30]其目的是维持喇嘛教首领固有的社会地位，消除他们因改朝易代而产生的疑畏心理和对抗情绪。

清朝还参酌传统习惯，制定了喇嘛封授职衔。名号的制度，犹如对世俗贵族封授爵位，作为其优越社会地位的标志。根据清朝的规定，"凡呼图克图、诺们汗、班第达、堪布、绰尔济，系属职衔；国师、禅师系属名号"[31]。凡封授职衔或赏给名号的喇嘛，均给册印或敕书。清朝还参照世俗等级制度，制定了喇嘛等级，例如，驻京喇嘛的等级依次为：掌印札萨克达喇嘛、副掌印札萨克达喇嘛、札萨克喇嘛、达喇嘛、副达喇嘛、苏拉喇嘛、德木齐、格斯贵，其徒众为格隆、班第。

封授职衔、名号的实质，是把大喇嘛变成身披袈裟的官僚，使其享有官僚的社会地位和特权[32]。

（2）给予一些大喇嘛统治地方的权力。

西藏由达赖、班禅统辖地方，"所有图伯特事务"，由达赖"悉依例董率噶布伦等妥协商办，报明驻藏大臣转奏"[33]。其他的一些大喇嘛，经皇帝特准，也可以直接掌握地方政权，与蒙古各旗之扎萨克等，"凡喇嘛之辖众者，令治其事如扎萨克焉"[34]。这些"辖众"的大喇嘛，拥有政府官员的一切权力。

根据《大清会典》，除达赖、班禅外，"辖众"大喇嘛有以下一些：内蒙古锡勒图库伦扎萨克喇嘛；喀尔喀哲布尊丹巴，以及额尔德尼班第达呼图克图、扎牙班第达呼图克图、青苏珠克图诺们罕（三者均附于三音诺额部游牧）；那鲁班禅呼图克图（附于扎萨克图汗游牧）；青海察罕诺们罕（附于青海蒙古游牧）；西藏和川边的察木多帕克巴拉呼图克图、乍雅达呼图克图、类乌齐呼图克力、八所喇嘛、硕般多喇嘛、琼科尔结喇嘛、墨竹工喇嘛、工布硕卡喇嘛、邦人曲第喇嘛、噶勒丹喇嘛、赞垫喇嘛、琼结喇嘛。仁本喇嘛、江孜喇嘛、冈坚喇嘛、协噶尔喇嘛、聂拉木喇嘛、杂仁喇嘛、撒噶拉喇嘛、朗岭喇嘛、乃东喇嘛、松热岭喇嘛、文扎卡喇嘛、羊八井喇嘛、呼徵喇嘛、布勒绷喇嘛、色拉喇嘛。这些大喇嘛“各有采地，生属其方，即同该头人管束番民”，“凡大呼图克图之下，必设仓储巴一人办理地方事务”㉟。同时，哲布尊丹巴之商卓特巴（管家）、青海察罕诺们罕、锡勒图库伦扎萨克喇嘛均有“承缉贼盗之责”㊱。

（3）免除喇嘛的差徭、赋税，允许“辖众”大喇嘛直接向劳动人民征税，给予驻京和其他内地大喇嘛钱粮，供给边疆地区进京朝觐喇嘛“廪饩”。

差徭、赋税是封建统治阶级维持其政权的重要手段，劳动人民无一能够幸免。但是，喇嘛却可以享受特殊优待，“徭役、赋税俱免”㊲，“不应差徭，不纳税”㊳。

一些享有统治地方特权的“辖众”大喇嘛，可以直接向劳动人民征收赋税，摊派差徭。例如，西藏不向国家交纳赋税，达赖、班禅和“辖众”大喇嘛，可以向人民群众征收租税，并任意摊派乌拉（差徭）。

驻京喇嘛及内地各寺庙的“额设”喇嘛，由官府发给一定数量的钱粮，作为日用之资，犹如官吏的薪俸。喇嘛年班朝觐等，则按其级别及路途远近，由官府给予“廪饩”，犹如差旅补助费。如果是几个著名大喇嘛进京，供给更为优厚。

通过上述这些措施，使喇嘛和官吏一样，“皆食天糈”，由封建国家供养起来。

（4）优礼喇嘛教首领。

清朝尊崇和扶持喇嘛教的核心，是优礼大喇嘛，特别是对达赖、班禅、哲布尊丹巴、章嘉呼图克图等喇嘛教首领，给予了特殊的优待，使之“蒙被殊礼”㊴，以便服其心，得其力。

顺治时正式册封五世达赖为“西天大善自在佛所领天下释教普通瓦赤喇但喇达赖喇嘛”，康熙时正式册封哲布尊丹巴为“大喇嘛”，章嘉呼图克图为“大国师”，班禅为“班禅额尔德尼”，正式法定了他们的名号，确认为他们的政治和宗教地位。

除前述赋予他们的许多特权外，又给予他们以许多特殊优礼。在清代，支搭黄布城，乘坐黄车、黄轿，是皇帝及其亲族（需经特准）的特权标志。达赖、班禅、哲布尊丹巴也被特准享用这些特权标志，章嘉呼图克图则享有“紫禁城内赏用黄车”、“赏坐金顶肩舆”的特权。这些都是大臣官僚以及少数民族王公很难享有的最高荣誉。

清政府还经常“遣官存问”达赖、班禅，颁发赏赐。达赖、班禅圆寂，清政府要派大臣“致祭”。凡驻藏大臣换班，也都要“携赏赐达赖喇嘛礼物一份”。达赖、班禅的转世灵童一经确认，清政府便随时派员问候，其呼毕勒罕举行坐床典礼时，清政府要派大臣主持仪式，并颁发大量赏赐。

哲布尊丹巴转世灵童确认后，要派钦差大臣一员，理藩院司员两员，与喀尔喀扎萨克郡王两员、台吉四员，以及喇嘛、跟役人等，前往西藏迎接，沿途地方官员要派官兵护送，礼仪极为隆重。

对于大喇嘛例行的请安进贡，清政府“每格外加恩赏赉，以示厚往薄来之意”[40]，即用赏赐的名义，给予大量钱财。达赖、班禅各隔年进贡一次，除所贡土特产“均予折赏”外，贡使回藏时，还例赏达赖、班禅大量财物。哲布尊丹巴每年进九白之贡，贡使返回时，也予例赏。贡使及跟役人等，也各有赏赐。

清朝优礼大喇嘛的目的，是争取他们的拥戴，以及笼络蒙藏僧俗人民，用乾隆的话来说，就是“敬一人而千万悦”[41]。

(5) 广建喇嘛庙。

喇嘛庙是喇嘛教特有的建筑形式，既是喇嘛们诵经、居住之处，也是信徒们顶礼膜拜的场所。清政府认为：“演教之地愈多，则佛法之流布愈广，而番夷之向善者益众。”[42]因此，清朝入关之后，继承了入关前的做法，大量修造喇嘛庙。

清朝夺取全国政权不久，即于顺治八年（1651），以“有西域喇嘛者，欲以佛教阴赞皇猷，请立塔建寺，寿国佑民”[43]为借口，在北京建造了一座喇嘛塔。翌年，为迎接五世达赖，建造了黄寺，开了清朝在北京官建喇嘛庙的先河。据统计，北京由清政府出资建造、并由理藩院管理的喇嘛庙有三十余座。康熙和乾隆执政时期，为纪念武功，供蒙藏王公贵族朝觐观瞻，在热河建造了普陀宗乘（仿布达拉宫）、须弥福寿（仿札什伦布）等十二座规模宏大、壮丽辉煌的喇嘛庙。从顺治时开始，清政府多次用帑银对五台山原有寺庙进行修葺和扩建，供喇嘛居住、诵经。从而使北京、热河、五台山形成了内地三个喇嘛教中心。

在清政府扶持下，全国官修、“民建”的喇嘛庙迅速增加。在蒙藏地区更是佛寺宝塔林立相望，梵呗钟声断续相闻。据不完全统计，西藏有喇嘛庙三千四百一十七座，内蒙古有一千余座，喀尔喀蒙古有七百四十余座，青海、甘肃有四百余座，四川、新疆也有很多。

2. 对喇嘛教的管理和限制。

清朝对喇嘛教的尊崇和扶持，刺激了某些大喇嘛政治野心的膨胀，他们在某些少数民族上层分子的分裂活动中推波助澜。雍正初年罗卜藏丹津之乱时，青海数千名喇嘛公然武装抗击清军。乾隆初定准噶尔之后，伊犁许多喇嘛大肆参与阿尔撒纳叛乱，乾隆末年，后藏个别大喇嘛因为贪欲未满足，竟然唆使廓尔喀（尼泊尔）抢掠札什伦布。有鉴于此，清朝认识到，对喇嘛的过分尊崇，也会给自己的政权和国家的统一带来一定危害。所以，清朝在崇奉和扶持喇嘛教的同时，又加强了对喇嘛的管理，并采取了一些相应的限制措施，即所谓“革其弊，不易其俗”[44]，力图把它变成一种有利而无害的工具。其主要做法，有以下几点：

（1）由理藩院统管喇嘛事务，建立年班朝贡制和颁发度牒制度。

理藩院是清代“掌外藩蒙古及喇嘛、回部，金川事”[45]的中央政府机关，其地位与六部平等。清朝规定，一切有关喇嘛教事务，均归理藩院办理。这样，就把喇嘛教事务完全纳入了国家管理的轨道，使喇嘛教置于封建政权之下。清中央政府可以运用国家行政权力，对喇嘛教进行管理和约束。

为了加强对喇嘛教的行政管理，清朝还建立了大喇嘛的年班朝贡制度和颁发喇嘛度牒制度。

康熙在总结三藩之乱的教训时说：“边疆提镇、将军，久握兵权，常来朝见，则心生敬畏。如吴三桂、耿精忠辈，皆以久不朝觐，遂生骄妄。”[46]因此，清朝逐步建立了各地对疆大吏的定期朝觐制度。出于同样的考虑，清朝也把这种制度推行于对喇嘛的管理上，建立了大喇嘛的定期朝贡制度。清初，达赖、班禅朝贡无定制，乾隆时规定，达赖、班禅轮流隔年一次遣使进贡，哲布尊丹巴每年向皇帝进“九白之贡”（白马 8 匹、白驼 1 峰），其余大喇嘛或三年、或五年请安进贡一次，也各有定制。

发放度牒、札付、路引，这也是清朝对喇嘛加强行政管理的一项重要措施。度牒是喇嘛的身份证，上面标明持度牒喇嘛的“旗分”，以及籍贯、年龄、职任及居住寺庙。札付是喇嘛低级管理职务的委任书。路引是喇嘛外出的通行证。清朝通过这些手段，加强对喇嘛“约束稽查”。喀尔喀和西藏的喇嘛虽不发度牒，但也要登记造册。哲布尊丹巴所辖喇嘛，每届三年复查造册一次，报库伦办事大臣并理藩院以备查核。达赖、班禅所属寺庙、喇嘛要造册登记，报驻藏大臣衙门备查。

(2) 对于“妨害国政”的喇嘛，“按律治罪”。

清朝利用喇嘛教的主要目的，是巩固中央政权，加强国家的统一，对于有悖于此的喇嘛，清朝不惜使用镇压之权。首先明确提出将喇嘛置于封建法律之下的是康熙。他在康熙十四年（1675）粉碎察哈尔蒙古布尔尼的叛乱中，严厉处死了五名教唆叛乱的喇嘛。康熙三十九年（1700），他给差往内蒙古查办案件的张格等人的谕令中，特别强调指出：“尚喇嘛有犯法者，尔等即按律治罪！”[47]。后来，他亲自下令将为噶尔丹偷送情报的归化城掌印札萨克达喇嘛伊拉古克三呼图克图凌迟处死。康熙五十九年（1720），清军入藏驱逐准噶尔军队后，立即逮捕、处死了与准噶尔勾结的大喇嘛。雍正时，对附从罗卜藏丹津之乱的青海喇嘛，实行大规模的武力镇压。在统一新疆的过程中，乾隆曾严令清军统帅对为阿睦尔撒纳叛乱推波助澜的喇嘛“即行诛戮”。

清朝还制定了一些专门法律条款，包括鞭责、罚钱粮、库退等，制裁违法犯罪喇嘛，这些都明载于《理藩院则例》，作为施行的法律根据。

乾隆末年，击退廓尔喀对西藏的侵略，清朝立即将几个惑众通敌的大喇嘛“剥黄处决”。对此，乾隆专门颁发过一通谕旨，阐述清朝的喇嘛教政策。他指出“朕于黄教素来爱护，但必于奉教守法之喇嘛等方加以恩遇。若为教中败类，罪在不赦者，即当明正典刑，断不稍为袒护。设如元季之供养喇嘛，一意崇奉，漫无区别，致有詈骂者割舌、殴打者截手之事，令喇嘛等无所忌惮，尚复成何政体！此次办理占卜惑众之罗卜藏丹津一事，即于护卫黄教之中，示以彰明宪典之意！”[48]这实质上是对喇嘛的严重政治警告。

(3) 多封大喇嘛，以分其势。

由于清朝的尊崇与扶持，黄教首领达赖喇嘛的势力逐渐膨胀，“天下蒙古皆遵奉达赖喇嘛”[49]，布达拉宫成了“天人摄受之闳规，藩服皈依之总汇”[50]。清初，关于蒙藏地区的许多政治决策和重要行政命令，往往要经过达赖喇嘛的认可，才能贯彻执行。极少数蒙藏上层分裂分子，也常常以达赖喇嘛的名义进行煽惑。这使清朝深切地感到，达赖喇嘛宗教权的膨胀，客观上是对中央政权的削弱，于是，决定用多封大喇嘛的办法，以分其势。

康熙二十一年（1682）五世达赖圆寂，主持藏政的第巴桑结嘉措擅自树立仓央嘉措为六世达赖。此后不久，蒙藏民族中长期展开了真假达赖之争，并逐步演变为残酷的政治斗争，造成西藏地方政局的长期动荡不安。清朝于康熙五十二年（1713）照封五世达赖之例，正式册封五世班禅为“班禅额尔德尼”，既图以此稳定西藏政局，也想借此分达赖喇嘛教权。

在此之前，清朝出于同样考虑，于康熙三十二年（1693）以哲布尊丹巴董率喀尔喀蒙古有功，封其为“大喇嘛”。正式确认了他在喀尔喀喇嘛教中的首领地位。康熙五十年（1711）又册封章嘉呼图克图为“大国师”，命其管理京城及内蒙古喇嘛教事务。雍正时，再次正式确认哲布尊丹巴和章嘉呼图克图在喇嘛教中的地位，为哲布尊丹巴在库伦地方建造大寺，使之成为喀尔喀宗教中心，同时在内蒙古多伦为章嘉呼图克图建造大庙，使其总领内蒙古黄教。这样，蒙藏喇嘛教实际上被一分为四，达赖喇嘛主前藏，班禅主后藏，哲布尊丹巴主喀尔喀，章嘉呼图克图主内蒙古，造成了黄教大喇嘛分主教权的局面。雍正五年（1727），在册封哲布尊丹巴和章嘉呼图克图的谕旨中，雍正强调指出，哲布等丹巴是与达赖、班禅“平等之大喇嘛”，又说章嘉呼图克图“在达赖喇嘛、班禅额尔德尼之上”[51]，其用意无非是否定西藏在喇嘛教中的宗主地位。其后，清朝又先后册封了一百六十余名大喇嘛，他们各有领地，互不统属，而分辖于清政府派驻各地的大臣，以防止其形成一种足以和清王朝抗衡的统一的政治力量。

（4）限制喇嘛庙规模，控制喇嘛庙经济，规定喇嘛庙额缺。

雍正初年，青海大批喇嘛武装抗击清军，助长了罗卜藏丹津的叛乱气焰。清政府认为，这与喇嘛庙规模过大有一定关系。此前，“西宁各庙喇嘛，多者二三千，少者五六百”，不仅役使百姓，而且“私藏盔甲器械”，有鉴于此，在平定罗卜藏丹津之乱以后，清政府对喇嘛庙的规模作了规定：“嗣后定例，寺庙之房不得过二百间，喇嘛多者三百人，少者十数人。仍每年稽查一次，令首领喇嘛出具甘结存档。”[52]

同时，鉴于这个严重教训，清政府也从经济上对喇嘛教采取了一些限制措施。明末清初，青海各族人民“各有归附寺院”，要向喇嘛庙“岁纳添巴、香粮”，实际上是喇嘛庙的农奴，与内地的贸易，也由喇嘛庙操纵。喇嘛庙从而聚积了雄厚的经济实力。为削弱喇嘛庙的经济基础，在平定罗卜藏丹津之乱以后，清政府决定，在青海设立如内地府、县一样的行政管理机构，由政府委派的官员管理百姓，当地百姓向国家交纳赋税，“俱交地方官管理，每年量各庙用度给发，再加给喇嘛衣单银两”[53]。这样，就限制了喇嘛庙对世俗百姓的控制，扼制了喇嘛庙经济命脉，用清朝官员的说法，等于“断其肩臂”。

对于京城及其他内地喇嘛庙，清政府则规定额缺，以限制喇嘛庙的规模，防止其势力的膨胀。额缺即喇嘛庙的编制定员，非经特准不许增加。

（5）掌握对大喇嘛的封赠和废黜权，削弱大喇嘛的世俗行政权。

清朝加强对喇嘛教管理和限制的核心，是掌握对喇嘛教的控制权，康熙曾多次公开宣布：“本朝为护法之主”[54]，在“尊崇佛教”的同时，还要“总持道法”，“以道法归一为要务”[55]。就是说，清政府是喇嘛教的最高保护者，喇嘛教只能在封建政权的统一管理之下，而决不允许大喇嘛置于封建政权之上。为此，清朝主要掌握了两个关键措施：

一是牢牢掌握对大喇嘛的封赠和废黜权。顺治时册封五世达赖，是清中央政府第一次行使对喇嘛教首领的封赠权，实质上，也是公开宣布了对喇嘛教的管辖权。之后，历世达赖、班禅及大喇嘛均须经中央政府册封才为合法，形成定制。康熙时，又明令废黜了由第巴桑结嘉措树立的达赖喇嘛仓央嘉措。这是清朝第一次使用了对达赖喇嘛的废黜权。它表明，喇嘛教的首领人物，可以像官吏一样，由中央政府任命或罢黜。这是清朝掌握、利用喇嘛教的权力杠杆。

二是削弱达赖等大喇嘛的世俗行政权力。康熙十八年（1679），割据新疆的准噶尔汗噶尔丹以达赖喇嘛加其“博硕克图汗之号”，“奉贡入告”。康熙认为，封爵之权只能出自中央政府，达赖喇嘛无此权力，噶尔丹这是“擅称汗号”，因而不予承认。这实质上是公开宣布了取消达赖喇嘛对蒙古的世俗行政权。为防止达赖、班禅私人势力和世俗行政权力膨胀，乾隆时明确规定：“达赖喇嘛、班禅额尔德尼之亲属人等，概不准干预公事。”[56]“大、小番目及前、后藏管事喇嘛，均不得以达赖喇嘛、班禅额尔德尼亲属挑补，擅越管事。俟达赖喇嘛、班禅额尔德尼转世后，方准将前辈亲族量材录用。以昭公允”[57]。乾隆时曾对西藏的行政管理体制进行了一系列改革。总的目标是提高驻藏大臣的职权，削弱达赖、班禅的世俗行政权力。乾隆五十八年（1793）颁布的《钦定藏内善后章程》，将清朝在西藏推行的各项重要制度，用法律形式固定下来。“章程”规定，“驻藏大臣督办藏内事务，应与达赖喇嘛。班禅额尔德尼平等”[58]。但实际上，驻藏大臣的职权在达赖、班禅之上。例如，作为权力杠杆的官吏任免权，就操之于驻藏大臣之手。“章程”规定，“（西藏）凡大小各缺，均由驻藏大臣会同达赖喇嘛挑选”。但同时又补充规定，“如达赖喇嘛徇私不公，准驻藏大臣驳正，秉公拣补”[59]。“章程”还明确规定了驻藏大臣有统帅驻藏军队、外交、稽查布达拉、札什伦布财务，主持选定达赖、班禅转世灵童等重要职权，实际上是将西藏地方的用人、行政、财政、军事、外交等权力统归于驻藏大臣。

在“章程”中占突出地位的还有金本巴瓶制度。此前，蒙藏地区大喇嘛圆寂之后，继承其宗教权的转世灵童，通常是由职业宗教人员通过一定的宗教仪式选定，实际上则是被僧俗上层分子操纵，借此争夺宗教权。为革除其弊，清朝设立了金本巴瓶制度，其制：“（将一金本巴瓶）设于前藏大昭，俟将来藏内或出达赖喇嘛、班禅额尔德尼及大呼图克图呼毕勒罕时，将报出幼孩内选择数名，将其生年月日、姓名，各写一签入于瓶内，交达赖喇嘛念经，会同驻藏大臣公同签掣。并于京城雍和宫内亦设一金本巴瓶，如蒙古地方出呼毕勒罕，即报明理藩院，将年月、姓名缮写上，入于瓶内，一体掣签”[60]。这实质上是清朝借此牢牢掌握指认转世灵童、封授大喇嘛的权力，以防止蒙藏贵族争夺宗教权力并与世俗贵族势力结合，加强对喇嘛教管理而采取的一项关键措施。有的研究者认为，《钦定藏内善后章程》颁布实施后，“达赖、班禅拥掌教之虚名，无统治之实际，此实政教分离之渐”[61]这是有一定道理的。

喇嘛教政策的历史影响

清朝的喇嘛教政策，曾经在历史上产生过广泛而深远的影响，这主要表现在以下几个方面：

1. 它在一定意义上，对维系清代前期多民族国家的统一，起到了促进作用。

首先，由于清朝对喇嘛教的扶持与尊崇，赢得了喇嘛教上层人物的欢心与拥戴，所以，在清朝统一全国的过程中，他们积极合作与支持，从而加速了清代前期多民族国家统一的历史进程。

清朝比较顺利地统一了西藏地方。明末清初，阶级矛盾、民族矛盾异常尖锐复杂，政治局面极为混乱，各派政治力量采取了战争手段作为夺取最高统治权的主要斗争形式。清朝对各地区、各民族的统一，基本上也是采用武装征服的方式。但是，由于入关前清朝就开始推行尊崇和扶持喇嘛的政策，并和达赖、班禅建立了政治联系，因此，对西藏的统一，是通过册封达赖。班禅等大喇嘛的手段实现的，基本上没有爆发长期的、大规模的战争，从而使西藏人民避免了长期的战乱之苦。

清朝入主中原后，立即敦请五世达赖进京，并优礼相加。五世达赖一直倾心依附清中央政府，“勤修职贡，初终不倦”，对清中央政府“诚心敬慎”，“从来奉命不违，敬顺而行”，为清朝统一全国出谋划策。他这种政治态度，在蒙藏民族中产生了重要影响，对于清朝稳定内，外蒙古，集中力量统一江南广大地区，起了重要作用。

清朝对青海的统一，利用了大喇嘛商南多尔智。康熙四十一年(1702)，他奉康熙之命赴青海，利用青海蒙藏人民虔奉喇嘛教的特点，“召抚内附，封固始汗子孙罗卜藏丹津为亲王，其余亦授以贝勒、贝子、公、台吉等职，岁支俸报，赴京关领”[62]，彻底统一了青海。

乾隆二十年（1755)，清军平定准噶尔达瓦齐后，喀尔喀亲王额琳沁受命伴随已显露叛迹的阿睦尔撒纳入内地朝觐，被阿睦尔撒纳乘隙逃脱，从而酿成了一场大规模的武装叛乱，因此清朝将额琳沁处死。喀尔喀的一些贵族预谋乘机发动叛乱，共推额琳沁之兄“哲敦国师为主，势多叵测”。乾隆当时正在热河狩猎，得知这个消息后，感到非常震惊和忧虑，便将情况告诉了随行的大喇嘛章嘉国师，“师曰：皇上勿虑，老僧请折简以消逆谋。因夜作札……遣其徒白姓者，日驰数百里，旬日始达其境。……白故善游说，备陈其事颠末，哲敦已折服。更读师札，乃善谕白归，其谋乃解。”[63]一场可能造成民族分裂的萌动的暴乱就这样烟消云散了。

在清朝平定阿睦尔撒纳之乱的过程中，伊犁一些有影响的大喇嘛，曾积极协助清军，他们或者派人迎候清军，或者“安抚众人”、拒不附乱，或者“以理阻止阿逆部众，不使逃窜”。这些，加速了阿睦尔撒纳势力的瓦解，致使“阿睦尔撒纳力穷，喇嘛十散七八”[64]，有力地促进了清朝统一新疆的历史进程。

当然，清代前期统一多民族国家的巩固和加强，是历史发展的必然趋势，是各族人民共同努力的结果。但是在当时特定历史条件下，喇嘛教上层人物利用其巨大的传统势力和政治影响，积极支持和协助清朝，确实也加速了统一的历史进程。

清朝尊崇和扶持喇嘛教的政策，客观上也对各民族经济文化的交流起到了某种促进作用。

喇嘛教的经典《甘珠尔》和《丹珠尔》被陆续翻译成汉、满、蒙等多种民族文字，包含在这些经典中的有关藏族历史、哲学、文学、医学等许多珍贵的历史文化遗产，在汉、蒙、满等民族中传播开来，随着喇嘛教经典的翻译以及各民族间相互交往的频繁，许多民族语文对照的大辞典，例如《五体清文鉴》、《四体合壁文鉴》、《西域同文志》等问世，这对于各民族间的文化交流，直接起到了推动和促进作用。清朝曾在北京、热河、山西、蒙古、青海、新疆、甘肃、四川等地建造了大量喇嘛庙。这些规模巨大的寺庙群，大都综合了汉藏建筑的艺术手法，创造了别具一格的建筑风格，使西藏的建筑艺术得到广泛传播。

2. 由于清朝对喇嘛教的尊崇与扶持，密切了与蒙藏上层僧俗人物的关系，坚定了他们在对外斗争中的内向之心，这对于抵御外来侵略、安定边疆，都起到了积极作用。

康熙二十七年（1688），噶尔丹驱兵攻入漠北，喀尔喀各部大败，陷入一片混乱。沙俄乘机威胁利诱，妄图迫使外蒙大喇嘛哲布尊丹巴和喀尔喀蒙古叛国投俄。喀尔喀王公在惶恐不安中对于何去何从产生了严重分歧，“众议就近投入俄罗斯为便，因请决于哲布尊丹巴呼图克图。时呼图克图曰：‘我辈受天朝（指清朝）慈恩最重，若因避兵投入俄罗斯，而俄罗斯素不奉佛，俗尚不同，视我辈异言异服，殊非久安之计，莫若携全部投诚大皇帝，可邀万年之福’。众欣然罗拜，土谢图汗遂请呼图克图率众内附”[65]。哲布尊丹巴率喀尔喀举部内迁，对于沙俄侵略我国蒙古地区的阴谋是迎头一棒，鼓舞了各族人民抗击沙俄侵略的斗志，对于尼布楚谈判期间我国代表团揭露沙俄的侵略的阴谋，也是一个有力的支持。乾隆三十六年（1771），土尔扈特部冲破沙俄的重重阻挠，忍受了巨大牺牲，跋涉万余里，终于举部重返祖国。关于这一重大历史事件的原因，乾隆就曾说过：“俄罗斯素不奉佛，土尔扈特在彼俗尚不同，知伊犁黄教振兴，因思还故土。”[66]他是把这个事件，看做清朝喇嘛教政策的一个胜利。这个说法虽然有些偏颇，但在一定意义上的确反映了历史的真实。

在清朝喇嘛教政策的感召下，西藏僧俗上层人物也曾与外国侵略者进行过坚决斗争。18 世纪下半叶，英国由于在中国沿海贸易受到限制，企图侵入西藏，作为进入我国内地贸易的跳板。乾隆三十九年（1774），英国东印度公司的孟加拉总督派遣波格尔等到西藏。六世班禅得知波格尔已到达不丹后，立即写信给波格尔，强调指出，中国大皇帝禁止外国人来西藏，如波格尔要来西藏，必须经大皇帝批准。波格尔未听劝阻，于当年底窜入日喀则，他提出要与西藏签订通商条约，要求班禅介绍其去北京，甚至要求与西藏结成“某种形式之联盟”。六世班禅告诉他，西藏“臣属中国”，并由人转告他“一切须（听）命（于）中国皇上”[67]。英国侵略西藏的初期阴谋就这样碰了壁。

乾隆末年，在反击廓尔喀侵略的战争中，西藏僧俗上层分子也积极配合清军作战。在乾隆五十三年（1788）的第一次反击廓尔喀入侵的战斗中，达赖喇嘛就筹集稞麦四千六百余石，牛一百一十头，羊一万只，供给清军，“情愿作为兵丁口粮”[68]。在乾隆五十七年（1792）的第二次反击廓尔喀入侵的战争中，“达赖喇嘛督率众呼图克图等采办粮石、牛羊，帮出乌拉，甚为踊跃”[69]，共筹集粮食七万余石，牛一万五千余头，大、小炮三十余位，火药二千四百余斤，铅于二万八千余，对于夺取反侵略战争的胜利，起了重要作用。

3. 喇嘛教侵入了清朝的肌体，加速了它的腐朽和衰败，喇嘛教势力的膨胀，严重阻碍了蒙藏地区经济文化的发展。

清朝虽然多次宣称，尊崇和扶持喇嘛教只是统治蒙藏民族的“从宜从俗之计”，只是“礼敬喇嘛，而不入喇嘛之教”[70]。但是，在现实生活中，他们大事崇佛和广修喇嘛庙，造成劳民伤财，激化了社会矛盾。乾隆四十五年（1780），一名山西儒生公开上书清廷，直陈政治缺失，“其中三条，即土木之不息也，巡游之无度也，番僧之过礼也”[71]。都与清朝过分崇奉喇嘛教有关。“土木之不息”包括大造喇嘛庙，“巡游之无度’它括到处礼佛，“番僧之过礼”更是直斥清朝滥崇喇嘛，这是切中时弊的。

清朝喇嘛教政策造成的最大恶果是严重阻碍了蒙藏地区经济文化的发展。

清朝虽然制定和采取了一些对喇嘛教加强管理和限制的措施，但实际上并不能彻底贯彻执行，而由于清朝的提倡与扶持，喇嘛教势力迅速膨胀，并在蒙藏地区泛滥，成为社会发展的严重障碍。

首先，造成了蒙藏地区人口增长的停滞。清代蒙藏民族人口的增殖几乎等于零，喇嘛教盛行是一个重要的社会原因。清代人就已经注意到了这个问题，指出：“番部（指藏族）之生齿不繁，佛教害之也。”[72]

其次，喇嘛教徒的迅速增加，造成大量社会劳动力集中于寺庙，“如一家之中，子女多者，必有一、二为僧，女为尼者”[73]。人口结构呈现“释氏子弟过半”[74]，“僧多于民”[75]的畸形状态。喇嘛“不耕而食，不织而衣”，是一个脱离生产的寄生阶层。大量的人口涌进喇嘛庙，造成了社会劳动力的锐减。

更为严重的是，蒙藏地区的大量社会财富畸形地集中于喇嘛庙，被无谓地消耗掉，而劳动人民的负担，则越来越沉重，生活越来越贫困。

大喇嘛和喇嘛庙利用政治上的特权，掠夺了大量社会财富，“有爵位，擅土地，岁入极富”[76]。西藏地方全部收入都入于喇嘛庙，由达赖、班禅支配。清末统计，哲布尊丹巴占有牲畜二万余头，喇嘛庙共占牲畜二百三十万头之多，约占喀尔喀牲畜总数的55%。其他地方的喇嘛庙也都占有大量土地和财富。这些社会财富，除供上层喇嘛挥霍外，全部都用在铸造佛像、修建寺庙等宗教活动上。例如，乾隆时布达拉每年所收前藏赋税约合银十二万七千余两，而宗教开支约十三万五千五百余两；札什伦布所收后藏赋税约合银六万六千九百余两，而宗教开支约需七万四千四百余两，都是入不敷出。社会财富全部消耗在宗教活动上，丝毫不考虑扩大再生产和社会经济的发展，这是一种惰性经济，其必然结果是经济的衰败和萎缩。

喇嘛和寺院通过接受布施的形式把劳动人民剥夺得精光，“竭夫妇生平，力积毕世数金资，即一碗一勺，死之日，儿女不敢受，悉为喇嘛有”[77]。劳动人民除承担封建国家沉重的劳役之外，还要为喇嘛和寺院承担名目繁多的无偿劳役。例如，为喇嘛庙种香火地，以及洒扫、背水、割草，或者牧放牲畜、修造寺庙，甚至为喇嘛做生意充当苦力等等。残酷的盘剥和沉重的劳役，造成了藏族人民的极端贫困和大量的转徙流亡。乾隆末年，驻藏大臣在一项告示里说：“唐古忒（西藏）百姓本来穷苦，百姓内除出天花亡故外，又因差事繁多，逃散甚众…查百姓逃散之故，原因乌拉（强制性的无偿劳役）牛马、人夫、柴草、饭食费用繁多，以致逃散。”[78]后藏萨喀地方原有千余户，至乾隆末年，仅剩二百户左右，逃散了80%。作为生产主力军的劳动人民的极端贫困化和大量流亡，不能不严重影响生产的发展，从而导致经济的凋敝。

蒙古的情况也和西藏相差无几。到清末，连统治阶级也感到了这个问题的极端严重性，指出：“蒙古之弱，纪纲不立，惟佛教是崇。于是，喇嘛日多，人丁日减，召庙日盛，种类日衰，极其迷信之深，有渐趋于澌灭，势所至也。乃近闻蒙古亦多无嗣，恒有以已剃度而归宗者，而一本数支，十不一二。”⑲

蒙藏地区社会经济的长期停滞衰退和劳动人民的极端贫困，不能不严重影响边疆地区的安定和抵御外来侵略的能力。中国近代史上遭受帝国主义的侵略，这也是其中原因之一。

注释：

①黄沛翘：《西藏图考》卷2，西藏人民出版社1982年版，第76页。

②松筠：《西招图略》，西藏人民出版社，1982年版，第2页。

③《清太宗实录》卷49。

④《清太宗实录》卷68。

⑤王岂孙：《西藏牧唱词》，见《历代西域诗抄》，新疆人民出版社1982年版。

⑥福格：《听雨丛谈》卷7，中华书局1984年排印本。

⑦昭梿：《啸亭杂录》卷10，中华书局1980年排印本。

⑧雍正：《善因寺碑文》，见张羽新辑注《清代喇嘛教碑文》，天津古籍出版社1987年版，本文所引碑文，凡未注明出处的，均引自此书。

⑨《清高宗实录》卷1427。

⑩乾隆：《诣安远庙作》，碑藏承德安远庙。

⑪乾隆：《普宁寺碑文》，碑藏承德普宁寺。

⑫乾隆：《普宁寺碑文》，碑藏承德普宁寺。

⑬乾隆：《安远庙瞻礼书事》，碑藏承德安远庙。

⑭乾隆：《喇嘛说》，碑藏北京雍和宫。

⑮嘉庆：《普陀宗乘之庙瞻礼纪事诗》。

⑯《清高宗御制诗文十全集》卷9。

⑰《西域图志》卷39。

⑱松筠：《西招图略》。

⑲《清圣祖实录》卷227。

⑳《清圣祖实录》卷110。

㉑陈登龙：《里塘志略》。

㉒康熙：《宏仁寺碑文》。

㉓雍正：《惠远庙碑文》。

㉔约瑟夫·塞比斯：《耶稣会士徐日升关于中俄尼布楚谈判的日记》，商务印书馆1973年中译本，第70—71页。

㉕〔法〕加斯东·加恩:《彼得大帝时期的俄中关系史》，商务印书馆 1980 年中译本，第 272 页。

㉖〔俄〕尼古拉·班蒂什一卡缅斯基编著:《俄中两国外交文献汇编（1619—1792)》，商务印书 1982 年中译本，第 402、403 页。

㉗乾隆:《普乐寺碑文》。

㉘雍正:《惠远庙碑文》。

㉙福格:《听雨丛谈》卷 7。

㉚王先谦:《东华续录》顺治朝卷 10。

㉛《理藩院则例》卷 56。

㉜例如，大喇嘛奉旨外出办事待遇，“扎萨克大（达）喇嘛，照二品大臣之例；大（达）喇嘛及副大（达）喇嘛，均照三品官员之例。其跟投徒众，无论格隆、索尔、班第均照大臣跟役之例”。见郑栖山:《平定两金川事列》（清抄本）下卷。

㉝《敕封第十一辈达赖喇嘛金册》。

㉞《光绪大清会典》卷 63。

㉟佚名:《西藏记》。

㊱《理藩院则例》卷 56。

㊲李心衡:《金川琐记》。

㊳徐轲辑:《清稗类钞·宗教类》。

㊴《清世宗实录》卷 15。

㊵《清高宗实录》卷 1369。

㊶《承德府志》卷首。

㊷雍正:《惠远庙碑文》。

㊸《顺治八年白塔寺碑》，见高士奇:《金鳌退食笔记》，北京古籍出版社 1980 年版，第 134 页。

㊹周蔼联:《西藏纪游》。

㊺吴长元:《宸坦识略》卷 5。

㊻魏源:《圣武记》卷 2。

㊼《承德府志》卷首 1。

㊽《清高宗实录》卷 1393。

㊾《清圣祖实录》卷 174。

㊿乾隆:《普陀宗乘之庙碑记》。

51《清世宗实录》卷 63。

52《清世宗实录》卷 20。

53杨应琚:《西宁府新志》卷 31。

54《卫藏通志》卷 12。

⑤⑤《理藩院则例》卷 56。

⑤⑥《清圣祖实录》卷 176。

⑤⑦《清圣祖实录》卷 175。

⑤⑧《卫藏通志》卷 12。

⑤⑨《理藩院则例》卷 62。

⑥⓪《清高宗实录》卷 1427。

⑥①许先志、蔡晋成:《西藏新志》。

⑥②杨应琚:《西宁府新志》。

⑥③昭梿:《啸亭杂录》卷 8。

⑥④《清高宗实录》卷 508。

⑥⑤松筠:《绥服纪略》。

⑥⑥乾隆:《伊犁将军奏土尔扈特汗渥巴锡率全部归顺诗以志事》，见《清高宗御制诗文十全集》。

⑥⑦〔英〕荣赫鹏著，孙煦初译:《英国侵略西藏史》，见西藏社会科学院资料情报研究所 1983 年排印本，第 14 页、31 页。

⑥⑧《清高宗实录》卷 1313。

⑥⑨《清高宗实录》卷 1398。

⑦⓪《清世祖实录》卷 68。

⑦①《朝鲜李朝实录中的中国史料》第 11 册，正宗实录一（四年）（清乾隆四十五年）。中华书局 1980 年版，第 4701 页。

⑦②段鹏瑞:《盐井乡土志》。

⑦③佚名:《西藏记》。

⑦④肖腾麟:《西藏见闻录》。

⑦⑤魏源:《圣武记》卷 5。

⑦⑥张相文:《南园丛稿》。

⑦⑦王我师:《藏炉述异记》。

⑦⑧《卫藏通志》卷 14 下。

⑦⑨中国第一历史档案馆:《清朝理藩院档》。

（原载《西藏七百年（上)》，五洲传播出版社 2000 年版，第 259—285 页）

康熙在加强国家统一的过程中是如何对待喇嘛教的

——从承德溥仁寺谈起

避暑山庄之东，有承德外八庙中建造年代最早的两座喇嘛庙——溥仁寺、溥善寺，是康熙五十二年（1713）蒙古各部王公为庆祝皇帝60岁寿辰奉勅建造的。现仍耸立于庙中的康熙御制《溥仁寺碑》，特对此做了说明："康熙五十二年，朕六旬诞辰。众蒙古部落咸至阙廷，奉行朝贺，不谋同辞，具疏陈恳，愿建刹宇，为朕祝厘。"他想要说明的是，建庙并非己意，而是俯从蒙古各部王公恳请。为什么要建造喇嘛庙？碑文中也做了说明：蒙古各部"自百年以来，敬奉释教，并无二法。谨守国典，罔敢陨越。"其所谓"释教"，是指藏传佛教（俗称喇嘛教），为清代蒙古唯一的宗教信仰。建造喇嘛庙，正是为了满足他们的宗教信仰。至于为什么将喇嘛庙要建在避暑山庄附近，康熙在碑文中，也特别说的："朕驻跸（避暑山庄）清暑，岁以为常，而诸藩来觐，瞻礼亦便。"他说得很明白：每年来承德避暑，蒙古各部王公都来朝觐，在这里建庙影响大。从历史研究的角度来说，康熙正是利用这两座喇嘛庙，昭示利用喇嘛教抚绥蒙古的政策。这对于我们研究康熙的喇嘛教政策，是一个很好的切入点。

当然，要了解康熙对喇嘛教的政策，当然先要了解康熙其人和当时的历史背景。

康熙（爱新觉罗·玄烨）是我国历史上一个较有作为的皇帝。他于顺治十八年（1661）正月继承其父顺治成为紫禁城的主人，是清朝入关后的第二代君主。他实际当皇帝六十二年，直到康熙六十一年（1722）才辞世而长眠。

康熙六年（1667），他以十三岁幼龄亲自执掌朝政。当时，全国规模的明末清初农民大起义虽然已经基本结束，但刚刚从襁褓中站立起来的清朝政权依然困难重重，百废待举。为了进一步巩固爱新觉罗王朝的政权和加强国家的统一，他开始了长期的努力。

一是加强皇权。康熙即位时，国家政权操纵在索尼、苏克萨哈、遏必隆、鳌拜四个辅政大臣手中。鳌拜欺康熙年幼，与遏必隆结成一党，迫使皇帝处死了苏克萨哈。索尼年迈，模棱折衷，大权完全落入鳌拜手中。他培植亲信，排除异己，凡朝政大事先在家“定议”，再上奏施行，对皇权造成了严重威胁。康熙亲政后，设计逮捕了鳌拜，将其“革职籍没仍行拘禁”，并惩处了他的同党，从而将统治大权重新掌握在一人之手。为了进一步加强皇权，康熙又设置了南书房，为皇帝直接起草诏谕和处理机密奏章，从机构设置上削弱了清入关前就已经形成的、掌管很大权力的议政王大臣会议和内阁的实权。康熙末年，又派皇子直接掌握八旗，接管了统率八旗武装力量的八旗旗主的权力。从此，大权完全集于皇帝一身。皇权的加强，在一定意义上说，为清朝进一步统一全国提供了必要的条件。

二是进一步统一全国。康熙十二年（1673）爆发的以平西王吴三桂为首的“三藩之乱”，使刚刚统一江南不久的清王朝，又面临着分裂的危险。康熙临危从容，指挥清军苦战八年，终于平定了这场大规模的分裂叛乱。康熙二十二年（1683），清政府又统一了台湾，并设府置县，加强了行政管理。康熙三十年（1691），清政府又召集喀尔喀各部，举行了历史上著名的“多伦会盟”，对喀尔喀各部“编旗设盟”，置于清政府的全面管辖控制之下。康熙二十九年（1690）、三十五年（1696）、三十六年（1697），康熙三次率军亲征，击败了新疆准噶尔部噶尔丹的分裂势力，为乾隆时彻底统一新疆，奠定了基础。康熙五十九年（1720），清军入藏，清除了骚扰西藏的准噶尔势力，在西藏派驻大臣和驻防军队，加强了对西藏的行政管理。这些都使国家的统一得到进一步加强。

三是抗击外来侵略。明末清初，沙俄多次派遣武装军队，侵略我国的黑龙江流域，肆意烧杀抢掠，筑城盘踞，给我国东北各族人民的生命财产造成了严重损失，也对我国的领土完整和国家安全造成了严重威胁。康熙彻底统一了江南广大地区之后，即开始部署反击沙俄入侵问题。康熙二十四年（1685）、二十五年（1686），在东北各族人民的支持下，清朝军队两次打败了入侵的沙俄侵略者，收复了被沙俄侵略军侵占的雅克萨。康熙二十八年（1689），中俄双方在平等基础上签订了《尼布楚条约》，从法律上解决了中俄东段边界，在一定程度上遏止了沙俄对我国东北的侵略，保卫了我国东北地区的领土完整和边境安全。

四是恢复和发展社会经济。康熙执政以后，在顺治一代的基础上，继续采取了一系列恢复和发展封建经济的措施：下令停止满洲贵族强行圈占民地；准许部分壮丁“开户”和“出旗为民”，即释放满洲贵族官庄内的部分农奴，使之成为自由农民；在直隶等省推行“更名地”政策，即承认明末清初战乱中农民占耕的明朝废藩土地和无主荒地为合法；实行“盛世滋丁，永不加赋”政策，鼓励人口增殖；扩大税源，鼓励垦荒；治河、兴修水利等。这些政策的推行，对清初经济的恢复和发展起了一定的促进作用。据有关史料记载，顺治时全国人口有一亿左右，到康熙末增加到一亿三千万左右。同时，初步扭转了政府财政亏空的局面，顺治时期每年亏空数十万两到数百万两，到康熙末年，户部结余六百万两。明末清初遭到严重破坏的社会经济得到了初步恢复和发展。

由于康熙推行的上述政策，客观上符合了历史发展的总趋势，所以，在他统治时期内，清王朝呈现了被史书称为“康乾盛世”的发展景象。这对于中华民族的历史发展，无疑是有积极意义的。同时也因为这些，使康熙的名字出现在中华民族历史上杰出人物的灿烂群星之中。

由前面简单的叙述，我们可以概括了解到，加强对蒙藏地区的统一和巩固北部边疆，是康熙时加强国家统一的一项重要内容，也是康熙对我国历史上多民族国家统一做出的一个重要贡献。他所以能够做出这样的历史贡献，除了客观的历史条件之外，从主观上来说，也是与他推行的政策分不开的，其中当然也包括利用喇嘛教这样一项政策。研究康熙对喇嘛教的政策，对于研究清代前期多民族国家的统一和康熙其人都是不可缺少的重要方面。

一、利用喇嘛教作为“控驭蒙古”和“化俗”之具

康熙执政以后，曾多次表示和公开宣布“尊崇佛教”[①]，继续推行清朝入关以前就开始实行的、利用喇嘛教统治蒙藏民族的政策。这与康熙对喇嘛教社会作用的认识是分不开的。

康熙认为，尊崇喇嘛教可以“控驭蒙古”。清王朝平定三藩之乱、统一台湾之后，主要目标是治理北方。当时内、外蒙古社会情况混乱，准噶尔贵族割据新疆，严重影响着国家的统一，沙俄侵略我国的主要矛头，也指向了我国蒙古族居住的广大地区。所以，加强对蒙古的统一和行政管理，无论是从加强多民族国家的统一来说，或是防御外来侵略、保卫国家

的领土完整和安全来说，都具有特殊的重要作用，康熙就曾多次说过，“凡在龙堆瀚海内外百余部落，皆吾藩篱屏翰”[②]。基于这样的认识，康熙对蒙古问题给予了特殊的重视，制定和推行了一整套统治蒙古的政策，例如优礼王公贵族，结以亲谊，编旗设盟，建立驿站等等，其中也包括扶植和尊崇喇嘛教这样一项传统政策。

康熙认为，要治理好蒙古，就须“控驭蒙古有道”。康熙三十六年(1679)，他针对“明时为恢复河套议论纷纭”的历史经验教训说道：“若控驭蒙古有道，则河套虽为所据，安能为患？控驭无道，则何地不可为乱？”[③]控驭蒙古有道，其中就包括尊崇、利用喇嘛教，也就是尊重他们的宗教信仰。康熙三十七年（1698），针对策妄阿拉布坦希图以保护喇嘛教为名吞并西藏的阴谋，康熙明确地说明了这一点，他指出：“休息兵戎，令宇内升平，始云道法。若以护法为辞，必生衅端。如尔等虽招抚回子，曾灭其教，亦能令其皈依佛法、跪拜喇嘛否？今天下太平之时，惟令各行其道，若强之使合，断不可行。”[④]这就是说，不能强行改变一个民族的宗教信仰，必须顺其俗而抚治之。所以康熙认为，“达赖喇嘛，蒙古等尊之如佛”，扶植喇嘛教、尊重达赖喇嘛，不仅可以笼络藏族上层人物，“而众蒙古亦欢悦矣”[⑤]，这样，在与准噶尔上层分裂势力做斗争时，可以影响蒙古族人心的向背，使之倾心于清中央政府。

另一方面，康熙认为，喇嘛教作为一种思想意识，与封建伦理道德有相通之处，可以成为维护封建统治的辅助力量。用他的话来说就是，“（佛教）其阐发宗风，宣扬梵谛，大都以清静慈惠，倡导颛蒙，与帝王弘济群生之至意亦有合焉。”[⑥]在《重修东黄寺碑记》中，他指出；“夫三乘以劝善良，五戒以防淫慝，溯厥本源，洵足饬躬诋俗，裨益化成”；在《五台山殊像寺碑文》中，康熙也说：“（兴喇嘛教）事有裨于劝俗，聿弘觉善之门”；在《台麓寺碑文》里，他又说：“佛教之弘深，欲跻群生于仁寿”；在《五台山广宗寺碑文》里，他再一次说明，“宣梵呗于梵天，意兼劝俗”；在《广仁寺碑文》中，康熙说，所以建造西安广仁寺，是“上以祝慈寿于无涯，助王化之遐宣，下以锡民休于有永，其亦朕绥怀寰宇，顺导蒸黎之至意也欤？”这些都足以说明，利用喇嘛教作为思想统治的工具，以维护清王朝的统治，是康熙的一贯思想。其实，清朝官僚对此是早有体会的，康熙五十九年（1720），统军进藏的噶尔弼在《平定西藏碑文》中就曾指出：“藏俗信佛，番民事所谓达赖喇嘛如事佛然。故安藏以达赖喇嘛，至因心以化厥浴。”这准确地道出了康熙的统治思想。

以上这些就是康熙对待喇嘛教的思想理论基础

二、利用达赖、班禅“化导悖乱”

康熙尊崇和扶植喇嘛教的一个重要政治目的，是利用达赖和班禅在蒙藏民族的传统势力和巨大影响，“化导悖乱”⑦，即与分裂割据势力做斗争，加强全国的统一。

早在康熙十三年（1674），即“三藩之乱”爆发不久，康熙就曾敕谕达赖喇嘛，“大兵分路进讨，若吴三桂势蹙投降，喇嘛其即执送”⑧，“勿纳残贼入其境内”⑨，其意在借助于达赖喇嘛的力量，合击吴三桂，并断其向西逃窜之路。虽然由于各种原因，达赖喇嘛并未出兵，但在康熙十四——二十年（1675—1681），即平定“三藩之乱”的紧张关头，五世达赖每年都向清中央政府请安进贡，表示效忠和衣附清中央政府的决心，这对清中央政府无疑是一种政治上的支持。

如果说，在平定“三藩之乱”中，康熙还仅仅是把达赖作为西藏地方政权的代表，令其协助平叛，那么，在加强对蒙古各部统一的过程中，康熙则把达赖、班禅视为喇嘛教的首领人物，敕谕他们利用其在蒙古各部的传统势力和巨大影响，协助清中央政府对蒙古各部的统一。康熙在给五世达赖的一通谕旨中，就曾明确地表达了这个目的，他说：“尔喇嘛敬奉佛法，济度众生，西域、蒙古亦尊奉尔喇嘛之教，朕与尔往来通使，历年已久，是以喀尔喀、厄鲁特之事，朕多与尔喇嘛闻之”⑩，即要求达赖喇嘛在清中央政府统一蒙古各部的过程中，采取共同行动。

康熙初，喀尔喀札萨克图汗部与土谢图汗部经常发生纠纷。札萨克图汗的一部分牧民逃往土谢图汗部，索要不还，因而发生了冲突。康熙二十三年（1684），清中央政府“遣阿齐图格隆等赍敕往谕达赖喇嘛，令彼遣使议和”⑪，企图借助于达赖喇嘛的力量，平息喀尔喀内部的纠纷。

但是，康熙的打算落了空，他不知道，当时“达赖喇嘛身故，第巴匿其事，构使喀尔喀、厄鲁特互相仇杀”⑫，野心勃勃的准噶尔汗噶尔丹暗中与独专藏政的第巴桑结相勾结，打出了保护喇嘛教的旗号，武装扰乱喀尔喀，进行大规模的分裂活动。于是，康熙利用达赖喇嘛“化导悖乱”的计划，不得不以揭露噶尔丹利用喇嘛教搞分裂阴谋的手段来实现。在乌兰布通之战过程中，康熙逐渐识破了噶尔丹与第巴桑结的阴谋，于是变化了利用达赖制止分裂活动的策略，意图将五世班禅召到北京，利用他在喇嘛教中的地位，加强对蒙古各部的统一，他给班禅的敕谕中说："今以达赖喇嘛已老，尔胡土克图道法不二，勤修不倦，诵经行善，特往召尔胡土克图。朕将与尔同化导悖乱，使中外道法归一。"噶尔丹与第巴桑结深知这样一来，自己的阴谋必将败露，于是极力从中作梗，"恐吓"班禅，"言噶尔丹兵将要而杀之，阻不使行"⑬。但是，康熙很快弄明白了噶尔丹与第巴桑结相互勾结，隐瞒五世达赖已死，假达赖喇嘛名义进行分裂的阴谋，于是康熙命令将此事"明开敕内，照样刊刻多印"，令人"遍行传示"⑭，"宣示内外四十九旗及喀尔喀诸处"⑮，使蒙古僧俗群众认清噶尔丹假借达赖名义进行分裂活动的伎俩，这对于孤立噶尔丹是起到一定作用的。一些外国史学家就认为，噶尔丹之所以众叛亲离，并于康熙三十六年（1697）最终走向了覆灭的道路，"一则是由于连年战争所产生的厌倦情绪，一则也因为喇嘛们感到噶尔丹不够驯顺，煽动他们反对他，转向他的侄子察罕阿拉布坦（即策妄阿拉布坦）"⑯。

另外，康熙在对西藏加强行政管理的过程中，也将达赖和班禅作为维系政局稳定的号召力量。第巴桑结死后，拉藏汗开始控制西藏，这就引起了青海一些蒙古王公的妒嫉，同时，西藏又出现了真假达赖灵童之争，一时达赖喇嘛禅榻空虚，喇嘛教领袖乏人，数年之间，西藏政局混乱，人心不稳。清政府于是在康熙五十二年（1713）封班禅为"班禅额尔德尼"，并按册封达赖喇嘛之例，给予金册、印，这一方面是分达赖喇嘛的教权，另一方面也是使班禅暂时首领喇嘛教，安抚人心，稳定政局。

康熙五十五年（1716）底，准噶尔汗策妄阿拉布坦为扩张势力，派出了两支军队：一支由其部将策零敦多布率领，约六千人，偷袭西藏；另一支三百余人的小股部队，穿越新疆东南部，直取青海塔尔寺，企图劫持达赖灵童噶桑嘉错，他认为，"一旦他们掌握了那个灵童，整个西藏就会欢喜若狂地迎接他们，征服西藏就会为成为一场不流血的战争"⑰。但是，这支小股军队很快就被清军消灭了，劫持达赖灵童的计划自然成了泡影。不过，策零敦多布率领的准噶尔军队攻入了西藏，他还亲自往扎什伦布谒见班禅，图谋"迎请班禅回策旺喇布坦（即策妄阿拉布坦）地方"⑱，即将班禅劫持到伊犁。康熙深知此中利害，派皇十四子允禵为大将军，西征准噶尔，允禵坐镇西宁，并派大军清除入藏准噶尔军队，同时护送达赖灵童（七世达赖）进布达拉主持法席。康熙认为，这样能“令土伯特之众诚心归向，则策零敦多卜自畏势逃遁”，可以利用达赖喇嘛为号召，争取藏族群众群起攻击准噶尔军队，使“土伯特之众，即如我兵”[19]。康熙五十九年（1720），清军入藏驱逐了准噶尔势力，加强了对西藏的行政管理。康熙利用达赖喇嘛安抚藏族、稳定西藏政局的政策，收到了实际效果。

三、优礼哲布尊丹巴胡土克图，巩固北疆藩篱

保卫祖国的领土完整和边防的安全，防御来自北方沙俄的侵略，这是康熙巩固和加强多民族国家统一的一项重要历史内容。在这场斗争中，蒙古族处于最前线，成为中华民族的北疆长城和屏障。康熙对这一点是有深刻认识的，为了适应与沙俄斗争的形势，康熙特别注意了蒙古族的宗教信仰，尤其是注意优礼喀尔喀的宗教首领哲布尊丹巴胡土克图。

清代前期，沙俄在武装侵略我国北部边境的同时，也把拉拢哲布尊丹巴胡土克图作为分裂我国边疆民族的一种重要手段。沙俄也认识到。“蒙古人信仰喇嘛教。喇嘛教首脑——库伦的呼土克图享有王侯的一部分世俗权力，并对王侯、百姓有极大影响”[20]。所以，沙俄阴谋把拉拢哲布尊丹巴胡土克图作为毁坏中国北疆长城的突破口。当沙俄侵略我国黑龙江流域的活动遭到中国军民的抵抗和反击时，沙皇于 1685 年（清康熙二十四年）派出大贵族戈洛文到西伯利亚指挥对中国的侵略活动，并作为与中国进行谈判的代表团团长，“指示戈洛文，如有可能，取得（哲布尊丹巴）呼土克图的帮助，作为中俄之间的一种外交的联络人”[21]，戈洛文对此是心领神会的。所以，1686 年（清康熙二十五年），“在途中，他就从雷布诺耶堡派斯捷潘·科罗文去色楞格斯克，指示他：‘侦察清楚蒙古王之确实消息’，并挑选‘一名能干之军役贵族’给‘蒙古格根呼土克图’（即哲布尊丹巴胡土克图）送上一封‘殷勤’的信和一份‘能表现出友情’的厚礼”[22]。但是，由于沙俄的使者“不愿按照蒙俗行礼并接受祝福”，哲布尊丹巴胡土克图拒绝接见，戈洛文的诡计也就落了空。但是，戈洛文并不死心，1687 年（康熙二十六年），他再次致书哲布尊丹巴胡土克图，要求胡土克图制止蒙古人对沙俄侵略军的反击，并以自己的名义馈赠一批珍贵礼品。以后，戈洛文又多次向哲布尊丹巴呼土克图处派遣使臣

并送去礼物，企图拉拢这位喀尔喀的掌教大喇嘛。但是，戈洛文的“这一切都没有获得成功。（哲布尊丹巴）呼土克图对俄国的友好表示心存疑虑。他知道跟俄国人来往过密是会使中国皇帝不高兴的”㉓。

具有丰富统治经验的康熙皇帝非常清楚喀尔喀在反击沙俄侵略斗争中的重要地位和作用。以及哲布尊丹巴胡土克图在喀尔喀蒙古中的社会地位和政治号召力，他深知欲使喀尔喀蒙古坚心内向，必须优礼胡土克图。当刚刚平定“三藩之乱”、清政府开始筹划反击沙俄侵略时，康熙即特别注意了密切与哲布尊丹巴胡土克图的关系问题。康熙二十一年（1682），即平定“三藩之乱”的第二年，康熙即派遣大喇嘛垂重格隆为使者。到哲布尊丹巴胡土克图处去，向他通报平定“三藩之乱”的情况，并对其“大加赏赉”，从而加强了和哲布尊丹巴胡土克图政治上的联系。翌年，哲布尊丹巴胡土克图即遣使进贡，康熙又对其大加赏赉。以后，康熙又多次派使者到哲布尊丹巴胡土克图和喀尔喀各汗处，向他们通报与沙俄斗争的情况，并劝谕他们与盘踞我尼布楚等地的沙俄侵略者停止贸易，配合清中央政府对沙俄的斗争。这些，对于哲布尊丹巴胡土克图自然是政治上的极大信任，胡土克图自然对中央政府也报之以忠心。康熙二十五年（1686），即戈洛文第一次向哲布尊丹巴胡土克图送去书信和赠礼的时候，这位喀尔喀蒙古的宗教首领却于九月和十二月连续两次向康熙“请安进贡”，表示效忠，并向清中央政府报告了沙俄使团的活动情况，康熙自然也给了他优厚的赏赐，

当中俄《尼布楚条约》签订之后，沙俄侵略我国黑龙江流域的活动被遏止，开始把侵略的主要矛头指向我国的蒙古地区的时候，康熙对哲布尊丹巴胡土克图给予了更高的礼遇。康熙三十二年（1693），“封哲布尊丹巴胡土克图为大喇嘛，于喀尔喀地方立为库伦，广演黄教”㉔，从法律上正式承认了哲布尊丹巴胡土克图总领喀尔喀喇嘛教的地位。以后，清中央政府一直对哲布尊丹巴胡土克图给予特殊的优礼，使之在喇嘛教中的地位与达赖、班禅平等。例如，哲布尊丹巴胡土克图与达赖、班禅一样，“例准支搭”黄布城，乘坐黄车、黄轿，其他大喇嘛则概不准用（只有章嘉呼土克图曾被特准“赏坐黄车”是个例外）。车轿、服饰等在封建社会中是一个人社会地位和等级的重要标志。黄布城、黄车、黄轿是清朝皇帝专用的仪仗，大臣擅用是要以谋反罪论处的。其特准达赖、班禅、哲布尊丹巴使用，是表示特殊的优礼。另外，其他大喇嘛的印、册，用银镀金或

银，只有达赖、班禅、哲布尊丹巴三个大喇嘛，“其册印均用金”[25]。这也表示，这三个大喇嘛的地位是相等的。康熙所以特别抬高哲布尊丹巴在喇嘛教中的地位，除借此分达赖喇嘛的教权外，还有一个重要的政治目的。就是借此笼络哲布尊丹巴，用以怀柔笼络喀尔喀蒙古，使之倾心清中央政府，以巩固北疆藩篱。

四、清中央政府“总持道法”

康熙执政时期的一个重要政治目标，就是提高皇权。这在客观上也就是加强封建中央集权和国家的统一。康熙当然也把这种精神贯彻到了对喇嘛教的政策中去。他曾多次对蒙藏上层人物和喇嘛教首领公开宣布，“本朝为护法之主”[26]，在“钦崇佛教”的同时，还“总持道法”，“以道法归一为要务”[27]。这些说的都是一个意思，就是，清王朝是喇嘛教的保护神，喇嘛教要在清中央政府的统一管理之下，而决不允许大喇嘛置于封建政权之上。对此，康熙主要是掌握两个关键问题：

一是牢牢掌握对大喇嘛的封赠和废黜权。顺治时，曾封五世达赖为“西天大善自在佛所领天下释教普通瓦赤喇达赖喇嘛”，这是清中央政府第一次对喇嘛教首领使用了封赠权，实际上也是宣布了清中央政府对喇嘛教的管辖权。康熙执政以后，继续沿着这个政策方向前进。康熙三十二年(1693)，“封哲布尊丹巴胡土克图为大喇嘛，于喀尔喀地方立为库伦”；四十四年（1705），又“封章嘉呼土克图为灌顶普善广慈大国师，给予敕印”[28]，令其供奉于宫廷，并掌管内蒙喇嘛教。康熙五十二年（1713），再册封班禅，“著照封达赖喇嘛之例，给以册印，封为班禅额尔德尼”[29]，使其掌管后藏喇嘛教，以分达赖喇嘛的教权。从政治意义上来说，这是一种分而治之的办法，即不令喇嘛教形成统一的有实际权力的宗教领袖，意在使前后藏和内、外蒙古的喇嘛教互不统属，而都辖于中央政府，“犹江汉朝宗于海”[30]，共同以清朝皇帝为宗主。另外，康熙还明令废黜了由第巴桑结树立的达赖喇嘛仓央嘉措。这是清政府第一次使用了对达赖喇嘛的废黜权。它用事实说明，喇嘛教的首领人物可以像官吏一样由中央政府任命或罢黜。这是清中央政府掌握、利用喇嘛教的杠杆。

二是取消达赖喇嘛对内、外蒙古和厄鲁特蒙人的世俗行政权力，以维护封建中央集权。康熙十八年（1679）噶尔丹以达赖喇嘛加其“博硕克图汗之号”，“奉贡入告”。康熙认为，封爵之权属于中央政府，达赖喇嘛无此权力，噶尔丹这是“擅称汗号”，因而不予承认，只准噶尔丹以“敬贡方物”的名义，“献纳”贡品[31]。这实际上是否认和取消了达赖喇嘛对厄鲁特各部的世俗行政权力。康熙十九年（1680），理藩院曾上奏：“喀尔喀进贡，前俱以车臣济农为首。今扎萨克图汗将车臣济农革去，以厄尔德尼济农为首进贡；而达赖喇嘛所给文内，又并无厄尔德尼济农为首字样。已谕令来使查明另奏，其所贡之物，应否收纳，俟查明到日，再议具奏。”康熙认为，理藩院的这种处理措施非常不妥，实际上是放弃了中央政府的应有权力，他指出：“外藩蒙古头目进贡，其物应否收纳，理应即行议定，何必据达赖喇嘛文之有无？若必据此为证，似在我疆内之外藩蒙古，悉惟达赖喇嘛之言是听矣。”这样做，等于是承认了达赖喇嘛对于蒙古有着行政管辖权，其实质是对清中央政府的一种分权行为，显然是不利于加强封建中央政权的。所以康熙决定“以后蒙古进物，应否收纳，著该衙门即行定议具奏，不必以达赖喇嘛之文为据。”[32]这在实际上是规定了一条重要的政治原则，即不承认和取消达赖喇嘛对蒙古的世俗行政权力。

康熙是意图通过这些措施将喇嘛教完全置于封建政权之下，以达到加强封建中央政权的目的。“香界从来知佛大，而今更识帝王尊”[33]——这正是康熙所竭力追求的政治目标。

五、喇嘛犯法，“按律治罪”

如前所述，康熙是把喇嘛教作为对清朝来说有利无害的“控驭”蒙藏民族的工具，并使之服从于巩固封建政权、加强国家统一这样一个总的政治目标，所以，对于有悖于此的喇嘛，康熙还有另外的一手，就是使用镇压之权。用他自己的话来说，就是“但皈道法之人则嘉之，悖道法之人则惩之”[34]。他在这里所说的“道法”。可以理解为清王朝的根本利益，具体来说，就是其巩固封建政权、加强国家统一的政治目标。

康熙十二年（1673），对于满洲贵族日益腐败深感忧虑的康熙，教训这些天潢贵胄，说：“蒙古惑于喇嘛，罄其家资不知顾惜，此皆愚人偏信祸福之说，而不知其终无益也。”[35]警告爱新觉罗的子孙，不要步蒙古滥崇喇嘛从而造成民族衰弱的后尘。这从一个侧面说明，康熙对于喇嘛教给蒙古民族造成的危害是有所认识的。听以，他又总结历史的经验教训说："一切僧道，原不可过于优崇。若一时优崇，日后渐加纵肆，或别致妄为。"[36]基于这种认识，对于喇嘛教的泛滥影响到蒙古族地区社会安定，因而也就妨碍了清朝统治阶级根本利益的时候，康熙就开始运用政权的力量，对其加以限制。他在康熙二十八年（1689）的一项谕旨中指出；"蒙古之性，深信诡言，但闻喇嘛胡土克图呼必尔罕，不计真伪，便极诚叩头、送牲畜等物，以为可获长生，至欲荡家产不顾，而奸宄之徒得以行诈，谓能知前生之事，惑众欺人，罔取财帛牲畜，败坏佛教。诸蒙古笃信喇嘛，久已惑溺，家家供养，依其言而行者甚众，应将此等诈称胡土克图者严行禁止。"[37]对于喇嘛中肆意妄行、违法犯罪的，康熙则下令坚决依照封建法律制裁。康熙三十九年（1700），他对差往内蒙蒿齐忒等旗审理案件的张格等人的谕令中，特别强调指出："且蒙古惟信喇嘛，一切不顾，此风亟宜变易。倘喇嘛有犯法者，尔等即按律治罪，令知惩戒。"[38]对于在巩固封建政权、加强国家统一的过程中，有违法犯罪活动的喇嘛，康熙都以极严厉的刑法治之。

康熙十四年（1675），清王朝在平定"三藩之乱"的危难岁月中，又一举粉碎了察哈尔蒙古布尔尼的叛乱，康熙得到奏报，"教布尔尼造乱者阿杂里喇嘛"等人，立即严令将"阿杂里喇嘛等悉于军前正法"。这是一个非常大胆的决定，对于制造分裂的喇嘛，无疑是一种严厉震慑。

康熙三十一年（1692），曾被清政府封为归化城掌印扎萨克达赖喇嘛的伊拉古克三胡土克图，私自逃往尚未被清朝统一的厄鲁特蒙古。康熙认为，这"大干法纪"，立即下令逮捕。三十四年（1695），将伊拉古克三胡土克图的徒众和与之有牵连的卫徵喇嘛拘捕到京，经理藩院同三法司会审，"伊拉古克三胡土克图所遗罗卜藏端鲁卜等往卫徵喇嘛家探信，来为奸细，煽惑蒙古之心。卫徵喇嘛等与伊拉古克三胡土克图交通信息，意欲迎噶尔丹之兵是实"[39]。康熙三十六年（1697），将伊拉古克三胡土克图从策妄阿拉布坦处索回之后，康熙即下令"集诸王以下蒙古王、文武大臣、官员、喇嘛等于黄寺"，将其凌迟处死[40]。

康熙三十六年（1697），以大喇嘛丹巴色尔济、阿齐图格隆、巴咱尔喇木扎木巴等曾奉命"差遣往达赖喇嘛处，乃知其已故而谓之尚在，通同第巴诳奏"，包庇了第巴桑结隐匿五世达赖之死，独专藏政的阴谋，康熙下令予以严惩："丹巴色尔济从宽免死，革去住持大喇嘛，抄没家产，单身发往盛京，任栖一庙；阿齐图格隆各处差遣效力，从宽免死，并抄没，革去住持大喇嘛，准住其本庙；巴咱尔喇木扎木巴亦从宽免死，并抄没，革去大喇嘛”[41]。

康熙五十九年（1720），清军入藏，清除了准噶尔骚扰西藏的军队，并将占据藏地各大寺庙的准噶尔喇嘛一百零一人全部逮捕。即将其中被准噶尔授为总管的五名为首喇嘛“即行斩首”，“其余九十六名准噶尔之喇嘛尽行监禁”[42]，这些，从康熙来说，都是力图把喇嘛教置于国家法律之下。

六、祈寿求福，参禅礼佛

由前面的简单叙述，我们可以看出，康熙在其政治活动中、主要是把喇嘛教看做一种政治力量，因而从巩固封建中央政权、加强国家统一的目的出发，对其加以利用。康熙也认识到了喇嘛教的危害，曾告诫满洲贵族，吸取蒙古族溺祟喇嘛教而衰弱的历史教训，并在实际政治生活中对喇嘛教采取了一些限制措施。这些，是康熙对待喇嘛教的政治态度。那么，我们是否由此可以断定，康熙在对待喇嘛教问题上是一个无神论者呢？事情恐怕并不那么简单。就康熙个人的思想来说，就康熙私人生活来说，他不仅不排斥、反对喇嘛教，甚至可以说得上是一个喇嘛教的虔诚信徒，他一生中曾多次到五台山参禅礼佛，在喇嘛教的神像面前顶礼膜拜。附带说一句，过去有的历史书籍中记载，顺治传位康熙时并未死去，而是厌烦尘世，到五台山削发为僧。康熙巡幸五台，是会见他的父亲。这实在是一种误传。顺治传位康熙时，确实已死，其遗体亦经火化。这在历史上有可靠证据。康熙多次巡幸五台，根本不是会见他的父亲，而是到那里参禅礼佛。对康熙这方面的情况，有关的著作和研究文章多未涉及，因而鲜为人知。所以，我们在这里不妨多花费点笔墨，将康熙到五台山参禅礼佛的情况做较为详细的叙述。

康熙十二年（1673）十二月，正在被“三藩之乱”搅得苦闷和忙乱不堪的康熙，派出自己的侍卫到五台山“拈香礼佛”，又派侍卫“赍送金银、龙缎、香烛、哈达到菩萨顶供佛，修建祝国佑民道场”。康熙十七年（1678），又派钦差为菩萨顶送去御笔“五台圣境”匾额。

康熙二十二年（1683）二月，他首幸五台礼佛，发帑金“特命修建上祝太皇太后延寿无疆道场”他“亲礼五顶各刹，拈香于菩萨顶各殿，陈供金银、龙缎、香烛、哈达于佛前，视保太皇太后福祺衍茂、圣寿无疆”，并“御筵大众，赐米千石”，赏赐大喇嘛龙袍、绸缎等物。当年九月，他再次到五台山礼佛，“虔修道场”，并亲临“五顶拈香，各刹礼佛，挂匾扬幡，香烛、茶果、哈达，每处银二百两。菩萨顶特供金银、珠宝、缨络、龙缎、幡匾、顶缦、香烛、茶果、哈达银千两，以此功德，上祝太皇太后万寿无疆”。又赐银千两修建澡浴池等处，赏赐菩萨顶大喇嘛龙袍、金银，“日赐御筵”。这一年，康熙还“特旨发帑金三千两，重修五座台顶”。

康熙二十三年（1684），命“于菩萨顶前后山门设立永镇，把总一员、马兵十名、步兵三十名，护守香火供器”，又差特使送去御制五顶碑文。

康熙二十四年（1685），“发帑金三千一百八十两，创建射虎川台麓寺”，并命“设立大喇嘛一员、格隆、班第二十五众，焚修香火”。康熙二十六年（1687），派钦差送香银、哈达到五台山“各寺修建上祝太皇太后延寿无疆道场”。

康熙二十七年（1688），派钦差“于菩萨顶赍送金银、宝珠、哈达外，与各寺银钱，修建上报太皇太后慈恩道场”。

康熙二十九年（1690）八月，康熙在率兵追击噶尔丹途中得病，于古北口外回京，皇太后即差太监首领送银粮、香烛、哈达到五台山，修建祈保康熙“万寿无疆”道场。

康熙三十二年（1693），康熙得病，诸皇子和皇太后分别多次派人到五台山送去金银、香烛、哈达等，修建祈保康熙健康的“道场”。康熙三十七年（1698）二月，康熙再次到五台山礼佛，“驻跸菩萨顶五顶，朝礼各寺，拈香谒佛、供奉香资，建护国佑民道场三永日”，并赐菩萨顶供银千两。回到北京之后，他又发帑金三千两，重修碧山寺和殊像寺。

康熙四十二年（1703），命造镀金菩萨二尊并狮象，“送至五台山菩萨顶永远供奉”。两年之后，又命将内府监制的梵书藏经一部，送五台山台麓寺永远供奉”[43]。康熙这多次的参禅礼佛活动，目的都是要祈求寿福，反映了康熙内心深处对喇嘛教的迷信与崇奉。

七、历史影响

康熙推行的对喇嘛教的一系列政策在历史上产生了广泛而深远的影响，主要表现在以下几方面：

第一，它加速了清王朝统一全国的历史进程。

由于康熙对喇嘛教的扶植与尊崇，赢得了喇嘛教上层人物的欢心与拥戴，所以，在清王朝统一全国的过程中，他们积极合作与支持。五世达赖就一直倾心依附清中央政府，“勤修职贡，初终不倦”[44]，对于清中央政府“诚心敬慎”[45]，“从来奉命不违，敬顺而行”[46]，并且积极为清中央政府加强对全国的统一出谋献策。康熙十八年（1679），平定三藩之乱的战斗方酣，厄鲁特蒙古割据一方，内、外蒙古一片混乱，在清中央政权受到严重考验的情况下，五世达赖就曾积极向康熙献策，加强统一。后来，康熙曾经特别提到了这一点，他说：“康熙十八年（1679），达赖喇嘛疏称，谨将平治汉人、土伯特（藏族）、蒙古之要略，奏请睿览。其奏尚在。盖达赖喇嘛深知朕护持宗喀巴之法，故凡事直陈无隐，历年通使不绝。”[47]虽然五世达赖喇嘛这个奏疏上奏后不久即死去，但他依附清中央政府的政治态度在蒙藏民族中产生了重要的影响，都奉清朝皇帝为全国最高统治者，这对于清朝集中力量统一江南广大地区，无疑是一种政治上的支持。

清中央政府收抚喀尔喀、消灭噶尔丹之后，对青海厄鲁特蒙古造成了很大震动。大喇嘛商南多尔智受康熙之命，于康熙四十一年（1702）赴青海，“召抚内附，封固始汗子孙罗卜藏丹津为亲王，其余亦授以贝勒、贝子、公、台吉等职，岁支俸银，赴京关领”[48]，彻底统一了青海蒙古，这也是喇嘛教上层人物积极为清王朝的统一效力的一个突出事例。

康熙末年，准噶尔汗策妄阿拉布坦曾派兵骚扰西藏，“诛求无厌，民不堪命”[49]，严重破坏了西藏的社会秩序，使西藏人民的生命财产受到严重摧残。清政府派皇十四子允禵为大将军，统兵西征，驻扎西宁，坐镇指挥，派一支军队入藏，清除了准噶尔的扰藏势力。在这场斗争中，七世达赖积极配合清军的行动，并出告示，劝谕蒙藏群众支持清军。他在告示中说：“准喀（噶）尔人背逆无道，混乱佛教，贻害杜伯特（藏族）生灵。上天圣主，目不忍睹，扫除准噶尔人，收复藏地，以兴黄教，使杜伯特众生如恒，特派皇子封为大将军，不分畛域，率领大军，至西宁驻扎。不日大军由各路进讨。鄙自驻锡古木布木庙以来，仰蒙圣主重视黄教，举凡衣服饮食，无不受恩甚重，今大将军王钦奉上谕，来至西宁，不日亲临本庙会见，受恩尤深。况圣上振兴黄教，普济杜伯特众生。溯念厚恩，尤当尽力报效。圣主军事，再以雄壮兵一队，由打箭炉前进，驻扎喀木、里塘、巴塘等处。此军之举，〔藉〕期仰副圣主振兴黄教普救天下众生深仁之至意。大军所到之处，凡杜伯特人众，皆一致顺从，妥为辅助，仍旧安居，断不至有所骚扰。此举确为杜伯特众生，尔等尚不知此中情节。兹恐尔等畏惧，以致妄行躲避天兵，故特遣使速为晓谕尔众。”[50]其倾心于清中央政府的政治态度，是溢于言表的。这对于清军顺利进藏是有积极作用的。清军护送达赖七世于布达拉坐床，藏族群众“联袂踏歌，至营前迎达赖喇嘛”，“香花鼓乐，稽颡膜拜’”，“跪捧布施”[51]，使西藏的政局和社会秩序很快安定了下来。

由于喇嘛教上层人物积极合作与支持，清王朝统一全国的历史进程加快了，上述历史事实就是很好的证明。

第二，康熙对喇嘛教的扶植与尊崇，密切了清中央政府与蒙藏上层分子的关系，因而坚定了他们在对外斗争中的内向之心。

康熙二十七年（1688），准噶尔贵族噶尔丹率兵攻入漠北，喀尔喀各部大败，陷入一片混乱之中，惶惶不知所从，各部上层分子，对于何去何从产生了分歧，“众议就近投入俄罗斯为便。因请决于哲布尊丹巴胡土克图。时胡土克图曰：‘我辈受天朝（指清朝）慈恩最重。若因避兵投入俄罗斯，而俄罗斯素不奉佛，俗尚不同，视我辈异言异服，殊非久安之计，莫若携全部投诚大皇帝（指清朝皇帝），可邀万年之福’。众欣然罗拜，土谢图汗遂请胡土克图率众内附”[52]。从而避免了一场可能发生的民族大分裂。也有人认为这条资料不可靠，认为喀尔喀内徙，并非由哲布尊丹巴胡土克图所决定。这种说法虽然新异，但不符合历史的事实。事实是，哲布尊丹巴胡土克图与土谢图汗一起，率先带领台吉三十余人、喇嘛班第六百余人、户二千、人二万，投向了清中央政府，在他的带动和影响下，其他喀尔喀牧民，也纷纷内附。这有大量的可靠史料，可资证明。而且，他给康熙皇帝的关于此事的奏折还在。他在奏折中说：“向蒙皇上鸿恩，励以勤修功德，钦遵谕旨，诵经靡懈。不意厄鲁特来，焚毁庙宇，弃掷经典……我诸弟子众多，愿依大皇上神圣太平之治，以副夙望，仰乞圣恩俯恤，赐以水草善地，且望重建前庙。又，左右两翼诸台吉，皆奉我为师，言胡土克图欲入，我等愿从。又，沿喀伦一带阿坝哈纳尔诸台吉，亦欲从入。”[53]这是哲布尊丹巴在率部内徙途中给康熙上的奏折，是反映了他的真实思想和事件的客观情况的。从中也可以看出，喀尔喀各部确实是在哲布尊丹巴胡土克图的带动和影响下投奔清中央政府的。这其中当然有深远、复杂的历史和社会原因，但康熙采取的尊崇喇嘛教、优礼哲布尊丹巴胡土克图的政策，也是一个不容忽视的原因。这是康熙对喇嘛教政策取得成效的一例。

哲布尊丹巴胡土克图率部内徙，对于当时加强反对沙俄侵略的斗争有着重要影响。它不仅对沙俄侵略我国蒙古地区的阴谋是迎头一棒，而且直接对当时的中俄边界谈判产生了影响。有的外国研究者就认为，“温都尔格根和土谢图汗决定臣服满洲，这就在尼布楚谈判期间加强了满洲的实力地位”，“在某种程度上加强了满洲使节的实力。例如索额图使臣就借口蒙古汗（土谢图汗和车臣汗）和温都尔格根已臣服中国皇帝，而外贝加尔地区以前就属于他们，因此在谈判时，他坚决主张，俄中两国应以色楞格斯克为界”[54]。这种说法当然还有一些值得商榷之处。例如，喀尔喀向清政府表示臣服是在清朝入关以前的事，而不是在康熙时。不过，喀尔喀举部内迁，对于在尼布楚谈判期间中国代表团揭露沙俄侵略我国的阴谋确是有利的。

上述历史事实说明，康熙的喇嘛教政策，在当时待定的历史条件下，对于加强多民族国家的统一、抵御外来侵略，起了一定的促进作用。至于康熙的这项政策为什么能够取得历史的成功，则有许多复杂的历史、社会、思想等方面的原因，需要专文阐述。

第三，康熙在利用喇嘛教的同时，又把它作为统治人民的一种思想工具，并多次到五台山礼佛，这是一种阶级的利己主义和愚昧行为，它促成了清代后来的喇嘛教的泛滥，也影响了蒙藏地区的社会发展。这当然是应该给予历史的批判的。关于这方面已有不少研究文章，于此不赘。

注释：

①《清圣祖实录》卷175。

②康熙：《崇国寺碑文》。

③王先谦：《东华续录》，康熙朝卷59。

④王先谦：《东华续录》，康熙朝卷61。

⑤《清圣祖实录》卷180。

⑥康熙:《重修东黄寺碑记》。

⑦《清圣祖实录》卷175。

⑧《清圣祖实录》卷11。

⑨《清圣祖实录》卷90。

⑩《清圣祖实录》卷156。

⑪《清圣祖实录》卷114。

⑫《清圣祖实录》卷227。

⑬《清圣祖实录》卷175。

⑭《清圣祖实录》卷183。

⑮《清圣祖实录》卷184。

⑯帕拉斯:《蒙古民族史料集》,转引自〔英〕约·费巴德利:《俄国·蒙古·中国》下卷,第1册。

⑰〔意〕吉·尹·德斯德利:《西藏纪事》,参见杜文凯编:《清代西人见闻录》,中国人民大学出版社1985年版。

⑱允禵:《抚远大将军奏议》。

⑲《清圣祖实录》卷286。

⑳〔俄〕A·波·瓦西里耶夫:《外贝加尔的哥萨克(史纲)》第二册,1919年俄文版。

㉑约瑟夫·塞比斯:《耶苏会士徐日升关于俄尼布楚谈判的日记》,1916年英文版。

㉒〔苏〕H·JI·沙斯季娜:《十七世纪俄蒙通使关系》,莫斯科1958年版俄文本。

㉓约瑟夫·塞比斯:《耶稣会士徐日升关于中俄尼布楚谈判的日记》,商务印书馆1973年版中译本。

㉔《大清会典事例》卷974。

㉕《理藩院则例》卷56。

㉖《清圣祖实录》卷176。

㉗《清圣祖实录》卷175。

㉘《大清会典事例》卷974。

㉙《清圣祖实录》卷253。

㉚康熙:《汇宗寺碑文》。

㉛《清圣祖实录》卷84。

㉜《清圣祖实录》卷91。

㉝查慎行:《恭纪八首》,见《口北三厅志》卷15。

㉞《清圣祖实录》卷175。

㉟王先谦：《东华续录》康熙朝卷13。

㊱蒋良骐：《东华录》卷12。

㊲蒋良骐：《东华录》卷15。

㊳《承德府志》卷首1。

㊴《清圣祖实录》卷55。

㊵王先谦：《东华续录》康熙朝卷56。

㊶王先谦：《东华续录》康熙朝卷60。

㊷王先谦：《东华续录》康熙朝卷60。

㊸《清圣祖实录》卷189。

㊹本节所引文字，均见《清凉山新志》。

㊺《清圣祖实录》卷253。

㊻同上，卷153。

㊼《清圣祖实录》卷157。

㊽杨应琚：《西宁府新志》。

㊾李凤彩：《藏纪概》。

㊿允禵：《抚远大将军奏议》。

51李凤彩：《藏纪概》。

52构筠：《绥服纪略》。

53温达等：《亲征平定朔漠方略》卷5。

53〔苏〕H·JI·沙斯季娜：《十七世纪俄蒙通使关系》，莫斯科1958年版俄文本。

（原载《西藏民族学院学报》1985年第2期）

附：五世达赖喇嘛对清初蒙古地区稳定的历史贡献

崇德七年（1642），蒙古和硕特部固始汗与格鲁派联合掌握了西藏地方政权。在北方蒙古[①]军事力量，及清廷的支持下，五世达赖喇嘛（法名罗桑嘉措，1617—1682），成为藏传佛教格鲁派宗教首领，不仅对格鲁派的发展做出了不可磨灭的贡献，更重要的是对当时蒙古地区的稳定，及随后清廷统一喀尔喀、卫拉特等蒙古各部，也做出了历史性的贡献。

一、依照佛法行治权的构想与五世达赖在蒙藏地区的地位

要考察五世达赖喇嘛的政教活动所带来的历史意义，首先要深入考察清初特定的历史环境，以及五世达赖喇嘛在当时蒙藏地区宗教格局中的地位。正是凭借教主的地位和威望，五世达赖喇嘛的政教活动影响了清廷与西藏，以及与北方蒙古各部的政治关系。

藏族普遍信仰藏传佛教，所以，依照佛法建立政教合一的佛法社会秩序，是某些宗教人物的构想。何为佛法社会秩序？按照藏传佛教理论，释迦牟尼教化一切众生的世界，有无数菩萨协助。并以佛祖诞生的印度为中心，确定属于何方菩萨的教化，诸如阿閦佛和文殊菩萨教化东方汉地；北方的西藏和蒙古分别受观世音和执金刚佛的教化等等。以此来观察和解释自然和社会的一切现象，这必然会影响到世俗政治。所以，世俗的统治者常常被描述成菩萨的化身，藏王松赞干布是观世音菩萨的化身；成吉思汗是转轮法王、执金刚菩萨的化身；汉地的皇帝是文殊菩萨的化身等等。这样，菩萨通过转化成世俗的统治者，利用王权，依照佛法教化人民，治理国家，来救度众生，最终实现佛教之道。从而形成了一个依佛法行王政的佛教社会秩序。

在藏文经典中，将西藏佛教政治的缘起，追溯到唐代吐蕃松赞干布时

期，视松赞干布为观世音菩萨的化身，建立吐蕃王国，所行的王政都是遵照佛法的结果。14 世纪末，萨迦派僧人撰写的《王统世系明鉴》也曾记载，"国王对王孙训示说，'善男子，我使国法变成教律，使佛教弘扬，使蕃土臣民等享安乐。你应当按教法护持，勿使我之国政衰败'"。反映了早期信仰者对依佛法行王政，建立佛法社会秩序的理念。

但是，从 13 世纪西藏归附元朝，成为中央政权管辖下的一个地区，已经不存在一般意义上代表最高政治权力的"王权"。佛法与王权的结合，就变成了佛法与地方行政管理权的结合。元朝授权萨迦派掌握藏地政教二权之时，实现了佛法与行政权结合的政治体制，藏文普遍称为"政教二道"或"政教二法"（chos-srid）。现代人或称之为政教合一。[②]这是藏传佛教领袖与地方行政权结合治理西藏之始。明朝踵之，皇帝敕封法王、国师等佛教首领，管理藏地的政教二道。这说明，从一开始，藏传佛教之主就受到世俗力量的左右，不能独立行使行政权。由于中国历史上长期行君主专制制度，皇权与佛教互有需求，又长期斗争，经过三次灭佛，最终形成佛法依存皇权的传统。正如东晋佛学大师道安（312—385）所说："不依国主（帝王），则法事难立"。置于强大中央政权之下的西藏也不可能背离这个根深蒂固的传统，不能背离现实的约束。所以，在西藏不可能形成实际意义上的"政教合一"，仅是政教二道体制。藏传佛教心中的政教二道不是比佛法与王权谁大，而是如何实施以佛法行王政，调整两者的关系，这是西藏政教二道的最大特色。它不同于儒家的"皇权专制"下"普天之下，莫非王土；率土之滨，莫非王臣"的儒家理念；也不同于蒙古以汗权为中心的贵族合议体制。但它也不是实际意义上的佛法与王权的结合，不过，由于依照佛法构建政治秩序理念的长期存在，以及元代以来宗教领袖兼管西藏地方政权的体制长期实行，使得藏传佛教对政治产生了重大影响。藏族"公认八思巴是修法和政务互不妨碍的伟人，其他肩负政教责任的人很难一举两得，无力直接掌管行政权力"。[③]

明末清初，西藏政教分裂的局面，需要一个强有力的领袖人物，兼通政教，时代造就了五世达赖喇嘛。在和硕特部军事力量的支持下，格鲁派拥有了雄厚的社会经济基础，形成了强大的寺院集团势力，保证了政治、宗教活动在西藏的有效开展。而蒙古各部经过 17 世纪初期的磨合，统一共识，共同信仰格鲁派教义。随着格鲁派在藏传佛教中优势地位的巩固，五世达赖喇嘛也拥有了在蒙藏僧俗中的崇高威望，以宗教权力影响政治，成为蒙藏共尊的精神领袖。

（一）蒙藏共尊的教主

元代时，由皇帝敕封，萨迦派法王成为藏传佛教各派之主导；明代，噶举派黑帽系活佛取而代之。明末，西藏政教势力内争，使得社会、寺院、僧众、属民、教规等各方面，都陷入了混乱状态。格鲁派集团依靠和硕特汗王的支持，打击反对派，壮大自身政教力量。五世达赖喇嘛以第巴为主要助手，开创新的规章制度；设立行政机构和制度；掌握一定的军事力量；拥有执法、封赐贵族、清查土地、户口、赋税征收、寺院管理等各方面权力；新建和维修格鲁派寺庙，使噶举派部分寺庙改宗；给与色拉等格鲁派寺庙自行管理庄园和属民、征收差税的权力，以及司法自主的特权；规定格鲁派寺院主属寺的关系、内部的组织形式、执事僧人的任免升迁、僧人限额，征派僧差、学经程序、考试制度、寺内纪律、仪轨等等一整套的宗教规章制度，形成了一个组织严密、政教结合，势力强大的寺院集团。高僧活佛拥有对所属寺庙、僧人、庄园和属民的管理权。原本从事佛事活动的寺庙，因此，在宗教上，还是在经济、政治上，都有了很大的权力，这促进了格鲁派宗教和政治势力的发展，是格鲁派领导集团兼领政权的基础。

在格鲁派取得政教优势的初期，一些反格鲁派势力并不甘心屈服。在工布、阿里、不丹等地区，先后发生反对格鲁派的斗争。一些其他教派的僧人，不断诋毁格鲁派和五世达赖喇嘛。面对反对者的“不服”，格鲁派的僧人曾鼓动达赖喇嘛，采取措施让萨迦派、噶举派、宁玛派无立身之地，逐步改宗格鲁派。[④]但是，达赖喇嘛实行了团结的政策，以赢得各派的承认。顺治十三年（1655，木羊年），达隆夏仲大师阿旺扎西巴珠从康区类乌齐来到拉萨，说：“以前我是对着你画像礼拜，此次理当前来叩头。”[⑤]自消灭藏巴汗之后，经过近10年的经营，人们开始称五世达赖喇嘛为法王。又经过近10年的努力，“藏地半数人将着黄衣的时机已至”。[⑥]格鲁派的优势地位得到巩固和壮大，其他各派已经没有实力能取代。这在经济方面也体现了其实力的雄厚。顺治十一年（1654，木马年）年底，达赖喇嘛已经能够一次性的为前后藏的寺院和喇嘛布施财物；为各派6万多僧人布施斋僧茶；在拉萨的祈愿大法会上，给6千僧人9次布施财物，共折合粮食584500多藏克。顺治十八年（1659，土猪年）年初前后，为第巴匿丧，及祈愿法会，供奉僧人，布施百姓，共1151000多藏克。康熙七年（1668，土猴年），给卫藏康地区的1622座寺院共84100位僧人，发放布施财物，折合粮食545200藏克；又给653座寺院共62200僧人布施，折合粮食289300藏克。⑦

经过近20年的发展，五世达赖喇嘛的威望和权力也逐渐达到了顶峰。达赖喇嘛开始整顿政教等级制度。例如，服饰作为一个侧面，可以反映出教主的权力。至少从元代起，藏族的服饰就是本土与外来文化结合的产物。八思巴及其继承者受元朝册封后，引入了衣服、官帽、装饰等汉地的服饰。在地方贵族统治的时代，耳饰、黄金首饰、红白念珠、制服、顶帽等服饰普遍流行，有约定俗成的服饰例规。“自铁蛇年（1641）之乱以后，就名存实亡了。结果有四五个以上的人聚在一起时，其中可能会有汉人、尼泊尔人、藏人、门巴人、康巴人、工布人、藏北牧人、蒙古人和阿里的各种各样的奇异服饰”。康熙十一年（1672，水鼠年），达赖喇嘛特命第巴主持确定了30种装饰品，对衣服的各部分都做了特别的规定，“除头人以上的蓄发者和今后确需以寺院财富赡养的特殊人物外，所有畜短发者均须按其身份之贵贱穿着藏装”。同年4月，五世达赖喇嘛正式颁布僧俗各界的法席等级，明确自己的教主地位。“我的法座为五层坐垫，铺设四层坐垫的是萨迦上下法座。泽当协敖没有继承法王八思巴的莲花法座，其地位稍低于上法座；属于三层半坐垫的是乃东孜、达垅拉德、红帽活佛、黑帽活佛；铺设三层坐垫的是甘丹赤巴、扎什伦布（班禅），主巴、岗波、楚布仲巴、帕巴拉活佛、岗波的后裔京俄、康区类乌齐曲杰，止贡的后裔在世时也和达垅巴一样属于这一级，比这地位稍低一些的是第巴；铺设两层坐垫的是多吉扎、博东觉拉切瓦、羊卓桑顶、森康贡，中部康区的达擦、第穆瓦、甲山巴、喀尔喀嘉央、强巴、杰康孜、东科尔瓦等活佛，乃宁寺赤巴（不论其学问如何）、品学兼优的格热拉巴。”其他的座次安排还有各寺的堪布、密宗大传承师、伏藏传承师、罗本巴们、大喇嘛的强佐、洛本、各寺院的执事者、蒙古各部的汗、王妃、各小邦的使臣、清朝皇帝的使臣等。⑧

座席等级是社会、政治地位的反映，从中可以看出，达赖喇嘛仍尊重萨迦派、噶举派、宁玛派大活佛的传统社会地位，给与很高的礼遇。由于四世班禅的德学和功绩，班禅大师此时在格鲁派中已经赢得了尊崇。值得注意的是，第巴的座次仅稍次于班禅等大活佛，说明达赖喇嘛有意提高政府行政者的地位和权力。康区、喀尔喀等地的大活佛，都要比西藏本土的大活佛地位低。座席等级的制定，标志着格鲁派成为最强大的藏传佛教教派，在军政、宗教方面牢牢掌握权力。事实迫使原教主噶举派大活佛不得不承认五世达赖喇嘛的教主地位。康熙十三年（1673，水牛年）五月，逃往内地的红帽活佛“现在很理智的成为福田施主，携带值得称道的礼品来到布达拉宫”。达赖喇嘛不顾反对，仍给与出乎人意料的优厚待遇。同年十月，噶玛巴黑帽活佛从中甸来拉萨，达赖喇嘛骑马前往郊外亲自迎接，礼遇隆重。[9]噶举派的教主主动拜见达赖喇嘛，说明五世达赖喇嘛正式取代噶玛噶举派黑帽系十世活佛却英多吉成为藏传佛教教主。故，达赖喇嘛认为：“红帽活佛从汉地来到了西藏，出现了疆域安定的局面。”[10]

这样，在卫藏康地区，形成了以达赖喇嘛为教主，格鲁派寺庙和活佛为核心的寺院宗教势力。凭借着宗教领袖的威望和权力，五世达赖喇嘛也获得了和硕特汗的尊敬，形成了双方联合管理西藏的局面。在康熙十七年（1678，土马年）新年喜庆宴会上，当达赖喇嘛看到各方首领、高僧大德、大小官员齐聚布达拉宫，敬献礼品时，如是说：“对于具有威严并按教法治理地方的国王来说，正如《风范论》所说：国王虽然很多，按教法统治的国王是无与伦比的。”“东方的汉地和契丹，南方的印度和喀且，西方的大食和波斯，北方的冲木和格萨尔等四部任命的国王等，总之从上部西方散发肉蔻之香之地到下部东方纺织锦缎之地，也即是普天之下，骄傲的尊贵的人全部收敛起傲慢，发抖畏惧，匍匐礼拜，恭敬虔诚，向这里源源不断地呈献五妙欲用品、国政七宝、日用七物、吉祥八徽等各种供云”。[11]达赖喇嘛以按教法治理社会的“神王”自比，以藏传佛教教主地位获得了政治权力，实现了政教二道的佛法社会秩序。

（二）卫拉特、喀尔喀蒙古的精神领袖

五世达赖喇嘛的教主地位，不仅得到了西藏僧俗的承认，也为共同信仰格鲁派的蒙古各部所崇信。内争不已，又没有共同尊奉的“大汗”，使得卫拉特、喀尔喀各部尊奉五世达赖喇嘛为精神领袖，由此五世达赖喇嘛获得了一定的世俗权力。其体现在于，各部首领纷纷来拉萨朝拜五世达赖喇嘛；由达赖喇嘛授予各部首领名号，承认其政治地位；达赖喇嘛派使者常驻各部，调解纠纷，担当最高仲裁者的职责。

1. 蒙古各部首领亲自来拉萨朝拜，既体现了对藏传佛教格鲁派的信仰，又是对达赖喇嘛的崇敬及宗教领袖地位的认可。成为一种信仰者的神圣“惯例”，每年络绎不绝。

从崇德七年（1642）起，卫拉特、喀尔喀部贵族经常来拉萨拜见达赖喇嘛，布施大量财物。这种情况，随着格鲁派地位的稳固而日趋鼎盛。总的看来，17 世纪 70 年代起，是达赖喇嘛权力和威望的鼎盛时期。每年元旦，蒙藏两地的上层人物都亲临或派代表参加达赖喇嘛的新年宴会。例如，康熙八年（1669，土鼠年），达赖喇嘛为“汉地、喀尔喀、卫拉特、西藏各地的总数超过三千人的贵族人士在大殿中举行新年宴会”。康熙十二年（1673，水牛年）元旦，以丹增达赖汗为首的驻藏台吉，及喀尔喀和厄鲁特的八大部落首领等参加了新年的庆祝宴会。[12]其中，也包括了土谢图汗、哲布尊丹巴等大首领。一般来说，在中原王朝，朝觐代表了对君权的承认。而喀尔喀、卫拉特的蒙古贵族来拉萨朝佛献礼品，则是对达赖喇嘛地位和权力的承认，是信教者尊奉教主的体现。

2. 五世达赖喇嘛作为宗教领袖的政治影响，也体现在授予蒙古贵族各种名号上。

明代天启二年（1622，水猪年），阿旺洛桑嘉措在哲蚌寺的甘丹颇章坐床，正式成为五世达赖喇嘛，此后陆续授予蒙古贵族各种名号。综合来看，五世达赖喇嘛在世期间，从固始汗时代开始，和硕特部固始汗（丹津曲吉嘉布）、达延汗（丹津多吉杰布）、达赖汗（丹增达赖汗）与达赖巴图尔（达赖洪台吉）等各首领；[13]及准噶尔部的鄂齐尔图台吉（车臣汗）、僧格（珲台吉）、噶尔丹（丹增博硕克图汗）等著名首领都接受了达赖喇嘛的赐号。明万历十五年（1587），三世达赖喇嘛赐俺答汗，“转千金法轮咱克喇瓦尔第彻辰汗”称号。之后，喀尔喀部陆续有车臣汗、扎萨克图汗之称。康熙十三年（1674，木虎年），达赖喇嘛想给土谢图汗“授与塔松阿勒汗之类的称号，但他又说想得到祖宗（成吉思汗）有过的那样的称号”。[14]因此，最终没有授予。还有一些授名号的喀尔喀、卫拉特部的贵族，因今日无法确切考证，就不列举了。五世达赖喇嘛所赐名号，都要发给相应的印信和服饰，如果受赐者在西藏，还要举行一定的仪式。以此，确认在蒙古各部中的政治地位。在五世达赖喇嘛匿丧期间，第巴桑结嘉措以达赖喇嘛的名义发布法令，赐封和硕特部的札什巴图尔为总管王；土尔扈特部的首领阿玉奇汗号。从结果来看，都为各部首领全部接受，并以之相称谓。除了黄金家族后裔，能够继承传统汗号之外，当时，如果不是达赖喇嘛授予的，各贵族自称的名号都不会得到北方蒙古的承认。

3. 在各部纠纷中，五世达赖起到了最高仲裁者的作用。

“如果没有来自西藏的代表，即使巡礼朝圣，也如俗语所说‘一个巴掌拍不响’。”[15]17世纪，蒙古各部之间的内争是一大特色。格鲁派地位确立后，由五世达赖喇嘛派驻喇嘛代表，充任各部政治和宗教上的顾问。各部贵族也尊重达赖喇嘛赋予的权力，并接受他们的意见。例如，五世达赖曾追述，顺治十七年（1660，铁鼠年），“为了厄鲁特政权的稳定，我派遣热振堪布丹巴达吉前往”。康熙十一年（1672，水鼠年），“我派蔡央贡曲杰充任厄鲁特部车臣汗的上师”。康熙十二年（1673，水牛年），“喀尔喀拉尊阿旺丹津和索巴伊勒顶等人要求派一名辅佐蒙古的行政和宗教事务的喇嘛。我遂派去德珠堪布罗桑达杰”。[16]这些喇嘛不仅在宗教上，也在政治事务上拥有发言权。

青海和硕特部，在固始汗逝去后，内部的争端，一般是由达赖喇嘛居中调停。[17]漠西的卫拉特部在固始汗走后，由绰罗斯部的鄂齐尔图台吉，准噶尔的巴图尔珲台吉联合执政，之后陷入了内部的兼并之争。“铁鼠年（1660），大王兄弟请求派人去处理关于玛噶达的事务。不仅如此，我还吩咐了对厄鲁特四部的一切政治事务也具有重要益处教诫，派去了热振寺的卸任堪布，他一去就滞留了约十二年”。[18]并很好的执行了五世达赖喇嘛团结各方的政策。僧格被害后，噶尔丹攻杀各部，准噶尔又一次内争。在康熙十一年（1671，铁猪年），“传来了温萨活佛消灭巴噶班第的消息”。“我碍于蒙古王公的情面，特派仲尼达达遣使者前往准噶尔”。[19]进行调节，在噶尔丹统一准噶尔部后，达赖喇嘛又派使者宣布噶尔丹为汗，吩咐僧俗都要听从噶尔丹的命令。鄂齐尔图汗为噶尔丹击败后，其子衮布喇卜坦、侄巴图尔济农败遁，求达赖喇嘛指授所居之处，衮布喇卜坦得以住居阿喇克山。[20]

面对喀尔喀与准噶尔部的纷争，康熙十二年（1673，水牛年），在拉萨，达赖喇嘛召集喀尔喀左翼土谢图汗与厄鲁特的汗王会晤，“立誓从此以后互不构衅为仇”。[21]康熙十三年（1674，木虎年），达赖喇嘛又与喀尔喀和厄鲁特的两位汗王、珲台吉等会谈，“使他们盟誓和好，为了北方众生的幸福和黄帽教法的蒸蒸日上而同心协力，用亲族友邻的连环套把他们联结在一起”。[22]在喀尔喀部邀请清廷介入争端时，朝廷也主动希望达赖喇嘛派使者调解，[23]并维护达赖喇嘛方面的意见。北方蒙古各部贵族之间的纠纷，无法自行解决时，都由五世达赖喇嘛特派专使传达“法令”，进行仲裁，平息争端。达赖喇嘛在发给喀尔喀、卫拉特文书的抬头是：“至高无上太平汗天命，尘世诸界泰然顶饰予以权力，大蒙古国俺答汗称达赖喇嘛为瓦齐尔达怛达赖喇嘛，名声远扬，瞻部洲象征宽阔无边之地域，划分蒙古为四十大和硕，四卫拉特，尤以准噶尔、和硕特等及僧界、俗界、汗、哈敦、贵族、济农、塔布囊、宰桑、赛德和各无边际的众界敕谕。”是以明代蒙古共尊的俺答汗授权的身份发布命令，无论僧俗阶层，都不要作挑拨离间、欺骗、分裂的事。[24]显示了达赖喇嘛在喀尔喀、卫拉特各部中的重要政治影响。

一些学者认为，达赖喇嘛虽然是教主，但是，和硕特部在西藏掌握军政权力，喀尔喀、卫拉特是护教力量，格鲁派依赖于北方蒙古的军事和经济支持。不能说，达赖喇嘛是他们的名义上的政治首领。这当然有一定的道理。佛法与王权既互为利用，又相互斗争。元朝、明代北元，蒙古有正统的汗权存在，王权大于佛法。但是，明末各部纷争，林丹汗灭亡后，汗统不存，喀尔喀、卫拉特“群龙无首”，无一部“独大”。北方蒙古几乎全部都是格鲁派的崇信者，藏传佛教对北方蒙古政治的影响，超过了元明时期。各部的纷争，需要一个享有崇高威望，并为各方都能接受的人物调解，而达赖喇嘛获得了蒙藏共尊的教主地位，并且奉行联合团结友好的政策，其威望无人能取代，遂获得各部的政治尊崇。和硕特汗王虽然掌握军事和一定的政治权力，但也充分尊重五世达赖，双方关系融洽。达赖喇嘛的意见，在调解各部纠纷时，具有无可争议的权威。青海和硕特部内部贵族之争，及与清朝内地的争端；喀尔喀部左右翼的内乱，及与准噶尔的争执，得到解决或缓和，都是达赖喇嘛“法旨”发挥作用的结果，稳定了蒙藏地区政局。但达赖喇嘛离实质性的蒙古大汗，还有不同。喀尔喀、卫拉特各部是以成吉思汗汗统为中心崇拜，军政实权掌握在贵族手中，都渴望建立类似大元的蒙古汗国。同时，各部的纷争，又涉及首领的切身利益。有时，达赖喇嘛的命令并没有得到完全有效的执行。[25]并且，五世达赖喇嘛的地位和影响，是时代的产物，也是达赖喇嘛本人威望和能力的结果。五世达赖喇嘛圆寂之后，已无一人能够取代五世达赖喇嘛，获得他的地位和影响力。

二、尊奉清朝与对蒙古地区稳定的历史贡献

清初，西部地区喀尔喀、和硕特、准噶尔诸部是一股强大的力量，直接威胁到内地的稳定。而清朝刚入关，忙于对付农民军及南明政权，百废待兴。喀尔喀、清军经过几次军事较量之后，谁都没有足够的军事力量击垮对方。但是，清朝统治者敏锐的制定利用藏传佛教来牵制、安抚蒙古的战略方针。故优渥五世达赖，使其心向清朝，发挥对喀尔喀、和硕特、准噶尔诸部的影响力，以稳定蒙古地区。达赖喇嘛则始终尊奉清朝，与蒙古各方友好团结，因而对稳定蒙古地区局势及促进清朝的统一发挥了独特的作用。

明末西藏政教权力之争异常激烈。明王朝的即将覆灭，促使和硕特、格鲁派领导集团，主动遣使朝觐皇太极，以获得新兴力量的支持。以前人们认为，是后金（清）方面首先遣使进藏的，崇德四年（1639，土兔年）十月，皇太极派察汉喇嘛为首的使团到藏延请高僧，但在喀尔喀的阻挠下，至归化城而还。[26]史料证明，后金（清）藏能够实现首次通好，始于西藏主动。崇德五年（1640，铁龙年），格鲁派领导集团及固始汗，派伊拉古克三为首的代表团，于崇德七年（1642，木猴年）到达盛京，这是双方建立友好关系之始。皇太极尊礼伊拉古克三，并给西藏政教首领都写了回信，表达友好的态度，并派人进藏。[27]顺治元年（1644）的冬季，清朝的使臣才第一次成功进入西藏。此时，双方的政治地位都发生了根本改变，清帝据有中国，为天下之主；五世达赖喇嘛成为藏传佛教教主，为蒙藏共尊。

在清帝和达赖喇嘛的共同努力下，实现了双方历史性的会面。清帝深刻认识到藏传佛教在蒙古人中的巨大影响，不断延请五世达赖喇嘛，想促使喀尔喀部“来归”，[28]以稳定蒙古地区，进而稳定内地。而达赖喇嘛愿意进京朝见顺治，也是基于政治等多方面的考虑，主动寻求中央政权的支持，因而突破了重重阻力。顺治五年（1649，土牛年）达赖喇嘛正式告知顺治，愿意进京之时，西藏方面可能只有班禅、固始汗、第巴等几个人知道。在顺治六年（1651，铁兔年）年初，达赖喇嘛决定迅速启程进京，这时第巴才通告各地。结果遭到了格鲁派寺院势力的极力反对。据《五世达赖喇嘛传》记述，“以噶丹孜夏为首的色拉、哲蚌和甘丹三大寺的上

师和执事僧们聚集在一起，经过仔细的商议，决议尽力劝阻我前去汉地，或者要求我必须在三年之内返回，不能耽搁。由于无法阻止，他们要我在尽快返回的协议书上画了押”。[29]这段话所表达的意思：一是，达赖喇嘛进京是个人坚持的结果；二是，达赖喇嘛清楚地知道会遭到反对，事先并没有宣布，在临启程时，才公开，使反对者无更多的时间阻止，体现了达赖喇嘛的政治谋略；三是，达赖喇嘛到京后抓紧时间返藏，是事先定好的。在西藏政教局势，没有完全稳定之时，达赖喇嘛毅然进京，应是有长远考虑的。满洲据有内地，势力强大。如果，能够获得清帝的支持，无疑对格鲁派的发展有重要帮助，巩固已经取得的宗教、政治地位，这也是他主动祝贺顺治入主中原，与清朝建立良好关系的根本原因。[30]因此，他赞同一位活佛所说，“你这趟汉地之行，对佛法的威望大有裨益，将使佛法善业弘扬于十方”。[31]这才是达赖喇嘛坚持进京的驱动力所在，也是要努力实现的目的。

顺治九年（1652，水龙年）的会晤，是一个双赢的结果。顺治成功地邀请到达赖喇嘛进京，给与极高的礼遇，实现双方通好。既表达了清廷尊崇和扶植藏传佛教的基本政策，稳定了喀尔喀、卫拉特众蒙古之心；又通过册封“西天大善自在佛所领天下释教普通瓦赤喇怛喇达赖喇嘛”，法定其为藏传佛教宗教领袖，巧妙地显示了清帝为天下之主的身份，法定为君主—宗教领袖的关系，将宗教纳入国家权力管辖之中。

达赖喇嘛也非常满意北京之行。来京之前，五世达赖喇嘛就清楚的知道，清帝对佛教是不感兴趣的，曾回答咱雅班第达的疑问，讲道：“到那边再说吧”。[32]说明达赖喇嘛有与顺治见面，随机应变的心理准备。而顺治高度重视，沿途周密安排，及隆重款待和厚赐，礼节上给与达赖喇嘛超出亲王的地位，不行跪拜之礼。确实获得了达赖喇嘛的感激之情。在京城两个月中，达赖喇嘛与顺治有三次会谈，虽然汉藏资料都没有详记内容。但从结果看，顺治并没有进行政治施压，干涉西藏的地方事务。五世达赖喇嘛的收获是，顺治承认他为藏传佛教宗教领袖，支持格鲁派在蒙藏地区的宗教领导地位。此外，在近两年的行程时间里，僧俗前来拜见献礼的多达几万人，达赖喇嘛给内蒙古王公、喀尔喀、卫拉特各部王公，传授经法，扩大了格鲁派及达赖喇嘛本人的社会影响，这也实现了此行的一个初衷。

这次会晤奠定了双方友好的基础。此后，清帝与达赖喇嘛年年相互遣使，达赖喇嘛的尊奉清廷得到了“回报”。皇帝的使臣每次都在西藏大量布施。格鲁派修建寺院，向僧俗发放银物，很大程度上要依赖于清朝皇帝的赏赐。达赖喇嘛朝觐之后，清廷加大了援助西藏的力度。从顺治十一年（1655）起，顺治遣使赐礼达赖喇嘛、班禅额尔德尼、固始汗等，“颁银修建布达拉及黄教寺院六十二处，西藏暨康巴等处，共有寺院三千零七十处，自本年起每年由清廷国库颁发经资口粮之费。”[33]另外，仅达赖喇嘛自内地回藏所带来的银物，就修建了13所格鲁派大寺庙。[34]故，五世达赖在世时，经济力量雄厚，也是格鲁派政教势力能够壮大的重要原因之一。

达赖喇嘛的态度是：“自从天命众敬之顺治皇帝即位以后，迄今为止，我所得赏赐不可胜记，使我非常满意”。[35]愿意与清朝发展友好政治关系。事实上，达赖喇嘛不仅期盼得到清朝对宗教的扶植；更重要的是视清帝为天下之主，接受敕封，得到政治上的支持。达赖喇嘛返藏奏谢顺治之颁赐金册金印，称：“恭奏一统天下文殊菩萨圣主陛下”。[36]这是元代以来，凡受皇帝册封，方为公认的大喇嘛、大官员之传统的延续。达赖喇嘛回藏后，皆用顺治敕封的朱印，发布命令，并以奏请的名义遣使向皇帝奉表贡礼，多次表示遵守皇帝的旨意。[36]在三藩之乱时，达赖喇嘛也慎重表示过，“我做梦亦未敢违背皇上”。在弥留之际，达赖喇嘛将政教职责交付桑结嘉措时，“遵照皇帝‘敕封西天大善自在佛所领天下释教普通瓦赤喇怛喇达赖喇嘛’谕，特致天下众生、三围、四如、六岗等大西藏境内僧俗人等、蒙古四十大部、厄鲁特四部、青海湖边驻牧之王及王族等一切上中下之属”。[38]临终是以皇帝敕封之号下令，尊清帝天下之主的权力，高于自己的宗教权力。

这也反映在皇帝使臣的座席等级上，“铺设五层薄坐垫的是清朝皇帝的正副使、持有皇帝的敕书印信的内部的众昂索。坐的垫高低适合的是喀尔喀汗王，比其稍低的是丹增达赖汗、厄鲁特车臣汗等继承汗位的人”。[39]“高低适合”应是五层厚薄中等的坐垫。按照蒙古的传统，喀尔喀诸汗是黄金家族的后裔，比和硕特汗王的地位高。清帝使臣的座次等级仅次于达赖喇嘛、蒙古的护法汗王，比萨迦派活佛要稍高。应该说，这是现实政治的反映，蒙古汗王是护教力量，是西藏所需的军事支持者，与格鲁派的生存息息相关，故地位仅次于达赖喇嘛。皇帝是天下之主，所派使者地位极高，与汗王等同。反映了达赖喇嘛对天下大势的清醒认识，既承认清帝天下共主地位，又以北方蒙古为护教力量，以获得对格鲁派、达赖喇嘛宗教地位的支持。清帝也承认五世达赖喇嘛的喀尔喀、卫拉特诸部宗教领袖的地位。“尔厄鲁特、喀尔喀俱遵行达赖喇嘛道法”。[40]在涉及与喀尔喀、卫拉特部纠纷时，清朝都主动要求达赖喇嘛派使者进行调解。

达赖喇嘛尊奉清朝，强化了和硕特汗王尊奉清帝为天下共主的政治态度。在顺康时期，和硕特部没有明确支持喀尔喀、噶尔丹的反清，与五世达赖喇嘛的政治态度密不可分。清廷、北方蒙古发生纠纷时，达赖喇嘛都秉持友好、团结的态度，进行调解。康熙六年（1667，火羊年），清廷遣使到拉萨，“其中一件涉及汉蒙之间的公务。从青海湖一带至汉地边境，发生了让人摸不着头脑的事件”。[41]达赖喇嘛“派使者向皇帝奏报汉蒙之间的事端已见平息。为此，青海湖的几位首领为向皇帝谢罪，进献宝马等大批贡品，边界也已划分清楚，该地匪盗不起，彼此信守法规，以及不禁互市等汉蒙通好的情由。上述情况第巴已同汉王商议，达赖洪台吉也愿意承担责任。首领们对我奏报认错也无计较之言。”[42]这说明，青海和硕特部能对清廷保持长期恭顺的关系，达赖喇嘛态度至关重要。

在喀尔喀、准噶尔部与清朝的关系中，达赖喇嘛也扮演了重要角色。顺治、康熙早期，喀尔喀遣使进京朝贡，“悉惟达赖喇嘛之言是听”。[43]清廷是否收纳，是以达赖喇嘛的文书为准。五世达赖朝觐之后，也缓和了喀尔喀与清朝的紧张关系，在顺治十二年（1655）、十四年（1657），喀尔喀左右翼分别遣大台吉进京，正式向清廷进九白年贡。从此，喀尔喀与清朝维持和平达30年之久。五世达赖在世时，噶尔丹遣使朝清以达赖喇嘛印文为准，[44]并没有侵扰清朝的边疆。喀尔喀、卫拉特部与清朝的友好交往，维持了蒙古地区和平安定的局面，使得清朝能集中精力“整治”内地，巩固统治基础。不幸的是，达赖喇嘛在康熙二十年（1682，水狗年）圆寂，第巴桑结嘉措密不发丧，继续以达赖喇嘛的名义号施，调节各部争端。噶尔丹借口土谢图汗、哲布尊丹巴在康熙二十四年（1686，火虎年）的库伦大会上，不尊重达赖喇嘛的特派使者，逾越礼法，遂攻击喀尔喀部。土谢图汗失败的深层次原因，是佛教介入了政治，造成谁尊崇达赖喇嘛之教，谁就能获得成功的态势。土谢图汗的“无礼”，使得噶尔丹占有佛法道义上的优势。格鲁派成为影响喀尔喀政治走向的重要力量。当初，清廷坚持尊崇五世达赖喇嘛，支持格鲁派的目的也在于“收抚”蒙古各部，并给蒙古人留下了尊崇佛教的深刻印象。被噶尔丹击溃的喀尔喀，最终选择了归顺清廷，原因也在于此。五世达赖圆寂之事公开后，失去宗教领袖的和硕特部遂归顺清朝。喀尔喀、和硕特部的离去，使得准噶尔部陷入了孤立无援的地步，为清朝最终征服准噶尔，统一西部边疆奠定了坚实基础。

总的来说，清初，五世达赖喇嘛成为藏传佛教教主，蒙藏共尊的宗教领袖；尊奉清朝；团结蒙藏各方，积极调解各部纠纷，使得蒙藏地区维持了相对稳定的局面。在达赖喇嘛匿丧期间，第巴桑结嘉措执政时，也不便公开违背五世达赖喇嘛的既定政策。康熙四十五年（1706），康熙曾客观的评价："昔日达赖喇嘛存日，六十年来，塞外不生一事，俱各安静，即此可知其素行之不凡矣"，㊺指出了五世达赖喇嘛对西部边陲稳定做出的巨大贡献，这对清初内地局势的巩固也有着积极意义。五世达赖喇嘛积极尊清的态度，也奠定了西藏尊奉清朝的基调，成为以后西藏地方与中央关系的基本政治原则，有力推动了清廷对西藏的统治。

注释：

①北方蒙古，在《五世达赖喇嘛传》中主要指的是位于西藏北方的喀尔喀、卫拉特各部，不包括漠南蒙古，本文也以北方蒙古指称喀尔喀、卫拉特诸部。

②目前学界认为元明清时代的西藏，存在政教合一制度。政教二道应理解为，政治与宗教是平行的力量，又是密不可分，相互影响的关系。就清代而言，西藏的政教领袖，并未实现依靠宗教力量完全掌握政治情况。初期蒙古汗王掌握了一定的军政、经济权力。清朝力量进入西藏后，拥有决定西藏军政事务的权力，实行政教分治、政教分离等政治体制。但是，格鲁派地方寺院政教统合，势力强大，构成了宗教领袖掌握政教力量的基础，能够影响西藏政局的走势。使清廷想在西藏实现政教分离的困难很大。但是，清代任何宗教领袖都没有实现完全的政教合一。所以，尽管佛教对西藏的政治、社会等各方面都有深刻影响，政治与佛教的结合始终是西藏的特色，但不宜说是合一，政教二道要比政教合一更体现了清代西藏的政治现实。

③《五世达赖喇嘛传》上册，陈庆英等译，中国藏学出版社 2006 年版，第 323 页。

④《五世达赖喇嘛传》上册记载，1645 年，桑阿喀寺的僧人们在背后议论说："他哪里是遍知一切的转世"，第 165 页。1651 年，"贡拉译师以浪卡子第巴的传统认为格鲁派像个恶魔"，第 209 页。1661 年 12 月，主巴和噶尔巴暗中策划下，阿里拉达克人派使者，带来言辞粗鲁、出言不逊的信，第 366 页。1667 年，"很多各教派的施主们阳奉阴违的事例"，第 450，218 页。

⑤《五世达赖喇嘛传》上册，第 284 页。

⑥《五世达赖喇嘛传》上册，记载：藏典《大臣遗教》有"号称教化护持的天地之主，将出现于萨霍尔境内"，"曾经一度盛传藏巴第悉噶玛丹迥是这样的转世，众

说纷纭”，仁增活佛认为“实际指的是我”，见第183页。也就是说，五世达赖喇嘛将成为教主，见第309页，第57页。

⑦《五世达赖喇嘛传》上册，第282、322、468、471页。

⑧《五世达赖喇嘛传》下册，第72、18、84—85页。

⑨《五世达赖喇嘛传》下册，第126—127页，“格鲁派僧俗官员都认为他现在无权无势，不必给与优厚的礼遇”。

⑩《五世达赖喇嘛传》下册，第118—119页。

⑪《五世达赖喇嘛传》下册，第275页。

⑫《五世达赖喇嘛传》下册，第17、104页。

⑬“我还赠给他的儿子和属下官员各种称号”，见《五世达赖喇嘛传》上册，第109页。

⑭《五世达赖喇嘛传》下册记载，五月“除了汗王加以具有信仰力的土谢图汗的称号、长子有班智达额尔德尼台吉的称号，王妃有布纳巴拉钟根的称号外，没有给官员们加授称号。我想给汗王授与塔松阿勒汗之类的称号，但他又说想得到祖宗有过的那样的称号。”第145页。

⑮《五世达赖喇嘛传》下册，第185页。

⑯《五世达赖喇嘛传》上册，第343页；下册，第81、119页。

⑰《五世达赖喇嘛传》上册，第296、313页。

⑱《五世达赖喇嘛传》下册，第99页。

⑲《五世达赖喇嘛传》下册，第50、53、54页。

⑳《清圣祖实录》卷111，康熙二十二年七月甲申。

㉑《五世达赖喇嘛传》下册，第136页。

㉒《五世达赖喇嘛传》下册，第146页。

㉓《清圣祖实录》卷131，康熙二十六年九月庚子。“仍敕达赖喇嘛，令其遣使，谕令罢兵。其土谢图汗敕书，即发来使布延图寨桑等赍去，噶尔丹敕书，即交来使陶赖哈什哈等乘驿赍去。达赖喇嘛处敕书，发与喇嘛商南多尔济、郎中布颜图赍去。”

㉔成崇德译注：《咱雅班第达传》，参见《清代蒙古高僧传译辑》，全国图书馆文献缩微复制中心1990年版，第53页。

㉕1669年初，达赖喇嘛听到厄鲁特严重的内争，曾派使者，带去给当地各喇嘛、首领、贵族的信件，由于僧格和巴噶班底的争斗遗留下来的影响，我们的劝解没有大的效果。《五世达赖喇嘛传》下册，第41页。

㉖按皇太极的话说，是“遣往图白忒部落喇嘛等已至归化城，因尔言不果，是以不遣。”《清太宗实录》卷53，崇德五年十月癸丑。说明，崇德四年十月，清派遣的使者仅仅到达了归化城，并没有到达西藏。故有的学者，认为清朝第一次主动遣使进入西藏，始于崇德四年尚待可信材料证明。

㉗《清太宗实录》卷63，崇德七年十月己亥。

㉘《清世祖实录》卷68，顺治九年九月壬申，“当太宗皇帝时，尚有喀尔喀一隅未服，以外藩蒙古惟喇嘛之言是听，因往召达赖喇嘛”。

㉙《五世达赖喇嘛传》上册，第197页。

㉚西藏方面曾主动派使者见皇太极；达赖喇嘛知道顺治入关后，主动派人祝贺。《五世达赖喇嘛传》上册，第167页。

㉛《五世达赖喇嘛传》上册，第202页。

㉜成崇德译注：《咱雅班第达传》，参见《清代蒙古高僧传译辑》，全国图书馆文献缩微复制中心1990年版，第28页。

㉝妙舟编：《蒙藏佛教史》，全国图书馆文献缩微复制中心1993年版，第69页。

㉞牙含章：《达赖喇嘛传》，西藏人民出版社1984年版，第36页。

㉟《五世达赖喇嘛传》下册，第143页。

㊱一史馆藏内阁国史院满文老档，《元以来西藏地方与中央政府关系档案史料汇编》，中国藏学出版社1995年版，第236页。

㊲1670年，“以前我在奏表中一般都写上驾前奏请字样，但本年皇帝附旨一道，称不得如此，不能违背圣旨，因此，这次我虽然仅写了身前祈请，但仍有一些疑惧”。《五世达赖喇嘛传》下册，第48页。

㊳《布达拉宫志汇编》85—90页，转引自恰白次旦平措等著：《西藏通史》西藏古籍出版社1996年版，第636页。按照西藏约定俗成的传统，从元代开始，只有得到皇帝的册封之后，才成为公认的大喇嘛、大官员，准用朱印，参见第640页。

㊴《五世达赖喇嘛传》下册，第85页。

㊵《清圣祖实录》卷136，康熙二十七年七月甲戌。

㊶《五世达赖喇嘛传》上册，第451页。

㊷《五世达赖喇嘛传》上册，第457页。

㊸《清圣祖实录》卷91，康熙十九年七月戊子。在同时，康熙曾谕令清廷官员是否收纳喀尔喀朝贡，不必以达赖喇嘛印文为据。

㊹《清圣祖实录》卷166，康熙三十四年（1695）四月丁巳，“理藩院议覆，达赖喇嘛来使所带之人，宜永行禁止，不许存留。上谕侍郎满丕等，达赖喇嘛来使所带之人，若概行禁止，则外藩蒙古不得私行贸易，其心不服。达赖喇嘛之人往来已久，不必限定来使所带人数，但来人有达赖喇嘛印信者纳之。如无印信，则非系达赖喇嘛之人，即不纳。如此议定，则不禁而自绝，蒙古亦皆心服矣。寻理藩院议覆，达赖喇嘛及诸扎萨克之往来使人，令其各给与符验。从之。”

㊺《清圣祖实录》卷227，康熙四十五年十月丙午。

（原载《中国藏学》2008年第2期）

乾隆与喇嘛教

——以承德和北京的喇嘛庙为中心

乾隆（爱新觉罗·弘历）是清朝入关后的第四代皇帝。他于雍正十三年（1735）八月继承雍正掌握政柄之后，直到嘉庆四年（1796）正月寿终正寝，操纵清朝统治机器达六十余年之久，是历史上一个颇为著名的皇帝。在他统治时期内，清王朝彻底统一了全国，并且达到了历史上称为“康乾盛世”的顶峰，我国统一的多民族国家得到了空前巩固和发展。同时，也就在他统治的时期内，清王朝经历了由盛而衰的巨大历史转折，乾隆死后仅四十年，中国就被英国侵略者的枪炮砸开了大门，逐步沉向了半殖民地的深渊。

在当时特定的历史条件下，由于乾隆具有特殊的社会地位，他对喇嘛教的态度，不能不影响到清政府对信奉喇嘛教的蒙藏等少数民族的政策，从而对历史的发展产生一定的影响。所以，我们对乾隆与喇嘛教的研究，有助于了解清王朝由盛而衰的历史转变和对乾隆做出科学的历史评价。

一、乾隆对喇嘛教的政策

作为一个封建皇帝，乾隆对喇嘛教的态度，首先表现在他对喇嘛教的政策上。

乾隆认为，喇嘛教作为一种生活哲学，在维护封建统治方面，与儒家伦理道德有着共同之处，用他的话说就是，“谁云儒教异佛教，试看不同有大同”[①]。故此，可以利用它作为统治劳动人民的思想工具——“教维神道设，总为牖斯民”[②]。另外，喇嘛教在蒙藏民族中有着广泛的社会基础和巨大的传统势力，是一种不容忽视的政治力量，“势有不能禁者”，所以，乾隆认为，对于喇嘛教不能不加以利用。

基于这种认识，作为爱新觉罗的子孙和康熙、雍正事业的继承人，乾隆在其执政时期，依然奉行了清朝入关前就已经推行的利用喇嘛教统治蒙藏民族的政策，并且把它纳入了加强多民族国家统一、巩固封建政权的总体战略目标之中。

（一）清理教徒，颁发度牒

康熙执政时期，平定“三藩之乱”，统一台湾，抗击沙俄的入侵，对喀尔喀编旗设盟加强行政管理，统一了全国绝大部分地区，只有新疆地区仍然游离于统一的封建中央政权之外。雍正时期，整顿吏治，整理财政，促使康熙后期就已经逐渐好转的封建经济有了进一步的发展。乾隆执政以后，面临的历史任务就是，统一新疆，从而彻底统一全国，进一步发展封建经济，加强对全国的统治。

雍正继康熙之后，曾连续对准噶尔用兵，双方互有胜负，雍正末，清政府与准噶尔开始议和。乾隆初，和议成。所以，乾隆执政之初，主要目标是发展经济，为彻底统一新疆积蓄力量。他在乾隆元年（1736）的一项谕旨中指出：“为治之道，在于休养生民。而民之所以休养，在乎去其累民者，使其心宽然自得，以各谋其生，各安其业，而后富足可期”，“而一切扰累之事，宜速屏除”③。为此，他曾采取了一系列具体措施，清理僧尼（包括喇嘛教徒）即其中之一项。

由于清朝统治阶级的扶植与提倡、战乱与封建压迫剥削严酷等原因，清初出家人很多。据康熙初统计，内地各省共有寺庙七万九千余座，僧尼道士十四万余人。以后逐渐增加，到乾隆四年（1739）统计，僧尼道士有六十余万人。这样多的劳动力脱离生产，必然影响到经济的发展。乾隆认为：“夫一夫不耕，或受之饥，一女不织，或受之寒，多一僧道，即少一农民。乃若辈不耕而食，且食必精良，不惟不织，且衣必细美，室庐器用玩好，百物争取华靡，计二农夫三肉袒深耕，尚不足以给僧道一人，不亦悖乎?”④故此，乾隆决定对全国僧道喇嘛进行清理，登记造册，由政府发给度牒。通过这种手段，勒令一部分僧道喇嘛还俗参加生产，并限制一些强壮劳动力涌向寺庙，规定“僧道喇嘛颁给度牒，其僧道素守清规者，止准招收生徒一人”⑤，“嗣后情愿出家之人，必须给予度牒，方准披剃”⑥。

此外，乾隆之所以对喇嘛和僧道等进行清理，颁发度牒，还有一个政治上的原因。当时清中央政府与准噶尔虽然达成了和议，但暗中仍在进行军事对峙。乾隆所以采取这样一个措施，目的还在于防止准噶尔派遣喇嘛混入蒙古各地搜集情报，“但恐此辈潜寓蒙古地方，妄造浮言，煽惑人心，侦探信息”。乾隆二年（1737），他针对在察哈尔地方捉获厄鲁特喇嘛事说：“朕前降旨颁给喇嘛度牒者，原因此等匪徒，混入僧流，滋生事端，是以分别善恶，择其真正出家者，颁给度牒，以为凭据，所以护持佛法，而清理黄教也。”⑦

由于历史的原因，这些措施并没有收到多少实际效果。

（二）建造寺庙，尊崇喇嘛，以为牢笼蒙藏民族的工具

乾隆执政以后，经过二十来年的休养生息，清政府开始统一新疆。乾隆二十年（1755），清军两路出兵伊犁，迅速摧垮了准噶尔最后一个汗王达瓦齐的势力，乾隆二十二年（1757），又彻底粉碎了阿睦尔撒纳的叛乱活动。乾隆二十四年（1759），清政府又平定了大、小和卓之乱，从而彻底统一了新疆。在这个历史过程中，清政府根据厄鲁特蒙古崇奉喇嘛教的特点，依然奉行了传统的崇奉喇嘛教的政策，把它作为分化瓦解准噶尔上层、争取厄鲁特蒙古人心的工具。

清初，从噶尔丹到阿睦尔撒纳等一些搞分裂的准噶尔上层分子，都曾经利用喇嘛教作为煽惑厄鲁特群众并行分裂活动的工具。噶尔丹就曾“称受博硕克图汗之封于达赖，策妄阿拉布坦破藏归，复称受宝权大庆王之封于伪达赖（此指达赖六世）”⑧，企图借此抬高自己的政治身价，加强对厄鲁特蒙古各部的政治号召力。同时，他们还裹胁一些喇嘛，公开进行分裂活动。有鉴于此，乾隆执政的清政府采取了针锋相对的策略，也把喇嘛教作为征服蒙古族的思想工具。

为此，乾隆执政之后不久，即重修了北京西黄寺、妙应寺等有影响的喇嘛庙。乾隆九年（1744）还把雍和宫改为喇嘛庙，公开表示尊崇喇嘛教。乾隆说：“达赖喇嘛在国初导诸藩倾心归命，其功最钜”⑨，五世达赖对清朝统一全国出过力，尊崇喇嘛教“亦所以顺人情安国俗也”⑩，有利于争取蒙古族民心，加强对全国的统一。在准噶尔与清中央政府对峙期间，乾隆十年（1745）一月，乾隆对准噶尔使臣哈柳指出：“从前准噶尔人等，扰乱藏地，拆毁寺庙”⑪，公开揭露了准噶尔少数上层分子名为尊奉喇嘛教，实为搞分裂的阴谋。同时，乾隆还命令西藏地方当局严密防守，防止准噶尔的骚扰，切断准噶尔上层分子同喇嘛教首领人物的政治联系。乾隆十五年（1750）正月，针对准噶尔策旺多尔济那木扎尔要求从西藏敦请高僧到伊犁传教的请求，乾隆指出："尔可将喇嘛内聪颖者，挑选十名或二十名，送至京师，在大庙勤学三四年，令其回去，即可助行黄教。"[12]此事虽然未果，但其用意很明显，在于通过训练厄鲁特喇嘛使之心向清政府，从而使之影响厄鲁特人心，即通过喇嘛教操纵厄鲁特蒙古。

平定准噶尔、统一新疆之后，乾隆仍然实行尊崇喇嘛教的政策，作为统治蒙藏民族的思想工具。为此，他又动用国帑陆续修建了一大批喇嘛庙。乾隆二十年（1755）初定准噶尔之后，于当年十月，厄特鲁四部王公贵族到承德朝觐，乾隆下令在承德修建了普宁寺，"蒙古向敬佛，兴黄教，故寺之式，即依西藏三摩耶庙之式为之"[13]。乾隆二十九年（1764），又依伊犁固尔扎庙之式，在承德修造了安远庙，作为迁居承德的厄鲁特达什达瓦部礼拜奉佛之所。乾隆三十一年（1766），又在安远庙之南建造普乐寺，供到承德朝觐的杜尔伯特部等王公贵族"仰瞻"。用乾隆自己的话来说就是："惟大漠之俗素崇黄教，将欲因其教不易其俗，缘初构而踵成之。"[14]乾隆三十五年（1770）逢乾隆六十寿辰，翌年，为其母八十寿辰，为供蒙藏王公朝觐时瞻仰，乾隆又下令在承德仿布达拉修建了普陀宗乘之庙。乾隆四十五年（1780），六世班禅到承德为乾隆庆祝七十寿辰，乾隆又命"肖其所居"，在承德建造须弥福寿之庙，"以资安禅"[15]，作为班禅诵经、起居之所。这些一方面表明清政府对喇嘛教的尊奉，另一方面，乾隆也通过这些活动，把自己打扮成喇嘛教的精神上的领袖和保护神。其目的是借此笼络蒙藏上层分子，即满足他们的宗教信仰，以收其忠心，使之倾心依附清中央政府，用乾隆自己的话来说就是："俾满所欲，无二心焉。"[16]

（三）优礼达赖、班禅

蒙藏民族信奉喇嘛教，"最信喇嘛"，而以达赖和班禅为喇嘛之首，喇嘛教"总司以此二人，各部蒙古一心归之"[17]。故此，乾隆崇奉喇嘛教的核心是优礼达赖、班禅等大喇嘛，意图以此争取蒙藏上层分子的欢心。用乾隆的话来说就是"敬一人而千万悦"[18]

乾隆九年（1744），达赖七世之父索诺木达尔扎死后，乾隆念其"行走谨慎，历有年所"，"特加恩令伊子恭格丹津仍袭辅国公之职"[19]，借此表示对达赖的优礼。

乾隆对六世班禅的礼遇更是备极优隆。乾隆四十三年（1778），六世班禅通过章嘉呼图克图奏请进京觐见，并为乾隆庆祝七十寿辰，接此喜报后，乾隆即谕令驻藏大臣留保住协同一名大喇嘛赴日喀则“照料随行”。乾隆四十四年（1779），班禅在驻藏大臣留保住护送下至西宁，乾隆又命西安将军伍弥泰协同经理，又命理藩院侍郎保泰、散秩大臣万福等往迎。在六世班禅奉命前赴热河的途中，乾隆派专使赐给他御用貂帽、貂袍，“并赐御用金顶黄轿、红黄伞盖各二对、幢幡四套、仪仗四十套”，“夏季衣帽、香水、避疫丹药”，以及珍珠凉帽、水晶念珠等“珍物多色”，并专使驿送“水果、香瓜等食物”[20]。同时，乾隆还下令，于六世班禅经过的“山岭峻仄处”，“量为平治”，“其经过桥座，实在跨临河涧者”，也“缮葺完整”[21]。

乾隆四十五年（1780）春，乾隆又命乾清门侍卫乌尔图那逊、銮仪卫大臣达福等至归化城迎接。六世班禅至岱罕庙时，乾隆特命“皇六子及章嘉呼图克图、尚书永贵等往迎，赐嵌珠帽、袈裟、朝珠等件。至多伦诺尔，命御前侍卫丰绅济伦往赐敕书及嵌珠帽、金丝袈裟等件”[22]。乾隆还特命于热河仿札什伦布建造了一座豪华的大喇嘛庙，为六世班禅诵经和起居之所。为接见六世班禅，乾隆还专门学习了一些常用藏语，与之晤谈。在热河期间，乾隆还多次宴赏班禅，“遇之以师礼”，并赏赐他价值数十万两银子的珠宝财物。乾隆偕班禅到扎什伦布礼佛“千官班立时，班禅独先至，坐榻上。一品辅国公辈及廷绅贵显者多趋至榻下，脱帽叩头，班禅皆亲手为一摩顶，则起向众人，举有荣色”[23]。可见，六世班禅受到的荣宠，远在一般大臣之上。

其年九月，六世班禅随乾隆到北京，居住于西黄寺，十月末，班禅患痘，乾隆极为关心，“即遣医诊视”，十一月二日六世班禅圆寂，乾隆命在西黄寺建造了精美壮观的“清净化城”，葬其衣冠经书，并封其兄忠克巴呼图克图为额尔德木图诺们汗，封其弟大绥绷为扎萨克喇嘛、赏给默尔根堪布名号，命他们“护送班禅额尔德尼灵榇起程，并遣理藩院尚书博清额、乾清门侍卫伊噜勒图等送至扎什伦布”[24]。

乾隆所以优礼达赖、班禅，政治目的是很明显的，即借此笼络蒙藏民族。乾隆在说到六世班禅朝见一事时就曾指出：“蒙古诸藩一闻是事，无不欣喜顶戴倾心执役，内地人亦延领企踵．奔走皈依．以为国家吉祥善事”[25]。所以乾隆说这是“敬一人而千万悦”，有利于维系蒙藏民族对中央政权的向心力。

（四）对于“妨害国政”的喇嘛“即正以法”

对于附从蒙藏上层分子进行分裂活动、危害国家统一的喇嘛，即按封建法律制裁，这是乾隆对喇嘛教的又一重要政策。

在清朝统一新疆的过程中，准噶尔的喇嘛曾附从阿睦尔撒纳进行分裂叛乱，声言“若不使阿睦尔撒纳主伊犁者，喇嘛当自刎死”[26]，并直接参与阿睦尔撒纳与清军的作战活动。对此，乾隆严令清军统帅：“彻底查明，严加惩治，使伊等各知法纪，不敢妄生事端”[27]，对于准噶尔喇嘛中“其实系聚众党恶者，即行诛戮；如系威逼相从，量从宽免。”[28]

乾隆五十六年（1791），廓尔喀侵略西藏，当时“扎什伦布有喇嘛四五千人，尚可守也”[29]，而“济仲喇嘛者，于吉祥天母前占卜妄称不可与贼战，至众心摇惑，将派出堵御之喇嘛番众，尽数撤散。于是，廓尔喀毫无畏忌，遂至庙中劫掠金银供器及塔上镶嵌松石、珊瑚等物”[30]，对西藏地方的安全造成了严重威胁。清政府查实后，将济仲喇嘛“剥黄处决”，对此，乾隆曾专门发过一通谕旨，阐述其对喇嘛教的政策：“朕于黄教素虽爱护，但必于奉教守法之喇嘛等方加以恩遇。若为教中败类，罪在不赦者，即当明正典刑，断不稍为袒护。设如元季之供养喇嘛，一意崇奉，漫无区别，致有詈骂者割舌、殴打者截手之事，令喇嘛等无所忌惮，尚复成何政体！此次办理占卜惑众之罗卜藏丹巴（即济仲喇嘛）一事，即于卫护黄教之中，示以彰明宪典之意！”[31]

（五）削弱大喇嘛的行政权力，防止僧俗势力的结合

这是乾隆对喇嘛教的另一项重要政策。其目的在于防止大喇嘛世俗权力的膨胀，造成尾大不掉，妨害国家的统一。

康熙、雍正时期，曾采取了一系列措施，加强对西藏地方的行政管理，其基本点是加强清中央政权对西藏的管辖，逐步削弱达赖、班禅的世俗权力，乾隆时对西藏的施政，仍然沿着这样一个基本方向前进。

乾隆十二年（1747），掌管西藏地方政权的颇罗鼐死去，其次子珠尔墨特那木扎勒袭封郡王。但他于乾隆十五年（1750）“阴谋悖叛”，被驻藏大臣“定谋诛戮”[32]。乾隆认为，“办理噶隆（西藏地方政府）之人，权势不可使太专”[33]，设立噶隆四人共同办理西藏地方行政事务，“而总其成于达赖喇嘛”。一般认为，这是清王朝在西藏地方确立了政教合一的行

政管理制度，但其实质是，清朝借此打击西藏上层世俗势力，加强对西藏地方管辖的一种变通措施。所以清政府又规定：“（噶隆）遇有紧要事务，禀知达赖喇嘛与驻藏大臣，遵其指示而行”[34]，明确规定了驻藏大臣与达赖喇嘛在办理西藏地方事务中具有同等权力。另一方面，由于“达赖、班禅原以慈悲为本”，“知为己而不知为政”[35]，所以西藏地方的行政权力，通过这种形式，多落于驻藏大臣之手。

乾隆末年，击退廓尔喀对西藏的入侵之后，清政府又乘机对西藏的行政管理制度进行改革，进一步削弱了喇嘛教首领的世俗行政权力，提高了驻藏大臣的职权。乾隆五十八年颁布的“钦定西藏章程”，把清政府对西藏的各种行政管理措施，用法律的形式固定下来，规定凡西藏地方的用人、行政、财政、军事、对外关系等事务，都由驻藏大臣统筹办理。虽然根据章程规定，“驻藏大臣督办藏内事务，应与达赖喇嘛、班禅额尔德尼平等”[36]，但实际权力多集中于驻藏大臣手中。

首先，对于权力的杠杆——官吏的任免权，驻藏大臣高于达赖、班禅。清政府规定，“（西藏）凡大小各缺，均由驻藏大臣会同达赖喇嘛挑选”，但同时又规定，“如达赖喇嘛徇私不公，准驻藏大臣驳正，秉公拣补”[37]。

其次，不准喇嘛办理噶伦事务。原来规定，办理西藏地方政务的噶布伦四人，其中要有一名由喇嘛充任。乾隆认为，作为噶布伦的喇嘛“与达赖喇嘛亲近，易于进言”，容易造成“诸弊丛生”。所以，乾隆五十七年十一月二十二日（1793 年 1 月 4 日）乾隆下了一道谕旨：“俟将来该喇嘛噶布伦出缺时，竟当于番民内挑补，将喇嘛充当噶布伦之处，永远停止。”[38]这是从机构和人事制度上削弱达赖行政权力的一项重要措施。

另外，乾隆认为，“惟达赖亲族管事，最易滋弊”[39]，所以他规定“严禁达赖喇嘛左右近侍、亲族及噶布伦等干预滋事”[40]。这一点写进了“钦定西藏章程”，用法律的形式固定了下来：“达赖喇嘛、班禅额尔德尼之亲族人等，概不准干预公事。”[41]在《理藩院则例》中，又对这一原则做了具体的制度上的规定：“（西藏）大小番目及前后藏管事喇嘛，均不得以达赖喇嘛、班禅额尔德尼族属挑补，搀越管事，俟达赖喇嘛、班禅额尔德尼转世后，方准将前辈亲族量材录用，以昭公允。”[42]这也是削弱达赖、班禅行政权力的一项重要措施。

具有特殊重要意义的是，乾隆末年设立了“金奔巴瓶”制度（俗称

“活佛掣签”），这是防止喇嘛教上层分子与蒙藏上层世俗势力结合，防止喇嘛教首领势力膨胀的一项关键性措施。

在此之前，蒙藏地区的大喇嘛圆寂之后，继承其宗教权的转世呼毕勒罕，都由前藏的职业宗教人员吹忠（亦译写为“垂仲”）做法指定。蒙古地方的大喇嘛圆寂，“则择孩幼二三人或四五人，录其生年，不用月日时，第云属鼠、属牛之类，不远数千里赍送西藏，听候选择”[43]。吹忠“或受贿恣意舞弊，或偏庇亲戚妄指，或达赖喇嘛、班禅额尔德尼授意，令其指谁”[44]，致使一些僧俗上层分子乘机操纵了宗教权，造成呼毕勒罕“或出自族属姻娅，或出自蒙古汗、王公等家，竟与蒙古王公、八旗世职官袭替相似”[45]。例如，“喀尔喀三音诺颜部落额尔德尼班第达呼图克图圆寂后，其商卓特巴那旺达什有意营谋汗王子第为呼毕勒罕，代求达赖喇嘛、拉穆吹忠附会妄指”，拉穆吹忠接受那旺达什所馈送的银五十两、缎一匹、哈达一个后，即按其意愿，指认（土谢图汗）车登多尔济之子属鸡的，是真呼毕勒罕，蒙藏僧俗势力的这种结合，对于清中央政府来说，是一种潜在的威胁。

乾隆为了革除其弊，参酌吏、兵二部派遣管员抽签的办法，设立了“金奔巴瓶”制度，规定大喇嘛的呼毕勒罕转世，由掣签决定。其制：将一金奔巴瓶“设于前藏大昭，俟将来藏内或出达赖喇嘛、班禅额尔德尼及大呼图克图呼毕勒罕时，将报出幼孩内选择数名，将其生年月日、名姓，各写一签，入于瓶内，交达赖喇嘛念经，会同驻藏大臣公同签掣；并于京城雍和宫内亦设一金奔巴瓶，如蒙古地方出呼毕勒罕，即报明理藩院，将年月、名姓缮写签上，入于瓶内，一体掣签。”[46]

名为掣签，实际上是清中央政府借以维护自己指认呼毕勒罕的权力。清政府同时又规定，西藏大喇嘛呼毕勒罕掣签时，可“由驻藏大臣就所报之人，查其略有家世及素有声望之户所报幼孩，择其福相聪慧数人，将生年月日归瓶签掣，微贱户属及相貌陋劣者，原可量加删汰，无庸一并掣签”。[47]通过这些措施，清中央政府把指认呼毕勒罕的权力牢牢掌握在手中，以此防止蒙藏上层僧俗势力的结合以及喇嘛教首领势力的膨胀。

上述这些措施，其目的都在于削弱达赖、班禅的行政权力，以及防止僧俗势力的结合。所以，有的研究者认为，“钦定西藏章程”的确立，使“达赖、班禅拥掌教之虚名，无统治之实际，此实政教分离之渐”[48]。这不是没有道理的。

当然，乾隆执政时期，对于喇嘛教还采取了其他一些具体政策，但主要的是以上几点。总的说来，他是意图把喇嘛教作为一种对清王朝来说有益无害的、统治蒙藏民族的工具。

二、乾隆对喇嘛教的崇奉

乾隆除了作为一个封建皇帝之外，他还是一个活生生的、有血有肉的人，除了政治活动之外，还有他自己的个人生活与思想感情。所以，就“乾隆与喇嘛教”这个题目来说，除了他对喇嘛教政治上的态度（如前所述，这主要表现在他对喇嘛教的政策）之外，还有他对喇嘛教的个人态度（这主要表现在个人生活方面）。这两者有联系，但又有区别，一个政治家的个人生活方面的情趣或思想感情，并不与他的政治宣言或实行的政策完全一致，这样的例子在历史上是屡见不鲜的。就乾隆对喇嘛教的个人态度来说，他是一个喇嘛教的忠实信徒。谓予不信，有史实为证。

（一）写经镇塔，入佛受戒

乾隆十八年（1753），清政府曾经拨款维修北京妙应寺（今白塔寺）白塔。为此，乾隆曾“手书般若波罗密多心经一卷及梵文尊胜咒，并大藏真经全部七百二十四函。用以为镇”[49]。1978 年，文物部门在维修白塔时，在宝顶中发现了几个方形、圆形、长方形的盒子和一尊木雕观音佛像，其中一盒，就是乾隆手书的《般若波罗密多心经》、梵文《尊胜咒》和《大藏真经》计七百二十四函。身为九五之尊的乾隆，为什么亲自书写这么多佛经？这显然是不能单纯从他对喇嘛教的政策中寻找答案的。他在重修白塔的碑铭中，说明其用意在“上资寿母，福海无边”，他是相信此举能够镇邪祈福的。

同时，在另外的盒子里，还装有一顶五方佛冠和一件补花袈裟，可能就是乾隆受戒时穿的衣物。据说，乾隆曾从六世班禅受喇嘛戒。现在北京雍和宫内还存有一座清代建筑，名“戒台”，为乾隆受戒之所。雍和宫还藏有一件清代宫廷画，据工作人员介绍，名为“乾隆受戒图”，笔者有幸观看了这件珍贵文物。细审原画，正中方面大耳者戴宗喀巴帽者，确为乾隆无疑，拿它与其他清代宫廷的乾隆画像比较，毫无二致，确为乾隆六七十岁时的画像。雍和宫还藏有一些玉制喇嘛教法器和鎏金佛冠及袈裟，非一般喇嘛所能用，据文物工作者考证，亦为乾隆受喇嘛戒时的用具。此外，根据清代史料，盘山（在今天津市蓟县，清代在此建有行宫）的佛寺中，曾有乾隆的替身和尚法海住居。这些，都说明乾隆确曾入佛受戒。这也是不能单纯从他执行的政策中去寻找答案的，只能说明他的信仰。

（二）建寺造佛，祈求寿福

封建皇帝总是幻想能够长寿不老，永享荣华富贵。乾隆当然也不例外。他就曾大量建造喇嘛庙和铸造佛像，为自己和母亲祈求寿福。

乾隆十六年（1751），是乾隆母亲的六十寿辰，乾隆下令大造喇嘛庙，为其母祈福，在清漪园（今颐和园）建万寿山大报恩延寿寺，在北海建万佛楼，重修北京万寿寺、正觉寺等。十年之后，其母七十寿辰，乾隆又命仿五台山殊像寺，在北京香山建宝相寺，再重修北京万寿寺等。乾隆三十五年（1770）是乾隆六十寿辰，翌年，为其母八十寿辰，乾隆又下令大修喇嘛庙，在承德修建了普陀宗乘之庙，重修北京黄寺、功德寺等。

同时，为了给自己和母亲祝寿，乾隆还用帑银铸造或在其授意下由王公大臣铸造佛像。乾隆的母亲六十寿辰时，王公大臣等造各种佛像万余尊奉献，乾隆命在北海建万佛楼贮之。乾隆六十寿辰和他母亲八十寿辰时，王公大臣又造了大量佛像以为祝寿之贡，乾隆命在承德普陀宗乘之庙内建阁贮之，因佛像众多，因名为千佛阁。乾隆四十五年（1780），逢乾隆七十寿辰，乾隆更是大肆铺张。仅王公大臣贡奉的佛像就达二万余尊，仅此一项就费银三十三万一千余两。

这些，当然也不能以政治统治的需要做掩饰。乾隆自己说的很明白："瓣香心愿于何结，无量寿希与佛同！"[50]他是幻想为自己和母亲祈寿福，享寿永年。

（三）死求佛佑，幻想升天

如何对待死，是人生观的集中体现。乾隆对喇嘛教的崇拜，也在这个问题上深刻地表现了出来。他把喇嘛教引进了自己最终的归宿——陵寝。

坐落在河北省遵化县的清裕陵，是乾隆生前按照自己的意图建造的陵寝，这是一座弥漫着喇嘛教精神的帝王陵寝。

在整个陵区，有一座喇嘛庙，为守陵喇嘛诵经、居住之所。裕陵的主要建筑——举行大祭的隆恩殿前，还有专门供喇嘛念经的配殿。他是企图借助于喇嘛的法力把自己的灵魂送入天堂吧！

在地宫的八扇石门上，各雕一尊菩萨像，为其守卫地宫的门户，这位在白莲教农民起义浪潮中寿终正寝的“真龙天子”，死后还心有余悸，想靠菩萨保卫自己的安宁。

地宫的明堂券顶浮雕着“五方佛”，穿堂券两壁雕刻“五欲供”，券顶也雕刻着佛像。金券的东西两壁也各雕一尊佛像和吉祥八宝图案。乾隆的棺椁上也布满了漆雕的喇嘛经文。整个地宫内，刻满了喇嘛教经文，计有梵文六百四十七个，藏文二万九千四百六十四个。

这些，都是按照乾隆本人的意愿布置的，集中地、深刻地反映了乾隆对喇嘛教的崇拜。

三、乾隆为什么在对喇嘛教采取限制、利用政策的同时，又崇奉喇嘛教？

乾隆作为历史上一个有所作为的封建皇帝，他在对待喇嘛教政策上，总的看，是一种比较现实的、理智的政策。这在当时特定的历史条件下，对于维系蒙藏民族对中央政权的向心力，从而维系多民族国家的统一，曾起过某种积极作用。清代史学家赵翼说：“国家于西北诸部，亦因其俗而加礼于胡土克图，有时竟得其用。如乾隆十五年，西藏王珠尔墨特那木扎勒有异志，驻藏大臣傅清、拉布敦诱而手刃之，其番众咸挺而为乱，达赖喇嘛出谕遂止。二十一年，喀尔喀部青衮杂卜断驿道而叛，邻部将应之，其地有哲卜尊丹巴胡土克图，怵于定边将军之言，独不从乱，遂皆戢。其明验也。”[51]这说的是乾隆实行的喇嘛教政策在历史上曾起过某种积极作用的方面。

另一方面，乾隆对喇嘛教的崇奉在历史上也确实产生极大的消极作用。它麻痹了蒙藏人民的斗志，促使喇嘛教在蒙藏地区的势力恶性膨胀，严重影响了蒙藏地区的人口增殖和经济文化的发展。同时，乾隆大修喇嘛庙和铸造佛像，也浪费了大量钱财，加速了清王朝的腐败。在这方面，已有不少的文章论述，于此不赘，乾隆四十五年（1780），陕西有一个知识分子上疏乾隆，直陈政治缺失，一针见血地指出，“番僧之过礼也”，[52]直接谴责了乾隆对喇嘛教的过分崇奉。这无异刺中了乾隆的肺腑，他在震怒之下，命令将其活活碎割。这反映了乾隆的残暴，也说明了乾隆对喇嘛教的崇奉已造成了严重的社会影响，激起了强烈的不满。

现在，我们需要回答一个难于回答而又应该回答的问题：为什么乾隆在政治生活中能够对喇嘛教采取比较理智的、现实的政策，而在他个人的生活中又对喇嘛教虔诚地崇奉呢？我以为，这有其历史的、社会的、思想的原因。

第一，清王朝所代表的封建专制制度逐渐走向没落。

从世界范围看问题，乾隆执政的时期，正是世界资本主义蓬勃发展的时代。乾隆四十一年（1776），北美13个殖民地宣布脱离英国，建立独立的美利坚合众国；乾隆四十九年（1784）瓦特发明了改良蒸汽机，解决了机器生产的动力问题，促进了资本主义工场手工业向大机器生产的飞跃；乾隆五十七年（1792），法国废除了君主专制，宣布成立法兰西共和国，所以，“这是资产阶级民族运动的时代，是迅速摧毁过时的封建专制制度的时代”，[53]但是，在这样的时代潮流中，中国仍然在封建专制制度的泥潭中挣扎。封建专制有了一个恶性发展，形成了绝对君权专制、以占有土地为主要形式的地主阶级，封建经济严重地抑制着资本主义萌芽的发展。中国落后于西方的距离，在这历史时期是大大地拉大了。乾隆死后仅四十年，中国在鸦片战争中挨了打，逐渐沉入了半殖民地的深渊。

就清王朝的情形看，乾隆时期正是清王朝由盛而衰的时代。乾隆时代，继康熙之后，彻底完成了对全国的统一，但是，民族矛盾和阶级矛盾日益尖锐激烈。乾隆中期以后、封建经济曾经一度繁荣，财政库存七千余万两白银，达到了史称所谓“康乾盛世”的顶峰，但随之很快衰败下去。“大县有亏空十余万者”，是普遍现象，嘉庆五年（1800），即乾隆死后仅一年，各省亏空即达两千余万两之多。

在这种特定历史条件下，作为腐朽没落的封建专制制度的总代表的乾隆，已经不可能从封建的武库中寻找出一件像样的思想武器挽救清王朝的衰败。而作为清王朝驭世法宝的孔孟之道，更不可能成为解决社会现实矛盾的良策，在这种无可奈何的情况下，乾隆把喇嘛教作为解决现实矛盾的灵丹妙药。乾隆末年，内蒙苏尼特二旗连年发生旱灾，清政府找不到救治的办法，乾隆五十六年（1791）七月却颁发了一道谕旨：“今值夏令，正当祈雨之时，蒙古等素崇黄教，何不聚集大喇嘛诵经祈祷？今特因二旗生计，发出大藏轮经一份……即令苏尼特二旗，交有道行喇嘛，将此经唪诵，祈祷应时甘霈，以弥旱灾”[54]。这简直荒诞之极。这与曾经下令将犯罪喇嘛“剥黄处决”的乾隆，似乎判若两人，这种表面似乎矛盾的现象说明，乾隆作为没落的封建专制制度的代表人物，不可能为封建专制制度的衰亡寻找出什么灵丹妙药。这是乾隆崇奉喇嘛教的历史根源。

第二，农民起义对于清王朝的沉重打击。

乾隆中期以后，吏治极端腐败，贪污成风，贿赂公行，广大劳动人民处于极端困苦之中，因而起来进行反抗斗争。农民抗租、争田、夺粮、反科派，手工业工人和手工业者反克扣工资、罢工，商人罢市抗官，特别是各族人民反压迫、反官府的武装起义，波澜壮阔，此伏彼起，总的趋势是斗争越来越激烈，起义规模越来越大。乾隆三十九年（1774），王伦领导的山东白莲教起义曾一度攻占寿张、堂邑、阳谷等县城. 并提出了“杀官劫库藏”的斗争口号。乾隆五十一年（1786）爆发的台湾林爽文起义，人数逾十万，并曾一度控制了台湾，更响亮地提出了“剿除贪官，以保民生”的起义纲领。嘉庆元年（1796），乾隆刚刚当上太上皇，就爆发了川楚陕白莲教农民大起义。他们高举“官逼民反”的大旗，与清王朝进行了殊死的斗争，纵横五省，战斗十余年，从根本上动摇了清王朝的统治根基。

在波澜壮阔的农民起义斗争的冲击下，清王朝有如在狂风暴雨中颠簸于万顷波涛中的小船，随时都有倾覆的危险，乾隆无可奈何地哀叹：“扶起一边又倒一边”[55]，惶惶不可终日。他既不甘心于爱新觉罗政权的败亡，又从传统的武库中找不出一副解决社会矛盾的药方，在穷愁焦虑中，只好乞灵于神佛的保佑，从而拜倒在了喇嘛教的脚下。嘉庆二年（1797），即他当太上皇的第二年，因为被白莲教农民大起义搞得“心绪焦劳”，他到热河避暑，就“躬诣两庙（普陀宗乘之庙和须弥福寿之庙）敬瞻佛相”，“以舒散闷怀”[56]，企图在喇嘛庙中寻求精神安慰。据说，晚年虔诚信奉喇嘛教的乾隆，还曾幻想依靠喇嘛教的神力消灭白莲教农民起义。史籍记载了这样一个故事：“一日早朝已罢。上皇（乾隆）单传和珅入见。至，则上皇南面坐，颙琰（嘉庆）西向坐一小杌。珅跪良久。上皇闭目，口中喃喃有所语。颙琰极力谛听，终不能解一字。久之，忽启目曰：‘其人何姓名？珅应声曰：‘徐天德、苟文明’。上皇复闭目，诵不辍。移时，始麾之出。颙琰大惊愕，以问和珅。珅对曰：‘上皇所诵者，西域秘咒也。诵此咒，则所恶之人，虽在千里之外，亦当无疾而死，或有奇祸。奴才闻上皇持此咒，知所欲咒者，必为教匪悍酋（即白莲教农民起义军领袖），故竟以此二人名对也。”[57]在农民沉重打击之下，寻找不到出路的乾隆，就是这样拜倒在了喇嘛教的神力面前。这是乾隆崇奉喇嘛教的社会原因。

第三，乾隆和其他封建帝王一样，是有神论者。

从思想上来说，乾隆和其他封建统治阶级的代表人物一样，都是有神论者，与喇嘛教是“心有灵犀一点通”。

由于历史的原因，满族在历史上没有形成自己特有的宗教，只是信奉原始的、万物有灵的萨满教。入关以前，由于语言文字、风俗习惯与蒙古族略同，满洲贵族在统一东北的过程中，又多得力于蒙古族，所以满族在思想和宗教信仰上受蒙古族影响较大，蒙古信奉的喇嘛教逐渐在满洲贵族中传播开来。同时，满洲贵族又接受了汉族文化，汉族的传统思想和宗教信仰也给他们造成了很深的影响。

所以，清朝统治阶级形成了多神的宗教信仰，清代宫廷祭神的“堂子”，既供奉释迦牟尼、观世音，也供奉关羽，而且清朝宫廷也崇奉蚕神、马神等，其中以佛教对清朝统治阶级的影响最大。清朝入关以后的第一代皇帝顺治（福临），就是一个虔诚的佛教徒，他还曾一度要削发出家。乾隆的父亲、清朝入关后的第三代皇帝雍正（胤禛），曾以章嘉呼图克图为师，演习密宗。这些都对乾隆的思想产生过深刻的影响。

乾隆从有神论的观点出发，认为清朝统治全国，是“承天命”[58]。所以，为维持其统治，就要“奉昊天”[59]。面对清王朝江河日下，感到“无力回天”，在风起云涌的农民起义的打击下，惶惶不可终日的乾隆就感到喇嘛教“利济诸苦业，解脱超沉沦”，成了救命稻草，“设象虽土木，诚敬斯通神”[60]——他就是这样跪倒在自己下令制造的佛像面前了。这是乾隆崇奉喇嘛教的思想根源。

综上所述，乾隆对喇嘛教采取了尊崇、限制的利用政策，是比较理智的。但是，他的思想深处则对喇嘛教有着虔诚的信奉。在当时特定的历史条件下，他虽然利用喇嘛教在维系蒙藏民族对清中央政权的向心力方面取得了一定的成效，但他对喇嘛教的过事崇奉，也造成了严重的社会问题，他企图利用喇嘛教作为行将就木的清王朝的救命稻草，更是一种可笑的幻想。研究清王朝在乾隆时由盛而衰，这是值得注意的一个问题。

注释：

①乾隆：《诣溥仁寺瞻礼作》，碑藏承德溥仁寺。

②乾隆:《溥仁寺瞻礼作》,见《畿辅通志》卷10。

③王先谦:《东华续录》乾隆朝卷3。

④王先谦:《东华续录》乾隆朝卷1。

⑤杨应琚:《西宁府新志》卷15。

⑥《清高宗实录》卷3。

⑦《清高宗实录》卷41。

⑧魏源:《圣武记》卷5。

⑨乾隆:《重修黄寺碑文》,碑藏北京黄寺。

⑩乾隆:《实胜寺》诗自注。

⑪《清高宗实录》卷233。

⑫《清高宗实录》卷356。

⑬乾隆:《普宁寺碑记》,碑藏承德普宁寺。

⑭乾隆:《普乐寺碑记》,碑藏承德普乐寺。

⑮乾隆:《须弥福寿之庙碑记》,碑藏承德须弥福寿之庙。

⑯乾隆:《普乐寺碑记》,碑藏承德普乐寺。

⑰乾隆:《喇嘛说》,碑藏北京雍和宫。

⑱《承德府志·卷首》。

⑲《清高宗实录》卷221。

⑳刘家驹编:《班禅大师全集》。

㉑《清高宗实录》卷1085。

㉒《热河志》卷24。

㉓〔朝鲜〕朴趾源:《热河日记》。

㉔《清高宗实录》卷1122。

㉕乾隆:《清静化城塔记》,碑藏北京黄寺。

㉖俞正燮:《癸巳类稿》卷8。

㉗《清高宗实录》卷508。

㉘《清高宗实录》卷500。

㉙俞正燮:《癸巳类用》卷8。

㉚周蔼联:《西藏纪游》卷3。

㉛《清高宗实录》卷1393。

㉜《清高宗实录》卷379。

㉝《清高宗实录》卷377。

㉞《清高宗实录》卷386。

㉟松筠:《西招图略》。

㊱《卫藏通志》卷12。

㊲《理藩院则例》卷62。

㊳《清高宗实录》卷1417。

㊴《清高宗实录》卷1416。

㊵《清高宗实录》卷1417。

㊶《卫藏通志》卷12。

㊷《理藩院则例》卷61。

㊸周蔼联：《西藏纪游》。

㊹佚名：《番僧源流考》。

㊺《清高宗实录》卷1421。

㊻《清高宗实录》卷1427。

㊼《清高宗实录》卷1424。

㊽许光世、蔡晋成：《西藏新志》。

㊾乾隆：《重修白塔碑铭》，碑藏北京白塔寺。

㊿乾隆：《诣溥仁寺瞻礼作》，碑藏承德溥仁寺。

(51)赵翼：《檐曝杂记》。

(52)吴晗辑：《朝鲜李朝实录中的中国史料》下编，卷7，1980年中华书局出版。

(53)列宁：《打着别人的旗帜》，见《列宁全集》中文版，第21卷，第125页。

(54)《清高宗实录》卷1382。

(55)同前，卷289。

(56)乾隆：《出山庄北门瞻礼梵庙之作》，匾藏承德普陀宗乘之庙。

(57)转引自肖一山：《清代通史》（中卷）；原文见《清稗类钞》第10册《方伎类》，《和珅解西域秘密咒条》。

(58)乾隆：《避暑山庄百韵诗·序)，碑藏承德避暑山庄。

(59)乾隆：《平定准噶尔勒铭伊犁之碑》，碑藏承德普宁寺。

(60)乾隆：《阐福寺瞻礼诗》，《国朝宫史续编》卷68。

（原载《西藏民族学院学报》1985年第1期）

附：18 世纪朝鲜学者对清代藏传佛教的观察

——读朴趾源《热河日记》

《热河日记》是朝鲜李氏王朝学者朴趾源的代表作。朴趾源（1737—1805）字仲美，号燕巖，18 世纪中叶至 19 世纪初，朝鲜著名的思想家和现实主义文学家。乾隆四十五年（朝鲜李朝正祖四年，1780）六月，以朴明源为正使、郑元始为副使、赵鼎镇为书状官的朝鲜使团，赴清祝贺乾隆帝七十寿诞。朴趾源应堂兄朴明源之邀，以随员的身份随行。渡鸭绿江，取道东北，经盛京、山海关到北京，再转赴热河，返抵朝鲜，共历时 3 月有余。回国后，以日记、随笔、问答、议论等形式，举凡政治、经济、文化、风俗、历史、名胜古迹以及人情世故等清代社会各方面，以汉文写成《热河日记》，1784 年成书后，名闻于朝鲜。其内容丰富，文字清雅，从中可以体味清代社会风物，又可考诸史实。其中“黄教问答”、“班禅始末”、“扎什伦布”、“太学留馆录”、“行在杂录”等节，记述了六世班禅、黄教（藏传佛教）[①]、乾隆治藏政策等方面的情况，兼有自己的述评。为我们研究清代的藏传佛教及藏事，提供了许多珍贵材料，及有益思考。

一、朝鲜使者眼中的黄教与六世班禅

乾隆七十寿庆，又是一次政治集会。不仅国内的蒙古王公、回部（维吾尔族）王公伯克、四川土司、台湾高山族等少数民族首领来朝祝寿；而且朝鲜、越南、琉球等国家也派使团前来。特别是，西藏藏传佛教两大领袖之一的六世班禅万里来朝，乾隆视之为国家政治生活中的一件盛事，极为重视，在全国营造了一种凝重和热烈的气氛。随朝鲜使团祝寿的朴趾源等人，沿途耳闻京城内外臣民的议论，特别是在热河亲眼见到了六世班禅，引起了对六世班禅和黄教的极大兴趣和思考。

清代在蒙藏地区势力和影响最大的是藏传佛教格鲁派，俗称黄教，有

达赖和班禅两大活佛系统。但从《热河日记》中来看，朝鲜人对黄教、班禅等所知甚少。

朴趾源在与清朝的士大夫聊天中，曾专门问“黄教”何意？认为“以黄名其教者，意者黄老之道耶”[2]把黄教与道家学说混淆在一起。又问及活佛投胎转世、轮回之说。“所谓喇嘛何种，皆蒙古别部耶”。[3]这反映了当时朝鲜人对佛道知识的贫乏。按朴趾源的解释是，朝鲜立国四百年，俗尚儒教，“但知诵习孔子”，儒学有不可撼动的统治地位，视佛道为异端。[4]故朴趾源常常以儒家的眼光审视黄教。

《热河日记》中涉及黄教的内容主要是记述六世班禅的。六世班禅来朝是京城内外关注的热点，也是朝鲜使者与清朝士大夫讨论的中心话题之一。通过与士大夫的交谈，朴趾源对班禅有大概的了解：“班禅额尔德尼，西番乌斯藏大宝法王。番语犹云光明神智法僧。自言其前身巴思八。活佛之称，始于中明。今班禅，乃其大宝法王，已十四世投胎，元明间所有神僧皆其前身。”[5]从描述看，略微知道大概的历史情况，但对宗教内部各派别的发展演变之间的关系，班禅额尔德尼封号的来龙去脉了解甚微。蒙古人敬旬弥曾对他讲过：明朝中叶有宗喀巴，诸法王皆以为师。大弟子是达赖喇嘛，次曰班禅额尔德尼。本朝天聪时，班禅遣使来贡。康熙时，圣祖欲其入朝而未来。但，朴趾源表示怀疑，“天聪距中明可百余年，今距天聪又百余年。以一人而常住至今耶，抑投胎四世而常袭其一名耶”。[6]不知班禅额尔德尼是康熙赐予的一封号，历辈转世，皆袭其封号。

对于朴趾源来说，最“幸运”的是见到了六世班禅本人。并生动描写了时年43岁班禅的容貌，这未见于藏文的《六世班禅洛桑巴丹益希传》（以下简称《六世班禅传》）记载，可以弥补相关史料的缺憾，有着重要的参考价值。

朝鲜使团一行是在八月初九，进入热河（今河北承德），寓住承德府太学（承德文庙）。初十日，乾隆传旨让朝鲜使者到扎什伦布寺（乾隆敕仿西藏扎什伦布寺所建，赐名“须弥福寿之庙”，为六世班禅寓居，俗称“班禅行宫”）拜见班禅。视佛道为异端的朝鲜人起初不情愿去拜见，但敕命难违，十一日，朝鲜正使朝觐乾隆之后，前往扎什伦布寺见班禅，朴趾源也随之而往。

透过扎什伦布寺大殿，朴趾源望见：“殿中北壁下设沉香莲榻，高及肩，班禅跏趺南向坐。冠黄色氊毡，有鬣，状似靴，高二尺余。披织金禅衣，无袖。袪褂左肩，围裹全躯。衽右腋下露垂右肩，长大如腿股而金色。面色深黄，圆几六七围，无髭鬚痕。悬胆鼻，眼眉数寸，睛白，瞳子重晕，阴沉窅冥。”“余俄视金瓦日烘，入殿中，宇阁沉沉。其所披着皆织金，故肌肉色夺深黄，类病疸者。然大抵有金色而脓肿蠢蠕，肉多骨少，无清明英俊之气。”“语响殿宇，如呼瓮中，微笑頫首，左右周视，眉见皱蹙，瞳子半涌，睫里细开深流，类视短者，睛底益白而暧霴益无精光”。[7]“类如来尊者像也”。[8]从描述看，我们可以大致勾勒出班禅的相貌，身着喇嘛衣帽，面容稍胖，手臂长大，眉目细长，眼睛黑白分明，睛光内敛，鼻直无胡须，声音洪亮，有如来佛相。

在拜见班禅之前，军机大臣令朝鲜使臣行叩拜礼，使臣不愿意，强调：“拜叩之礼行之天子之庭，今奈何以敬天子之礼施之番僧乎？”双方争执不定。实际的拜见行礼是，“军机双手擎帕，立援使臣。使臣受帕，仰首援班禅。班禅坐受帕，略不动身，置帕膝前”。茶行数巡，班禅问使来由，经重五译。按朴趾源所说，使臣已类“土塑木偶”，通官成“聋哑”；在朝鲜使臣眼中，班禅是“鬼怪莫测，言之不能勘其状，视之不能定其色”，[9]也猜不透班禅所思所想。双方都未能详谈，潦草结束了这百年不遇的“佛缘”。最后，班禅赠与正使、副使、书状官三人铜佛、氆氇、哈达、猩猩毯子、藏香等物。

关于这次会面，《六世班禅传》记载为：“大师摩顶加持，与使者用茶交谈，由一名大臣翻译。尔后，传授经典，厚赐使者”。[10]虽然简短，但看来有粉饰之处，反映了信教者在描述宗教领袖的事迹时，一般会有溢美之词，夸大了朝鲜使臣对班禅的信仰。实际情况是，朝鲜使臣崇尚儒家文化，视蒙古为胡虏，满洲为夷，何况一“番僧”，故“使臣实未尝拜佛”，“只得望见”。[11]见班禅时“仰首”，未施叩拜之礼。在退出大殿后，对如何处理班禅赐物，使臣议曰：“吾辈见番僧，礼殊疏倨，违礼部指导。彼乃万乘师也，得无有生得失乎。彼所给与物却之不恭，受又无名，将奈何。”“使者既还北京，以其币物尽给译官。诸译亦视同粪秽，若将焉。售银九十两，散之一行马头辈，而不以此银沽饮一杯酒。”[12]这是不同文化的“碰撞”，表明了朝鲜人对藏传佛教的基本态度。

二、清士大夫眼中的黄教和六世班禅

现在我们见到清代黄教和班禅的史料，主要来自于官方文献和宗教经典，能反映出当时普通士大夫对黄教的认识和态度的资料很少。朴趾源等一路进京，在热河入住太学，与之交谈的主要是各地来朝的一般官员和文士。朴趾源都专门记述了他们的言语，这有助于我们了解清代黄教在内地的社会影响，以及民众对黄教和班禅的感性认识和态度等。

自从唐代以来，西藏与内地的交流越来越密切，元明清都有大批喇嘛留寓北京，促进了内地士大夫对西藏的了解。《热河日记》中也反映了这一点。与朴趾源促膝交谈的，多为普通官员或举人、进士的汉人、满人、蒙古人，具备了一定的代表性。

他们对西藏与中央交往的历史，大体上知道的较多，例如：

翰林庶吉士王晟谈：元世祖赐号巴思八为大宝法王，乃佛之尊号，非有土王爵，法王之号始此。封大元帝师。终元之世，岁崇其教。明西番诸国遣使朝贡，帝悉改帝师为国师。广赐大乘、大慈、阐教、阐化、大宝封号，使各自通贡入朝，以阴分其势。番人贪中国（指中央王朝）赏赍，以贡为利。万历时，有索兰坚措亦通中国，称活佛。⑬

职为讲官的蒙古人敬旬弥说：西番，古三危地。卫是达赖喇嘛所居，古之乌斯藏。藏，班禅喇嘛所居，古亦曰“藏”。喀木，无大喇嘛，古曰“康国”。中唐时成吐蕃大国，为中原患。元初，有巴思八，具大神通，封为帝师。明初，诸法王来朝，成祖鉴于唐，皆优礼之。明中有宗喀巴，诸法王皆以为师。大弟子是达赖喇嘛，次曰班禅额尔德尼。本朝天聪时，班禅遣使来贡。康熙时，圣祖欲其入朝而未来。⑭

山东都司郝志亭谈：元明时，番王朝贡，常带三四千人，得厚利，或留养京师诸寺不还。洪武初，敬重番王，宠锡无比。本年虽创金宫，活佛居之。但比元明，“则其供亿殆不如也”。⑮

上述所说与《元史》、《明史》，清代官方记载的大同小异。反映了经过几百年的交往，西藏与内地的关系未曾中断过，交往的历史已为清代的士大夫所熟悉。

相比较而言，士大夫对西藏文化习俗、藏传佛教等知识知道的就很少了。只知道有转世投胎、活佛之称，但具体的又谈不上来。有的人认识到藏传佛教与内地的佛教不同。朴趾源曾在长城下遇一客，记其言："西番，故吐蕃地。黄教其实大异佛教，目今中国佛教废久矣。"[16]少数人对藏传佛教信仰比较客观。例如，长于京城，职居讲官，自称康熙外孙的蒙古人破老回回图，认为信仰黄教，对净化世风有好处。"徼外风尘常清。盖其门杀寇盗，番俗所忌，则抑亦黄教与有补于中国圣化之万一云尔"。[17]一般来说，受儒学熏陶的知识分子仅凭自己的想象和道听途说，去看待藏传佛教，"大约其教僧名而道家实也，其观想、运气、持咒与道家相类，而其书之博深夸大亦过道家"。[18]说明对藏传佛教的内容、来龙去脉知之甚少，只看到有宗教仪轨的存在，表明汉族文化与藏族文化之间，沟通起来有一定难度。

正因如此，清士大夫普遍将六世班禅看做是具有神通法术的人。朴趾源在与他们交谈中，听得最多的就是班禅广为流传的神通事迹。

山东都司郝志亭讲了两个故事：主要是羡慕班禅法术神通。一次是，皇六子与班禅路遇大虎，持杖说咒大蛇，救两虎子。虎护驾十日，甚为恭顺。[19]另一次是，一日班禅与皇上吃茶，忽南向滴之，对皇上曰，方见七百里外，大火延烧万家，故送雨救火。翌日，部臣奏：正阳门外琉璃厂失火，火势浩大，非人力可止。时方晌午，天晴无云，忽有猛雨从东北来，即刻灭火。这事，朴趾源未入京师，就已道听途说。[20]可见，在民间广为流传班禅的是神通，而不是宗教事迹。

翰林庶吉士王晟（字晓亭）讲到：班禅在来朝的路上，对内阁言，永乐天子与我烧香，正德天子会我豹房。[21]实际上是，演绎明朝皇帝与西藏大喇嘛的事迹，宣扬藏传佛教的轮回转世。

虽然中原士大夫极口赞美道术神通，羡慕朝鲜使臣得见班禅。但基于汉人的文化传统，仍存在着无知和偏见，认为班禅终究是一"番僧"。对六世班禅，士大夫们持批评态度的占多数。举人邹生喻六世班禅来朝是"杨琏真珈复生于世"。[22]"元时入中国，都发宋朝陵寝，毒于兵祸，积聚宝玉如丘山。他有密术。"[23]元代的吐蕃僧人在中原士大夫心中口碑极差，以之为喻，显示一些人对六世班禅来朝抱有敌意，认识不到其政治意义。更有人对六世班禅完全否定，任职贵州按察使的满洲人奇丰额，就批评班禅"贪"，无不嗜者，马牛驼羊，猪狗鹅鸭都吃，甚至能吃全驴，"无不求，无不取"，不持斋戒，不像出家人，更无法术神通。[24]这是以汉传佛教的清规戒律为标准，衡量藏传佛教。

在讨论活佛转世之说时，破老回回图告诉朴趾源，他在滇南曾问过大学士阿桂。阿桂曰：“不必问此事实有实无。设有我辈家生一极聪明之子，自四五岁时不令知一毫世事，日使老师宿儒不离于座，惟以圣贤之言灌溉其心。即长而又衣食无忧，金玉锦绣人间可欲之物，过目不使留，敬之如神明，日起惟知向道，安得不为圣为贤。此辈甚幼，惟令老僧育之，日说法，知作功矣。即使督作功尊敬之极，自幼至长，不以世法婴其心，亦安得不为佛乎。”[25]阿桂不从宗教信仰出发，而是从事理出发，看待活佛转世之说，说的比较实在。确实，当活佛转世灵童觅得之后，即拜精通经典的师长学习各种经文，自已也要闭关修持，可以说是师长不离左右，佛法经典灌注其心，不受世俗污染，及年长，言行举止自然有“活佛”之德学，受万众敬仰，后天的培育造就了高僧大德。

总的来看，清代士大夫对西藏、藏传佛教的知识多少有不同，但几乎都不真心信仰藏传佛教，对西藏内部的行政组织、宗教生活更是一无所知，缺乏对西藏文化习俗必要的了解。同样，西藏对内地的了解也是不足的。这反映出了西藏文化的特殊性，间接证明了历代中央对西藏实施治策管理的难度。

三、朝鲜使者眼中的乾隆治藏政策

众所周知，清代治藏政策的“走向”与蒙古问题息息相关。如乾隆在《喇嘛说》中所言：“兴黄教，即所以安众蒙古。所系非小，故不可不保护之。”清廷为“柔顺”蒙古，必崇黄教。对此，已有很多研究成果。不过，基本上都依据汉文、藏文、蒙文史料。《热河日记》所记，是朴趾源以外国人的眼光，评价乾隆及其治藏政策。

（一）蒙古问题

入关前，清政权与漠南蒙古联盟，夺取天下。不过，元代以来，蒙古铁骑侵凌中原的教训，却一刻不能忘怀。除了联姻、结盟、封爵等恩宠之外，清帝也以“众建分其势”等手段削弱其实力。国家统一后，蒙古的“故事”却依旧积淀在天下人心中。朝鲜使臣自北京赴塞外热河时，谈论的都是“嘉靖时，俺答猝围皇城”等元明时蒙古部南下扰中原的故事。在八月五日，夜宿西馆时，朴趾源曾开玩笑曰：“皇帝在热河，京城空虚，蒙古十万骑入”。激起一馆鼎沸，通官朴宝秀等人“面失人色”，或击头，或击面，或自划其颈，号泣曰：“乃今将开开也”。开开者，斩断也，又跳跃曰：“好颗头砍下”。[26]生动有趣的反映了蒙古铁骑的厉害影响之深，非一般的史书所能记述。从中，可以想象一下明清统治者为何都以蒙古为心腹大患，朝乾夕惕，日以为忧，就是因有极大的畏惧之心。

对此，朴趾源也强调“惟以胡虏之患为中国万世虑”，而黄河水患才是中国第二之忧。[27]因此，他认为建避暑山庄，“地据险要，扼蒙古之咽喉，为塞北奥区。名虽避暑，而实天子身自防胡，如元世草青出迤都，草枯南还。大抵天子近北居住，数出巡猎，则诸胡虏不敢南下放牧，故天子往还常以草之青枯为期，所以名避暑者此也”。[28]朴趾源有侧重于强调防蒙古，夸大其威胁的一面。实际上康熙修山庄，木兰秋猕，除了演兵习武，示以武威之外，还有照顾其习俗，实施恩宠的意思。

在朴趾源眼中，满洲人进入中原百年，培养风气，无异汉人，“清汰粹雅，已自文弱”。“顾今天下之势，其所畏者，恒在蒙古而不在他胡”。[29]蒙古乱则威胁辽东；辽东摇，则“天下左臂断”；那么天下右臂，河湟不能独支；西番则可趁机出窥陇陕。西北不稳，则中原倾覆在即。当今蒙古不造反的原因是，“莫相臣属，势分力敌，未敢先动，此固中国所以晏然而无事者也”。[30]蒙古各部中，其中吐蕃尤强悍。土番，西北胡，蒙古之别部，皇帝之所尤畏者也。[31]指出了蒙古在清代边疆安危中的战略地位，并特别点明了吐蕃的地位和影响，与清帝的认识相同。但其错误在于把藏人看作蒙古的一部。

（二）乾隆对六世班禅的礼遇

鉴于蒙古、西藏的特殊情况，清帝对西藏的达赖喇嘛、班禅的政策，是以恩抚为主，不干涉其宗教事务，同时，厚赐恩赏，以邀其感激之心，从而达到对西藏因俗而治，纳入中央管理，以及安抚蒙古的目的。可以说，礼遇达赖喇嘛、班禅，是清代治藏、治蒙政策的核心。

达赖喇嘛、班禅进京朝觐，是清朝对藏政策的标志性事件。从五世达赖喇嘛朝觐顺治，中央与西藏的关系进入了一个新的阶段。经过康雍的治理，无论是清朝的政治，还是西藏地方都发生了巨大的变化。在乾隆平定珠尔默特那木札勒之乱后，清朝的威望、对西藏的有效控制力进一步加强。乾隆二十四年（1759），清朝最终平定了新疆，统一蒙古诸部。清朝的文治武功渐臻于鼎盛，政权巩固。此时的西藏，自乾隆二十二年（1757）二月初三日，七世达赖噶桑嘉措逝世后，年青的六世班禅承担起了全藏地区宗教领袖的重任。清藏关系也进入了一个新的时期。乾隆欲借庆寿之机，邀请班禅进京觐见，巩固对西藏、青海、内外蒙古的统治。六世班禅则通过章嘉呼图克图，主动提出赴京祝乾隆七十大寿。乾隆四十四年（1779）六月十七日，六世班禅自扎什伦布寺启程，途经青海、宁夏、内蒙伊克昭盟（今鄂尔多斯）、察哈尔部、直赴热河避暑山庄。乾隆派皇六子、章嘉呼图克图隆重迎接，会于内蒙岱海（今凉城县）。乾隆四十五年（1780）七月二十一日，六世班禅抵达热河。中外嘉宾齐聚避暑山庄，祝贺万寿。八月二十四日，皇六子陪同班禅离开承德，九月初二日抵达北京。因天花，十一月初二日下午，六世班禅圆寂于黄寺。翌年，乾隆派人护送班禅灵柩回藏，抵达扎什伦布寺。

在这二年多的时间里，乾隆尊崇恩遇六世班禅，远远超过了对蒙古王公及皇帝亲族。从班禅决定进京来朝之日起，途经一地，乾隆必派人隆重接待，馈赠礼物，特遣皇六子前往迎接。在热河修建金顶扎什伦布寺，供班禅居住，接待前后耗资上百万两白银。到避暑山庄后，“朕赐御用仪仗、毯子、伞、宝、旗帜、御轿”。[32]七月二十二日，班禅乘御轿，首次觐谒乾隆。“当班禅大师准备屈膝跪拜时，皇帝急忙握住大师的手，用藏语说：‘喇嘛不必跪拜’”。[33]接待规格逾越常礼，充分体现了乾隆对待西藏，及宗教领袖的态度。

朝鲜使臣旁观乾隆与班禅会晤的场面只有一次（八月十二日或十三日不详），地点是在山庄的苑景区内。朴趾源描述了这一情景：班禅先至，坐榻上。后天子乘舆至，“班禅徐起，移步立榻上东偏，笑容欣欣。皇帝离四五间降舆，疾趋至，两手执班禅手，两相搐搦，相视笑语。皇帝冠无顶红丝帽子，衣黑衣，坐织金厚褥，盘股坐。一榻两褥，膝相联也。数数倾身相语，语时必两相带笑含欢。数数进茶，户部尚书和珅进天子，户部侍郎福长安进班禅。长安，兵部尚书隆安弟也，与和珅俱侍中，贵震朝廷。日既暮，皇帝起，班禅亦起，与皇帝偶立，两相握手，久之，分背降榻。皇帝还内，如出仪。班禅乘黄金屋轿，还扎什伦布”。[34]在藏文的《六世班禅传》中，记的是八月十四日，在山庄宫殿区外苑景区内，“大皇帝驾临，于大黄帐中与班禅会晤，供施双方相互赠送见面哈达。随后，皇帝握住班禅大师的手走进宫殿，皇帝面朝南而坐，班禅面向东而坐，身前三名大臣列立”。[35]在时间上，细节上可能有些出入。但从《热河日记》中，可以看出乾隆对班禅确实是非常礼遇。明确了班禅朝觐天子“位在诸王之上，称臣而不跪拜”的崇高地位。[36]当初，五世达赖来朝见顺治亦是如此。由此可见，清帝是希望通过恩宠西藏的宗教领袖，“争取”众信教者拥戴之心。效果也很好，六世班禅在与乾隆面谈时，明确表达了感激之情，“为报此恩德，祝文殊大皇帝万寿无疆，我与众僧诵经，置他事于一边”。[37]班禅的态度也代表了蒙藏的信教者对乾隆优渥的感激。

客观的讲，六世班禅进京朝觐，是与清朝长期对藏实施的有效政策分不开的。自清初以来，在驱准保藏，平定西藏地方内乱；在因俗而治、优礼宗教领袖的政策感召下，西藏的僧俗逐渐靠拢中央。六世班禅进京朝觐，反映了当时的历史趋势。这是《热河日记》给我们的启示。

（三）朴趾源对乾隆的评议

《热河日记》中，朴趾源对乾隆的评议主要涉及乾隆对班禅的态度，及其对蒙藏的政策。“近皇帝身自统御而居守之矣。西藩强悍而甚畏黄教，则皇帝循其俗而躬自崇奉，迎其法师，盛饰宫室以悦其心，分封名王以析其势”。[38]大体上指出了乾隆对蒙藏的基本治策。

朴趾源也认识到蒙藏有特殊的关系，皇帝既与蒙藏王公结盟，又以蒙古、西藏为心腹大患，班禅及黄教的影响所及，可以直接威胁到政权的安危。他曾记下了街市儿童唱的《黄花谣》：“‘红花落尽黄花发，元是古物谁是主。’红花指红帽，而蒙古西番皆着黄帽。观此二谣都应蒙古。吐蕃，蒙古之别部，皇帝所尤畏者也。”[39]红花指的是噶举派红帽系；黄花指的是格鲁派，俗称黄教，意思是黄教在西藏击败了红帽派，成为藏传佛教影响和势力最大的教派，故有红花落尽黄花发之语。“元是古物谁是主”，应理解为蒙古曾称霸天下，如今信仰了黄教，被西藏所控制。《黄花谣》指出了黄教势力兴盛，影响遍及蒙古社会，蒙藏势力连成一片。故朴趾源认为，“西藏人冠服皆黄，蒙古效之而亦尚黄”，西藏的宗教领袖班禅有极大的影响力，在从藏来京的过程中，“或言其㩦徒众入徼后，稍稍落留，而随至者犹不下数千人，皆暗藏器械，独皇帝不觉也”。[40]批评乾隆疏于防范，过分礼待班禅。所以，朴趾源认为乾隆应该警惕黄教，“则以皇帝之猜暴，何独不忌此黄花之谣耶”。[41]朴趾源对乾隆优渥班禅的评价，实际上也代表了一些清朝士人对此的看法。

另外，他认为乾隆避暑于山庄、建黄金殿是有“政治用心”在里面，“皇帝年年驻跸热河，热河乃长城外荒僻之地也，天子何苦而居此塞裔荒僻之地也乎。名为避暑，而其实天子身自备边，然则蒙古之强可知也。皇帝迎西番僧王为师，建黄金殿以居其王，天子何苦而为此非常之礼乎？名为待师，而其实囚之金殿之中，以祈一日之无事，然则西番之尤强于蒙古可知也。此二者，皇帝之心已苦矣”。[42]朴趾源解读乾隆塞外避暑，礼遇班禅，为国家稳定做出的战略措施，给人以深刻启示。

但是，乾隆的这种做法却又引起了他的反感和批评。帝王“独尊胡僧方术，左道异端之流。不耻以身下之者，何也。余今目击其事，彼班禅，若果贤者也。黄金之屋，今皇帝之所不能居也，彼班禅何人者，乃敢晏然而据之乎。或曰：自元明以来，惩唐吐蕃之乱，有来辄封，使分其势。其待之以不臣之礼者，亦不独今时为然也。此非然也。当时天下初定，意未尝不出于此。然元之号帝师曰‘皇天之下，一人之上，宣文大圣至德真智’。一人者天子也，为万邦共主，天子岂有复尊于天子者哉。……或曰梁陈之帝舍其身为佛家奴，则僧之高于天子久矣。特未闻为黄金殿云”。[43]也就是说，在天下未定之时，出于政治稳定的需要，天子可以有权宜之计，未尝不可屈尊于僧人。况且，南朝梁、陈朝皇帝，舍身信佛；元朝蒙古人以“番僧”为帝师，都是天子屈尊于僧的典故。但，他认为，历史上天子尊僧的行为，都不如乾隆建黄金寺庙做的逾制，有失天子的尊严。

不仅如此。朴趾源对乾隆“崇信”黄教，免班禅跪拜，同榻对坐，以师之礼对待班禅等都持强烈的批评态度。对“悠然自得”受天子之礼的班禅也是大加批评。“使者虽勉强就见，内怀不平”。“下隶则莫不心诛番僧，腹诽皇帝。为万邦共主，弗可不慎其一举措也”。[44]他认为乾隆对班禅礼遇的太过分了。这样做的后果是，激起中原读书人好谈佛，称羡活佛神通法术的“希世博会之风”，使得社会风气“终古世道之污隆，人心之淑慝”，这种世风是上有好者，下必甚焉，“莫不由上道之也”。[45]在朴趾源看来，京城内外士人到处谈论班禅的神通事迹，都是因为乾隆礼奉班禅、“崇信”黄教造成的。

朴趾源的不足在于，只看到乾隆恩礼六世班禅，“天子之所师事”，屈尊的都有点“低微”；甚至认为康熙驱准保藏，乾隆平叛金川，都是为了西藏，“皇帝之所私护”，[46]没有看到清帝对西藏一直有恩威并用，维护国家稳定的施政策略。乾隆礼遇班禅，主要是基于班禅是蒙藏民族的宗教领袖，其言行所系，足以影响信教民众，甚至会影响整个西北边陲乃至中原的稳定。故乾隆待班禅殊礼，施之以恩，是稳定全国统治的需要。所以，天子非常礼遇班禅不是出于宗教信仰，而是出于统治需要。实际上，从古到今，凡是对国家稳定威胁最大的异族，天子对异族首领就特别的礼遇，这种礼遇是随着异族威胁程度的大小或提高或减弱的。在西汉时，匈奴呼韩邪单于首次朝觐时，宣帝亲自定“位在诸侯王上，赞谒称臣而不名”的礼遇，[47]地位高于皇帝亲族诸侯王，称臣而不名，就是仍可以使用“单于”的称号，“单于”之称相当于汉之天子，这把匈奴单于“抬高”到略低于皇帝的地位。到东汉，部分匈奴内属时，皇帝给予单于的地位也就下降了，这是匈奴威胁性降低的必然结果。同样，隋唐如何礼遇突厥可汗，也是如此。故乾隆待班禅以殊礼的缘由，与之也是相同的。而朴趾源及一些士人，没有从国家政治的高度，体会统治者的难处，理解他的做法，也就不会揣摩到乾隆的真实内心。

乾隆尊崇黄教，在当时特定的历史条件下，对国家的统一和稳定有积极的作用。但，对社会民风、经济发展也有负面的作用，容易引起一些内地民众的反感。而《热河日记》中记载的一件事，却充分表明了皇帝与民众不一致的态度。朴趾源等人在酒楼饮酒时，曾询问一客班禅之事，“座有冯生者目止之，余甚怪之。久之，闻山西布衣有七条上疏者，其一盛论班禅，帝大怒，命剐之。我东驿夫多见之宣武门外云。自是不敢复询班禅事”。[48]大概是说山西一个读书人认为皇帝过分屈尊于“番僧”班禅，有失天子的尊严，对乾隆提出批评。这种事，不见于清代官私著述，却让我们了解了内地民众对黄教的另一面。同时，也可窥见乾隆的真实感受。乾隆待班禅“平等”之礼，有损天子的尊严，则是可意会不可言说的做法。而一介布衣“妄论”班禅，却触动了乾隆心中隐情，处之以极刑，当是某种情绪的发泄。

综上所述，《热河日记》的内容，与清代官方史书、私人著述、藏文史料的记载和观感都有所不同。清前期，文网森严，官私著述，多为粉饰之词，掩饰了许多真实情况。朴趾源却以外国人的视角，如实的记述了自己的所见所闻，为今日的藏学研究，留下了值得珍视的史料，这也正是它价值所在。

注释：

①藏传佛教格鲁派，清朝内地人俗称黄教，《热河日记》中也统称为黄教，本文遵从其原文，以利行文。

②〔朝鲜〕朴趾源著："太学留馆录"，《热河日记》，第139页，上海书店出版社1997年朱瑞平点校本。

③同上，"黄教问答"，第171页。

④同上，"黄教问答"，第169页。

⑤同上，"班禅始末"，第181页。

⑥同上，"班禅始末"，第182页。

⑦同上，"扎什伦布"，第184页。

⑧同上，"黄教问答"，第177页。

⑨同上，"黄教问答"，第179页。

⑩嘉木央·久麦旺波著，许得存、卓永强译：《六世班禅洛桑巴丹益希传》，西藏人民出版社1990年版，第501页。

⑪〔朝鲜〕朴趾源著："黄教问答"，《热河日记》，第176页，上海书店出版社1997年朱瑞平点校本。

⑫同上，"行在杂录"，第190页。

⑬同上，"班禅始末"，第180页。

⑭同上，"班禅始末"，第182页。

⑮同上，"黄教问答"，第171页。

⑯同上，"班禅始末"，第183页。

⑰同上，"黄教问答"，第175页。

⑱同上，"班禅始末"，第182页。

⑲同上，"黄教问答"，第167页

⑳同上，"黄教问答"，第172页。

㉑同上，"班禅始末"，第181页。

㉒同上，"黄教问答"，第169页。

㉓同上，"黄教问答"，第172页。

㉔同上，"黄教问答"，第177页。

㉕同上，黄教问答，第174页。

㉖同上，"漠北行程录"，第114页。

㉗同上，"还燕道中录"，第154页。

㉘同上，"漠北行程录"，第112页。

㉙同上，"黄教问答"，第178页。

㉚同上，"黄教问答"，第177页。

㉛同上，“太学留馆录”，第 134 页

㉜嘉木央·久麦旺波著，许得存、卓永强译：《六世班禅洛桑巴丹益希传》，西藏人民出版社 1990 年版，第 472 页。

㉝同上，第 473 页。

㉞〔朝鲜〕朴趾源著：“扎什伦布”，《热河日记》，第 186 页，上海书店出版社 1997 年版朱瑞平点校本。

㉟嘉木央·久麦旺波著，许得存、卓永强译：《六世班禅洛桑巴丹益希传》，西藏人民出版社 1990 年版，第 504 页。

㊱在乾隆《起居注》中，乾隆四十五年七月二十一日，记班禅首次朝见乾隆是“于澹泊敬诚殿丹墀跪请圣安”，而藏文的《六世班禅传》记班禅没有跪。从《热河日记》所述，班禅见乾隆也没有跪拜，并且，在《起居注》中，再也没有班禅见乾隆“跪”之词出现。说明，班禅在首次朝觐乾隆时，并没有行跪拜之礼。

㊲嘉木央·久麦旺波著，《六世班禅洛桑巴丹益希传》，西藏人民出版社 1990 年版，第 505 页。

㊳〔朝鲜〕朴趾源著：“审势篇”，《热河日记》，第 219 页，上海书店出版社 1997 年版，朱瑞平点校本。

㊴同上，“太学留馆录”，第 134 页。

㊵同上，“太学留馆录”，第 134 页。

㊶同上，“太学留馆录”，第 139 页。

㊷同上，“黄教问答”，第 165 页。

㊸同上，“班禅始末”，第 183 页。

㊹同上，“太学留馆录”，第 139 页

㊺同上，“太学留馆录”，第 139 页。

㊻同上，“太学留馆录”，第 139 页。

㊼《汉书》卷 94 下，《匈奴传下》。

㊽〔朝鲜〕朴趾源著：“班禅始末”，《热河日记》，第 183 页，上海书店出版社 1997 年版，朱瑞平点校本。

（原载《中国藏学》2007 年 3 期）

清朝统一新疆与喇嘛教
——从普宁寺的碑刻与建造历史说起

乾隆统治时期，清中央政府统一新疆，标志着清王朝统一全国事业的最后完成，也是我国统一多民族国家巩固和发展的重要里程碑。由于新疆厄鲁特蒙古崇奉喇嘛教，准噶尔贵族割据新疆期间，一直利用喇嘛教作为分裂割据的工具，所以，清中央政府在统一新疆的过程中，除了运用政治、军事、经济的手段之外，也在喇嘛教问题上，与准噶尔部上层分裂势力进行了尖锐斗争。清朝统一新疆后，为了稳定政局，巩固边防，对喇嘛教采取了利用和限制政策，这是清中央政府加强对新疆行政管理的政治措施之一。了解这个问题，对于研究清朝统一新疆和清代统一多民族国家巩固和发展的历史等，都是有所补益的。本文是根据笔者所掌握的一些资料，从与承德普宁寺有关的碑刻与史实为主要线索，力图对这个问题勾画一个大体的历史轮廓，以供清史和宗教史研究参考。

一、平定准噶尔之前的新疆喇嘛教以及清中央政府与准噶尔上层分裂势力之间的斗争

清代前期的新疆，以乾隆时期统一新疆为标志，划分为两个不同的历史时期。从顺治元年（1644）清朝入主中原，到乾隆二十年（1755）清军出击伊犁，这一百余年的时间，是准噶尔贵族统治时期；从乾隆二十四年（1759）清中央政府彻底统一新疆，到道光二十年（1840）鸦片战争爆发，这将近一个世纪的时间，新疆完全统一在清中央政权之下。当中几年，清军出兵天山南北。进行统一战争，是上述两个历史时期的衔接。

新疆的喇嘛教，在不同的历史时期，有着不同的历史特点。在准噶尔贵族统治时期，新疆喇嘛教主要受准噶尔贵族分裂政策的影响和支配，被其用作进行分裂割据的一种工具。清中央政府与准噶尔贵族进行军事、政治、经济斗争的同时。也在喇嘛教问题上与之展开了激烈斗争，但其关于

喇嘛教的政策，还不能对准噶尔贵族控制下的新疆发挥直接的政治作用。

元朝灭亡以后，新疆的蒙古族分成四大部，史称厄鲁特蒙古四部或四卫拉特：绰罗斯（即准噶尔）游牧于伊犁一带，土尔扈特游牧于塔尔巴哈台地区（明朝末年徙居伏尔加河流域，历史上又以辉特为四卫拉特之一），和硕特游牧于乌鲁木齐附近（明朝末年迁居青海），杜尔伯特游牧于额尔齐斯河流域。后来，准噶尔部逐渐强大，雄踞各部之上，控制了新疆广大地区。所以，我们所说清朝统一新疆之前的喇嘛教问题，实质上是指准噶尔的喇嘛教。

16世纪后半期，元朝后裔所占据的势力范围逐渐稳定下来，蒙古族封建主们努力寻求新的精神支柱和追求物质享乐，元朝时曾在蒙古族上层中风行的藏传佛教的萨迦派以及蒙古族原有的较原始的萨满教，“已不能满足人们的需要”。宗喀巴（1357—1419）创立的藏传佛教的格鲁派则乘虚而入，给蒙古上层人物“带来了高度的文化和华丽的宗教仪式”，并“对那些已几乎处于独立君主地位”的蒙古封建主“非常慷慨地予以汗的称号”，从而迅速取代了萨迦派和萨满教在蒙古贵族中的势力，赢得了蒙古贵族的崇奉。明万历六年（1578），宗喀巴的再传弟子锁南嘉错与蒙古土默特部俺答汗在青海会见，标志着格鲁派与蒙古上层的结合。蒙古贵族开始在蒙古地区大量建造喇嘛庙，并“把自己的主要财产——牲畜和属下人捐献给佛教僧侣”[①]，喇嘛教的势力在蒙古地区开始膨胀了。几乎与喇嘛教（格鲁派）传入内外蒙古的同时，它也传入了新疆厄鲁特蒙古。和硕特首领拜布噶斯首先皈依了喇嘛教，并说服厄鲁特蒙古其他各部首领也皈依了喇嘛教。他们选派自己的子弟到西藏学习佛经，充当喇嘛，以寻求政治上的同盟。

策妄阿拉布坦统治新疆时期（1697—1727），在伊犁建立了根据地，运用政权的力量对喇嘛教加以扶植和提倡，使之有了一个迅速发展。康熙末年，策妄阿拉布坦骚扰西藏的军队被清军驱逐，准噶尔与西藏的直接联系被切断，于是，“自伊犁河滨立固尔扎庙（俗称金顶寺），以奉喇嘛，以（康熙）五十六年所劫布达拉供器实之”。策妄阿拉布坦死后，其子噶尔丹策零“复于固尔扎庙南增立海努克庙（俗称银顶寺），自奉喇嘛[②]”。并设四席勒图（住持大喇嘛）主之，企图在西藏之外，自立喇嘛教的活动中心。金顶寺和银顶寺极为豪华壮丽，“高刹摩霄，金幡耀日，栋甍宏敞，象设庄严”[③]，“每岁首盛夏，准噶尔之众膜拜顶礼者，远近咸集……

往往捐珍宝施金银，以事庄严。[4]

当时，准噶尔共有二十余万户、六十余万口，其中喇嘛就有六千余人，约占人口总数的百分之一。这些喇嘛由九集赛（专门供养喇嘛的一种行政组织）供养。这九集赛是：阿克把集赛，设宰桑（理事官）二、户四千；赉吗哩木集赛、杜尔把集赛、推素隆集赛、伊克胡拉尔集赛、温都逊集赛、善披领集赛，各设一宰桑、各有一千人；桑堆集赛、品陈集赛，各设一宰桑，人各三百。总计九集赛有一万零六百余人，约占准噶尔总人口的六十分之一[5]。

喇嘛教渗透到了厄鲁特人民生活的各个方面，“凡决疑定计，必咨于喇嘛而后行。自台吉（各部首领）、宰桑以下，顶礼膜拜，得其一抚摩、一接手以为大福。礼拜之仪，众喇嘛偏袒脱裈露肩及臀以为敬。人生六、七岁，即令识喇嘛字、诵喇嘛经。病，则先延喇嘛诵经，然后服药。若大台吉有事讽经，则其下争输货物于喇嘛以为礼”。其“台吉、宰桑皆建旗纛，或以绿缎，或以杂色布幅为之，书喇嘛经咒于其上，谓遇风展动，则种福与讽经等”[6]。

喇嘛教对准噶尔的政局也有着重大影响。准噶尔汗权的更迭就常常与喇嘛有关，一些喇嘛还夺取过准噶尔汗位。康熙时割据新疆的噶尔丹，自幼就在西藏出家当喇嘛，后来又在喇嘛教势力的支持下夺取了准噶尔汗位。噶尔丹称汗之前，他的哥哥僧格称汗于准噶尔部，“1661 年（清顺治十八年），僧格被他的两个（异母）弟弟车臣和巴图尔所谋杀。这两个人本打算继承他的领地，但未能如愿，一些显贵在喇嘛的唆使下起来推翻并杀死了他们”[7]。噶尔丹则坐收渔人之利，闻讯由西藏返回新疆，在西藏喇嘛教上层人物和厄鲁特蒙古喇嘛的支持下，登上了准噶尔汗位的宝座。康熙三十六年（1697），在清军连续打击下遭到惨败的噶尔丹，折戟沉沙，一命呜呼，他的侄子（僧格之子）策妄阿拉布坦取代他称准噶尔汗。这其中当然有许多复杂的政治和社会原因，不过喇嘛们所起的作用也是不容忽视的。有的外国史学家认为，这“一则是由于连年战争所产生的厌倦情绪，一则也因为喇嘛们感到噶尔丹不够驯顺，煽动他们反对他，转向他的侄子察罕阿拉布坦（即策妄阿拉布坦）”[8]。策妄阿拉布坦之子噶尔丹策零继承汗位后，又于乾隆十年（1745）死去，其三子一女为争夺汗位展开了长期的尖锐斗争。先是，其嫡生儿子策妄多尔济那木扎尔夺得汗位，但时仅五年，乾隆十五年（1750），策妄阿拉布坦庶生长子达尔扎

（因自幼出家当喇嘛，故史称喇嘛达尔扎）又在亲贵和喇嘛的支持下夺取了汗位。但是，一些贵族认为，“达尔扎以方外之人，篡弑得国，谁肯愿为其仆？”[9]所以在乾隆十七年腊月二十一日（1753 年 1 月 24 日），他又被另一个准噶尔贵族达瓦齐取代了汗位。

正由于喇嘛教在新疆厄鲁特蒙古中有如此巨大的社会势力，准噶尔贵族总是把喇嘛教作为分裂割据、扩张势力的工具。清政府采取“所谓即以其人之道还治其人之身”的方针[10]，在与准噶尔贵族割据势力进行军事、政治、经济斗争的同时，也在喇嘛教问题上与之展开了针锋相对的斗争，以为彻底统一新疆做准备。

康熙时，噶尔丹依靠喇嘛教的势力夺取准噶尔汗位之后，继续借助和依靠喇嘛教的力量，巩固汗位和扩张势力。他使总领喇嘛教的达赖喇嘛为自己加上了一个“博硕克图汗”之号，借以在蒙古民族中抬高自己的政治身价和加强政治号召力。他又“诈传达赖喇嘛之语，遍地兴戎”[11]，以保护喇嘛教为名，举兵攻入喀尔喀。而噶尔丹幼年在西藏当喇嘛时的好友、独专藏政的第巴桑结，又假借达赖喇嘛的名义（时五世达赖已殁），为噶尔丹吞并喀尔喀张目，企图迫使清中央政府将土谢图汗部拱手送给噶尔丹。这理所当然地遭到了清中央政府的断然拒绝。噶尔丹在第巴桑结的怂恿下，借追土谢图汗部为名，驱兵蹂躏内蒙古，直接对清中央政府造成了威胁。清政府派军队在乌兰布通地方，迎头痛击了噶尔丹。康熙三十四年（1695），第巴桑结又假借达赖喇嘛名义奏请勿撤噶尔丹“汗号”，“并加恩赐敕印”，“其西海等处一带地方所置戍兵（即防御噶尔丹之兵）请撤回”[12]，其意显然是希图挽救噶尔丹垂败的命运。

针对噶尔丹在第巴桑结支持下利用喇嘛教搞的许多分裂活动，康熙执政的清政府采取了一系列措施予以揭露和斗争：一是公开宣布清中央政府为喇嘛教的“护法之主”[13]，“总持道法”[14]，申明喇嘛教是在清中央政府的庇护之下，喇嘛教要受封建中央政权的管理。康熙十八年（1679），噶尔丹以达赖喇嘛加赠他“博硕克图汗”之号，“奉贡入告”，康熙以封爵之权应出自中央政府，达赖喇嘛作为宗教首领，对此无权，所以斥噶尔丹此举是“擅称汗号”[15]，不予承认。这就揭露了噶尔丹假借达赖喇嘛名义捞取政治资本的阴谋。对于第巴桑结假借达赖喇嘛名义奏请撤除防戍准噶尔之兵的诡计，康熙更是不屑一顾：“第巴乃外藩人，何敢奏请撤我朝兵戍？此特为噶尔丹计耳！”“我朝既不当罢戍，亦且当备师”[16]，从而使噶尔丹和第巴桑结假借达赖喇嘛名义以售其奸的阴谋不能得逞。

二是依法处置与噶尔丹狼狈为奸搞分裂活动的喇嘛。康熙三十一年（1692），曾被清政府封为归化城掌印扎萨克达喇嘛的伊拉古克三胡土克图，私自逃往厄鲁特蒙古。康熙认为，这“大干法纪”，立即下令缉捕。康熙三十四年（1695），将伊拉古克三胡土克图徒众和与之有牵连的卫徵喇嘛拘捕到京，经理藩院会同三法司会审，“伊拉古克三胡土克图所遣罗卜藏端鲁卜等往卫徵喇嘛家探信，来为奸细，煽惑蒙古之心。卫徵喇嘛等与伊拉古克三胡土克图交通信息，意欲迎噶尔丹之兵是实”[17]。康熙三十六年（1697），将伊拉古克三胡土克图从策妄阿拉布坦处索回之后，康熙即下令“集诸王以下蒙古王、文武大臣、官员、喇嘛等于黄寺”，将其凌迟处死[18]。

三是公开揭露噶尔丹与第巴桑结勾结，假借达赖喇嘛名义搞分裂的阴谋。康熙三十五年（1696）前后，清政府已觉察到了噶尔丹与第巴桑结隐瞒五世达赖身故、借达赖喇嘛之名以行奸的阴谋，所以，率军亲征噶尔丹的康熙命令前线将领：“著遍谕我兵及扎萨克蒙古、喀尔喀善巴王等王、贝勒、贝子所属人并投诚厄鲁特等，将达赖喇嘛、班禅胡土克图、第巴交通噶尔丹之文，或唐古忒字（即藏文），或蒙文，俱查明收取，交一晓事贤能官，作速驰驿送至御营”[19]，为揭露噶尔丹的阴谋收集证据。翌年初，康熙在率军与噶尔丹决战之前，谕令内大臣等：“达赖喇嘛身故，已十有六年矣。第巴指达赖喇嘛之语以诳噶尔丹，彼信其诳，自言为达赖喇嘛之教，而恣意横行。以此等事明开敕内，照样刊刻多印，付丹济拉卜等遍行传示”[20]，公开向内外蒙古和厄鲁特蒙古揭露噶尔丹的阴谋，以瓦解其军心，孤立噶尔丹。这有力地配合了清军的军事行动。

四是延聘五世班禅。康熙三十五年（1696）前后，康熙觉察到五世达赖已经圆寂，噶尔丹与第巴桑结相勾结假借达赖喇嘛名义大搞分裂活动，即计划延聘五世班禅到京，使之以喇嘛教首领的身份，按清中央政府的旨意，号令蒙古各部。康熙给班禅的敕谕中说：“今达赖喇嘛已老，尔胡土克图道法不二，勤修不倦，诵经行善，特往召尔胡土克图。朕将与尔同化导悖乱，使中外道法归一。”噶尔丹与第巴桑结深知，此事设若果行，他们假借达赖喇嘛名义搞分裂活动的阴谋必然败露，因而极力阻挠，“第巴心怀嫉妒，与噶尔丹朋比，恐吓尔胡土克图，言噶尔丹兵将要杀之，阻不使行”[21]。清政府延聘五世班禅的计划虽然由于噶尔丹与第巴桑结的阻挠未能实现，但康熙在谕旨中公开揭露这一事件，对噶尔丹和第巴桑结的阴谋无疑是一个沉重打击。

五是举行多伦会盟，建立新的喇嘛教中心，提高哲布尊丹巴胡土克图在喇嘛教中的地位。康熙三十年（1690），康熙召集喀尔喀和内蒙王公贵族会盟于多伦诺尔（今内蒙古自治区多伦县），“从诸部所请，即其地建庙，命百二十旗，旗各一僧居之”[22]。康熙亲自题庙名为“汇宗寺”。康熙三十二年（1693），又封哲布尊丹巴胡土克图为“大喇嘛”，使之总领喀尔喀喇嘛教。康熙的意图是，通过建立汇宗寺和提高哲布尊丹巴胡土克图在喇嘛教中的地位，使内外蒙古摆脱达赖喇嘛的控制和影响，俯首听命于中央政府，这样，噶尔丹假借达赖喇嘛名义搞分裂的阴谋就难于得逞。

康熙所采取的这些措施，有力地配合了清军与噶尔丹的作战，终于使噶尔丹在康熙三十六年（1697）内外交困而死。

噶尔丹死后，策妄阿拉布坦自称准噶尔汗。他继承噶尔丹的衣钵，依然借助于喇嘛教巩固自己的汗位和扩张势力。他仿效噶尔丹，使西藏喇嘛教的首领给自己加上了一个“宝权大庆王”的头衔，以提高政治身价和加强政治号召力，并倚大喇嘛为心腹。据史书记载，他“所居蒙古大帐房四个。前头有供佛大房，周围百余间，系喇嘛居住，名为三大宰桑所。与议事之大喇嘛，名盆素克丹津阿拉木托木把，与策妄同坐床上。外有信任办事之宰桑三人……俱与商议大事者也”[23]，可见，在策妄阿拉布坦政权中，大喇嘛的地位高于世俗官员，充当着参决军政要务的重要角色。

策妄阿拉布坦为了向西藏扩张势力，掌握达赖、班禅，以号令蒙古各部，与掌握西藏地方政权的拉藏汗结为姻亲，与西藏频繁往返。他还企图将第巴桑结在五世达赖死后树立的达赖灵童仓央嘉错劫持至伊犁，以操纵喇嘛教，进而统治蒙藏各部。对此，康熙棋高一着，命令拉藏汗将仓央嘉错送往北京，并派护军统领席柱等率军往迎（仓央嘉错在被送往北京途中，死于青海）。

但是，策妄阿拉布坦并未就此罢休。他于康熙五十五年（1716）年底，派出一支三百余人的小股骑兵，企图劫持暂住青海的七世达赖噶桑嘉错。他认为，“一旦他们掌握了那个灵童，整个西藏就会欢喜若狂地迎接他们，征服西藏就会成为一场不流血的战争”[24]；另外，派其部将大策凌敦多布率六千骑兵偷袭西藏，其主要目的是企图将班禅劫持至伊犁。正如清政府得到的情报所说：“车凌端多布（策凌敦多布）赴喇什伦布（扎什伦布），系迎请班禅回策旺喇布坦（策妄阿拉布坦）地方”[25]，同时，又派一百余名喇嘛随入藏骑兵掌握了布达拉等寺庙。清中央政府很快就识破了策妄阿拉布坦企图劫持达赖、班禅以吞并西藏和号令蒙古各部的用心，立即采取了强硬对策：一、立即消灭了企图劫持达赖喇嘛的小股部队，派皇十四子允禵统帅大军驻扎西宁，切断准噶尔入藏骑兵的退路；二、争取达赖喇嘛的支持。允禵亲往会见达赖喇嘛，向他说明与准噶尔作战的意义，由达赖喇嘛发布告示，揭露“准噶尔人背逆无道，混乱佛教，贻害杜伯特（亦写作图伯特、唐古忒，即西藏）生灵”的罪行，宣扬清军“扫除准噶尔人，收复藏地，以兴黄教，使杜伯特众生太平如恒”[26]的意义；三、康熙五十九年（1720），清军入藏，驱逐了准噶尔的入藏军队，护送七世达赖于布达拉坐床，将准噶尔派驻西藏各寺庙的一百零一名喇嘛全部逮捕，将其中为首的五人“即行斩首”，其余九十六名“尽行监禁”[27]，从而稳定了西藏政局，挫败了策妄阿拉布坦企图操纵达赖、班禅以进行分裂活动的阴谋。

雍正执政时期（1723—1735），准噶尔与清中央政府在进行军事斗争的同时，继续在喇嘛教问题上明争暗斗。雍正五年（1727），西藏发生了阿尔布巴之乱，清中央政府“恐准噶尔逆贼乘间来犯”[28]，故将七世达赖喇嘛迁至川边，并派兵一千名加以守护，以防准噶尔贵族劫持喇嘛教首领的故伎重演（雍正十二年，又将达赖喇嘛迁回拉萨）。另外，因为“哲卜尊丹巴胡土克图系众喀尔喀普同供养之喇嘛，准噶尔也觊觎抢夺”，以为吞并喀尔喀之计。清中央政府则捷足先行，“令胡土克图移（内蒙）多伦诺尔”，使准噶尔的军队“失意空还”[29]。乾隆初，清中央政府与准噶尔达成和议，暂时休战。乾隆六年（1741），清中央政府才同意哲布尊丹巴胡土克图仍回库伦。但乾隆仍不放心，恐怕准噶尔“反复变更，潜行窥伺”，因而命侍卫二员，率兵前往守护[30]。

自康熙五十九年（1720）清朝军队驱逐准噶尔入藏军队以后，立即封锁了西藏与准噶尔交界处，使准噶尔企图操纵达赖、班禅以加强政治号召力的打算付诸流水。到乾隆四年（1739），准噶尔与清中央政府达成和议，数十年的兵戎相向，暂时停止。准噶尔立即以进藏熬茶为名，恳请中央政府准其派人进藏。清政府以和议既成，不便拒绝，但又担心准噶尔“或因此探听青海消息，窥伺藏里情形”[31]，所以准其进藏熬茶，但又派“官兵沿途护送”[32]，以为防范。准噶尔曾经多次试图与西藏喇嘛教上层重新建立联系，均遭清中央政府的拒绝。例如，噶尔丹策零派人向执掌西藏地方政权的颇罗鼐提出，由准噶尔出资修复噶勒昭穆伦河边之策地方的喇嘛庙，“令温都逊众喇嘛照常坐禅”，同时又要求“将（西藏）好额木齐与通经好大喇嘛延请一位带回（伊犁）”[33]。均被拒绝。后来，策妄多尔济那木扎尔继承准噶尔汗后，又以“（伊犁）所有唐古忒喇嘛，已多亡故”，“奏请每年差二三十人，在唐古忒地方行走”，学习喇嘛经典，也遭到清中央政府的拒绝，乾隆谕令准噶尔：“可将喇嘛内聪颖者，挑选十名，或二十名，送至京师，在大庙勤学三四年，令其回去，即可助行黄教”[34]。这时的准噶尔地方政权，已成强弩之末，它恢复与西藏宗教上层人物的联系、借助喇嘛教以重振旗鼓的企图，不过是用幻想编织的肥皂泡，很快就破灭了。这场围绕喇嘛教的暗斗，清中央政府是稳操胜券的。

总括来看，清朝出兵伊犁之前一个多世纪，准噶尔与清中央政府围绕喇嘛教的斗争，是准噶尔贵族竭力图据新疆、清中央政府努力统一新疆这场政治斗争的一个重要组成部分。

二、阿睦尔撒纳之乱中伊犁喇嘛的附逆和清政府的对策，以及统一新疆后清中央政府对喇嘛教的政策

乾隆二十年（1755）五月，清军两路出击伊犁，不到百日即消灭了达瓦齐的势力。但是，随之又发生了阿睦尔撒纳之乱。阿睦尔撒纳原为新疆厄鲁特辉特部台吉，由于在准噶尔上层贵族争权夺势斗争中失利，于乾隆十九年（1754）投奔了清中央政府，受到乾隆极高的礼遇，食双亲王俸，并被任命为定边右副将军，率军征达瓦齐。但他的本意是要借助清中央政府的力量，消灭达瓦齐，取其汗位而代之。所以，达瓦齐的势力被摧毁以后，阿睦尔撒纳便要挟清中央政府赏他总管厄鲁特四部。清中央政府没有满足他的私欲，他便起兵反叛，酿成了长达两年之久的战乱，对新疆的社会发展造成了严重破坏。他本人则败逃沙俄，于乾隆二十二年（1757）病死。

阿睦尔撒纳继承噶尔丹、策妄阿拉布坦等人的衣钵，继续利用喇嘛教进行分裂活动。他煽动叛乱的一个借口，就是清军统帅班第等“凌辱喇嘛”。他给乾隆的奏章中说：“班第等临事暴急，凌辱喇嘛。萨喇勒（亦写做萨赖尔，清军定边左付将军，原为准噶尔达计达瓦部宰桑）掳掠无

忌，激成变乱。臣受恩图报，现拟整顿四卫拉特游牧，并令回人（指维吾尔族）、布鲁特（今名柯尔克孜）、塔什干、哈萨克等臣服，祈赏臣管辖四卫拉特印信”[35]，他以班第等“凌辱喇嘛”为借口，就是意图煽动厄鲁特人民与喇嘛对清军的仇视，为自己的分裂叛乱活动张目。

其实，早在乾隆二十年（1755）六月，即达瓦齐势力刚刚被摧毁，阿睦尔撒纳就借口防御哈萨克、布鲁特，私调兵九千，为武装叛乱做准备。与此同时，他“又送银与喇嘛熬茶，并云将来总据准噶尔之后，即当善为照看”[36]，通过金银收买和政治许诺，拉拢喇嘛附逆叛清。另外，“阿睦尔撒纳又寄信藏中熬茶，言已总四部时，善待达赖喇嘛，振兴黄教”[37]企图结达赖喇嘛为奥援。

清政府识破了他的阴谋之后，阿睦尔撒纳加紧了谋叛活动。他令其部下“与喇嘛等计议”，扬言“如不令阿睦尔撒纳统领驻扎，伊等宁剖腹而死，不能贪生，别事他人”[38]。他还唆使一些喇嘛面见清军统帅，威胁说：“中国（指清中央政府）若不使阿睦尔撒纳主伊犁者，喇嘛等当自刎死”[39]，一些喇嘛还散布流言，说“阿睦尔撒纳有统领准部之分”[40]，公开为阿睦尔撒纳夺取厄鲁特四部总台吉制造舆论。而阿睦尔撒纳则扬言“此处喇嘛等谋叛”，[41]逼清中央政府答应由他总管厄鲁特四部的无理要求。遭到清中央政府的断然拒绝之后，阿睦尔撒纳公开举起了反叛大旗，“伊犁诸剌麻、宰桑劫掠军台，蠭起应之”[42]，阿睦尔撒纳在遭清军围剿的穷困之中，又“将喇嘛、班第等俱行遣出打仗”[43]。一些喇嘛就这样卷入了阿睦尔撒纳的叛乱活动。所以，后来乾隆总结这次叛乱的教训时说：“此番伊犁之乱，半由彼处喇嘛从中助恶。”[44]

鉴于上述情况，平叛一开始，乾隆严厉命令：“伊犁喇嘛等反复无常，必须从重办理，方知儆戒”[45]，谕令前线将领“将彼处喇嘛等剿办”[46]，“断不可宽宥”，要“彻底查明，严加惩治，使伊等各知法纪，不敢妄生事端”[47]，免得他们“反复叛乱，无所底止”[48]，贻祸将来。

不过，乾隆很快就调整了这个方针。他考虑到：“伊犁附近有喇嘛六千余人，若一体办理，不但失众蒙古之心，其真伪亦无从区别”[49]；另一方面，叛乱分子也会因此以“灭坏黄教，剿戮喇嘛等语煽惑”[50]，从而造成厄鲁特蒙古各部的“疑惧”，增加军事行动的阻力。所以，他将对待伊犁喇嘛的方针调整为：“诛灭党恶，宽其胁从”[51]，即“应将喇嘛中起意倡乱之人，即行正法，其情罪稍有可原者量从宽典”[52]。他谕令清军统帅：

"办理喇嘛一事，昨命全行剿灭。今思蒙古厄鲁特俱重黄教，亦宜分别办理。倘实系助恶，临阵仍复抗拒，自当诛戮，其擒获者俱解送来京。老弱量从宽宥。并将'喇嘛系出家之人，不守清规，好乱生事，是以特为整顿'，明白晓示，俾众共知其罪无可逭。"[53]

清中央政府这种区别对待的方针，促进了伊犁喇嘛的分化瓦解。一些曾被阿睦尔撒纳裹胁附从叛乱的喇嘛"知贼力不可恃，共图擒献（阿睦尔撒纳），以赎前罪"[54]，变成了平叛的积极力量。乾隆二十一年（1756）三月，清军追剿阿睦尔撒纳的过程中，有"温都逊喇藏大喇嘛楚哩木额琳沁"，就曾派人迎候清军。在叛乱凶焰正炽时，"阿睦尔撒纳遣人来唤"，企图利用他的影响号召伊犁喇嘛和厄鲁特人民附从叛乱，他"托病不往"，拒不附乱[55]。对于积极协助清军平定叛乱的伊犁喇嘛，清政府也给了重奖。阿睦尔撒纳叛乱开始不久，他的侍从喇嘛楚鲁木班珠尔即"以理阻止阿逆部众，不使逃窜"，当时正在阿睦尔撒纳处游牧诵经的喀尔喀喇嘛诺颜绰尔济知道此事后，"即给与楚鲁木班珠尔衣服，以示奖励，并令其安抚众人"，乾隆得报后，认为诺颜班珠尔"深知大义，殊属可嘉"，立即"加恩赏给清苏朱克图诺们汗之号，其印信即入于办理扎萨克印信内铸给"[56]。这些措施，瓦解了阿睦尔撒纳的叛乱势力，使"阿睦尔撒纳力穷，喇嘛十散七八"[57]，一些喇嘛转向了清军方面，以致清军"军前新附颇多"[58]。这在一定程度上加速了清军平定准噶尔的历史进程。

上述这些，也是清朝统一新疆后对喇嘛教政策的历史前提。

乾隆二十二年（1757），阿睦尔撒纳病死沙俄，清中央政府扫荡了准噶尔上层分子的残余势力。又经过二年，平定了南疆大、小和卓之乱，从而彻底统一了新疆。之后，加强对新疆的行政管理和巩固西北边防就成了清中央政府对新疆施政的主要目标。为此，设置伊犁将军统辖天川南北军政事务；在保留厄鲁特蒙古王公和维吾尔族伯克原有社会地位和旧有名号的前提下，停止其世袭，将他们改为由政府任命的官员；派驻军队和移民实边；实行屯田，辟治交通，发展经济；同时，采取"因俗习为治"[59]的政策，不改变其宗教信仰和衣冠制度等。继续利用喇嘛教统治厄鲁特蒙古人民，就是其中一项重要内容。这主要有以下两点：

第一，扶植、利用喇嘛教。

清朝统一新疆后，为了稳定政局，需要一种精神力量，收拢、维系民心。当时，还不可能有一种先进的思想能够承担这样的历史任务，于是，厄鲁特蒙古“尊奉敬礼”，“无不心悦诚服”[60]的喇嘛教，自然又成了清朝维系民心的思想武器。清朝统治集团认为，“自准噶尔灭后，此地之琉璃宝刹久灭。瓦砾之场，昔年之苦耨真经难寻；灰烬之后，佛像少金身。僧众投异俗，一方众生，将何所恃?”[61]只有利用喇嘛教才能维系厄鲁特蒙古的民心。于是，它参酌对内、外蒙古和西藏的统治经验，对新疆厄鲁特蒙古也采取了“因其教不易其俗”[62]的统治政策，即把喇嘛教作为牢笼之计。乾隆认为，这可以满足厄鲁特蒙古王公贵族的宗教信仰，使之倾心于清中央政府，用他的话来说，就是“俾满所欲，无二心焉”[63]，也就是企图通过这种手段“联众情”[64]，即密切同厄鲁特蒙古上层人物的联系，以达到“绥靖荒服，柔怀远人”[65]的政治目的。

另外，清朝统一新疆后，扶植、利用喇嘛教，还有一个政治目的，就是通过这种手段维系厄鲁特蒙古与中央政府的联系，以防御外来侵略，巩固西北边防。清朝平定准噶尔之后，沙俄极为惊慌，仍继续图谋侵略我国北部和西北边疆，并企图把喇嘛教作为一种侵略工具，以扶植喇嘛教为诱饵，企图达到分裂我国蒙古族、侵略我国边疆的卑鄙目的。另外，在平定新疆的过程中，曾有一部分厄鲁特蒙古逃到了远在伏尔加河流域游牧的我国土尔扈特部，为吸引他们重返祖国，也要尊重他们的宗教信仰。所以，清政府从防御外来侵略、巩固西北边疆考虑，也需要迎合厄鲁特蒙古的宗教信仰，以坚定其内向之心，保持边疆的稳定。

基于上述原因，清政府在平定准噶尔之后，多次公开表示尊重厄鲁特蒙古的宗教信仰。乾隆二十年（1755）十月，即刚刚平定达瓦齐之后不久，乾隆在承德宴赏厄鲁特四部王公贵族，决定建造一座喇嘛庙作为纪念，因为“蒙古向敬佛，兴黄教，故寺之式，即依西藏三摩耶庙之式为之”[66]，这是公开向厄鲁特蒙古贵族宣布了扶植喇嘛教的政策。以后，又陆续在承德修建了一批喇嘛庙，供厄鲁特蒙古贵族观瞻。

其实，在此之前，即乾隆二十年（1755）六月，平定达瓦齐的战斗刚刚结束，乾隆即暗中命令清军统帅：伊犁地方“如旧日所存（租赋）尚多，足敷养赡喇嘛之用，著将今年伊等贡赋概行宽免；若不敷用，只将养赡喇嘛之数征收，其余即行宽免”[67]，明确表示要优待伊犁喇嘛。乾隆二十一年（1756），当追剿阿睦尔撒纳的战斗方酣之际，清政府又公开宣布“振兴黄教”[68]，以分化瓦解伊犁喇嘛，减少战争的阻力。同年七月，乾隆又在对军机大臣的一项谕旨中说：“蒙古等遵奉黄教，固勒扎（指伊犁固尔扎庙）系伊犁善地，理宜重新庙宇，遣大喇嘛前往诵经。”[69]乾隆二十七年（1762），新疆安定后，伊犁将军阿桂即遵奉乾隆旨意。在伊犁绥定城建造了兴教寺，安置伊犁喇嘛。所谓“兴教”，即乾隆所说的“振兴黄教”。

乾隆二十八年（1763），在对新疆全面加强行政管理的同时，乾隆又特别强调指出：“伊犁原系厄鲁特地方，今既筑城，令满洲、索伦、回子（指维吾尔族）居住，自应照蒙古例，设立喇嘛，举行送巴凌、放乌布藏等事。固勒扎、海努克现有庙宇、著寄信明瑞（时为伊犁将军），今酌修一所，选喇嘛百余名。除伊犁现有喇嘛外，彼处蒙古内，有情愿充当者，若有不敷，俟明瑞奏到时，另行拨往。”[70]这是清政府扶植新疆喇嘛教的又一重要措施。此后，新疆的喇嘛教有了一个较快的恢复和发展，翌年，即将兴教寺移至伊犁将军驻节地——惠远城东十里处，加以扩建；乾隆三十二年（1767）敕赐“普化寺”匾额，由京城派遣堪布喇嘛一员主持管理，额设喇嘛一千一百二十六名。他们所需用的银两、茶叶、口粮等，都由官府发给。乾隆三十五年（1770），在塔尔巴哈台建“绥静寺”，额设喇嘛二十九名，也由官府供给钱粮。另，在厄鲁特蒙古游牧的科布多地方（当时不属伊犁将军管辖）建造“众安庙”，额设喇嘛三百九十四名，其口粮日用，也由官府供应。

第二，对新疆喇嘛教，采取严格限制措施。

鉴于从噶尔丹到达瓦齐都曾把喇嘛教作为分裂割据的工具，特别是在阿睦尔撒纳之乱中伊犁喇嘛附从叛乱的严重教训，清政府在对新疆地区的喇嘛教扶植、利用的同时，又采取了许多严格的限制措施，以防其势力膨胀，重蹈附逆叛乱的覆辙。

首先是将一部分年富力强的喇嘛迁移至内地，只留少数老弱病残者在原地，以防其作乱闹事，并取消其大喇嘛的宰桑等名号——即剥夺其世俗的行政权力。乾隆二十二年（1757）四月，乾隆在一项谕旨中就强调指出：“至准噶尔喇嘛断不可信。朕前降旨尚欲设立库伦，振兴黄教，今准噶尔等，作孽深重，福泽已尽，不过将此内去年未曾助恶之喇嘛查出，留其性命，解送来京，断不可仍前库伦、锡呼、堪布等名号，择年老不滋事端之人，酌量补放总管等官，令其管辖，亦不必仍前留其鄂拓克、补放宰桑名号也。”[71]从此，伊犁喇嘛不得再干预世俗行政事务，消除了喇嘛与厄鲁特贵族结合而进行叛乱的隐患。

其次，不许伊犁喇嘛产生胡图克图，而由中央政府直接向新疆派遣堪布喇嘛进行管理，并定期轮换，以防止大喇嘛与世俗贵族相结合，重演阿睦尔撒纳之乱的闹剧。乾隆二十八年（1763）的一项谕旨中，特别指出："朕前降旨，著由京选派副达喇嘛、苏拉喇嘛各一名，前往伊犁，教训厄鲁特喇嘛人等。但厄鲁特人不知副达喇嘛名号，而敬堪布喇嘛，所遣副达喇嘛，著添堪布字样"[72]；以后，即把它作为一项制度规定了下来："伊犁地方掌教喇嘛，由京城掌印胡图克图拣派堪布一员往驻，每届三年，奏请更换。其员缺交掌印胡图克图于京城及热河堪布内另行拣选更换"[73]。这实际上是由清中央政府直接控制新疆喇嘛教的宗教权。

再次，是严禁新疆喇嘛到内地或内地喇嘛到新疆游方，以防其互相串连，进行分裂活动。乾隆四十二年（1777），在对军机大臣的一项谕旨中，乾隆特别强调指出："据伊勒图奏：'甘肃狄道州大佛寺喇嘛逊朗素等八人，在归化城同知处，讨取路引，路经乌鲁木齐，该大臣等并未查问，换给路引，请嗣后由该大臣核查换给，同知发给路引之处，永行禁止'等语。伊犁、乌鲁木齐均系新疆地方，距哈萨克、布鲁特边界甚近，此等化缘喇嘛，行同乞丐，如任其在新疆各处行走，偶出边卡，至哈萨克、布鲁特地方，殊多关碍。非但不宜令往哈萨克、布鲁特地方，即喀尔喀地方，与俄罗斯境界相通，亦不可令其前往……仍将此通谕陕甘总督，山西巡抚，驻扎新疆各处大臣，乌里雅苏台、科布多等处将军、大臣等查明，准其换给路引遣往。若此等化缘游方行乞之喇嘛等，务须严查，实力禁止，毋许出口。"[74]这条原则，后来也用法律条文固定下来。《理藩院则例》规定："归化城喇嘛等如有事故赴喀尔喀、额鲁特等处者，均令报明该将军详细稽察，毋许妄为。至额鲁特、喀尔喀往来之人，格隆、班第等亦不得擅行留住。违者，照喇嘛私请私行例，各罚一九牲畜。"[75]

统一新疆后，清政府对喇嘛教采取的这些政策，在新疆历史上曾产生过重要的影响。由于清中央政府对喇嘛教的扶植，对于维系厄鲁特蒙古上层分子对中央政府的向心力，从而稳定新疆政局，起到了一定的历史作用。对于吸引逃散到域外的厄鲁特蒙古重返祖国，也有着某种积极的作用。乾隆三十六年（1771），远牧伏尔加河流域一个多世纪之久的土尔扈特部重返祖国，就是人所共知的一例。关于这次历史壮举，中外许多历史学家都做过分析研究，虽然见仁见智，但大都承认宗教信仰是其中一个原因（当然还有其他许多政治的、宗教的原因）。由于沙俄强迫土尔扈特人民改宗东正教，激起了土尔扈特人民对这种民族歧视的强烈愤怒与激烈反抗。所以，率部返回祖国的土尔扈特部首领渥巴锡就说：“俄罗斯不兴黄教，愿依大皇帝（指清朝皇帝）兴黄教之地，以安部众”[76]，乾隆对这一事件的分析也认为，“俄罗斯素不奉佛，土尔扈特在彼俗尚不同，知伊犁振兴黄教，因思还归故土”[77]；但是，另一方面，我们也必须承认，清政府的这一政策，曾严重影响了厄鲁特蒙古的人口增殖和经济、文化的发展。这方面，已有不少文章论述，于此不赘。

另外，由于清政府对新疆喇嘛教曾采取了一系列严格的限制措施，所以，清朝统一新疆后，厄鲁特蒙古的喇嘛教虽然一度有所恢复，但总的看，不如噶尔丹、策妄阿拉布坦、噶尔丹策零时期那样泛滥，和内、外蒙古、西藏等地相较，其势力要小得多了。对社会造成的危害，当然也就不如西藏等地那样严重，而且其势力逐渐衰微下去。从历史发展的角度来说，这自然是一件好事。

总之，清朝统一新疆过程中的喇嘛教问题，实质是分裂与统一的政治问题，而不是一个单纯的宗教问题。这就是本文的基本观点。

注释：

①参见〔苏〕波·雅·符拉基米佐夫著，刘荣焌译：《蒙古社会制度史》，中国社会科学院民族研究所1978年铅印稿本，第247—250页。

②俞正燮：《癸巳类稿》卷8。

③傅恒等：《西域图志》卷39。

④乾隆：《安远庙瞻礼叙事诗》，碑现藏承德安远庙。

⑤参见乾隆：《准噶尔全部纪略》。

⑥王芑孙：《西陬牧唱词》自注。

⑦帕拉斯：《蒙古民族史料集》第1卷。转引自〔英〕约·弗·巴德利：《俄国·蒙古·中国》下卷，第1册，中译本，第1234—1235页。

⑧帕拉斯：《蒙古民族史料集》第1卷。转引自〔英〕约·弗·巴德利：《俄国·蒙古·中国》下卷，第1册，中译本，第1236页。

⑨昭梿：《啸亭杂录》卷4，“萨赖尔之叛”条。

⑩松筠：《西招图略》。

⑪《清圣祖实录》卷175。

⑫《清圣祖实录》卷166。

⑬《清圣祖实录》卷175。

⑭《清圣祖实录》卷175。
⑮《清圣祖实录》卷84。
⑯《清圣祖实录》卷166。
⑰王先谦:《东华续录》康熙朝卷56。
⑱王先谦:《东华续录》康熙朝卷56。
⑲《清圣祖实录》卷173。
⑳《清圣祖实录》卷183。
㉑《清圣祖实录》卷175。
㉒《口北三厅志》卷4。
㉓《乾隆重修肃州新志·西陲纪略》。
㉔德西德力:《西藏纪事》。
㉕爱新觉罗·允禵:《抚远大将军奏议》。
㉖爱新觉罗·允禵:《抚远大将军奏议》。
㉗《清圣祖实录》卷289。
㉘《清圣祖实录》卷145。
㉙《清圣祖实录》卷110。
㉚《清圣祖实录》卷142。
㉛《清圣祖实录》卷119。
㉜《清圣祖实录》卷185。
㉝《清圣祖实录》卷208。
㉞《清圣祖实录》卷356。
㉟《清圣祖实录》卷504。
㊱《清圣祖实录》卷491。
㊲俞正燮:《癸巳类稿》卷8。
㊳《清圣祖实录》卷493。
㊴俞正燮:《癸巳类稿》卷8。
㊵《清圣祖实录》卷493。
㊶《清圣祖实录》卷491。
㊷魏源:《圣武记·乾隆荡平准部记》。
㊸《清圣祖实录》卷954。
㊹《清圣祖实录》卷502。
㊺《清圣祖实录》卷509。
㊻《清圣祖实录》卷541。
㊼《清圣祖实录》卷508。
㊽《清圣祖实录》卷499。

㊾《清圣祖实录》卷500。

㊿《清圣祖实录》卷541。

51《清圣祖实录》卷502。

52《清圣祖实录》卷499。

53《清圣祖实录》卷499。

54《清圣祖实录》卷499。

55《清圣祖实录》卷509。

56《清圣祖实录》卷497。

57《清圣祖实录》卷508。

58《清圣祖实录》卷508。

59《清高宗御制诗文十全集》卷9。

60阿桂:《敕建伊犁普化地碑记》，见《伊江汇览》。

61阿桂:《兴教寺碑记》，见《伊江汇览》。

62乾隆:《普乐寺碑记》，碑藏承德普乐寺。

63乾隆:《普乐寺碑记》，碑藏承德普乐寺。

64乾隆:《千佛阁碑记》，碑藏承德普陀宗乘之庙。

65乾隆:《安远庙瞻礼叙事诗》，碑藏承德安远庙。

66乾隆:《普宁寺碑文》，碑藏承德普宁寺。

67《清高宗实录》卷491。

68《清高宗实录》卷509。

69《清高宗实录》卷517。

70《清高宗实录》卷678。

71《清高宗实录》卷537。

72《清高宗实录》卷680。

73《理藩院则例》卷60。

74《清高宗实录》卷1024。

75《理藩院则例》卷59。

76俞正燮:《癸巳类稿》卷8。

77乾隆:《伊犁将军奏土尔扈特汗渥巴锡率全部归顺诗以志事》自注，见《西域图志》卷37。

（原载《世界宗教研究》1986年2期）

乾隆对平定准噶尔的指导作用

——从承德与平准有关的喇嘛庙说开去

平定准噶尔，统一天山南北，是清代历史上一件大事。它标志着清朝入主中原一百余年后，才真正完成统一全国的大业。在中华民族发展史上，也具有里程碑意义。它是在西方列强大规模入侵前夜，筑牢我国西部边疆政治长城，对于近代史上反击西方列强的大规模武装入侵，具有十分重要的意义。

对于执政60余年的乾隆皇帝来说，也是其政治生涯的一件大事。其晚年，自诩“十全老人”，并写《十全记》，夸耀“十全武功”。其中，“平准噶尔为二，定回部（维吾尔族地区）为一”，占十全武功的三分之一。现存外八庙中的普宁寺、安远庙、普乐寺等，都是为纪念统一新疆而建造。从这些喇嘛庙的建造历史结合有关文献考察，我们知道，统一新疆的筹划、决策、指挥、善后等都是在承德，从这个角度来说，避暑山庄是乾隆统一新疆的最高指挥部。现在，普宁寺还耸立乾隆御撰《平定准噶尔勒铭伊犁之碑》和《平定准噶尔后勒铭伊犁之碑》，记述了夺取胜利的全过程。碑文特别说明，他在承德“潜移默运”，“择时相机”，昼夜焦劳。因此，研究乾隆这场战争的指挥，对研究乾隆其人和清朝历史，都是很有必要的。

乾隆统治时期，清中央政府彻底平定准噶尔部，是清代历史上具有深远历史影响的重要事件，也是乾隆全部政治活动中的一件大事。研究和正确评价这次战争，对于清代前期史的研究和乾隆其人的评价，都具有重要的意义。本文拟从乾隆对这次战争的指导这个侧面，对上述问题谈一点不成熟的看法。

这次战争，大体分两个阶段：第一阶段，乾隆二十年（1755）二月，清军两路出击伊犁，五月，直捣达瓦齐大本营，将其打垮，仅用百余天即胜利结束战斗；第二阶段，同年八月，阿睦尔撒纳复叛，再开战机。乾隆二十二年（1757）阿睦尔撒纳败逃沙俄，不久病死，清军扫荡了准噶尔部残余分裂势力，取得彻底胜利。整个战争，用了不到两年的时间。

清军能够在这样短的时间内，结束了双方时战时和的拖延七八十年之久的战争，而且取得彻底胜利，是有着深刻的历史和政治原因的：新疆各族人民，包括厄鲁特人民，自古就是我国统一多民族国家的成员，很早就与祖国其他地区各族人民有着政治、经济、文化的密切联系，迫切要求统一。从噶尔丹到阿睦尔撒纳，企图自成汗国，割据一方，是违背新疆各族人民的意愿和我国多民族国家统一历史发展趋势的。他们统治新疆期间，奴役维吾尔族人民，迫使厄鲁特人民连年征战，给各族人民造成了极大的痛苦，因而遭到新疆各族人民，包括厄鲁特人民的强烈反对和不满。清中央政府与准噶尔部上层分裂分子作战，符合我国统一多民族国家历史发展的总趋势，得到了新疆各族人民的支持和协助。这是清中央政府所以能够在较短时间内取得战争彻底胜利的决定因素。

此外，除了上述客观条件，还有主观条件，这主要是清政府对战争指导的正确。如果不承认这一点，很容易陷入宿命论和机械唯物论的泥沼之中。毛泽东同志指出："战争的胜负，主要地决定于作战双方的军事、政治、经济、自然诸条件，这是没有问题的。然而不仅仅如此，还决定于作战双方主观指导的能力"①，这是战争的普遍规律，也是我们研究乾隆平准战争的指针。从清军方面来说，战争始终是在清帝乾隆的亲自指导下进行的。乾隆对这次战争的正确指导，对于促进战争的彻底胜利，是起了重要作用的。这可从以下几点得到证明。

一、树立彻底平定准噶尔的战略思想

运筹于帷幄，决战于千里。这句俗话，是说战争指导者的战略决心和计划等，对于战争的全局，具有重要的指导作用，是决定战争胜负的主观因素之一。清军所以能够在较短的时间取得战争的彻底胜利，其中一个重要原因，就是作为战争最高指导者的乾隆，确立了彻底平定准噶尔的战略指导思想。

这一点，可以和康熙作个比较。康熙在统一全国的事业中，无疑是做出了重要历史贡献的。他曾三次亲率军队与噶尔丹作战，终于在康熙三十六年（1697）击垮了这个曾称雄一时的准噶尔首领。但是，这并没有彻底解决准噶尔问题。这除了当时客观条件还不完全具备之外，和康熙本人对平准战争的指导思想亦有很大关系。他对统一新疆的重要性缺乏深刻的认识，因而没有彻底平定准噶尔的战略指导思想。这在康熙四十五年（1705）的一道谕旨中表现得很清楚："至西域回子及蒙古今衰弱已极，欲取之亦易。但并其地不足以耕种，得其人不足以驱使；且现今伊等已俱恪守法度，是以不取。此等情事，汉大学士及九卿等，想俱未深悉，尔等可将朕谕示之"②。因而，即使在有可能统一新疆的情况下，他也没有采取应有的行动。他对准噶尔的作战，是被动迎击，而不是像统一台湾那样主动出兵，是以消灭噶尔丹的武装力量为主要目标，而不是以加强对新疆的行政管理为目的。所以，噶尔丹虽然被击垮，但准噶尔贵族的割据势力则散而复聚，溃而又萌："一个珲台吉被打败和杀死，另一个马上又继续采取他的政策和野心勃勃的计划"③，客观上造成战争的旷日持久。

雍正对准噶尔问题的战略指导思想，和康熙是一脉相承的，他说："准噶尔弹丸之地，又在极北之区，得其土不足以耕耘，得其民不足以驱使；且人穷地瘠，又无出产之物，今何所利而用兵于远边乎？即使灭此朝食，亦不足以夸耀武功。"④这在当时激烈争夺皇位斗争的情况下，此旨虽意在贬低允禵抚远大将军之任命，但亦确实体现了雍正的思想。他执政时期，虽然亦有两次大的对准噶尔用兵，但都事出仓促，准备不足，互有胜负之后，即成对峙状态，且主动要求与准噶尔划定游牧界。

乾隆统治时期，沙俄侵略我国的矛头主要指向了新疆地区，平定准噶尔问题对于国家安危的重要性，越来越明显了。所以，他颇不以乃父乃祖的议论为然："我国家抚有众蒙古，讵准噶尔一部，终外王化，虽庸众有'威之不知畏，惠之不知怀，地不可耕，民不可臣'之言，其然，岂其然哉?"⑤他主观上虽然未必视父祖为"庸众"，但客观上他确实把平定准噶尔作为维护国家统一的一大关键，认为是"边圉久远之计"⑥，"国家大事，无过于此"⑦，这样的认识，确比康熙和雍正高明多了。他决心"克全我两朝挞伐绥遐之略"⑧，"一举解决准噶尔问题"⑨。正是由于树立了彻底平定准噶尔的战略指导思想，所以战前就作了周密的调查，充分的准备，而且于乾隆二十年（1755）的正月，即正式出兵之前，还就"平定准噶尔善后事宜"，即战后治理，包括厄鲁特的安置、设官驻兵等问题，都做了事先安排，这对于驾驭瞬息万变的战局，保证战争的胜利，无疑是起了重要作用的。

二、果断正确地选择战略决战时机

要使正确的战略指导思想付诸实施，首先就要正确选择战略决战时机，这是影响全部战争进程和战争全局的关键性的第一步。然而，这需要对敌我双方的政治、经济、军事以及其他各种影响战争的因素，做出科学的分析和正确的判断，即通常所说的“知己知彼”，同时还需要果断而正确的决心和一定的胆略，要有胆有识。

乾隆对平准战争战略决战时机的选择，应该说是非常正确的。

从清朝方面来说，经过顺康雍三朝的文治武功，到乾隆初年，除新疆地区外，确立了对全国的统治，政局比较稳定；经济的恢复和发展也颇有成效，财政大大充裕。顺治时，收不付支，每年约有数十万银子的亏空，但到康熙末年，已略有节余，户部库存达八百余万两，雍正时，增至六千余万两。

从准噶尔一方来说，经过康熙、雍正两朝的连续对西北用兵，准噶尔的势力受到很大挫折和损失。乾隆十年（1745）噶尔丹策凌死，“他的继承者把精力耗费在内讧之中”[10]，其三子一女，争夺汗位，互相残杀，在将近十年的时间里，一直是“篡夺相仍”[11]，地方政局“动荡不安”[12]，以致“部落携离，人心涣散”[13]。

在争夺汗位中失利的一些准噶尔贵族，纷纷率部投靠清中央政府。乾隆十六年（1751）达什达瓦部将萨赖尔率所部千户内附；乾隆十八年（1753）都尔伯特台吉策凌、策凌马巴什、策凌孟克等率三千户投奔内地；翌年，辉特台吉阿睦尔撒纳等人率四千余户、二万余人归附中央政府。这不仅大大削弱了准噶尔部的势力，而且也使清中央政府掌握了准噶尔部的大量内部情况，这为解决准噶尔部提供了重要依据，清政府也承认：“准噶尔内乱相寻，诸部离贰，稔恶已满，然非诸降人络绎款塞，亦无由尽得要领。”[14]

乾隆分析了这种形式，认为“迩来喇嘛达尔扎、达瓦齐等互相争杀，内乱频仍。其台吉车凌（策凌）、车凌乌巴什、阿睦尔撒纳等款塞内附，先后踵至……而又当达瓦齐众叛亲离，势同瓦解，此正机有可乘之时”[15]，是“天与人归，机不可失”[16]，认定平定准噶尔的战略决战时机已经成熟。

于是，乾隆十九年（1754），乾隆即下决心平定准噶尔部。然而，当把这个问题交王公大臣讨论的时候，却是“人心狃于久安，挟畏难之见者多，而具备询之衷者，百无一二耳”[17]，只有大学士傅恒一人赞成出兵。但是，这并没有动摇乾隆的决心。他坚持认为，“此正可乘之机，若失此不图，再阅数年，伊势稍定，必将故智复萌，然后备御，仓卒其劳，费且更倍于今”[18]，如果“安坐失之，岂不贻笑天下后世?”[19]于是，他“力排众议”[20]，“力主用兵”[21]，果断地决定次年出兵准噶尔。事实证明，这个决定是完全正确的，它使清军从战争开始就掌握了主动权，并达到了预期目的。

三、采取出其不意、反客为主的作战方针

乾隆分析了双方的作战条件，认为准噶尔的主要优势是以逸待劳。他在《西师》一诗中曾经这样写道：“稔知贼所恃，其长有二术；一曰激我怒，劳我众远出，彼乃邀近功，坐绌我物力；二曰窥我边，列堠疲我卒。戍久心或懈，彼乃逞陵轶。”[22]

这种分析是符合实际情况的。乾隆时和康熙时的平准战争，情况有所不同。康熙时，噶尔丹远离根据地，长途奔袭内地，清军有坐逸待劳之势；乾隆时，清军出击伊犁，准噶尔部则有以逸待劳之利，人情、地理都比较熟悉，给养亦可就地取给。而清军则属于远途作战，人情、地理都很生疏，运输线长，给养供应困难。这就要求清军必须速战速决，不可迁延迟久。

根据这些条件，乾隆采取了出其不意、反客为主的具体作战方针。

本来，清政府于乾隆十九年（1754）“定议，明秋大举，直捣伊犁”[23]，这是根据草原骑兵作战的一般规律决定的。因为秋天马肥有力，且草未凋水未冰，战马可随处取食，利于骑兵的大规模流动作战。但是，这年冬天，乾隆在热河接见阿睦尔撒纳，“以蒙古语询其变乱始末”[24]，进一步掌握了准噶尔部大量具体情况，并听取了阿睦尔撒纳的建议：与其秋季进兵，不如春天出师，可以“乘其未备，且不能远遁，可一战擒之，无后患”[25]。乾隆“谓其言良当，遂从之”[26]，果断地改变了原来的作战计划，决定于翌年春天出兵伊犁。

乾隆二十年（1755）二月，清军两路出师，五月五日即抵达伊犁，达瓦齐毫无准备，未及迎战，即率万余人仓皇逃据伊犁西北百八十余里的

格登山，“依山据淖为营屯”[27]，清军则连续出击，并派出以阿玉锡为首的二十五人精锐小部队，“乘夜突捣其营”[28]，达瓦齐的部队尚在梦中，即被击溃，达瓦齐仅带少数亲信逃往南疆，旋被维吾尔族伯克霍集斯擒交清军。

出其不意、反客为主的作战方针造成了准噶尔军队的混乱，主帅丧志，指挥不灵，失去了抵抗能力，而清军则赢得了有利战机，形成了绝对优势，从而促成了战役的速战速决。整个第一阶段的战斗，不过百余日，清军“兵不血刃”[29]，即取得了决定性胜利。

四、实行“恩威并济”的策略

乾隆认为，“准噶尔人众，俱我臣仆”[30]，平定准噶尔部是统一国家的战争，因此，在战争中采取了“恩威并济”[31]的策略，即军事打击和怀柔安抚的两手政策。

重用降人，招服准噶尔人众。

在战争的第一阶段，清军兵锋所向，主要是达瓦齐，对于投靠清中央政府的准噶尔贵族，乾隆不仅封以很高的官职，给予优厚的待遇，而且在战争中也委予重任，授给重权，信任和利用他们。

乾隆二十年（1755）出兵伊犁的两路大军的副统帅，都是准噶尔降人：阿睦尔撒纳原是辉特部台吉，萨赖尔原为达什达瓦部将，他们各领三千人马为先锋，其余内附的准噶尔贵族，例如三策凌等，“皆以所部兵从”[32]，乾隆特准他们“仍用伊等旧纛”，“以便彼处人众，易于识认，投降甚便”[33]。

这样，不仅使清军增加了有生力量，而且克服了清军作为客军的主要弱点——人情、地理生疏，使军队变得耳聪目明。这些准噶尔旧贵族在当地都有很大影响和号召力，因而清军所至“各部落大者千户、小者数百户，无不携酮酪献羊马，跪迎恐后，两路兵行数千里，无一人抗颜行者”[34]，这不仅使清军直捣伊犁的行动减少了阻力，也大大瓦解了准噶尔力量，为清军的速战速胜创造了重要条件。

“剿其渠魁，而抚其余众”[35]，即对拥兵割据的准噶尔头面人物武力剿灭，而对胁从者则实行抚绥。

针对准噶尔部“久遭涂炭，生计极为艰窘”的情况，乾隆于平定阿睦尔撒纳战事方酣的乾隆二十一年（1756）三月，即谕令清军前线统帅：对准噶尔人众“应予筹体恤之道”，“分别赏给粮茶牲畜、以资养赡”[36]。四月，陕甘总督黄廷桂即根据乾隆的谕令，拨运粮食三万石、茶八万封、羊四万只、牛四千只，“克期陆续运往（巴里坤）”[37]，以资救济准噶尔部众，同时还发给籽种、牛马促其恢复生产。

乾隆还把“困俗习为治”[38]这个对少数民族的政治统治原则，贯彻到战争中去，凡投诚各部之人，“不易其习”。[39]乾隆二十一年（1756）四月，他在关于准噶尔的一道谕旨中就强调指出：“至于衣服制度，不妨仍其旧俗，若因归顺天朝，必尽用内地服色，势亦有所难行，尔等习惯自然，一时岂能骤易？且将旧时衣服，尽行弃置，殊非爱惜物力之道，即朕所颁赐物件，亦止宜善为收贮，传之子孙，惟来京朝觐，暂时服用。”[40]风俗习惯是一个民族在长期的历史发展过程中形成的共同心理素质组成部分，是民族特点的重要内容之一，这在少数民族中表现得更加强烈。历史上，因为统治阶级践踏少数民族风俗习惯而激起反抗和一些民族分裂分子利用这一点煽动民族情绪进行分裂活动，都是不乏其例的。乾隆在指导平准战争中，对于已经归附的准噶尔部众，实行不改变其“衣服制度”、“仍其旧俗”的政策，这对于消除其疑畏心理和对抗情绪，从而减少军队行动的阻力，都是起了重要作用的。在战争中，大量的准噶尔部众和被奴役的维吾尔族投降清军，就是这种政策成功的一种体现。

“恩威并济”策略的核心和关键是区别对待，即根据他们对清中央政府的态度，采取不同的对待方针，用乾隆自己的话来说就是：“逆者剿之，顺者抚之”[41]，即使是搞分裂割据的头面人物，也以这样的方针对待之。阿睦尔撒纳降而复叛，顽固坚持分裂割据，清政府坚决消灭之；而达瓦齐被擒获之后，不再坚持分裂割据，清政府则“宥罪施恩，封为亲王，赐第京师，带领伊子居住”，并将“伊旧日属人，著查出四、五十户，令其来京役使”[42]，优礼备至，正是上述方针的具体体现。这样做，确实收到了显著效果。达瓦齐对此是感激涕零地声称：“我系俘囚，蒙恩不加诛，捐糜顶踵，不足报效，闻阿睦尔撒纳逃窜，恨不能身擒”，并自动请求“缮写书信”，寄“亲信之库本诺雅特台吉诺尔布、杜尔伯特台吉伯什阿噶什、宰桑约苏图、车凌多尔济等，令其协擒阿逆”。这对于促进平定阿睦尔撒纳战争的胜利有着重要影响，它有力地分化瓦解了准噶尔部上层分子，孤立了阿睦尔撒纳，加快了战争的胜利。

五、坚持除恶务尽、夺取战争的彻底胜利

乾隆二十二年（1757）夏，阿睦尔撒纳复叛失败后，仅携八人，仓皇逃往俄罗斯，清朝边防官员跟踪追捕，据理向沙俄要求引渡，沙俄则“诿为不知”[43]。

对于是否坚持向沙俄索要阿睦尔撒纳，清廷内部有着严重分歧：“或曰不必追，或曰不必索，或曰捐伊犁，筑室谋纷汨”[44]。许多大臣担心“追索过严，以致又启边衅”，害怕因此和沙俄发生武装冲突，因而主张“迁就隐忍”，更有甚者，竟荒唐地“直欲退守玉门关”[45]。

这当然不只是对阿睦尔撒纳一个人的处理问题，而是关系到平准战争能否取得彻底胜利的问题。乾隆认为，“俄罗斯既已收留叛贼，必且抚而用之，又岂肯永远拘禁耶?”而“叛贼之奸诡狡诈，既已入俄罗斯，岂能郁郁久居，又必将为其所用，以为哈萨克一带之患”[46]，如果让阿睦尔撒纳潜身俄国，必“挠我已成之动，致贻将来之患”[47]。所以，他坚持认为，“此贼一日不能成擒，则西事一日不能就绪，不得不极力追捕，以为边圉久远之计”[48]。应该说，乾隆的这种看法是有远见的，如果阿睦尔撒纳借助沙俄的支持，再次煽乱新疆，不仅平准战果会毁弃，而且会遗患无穷。

因此，乾隆坚决主张“除恶务尽”[49]，坚持向沙俄索要阿睦尔撒纳。他于同年十一月谕令军机大臣等：“见在逆贼阿睦尔撒纳已逃入俄罗斯。俄罗斯与喀尔喀毗连，一应侦探、防范事宜，甚关紧要”[50]，部署加强边防，以防止阿睦尔撒纳可能利用沙俄的武装力量武装骚扰边境；另一方面，谕令理藩院，“行文俄罗斯萨纳特衙门（指沙俄政府）”，通过正式外交途径向沙俄交涉。由于阿睦尔撒纳患天花病死，沙俄“无可希冀，然后献出”[51]，向清政府交验了阿睦尔撒纳的尸体。乾隆认为。“阿睦尔撒纳既获，则准噶尔全局，可以从此奏功矣。”[52]

后来，乾隆在总结这一事件的经验教训时说：“始议向俄罗斯索取阿睦尔撒纳时，众人之意，未必不窃议又生边衅，是总不知驾驭外藩之道，守之以谦则愈骄，怵之以威则自畏，此二言若子子孙孙世世能守，实大清国亿万年无疆之庥也……即如俄罗斯既已收留叛贼，若不严行索取，彼必不将尸献出。设使从史贻直、陈世倌所议，且将迁就隐忍，竟若叛贼一入俄罗斯，遂无可如何者，所谓唾面自干之为，朕甚耻之。”[53]这种态度是很

有民族气节的。他坚持“除恶务尽”，不留后患，对于夺取平准战争的彻底胜利，无疑起了重要作用。

六、搞好善后，巩固胜利成果

“战争是政治的继续”，这句话已经被人们承认是真理。我们也可以补充说，在一定意义上，政治也是战争的继续，战争的结局，往往在战后的政治中体现出来。战争的胜败，不仅决定于战场上，也决定于战后的政治。

乾隆二十年（1755）正月，出兵伊犁之前，清政府虽然议定了“平定准噶尔善后事宜”，但是考虑不够周详，措施不够有力，仍拟采取“众建分其势”[54]的传统做法，准备仍恢复准噶尔四部，大兵内撤，仅“于满州、蒙古兵内留五百名，随班第等驻扎伊犁”[55]，结果，军事胜利的果实很快失掉了。阿睦尔撒纳必欲自领四部，向乾隆“祈尝”“管辖四卫拉特印信”[56]，并纠集一批人马围攻留守伊犁的清军，清军统帅班弟、鄂容安无力应付战局，旋即兵败自杀。这说明，仅对少数上层分裂割据分子实行军事打击，而缺乏行之有效的政治和经济措施，那么，统一战争的胜利成果也会很快丧失。

血的教训给乾隆上了一课，使他头脑清醒了许多，在乾隆二十三年（1758）正月，刚刚平定阿睦尔撒纳之乱，他即重新考虑了平准后的治理问题，说：“伊犁既归版章，久安善后之图要焉已定者，讵宜复失也。”[57]乾隆二十四年（1759），平定大、小和卓之乱，彻底统一新疆之后，乾隆即采取了一系列措施，加强对新疆的治理，以巩固战争的胜利成果：

乾隆二十七年（1762）设“总统伊犁等处将军”（简称“伊犁将军”），统辖天山南北军政事务。又设乌鲁木齐都统，统领乌鲁木齐、古城、巴里坤、吐鲁番等地的驻防军队；塔尔巴哈台参赞大臣，统率塔城地区的驻防军队；喀什噶尔参赞大臣，管理南疆各地的军政事务。其他较大的城市也派驻办事人臣或驻防大臣，较小的城镇派领队大臣，总计派官千四百余员。“其转通粮帑，开衙设堠，咸如内地焉。”[58]

同时，对南疆的社会管理制度也进行了必要的改革，在保持维吾尔族伯克传统的社会和经济特权的同时，也限制了他们的政治权利，废除其世袭制度，“俱照内地官制，分定品级，赏给顶翎，办事大臣等铸给印信”[59]，把他们变成由清政府任免的官员。

这些都大大加强了清中央政府对新疆的行政管理，有力地防止了阿睦尔撒纳事件重演。

派驻军队：清政府调派了大批满、蒙、索伦、达呼尔、锡伯等族士兵，携带眷属，驻守北疆，称为驻防军；调派绿旗兵驻扎南疆，定期轮换，称为换防军。总计军队万九千余名。大大加强镇压和对外防御的能力。

设置卡伦（哨所）：清朝统一新疆后，在西北边疆设置卡伦，与北部边疆卡伦相连接，组织了一套比较严密的防御体系；总计：库伦办事大臣所属卡伦28处，乌里雅苏台将军所属卡伦19处，科布多参赞大臣所属卡伦23处，塔尔巴哈台参赞大臣所属卡伦21处，伊犁将军所属各卡伦72处。至是“北边军制始益详备”，“将帅大臣，星罗棋布，东西相望，其所以防患于未然者，意至深远”[60]。

统一新疆后，乾隆也特别注意采取了一些措施，恢复和发展新疆的交通和经济。

这不仅促进了新疆与内地的文化交流，也进一步加强了新疆与内地的联系。

这些善后措施稳定了新疆的局势，促进了新疆社会的发展及其与内地的紧密联系，从而巩固了平定准噶尔的战果。清代著名学者魏源就曾深刻指出，如果没有这些善后措施，仍由厄鲁特四部贵族分领新疆，“即使阿逆（指阿睦尔撒纳）不叛，四汗分建，亦必不数年一反，十数年一反，王师旋罢旋兴，仍同康熙、雍正中事，安能耆定百年，一劳永逸?”[61]清朝平准战争的胜利成果所以能得到巩固，战后没有再出现过人的反复，在一定意义上是由于采取了颇有成效的善后措施。

综上所述，清朝在平准战争的整个过程中，始终存在着两种方针、两种办法、两种前途的矛盾和斗争。清军所以能够在较短的时间内结束长达几十年的战争并取得彻底胜利，除了它符合我国统一多民族国家发展的历史必然趋势，得到新疆各族人民的支持等这些根本原因之外，重要的一点，是乾隆对这场战争指导的正确。当然，我们需要着重指出，这从他个人来说，当然是从维护其封建统治地位出发的，在战争的过程中，他指挥的失误之处也很多，他命令杀的人也多了些，这都是其统一战争的封建性所决定的，对乾隆在这方面的作用，无疑应当给予历史的批判。但是，如果我们把这两方面都放到历史的天平上衡量一下，就会发现，乾隆在平准战争中的贡献比其过失要大得多，他的正确指导，对于加强和巩固平准战争的胜利，从而巩固西北边防，促进新疆社会的发展，巩固和加强清代多民族国家的统一，都是起了重要作用的，这也是乾隆历史上闪光的一页。

注释：

①毛泽东：《中国革命战争的战略问题》。

②《平定准噶尔方略》前编卷1。

③〔法〕加斯东·加恩著，江载华、郑永泰译：《彼得大帝时期的俄中关系史》，商务印书馆1980年版，第197页。

④《朱批谕旨》雍正七年二月十八日项。

⑤乾隆：《普宁寺碑文》，碑藏承德普宁寺。

⑥《清高宗实录》卷555。

⑦《清高宗实录》卷543。

⑧《平定准噶尔方略》正编卷87。

⑨参见〔俄〕A·JI·瓦西里耶夫：《外贝加尔的哥萨克（史纲）》第2卷。

⑩〔苏〕兹拉特金：《准噶尔汗国史》。

⑪乾隆：《平定准噶尔勒铭伊犁之碑》，碑藏承德普宁寺。

⑫〔俄〕A·JI·瓦西里耶夫：《外贝加尔的哥萨克（史纲）》第2卷。

⑬《清高宗实录》卷527。

⑭《热河志》卷22。

⑮《清高宗实录》卷490。

⑯昭梿：《啸亭杂录》卷1。

⑰《清高宗实录》卷490。

⑱《清高宗实录》卷4464。

⑲《清高宗实录》卷527。

⑳《热河志》卷22。

㉑昭梿：《啸亭杂录》卷1。

㉒乾隆：《西师》碑，藏北京颐和园。

㉓魏源：《圣武记》卷4。

㉔昭梿：《啸亭杂录》卷3。

㉕魏源：《圣武记》卷4。

㉖乾隆：《平定准噶尔告成太学碑文》。

㉗乾隆：《阿玉锡歌》，见《清高宗御制诗文十全集》卷4。

㉘魏源:《圣武记》卷4。
㉙《国朝事略》卷3。
㉚《清高宗实录》卷511。
㉛中国第一历史档案管:“军机处录付奏折”,民族类,蒙古项。
㉜《国朝事略》卷3。
㉝《清高宗实录》卷476。
㉞赵翼:《皇朝武功纪盛》卷2。
㉟乾隆:《频闻》诗自注,见《清高宗御制诗文十全集》卷6。
㊱《清高宗实录》卷509。
㊲中国第一历史档案馆:“军机处录付奏折”,民族类,蒙古项。
㊳乾隆:《清高宗御制诗文十全集》卷9。
㊴何秋涛:《朔方备乘》卷3。
㊵《清高宗实录》卷511。
㊶《西域图志》卷32。
㊷《清高宗实录》卷500。
㊸赵翼:《皇朝武功纪盛》卷2。
㊹乾隆:《西师》碑,藏北京颐和园。
㊺《清高宗实录》卷555。
㊻昭梿:《啸亭杂录》卷3。
㊼《清高宗实录》卷527。
㊽《清高宗实当》卷555。
㊾《清高宗实录》卷544。
㊿《清高宗实录》卷555。
(51)《清高宗实录》卷555。
(52)《清高宗实录》卷543。
(53)《清高宗实录》卷555。
(54)《平定准噶尔方略》正编卷2。
(55)《清高宗实录》卷480。
(56)《清高宗实录》卷504。
(57)乾隆:《平定准噶尔后勒铭伊犁之碑》。
(58)昭梿:《啸亭杂录》卷9。
(59)《平定准噶尔方略》续编卷13。
(60)何秋涛:《朔方备乘》卷11。
(61)魏源:《圣武记》卷4。

(原载《新疆社会科学》1984年1期)

达瓦齐究竟如何夺取汗位

——兼谈准噶尔内部的民族矛盾斗争

1981年，笔者在中国第一历史档案馆查阅档案时，见到一件记述最后一个准噶尔汗达瓦齐夺取汗位经过的档案，为《清实录》等清代官书所不载。它可以订正清代官书及私人著作关于这个事件记载的失误，并有助于了解准噶尔后期的社会矛盾。现据以草成此文，以期对这个问题的研究有所补益。

乾隆十年（1745）噶尔丹策凌死，新疆政局“动荡不安”，准噶尔政权陷于“分崩离析”的局面①。策妄多尔济那木扎尔嗣位后，昏暴不能驭众，“喇嘛达尔扎篡夺之，达瓦齐又篡夺喇嘛达尔扎”②，在将近十年的时间里，一直是“篡夺相仍”的状况③。这为后来史家留下了许多疑难问题。

由于准噶尔政治风云的频繁变幻，加之言隔地阻，清代官书和许多私人著作，对准噶尔的这段历史，记载多粗略不详。乾隆在《准噶尔全部记略》④中，就曾深有所感地说：“自古无不志外夷，而实者少舛者多，非以其方域所限、言语不通耶？得十一于千百，加以鱼鲁亥豕，其堪信者鲜矣。”这段话是颇能道出治史之甘苦的，然而，得以完全避免这一点，殊非易事。就在该文中，关于达瓦齐夺取汗位经过的叙述，就有鱼鲁亥豕的问题：“（喇嘛达尔扎攻执噶尔丹策零的继承人策妄多尔济那木扎尔而自立为汗后）阿睦尔撒纳、班珠尔二人怂恿达瓦齐云：‘喇嘛达尔扎既将与尔同仇之达什达瓦（小策凌敦多卜之子）杀戮，恐祸将及尔’。于是，达瓦齐、阿睦尔撒纳、班珠尔三人同逃哈萨克。至申年（即乾隆十七年），达瓦齐、阿睦尔撒纳、班珠尔复回旧游牧处。阿睦尔撒纳遂杀其兄沙克都尔，据其众，复与伊犁喇嘛等合谋，杀害喇嘛达尔扎，立达瓦齐为汗。”这是最早系统记述达瓦齐夺取汗位的清代官方文献，为后来的史家所本。在这里，乾隆认为是阿睦尔撒纳与伊犁喇嘛合谋杀喇嘛达尔扎拥立达瓦齐的。

昭梿在《啸亭杂录》中，说得更为具体，认为是阿睦尔撒纳乘夜突入喇嘛达尔扎帐幕，亲手将其杀死，从而拥立达瓦齐为汗：“（达尔扎夺取汗位后，阿睦尔撒纳、达瓦齐等与之相抗，不奉教令）达尔扎命众讨之，达瓦齐等兵败，窜入哈萨克。达尔扎以二人不除，终为祸害，遂遣心腹人率兵六万追之，期于必获。达瓦齐计无所出，日夜涕泣而已。阿逆曰：‘与其束以待擒，何若铤而走险，兵法所谓往扼其吭者也。’因率精锐卒一千五百人，裹粮怀刃，于山岭僻径绕道入伊犁，乘其不备，夤夜突入其幕。达尔扎方围炉拥妾饮酒，阿逆趋而斩之，抚定其部落，迎达瓦齐入，立之。”⑤

乾隆和昭梿的说法，虽然具体细节不尽相同，但主要之点是一样的，即都认为是阿睦尔撒纳亲自带兵擒杀了喇嘛达尔扎。其他清代史家亦多以此为信史，例如赵翼《皇朝武功纪盛》记载：“阿睦尔撒纳……乃与达瓦齐合兵突入伊犁，弑喇嘛达尔扎，达瓦齐遂自立为汗。”何秋涛《朔方备乘·准噶尔荡平述略》记载与此柑同。魏源《圣武记》则几乎完全因袭了昭梿的这段文字：“阿睦尔撒纳……简精锐千有五百由闼勒奇山路，昼伏夜行，突入伊犁，诱其腹心为内应，遂袭杀喇嘛达尔扎，以和硕特种国人未附，乃推立达瓦齐为汗。”⑦

近代史家也多据此论。孟森先生在《明清史讲义》中就写道：“达瓦齐之篡也，恃阿睦尔撒纳及班珠尔等羽翼之。”⑧

事实假如果真如此，人们完全可以合乎逻辑地得出结论：达瓦齐夺取准噶尔汗位，不过是厄鲁特贵族之间一场权利之争的结果。但是，笔者见到中国第一历史档案馆所存乾隆十九年（1754）四月五日陕甘总督永常“奏报察询准噶尔情形及闻知贸易将到折”⑨后，对上述说法便产生了怀疑，感到这个事件有着复杂的背景，有详加说明的必要。这件档案，是清朝官员根据当年到肃州贸易的准噶尔商团内维吾尔族人的叙述记录的。这个曾亲自参与这个事件的维吾尔族人是这样说的：“我前年跟额连胡里（此人系乾隆十七年率领准噶尔商团到肃州贸易的宰桑，维吾尔族人）贸易回去，那时达瓦齐正领著人到伊里（犁）与喇嘛达尔济（亦作达尔扎，当以档案为是）打仗，将达尔济营盘围了两天。有达尔济办事的缠头（即维吾尔族）头目，大家商量，说是为他一个，苦了众生，遂将喇嘛达尔济拿献与达瓦齐。那是腊月二十一日，达瓦齐就把达尔济杀了，自己坐了台吉。如今噶尔丹策凌子孙已是绝了。”这是我们目前所能见到的、关于达瓦齐夺取准噶尔汗位的最原始的档案材料，为曾亲自参与这一事件的人所口述，当比后人的记述可靠得多。清代官书和私人著述，只记载达瓦齐夺取准噶尔汗位是在乾隆十七年（1752），具体日期则疏漏未载。这件档案记述达瓦齐杀喇嘛达尔济自立为准噶尔汗是在乾隆十七年腊月二十一日（1753年1月24日），可补史书之不足。更为重要的是，这件档案指证出，由于喇嘛达尔济属下的维吾尔族头目，把喇嘛达尔济“拿献”达瓦齐，达瓦齐才得以杀喇嘛达尔济而自立为准噶尔汗。

这件档案所反映的历史事实，不仅纠正了清代官书和私人著述关于达瓦齐夺取准噶尔汗位记载的失误，揭示了达瓦齐夺取准噶尔汗位的真相，而且向我们展示了准噶尔政权内部尖锐的民族矛盾和斗争。

清初，割据新疆的厄鲁特上层贵族建立的准噶尔政权，从一开始，就是建立在对维吾尔民族歧视和压迫之上的，他们把维吾尔族作为阿拉巴图（奴仆），实行残酷的迫害和掠夺。他们凭借强大的骑兵“侵服山南回部”[10]以后，“执其酋长”[11]，“劫令归附”[12]，强迫其“迁居天山以北”[13]，以为牢笼维吾尔族之计。

康熙十七年（1678）噶尔丹“乘机进兵，伐天山以南诸国（部），掳喀什噶尔王及其全家。”[14]康熙二十一年（1682）叶尔羌地方的伯克阿卜都里·什特也“为准噶尔所执”[15]，“受辱十有四年”[16]，直到康熙三十五年（1696）噶尔丹大败后，他才得以逃归清朝，被清朝护送回叶尔羌。传至其子玛罕木特，“噶尔丹策零复袭执而幽之”[17]，“置地牢中，数年始释，仍于伊犁禁锢之”[18]，他死后，又“禁其子布拉尼敦、霍集占”[19]；库车地方的伯克鄂对，准噶尔也将其“胁徙伊犁，居河北固勒扎”[20]；拜城地方伯克色提卜阿勒氏，也以“准噶尔胁徙，携弟阿克伯克赴伊犁”[21]。

准噶尔贵族还对维吾尔族人民进行残酷的经济掠夺。据清代史学家的记载：“回地当准噶尔横肆之时，闻于秋成之后，辄遣人向回城征收赋税。每回男一人，谓之一户。每户于八栅尔一次，交布一匹，或羊皮数张，或猞猁狲皮一张。通年计算，逐次索取。所种米谷、菽麦，眼同收刈。先与平分，而后用十分取一之法，重征粮税。差来之头目人等，日奉以酒、肉、妇女。去，仍多索赆遗。少不如意，辄纵其从人恣行抢掠。”[22]

其税额是很重的。以叶尔羌为例：“噶尔丹策零时，每年交纳十万腾格（每腾格值银一两）”，包括：白米二百六十一帕特玛（每帕特玛折合清官石四斗五升）、米五千八百三十九帕特玛、棉花一千七百十五察喇克

(每察喇克折合清官秤十斤)、红花四百二十八察喇克，共折合二万七千二百八十余腾格；各项匠役征收五万四千七百八十余腾格；城村酒肆、园林、碾磨、金银税共计一万七千九百腾格。“此外，有金税、贸易、缎布、牲只等税”[23]。

再以喀什噶尔为例：“噶尔丹博硕克图初收回众时，定额每年纳二万六千腾格钱，策妄阿拉布坦时，亦照此例行。迨至噶尔丹策零时，加增至六万七千腾格钱。”这就是说，在仅仅一二十年的时间里，准噶尔贵族向喀什噶尔征收的赋税增加了一倍多。“此外，每年又纳毡子四个，绒毛高毡四个，喇嘛俄罗斯毡衣、氆氇章岔、氆氇帽各二十六件。厄鲁特为首台吉嫁娶及唪经、更换台吉等事，酌量交纳。”[24]

准噶尔贵族每更换一次台吉，就强使维吾尔族人民用二个旧普尔钱兑换一个新普尔钱，“凡台吉新立，则于钱面易名改铸。其法：先铸新钱一万，换易旧钱。新者以一当二，旋换旋铸，旧钱销尽乃已。”[25]这更是一种赤裸裸的掠夺。

准噶尔贵族还强占维吾尔族田园为牧场。例如，喀喇沙尔本是“人户繁盛，果木黍稷盘空被野，夙称富庶之邦，乃准噶尔恃其强横，占据其地为牧场，回民不堪其扰，死绝逃亡，地遂空虚。”[26]

准噶尔贵族还强迫维吾尔族人民为其种田和服劳役——“准噶尔昔全盛日，役使若辈如奴佃。令弃故居来伊犁，课其引水种稻籼，服劳供赋不敢怠。”[27]策妄阿拉布坦时，就曾将叶尔羌维吾尔族劫持至伊犁为其种稻。对于留居南疆的维吾尔族，准噶尔政权则“每年派哈喇罕一人、和卓一人，将各城回人户口、赋役造册，开除老弱”[28]，随意摊派各种差务。

准噶尔贵族把维吾尔族人民当做“阿拉巴图”（奴仆），维吾尔族人民则视准噶尔贵族“素如敌仇”[29]，在忍无可忍的情况下，他们采取了激烈的反抗行动。

哈密、吐鲁番两地的维吾尔族，率先进行武装反抗。康熙五十四年(1715)“策妄阿拉布坦遣兵二千，袭哈密城”[30]，当地维吾尔族人民在清军的协助下，将其“尽行击败，杀九十人、生擒三人”[31]；康熙六十年(1721)五月，准噶尔兵五百围攻吐鲁番城，维吾尔族人民进行了顽强的抵抗，“彼此互有杀伤”[32]；雍正九年（1731）六月，准噶尔兵二千围困鲁谷庆城四十余天，昼夜攻打，维吾尔族人民“奋勇出击”，杀敌二百余名，重伤多人，准噶尔攻鲁谷庆失利，遂围困附近之哈喇火州亡喀喇和卓城堡，用木梯三百余副为攻城之具，维吾尔族“用枪击死贼人三百余名”[33]，在清军的支援下，终于打退了准噶尔的军队；雍正十年（1732）二月准噶尔军队又包围哈密城，城内的维吾尔族“于城外要地，拣选强壮回兵埋伏”，并组织起来“并力抵抗”[34]，终于打退了准噶尔军。

在准噶尔贵族践踏下的其他南疆维吾尔族人民，则用筑土堡、埋谷于地窖，或逃亡的方式，反抗准噶尔贵族的暴行。

一些维吾尔族上层人物，也纷纷摆脱准噶尔的控制，归附清朝。康熙六十年（1721）策妄阿拉布坦强行将吐鲁番等地维吾尔族迁往喀喇沙尔地方，维吾尔族“相率逃回，有准噶尔之人来追，众回人并力杀退”，他们之中“约有五百余口，情愿归顺”[35]，请求清政府派兵接应；雍正元年（1723）二月，“罗卜脑尔（罗卜淖尔）地方回人古尔班等，率领哈喇库尔、萨达克图、哈喇和邵（喀喇和卓）三处户口一千余人，输诚投顺”[36]；雍正四年（1726）吐鲁番维吾尔族“恐为策妄阿拉布坦扰累，情愿迁入内地者共六百五十人”[37]，清政府把他们安置在肃州金塔寺一带居住；雍正十年（1732）吐鲁番维吾尔族一万余人，在额敏和卓率领下，迁居安西瓜州。

乾隆二十年（1755）清政府出兵伊犁，开始了彻底统一新疆的军事行动。长期遭受准噶尔贵族凌辱和压迫的维吾尔族人民，积极配合清军平定准噶尔。早年归附清朝的吐鲁番伯克额敏和卓率“瓜州兵三百并哈密所部兵从抵伊犁”[38]，积极参加平定准噶尔的战争。在清军进击伊犁的过程中，维吾尔族“牵牛携酒，迎叩马前”[39]，倒戈降清，反击准噶尔。四月，“吐鲁番伯克莽噶里克率众一千户来降”[40]，清军进抵伊犁，被准噶尔拘执的维吾尔族伯克布拉尼敦、鄂对、色提卜阿勒氏等纷纷降清。又伊犁贸易回人阿卜达莫米木十三宰桑等告称：“我等共二千余户，……俱系旧台吉噶尔丹策零属人，因达瓦齐苛虐无厌，今俱穷困，情愿派兵三百名，协力同擒达瓦齐。”又喀什噶尔赛音·伊苏卜伯克告称：“我原系喀什噶尔宰桑，为达瓦齐革退，留住伊犁。今愿派兵二十名效力，事定之后，祈遣使回往游牧处，将旧属二万余户，携带来降。”[41]还有维吾尔族伯克锡里卜帕三率一千五百余户来降。大批维吾尔族挣脱准噶尔贵族的羁绊，倒戈降清，大大削弱了准噶尔的力量，有力地促进了清朝平定准噶尔战争的胜利。这些事实说明，伊犁维吾尔族暴动，缚献喇嘛达尔扎，决不是一个偶然事件，它是长期遭受准噶尔上层贵族蹂躏的维吾尔族实行反抗的一次暴烈行动。

注释：

①〔俄〕A. П. 瓦西里耶夫：《外贝加尔的哥萨克（史纲）》第2卷。

②乾隆：《平定准噶尔告成太学碑文》，碑原藏北京孔庙。

③《热河志》卷23。

④《清朝文献通考》卷284。

⑤昭梿：《啸亭杂录》卷3，“西域用兵始末”条。

⑥赵翼：《皇朝武功纪盛》卷3。

⑦⑬⑰魏源：《圣武记》卷4。

⑧孟森：《明清史讲义》（下册），中华书局1980年版，第508页。

⑨中国第一历史档案馆藏（以下简称一史馆）：“军机处录副奏折”，民族类，蒙族项，第2294卷5号。

⑩龚柴：《天山南北路考略》。

⑪⑮㉕《西域图志》卷38；卷35

⑫㉓㉘㉜㊶《平定准噶尔方略》正编卷59；卷77；续编卷32；前编卷9；正编卷12。

⑭张政烺：《中西交通史料汇编》第2册。

⑯㉛㉟《清圣祖实录》卷176；卷263；卷293。

⑱㉒㉖椿园：《西域闻见录》卷6；卷7。

⑲⑳㉑和宁：《回疆通志》卷6；《回疆通志·鄂对列传》；《回疆通志·色提卜阿勒氏列传》。

㉔一史馆藏：“朱批奏折”，民族类第455卷3号。

㉗乾隆：《花门行》，见《御制诗文十全集》。

㉙㊴㊵《清高宗实录》卷523；卷489；卷487。

㉚㊳祁韵士：《皇朝藩部要略》卷15。

㉝㉞㊱㊲《清世宗实录》卷107；卷115；卷4；卷45。

（原载《历史档案》1984年第4期）

车臣默尔根哈屯与承德安远庙

在著名的承德避暑山庄的东面，有一座方整密合、黑瓦黄边的藏式喇嘛庙，山门上方有清朝乾隆皇帝题额的“安远庙”三个大字。从庙前乾隆撰写的碑文中可以知道，这座喇嘛庙是仿照新疆伊犁固尔扎庙建立的。它的建造历史，与车臣默尔根哈屯这个人有着密切的关系。

车臣默尔根哈屯——好古怪的名字！是的，由于历史的疏忽，她本来的名字被人们遗忘了。历史文献中，只留下了清政府给她的封号——车臣默尔根哈屯（意为聪明贤淑的王妃，是突厥语和蒙语的混合语）。清王朝所以给她这个封号，是为了表彰她为加强多民族国家的统一做出的贡献。

风云惊变幻　歧途勇抉择

车臣默尔根哈屯，本来是准噶尔贵族达什达瓦的妻子。达什达瓦是准噶尔著名骁将小策凌敦多布的儿子。他以父功，为一部落之长，因而史称其部为达什达瓦部。她，本来也可以在丈夫的庇护下，在荣华富贵中，默默无闻地度过自己的一生。但是，急骤变化的历史风云把她推上了历史舞台，使她扮演了一个巾帼英雄的角色。

清代前期，准噶尔贵族噶尔丹，策妄阿拉布坦、噶尔丹策零等相继称汗，征服了厄鲁特和维吾尔族各部，割据新疆。这不仅给各族人民带来极大痛苦，而且严重地威胁着国家的统一。沙俄对我国东北和北部边疆的侵略活动被遏止以后，又把魔爪伸向我国西北边疆，他们在那里强建据点和军事要塞，蚕食我准噶尔部属地，并阴谋怂恿一小撮上层分子制造分裂叛乱，对我国的统一与领土安全造成了严重威胁。在这种特殊的历史条件下，统一新疆，就成了清政府加强多民族国家统一的一项重要任务。康熙，雍正期间，曾多次对准噶尔用兵，都没有达到预期的目的。

乾隆十年（1745），噶尔丹策零死，其三子一女为争夺汗位，展开了激烈的斗争。在这场斗争中，达什达瓦对喇嘛达尔扎称汗不满，“谋拥立其弟策安达什，达什达瓦的政治态度在准噶尔上层很有影响，因此，喇嘛达尔扎自立为汗以后，就把达什达瓦杀害了。为了彻底消灭达什达瓦部的势力，喇嘛达尔扎还企图将其分散。这时，达什达瓦的部将萨赖尔，率千余户投奔了清中央政府，余众由达什达瓦的妻子车臣默尔根哈屯率领。喇嘛达尔扎还没来得及对她下毒手，便被达瓦齐取代了。达瓦齐夺取汗位后，为胁迫达什达瓦部服从，又把达什达瓦的儿子杀害了。严峻的考验摆在车臣默尔根哈屯面前。是屈服割据势力，附从分裂活动，还是投奔清中央政府，维护国家统一？她，毅然选择了后者。

凛然唾分裂 坚志促统一

历史为车臣默尔根哈屯的政治抉择，提供了一个很好的机会。乾隆二十年（1755）二月，清中央政府两路出兵伊犁。以班第为定北将军，阿睦尔撒纳为副将，率军出乌里雅苏台，为北路军；以永常为定西将军，原达什达瓦部将萨赖尔为副将率军出巴里坤，为西路军。五月，清军直抵伊犁，彻底扫荡了达瓦齐的势力，车臣默尔根哈屯立即率众归附了清军，在维护国家统一的道路上迈出了勇敢的一步。但是，更严峻的考验，摆在了她的面前。阿睦尔撒纳原是个阴谋家、野心家，他企图借助清中央政府的力量击垮达瓦齐，自己取而代之，重温噶尔丹策零等人独霸新疆的旧梦。为此，他图谋吞并达什达瓦部，以加强自己的实力。他向车臣默尔根哈屯提出“欲娶其女”。车臣默尔根哈屯对此有所警觉，立即报告了清军统帅班第，班第又迅即密报乾隆。清中央政府识破了阿睦尔撒纳的阴险用心，令班第“密加防范”，使其阴谋未能得逞。

阿睦尔撒纳一计未成，又生一计。想让他的外甥沙津巴图“管领达什达瓦户口”，以达到吞并目的，清中央政府得知后，决定“将达什达瓦属人，作为公中管理，并给游牧，以绝其侥幸之心”，“达什达瓦之孀妇，酌给户口养赡”，并任命了该部宰桑、总管、副总管等人。但实际权力仍在车臣默尔根哈屯掌握之中，这进一步坚定了她依附清中央政府的决心和信心。

乾隆二十年（1755）秋，清军平定达瓦齐后大批内撤，只留班第、鄂容安率兵五百留守伊犁。阿睦尔撒纳乘机反叛，围杀了班第、鄂容安和留守伊犁的清军。车臣默尔根哈屯在这惊涛恶浪中，不改初衷，拒不附逆，率众向内游牧。受阿睦尔撒纳操纵的伊犁喇嘛，千方百计阻挠达什达瓦部的内迁。在这严重关头，车臣默尔根哈屯表现出冲破传统束缚的勇敢精神，她“并不听从彼处喇嘛之言”，率本部人马，与叛军周旋苦战，并派人突破重围，向驻扎在巴里坤的清军求援，及报告阿睦尔撒纳的叛乱活动。

在清军的援助下，达什达瓦部到达了巴里坤。乾隆得报后，极为高兴，立即颁发谕令，封达什达瓦的妻子为“车臣默尔根哈屯”，指出“达什达瓦之妻，深知大义，率领属下，弃贼来归，深属可嘉。”并派人前往，赏缎、银、茶叶等物。

执戈作前驱　巾帼亦英雄

车臣默尔根哈屯率部到达巴里坤后，立即投入了平定阿睦尔撒纳叛乱活动的斗争。清政府考虑到达什达瓦部众“善于行走，又熟悉路径”，特命令清军统帅从该部选用数百名兵丁。车臣默尔根哈屯接到指令后，立即拣选兵丁八百名“遣赴军营”，为平定阿睦尔撒纳叛乱的清军筹集，运送物资。

乾隆二十年（1755）十二月，清军平定阿睦尔撒纳的战斗，进入了决战关头。车臣默尔根哈屯“请带兵四五千名”，亲赴前线，上阵杀敌。虽然此事未能实现，她却派出了部众开赴平叛战争的前线。同时，她还派人到北京朝觐，进一步加强与中央政府的联系。乾隆正式撤销了达什达瓦部的总管、副总管，仍让车臣默尔根哈屯统领部众。乾隆二十一年（1756）春，车臣默尔根哈屯因病与世长辞，清中央政府特派钦差前往祭奠。乾隆还专门颁发了谕旨：“达什达瓦之妻现已病故，著公明瑞驰驿前往，率同侍读学士富森、土默特台吉喇嘛扎布等奠醊茶酒，并加恩赏银二百两，经理丧事。”

历史丰碑在　千古传佳话

车臣默尔根哈屯死后不久，阿睦尔撒纳即在内外交困中，仓皇出逃俄国，患病而死。又经过几年，清中央政府在新疆各族人民的支持下，彻底统一了新疆，巩固了西北边陲。车臣默尔根哈屯实行的坚持统一、反对分裂，依附清中央政府的方针，也被达什达瓦部人民继承了下来。她病逝那一年的秋天，达什达瓦大部分人，根据清政府的安排，到阿尔泰山一带游牧。乾隆二十三年（1758）该部因生活困难，向清政府提出内迁要求，乾隆命其迁居热河（今河北省承德市武烈东河一带）。翌年春，达什达瓦部分两批迁至热河。他们原有六千余人，由于战争等原因，损失了三分之二，到达热河时，只剩两千余人。清政府为他们建造了一千三百余间房屋供其居住（后来达什达瓦部又有一部分人迁回了新疆）。为尊重他们的宗教信仰，还下令仿照他们故乡伊犁的固尔扎庙，在承德建造了安远庙，作为他们宗教活动的场所。今天，人们看到这座庙，自然会想起那位为多民族因家统一做出过贡献的车臣默尔根哈屯。

（原载《人物》1985 年第 4 期）

须弥福寿之庙的历史意义与建筑艺术

在风景秀丽的山城承德郊区，有一座规模巨大，具有浓厚的藏族建筑艺术特点的寺庙，它依山临水，错落有致的“白台”，像众星拱月一样，簇拥着一座高大的大红台，大红台当中大殿的镏金铜瓦顶在阳光下闪闪发亮，殿顶上八条镏金铜龙似乎腾空欲飞。这就是著名的承德外八庙之一——须弥福寿之庙。

为什么在距离西藏万里之遥的承德，会有这样一座规模巨大的藏族形式的寺庙呢？庙内有1780年（乾隆四十五年）乾隆皇帝书写的《须弥福寿之庙碑记》，说明了建庙的原因和经过。原来，那年正当乾隆的七十寿辰，后藏的政教领袖班禅额尔德尼，由西藏来承德为乾隆祝寿，“而肖其所居（意思是仿照他居住的房子），以资安禅”[①]，乾隆下令仍照班禅在日喀则所居札什伦布（汉译为须弥福寿之庙）建此庙，供其居住、念经。这在当时是有深刻的政治意义的。这件事情也反映了千百年来西藏地方和中央政权、藏族和汉族及各兄弟民族在政治、经济、文化各方面存在的密切联系。

西藏自古以来就是我国领土不可分割的一部分，藏族是我国境内具有悠久历史的民族之一。西藏地区和藏族人民很早就和我国历代中央政权、和汉族及其他各族人民在政治、经济、文化等各方面有了密切的联系。特别是劳动人民之间的往来，对于促进藏族和汉族及其他兄弟民族的关系起了很大的作用。早在公元7世纪中叶，唐王朝就和西藏地区的吐蕃建立了“合同为一家”的亲密关系。唐王朝曾把宗室的女儿文成公主、金城公主嫁给吐蕃的首领。通过通婚和经常的往来，有大批汉族人在西藏定居下来，他们逐渐和藏族相融合，并把汉族地区比较先进的文化和生产技术带到了西藏，成为建设西藏地区的，一支重要力量。同时，也有大批藏族人到中原地区居住和学习。中原地区的历法、算学、医学、文学、音乐等在西藏产生了深远的影响。汉族工匠曾帮助西藏创建了许多手工业，例如，造纸、制陶、碾磨、纺织、农具制造等，并和藏族劳动人民相结合，创造了一种堡垒和楼阁相结合的建筑，逐渐形成了藏族特有的建筑风格。西藏地区的土产马匹、珠玉等和汉族地区的茶叶、布帛等大量交换，对于促进西藏地区和中原地区的经济发展起了重要作用。

西藏地方和我国其他地区一样，都由历代中央政权派遣官吏进行管理。元代中央政府曾设宣政院专管西藏事务，并先后在西藏地区设置"吐蕃等处宣慰司都元帅府"、"乌斯藏纳里速古鲁孙等三路宣慰使司都元帅府"等，代表中央政府直接管理西藏军政事务。西藏地区的重要僧俗官吏，也由元朝中央政府任免。西藏地区也照例向元朝政府交纳赋税。明朝时候，在西藏地区设朵甘、乌斯藏都指挥使司，辖于西安行都指挥使司。明代并承袭元制，在西藏地方设立驿站，这对于加强西藏地方和内地的联系，起了重要作用。

明末清初，我国统一多民族的国家进一步得到了巩固和发展。当时西方殖民主义者觊觎古老的中国，葡萄牙、西班牙、荷兰、英国、法国等殖民主义者，相继侵入我国沿海一带，对我国的安全造成了威胁。同时，在我国的北方，还严重地存在着来自沙俄侵略的威胁。我国的神圣领土西藏，也伸进了殖民主义者的侵略魔爪。17 世纪初，葡萄牙殖民主义者以传教士为工具，侵入我国的西藏。意大利、荷兰的披着宗教外衣的殖民主义分子，也接踵而来。1624 年八月，两名耶稣会神甫偷偷侵入了我国西藏的阿里地区。1626 年，他们在西藏建立了第一座耶稣教堂。1628 年，耶稣会传教士侵入了西藏日喀则。1608 年、1709 年、1712 年、1716 年，耶稣会传教士以及天主教的另一教派卡普清的修道士，多次侵入我国西藏的拉萨。这些披着宗教外衣的殖民主义分子以传教为名，收集西藏地区的情报和制造分裂。西藏人民和上层爱国分子曾进行了坚决抵制。劳动人民，更是坚决反对殖民主义分子的入侵。18 世纪，英国殖民主义者侵略东方的工具——东印度公司，也把侵略的触角伸向了我国的西藏。东印度公司曾经要求派人进入西藏，六世班禅以未经清朝皇帝批准予以拒绝。1774 年，英国殖民分子以狡诈的手段进入日喀则。他们要求和西藏订立商约，均被班禅、达赖以未经清朝皇帝批准为由严加拒绝。但是东印度公司侵略西藏的野心不死，后来又多次派侵略分子侵入西藏。他们采用阴谋手段挑拨西藏两个政教领袖达赖和班禅的关系，离间西藏地方和清中央政府的关系，以达到分裂、侵略我国的目的。

西方殖民主义者对西藏的侵略活动，引起了清政府的注意。西藏地方政权也积极要求清中央政府的保护。1652 年（顺治九年），五世达赖亲自到北京朝见清朝皇帝，第二年，清政府赐给达赖封号和金册、金印。1713 年（康熙五十二年），清政府封五世班禅为“班禅额尔德尼”，赐给册印。1716 年（康熙五十五年），沙俄支持下的我国准噶尔部上层反动民族分裂分子策妄阿喇布坦操纵的叛乱势力，骚扰西藏，严重破坏了西藏的生产和社会秩序。1720 年（康熙五十九年），在藏族人民的支持下，清政府派军队从西藏清除了这股叛乱势力，稳定了西藏局势。在这场斗争中，清中央政府为了加强对西藏地方的管理，派遣官员入藏管理西藏事务。1727 年（雍正五年），又派两员大臣常驻西藏，办理西藏一切事务，后来形成一种制度。1750 年（乾隆十五年），清政府平定了西藏地方统治者珠尔墨特那木札勒分裂叛乱活动，改革了西藏的行政体制，废除了封授郡王的制度，设噶隆四人，于噶沙公所“公同办事”，“遇有紧要事务，禀知达赖喇嘛与驻藏大臣，遵其指示而行”[②]，对达赖、班禅在西藏地方的宗教和社会地位，给予了肯定，也加强了中央政府对西藏的管辖。同时在西藏驻兵三千五百人，以加强西藏防务。这些，对于加强清中央政权同西藏地方的关系，具有一定的积极作用。

当时，西藏的政教领袖体会到，要保持自己的宗教和社会地位，要抵御西方殖民主义的侵扰，就要“一切悉遵谕旨训诲”[③]，必须紧紧依靠清中央政权。因此，六世班禅以给乾隆祝寿为名，请求亲自到北京朝觐，正是他积极要求紧紧依靠清中央政权的一种表示。《须弥福寿之庙碑记》里说，“兹班禅额尔德尼之来觐，则不因招致而出于喇嘛之自愿”，正是反映了班禅这种心情。得到清朝皇帝的允许后，班禅于 1779 年（乾隆四十四年）从西藏起身，经西宁、归化（现呼和浩特）、多伦诺尔，来到承德，然后随乾隆到了北京。

清朝政府对于六世班禅来内地，也是非常重视的。乾隆就认为，班禅前来朝觐，如果就祝寿来说，意义并不那么大。可是，对于密切中央政权同西藏地方的关系、维护和巩固多民族国家的统一意义很大。因此他说“祝嘏（gǔ，音古。祝嘏就是祝寿）尤其小”[④]，重要的是，班禅是当时全国喇嘛教的重要领袖，不仅对藏族同时对蒙古族人民也有重要影响，对蒙藏地区稳定有着重要意义。因此，乾隆给予特别重视，曾派了重要官员沿途迎接照料，又不惜人力物力修建了这杆一座豪华的庙宇，供班禅居住、念经。

这样一座寺庙所以在承德建造，也有着特殊的意义。当时每年夏季，清朝皇帝都要来承德避暑、打猎，几乎有半年的时间住在这里。各少数民族中的上层分子，每年也在承德聚会，朝觐皇帝。清朝皇帝通过打猎、接见、宴赏各少数民族中的王公贵族，密切中央政权同边疆地区各民族上层人物的关系。在承德为班禅建造这样一个大型寺庙，更能发挥它的重要的政治影响。六世班禅在北京死去的第二年，1781 年，清政府曾留下他的弟子罗桑顿珠主持须弥福寿之庙，诵讲藏文佛经。清政府还曾选内地喇嘛一百八十人到这个庙学习佛经，这客观上有利于促进各族文化的交流。后来，常有西藏喇嘛来这个庙讲经、居住。它实际上成为清中央联系西藏地方的一个重要渠道。

须弥福寿之庙的建筑，具有很高的科学和艺术价值，可算藏、汉建筑艺术完美结合的一个典型。它具有藏族建筑因山而建的特点，但它运用汉族造园艺术的处理，巧妙地利用了当地地形，与周围的其他寺庙和避暑山庄，共同形成一个宏伟的空间构图，非常自然。在建筑布局上，采用了以大红台为主体，配以错落的藏式白台的藏族建筑手法，同时又以角亭、琉璃牌坊、琉璃塔等汉族形式的建筑相配合，相映生辉。本来按藏族建筑，大红台四周是梯形盲窗，但这个庙大红台四周却采用了汉族建筑的垂花门、竖方格窗的形式。远看，大红台依然有着浓厚的藏式建筑特点，近看，汉族的垂花门形式的竖方格窗，却具有汉族建筑风格。“吉祥法禧”的建筑也有它的特点。这些都结合得自然而不造作。八条龙放在藏式建筑大红台正中“妙高庄严殿”的顶上，依然贴切，生动。须弥福寿之庙从建筑艺术侧面反映了我国是一个多民族统一的国家。

当然，清朝皇帝和班禅的政治活动，目的都是为了巩固自己的统治地位。但是，在西方殖民主义侵略威胁的历史条件下，加强西藏地方和中央政权的联系，这对于西藏的经济、文化的发展，对于我国统一的、多民族国家的巩固，都是有着重要进步意义的。这客观上也符合藏族和其他各族人民的长远利益。从这个意义上说，须弥福寿之庙确有重要的历史价值，在当时的历史条件下，在维护多民族国家统一问题上，起过一定的历史作用。当然，作为特定历史条件下产生的这座大型喇嘛庙，已变成一份珍贵的历史文化遗产，蕴含的政治、历史、艺术价值是极为丰富，我们应该多角度、全方位进行研究。

萧瑟秋风今又是，换了人间。今天，我们的社会主义祖国空前统一，各族人民空前团结。社会主义的新西藏，正在一日千里地前进。运用历史科学的方法总结我国统一多民族国家巩固和发展的历史经验，这对于促进全国各族人民的大团结，建设现代化强国是有重要帮助的。

注释：

①④弘历：《须弥福寿之庙碑记》，碑藏承德须弥福寿之庙。

②《清高宗实录》卷386。

③《清高宗实录》卷210。

（原载1977年6月24日《光明日报》，题为《须弥福寿之庙的政治意义和艺术特色》。现据手稿恢复原题）

土尔扈特部回归折射的中俄外交较量

——从普陀宗乘之庙有关碑刻谈起

在避暑山庄北面的普陀宗乘之庙（俗称“小布达拉宫”）的显著位置，耸立着乾隆皇帝御制《土尔扈特全部归顺记》、《优恤土尔扈特部众记》两通巨型石碑，记述普陀宗乘之庙落成时，土尔扈特部回归祖国的重大历史事件。

乾隆三十六年（1771），远离祖国在伏尔加河流域游牧一百五十余年之久的土尔扈特部，忍受了巨大牺牲，跋涉万余里，回到祖国怀抱，这是清史上一个重大事件，也是清代前期中俄关系史上一个令人注目的问题。沙俄政府与中国清朝政府就土尔扈特部问题进行了长期斗争。关于喇嘛教问题，也是其中一项重要内容。

土尔扈特部原是我国厄鲁特蒙古的一支，游牧于雅尔（今新疆塔城西北）一带，明朝末年，由于厄鲁特蒙古内部的矛盾，举部远牧伏尔加河流域，“所牧，本俄罗斯瓯脱地”[①]，即沙俄势力尚未控制的地方。他们由自己的汗治理，汗之下有八名王公组成的“扎尔固”（王公会议），行使日常行政管理权。他们有自己的法律，使用自己的语言文字，保留着传统的宗教信仰，“重佛，敬达赖喇嘛”[②]。

疯狂向外扩张的沙俄，早就阴谋吞并土尔扈特部。它在土尔扈特部游牧地的附近修筑了侵略据点，派驻重兵，并向土尔扈特部派驻了所谓“大使”，进行监视，伺机实行武装吞并。同时，不断向土尔扈特部掠要财富，并且“征调师旅不息”[③]，即利用威胁利诱等手段，逼迫土尔扈特部出兵，参加其对外扩张的侵略战争。沙俄采取这种手段，一方面是为了加强对外扩张的军事力量，一方面也是企图借此削弱土尔扈特部的实力。1768—1769 年（乾隆三十三——三十四年），沙俄发动对土耳其的大规模战争，强征土尔扈特部参战，致使死伤七八万人，沙俄在战争中也遭受巨大损失。为扭转战局，沙俄再次向土尔扈特部征兵，并强令十六岁以上的男丁均须出征。

为了吞并土尔扈特部，沙俄除使用上述手段外，还使用了更阴险的一招，就是“无所忌惮地给伏尔加河流域的土尔扈特人施以洗礼”，强迫他们改宗东正教[④]。1700 年（康熙三十九年）6 月，沙皇彼得大帝给基辅总主教下达了一道谕旨，“命令他找寻两三个年轻僧人学习汉语和蒙语，以便将来能够感化这两个国家的人民改宗东正教”[⑤]。之后，沙俄就利用收买和强迫手段给一些土尔扈特人施行洗礼。

这是沙皇俄国企图吞并土尔扈特部的一种手段。当时，俄国流行的政治观念是，“皈依东正教就几乎等于取得了俄国国籍，等于承认重新受洗礼者及其后代永远成为俄国人和俄国的一部分。”“……俄罗斯人和外国人之间存在着极为清楚而显著的特点，很自然，在此情况下，在莫斯科国家时期，根本谈不到对国籍问题有立法的细则规定。我们要想在 16 或 17 世纪的法律中找到准确判定谁是俄国人、谁是外国人的任何准则是徒劳的。这种准则没有，也不可能有，因为国籍的归属在我们所研究的那个时代，只在日常生活中有意义，没有法律上的意义……”“归化问题是莫斯科时代的法律中完全没有的。正如拜占庭时代一样，在莫斯科接受东正教是外国人加入俄国国籍的唯一手段。归属俄国教会就等于归属俄国。”“在莫斯科人的概念中，俄国臣民即是东正教教徒；成为俄国臣民就意味着受洗礼信仰基督教东正教”，“在莫斯科国家领土上出生的外国人的子女，没有加入东正教之前仍然是外国人。出生地点没有任何意义。”[⑥]这就是当时沙俄的政治观点，也是沙俄强迫土尔扈特部改宗东正教的动机和目的。

但是，结果和沙俄的愿望相反，“那就是激起信奉佛教的游牧民族起来反对改宗东正教”[⑦]，激发了土尔扈特部对祖国的怀念。他们把反对改宗东正教，坚持传统的宗教信仰，作为反对沙皇侵略和压迫、保持民族尊严和独立的一个重要政治原则。为此，他们多次冲破沙俄的重重阻挠，派人到西藏拜谒达赖喇嘛，并和清中央政府取得联系。外国的一些史学著作特别强调地写到了这个问题，说土尔扈特部“虽然四周被基督教徒以及回教徒所包围，但他们并没有丢弃祖祖辈辈留传下来的信仰，仍然遵从拉萨的达赖喇嘛。他们派遣使者给达赖喇嘛奉献方物，去西藏顶礼膜拜的也从未间断，有关全族的重大问题，要征求地上活佛达赖喇嘛的意见。”[⑧]

明崇祯十三年（1640），土尔扈特汗和鄂尔勒克出席了厄鲁特各部和喀尔喀蒙古各部首领会议，参予制定了著名的《蒙古厄鲁特法典》。明崇祯十六年至清顺治元年（1643—1644），土尔扈特部参加了厄鲁特各部对哈萨克的战争。清朝建立以后，土尔扈特部就跟清中央政府建立了直接的联系。顺治十二年（1655），土尔扈特部遣使向清中央政府“奉表入贡”。翌年，再遣使入贡。顺治十四年（1657），又遣使“贡驼马二百余，复携马千（匹），乞市归化城（今呼和浩特）”，得到清中央政府的批准。书库尔岱青继其父和鄂尔勒克为土尔扈特汗之后，“赴唐古特（西藏）熬茶供奉诣达赖喇嘛”。康熙三十八年（1699），土尔扈特汗阿玉奇“遣宰桑以所部兵千”，参与清中央政府平定噶尔丹战争。翌年，噶尔丹在内外交困中死去，阿玉奇派人“从策妄阿拉布坦使入贡庆捷”。阿玉奇还与策妄阿拉布坦建立了姻亲关系，以女嫁策妄阿拉布坦为妻，并派其子散扎布率一万五千人护送成婚。但策妄阿拉布坦夺取准噶尔汗后，为了扩充势力，扣留了土尔扈特部送婚的一万五千人，仅遣散扎布返回。康熙四十三年（1704），阿玉奇嫂携子阿喇布珠儿“入藏礼佛，策妄阿拉布坦阑之不得归，又不使阿玉奇入藏熬茶，并邀夺阿玉奇贡使赐物而绝其贡道”[9]。在这种极为艰难的境况下，土尔扈特部不改初衷，仍然不断派人向清中央政府进贡并进藏熬茶。康熙五十一年（1712），阿玉奇遣使假道西伯利亚经外蒙到北京“表贡方物”。乾隆二十一年（1756），土尔扈特部再遣使至京，并“请赴唐古特诣达赖喇嘛”。土尔扈特部还曾请求清中央政府保护他们免遭沙俄的迫害，阿玉奇的一个儿子就曾经给雍正写过一封长信“控诉俄国军队在陆军上将的统率下杀死他们许多人，因此请求审查这一案件，并禁止俄国人今后再有这种行为”[10]。

对于土尔扈特人到西藏熬茶的正当宗教活动和与清中央政府的联系，沙俄极为猜忌和恼恨，担心他们“游迁到中国人那边去”。于是又施展了阴谋，派遣间谍混杂在土尔扈特熬茶和朝觐的队伍中，监视土尔扈特人的活动，并搜集有关情报。清政府很快就察觉了沙俄的阴谋，并采取了断然措施。乾隆二十一年（1756），清帝乾隆为此专门颁发了一道命令：“（土尔扈特人回国熬茶和朝觐）如止系土尔扈特遣人前来，一面奏闻，一面带领来京，沿途准与蒙古人等交易，倘仍带俄罗斯同往，须谕以俄罗斯不应赴藏，即行停止”[11]，从而把沙俄的间谍摒于国门之外，挫败了沙俄企图利用土尔扈特人赴藏熬茶活动向中国派遣间谍的阴谋。

祖国不会忘记远牧他乡的游子。清政府对于沙俄企图吞并土尔扈特的阴谋，也进行了针锋相对的斗争。清政府多次派人到伏尔加河流域探望土尔扈特部，向他们表达了祖国对远离故乡游子的关怀，同时，针对沙俄强迫土尔扈特人改宗东正教的侵略行径，公开声明了尊重和扶植喇嘛教的政策，以加强感情上的联系。

康熙五十一年（1712），清政府派大学士殷扎纳、内阁侍读图理琛等率领一个代表团，前往伏尔加河流域，探望土尔扈特部，向远离祖国的游子送去了祖国的关怀和问候。土尔扈特部极为欢欣鼓舞。土尔扈特汗阿玉奇特派官员和喇嘛远道到与俄国交界的萨拉托夫地方迎接，他们沿途“陈设筵宴，排列牲畜”，热烈欢迎从祖国来的亲人，“马前跪献食物者甚多，皆不胜钦敬”。喇嘛等还“排列前导”，引导代表团到阿玉奇帐幄前下马。土尔扈特举部欢腾，连日举行盛大宴会欢迎代表团。阿玉奇对国内政治形势和清中央政府的政策极为关心，向代表团说明“满洲、蒙古大率相类，想起初必系同源”，表示土尔扈特部早就是祖国大家庭的成员。图理琛等人向阿玉奇介绍了国内的政治情况和清中央政府的有关政策，特别是土尔扈特部所关心的关于喇嘛教的政策。图理琛在其归国后撰写的《异域录》中，特别记述了与阿玉奇的这段对话：

“阿玉奇汗又问：‘达赖喇嘛可遣使往来否？’我等答曰：‘达赖喇嘛不时遣使，我等来时途中又遇达赖喇嘛使者。’阿玉奇汗又曰：‘今道路不通，我国人不能达至西藏，凡一切药物，甚是难得。我于大皇帝恳求一切药物，烦天使留意转为奏闻。’”

图理琛等人婉转地向阿玉奇说明了喇嘛教首领达赖喇嘛与清中央政府的亲密关系，表明了清中央政府尊重、扶植喇嘛教的政策。这赢得了土尔扈特部的欢心。阿玉奇亲切地表示：“我虽系外夷，然衣帽服式略与中国同。其俄罗斯国乃衣服、语言不同之国，难以相比，天使返施旆时，察看俄罗斯国情形，凡目击视见者，须当留意奏知大皇帝，作何区处，悉听大皇帝睿鉴”，明确表达了土尔扈特部心向祖国的鲜明态度。一位外国史学家在研究了这一历史事件后，结论说，和沙俄强迫土尔扈特人改宗东正教的做法相反，中国的清政府“一直非常注意以佛教僧侣来感化蒙古人，并使蒙古人倾向亲华”，“对于北方游牧民族的第三支的土尔扈待人，也并未将宗教工具放置一旁而不用。阿玉奇和1714年出使土尔扈特的全体中国大使共同宣称他们信仰同一宗教和反对俄国东正教”[12]。康熙五十四年（1715），图理琛等人回到了北京，但他们留下的感情的种子却深深扎根在土尔扈特人的心中。

雍正七年（1729），清政府派侍郎托时、副都统满泰等往贺新沙皇即位并前往土尔扈特部探望。雍正九年（1731）春，托时等人到达莫斯科，向新沙皇登基表示祝贺，同时向沙俄政府通报了平定准噶尔战事，希望沙俄不要出兵干涉。之后，托时率一部分人到托博尔斯克地方等候，满泰率一部分人前往土尔扈特部。他们受到了土尔扈特汗车凌端多布的热烈欢迎。宴会时，车凌端多布首先向满泰等说明已派人“恭请博格德汗之安，并往西藏谒见达赖喇嘛”，表示遵奉清朝皇帝，虔诚地信仰传统的喇嘛教；并说明“素稔博格德汗推广黄教”，对清中央政府尊崇扶植喇嘛教政策，由衷地感到高兴。满泰等向土尔扈特首领介绍了准噶尔的情况，车凌端多布表示一定配合清中央政府平定准噶尔的斗争，为加强祖国的统一效力。避居土尔扈特部的原青海厄鲁特鄂齐尔图车臣汗之妻多尔济阿拉布坦在宴请满泰等人时深情地表示：“愿准噶尔路早日畅通，如此，可蒙博格德汗之恩，趁老妪身死之前，亲往谒见达赖喇嘛”，表达了她本人和土尔扈特部盼望清中央政府早日统一新疆和至死不渝地信奉喇嘛教的坚定信念。雍正九年（1731），清政府再派内阁学士班第、总管内务府大臣赖保等前往土尔扈特部探望，由于受到沙俄阻挡，在恰克图滞留二三年，未能如愿。

在对待土尔扈特部问题上，中俄两国政府进行了长期的较量和斗争。沙俄政府的目的是吞并他们，实现这一目标的基本政策是强迫他们改宗东正教；中国的清政府的目标是争取他们重返祖国，为此采取了尊重他们传统宗教信仰的政策，其斗争的结果早已被历史证明了。一个外国史学家在评论这一事件时说：“中国派了一个使团去土尔扈特人那里试探情况，播下一粒在半个世纪后才会成熟和结果的思想种子，那就是，使这些离家的游子重返他们的故土准噶尔”，“为 1771 年土尔扈特人的大迁徙铺平了道路。”“总之，中国的政策是完全成功了。”[13]乾隆三十六年（1771），土尔扈特部跋涉万余里、付出了巨大的牺牲举部返回祖国，这一震撼世界的壮举，曾使许多历史学家费尽心机探寻它的原因。这当然应该主要从中华民族发展史上，从中华民族反对压迫、热爱祖国的优良传统上去寻根探源。不过，中俄两国政府在对待土尔扈特部宗教信仰上的不同政策，也是值得注意的具体原因之一。率部回国的土尔扈特汗渥巴锡，曾经做过这样的说明：“俄罗斯不兴黄教，愿依大皇帝（指清朝皇帝）兴黄教之地，以安部众。”[14]乾隆对这一事件做过调查了解以后也说：“俄罗斯素不奉佛，土尔扈特在彼俗尚不同，知伊犁黄教振兴，因思还归故土。”[15]这说明，土尔扈特重返祖国，和清政府与沙俄政府对待土尔扈特宗教信仰的政策有一定的关系。

在普陀寺乘之庙耸立了二百多年的两通巨碑，生动地记述了土尔扈特部回归祖国并得到清朝妥善安置的历史。仔细研读它们，会得到许多有益启示。

注释：

①何秋涛：《朔方备乘》卷38。

②何秋涛：《朔方备乘》卷38。

③乾隆：《土尔扈特全部归顺记》。

④〔法〕加斯东·加恩：《彼得大帝时期的俄中关系史》，商务印书馆1980年版中译本。

⑤〔法〕加期东·加恩：《彼得大帝时期的俄中关系史》，商务印书馆1980年版中译本。

⑥〔荷〕伊兹勃兰特·伊台斯、〔德〕亚当·勃兰德：《俄国使团使笔记（1692—1695）》商务印书馆1980年版中译本。

⑦〔法〕加斯东·加恩：《彼得大帝时期的俄中关系史》，商务印书馆1980年版中译本。

⑧〔英〕斯文·海丁：《热河—皇帝城》。

⑨何秋涛：《朔方备乘》卷38。

⑩〔俄〕尼古拉·班蒂什一卡缅斯基编著：《俄中两国外交文献（1619—1792）》，商务印书馆1982年印版中译本。

⑪《清高宗实录》卷512。

⑫〔法〕加斯东·加恩：《彼得大帝时期的俄中关系史》，商务印书馆1980年版中译本。

⑬〔法〕加斯东·加恩：《彼得大帝时期的俄中关系史》，商务印书馆1980年版中译本。

⑭俞正燮：《癸巳类稿》卷8。

⑮《西域图志》卷37。

（节录《清朝前期的中俄关系与喇嘛教》，原载《西藏民族学院学报》1987年第3、4期）

清代治理新疆方略简论

中国历来有以史为鉴的文化传统。先贤有关的论述很多，近代著名史学家顾颉刚先生在20世纪30年代曾做过简要的概括，说："史之为用大矣。可以鉴往，可以知来，历记成败存亡之道以垂后世"（顾颉刚：《中国社会史料丛钞·序》商务印书馆1937年版）以此之故，历代都非常重视历史研究与古籍整理。在新世纪蓬勃开展的物质文明、精神文明、政治文明建设与振兴中华的伟大事业中，当然也需要借鉴历史作为开拓进取的助力。正是这些，启发和激励我们编纂了这部《清朝治理新疆方略汇编》（以下简称《汇编》）。

清代是我国统一多民族国家巩固和发展的重要时期，也是在反对外来侵略斗争中，奠定了近代国家版图的重要历史阶段。在这特定的历史条件下，新疆在我国历史发展中的战略地位空前提高，成为西部边疆屏障和门户，国家安危所系。用清朝人的话来说就是："新疆东捍长城，北蔽蒙古，南连卫藏，西倚葱岭，以为固居神州大陆之脊，势若高屋之建瓴。得之，则足以屏卫中国，巩固藩篱；不得，则关陇隘其封，河湟失其险，一举足而中原为之动摇"（《新疆志稿》卷一，本文所引各书，除注明出处者外，均出自《汇编》，不另加说明）故清朝以西北塞防为"国家根本"，派亲贵大臣统重兵镇守，采取了一系列行之有效的政治、经济、军事、文化、宗教等政策措施，而且十分重视总结施政的经验教训，为后人留下了一大批珍贵的历史典籍。根据专家学者们的研究成果，我们从中选辑七十余种（约计二千余万字），编成《汇编》。

清朝治理新疆的基本方针（也是最主要的经验教训）是："外戢强邻，内固吾圉"（《新疆建置志》卷四）——这是付出了二百多年的沉痛历史代价，集中了几代人的智慧总结出来的。这也是贯穿于《汇编》的历史灵魂。

清朝在新疆推行的一系列重大政策，都体现了上述方针的基本精神。我们正是以此为准则选编有关典籍的。

（一）坚持国家统一，反对民族分裂，是清朝治理新疆的基本政策，并为此进行了长达一个世纪的艰苦斗争。

清朝初年，游牧于天山北部的厄鲁特蒙古准噶尔部首领噶尔丹势力强大，兼并天山南北，自立为汗，又不断驱兵攻掠内外蒙古。康熙二十七年（1688），大举攻掠喀尔喀蒙古，迫使喀尔喀举部内迁。越二年（1690），再进扰内蒙古，给广大游牧民生命财产造成惨重损失。同时，也对国家的统一造成严重威胁。康熙皇帝亲率劲旅迎击，大战噶尔丹于乌兰布通（今内蒙古克什克腾旗境内），三十五年（1696）再败噶尔丹于土拉、克鲁伦两河上源之间的昭莫多。翌年，噶尔丹在内外交困中服毒自杀。康熙皇帝闻信，于亲征途中率部返京。为庆贺胜利，总结经验教训，他敕命大学士温达等将战争的全过程编撰成书。由于战场主要是在内蒙古地区，故成书后，赐名为《亲征平定朔漠方略》。

噶尔丹死后，其侄策妄阿拉布坦及其子孙相继为准噶尔汗，复不断四出攻掠，并于康熙末年攻入西藏，占据拉萨数年之久。于是，清朝调派劲旅进藏，驱逐准噶尔势力，稳定了西藏政局。后经雍正、乾隆两朝数十年苦心经营，到乾隆二十年（1755），乘准噶尔内乱之机，清军突袭伊犁，擒获最后一个准噶尔汗达瓦齐。但不久，因受准噶尔排挤而降清的原厄鲁特蒙古辉特部首领阿睦尔撒纳，乘清军内撤之机，举兵反叛，欲据伊犁自立为汗。战事又起，清军回师再荡伊犁。阿睦尔撒纳兵败逃匿沙俄，于乾隆二十二年（1757）病死。与此同时，原与父、兄被准噶尔拘禁于伊犁，清军擒获达瓦齐后将其放回南疆招降部众的霍集占（？—1759，维吾尔族伯克，史称“小和卓木”），又举兵反叛，自称巴图尔汗，谋据南疆自立。清军于乾隆二十四年（1759）平息了这场叛乱。霍集占逃往巴达克山被杀。清朝彻底统一了新疆，巩固了西北藩篱，统一多民族国家进一步加强。乾隆认为这是国家盛事，谕令儒臣将用兵准噶尔和平定回疆之乱期间的谕旨和有关政治、军事、经济、民族、宗教等问题的决策，汇编成书，钦定名为《平定准噶尔方略》。

汇集清代前期新疆地方百年政治风云和清朝重大决策的这两部官书，以及《圣驾亲征噶尔丹方略》、乾隆《平定新疆诗文集》等近二十种有关的清代典籍，是《汇编》第一辑主要内容。

（二）坚决反击外国侵略势力与国内民族分裂分子相勾结进行武装侵扰，维护国家主权和领土完整，保持新疆的稳定，是清朝始终坚持的重要政策。

嘉庆二十五年至道光七年（1820—1827）间，流亡国外的大和卓木波罗尼都之孙张格尔（？—1828），在英国的唆使、支持下，由浩罕侵入南疆，煽起西四城叛乱。清朝军队于道光七年将叛乱平息，俘获张格尔，翌年将其处死。清朝官修的《平定回疆剿擒逆裔方略》，详细记述了这次平定叛乱经过。

同治四年（1865），曾任中亚浩罕汗国高级官吏的安集延人阿古柏（约1825—1877），随张格尔之子布素鲁和卓侵入我国喀什，占领南疆。同治六年（1867）建立反叛的"哲德沙尔"（"七城"之意）汗国，自立为汗，又受英国、沙俄殖民主义者政治、军事、经济的扶植，使其沦入英、俄殖民势力范围。光绪元年（1875）镇压陕甘回民起义后，左宗棠奉命率部入疆，在维吾尔族人民大力支持下，迅猛歼敌，赢得胜利。光绪三年（1877），阿古柏兵败自杀，"哲德沙尔"这个历史怪胎，随之覆灭。《平定陕甘新疆回匪方略》总结了这场正义战争的经验教训。

这两部方略，全面、系统地记述了对新疆社会发展有重大影响的两个重大历史事件，以及清朝的应对政策和策略措施，在今天仍有重要的启迪和借鉴意义。那彦成《筹划新疆善后事宜奏议》、魏光焘《勘定新疆记》等六种，内容与两部方略相呼应，所以共编为第二辑。

（三）实行军府制，选派亲贵重臣主管新疆军政，建立和逐步健全适应边防需要的各级行政管理机构，并采取一系列配套措施。这是清朝稳定新疆、巩固西北边防的根本保证，也是我们研究清朝治理新疆方略的重点和基本内容。

清朝统一新疆后，于乾隆二十七年（1762）设伊犁将军，统辖天山南北两路，包括额尔齐斯河上游地区和巴尔喀什湖直至帕米尔等地军政事宜，并专门做了相应的法律规定："伊犁为新疆总汇之区，既经设立将军，凡乌鲁木齐、巴里坤所有满洲、索伦、察哈尔、绿营官兵，皆听调遣，至回部与伊犁相通，自叶尔羌、喀什噶尔以至哈密等处驻扎官兵，亦归将军兼管。其地方事务，有各处驻扎大臣，仍照旧例办理。再，叶尔羌、喀什噶尔等回城，皆在边陲，如有应调官兵之处，亦准各该处大臣咨商将军，就近调拨。"（《平定准噶尔方略》续编卷十九）；于"新疆门户"重地乌鲁木齐，设都统一人，总揽乌鲁木齐、巴里坤（今新疆哈萨克自治县）、古城（今新疆奇台县）、吐鲁番、库尔喀喇乌苏（今新疆乌苏县）等地军政；于喀什噶尔设参赞大臣，总理南疆各地军民事宜；而塔尔巴哈台地区，“西控哈萨克，北扼俄罗斯”，“至俄罗斯部落八百余里，环山带河，广袤数千里，为伊犁、乌鲁木齐之屏藩，实新疆西北之雄镇也。”（《塔尔巴哈台事宜》）故筑城设治（乾隆二十八年设治于雅尔，后二年移治楚呼楚，即今塔城市。又二年，筑城，汉名“绥靖”），以参赞大臣一员率满、汉、索伦、锡伯营官兵和管粮通判一员驻防。辖境，东起今新疆乌伦古湖（布伦托海），西抵哈萨克斯坦境内勒布什河、巴尔喀什湖、阿亚古斯河、南起新疆古尔班通古特沙漠，北抵哈萨克斯坦境内斋桑湖、额尔齐斯河。（清朝晚期，沙俄通过武装侵占、逼签不平等条约，吞并了我国现边境以外四十余万平方公里土地）。

伊犁将军与科布多参赞大臣、乌里雅苏台将军、库伦办事大臣、黑龙江将军、三姓副都统东西相望，形势联络，共同组成了屏障北部边疆的藩篱，“其所以防患于未然，意至深远”。

同时，根据新疆军府制特点，又以巩固和加强边防为主要目的，采取了一系列重大军政和经济等措施例如：

选派八旗劲旅和绿营官兵常川驻防，“而于准部（准噶尔部厄鲁特蒙古）、回民（维吾尔族）之材技足用者，亦收隶行间，兼资屯种。”（《钦定皇舆西域图志》卷三十一）而奉调从黑龙江跋涉万里携眷入疆守卫国土的锡伯、索伦、达呼尔官兵，则成了新疆的永久居民，从而形成了以正规军为主、地方民族武装力量为辅，平战结合、军民一体的军事防御体系；为国门安全，又“于其严疆、要隘、毗接外藩处所，酌设卡伦（边防哨卡）以资捍卫”（同上。），建立由边防主管官员定期巡察卡伦制度；辟治交通，安设军台。新疆地域辽阔，山多路险，戈壁重重，所以发展交通加强与内地的联系，是提高西北边防防御能力的重要方面。新疆“深沟重堑，天险之国，不患不能守，而患其不能通。通则富，不通则贫；通则强，不通则弱。”（《新疆志稿》卷三）这是清朝在长期实践中总结出来的历史经验。为了保证信息和命令的迅速传递，军队调遣和军需物资的运输，以及发展经济的需要，清朝调用大批军队修治道路，辟通险隘，并于重要城镇附近河流安设渡船。在交通干道上安设军台（兵站）、营塘（军队转运站）、驿站等，以保证交通和信息的畅通。据《西陲要略》等清代文献统计，总计军台百六十五、营塘六十二、驿站三十九，联络贯通一万五千七百余里，形成了一个联络新疆与内地、贯通天山南北，“四通八达、棋布星罗”的交通网，极大地提高了西北边疆的防御能力，也有力地促进了新疆经济、文化的发展。

清朝还采取了许多因地制宜、因时制宜的强有力措施，恢复和发展新疆经济，以加强边疆实力。统一天山南北战争刚刚结束，为了尽快消除战争造成的恶果，恢复遭到严重破坏的生产力，清朝首先采取了一系列安定群众生活以保存劳动力的措施；同时广招民垦，以弥补当地劳动力的不足；大规模屯田，包括军屯、民屯、遣屯、回屯等不同形式；开办牧场，供应生产、生活所需牛、羊、驼，以及军需战马；开矿和促进贸易，为新疆经济发展增加活力，等等。这些，当然都有其历史局限性，但是，其对西北边疆的稳定，新疆历史的发展和进步，还是起到了一定积极的历史作用的。

上述这些内容，在《汇编》收录的《新疆图志》、《西陲总统事略》、《西陲要略》、《伊江汇览》、《伊江载集》、《新疆则例说略》、《塔尔巴哈台事宜》、《乌鲁木齐政略》、《乌鲁木齐事宜》、《回疆通志》、《喀什噶尔事宜》等典籍中都可以找到，它们对于清代新疆的职官制度、军政机构，以及各项政策措施，都有详细记载，是研究这些问题的珍贵史料。

（四）通过立法，把行政管理法制化，是清朝治理新疆的创举，也是新疆长治久安的重要保证。

《汇编》收录涉及新疆的法规两种：一是《回疆则例》，适用于维吾尔族地区；二是《蒙古律例》，其立法初衷是针对内外蒙古的，清朝统一新疆后，也适用于北疆的厄鲁特蒙古。这是在历史上影响较大的两部清代民族法，其中，对新疆社会历史影响最大的是《回疆则例》。它本着强化国家统一和因俗为治、因地制宜的原则，从国家行政的角度出发，对于维吾尔族社会的方方面面，做了详细、具体的法律规定。首要的是法定维吾尔族地区伯克（职官）制度。举凡维吾尔族地区各城和村庄各级伯克的设置、职数、职掌、品秩、承袭、任用、体制等问题，都做了明确规定；其次，具体规定了各种社会管理制度，例如，年班制度、赏赉制度、度量衡制度、货币改革、赋税和贸易、军事管理、卡伦设置及巡察、集市和农田水利管理、宗教管理、司法制度等，都以法律形式进行了规范。这些，对于维吾尔族地区的稳定和发展，无疑起到了重要作用。同时，也对后世产生了很大影响。

（五）实行“因俗习为治”是清朝制定治理新疆各项政策措施的指导思想，也是维护新疆稳定的重要政策，它贯穿于政治、经济、文化、宗教等政策的各个方面。

清朝入关之初，顺治二年（1645）在招抚西北少数民族时，即公开宣布："一切政治，悉因其俗"（《清圣祖实录》卷十五）。乾隆将这项政策称之为"因俗习为治"。（《清高宗御制诗文十全集》卷九）在统一准噶尔的过程中，他特颁谕旨，强调指出："至于衣服制度，不妨仍其旧俗，若因归顺天朝，必尽用天朝服色，势亦有所难行。尔等习惯自然，一时岂能骤易？且将旧时衣服尽行弃置，亦殊非爱惜物力之道。即朕所赐物件，亦止善为收藏，传之子孙，惟来京朝觐，暂时服用。现在喀尔喀蒙古王公及居住青海之厄鲁特等，平日各居游牧，惟来京及赴围场扈从时，始易服色，尔等俱可仿照而行"（《清高宗实录》卷五五一）。之后，在收复被大小和卓木势力控制的叶尔羌时，清军统帅宣布命令："不令汝等更改衣冠，照旧各安生业，其中有被霍集占（即小和卓木）逼勒随行者，亦不过查办有心党恶数人，其余概不深究"。（中国第一历史档案馆《朱批奏摺·民族类》第四五五卷）

清朝"因俗习为治"政策的核心是区别对待、尊重和利用少数民族中的上层人物及其宗教信仰。在严厉打击分裂国家和民族犯罪活动的头面人物的同时，对于其中已经归附的，则给予优待和礼遇。例如，被清军俘获的最后一个准噶尔汗王达瓦齐解京后，乾隆下令将其"宥罪施恩，封为亲王，赐第京师，带领伊子居住。伊旧日属人，著查出四五十户，令其来京役使'（《清高宗实录》卷五〇〇），并将宗室之女嫁其为妻。乾隆二十五年（1760）三月，刚刚结束平定大、小和卓木的军事行动，即颁发保护和卓墓的谕旨："逆贼霍集占等，虽负恩肆恶，自取诛戮。至其先世，君长一方，尚无罪戾。今回部初定，喀什噶尔所有从前旧和卓等坟墓，可派人看守，禁止樵采污秽。其应行修葺份例，并著官为经理，以昭国家矜恤之仁，而外藩等亦其知所激劝。"（《清高宗实录》卷六一五）对于伯克虽停其世袭之制，但仍将他们任命为官吏，给予大量政治、经济特权，以及一定数量的土地、佃户和养廉银，并允许他们向维吾尔族群众征收赋税。

对于在统一南疆过程中，归诚清朝的部分维吾尔族伯克（例如，霍集斯等），则安置于京师，使其在皇宫附近聚族而居。乾隆敕命在其居住地（清代称为"回子营"）建造了一座壮观的清真寺，以满足其宗教信仰。乾隆还亲自撰写碑文说："且准部四卫拉特内附，若普宁寺，若固尔札庙，既为次第创构，用是宠绥，回人亦吾人也，若之何望有缺耶!”（《清朝统一新疆与维吾尔族宗教（史料辑要）》）其大意是说，平定准噶尔后，新疆厄鲁特内附，为尊重其宗教信仰，故在其每年轮班朝觐的承德避暑山庄附近，建造了普宁寺、固尔札庙（亦称“安远庙”），而维吾尔人也是我大清子民，理应一视同仁，为之建造宗教活动场所。

应该特别着重指出的是，清朝虽然尊重维吾尔族宗教信仰，但是，在南疆实行的是政教分离政策，严禁阿訇干政，这在《回疆则例》中有着严格的具体规定。

要有效贯彻执行“因俗为治”这样一项政策，首先要体察、熟悉各民族的社会、历史、风俗习惯、宗教信仰等情况。伊犁将军松筠在总结履职的经验时，根据切身体会说，治理新疆“首在熟悉‘夷’情，然非特知其长技，察其习尚已也。其部落之强弱，形势之夷险，以及承袭之世次，官职之维系，尤必固知之，而后足以得其心，以制其命。”（《新疆识略》卷十二）因此，他和一些主政新疆的官员，特别注意收集，整理有关历史、地理、风情民俗等方面的资料，编纂成书，供施政参考。例如，收入《汇编》的《钦定皇舆西域图志》、《新疆识略》、《新疆舆图风土考》、《西域闻见录》、《新疆回部志》、《新疆纪略》等虽名为风土志，实际上也为资政之书，故均予收录。

上述这些反映清朝统一新疆后设治建政,以及推行的一系列重大政策措施的典籍,都编在第三辑,便于比照研究,这是全书重点,总计约三十种。

（六）根据全书宗旨，防止内容庞杂散乱，有关清朝与沙俄签订不平等条约和新疆建省后的有关典籍不予收录。

附录两种，一是《清朝统一新疆与维吾尔族宗教（史料辑要）》，二是《明代西域（新疆）奏疏》。两者不仅与《汇编》编选宗旨密切关联，而且是对内容的补充和丰富。

不了解宗教（尤其是维吾尔族地区宗教）就很难了解清代新疆。清代历史上的重大事件，例如，平定准噶尔和大小和卓木之乱，粉碎张格尔、阿古柏等外来势力的侵扰、分裂活动，无不与宗教问题有密切关系。以前，有关的专题资料很少，故约请专家辑录清代前期维吾尔族宗教史料，汇成一编附后，可与有关典籍互相参照研究。

清承明代，很多清代新疆问题要从明代追根溯源，清朝治理新疆方略，有不少也直接或间接地与明朝有渊源关系。汇集明代有关西域（新疆）奏疏附于书尾，是为研究清代治理新疆方略提供一些背景资料。其中，明代四译馆的《高昌馆课》向来被视为金匮秘籍，很多专家学者久闻其名难见其面。一并附后，以免搜求之苦。

（七）另外，还应该指出的是，治理新疆的经验，也为清朝处理其他地区的边疆民族问题，提供了有益的借鉴，因而对于清代统一民族国家的巩固发展，有着重要的意义。

在新疆实行的许多重大政策措施和军政制度，也在其他民族地区参照施行。例如，乾隆末年，取得两次反击廓尔喀入侵战争胜利之后，整顿藏政，制定善后章程二十九条，在法定驻藏大臣职权等问题上，都参照了治理新疆的经验。乾隆皇帝就曾多次强调这一点。乾隆五十四年（1789）二月的一项谕旨指出："今回部（维吾尔族地区）补放大小伯克，俱系驻扎办事大臣等拣选补放。嗣后，藏内遇有噶布伦（西藏地方政府主要官员）等出缺，亦当照回部伯克之例，由驻藏大臣拣选请补较为妥协。"（《清高宗实录》卷一三二三）；乾隆五十七年（1792）闰四月的一项谕旨也特别强调："至噶布伦等即系属员，诸事自必禀命钦差（驻藏大臣）办理，如伊犁将军之统辖伊犁，喀什噶尔参赞大臣之统辖回疆，方足以符体制而肃纲纪。"（《清高宗实录》卷一四〇三）

因此，清朝治理新疆方略，在清代历史上有着普遍意义，实为研究清代边疆民族问题的津梁。今天，不仅对于新疆，而且对于其他民族地区的稳定、发展，都有着重要的历史借鉴意义。

人类文明发展史，是代代积累、宝塔式层层向上的。今天是构筑在昨天的基础之上，同时也是为明天打下基础。我们珍视今天，但不能忘记昨天，更要努力为了明天。西方一位史学家曾经说过，要消灭一个民族，首先要它忘记自己的历史。这无异于让一个人患失忆症忘记自我，失去灵魂，也无异于将一座宝塔的根基拆掉，其结果不言而喻。

所以，为了文明进步，就要学习历史，包括古代治国安邦的经验教训。鉴往而知来。典籍文献是历史的重要载体，是先人留给我们的文化宝库，我们从中可以得到启迪和智慧。开卷有益，努力研读吧！

以上，是一点编后感，写出来，殷切期望与读者"心有灵犀一点通"。学苑出版社社长兼总编孟白先生、责编洪文雄先生，为本书的编辑出版付出了极大的辛苦，我和读者都表示真诚的感谢。

（本文原为《清代治理新疆方略汇编》总叙）

清朝前期的治藏政策

——从承德外八庙谈起

清朝前期在巩固中央政权和加强国家统一的历史过程中，曾采取一系列重大措施，加强对西藏的治理。这对于西藏政局的稳定，西南边疆的巩固，清代统一多民族国家的发展，都起到过重要作用。同时，这些政策和措施，在鸦片战争之后的中国近现代史上，对于加强西藏地方和中央政府的关系，维护国家的统一，都曾产生过广泛而深远的影响。

清政府治藏政策的四个历史阶段

清朝的治藏政策，是在清朝历史发展的进程中逐步形成和变化的，它是清朝统治全国政策的重要组成部分。由于在不同的历史时期，全国和西藏的形势以及清朝的主要政治目标不同，使清朝的治藏政策显现出历史阶段性。

第一阶段：顺治元年（1644）清朝入主中原至康熙五十九年（1720）清军驱逐准噶尔的扰藏势力。

在这个历史时期，清朝主要集中精力镇压李自成起义军余部和南明的残余势力，以及平三藩、定台湾、抗击沙俄的入侵。与雄踞新疆的厄鲁特蒙古贵族噶尔丹作战，其主要政治目标是巩固襁褓中的中央政权，加强对全国的统一。

当时，清朝虽然无暇顾及西藏地方事务，但为了笼络、控制蒙古族，也对西藏问题给予了高度重视。这是因为蒙古族在清朝夺取、巩固全国政权的过程中，具有举足轻重的地位，清朝之所以能够夺取全国政权，在一定意义上说，是依靠了蒙古族的支持和蒙古骑兵的力量。清朝入关之后，蒙古贵族成了清中央政权的重要支柱。清初，沙俄侵略我国东北、北部、西北地区，对于清中央政权的稳固和国家的安危，有着重大影响，因而清朝极为重视。蒙古族处于这场斗争的最前线，而蒙古族崇奉喇嘛教，西藏是他们。心目中的圣地，是喇嘛教领袖达赖、班禅的居住地，加强对西藏的治理，对于笼络、控制蒙古族，有着重要的意义。这是当时清朝治藏政策的基本出发点。

当时西藏地方政权，主要是由青海和硕特蒙古族控制。清朝对西藏施政的主要目标和内容是，通过册封达赖。班禅和青海和硕特蒙古贵族，达到对西藏加强统一和实施政治统治的目的，同时间接达到利用喇嘛教统治、控制蒙古族的目的。

第二阶段：康熙六十年（1721）清朝册封康济鼐等至乾隆十五年（1750）平定珠尔墨特那木扎勒之乱。

在这个历史时期，清朝政权稳固，社会经济有了较快的恢复和发展，割据新疆的准噶尔贵族成了清朝加强统一的主要威胁。为了防止准噶尔贵族与西藏上层僧俗分子结为奥援，防止准噶尔贵族劫夺达赖、班禅以为政治号召，清朝开始加强对西藏的直接统治。驱逐准噶尔的扰藏势力和康熙六十年（1721）册封康济鼐为贝子、隆布奈为辅国公，标志着厄鲁特蒙古贵族控制西藏地方政权的历史结束、清朝直接任命西藏上层僧俗分子掌握地方政权的历史开始。加强对西藏的统治，稳定西藏政局，克服少数上层僧俗分子的分裂活动，是当时清朝治藏政策的主要政治目标和基本内容。

雍正三年（1725），清朝决定由康济鼐兼管前、后藏。翌年，正式册封康济鼐为“总理西藏事务贝子”。雍正五年（1727），阿尔布巴发动变乱，杀死康济鼐，清朝迅速平定了这场变乱，并派大臣二人驻藏，正式建立了驻藏大臣制度。雍正六年（1728），清朝册封颇罗鼐为贝子，令其“统管前、后藏”，后再晋封为贝勒，并颁给“办理危（卫）藏事务多罗贝勒”银印一颗，乾隆四年（1739）再晋封为郡王（俗称藏王）。清朝正式在西藏推行在驻藏大臣监督下由藏王主持藏政的行政管理体制。

乾隆十二年（1747）颇罗鼐病故，其子珠尔墨特那木扎勒继为郡王。乾隆十五年（1750）珠尔墨特那木扎勒谋叛，企图独专藏政，被驻藏大臣翦除。自此，清朝废除在西藏封授郡王制度，清朝治藏的一个历史阶级结束。

第三阶段：乾隆十六年（1751）颁布《西藏善后章程》至道光二十年（1840）鸦片战争爆发。

在这个历史时期，清朝发展到“康乾盛世”的顶峰，同时也开始走下坡路。清朝对西藏施政的主要政治目标和内容，是对西藏的各项社会制度进行了一系列重大改革，进一步加强了中央政权对西藏的直接统治。

乾隆十六年（1751）颁布的《钦定西藏善后章程》，是清朝的第一部治藏法规。它的主要内容是废除郡王，由驻藏大臣和达赖共理藏政，其下设立噶厦（西藏地方政府），由噶伦四人，负责处理日常行政事务。乾隆五十八年（1793）颁布了《钦定藏内善后章程》，对西藏的各项制度实行了全面改革，把行之有效的治藏政策和措施用法律形式固定下来，成为有清一代的治藏法典。它的核心内容，是进一步提高驻藏大臣的职权，由驻藏大臣总揽藏政。它把清朝对西藏的治理推进到一个全新的历史阶段。

道光二十一年（1841）鸦片战争之后至宣统三年（1911）清朝灭亡，清朝治藏政策发生了很大变化，可视为第四个历史阶段。

在这个历史时期，阶级矛盾日益尖锐、激烈，清朝日益腐败，封建政权处于风雨飘摇之中。帝国主义列强疯狂侵略中国，迫使清朝签订了一系列丧权辱国的不平等条约，使中国丧失了大片领土和大量主权，逐步沦为半殖民地。在 1911 年的辛亥革命风暴中，结束清朝的统治。

这一时期西藏政局长期动荡不安，存在着两个严重的社会矛盾：一是由于清朝统治力量的薄弱和政策的失误，统治集团和清中央政府的矛盾日益尖锐；二是英国大规模武装侵略，西藏人民展开了英勇顽强的反侵略斗争。

在这种形势下，清朝的治藏政策常常处于自相矛盾和混乱状态中。它一方面企图重振中央政权对西藏的统治权威，但对西藏少数上层僧俗分子日益膨胀的擅权又无可奈何，听之任之，以致大大削弱了驻藏大臣的职权，使西藏政局陷入长期混乱。另一方面，它力图维护国家的尊严，坚持对西藏的主权，但又对英、俄的侵略退让妥协，特别是在英国的威逼下，签订了几个关于西藏的不平等条约，丧失了大量权益。光绪末年，清朝虽然试图对西藏进行一些整顿和改革，但收效甚微。

这里着重就鸦片战争以前的清朝治藏政策进行论述。

册封达赖与班禅

利用藏传佛教（俗称喇嘛教）统治西藏是清朝一项重要的传统政策。早在入关以前，清朝就与五世达赖和四世班禅建立了政治联系，采取了尊崇喇嘛教的政策。统一全国之后，清朝继续推行这一政策，并逐步将其制度化、法律化。

这项政策的核心是优礼达赖、班禅。顺治十年（1653），册封五世达赖为“西天大善自在佛所领天下释教普通瓦赤喇怛喇达赖喇嘛”；康熙五十二年（1713）册封四世班禅为“班禅额尔德尼”，从此，从制度和法律上正式确立了达赖、班禅的名号，及其两大活佛转世系统。清朝给予他们以崇高礼遇和特权，以及管理地方宗教和行政事务的一定权利，利用他们传统的政治影响和宗教势力，达到安定地方的政治目的。

另外，对于其他大喇嘛（包括达赖、班禅所代表的格鲁派以外的其他教派首领人物），一律承认其固有地位和特权。清朝夺取全国政权之初即公开宣布，对明朝所敕封的大喇嘛，一律只改印册（即明确他们对清朝中央政权的政治隶属关系），仍其旧封（即保留其名号与固有地位、特权），以换取他们对清朝政权的支持；参酌传统习惯，制订了喇嘛封授职衔、名号制度，犹如对世俗贵族封授爵秩，作为其社会地位的标志，其实质是把大喇嘛变成身披袈裟的官僚，以扩大其统治基础；免除喇嘛的差徭、赋税，并给予优厚赏赐，由国家出资建造喇嘛庙，等等。

由于一些大喇嘛的政治野心膨胀，在清初一些少数民族上层分子的分裂活动中推波助澜，所以在尊奉、扶植的同时，清朝也对喇嘛教采取了一些相应的管理和限制措施，即“革其弊，不易其俗”。

将喇嘛教事务纳入国家行政和法制管理的轨道，利用国家行政权力和法律对其制约，以防其对国家统一和中央集权造成危害，为此建立了颁发喇嘛札付（官府所发喇嘛职衔委任书）和大喇嘛年班朝觐和朝贡制度，作为国家管理喇嘛教的行政措施。还制订了一系列法律条款，包括罚钱粮、革退、鞭责、处死等刑法，对严重危害国家统一和中央政权的，“按律治罪”。康熙、雍正、乾隆时期都依法处置了一批违法犯罪的大喇嘛。对于有名号的大喇嘛，包括达赖、班禅在内，都牢牢掌握罢黜权，康熙时废除六世达赖仓央嘉措，即第一次使用了这种权力，它说明喇嘛教首领可以像官吏一样由中央政府任免，同时，限制喇嘛庙规模，控制喇嘛庙经济，规定喇嘛庙额缺，限制大喇嘛的世俗行政权力。为防止上层僧俗势力的结合，以及形成世袭的宗教集团，乾隆创立了金本巴瓶掣签制度，其实质是由中央政府主持，批准达赖、班禅和大喇嘛继承人的选任，也即由中央政府掌握宗教权力杠杆。

清朝对西藏的宗教政策，对于维系西藏地方与中央政府的隶属关系，安定边疆，起到了一定的积极作用，但是，也造成宗教势力的膨胀，影响了藏族人口增长和经济、文化的发展，阻碍了西藏社会的进步。

设置理藩院管理西藏事务

入关以前，后金（清）政权即设有蒙古衙门，专门管理蒙古事务。在即将夺取全国政权的前夕，崇德三年（1638）由于边疆民族事务日益纷繁，参照元朝设置宣政院的历史经验，改蒙古衙门为理藩院，作为专门管理边疆民族事务，特别是蒙古与西藏事务的中央机构。理藩院直接对皇帝负责，所以，有关西藏事务，都由理藩院报告皇帝做出处理决定。从这个意义上来说，理藩院是清朝中央政府管理西藏事务的枢纽。其对西藏事务的管理，主要表现在以下一些方面：

理藩院尚书和主管官员，都由皇帝信任的满蒙大臣担任，所以遇有重大藏务，皇帝都派理藩院主要官员以钦差大臣的身份前往处理。顺治十年(1653)，理藩院侍郎席达礼与礼部尚书觉罗郎球，共同作为册封使前往代噶地方册封达赖；康熙三十六年（1696)，处理第巴桑结嘉措对五世达赖圆寂匿丧不报事件，是派理藩院主事保住前往办理的；雍正元年(1723）理藩院郎中鄂赖被擢升为内阁学士兼礼部侍郎前往西藏办事。驻藏大臣博清额在任内即兼任理藩院尚书。乾隆末年驻藏帮办大臣普福，嘉庆时和道光初年驻藏大臣瑚图礼和惠显均兼理藩院侍郎。

其次，理藩院秉承皇帝谕旨，草拟有关藏务谕旨，办理达赖、班禅的册封、致祭事宜。例如，康熙五十二年（1713），就是直接谕令理藩院办理册封五世班禅为班禅额尔德尼有关事宜的。

第三，受理有关西藏事务奏章，并将其译为汉文或满文，供皇帝批阅。理藩院下属机构有唐古忒（西藏）学，设有教习、助教等职，选八旗子弟入学学习藏文，翻译皇帝颁给西藏的谕旨，以及西藏地方政府或达赖、班禅报送皇帝的一应文书。

第四，根据皇帝的有关谕旨，撰集有关西藏的规章制度，作为处理西藏事务的根据。作为边疆民族问题典章制度汇编的《理藩院则例》，就有《西藏通制》二卷、《喇嘛事例》五卷，都是理藩院整理、修订，经皇帝批准后颁行的有关藏事法规。

第五，掌握西藏行政区域的划分；职官设置及其职责、品级、俸禄；西藏地方政府和达赖、班禅的朝贡、赏赐与接待事宜等。

第六、管理西藏喇嘛事务，例如，封赠名号、寺庙管理、发放额定钱粮和札付、犯法处罚；办理大喇嘛转世掣签有关具体事宜。

第七、派员随同驻藏大臣驻拉萨，办理具体事宜。例如，委派司员一人，专事管理达木蒙古官兵、三十九旗事务，以及承办驻藏大臣衙门的满文档案。另有笔帖式一员，专司驻藏大臣文移，译成满文或汉文。

设置驻藏大臣总揽藏政

设置驻藏大臣是清朝治理西藏的一项根本措施。同时，清朝还通过制订治藏“章程”。把驻藏大臣的地位、职权，用法律形式固定下来。

驻藏大臣作为中央政府派驻西藏的最高官员，全面管理藏政，“办理前、后藏一切事务”，“西藏诸处事务均隶驻藏大臣核办”①。

驻藏大臣初设二人，后改为办事大臣一人，帮办大臣一人，均由满、蒙重臣充任。其衙署在拉萨，通称“驻藏大臣衙门”。其属员有：理藩院司员一人，理藩院笔帖式一人，后藏及拉里、察木多粮务各一员，藏语、廓尔喀（尼泊尔）语翻译各二员，另有游击、都司、守备、千总、把总多员。

一般认为，驻藏大臣创设于雍正五年（1727）。其最初的政治动机，是为了防备准噶尔、卫护达赖喇嘛、监督藏政、稳定西藏局势。乾隆曾追述说：“所以命大臣驻藏办事者，原为照看达赖喇嘛，镇抚士伯特人众”②；又说：“国家因西藏地处僻远，特命大臣驻扎其他，所冀得其情伪，控制由我”③。

驻藏大臣的地位和职权有一个逐步发展和提高的过程。最初只是作为钦差大臣监督藏政，而地方政府则由清朝册封的郡王掌握。乾隆十五年（1750）平定珠尔墨特那木扎勒之乱以后，清中央政府相机收揽事权，废除封授郡王制度，设立噶厦，而以驻藏大臣和达赖喇嘛共理藏政。

乾隆在给统兵入藏平乱的四川总督策榜的谕令中，强调要改革西藏的行政体制，提高驻藏大臣职权。他指出：“但噶隆（一般写作噶伦，西藏官名，此指西藏地方政府）于事权极有关系，必须驻藏大臣管理，呼应方灵。即如珠尔墨特那木扎勒一言而塘汛断绝，班第达一言而塘汛复通，信息往来惟藏王之言是听，而驻藏大臣毫无把握。如此，即驻兵万人何济于事！策楞、岳钟琪到彼，目击情形，务须将此事彻底熟筹，得其肯綮，令自我出，方为扼要。”④他还特别强调，有关塘汛、兵防、行政等要权，都应归驻藏大臣。这些，成为改革西藏行政体制的指导思想，写入了乾隆十六年（1715）颁布的《钦定西藏善后章程》，以法律形式固定下来。

在这个《章程》中占突出地位的，是明确规定由驻藏大臣和达赖喇嘛共理藏政：“凡（西藏）地方之些小事务，众噶隆秉公会商妥协办理外，其具折奏事重务，并驿站紧要事件，务须遵旨请示达赖喇嘛并驻藏大臣酌定办理。钤用达赖喇嘛印信、钦差大臣关防遵行”；驻藏大臣与达赖喇嘛共同掌握官吏的简放、奖惩权力；“（噶伦、代本）嗣后遇有缺出，驻藏大臣商同达赖喇嘛拣选应放之人，请旨补放，仍报部一并颁给敕书。将来或有不遵奉达赖喇嘛，并犯法不能办理地方应行革除者，亦由达赖喇嘛会同驻藏大臣参奏”，“嗣后凡遇补放碟巴头目等官，噶隆等务须秉公查办，公同禀报达赖喇嘛并驻藏大臣酌定，俟奉有达赖喇嘛并钦差大臣印信文书遵行”，“遇有犯法，或应抄没，或应革除，噶隆、代本等务须秉公查明，分别定拟，请示达赖喇嘛并驻藏大臣指示遵行”；军队的指挥权，也收归驻藏大臣和达赖喇嘛：“嗣后凡遇调遣兵马，防御卡隘，均应遵旨，听候达赖喇嘛并驻藏大臣印信文书遵行”⑤。这是清朝第一次用法律形式正式明确驻藏大臣的职权。

乾隆末年，击退廓尔喀对西藏的侵略之后，清朝又一次大力整顿藏政，并对西藏的各项制度实行了全面改革，于乾隆五十八年（1793）颁布了著名的《钦定藏内善后章程》（通称“二十九条章程”）这个章程吸收了《西藏善后章程》的主要精神，内容上又有极大的丰富和发展。它将此前在西藏实行的各项主要措施加以制度化，另外又确立了许多新制度，是清朝比较完备的一部治藏法典。

它以法律形式确立了以驻藏大臣为主的西藏行政体制，这主要体现在驻藏大臣职权高于达赖喇嘛：

1．此前西藏事务由达赖和驻藏大臣共理，该“章程”规定达赖、班禅分主前、后藏，达赖只管前藏，后藏事务不得与闻，而驻藏大臣则总揽全藏。

2．金瓶掣签，选认达赖、班禅和川藏地区胡图克图的转世灵童，以及达赖、班禅呼毕勒罕的坐床典礼，均由驻藏大臣主持。达赖无此职权。

3. 噶布伦、代本、商卓特巴等重要僧俗官吏，虽然“统归驻藏大臣会同达赖喇嘛拣选，分别奏补拣放”，但同时又现定，“如达赖喇嘛徇私不公，准驻藏大臣驳正，秉公拣补”[6]。这说明，官吏任免权主要操之于驻藏大臣之手。

4. 驻藏大臣可以直接向皇帝折奏请旨，达赖喇嘛遇事需请示皇帝时，必须“报明驻藏大臣转奏”[7]。

5. 驻藏大臣统帅驻藏绿营官兵和藏军，达赖喇嘛不统帅军队。

6. 涉外事务俱由驻藏大臣主持。“廓尔喀、布鲁克巴、宗木等外番部落，如有禀商地方事件，俱由驻藏大臣主持。其与达赖喇嘛、班禅额尔德尼通问布施书信，俱报明驻藏大臣译出查验，并代为酌定回书，方可发给。”

7. 出入境管理也由驻藏大臣主持。“藏内喇嘛前往各外番地朝山礼塔者，由驻藏大臣给予照票，限以往还日期，回藏之日，仍将照票缴销，不得逗留边外，如有潜行私越者，即行究治”；“外番人等来藏布施瞻礼者，由边界营官查明人数，票明驻藏大臣验放进口，事毕后查点人数，发给照票，再行遣回”。

8. 青海蒙古王公等差人赴藏延请喇嘛前往该处诵经、教经者，要由“驻藏大臣给与执照”。不必经达赖批准。

9. “驻藏大臣每年五、六月间轮流一人，前往后藏巡视边界，操阅番（藏）兵”。达赖喇嘛无此职权。

10. 驻藏大臣“管理达木蒙古八旗官兵、三十九族番民事务”，达赖喇嘛无此职权。

11. 驻藏大臣衙门额设副粮务一员，“专司监造银钱”。达赖喇嘛对此不得闻问。

12. 境外商民赴藏贸易，均需查明人数，“造具清册，交驻藏大臣衙门存案备查”，其“由何路行走”，也须“呈明驻藏大臣”，“发给执照以便稽查出入。”藏民赴境外贸易，也由驻藏大臣衙门查明注册，给予执照。这些是驻藏大臣特有的职权。

13. 布达拉、札什伦布的财政收支，必须由“驻藏大臣稽查、总核”。达赖喇嘛支用财物，也须经驻藏大臣核准。

14. 免差照票须经驻藏大臣批准，达赖喇嘛不得擅发。《钦定西藏善后章程》规定，僧俗上层分子旧有免差照票一概废止，“如实有劳绩者，达赖喇嘛告知驻藏大臣”，经驻藏大臣允准，“方准给票”[8]。

根据这些规定，凡西藏的官吏任免、行政、财政、军事、涉外事务等权力，均归驻藏大臣，达赖喇嘛的世俗权力远在其下，这就大大强化了驻藏大臣的职权，极大地加强了清中央政府对西藏地方的统治。它作为西藏的一项基本制度，贯彻于有清一代，成为定制。这对于稳定西藏政局，加强边防，防止和克服少数上层僧俗分子擅权和分裂活动，密切西藏同祖国各地以及中央政府的关系，都有着积极意义。在清代（特别是鸦片战争以后）剧烈的风云变幻中，西藏基本上没有出现过大的变乱和分裂，设置驻藏大臣是一个重要原因。

“众建而分其势”

“众建而分其势”是历代封建王朝惯用的一种统治手法。清朝统治者为防止西藏上层僧俗擅权，也采取了“众建而分其势”的措施[9]。其做法主要有两点：

其一，将部分藏族地区划归青海、四川、云南管辖，“少其地而众建之，既以彰赏罚之典，又使力少不能为乱，庶可宁辑边睡”[10]。

清初，吴三桂割据云南时，为结纳西藏上层僧俗势力，曾将原属云南管辖的中甸藏族地区“割贿西藏”[11]。操纵西藏地方政权的和硕特部贵族，还乘清朝无暇顾及西南之机，占据了里塘、巴塘等川边藏族地区，拉藏汗甚至“奏请打箭炉地方”[12]，未获清中央政府批准。

康熙五十八年（1719），清军乘进军西藏驱逐准噶尔扰藏势力之机，招抚巴塘、里塘，中甸藏族地区的头人、大喇嘛等也归顺了清政府。翌年，云贵总督奏请将中甸及巴塘、里塘仍归云南丽江土知府管辖。四川总督年羹尧则奏请将巴塘、里塘划归四川管辖。清中央政府允年羹尧所奏。

雍正元年（1723），占据青海的和硕特部首领罗卜藏丹津，擅称达赖浑台吉，欲“踞占招地（西藏），遥管青海”[13]第二年，清朝派军队平定了这场骚乱，年羹尧奏请将青海、甘肃、四川等地藏族地区，设置道、厅、卫、所等管理，使其摆脱青海蒙古贵族的羁绊，防止西藏地方统治集团强行占据。清中央政府再次允其所奏，将这些藏族地区划归不同的行政单位，并由中央政府派遣官吏管理。

雍正三年（1725），川陕总督岳钟琪奏请正式划定西藏与四川、云南的地界，“将原系内地土司所属之中甸、里塘、巴塘，再沿边之得尔格特、瓦舒、霍耳地方，俱归内地，择其头目，给予土司官衔，令其管辖；其罗隆宗等部落，请赏给达赖喇嘛管理”⑭。清中央政府很快就批准了这项建议，并派员正式划定了西藏与四川、云南界址：在宁静山树界牌，岭东之巴塘、里塘属四川，岭西属西藏；中甸等处属云南”⑮。

青海、四川、云南的藏族地区，与西藏行政体制不同，大体上实行土司制，并由当地派驻大臣、官员直接管理。清朝曾参照“蒙古律”制定了“夷律三十条”，按照管理蒙古族的办法管理青海、四川的藏族地区。对川边的大、小金川藏族地区，基本上按照对维吾尔族的办法实行管理（参见《回疆则例》）。

其二，建立相互制约的官制，防止擅权。乾隆认为，西藏之所以酿成珠尔墨特那木扎勒之乱，主要是因为藏王（郡王）“威权太盛，专制一方”。因此，废除藏王（郡王），多立头人，是解决西藏问题的关键。他说：如果再立一藏王，“即使恭顺如颇罗鼐，而其子孙亦不可保。此其可虑，岂在珠尔墨特那木扎勒下哉”⑯。为此，他密谕驻藏大臣班第，处理善后事宜“应多立头人，分杀其势，正当乘此机会，通盘筹画，务彻始彻终，为万全之计”⑰。其办法是，设置噶伦4人，共同处理西藏地方行政事务。同时，又在达赖之下设立译仓（秘书处），置僧官4人，负责审核噶厦的一切公文，并加钤印，以使僧俗贵族在政务活动中互相牵制。噶伦和藏王（郡王）比较起来，权力要小得多，藏王（郡王）是一人专制，噶伦是四人共办政务；噶伦只是承办驻藏大臣和达赖喇嘛交办事件，不像藏王（郡王）那样有决定权，藏王（郡王）对西藏的各项事务，包括宗教、军队都有管理权，而噶伦只管行政事务，不管喇嘛事务，也不能指挥军队。

乾隆二十二年（1757），七世达赖圆寂后，清政府又在西藏建立了摄政制度。从此，在达赖喇嘛圆寂后，呼毕勒罕18岁亲政以前，由中央政府任命一名大喇嘛代行达赖职权（俗称摄政）。这一制度的意义在于：第一，抑制噶伦权力的膨胀，对噶伦造成一种新的牵制力量，特别是在达赖喇嘛法席空虚时，防止噶伦擅权；第二，达赖喇嘛18岁以前不能掌握权力，有一个长达20年左右的权力转移和交替，这样也可以防止达赖权力的膨胀；第三，摄政只是暂摄职务，其社会地位和政治影响都比达赖喇嘛差得远，且有一定任期，政治上和权威上都无法与驻藏大臣相抗衡，这无形之中加强和提高了驻藏大臣的权威。

派驻官兵　整顿藏军

清朝在西藏派驻官兵始于康熙末年，主要是为了稳定局势，防备准噶尔对西藏的再次骚扰。清军入藏清除准噶尔势力后，康熙六十年（1721）二月，抚远大将军允禵疏奏："西藏虽已平定，驻防尤属紧要。现今留驻彼处者，扎萨克蒙古兵五百名、额驸阿宝兵五百名、察哈尔兵五百名、云南兵三百名。四川兵一千二百名，以公策旺诺尔布总统管辖"[18]。三月，清朝决定再由云南、四川各调五百名兵丁入藏，这样，在藏兵丁共计四千名。这是清朝在西藏派驻官兵的开始。

由于西藏局势基本稳定，仅一年左右时间，这支军队全部内撤，只在察木多等处留兵一千名驻防。雍正五年（1727），发生阿尔布巴之乱，清朝派兵万余名进藏。局势稳定之后，雍正六年（1728），清朝决定留兵二千名驻藏，其余内撤。雍正九年（1733），以驻藏兵丁供应浩繁，决定大部分内撤，经军机大臣议定，"西藏居住之四川二千兵内，应留兵五百名，以为该地守护之用，余俱撤回原处。所留之兵，俟三年后，仍于四川官兵内派换。其察木多居住之云南兵一千，原为救援藏兵而设，今驻藏之兵既已酌减，则此项兵亦应撤回五百名，照四川兵丁之例，三年更换。"[19]从此，西藏派驻官兵一千，三年更换，成为惯例。

乾隆初年，西藏局势稳定，因此于乾隆十四年（1749）复将驻藏官兵内撤，仅留百余名护卫驻藏大臣[20]。翌年，郡王珠尔墨特那木扎勒谋乱，二名驻藏大臣均遭杀害。鉴于这个严重教训，云南提督冶大雄奏："然伊（珠尔墨特那木扎勒）之所以敢于肆逆，而二臣之所以竟至被害者，皆因藏内无兵之故，是以一旦有事，鞭长莫及。请藏内仍照前安设重兵驻防，令提镇大员弹压，三年更换。"[21]清中央政府采纳了这个建议，乾隆十六年（1751），经统兵入藏的四川总督策楞奏准，藏内仍驻兵五百名，从拉萨至四川的沿途台站，由兵一千名驻守[22]。

乾隆五十四年（1789），第一次反击廓尔喀入侵战争后，为加强边防力量，清朝决定在后藏派驻官兵。这年六月，成都将军鄂辉奏准；"前藏向驻绿营官兵五百十员名，现有驻藏大臣管辖。其札什伦布地方亦应酌拨绿营官兵分驻。请于察木多抽拨外委一员，兵六十名，江卡抽拨兵三十名，硕板多抽拨都司一员、兵二十名，前藏抽拨兵四十名。以上四处，共抽拨兵一百五十名，即令抽撤之都司、外委管领，移驻后藏。再，于马兵内挑拨二人，作为军功外委，管束兵丁。”[23]从此，清朝开始在后藏派驻官兵。

乾隆五十七年（1792），击退廓尔喀第二次对西藏的侵略之后，为进一步加强边防，安定西藏政局。清朝决定在前、后藏边防隘口，以及川边至拉萨的台站，均派驻官兵，总计一千三百余名。其驻防如下：

驻扎前藏游击一员、守备一员、千总二员、把总二员、外委五员，绿营兵四百五十五名；

后藏都司一员、把总一员、外委一员，绿营兵一百四十名；

驻扎江孜守备一员、外委一员，绿营兵二十名；

定日守备一员、把总一员、外委一员，绿营兵四十名；

驻扎察木多游击一员、千总一员、把总一员、外委一员；江卡汛守备一员、把总一员；梨树汛外委一员；石板沟汛把总一员、外委一员；昂地汛把总一员；硕板多汛千总一员；外委一员；拉里汛把总一员、外委一员；江达汛外委一员；共兵六百一十八名。

驻藏大臣两衙门应差兵丁每处三十名，游击八名，都司六名，守备二员，每员四名，驻藏都司每员四名，笔帖式二名，千、把总每员一名，前藏粮员看库兵丁八名[24]。

这些绿营兵的布防、兵额正式写进乾隆五十八年（1793）颁布的《钦定藏内善后章程》，从此成为定制。

西藏原有六万余名松散的藏军。这是一支兵民不分，没有组织和纪律、战斗力极弱的散兵游勇，在两次反击廓尔喀入侵的战斗中，“乘间即逃，遇敌即退，不能守御出力”。鉴于这一严重教训，乾隆五十七年（1792），福康安等奏准，对藏军加以整顿。

第一，额定编制三千名。原有藏军并无正规军事建制，平时散处为民。遇有战事，按各村寨人口，定以派兵数目，与应差徭无异，仓猝成军，难以应战。经整顿后，前、后藏各驻一千名，江孜、定日各驻五百名，各在驻防处征调。各处藏军官兵，由驻防当地的绿营将弁督率管束，教演技艺。所有藏军，造具花名清册，除交该管游击、都司等稽查外，另缮写两本，一存驻藏大臣衙门，一存噶厦。如遇缺额，依名册补充，随时呈报。

第二，核定军官职级、职责。原来藏军军官只是虚设，并不实际带兵，每遇打仗，临时派人管领军队，因而官兵互不相识，混乱不堪。经整顿，全藏设代本六名，每代本管兵五百名；代本之下设如本十二名，每如本管兵二百五十名；如本之下设甲本二十四名，每甲本管兵一百二十五名；甲本之下设定本一百二十名，每定本管兵二十五名。

代本等军官均由驻藏大臣会同达赖喇嘛选拣年轻力壮之人充任，并发给任职委牌，如有废弛军务等情，即行革退。此前，代本出缺，一般由营官升补或由代本子弟及贵族子弟直接补放，平民子弟最高只能升至定本，因而军队毫无勇敢战斗精神。针对这些弊病，福康安等奏请乾隆批准，规定：代本出缺，必须由如本拔补，其余各缺，也必须选择技艺娴熟、操防认真者依次递补，贵族子弟也必须根据这些条件依次晋升，不许躐等超越。平民出身的士兵，如材技出众，也准依次升擢，直至代本。

第三，官兵分别酌给口粮、钱粮。此前调派藏兵，从不给予口粮，士兵须自带口粮打仗，因而口粮吃完，即行潜逃。士兵出兵打仗时，亦不免其徭役，照旧摊派乌拉。经福康安等奏准：正式编入营伍的士兵，每名一年发给青稞二石半，如有征战，每名每日再发糌粑一斤。同时，发给兵丁执照，免其一家徭役，如被革退，执照追回。军官拨给庄田或发俸银。代本拨给任田一处，不发俸银或钱粮，如本俸银每年三十六两，甲本二十两，定本十四两八钱。上述钱粮、口粮及军官俸银，由西藏地方政府拨交驻藏大臣衙门，分春秋两季按规定数额发给。

第四，发给军器，认真操练，明示赏罚。此前临时抽调的藏兵，不发武器，遇有战事，须自备武器，因而战斗力极差。经福康安等奏准：额定的三千名藏军，统一由西藏地方政府发给军器、军火，其中50%发火枪，30%发弓箭，20%发刀矛。同时又规定，藏兵均须剃发，以示与农牧民区别，火枪兵穿红褐背心，弓箭兵穿白褐背心，刀矛兵穿红边白褐背心，前后各书“番兵”二字。驻扎各处绿营将弁，就近督率藏军军官，按期认真操练，驻藏大臣于巡查之便，亲行校阅，分别优劣给予奖惩。

经过这次整顿，藏军正式列入清朝国家军队序列，成为一支组织严密，训练有素、有一定战斗能力的正规军。在近代反对外来侵略的战争中，这支军队为保卫祖国边疆做出了一定贡献。

设立台站 “厘定疆域”

设立军台驿站，是清朝治理西藏的一项重要措施。西藏地处边睡，距内地遥远，且高山重阻，峻岭难通，因而加强其与内地的联系，保证消息迅速传递、公文及时往来，极为重要。乾隆曾多次强调指出：“藏地关系最要者尤在台站，此乃往来枢纽所在。”[25]所以，清朝一直把安设台站作为治藏的一项重要措施，苦心经营。

康熙五十八年（1719），清军由四川、青海、云南进藏时，即在沿途安设军台、驿站，以满足军事需要[26]。后经雍正、乾隆两代刻意经营，在唐、宋、元、明旧道基础上，辟治道路，安驿设台，形成了由四川、青海、云南入藏的三条大道。在三条入藏大道上，都设有台站，并派官兵驻守、巡查[27]。青海至藏约五千余里，设七十三台站；四川至藏约六千余里，设六十台站；云南至藏三千八百余里，设五十九台站[28]。这些台站一般都派兵驻守，储蓄粮草，供应过往官员、军队的食宿，传递公文，兼有兵站和邮递所的作用。

云南至藏一路台站，未设常驻官兵，由当地头人派人守护、巡查。由青海至藏一路台站，乾隆二十三年（1758）因新疆战争结束也暂行裁撤台站官兵，乾隆二十七年（1762）决定，由当地头人或官兵，“每年派人巡察”，“俱令于草萌时往，大雪后回”，此后形成制度。由打箭炉至拉萨一路台站，原设常驻官兵一千余名。乾隆五十八年（1793）颁布“钦定西藏章程”时，核定为六百一十八名，并于察木多、江卡、梨树、石板沟、昂地、硕板多、拉里、江达等重要台站，设武官率兵守护。

打箭炉、里塘、巴塘、乍丫、昌都、拉萨设粮台，各贮青稞数千石不等，遴选同知、通判驻扎，三年更换，称粮务台员（简称粮员）。

乾隆五十八年（1793），又决定在后藏设粮员一名，塘汛二十四处，由藏军驻守。

台站官兵的考评、挑补及有关台站的管理等事务，均归驻藏大臣主持。

鉴于廓尔喀两次侵略西藏的严重教训，为防御外来侵略，保证边界安全和西藏地方的安定，乾隆末年，采取了一系列加强边防的措施，其中最重要的是“设立鄂博，厘定疆域”。

乾隆五十七年（1792）八月，第二次反击廓尔喀入侵的战争刚刚结束，乾隆即谕令福康安等，迅速与廓尔喀划定边界，“查系藏内边地，一一设立鄂博”[29]。福康安等迅速照办，不久即奏复：“于济咙外之热索桥，聂拉木外扎木地方之铁锁桥，及绒辖边界，均已设立鄂博，厘定疆域”[30]。乾隆五十八年（1793），清政府批准了这次划界。廓尔喀认为，这次划界“定立地界极为公道”，表示“两家照旧和好，永远不敢滋事”，对于“所立地界，永远遵奉，不敢丝毫有违”[31]。

乾隆五十九年（1794），驻藏大臣和琳以“藏界西南通外番地方，如萨喀、定结、帕克里等处，均未定有鄂博，难保日久不无事端”，因而派熟于边务的游击张志林，“会同各营官，自萨喀起，酌于紧要处所，将应立鄂博地方，绘图帖说”，在福康安划界的基础上，进行补充划界。同年五月，和琳向乾隆奏报这次划界的结果：“定日阅兵完竣，随带游击张志林、噶布伦丹津那木结、代本拉旺策卜丹等，携带噶厦底案，由萨迦、宗喀、聂拉木、绒辖、定结、帕克里沿边一带，率同该处营官，悉心讲求，查对底册。张志林所拟应立鄂博处所，均与噶厦底册及年老番民禀告相符。查，各处路径崎岖，雪山重叠，臣分派营弁，跟同各该处营官，将旧有玛尼堆者，加高添砌；其全无形迹者，一律堆设整齐。所有唐古忒西南，与外番布鲁克巴、哲孟雄、作木朗、洛敏汤、廓尔喀各交界，均已画然清楚。”[32]

经过两次划界，西藏与廓尔喀等的边界已然清楚，并堆有鄂博作为界标。具体情况是：“自札什伦布西行，由拉孜至协噶尔、定日、宗喀、萨喀，通狭巴岭山、锅拉纳山、华都纳山、朗古山顶、纳汝克喀山顶、朗杂山顶，均设立鄂博，此内为唐古忒境，此外为洛敏汤、作木郎二部落境。又，自宗喀通济咙，至热索桥，设立鄂博，此内为西藏境，此外为廓尔喀境。又，自定日通聂拉木，至铁锁桥，设立鄂博，此内为西藏境，此外为廓尔喀境。又，自拉孜通绒辖，至波底山顶，设立鄂博，此内为西藏境，此外为哲孟雄境。又，自干坝至洛纳山顶、丈结山顶、雅纳山顶，设立鄂博，此内为西藏境，此外为哲孟雄境。又，自帕克里至支木山顶、臧猛谷山顶、日纳宗官寨，设立鄂博，此内为西藏境，此为外哲孟雄、布鲁克巴二部落境。又臧曲大河南，本系哲孟雄地界，被廓尔喀侵占已久，臧曲大河以外，俱系廓尔喀境。”[33]

建立金瓶掣签制度

金瓶掣签制度也是清朝治藏的一项重要政策。利用金瓶掣签选定达赖、班禅和其他大呼图克图（清朝对大喇嘛的一种封号）的转世灵童(俗称活佛转世)，是乾隆末年创立的一种对喇嘛教加强行政管理的制度，其实质是清朝中央政府对西藏地方行使主权的一项重要措施。

所谓活佛转世，是喇嘛教特有的传承方式。“活佛”，藏语称作“朱古”，意为“转世者”或“化身”，蒙古语称为“呼毕勒罕”。其“理论”来源于古代灵魂不灭观念和佛教的轮回说法；其主要做法是，在大喇嘛圆寂后，寻找一个幼孩作为其转世者，以继承其宗教地位。13 世纪时，喇嘛教噶玛噶举派的黑帽系最早采取这种传承办法，之后，喇嘛教的其他派系也竞相仿效。

这种传承办法创立的初衷，本来是为了克服宗教权利在家族内部世袭的弊病，在宗教史上有着革新意义。但是，到后来，却变成了世俗利禄的争夺。特别是清朝初年，由于大喇嘛有很高的社会地位和政治、经济特权，所以，大喇嘛圆寂后，蒙藏上层僧俗贵族，为了借其转世谋取政治、经济利益，不惜采用官场上惯用的阴谋手段将亲属子侄指认为大喇嘛的转世灵童，正像乾隆指出的那样，这些呼毕勒罕“或出自族属姻娅，或出自蒙古汗、王公等家，竟与蒙古王公、八旗也职官袭替相似”。这在客观上来说，是不利于清朝统治的。所以，乾隆五十七年（1792）第二次反击廓尔喀入侵战争取得胜利后，借整顿藏政之机，乾隆皇帝参照选任文武官员时抽签确定其任职地点的办法，创立了金瓶掣签制度，以杜绝大喇嘛传承的弊端。

这项制度，作为行政法正式颁行。乾隆五十八年（1793）颁布的《钦定藏内善后章程》明确规定：“关于寻找活佛及呼图克图的灵童问题，依照藏人例俗，确认灵童必问卜于四大护法，这样就难免滋生弊端。大皇帝为求黄教得到兴隆，特赐一金瓶，今后遇到灵童选认时，邀请四大护法，将灵童的名字及出生年月，用满、汉、藏三种文字写于签牌上，放进瓶内，选派真正有学问的活佛，祈祷七日，然后由各呼图克图和驻藏大臣在大昭寺释迦像前正式拈定”，选定达赖喇嘛和班禅额尔德尼的灵童时，“亦须将他们的名字用满、汉、藏三种文字写在签牌上同样进行，这些都是大皇帝为了黄教的兴隆，和不使护法弄虚作弊”。选认内外蒙古地区的呼图克图转世灵童也照上述规定办理，不同的只是金瓶置放雍和宫，掣签在理藩院尚书监督下进行。

金瓶掣签作为选任达赖、班禅和大呼图克图转世灵童的规章制度，包括以下几个程序：（1）寻认：根据活佛圆寂的遗言、面部朝向或某种暗示，打卦问卜，圣湖看影，察看幼童家庭及身体特点或出生时某些灵异特征，辨认前辈活佛遗物，当面观察和测试，选出候选灵童若干名；（2）筛选：由驻藏大臣主持，对候选灵童家庭、面相、聪愚等进行考察，择优汰劣，确定三名候选灵童；（3）掣签：将三名候选灵童的姓名、出生年月、用满、汉、藏三种文字写于签牌上，放入置于大昭寺释迦牟尼像前的金瓶内（如只有两名候选灵童，则再加一支空签），由驻藏大臣当众掣签；（4）奏准：由驻藏大臣将掣签选定的灵童情况和掣签经过奏报皇帝批准，完成法定审批手续；（5）坐床：由皇帝批准继任前辈活佛，完成全部法定程序。

从这个法定程序来看，除寻认过程中的宗教仪式外，金瓶掣签始终在驻藏大臣主持下进行，而其关键是皇帝批准。这不仅是防止了西藏上层僧俗集团借活佛转世之机营谋政治、经济利益，膨胀势力，更重要的是，清朝中央政府通过这种办法，牢牢掌握选认西藏政教首领的权力，犹如掌握任免官吏这个权力杠杆一样，对于稳定西藏局势、维护国家对西藏的主权，都有着重要意义。

改革乌拉、租赋、钱法、贸易制度，扶助西藏经济

由于各种历史、社会的原因，清代西藏地方一直被落后的封建农奴制所桎梏。僧俗统治阶级残酷的政治压迫和经济剥削，造成劳动人民极端贫困化，突出表现在乌拉和租赋两方面。

乌拉是一种强制性的无偿劳役。官僚贵族、大喇嘛的一切公私事务可以随意滥派乌拉，例如，耕田种地、贸易运输，背水割草、牧放牲畜，洒扫寺庙等，劳动人民几乎常年处于无偿劳役之中。其租赋也是毫无限制地滥收滥征。例如，预征，常有子年预征丑年、寅年之事；随意提高租赋数额，“任意多索”，无限制地以各种名义加税、勒索钱财；强征空额租赋，由于战争或不堪严酷的压迫剥削，劳动人民大量逃亡，但仍照原定租赋征

收。济咙地方的琼堆村，原有五十余户，到乾隆末年，只剩八户，仍照原额征收租赋。以至清朝官员也不得不惊呼："在在如此，民不堪命久矣！"驻藏大臣在告示中也承认："商上所属各处百姓，穷苦者多而乐业者少。访查其故，皆因差事繁多，而钱粮有加倍征收所致"，"查百姓逃散之故，原因乌拉牛马、人夫、柴草、饭食费用繁多，以致逃散"[34]。

针对这些社会弊病，清朝对西藏的乌拉和租赋制度进行了必要的改革。乾隆十六年（1751）颁布的《钦定西藏善后章程》规定："其滥行给发（贵族）之免差文书，亦应查明撤回，仍令其照旧当差。凡一切加派之差徭，亦应禀明达赖，概行减免，俾百姓苦乐得均"，"嗣后噶布伦、代本等买卖差遣，不得擅行私出牌票，即遇公事有必需乌拉之处，务禀明达赖喇嘛发给印信遵行。"[35]

清朝的这些改革措施当时未得到贯彻执行，问题仍极为严重。因此，乾隆五十八年（1793）仍把它作为一项重要内容，列入《钦定藏内善后章程》，规定："藏内凡大族人户及大寺喇嘛各处免差照票，一概停止。务使合藏徭役均平，不致穷番苦累。如实有劳绩者，达赖喇嘛告知驻藏大臣。方准给票。至新设番兵，于挑补兵缺时，仍准给发照票免差，出缺缴销"；"喇嘛、番目人等私事往来，不得擅用乌拉，亦不得私发信票。如遇因公差遣，有必须乌拉之处，须禀明驻藏大臣及达赖喇嘛，发给用印照票，编定号数，始准应付"。同时，厘定税赋，防止滥征，规定："各寨租赋，应按年征收，清交商上。该商卓特巴立限严催，经征之济仲、营官、第巴等，年清年款，不得违限拖延，亦不许先一年预征租赋。如各寨有逃亡绝户，实在田亩抛荒者，即将该户租赋豁免，候有佃种之人，再行照例升科"[36]。乾隆末年，还采取了一些减免租赋和抚恤措施。乾隆六十年（1795），经达赖、班禅同意，驻藏大臣奏准，前藏"百姓应交本年粮石，约计值银五万余两，及节年所欠各色粮银四万余两"，"概行豁免"；"将后藏所属百姓本年应交粮石豁免一半，旧欠粮银概行豁免"。清朝还拨出白银四万两抚恤贫困，"查明各处穷苦百姓，按户散给口粮、籽种，令其各勤农业，如有房间坍坏者，酌给银两修补，俾各穷民有所栖止"。又采取了一些措施招集流亡："乾隆四十二年（1777）以后，各乡村逃亡他处百姓，及投入世家百姓，著交各该处营官弟巴、大小番目等，即时分别查明，招回本处，每人散给三个月口粮糌粑，仍按人分给籽种，分地耕作，及各本处无力穷民，亦著散给两个月日粮糌粑，量给籽种，一体赶紧耕作，毋致失业。大口每一个月口粮糌粑三克，小口每一个月口粮一克半，务须均匀散给，分地耕种，毋致一夫失所”，并“明白晓谕此项招回百姓知悉……此时耕作，并不令尔等交纳钱粮、充当乌拉差事，俟过三年，再行照例纳粮当差[37]。这些，在当时对于减轻人民负担、恢复经济，都起到了一定作用。

乾隆末年，还对西藏的钱法、贸易制度进行了整顿、改革，以保护经济的恢复与发展。以前西藏地方使用廓尔喀银钱，由于廓尔喀造钱掺铜和随意提高银钱比值，经常酿成纠纷。乾隆五十六年（1791），清朝决定，停用廓尔喀银钱，在“西藏地方安设炉座，派拨官匠鼓铸”。第二年，经福康安等筹划，并经乾隆批准，按清朝制钱样式，在西藏开炉铸钱，正面用汉文、背面用藏文各铸“乾隆宝藏”四字，“以昭我国家同轨同文之盛”。在驻藏大臣衙门添设粮务一员，选派同知、知州、知县衔官员充任，“专管监造银钱事务”，“又专派铸钱仔本二名、济仲喇嘛二名，以专责成”[38]。从此西藏结束了使用廓尔喀银钱的历史。

西藏与廓尔喀、克什米尔的贸易有着悠久的历史，但也时常发生纠纷。第二次反击廓尔喀入侵的战争取得胜利后，清朝乘机对西藏贸易进行了整顿，规定廓尔喀商人每年可到拉萨贸易三次，克什米尔商人只准贸易一次，并须查明人数，按名注册，报驻藏大臣衙门备案。藏民出境贸易，也由商头呈明驻藏大臣，由何路行走，给与印照，并由各处营官、驻兵稽查出入。对于边民贸易，“毋庸定立次数、限期，准其照常市易”，不加限制。其税额仍照旧例抽收[39]。

为了扶助西藏经济，除免除西藏向国家交纳赋税外，还用赏赐等名义，给予西藏大量财政补助。雍正二年（1724），清政府决定，每年“赏给达赖喇嘛茶叶五千斤，班禅喇嘛减半赏给”[40]，以后即成定例。乾隆时又决定，“打箭炉所收税课内，每年拨银五千两，赏给达赖喇嘛，作为养赡僧众之费，于每年遣人至打箭炉领取茶叶之便，祗领带往”[41]。乾隆五十八年（1793），又谕令驻藏大臣，“嗣后竟著于办公项下，每年赏给达赖喇嘛银一千两，俾得用度充裕，以示格外体恤恩施”[42]，此后这项规定也成为定例。这些都是例行赏赐，遇有达赖、班禅朝觐等特殊情况，更是给予大量赏赐。这些，除去其政治上的意义不谈，都是对西藏的财政补助。

订立章程，治藏政策制度化、法律化

清朝从雍正时开始，根据本朝治藏得失，参酌元、明两代治藏经验教训，将一系列治藏措施、政策，汇编成行政法规，名之曰“章程”，“期于久远而便遵守也”。乾隆五十八年（1793）颁发的《钦定藏内善后章程》即“二十九条章程”，是历史上最著名的、也是影响最为深远的治藏章程，可以称之为清代的治藏“基本法”，它对加强清中央政府对西藏地方的主权、社会的稳定都起了到重要作用，以后（直至民国期间）历届中央政府对西藏的治理，都参照其基本精神。

雍正二年（1724），清朝平定青海罗卜藏丹津之后，加强了对青海的统治。清军统帅年羹尧根据雍正皇帝旨意统筹规划青海和西藏，以及川边藏区的治理，上疏《平定罗卜藏丹津善后事宜十三条》，很快得到雍正皇帝的批准，付诸实施。除青海、川西藏区事宜之外，奏折系统陈述了清入关以来的治藏政策，以及应采取的治藏措施，主要内容有，除继续执行顺治、康熙以来对达赖喇嘛除“赐册封授”政策外，“议定赏额”，即定期定额赏赐；限制喇嘛庙规模，“寺屋不得过二百间，喇嘛多者止许三百人”；在藏区设兵驻防，等等。它标志着清朝对西藏的治理，开始了一个新的历史阶段，可以称之为清朝治藏的第一部“章程”。

乾隆十五年（1750），清朝平定藏王珠尔墨特那木扎勒之乱。为防止贵族擅权，翌年，清朝改革了西藏的行政管理体制，取消封授郡王的制度，从此“噶隆事务，不可一人专办”，设噶隆（伦）四人，于噶沙公所（即噶厦）“公同办事”，“遇有紧要事务，禀知达赖喇嘛与驻藏大臣，遵其指示而行”，并将这些规定写入了“西藏善后章程”，以法规的形式固定下来。这个“章程”共十三条，它的重要意义在于，从法律上规定了驻藏大臣与达赖喇嘛共理藏政的行政管理体制。同时规定了西藏地方僧俗官员的选任、差徭、驻兵等制度，它在历史上第一次将西藏地方的行政事务。正式纳入国家法规，形成制度。这些对于加强西藏地方与中央政府的隶属关系，稳定西藏地方政局，都起到了重要作用。

乾隆末年，清朝军队在西藏上层人物和僧俗群众的支持下，击退了廓尔喀（尼泊尔）对西藏的两次侵扰，清中央政府乘机强化了对西藏的管理，于乾隆五十八年（1793），颁布了著名的“二十九条章程”。这个章程，对清朝治理西藏行之有效的各项规章制度，作了具体规定，并以法规形式固定下来，公之于世。这个章程的基本精神是加强中央对于西藏地方的管理，规定凡用人、行政、财政、军事、对外关系等事务，都由驻藏大臣统筹办理。同时，对于达赖、班禅转世金瓶掣签、整顿藏军、财政收支、货币铸造、租赋和差徭、边防、对外贸易等，都做了制度规定。这个章程的制定，标志着清朝对西藏的治理，进入了驻藏大臣总揽藏政的历史阶段。进一步完善了中央管理西藏地方的各项政策，并将其制度化、法律化。

后来，作为清朝行政法规汇编的《大清会典》，以及有关边疆民族事务法规汇编的《理藩院则例》中的有关西藏部分的法规，基本上都是按“二十九条章程”基本精神制定的。

清朝制订的“治藏章程”，其实质，是把中央对西藏地方行使主权的政府行为制度化、法律化，对于维护清代多民族国家的统一，加强西藏地方与中央政府的关系，起过重要的历史作用。

总之，清代的治藏政策，主要包括：敕封达赖、班禅，利用喇嘛教，中央设置理藩院统管西藏事务，设置驻藏大臣，众建分其势，派驻官兵、整顿藏军，设立台站、“厘定疆域”，建立金瓶掣签制度，改革乌拉、租赋、钱法、贸易制度和扶助西藏地方经济，订立“章程”，治藏政策制度化、法律化，等等。这些政策的核心是加强中央政权对西藏的统治，最根本的是由驻藏大臣总揽西藏地方政权，清朝的主观目的，虽是为了维护、加强其封建统治，但在客观上，把西藏地方与中央政权的关系，推进到了一个新的历史阶段，促进和加强了多民族国家的统一。这对于保持西藏地方的社会安定，防御外来侵略，都是有积极作用的。

民族和宗教是治理西藏的关键问题，这是西藏的历史和社会特点造成的。清朝的治藏政策充分体现了这方面的特点，采用“恩威并济”的手法。笼络、优待上层僧俗人物，以维护其在西藏的统治基础，同时又采取了许多管理和限制措施，以防止上层僧俗分子势力的膨胀。这在当时特定历史条件下，对维系多民族国家的统一起到了一定的作用；但另一方面它也有力地维护了西藏上层僧俗份子的特权，保护了西藏落后的农奴制度，造成了喇嘛教的泛滥，从而使西藏的经济文化长期处于落后、停滞状态，广大劳动人民长期遭受奴役和残酷的压迫剥削。

清朝的治藏政策吸取了历史上（特别是元、明两代）中央政权治藏的经验教训，对西藏的政治、经济、军事、外事等制度进行了全面改革，特别注意了克服分裂势力和加强边防问题，制度完备，立法严密，从而形成了一种社会制约机制，造成了一种巨大的传统力量和历史的惯性。这对于维护国家的统一，是一种巨大力量，另一方面在近代史上，中国逐步沦为半殖民地的特殊历史条件下，西藏地方始终置于中央政权治理之下，也没有发生大的民族分裂。

注释：

①《理藩院则例》卷61。

②《清高宗实录》卷186。

③《清高宗实录》卷358。

④《清高宗实录》卷377。

⑤⑦㉟张其勤：《清代藏事辑要》卷6。

⑥参见张其勤：《清代藏事辑要》卷4；《理藩院则例》卷62。

⑧本节引文凡未注明出处的，均引自《卫藏通志》卷12。

⑨张其勤：《清代藏事辑要》卷2。

⑩《清高宗实录》卷295。

⑪⑫⑬张其勤：《清代藏事辑要》卷1。

⑭《清高宗实录》卷38。

⑮参见《西藏志》。

⑯⑰《清高宗实录》卷377。

⑱《清圣祖实录》卷291。

⑲《清世宗实录》卷129。

⑳《清高宗实录》卷355。

㉑同上，卷379。

㉒同上，卷389。

㉓同上，卷1333。

㉔㊱见《卫藏通志》卷12。

㉕《清高宗实录》卷385。

㉖姚莹：《康輶纪行》卷3。

㉗周蔼联：《西藏纪游》卷3。

㉘范铸；《三省入藏程站记》。

㉙《清高宗实录》卷1411。

㉛㉜㉝《卫藏通志》卷2。

㉞㊲同上，卷 14 上。

㊳同上，卷 10。

㊴同上，卷 11。

㊵《清世宗实录》卷 20。

㊶《理藩院则例》卷 61。

㊷《清高宗实录》卷 1422。

（本文初稿以《清前期对西藏地区的治理》为题，刊于马汝珩、马大正主编的《清代的边疆政策》，中国社会科学出版社 1994 年版，第 407—427 页；后经修订，以现题收录于《西藏七百年》，五洲传播出版社 2000 年版，第 230—258 页）

达赖、班禅的由来及其转世制度

达赖、班禅是藏传佛教（俗称喇嘛教）格鲁派的首领人物，他们和世间一切事物一样，都是历史的产物。公元7世纪，佛教由唐朝、尼泊尔、印度传入吐蕃（今中国西藏），经过与当地原始宗教——苯教的长期斗争与融合，逐渐形成了具有浓厚地方和民族特色的佛教一支——藏传佛教。之后，逐渐形成了宁玛派（红教）、噶丹派、萨迦派（花教）、噶举派（白教）几大教派。公元13世纪，元朝建立之后扶植萨迦派掌握了西藏地方政教权。1368年明建立，帕竹派（噶举派的一支）逐步代替萨迦派占据了西藏政教统治地位。宗喀巴（1357—1419）创立格鲁派之后，吸收了噶丹派，发展很快，到明朝中叶，势力迅猛增长，在民众中的威信很高。其重要的领袖人物之一索南嘉措，于明朝万历六年（1578），应邀到达青海湖畔的仰华寺，与率部占据青海的蒙古土默特部首领俺答汗会见。俺答汗赠给索南嘉措"圣识一切瓦齐尔达喇达赖喇嘛"的尊号（"圣识一切"是"遍知一切"的意思；"瓦齐尔达喇"是梵文"金刚持"的意思；"达赖"是蒙古语的"大海"；"喇嘛"是藏语"上师"之意），索南嘉措回赠俺答汗"咱克喇瓦尔第彻辰汗"的尊号（"咱克喇瓦尔第"是梵文"转轮王"的意思；"彻辰汗"意为聪睿之王）。从此，正式有了"达赖喇嘛"这个尊号。格鲁派后来追认宗喀巴的弟子根敦朱巴为第一世达赖喇嘛，根敦嘉措为第二世达赖喇嘛，索南嘉措即为第三世达赖喇嘛。以后历辈转世传承。

明崇祯十五年（1642），五世达赖、四世班禅密召青海和硕特蒙古固始汗率兵入藏，夺取了西藏地方政权，建立了以五世达赖为法王、第巴总理政务的噶丹颇章政权。数年之后，布达拉宫扩建竣工，五世达赖即由哲蚌寺迁居布达拉宫，以后历世达赖均驻锡于此。

五世达赖、四世班禅取得西藏地方政教大权后，即派人到盛京（今沈阳）与尚未入主中原的清朝建立了密切联系。顺治元年（1644）清朝夺取全国政权之后不久，即派专使到拉萨看望五世达赖，并在各大寺熬茶、发放布施，又多次邀请五世达赖晋京。顺治九年（1652）冬，五世达赖到达北京，受到清朝皇帝的隆重礼遇。翌午，五世达赖返藏途中，顺治皇帝派礼部尚书觉罗郎球、理藩院侍郎席达礼为册封使，册封他为“西天大善自在佛所领天下释教普通瓦赤喇怛喇达赖喇嘛”，并赐金册、金印。从此，历世达赖喇嘛必须经中央册封才为合法，形成了历史定制，正式建立了册封达赖喇嘛的制度。

在五世达赖联合固始汗夺取西藏地方政权的激烈政治斗争中，四世班禅罗桑却吉是实际的决策人物。由于他的功绩和社会威望，清顺治二年(1645)固始汗赠给他“班禅博克多”的称号(“班”为梵语“班智达”的简称，意为精通佛教五明之学的贤哲；“禅”为藏语“钦波”的简称，意为“巨大”；“博克多”是蒙语对睿智英武圣明之人的尊称)。从此，“班禅”成这一转世活佛系统的专称，而且札什伦布寺的寺主都由历代班禅大师担任。康熙五十二年(1713)，为安定西藏政局，清朝正式册封五世班禅罗桑益西为“班禅额尔德尼”(“额尔德尼”为满语“宝贝”之意)，并依照册封五世达赖之例，赐金册、金印。从此，正式建立了册封班禅额尔德尼的制度，法定了其在西藏的政教地位。

达赖、班禅的传承是通过转世(俗称“活佛转世”)方法完成的。清朝乾隆时期以前，达赖、班禅的转世只是通过一定的宗教仪式完成，没有国家行政法规的规定。乾隆五十八年(1793)颁布的“二十九条章程”，规定了通过金瓶掣签选认达赖、班禅转世灵童的法律程序，把达赖、班禅的转世正式纳入了法制轨道。

活佛转世是藏传佛教有别于其他宗教和佛教其他派别的独特传承方式，即在大活佛圆寂之后，寻找一名被认为是其转世再生的、具有灵异特征的幼童，作为其继承人，藏语称作“朱必古”，意为“转世者”或“化身”，蒙古语称作“呼毕勒罕”。从民俗和宗教上的意义来说，它主要来源于古代藏族民间宗教的灵魂不灭观念和佛教的化身说教。按照佛教教义，佛有三身——法身、报身、应身。其中的应身，又称化身，即通常所说的“活佛”。根据佛教经典，它是指佛在人世间的化身，其使命是继承、弘扬佛法，消灭尘世的不平和苦难，普度众生脱离苦海。

藏传佛教转世制度的形成和发展经历了漫长的历史。最早实行活佛转世办法的，是13世纪噶玛噶举派的黑帽系。由于它在防止家族势力控制宗教派别和由于大活佛圆寂可能引起的权力和财产争夺方面有一定的积极意义，所以逐渐被藏传佛教的其他派别所采用。到16世纪中叶，格鲁派也采用了这种办法。

但是，活佛转世办法行之既久，弊病丛生。特别是清朝初年，由于对喇嘛教采取尊崇、扶植的政策，蒙藏地区的上层僧俗贵族，往往利用活佛转世谋取巨大的政治和经济利益。其约定成俗的办法是，在大活佛圆寂之后，其转世灵童，往往是由布达拉宫四大护法（汉文史料常写为“吹忠”或“垂仲”）喇嘛降神指定。蒙藏地区的上层僧俗贵族常常利用特权和贿赂，指使和买通吹忠，假托神意，指认自己的子侄或亲属作为大喇嘛的转世灵童，利用这种手段操纵宗教，谋取政治、经济特权。“吹忠或受贿恣意舞弊，或偏庇亲戚妄指”，以至转世呼毕勒罕“或出自族属姻娅，或出自蒙古汗、王、公等家，其与蒙古王公、八旗世职官袭替相似”。这是造成蒙藏地区社会动荡、纷争不已的一个重要原因，也在一定程度上影响着国家的安定、统一和清朝中央政权的巩固，因此，乾隆皇帝权衡利弊，决定利用反击廓尔喀侵藏战争胜利后整顿藏政之机，革除其弊，参照历代中央政权抽签任用官吏的办法，建立了金瓶掣签制度，并在乾隆五十八年（1793）颁布的“二十九条章程”中，以法律的形式规定下来。

金瓶掣签的具体办法是：

遇有达赖喇嘛、班禅额尔德尼和藏区大活佛圆寂需要选认转世灵童时，按照宗教仪轨选定三名候选灵童，将其姓名、出生年月，各用满、汉、藏三种文字分别写在象牙签牌上（如果只有一名候选灵童，则同时置一个空白签牌），放在由清朝皇帝颁发的金瓶内，供奉大昭寺释迦牟尼像前，由喇嘛诵经七天，然后在驻藏大臣主持下，当众掣出一签，将签牌上书写的幼童作为灵童正式候选人，报经皇帝批准后，正式认定为转世灵童；同时，在北京雍和宫也供奉一个金瓶，遇有蒙古地区大活佛圆寂需要选认转世灵童时，按同样办法，由理藩院尚书主持，当众抽签选定。

金瓶掣签制度颁行后至清朝灭亡的一百多年时间里，除九世和十三世达赖喇嘛是作为特例经皇帝批准后免于掣签直接认定外，十世、十一世、十二世达赖喇嘛和八世、九世班禅额尔德尼，都是经过金瓶掣签认定的。

民国时期，由于十三世达赖、九世班禅的圆寂，国民政府又参照清朝金瓶掣签制度，结合当时的历史情况，制定了达赖、班禅的转世办法，正式选认、册封了十四世达赖和十世班禅。

本书汇集了历世达赖、班禅圆寂、寻认、册封的有关史料，并将清朝和民国期间制定的有关转世办法作为附录，供读者研究参考。

（本文系《历辈达赖与班禅转世、寻认、坐床、册封史料荟要》代前言，原载《中国西藏及甘青川滇藏区方志汇编》）

附：金瓶掣签与神判文化

金瓶掣签制度是清朝乾隆皇帝为进一步完善活佛转世制度、加强对西藏政教管理而采取的一项重要措施。

古殿金瓶设，祥晨选佛开。
谁家聪龄子，出世法门胎。
未受三涂戒，先凭六度媒。
善缘生已定，信我手拈来。

这是清朝乾隆末、嘉庆初，驻藏大臣和宁写的《金本巴瓶签掣呼毕勒罕》诗，①真实地反映了清朝对西藏大活佛转世灵童实行金瓶掣签的情形。

过去人们多从制度方面探讨金瓶掣签的制定的缘由、特点、历史作用。实际上，金瓶掣签的产生是有民俗文化根源的，也就是说，它深深根植于中国自古就有的神判文化。神判是“神明裁判”或“神意裁判”的简称，又叫“神断”、“天罚”、“巫术裁判”等。作为一种民俗文化现象，在世界上许多民族中都普遍存在过。它是初民社会原始宗教意识的表现形式，人们由于自身思维的局限，以及对自然力量的敬畏，产生了对神的崇拜，开始运用神灵意志介入人类行为去辨别是非与处理纠纷，这就是神判。它引发人们强烈的崇敬、畏惧意识，给人以神圣的感觉，然后发展为仪式。金瓶掣签就是清朝根据藏族的社会情况，以及客观存在的活佛转世制度、神判文化而制定的神判仪式。

一

在我国，神判存在最早、最确凿的证据，就目前来说，当属甲骨文。商代的甲骨文大都是商王提出的卜问和神灵解答的记录，包括祭祀、战争、生产、生活、天文、历法等各方面。甲骨卜辞中的神判，是将龟的腹甲骨及动物的肩胛骨，放入火中烧，形成裂纹，然后巫师根据纹理走向解读，得出占卜结果。其目的就是《礼记·曲礼上》所说：“卜巫者，先圣王之所以使民信时日，敬鬼神，谓法令也，所以使民决嫌疑，定犹与也。”说明占卜是用巫术的手法预测未来、定吉凶、解决疑难问题的一种方法，这属于占卜神判的范围。在各种各样的神判形式中，相对简易的占卜，又得到了最广泛的应用。此后，各种各样的占卜形式不断出现，有贝壳卜、鸡卜、棋卜、牛蹄卜、钱卜等形式广泛流行。

在我国经济、文化发展相对不发达的少数民族中，神判文化也特别盛行。按照不同的手段，神判又可以分为捞沸判、铁火判、神兽判、人体判、起誓判等等。其中，捞沸判、铁火判又是最常见的两种神判形式。

捞沸判是在沸腾的开水或油锅内捞取铁斧、神石、铜钱、鸡蛋等物件，广泛流行于独龙、傈僳、景颇、壮、侗、苗等民族社会中。可以在巫师或头人的主持下，烧一锅开水或油，锅内放入两个石子、铜钱或其他物品，由双方当事人同时赤手从锅内将该物捞出，若一方手被烫伤，表明神灵对其惩罚，输了理，应按习惯规定受罚。若双方的手都被烫伤，则两者均属无过。明代杨慎在《南诏野记》中记载：“有争者，告天，沸汤投物，以手捉之，曲则糜烂，直则无恙。”[②]这种神判方式在古代西藏也是盛行的，15世纪制定的《十六法》第十一条规定，对于疑难案件，可以“举行煮泥抓石之仪式”。五世达赖喇嘛时期制定的十三法典，第九条也有“沸油取石”、“沸泥取石”的规定。其法是向铁锅中倒入足以淹没手腕之泥浆或油，放入石子，将油或泥浆煮沸，由当事人发誓后从锅中抓出石子，以其手是否被烫伤而判定是非。[③]

各民族的铁火判，是指人们将石头、铁块、铁斧等放入火中烧烫，然后分别放在当事人的手上，走上几步。或者放在地上，让当事人踏上一足，以手足是否受伤，及双方烫伤的严重程度来鉴定是非。这种神判办法，广泛流行于彝、苗、壮、基诺等民族。

神兽判，是根据本族公认的具有灵性的动物，如以公鸡作神判，根据占卜时的变化情况，来裁决是非。

能力判，是测试当事人某种技能、智力、耐力，有潜水、踏火、火中取物、上刀梯、猎兽、徒手搏斗等，若谁先败下阵来，谁就输理，按规定受罚，流行景颇、傣、彝、苗、高山等民族。

起誓判，当事人向神鬼宣誓，让神灵来明辨是非，自己若有罪，几日内必遭神灵惩罚，以此来决定是非曲直。

从各民族神判形式来看，本质上说，神判是一种巫术行为，是原始宗教的一种表现形式。在现实生活中，人们企图借助神灵的力量，来判断或裁决各种疑难案件，是裁决问题的一种手段。与法律有相似的功能，也具有自身的特点：

（一）神判有公认的神灵。神判必须具有公认的神灵，受到人们崇拜、敬仰，从而使得它具有主持公道、明辨是非的能力。因此，各民族都有自已的创造的裁判神，如汉族的关帝、观音菩萨，侗族祖母神萨岁、阿昌族的寨神色曼，藏族的吉祥天女等等。此外，自然的神力，如雷神、树神、太阳神等也经常是神判之神。

（二）神判有其主持人。神判的主持人是执行神判的头人或巫师等，他们是人神沟通的媒介，平时为人，降神时为神。上达民众愿望，下传达神灵旨意，与神灵的力量合二为一，成为崇高的、有权威的人物。

（三）神判有庄严、公正的仪式。一般的神判仪式都包括当事人、主持人、见证人；公认的进行程序、神判用品、巫术用语等要素。

（四）神判具有不可动摇的权威性。它源于人们对神灵的信仰与敬畏心理。人类处于社会发展初级阶段时，由于思维的限制，对所发生的事件不具备进一步解释和裁断的能力，对自然威力的畏惧产生崇拜心理。相信神具有超人力量，能明辨是非，奖善惩恶，从现象看，当神判以某种形式来指明判断的结果，如以手烫伤或身体得病是否，来表明有罪或无罪，或者说有理或无理。这种现象是可以看见的，任何人不能做出第三种解释。“所以这种判断不仅具有非常明确的裁决性，而且具有很高的权威性，故有学者把神判称为‘最高的和最后的判决手段’”。④由于“神判的权威与灵验”，逐渐为人们接受，约定俗成，在实践中形成了一套公认、明确的、规范化的操作程序。

（五）神判具有威慑、惩罚功能。由于人们对神判的崇拜、惧怕，在神判过程中，普遍会产生生理和心理上的痛苦，往往都会安分守已。而有争议的当事人在心理震慑下，基本上也会自动坦白。当然，神判也会使无辜者遭受伤害，造成冤案，面临着习惯法的惩罚。

但是，神判的主持人既然是巫师或头人，就会有人为的弊端。例如，以手、足接触沸水、热铁等，一般都会烫伤。有的人不被烫伤，奥秘在于神判技巧。据说，苗族的巫师常用一种药物粘在斧子上，放入锅内，使锅里的水未到沸点也会沸腾，产生剧烈的气泡，让人以为水已烧开。因此，巫师可以通过一些技巧，来掌控神判仪式的进程和捞取时机。据1932年修撰的云南省《马关县志·风俗志》载：若发生失盗事件，嫌疑人又不肯承认，于是请术人以捞油锅法判断。术人以细柴烧锅底，“当锅热而未沸腾之时，以清酒一碗加入，冷热相激，油酒不容，遂起泡沸。旁观者见此形势，皆谓油已腾沸。”实际上，油既未沸腾，这时也不再架柴。这时候，可放入铜钱，术人把钱捞出，以示无恙。然后，将钱投入油中，让嫌疑者捞之。术人再念“好人无恙坏人烂”之类的咒语。在这一过程中，有真害怕畏罪的；也有因油度渐增烫伤手，好人受诬者。所以，神判断案取决于巫师个人道德的差异，他们既可以如实地完成神判仪式，也可以舞弊陷害别人。但在大多数情况下，各民族普遍信仰神灵，人们真的相信做了坏事，会受到惩罚，巫师也不例外。在这种威慑下，做坏事的人可能会做贼心虚，惧怕受到惩罚。在举行神判之前，就可能承认罪过。而巫师或头人大都是村里德高望重者，一般也会维护自己的权威，不轻易去陷害别人。

既然神判是将人与自然界诸神联系到一起，去调解人类社会的纠纷，那么就会使得神判具有仪式性、权威性、习俗性以及惩罚、威慑等属性，与以后的法律形式相同，具备了一定的社会功能。因此，神判作为一种集体意识，渗透到人们心灵深处，就有了存在的社会基础和群众基础，大家普遍接受，逐渐形成了以神判作为外部表现形式，以人判作为实质内容的裁决形式，可以人为操纵，也可以为政治服务。

二

由于地理环境、生活方式、宗教信仰、文化习俗的不同，各民族在神判种类、实施方法上有多样性。具体到藏族社会，藏人也有自己的神判习俗。在公元7世纪以前，西藏民间信仰的是辛绕米沃创立的原始苯教。从很多古藏文文献和古老的神话传入中，可以发现苯教对自然与人的认识，是以万物有灵为基础的，认为人、树木、岩石、湖泊、山川都是有灵魂的。这就形成了藏人对神的崇拜，相应地，神判文化也就客观存在，深深地扎根于藏族社会中。这对藏人的宗教信仰、习俗的形成影响非常之大。据土观·罗桑却吉尼玛的《宗教源流》记载有，吐蕃时期支贡赞普王时，于“克什米尔，勃律，象雄等三地请来三位苯教徒，……其中一人以色绒，神言、活血等作占卜，以决祸福休咎。”说明，吐蕃时期西藏地区就有神判习俗存在。此后，神判习俗流远绵长，广泛流寓于藏族社会，深入藏人的心灵，形成共同的信仰。

这种神判习俗与藏传佛教理论结合之后，就典型的表现在西藏活佛转世制度上，体现出了神判文化的种种属性。藏传佛教自噶玛噶举派黑帽派开始选任活佛转世后，到格鲁派兴盛时，形成了达赖喇嘛及班禅额尔德尼的两大活佛转世系统。此后，这种活佛转世制度开始在藏区和蒙古地区的藏传佛教寺院中兴盛起来，世代传承。据汉文和藏文史料记载，在清代，有达赖喇嘛、班禅额尔德尼、哲布尊丹巴、章嘉、第穆、帕巴拉、嘉木样、热振等著名的活佛转世系统。当活佛圆寂后，需要通过一系列仪轨来确认继承其宗教权力的转世呼毕勒罕（蒙语，即灵童，意为佛的化身），这就体现了神判文化。

以达赖喇嘛转世为例。达赖喇嘛圆寂后，首先请在世的大活佛祈祷、打卦占卜，以及请专职降神的“吹忠”[5]祷问，探求灵童转世的地方及家庭特征、父母姓名等等。当完成这些程序后，须通过神湖来进一步认定转世灵童的相貌及家庭特征。于是，摄政王和一些高级僧俗官员就会来到距拉萨东方150公里“曲科甲”地方，据称这里有一个女神班丹拉姆（吉祥天女）掌管的圣母湖。在虔诚的祈祷下，湖面会出现山水、林木、村落、房屋的环境特征，详记于图。然后参照“吹忠”的旨意寻找灵童。被选中的灵童必须具备某些超常的神奇特征，包括大耳朵、宽眼睛、大腿上有虎皮斑，手掌上有形似海螺的纹理，眉毛梢上翘等等，这些都是佛祖的特征，当然各种神奇特征越多越好。另外，灵童也必须能辨认出他前世用过的物品，例如茶杯、饭碗、手绢、笔、念珠、手铃等等。

1933年，十三世达赖喇嘛圆寂后，西藏大喇嘛们即按照规定程序，寻访转世灵童。吹忠降神后，说达赖将转世西藏东北汉人地方。热振呼图克图观圣母湖幻影，显现出一座三层金瓦寺院，及一座卷檐的农舍，位于小路的尽头。门前有一株柳树，系一匹白马，一个妇女怀抱孩子立于树下。格鲁派色拉寺大活佛格桑仁布依此寻访，在青海、甘肃地区的蒙、汉、藏等民族杂居地带，发现一座三层金瓦寺院，一座农舍。寻访灵童的喇嘛在远处下马，易装进入农舍。刚一进屋，一个两岁的儿童，即扑向一位挂着十三世达赖喇嘛生前佛珠的喇嘛面前，抓过佛珠戴到了自己脖子上，并大声叫喊“色拉喇嘛”，让在场的喇嘛们非常惊奇。为了进一步求证，几天之后，喇嘛们又让这个幼童挑选一些物品。幼童毫不犹疑的挑出了十三世达赖喇嘛用过的佛珠、手鼓、手杖等。最后高僧喇嘛又仔细观察幼童的身体特征，有大而翻翘的耳朵，身上有被认为是佛祖另外两只胳膊的两块黑痣等。于是，幼童被确认为十三世达赖喇嘛的转世灵童的候选人之一。

若在寻访过程中，同时发现几个“灵异”的幼童又怎么办呢？历史上，是以吹忠作法，降神指认其中一人。但行之日久，一些上层贵族和大喇嘛操纵吹忠，任意妄指，假托神言，使得转世灵童“或出自族属姻娅，或出自蒙古汉王、公等家，竟与蒙古王公、八旗世职官袭替相似。”⑥为了摈除积弊，又能顺应藏族风俗，以服人心。清乾隆皇帝于乾隆五十八年（1793），正式颁布《藏内善后章程二十九条》，章程第一条明确规定藏传佛教的活佛转世实行金瓶掣签制度。

三

那么，乾隆皇帝又是如何想起采用金瓶掣签的方式呢？对于这一点，一些专家学者常常忽略过去，未进行认真探究。实际上，乾隆皇帝曾明确指出：“（金瓶掣签）犹之吏、兵二部掣签。在明创行时，即有作竹签传，又谓之签部以讥之者。但若付之二部堂官，公正者不免恩怨，行私者竟得高下其手。无可如何，不得不行如此以去弊。朕令喇嘛掣签，实仿此。”⑦说明乾隆受明代抽签选任官员方法的启发仿效定立的金瓶掣签制度。

而以抽签来选任官员，属于抽签神判，又是神判文化的一种表现形式。历代帝王自称天子，是代天统治万民的，遇有重大问题，也要请求天示意，官吏选拔任免，也关系到王朝的兴衰，占卜选官也是一种方式。抽签是占卜的一种，通过占卜选拔任用官吏，起源很早。在中国，大约是随着国家的产生而出现的，据古代文献记载，夏朝就有了这种做法。《尚书·大禹谟》载：“禹曰：‘枚卜功臣，惟吉之从’。”孔颖达注曰：“枚卜，谓历之而从其吉。”⑧这是引用夏朝开国天子大禹的话，说明当时选拔有功之臣是以占卜吉祥为任用标准的。到了商、周时期巫卜文化更是盛行，今天的甲骨文就是当初商王占卜留下的。此后，随着社会经济、文化的发展，巫卜文化越来越兴盛。特别是唐代以后，占星、相术、八卦预测等术数文化发达流行，人们都希望掌握自己的命运发展趋势，因此，算命是社会各阶层最普遍接受的。相对简易的抽签，又得到了最广泛的应用。

历代统治者常以“枚卜”来选用官员。历史上著名的皇帝唐玄宗曾用其法选相，唐人李德裕在《次柳氏旧闻》中曾详记其事：“玄宗善八分书，将命相，先以御体书其姓名，置案上。会太子入侍，上举金瓯，覆其名以告之曰：‘宰相名，汝庸能知之乎？即射中，赐若卮酒也。’肃宗拜而称之曰：‘非崔琳、卢从愿乎？’上曰：‘然’。因举瓯以赐酒卮。”[⑨]在《新唐书·崔琳传》中也有记载。五代时期，也有用琉璃瓶覆名而卜者。据记载，“五代唐废帝择相，问左右，皆言卢文纪、姚凯有声望。帝因悉书清望官名，纳琉璃瓶中，夜焚香祝天，以箸挟之，得卢文纪，欣然相之。”[⑩]

到了明清时期，巫卜文化又非常普及流行。根据历史文献、民俗材料，在汉族地区的集市、庙会、寺庙中，几乎都有签筒，供人卜算。明代蒋一葵在《长安客话》里说：“正阳门庙者，祀汉前将军关侯。侯庙祀遍天下，而称正阳门者，为都城作也。都城自奠鼎以来，人物辐臻，绾四方之毂，凡有谋者必祷焉，曰吉而后行事。”[⑪]明代刘侗、于奕正所著《帝京景物略》，更生动地记述了当时抽签的盛景：“（正阳门关帝庙）祠签，跪而摇，报而顿首谢者，恒数人，旁跪而代者恒数人，挨挤而竢者，恒数十人，日无虚刻。”[⑫]

明朝，曾以金瓶覆名的方式，选取驸马。清朝姚之骃曾搜罗元、明典故，撰成《元明事类钞》，其“金瓶取一”记载明神宗年间一个故事，据“《笔麈》：‘万历中，选择尚主（指驸马），兄弟三人入见。太后置其名金瓶中，焚香祝天，取其一，即时绯袍覆之，送入春曹（指礼部）。’”[⑬]把公主的婚姻大事，一生的幸福也寄托在神灵身上。可见，明代巫卜文化风行，上至皇室，下至普通百姓，都诚信不疑。那么，以占卜来选官也就不足为奇了，甚至选用大臣充任大学士（即选丞相）入阁办事也不例外。据《明史·温体仁传》载：“枚卜大典，社稷安危所系。”枚卜大典，即指选相，是用占卜的方法从几个候选人中选出一个担任丞相。

实际上，明后期选官之所以盛行“枚卜”，还在于官场的严重腐败。明代正常选官的方式有大选、急选、有远方选，有岁贡就教选，间有拣选，有举人乞恩选等等。但是由于选官时索贿受贿、结党营私、舞弊等行为日益严重，愈演愈烈，严重影响了国家行政机器的运行。于是，明万历二十四年（1596），吏部尚书孙丕扬创为掣签之法。明人沈德符的《万历野获编》，其中“掣签授官”条曾记其详：“吏部掣签之法，始自迩年孙富平太宰，古今所未有也。孙以夙望起，与新建张相寻端相攻，虑铨政鼠穴难塞，为张所持，乃建此议，尽诿其责于枯竹。初行时，主者既以权衡弛担，幸谢揣摩。得者亦以义命自安，稍减怨怼，亦便计也。然其时，有一陕西老明经，以推官掣得浙江杭州府，震慄求免，富平公大怒，谓若敢以乡曲私情首挠吾法，叱令送法司治罪。其人拉泪而出。比抵任，则首郡刑官，百责所萃，果不克展布。抚按为题一浙东甲科，互相更调。富平心知其故，佯不悟而允之。此后则记认分别，阳则曰南北有分，远近有分，原籍有分，各为一筒，遇无径窦者，任其自取，而阴匿其佳者以待后来。其授绝域瘴乡之人，涕泣哀诉，筒以他授矣。初犹同胥吏辈共作此伎俩耳。至其后也，选司官每遇大选前二三日，辄扃其火房，手自粘贴地方，暗标高下，以至签之长短、大小、厚薄，縻不各藏隐谜。书办辈亦不得与闻，名曰‘做签’，公然告人，不以为讳。于是，作奸犯科，反不在曹掾矣。其或先有成约而授受偶误者，则一换、二换、三换，必得所欲而止。他有欲言，则叱詈扶出矣。曰‘统’、曰‘均’，如斯而已乎。”

从上述可以看出，本应严肃、庄重的选任官员，竟也以抽签占卜代替，显示占卜作为一种神判形式，在社会中有深厚的土壤，已经为各阶层的人们普遍认可。同时，这也暴露出了明朝官场的腐败的严重程度。以如此形式选官，明朝焉能不亡。

到了清代，清初的皇帝励精图治，巩固了在边疆民族地区的统治。乾隆皇帝为了加强对西藏的管理，受明代抽签选官的启发，将之用在活佛转世制度上，不能不说是一种绝妙的方法，体现了乾隆皇帝的政治智慧。而金瓶掣签借用神意，裁判出活佛的转世灵童，又符合蒙藏人民的宗教信仰，及传统的民俗习惯，为广大僧俗普遍接受。

乾隆五十七年（1792），清朝在击退廓尔喀侵藏后，着意加强对西藏的管理。乾隆皇帝下令在拉萨大昭寺及北京雍和宫内各设一金本巴瓶（本巴，藏语，瓶子。“金本巴瓶”即金瓶）。规定，凡蒙藏地区活佛有呼毕勒罕转世时，都必须按照清朝规定的程序进行金瓶掣签。并在实践中严密了举行的程序和仪轨。

在清代，确定达赖喇嘛和班禅转世灵童的程序和仪轨是：在寻访灵童后，由摄政召集僧俗官员，确定三名（或二名、四名）呼毕勒罕候选人，向驻藏大臣详细禀报，请求转奏皇帝批准举行金瓶掣签。皇帝钦准后，将确定的呼毕勒罕候选人及其亲属、师傅等接到拉萨，由驻藏大臣、摄政、各大呼图克图验证，确有灵异后，方能举行掣签。在掣签前，将金本巴瓶从大昭寺迎到布达拉宫供有乾隆皇帝的僧装画像和皇帝万岁牌位的萨松南杰殿，由大呼图克图率三大寺及布达拉宫南杰扎仓僧众（确定班禅转世灵童时还有扎什伦布寺僧人）诵经祈祷 7 天或 9 天。[14]然后可以举行掣签典礼。各参加掣签典礼者依次在皇帝圣容前就座。由驻藏大臣衙门的满印房官员将选中幼童的出生年月日、姓名，用满、藏文字分别书写在一个象牙签上，由众喇嘛、驻藏大臣等官员共同核阅。然后，满印房的官员将象牙签用黄纸包好，放在瓶前。驻藏大臣走到瓶前，行一跪三叩首礼，双手将牙签举过头顶放入瓶内，将金瓶摇晃旋转两次，盖上瓶盖。由众喇嘛念经完毕，驻藏大臣亦行一跪三叩首礼，跪启瓶盖，摇晃旋转金瓶，抽出一根牙签，当着众人的面拆开黄纸，高声宣布转世灵童的名字，传示所有在场的满藏官员、僧俗人士一起阅看。最后，将未掣出的牙签全部拆看，传示给现场的众人，消除众人的疑虑，以示公允。之后，即派人向转世灵童报信祝贺。驻藏大臣则把掣签的情形和结果，上奏皇帝，待皇帝批准后，向转世灵童宣读圣旨，正式完成金瓶掣签的全部程序。

从中可以看出，金瓶掣签是有一套严格的仪轨程序，可以说，金瓶掣签具有了神判文化的全部属性：

（一）仪式性。金瓶掣签包含了神判仪式的几个基本要素：当事人是呼毕勒罕，主持人是驻藏大臣，见证人是现场的僧俗人员、满藏官员。公认的神判用品是金瓶、象牙签。有公认的进行程序，任何人不得违背，体现了对“神”的信仰和敬畏。

（二）不可动摇的权威性。西藏的活佛转世制度，从寻访灵童一开始的降神、打卦占卜、圣母湖观影，到寻访过程，举行金瓶掣签，无不体现出神的意志。而金瓶掣签通过抽签神判的表现形式，来指明判断的结果，是公开透明的，也是可见的。它裁判出的结果，代表了神的旨意，任何人都不能做出“不是”的解释。所以，金瓶掣签具有不可动摇的权威性，是“最高的和最后的裁决手段”。

（三）震慑、惩罚性。金瓶掣签是抽签神判，裁决出的结果代表了神的旨意。具有与法律相同的效果，形成了强大的心理震慑作用，任何人不得违反，必须遵循。一旦有谁违反了，会受到习惯法以及国家法规的惩罚。所以，金瓶掣签有强大的约束力使人们不敢越轨，保证了金瓶掣签的公正性，为蒙藏僧俗群众普遍信奉。

可以说，金瓶掣签顺应了西藏的民族宗教习俗，将清朝的统治权与神判习俗巧妙结合起来，由清朝的统治者担任神判仪式的主持人。这样，清朝的统治者通过神判的仪式性、权威性、威慑性取得了蒙藏地区广大僧俗的信任。蒙藏人民毫不怀疑金瓶掣签的真实性、权威性，每当金瓶掣签时，掣出转世灵童时，众人都感激喜悦，倾心信佛，“齐声呼喊‘拉嘉洛’（神胜利了）”。②金瓶掣签这一神判行为遂转化成公众意志，在实践中形成了一套公认的、严格规范化的操作程序，担负了法律的功能。

清代实行的金瓶掣签，很好地保证了藏传佛教活佛转世制度的圆满完成，深获蒙藏高僧、僧俗群众的信奉。据不完全统计，自乾隆皇帝制定金瓶掣签制度，直到光绪三十年（1904），仅西藏地区就有39位格鲁派、噶举派、宁玛派等活佛转世系统的灵童举行过金瓶掣签。说明金瓶掣签与西藏的神判习俗、藏传佛教的活佛转世制度涵化，已成为西藏广泛的群众信仰，是神的意志在人间的体现。

注释：

①（清）和宁：《易简斋诗钞》，影印复旦大学图书馆藏清道光刻本。

②（明）杨慎：《南诏野记》，清刻本。

③周润年、喜饶尼玛译注：《西藏古代法典选编》，中央民族大学出版社1994年版，第49—52页，第104—105页。

④邓敏文：《神判论》，贵州人民出版社1991年版，第117页。

⑤吹忠，藏语之音译，藏文作“曲均”，清代官方文件称“吹忠”，汉译护法神。这里指专门从事降神作法预卜未来的喇嘛，著名的有拉穆、乃穷、桑耶、噶栋等。

⑥《清高宗实录》卷1424。

⑦乾隆：《新正重华宫茶宴廷臣及内廷翰林，用洪范九五福之三曰‘康宁’联句，复成二律诗》自注，《御制诗文十全集》卷50，中国藏学出版社1993年版，第642页。

⑧《十三经注疏·尚书正义》卷4，中华书局1979年影印本年版，第136页。

⑨（唐）李德裕：《次柳氏纪闻》，上海古籍出版社1991年影印《四库全书本》本。

⑩（明）张岱：《夜航船选举部》，四川文艺出版社1996年版，第157页。

⑪（明）蒋一葵：《长安客话》，北京古籍出版社1980年版。

⑫（明）刘侗，于奕正：《帝京景物略》，北京古籍出版社1982年版，第98页。

⑬（清）姚之骃：《元明事类钞》卷5，上海古籍出版社1993年影印《四库全书》本。

⑭廖祖桂等：《论清朝金瓶掣签制度》，载《中国社会科学》1995年第5期。

⑮《十二世达赖喇嘛传》藏文木刻本第34页。

（原载《西藏研究》2006年2期）

清代四大活佛

清朝为了利用喇嘛教统治蒙藏民族，曾经敕封了四个大喇嘛，他们是：达赖喇嘛、班禅额尔德尼、哲布尊丹巴胡土克图、章嘉胡土克图，俗称“四大活佛”。他们分别掌管西藏和内、外蒙古喇嘛教事务，并在清代历史舞台上充当了引人注目的政治角色。

在说明四大活佛由来之前，先谈一下喇嘛教是怎么回事。

一、喇嘛教和四大活佛的由来

（一）在西藏形成的一个佛教支派

喇嘛教是佛教吸收了西藏地方的原始宗教——苯教的许多特点，逐步形成的一个佛教支派，它的发源地和中心都在西藏，所以，它的正式名称，一般叫做“藏传佛教”。喇嘛教只是一种俗称。

西藏自古就有人类居住。原始社会时期的西藏人，群居在果木林立、鸟兽出没的河谷山林中，他们以树皮、树叶为衣，以野生植物果实和动物血肉为食。由于生产力的低下，人们对风雨雷电等许多自然现象无法理解，又感到它们与人类的生死祸福有着重要的关系，但又难以控制，觉得似乎有一种神秘的力量，指使这些自然现象，给人类降灾，或带来幸福。于是，人们希望祈求那神秘的力量，能够免灾降福。但，那神秘的力量，似乎只在冥冥之中，看不见，摸不着，人们看到的，接触到的，只是自然万物，认为那神秘的力量，隐藏在自然万物之中，于是就开始了对自然万物的崇拜。这就是人类的幼年时期，即原始社会时期普遍存在的“自然宗教”。远古时期西藏地方的这种原始的“自然宗教”，叫做“苯教”。它崇拜鬼神和自然物。现在有的书上，也写作“本教”，或“钵教”，汉族人也有称之为“崩崩教”的，都是本教的同音异写。很多人也俗称其为“黑教”。“苯”，原为古藏语，是“念诵”的意思。因为古时的苯教徒常念诵密咒祈福禳灾，所以人们就把这种宗教称为“苯教”。

苯教相信万物有灵，崇拜天、地、日、月、星辰、雷霆、雪、雹、山、陵谷、土石、草木、禽兽，以至一切万物所有的幽灵巫鬼，并通过念诵密咒等祈福禳灾。在宗教仪式上，有些类似我国古代东北地区流行的萨满教，和汉族地区神汉、巫婆“跳大神”也有一些相似的地方。

在西藏长达几个世纪的漫长的奴隶制社会中，苯教一直是一种强大的政治势力。到佛教传入西藏以后，经过长期的斗争，苯教才逐渐退出政治舞台，演变为一种民间宗教信仰，在西藏偏僻地区流传。到解放前夕，西藏各地仍有苯教寺庙三十多座，教徒数万人。

公元7世纪，我国历史上的唐王朝时代，西藏地方的吐蕃王朝，由松赞干布执政，佛教同时由我国内地和尼泊尔、印度传入西藏。由我国内地传入的主要是大乘佛教，由印度和尼泊尔传入的主要是密宗。

松赞干布利用武力征服和兼并了邻近各部落，统一了西藏地方。为了谋求政治上的支持，他与政治、经济、文化上都比较先进的唐王朝和邻近的尼泊尔王朝，采取了联姻通好的政策，先娶尼泊尔国王的尺尊公主为妃，又娶唐朝的文成公主为妃。当时，尼泊尔王朝是笃信佛教的，唐王朝也是扶持佛教的。两位公主都信奉佛教，她们都带了一些佛教经典、佛像、法器到西藏。由于她们的倡导，我国内地以及印度、尼泊尔的一些僧人，也开始进入西藏讲经说法，并翻译佛经。

松赞干布在两位公主的熏陶下，也逐渐对佛教发生了兴趣。更重要的是，松赞干布意图通过佛教，加强专制政权。当时，松赞干布虽然是吐蕃王朝的最高政治首领，但其统治地位很不稳固。他每年和各部落首领举行一次会盟，三年举行一次大会盟。会盟时，要杀许多人和马、牛等牲畜祭奠，由苯教巫师举行宗教仪式，祷告天地鬼神。一些部落酋长则经常与苯教巫师联合起来，与吐蕃王室对抗。松赞干布需要一种能取代苯教的宗教力量的支持，佛教恰恰适应了这种政治需要。佛教是一神教，它的最高神，是按照人间的最高统治者的形象塑造的，而它的那套因果报应、生死轮回、天堂地狱等唯心主义教义，正适合了奴隶主阶级巩固和加强专制政权的需要。所以，佛教传入西藏不久，很快就得到吐蕃王室的重视与支持。

从7世纪开始到9世纪中叶，经过两个世纪的斗争，佛教在西藏不仅站稳了脚跟，并且得到了较快的发展。这就是人们常说的西藏佛教“前宏期”。

9世纪中，吐蕃王朝陷于分崩离析的境地，一些世俗贵族抓住这个有利时机，复兴苯教势力，打击佛教，作为夺取最高统治权的手段。公元836年，他们拥立苯教势力的代表人物朗达玛为赞普。他一上台，就宣布“灭法毁佛”，烧毁佛经，拆毁佛寺，杀害、流放僧侣，佛教势力遭到严重摧残，宗教史上称之为“朗达玛毁佛”。在朗达玛的支持下，苯教势力一度复兴。但是，公元842年，朗达玛被人刺杀，吐蕃王朝覆灭。佛教和苯教都被奴隶和平民起义的浪潮淹没了，史传在将近一个世纪的漫长时间里，“藏卫无法”，不存在佛教势力了。

大约到10世纪末，西藏的奴隶制政权逐渐解体，出现了一些新兴的封建主。他们又开始了兴佛活动。有许多西藏僧人到外地学法，也有许多外地僧人到西藏讲经传法，佛教在西藏再度兴盛，习惯上称这个时期为西藏佛教的“后宏期”。

后宏期的西藏佛教和前宏期相比较，有了许多新特点：突出的是宗教和政治的结合越来越密切，很多封建主既掌握着地方政权，又是宗教头领。佛教徒利用医疗技术和自己的文化知识，在民间发展势力，并广收徒众，不像前宏期的佛教那样主要在上层贵族中发展。这个时期的佛教经典，翻译得更多，更系统，更完备，形成了庞大精细的思想体系，在西藏取得了独尊的社会地位，苯教完全失去了与它抗衡的能力。这个时期的佛教，从教义、寺庙组织、神祇的供奉、宗教仪式等方面，更有浓厚的西藏地方特点和民族特点，从而使之与其他地方的佛教宗派，有着显著的区别。由于约定俗成，人们习惯上把这个时期的西藏佛教，称为藏传佛教，后来俗称为“喇嘛教”。

由于教义的细微不同，以及修炼方式、宗教仪式的某些区别，从公元11世纪到15世纪，喇嘛教形成了许多宗派，主要的有以下几种：

1. 宁玛派（红教）

“宁玛”含有古、旧两种意思。宁玛派自称，他们的教法是从8世纪来到西藏的印度僧人莲花生那里传承下来的，他们的密教典籍，是吐蕃时期所译的。因而他们自诩要比其他教派早三四百年。其实，只是到11世纪中期，宁玛派才开始建立自己的寺院，并整理典籍，开展较有规模的宗教活动，可以说，只是到了这个时期，才真正形成了宁玛派。因为该派僧人均戴红帽，故又被俗称为“红帽派”或“红教”。

2. 噶丹派

“噶”的含义是“教”，指佛的意旨；“丹”，是教授、教诲的意思。“噶丹”是说用佛的教诲，来指导人们接受佛教。所以，也有人根据这个教派的教法特征，名之为“教诫派”。

噶丹派的开山祖师是印度僧人阿底峡。他于11世纪时，应邀到西藏讲经，撰有《菩提道灯论》等50余部著作，并在西藏广收徒众。他死后，仲敦被指定为他的继承人。

仲敦（1005—1064），是一个封建主的子弟，幼年学佛，后拜阿底峡为师。他曾建立著名的热振寺，并以此为根据地宣传佛法。他的弟子和再传弟子，广泛宣传他的学说，逐步形成了噶丹派。

14世纪末、15世纪初，宗喀巴以噶丹派教义为基础，对喇嘛教进行改革，创立格鲁派，噶丹派寺院和教徒纷纷改宗格鲁派，这一教派即被吸收，不复存在。

3. 萨迦派（花教）

萨迦派的主寺萨迦寺，建立在后藏萨迦地方，因其周围山上的岩石风化后成为灰色，故名萨迦（藏语“灰土”的意思）。又因该派一部分寺庙用红、蓝、白色相间涂墙，俗称为“花教”。

萨迦派的创始人是昆氏家族的贡却杰波（1034—1102）。昆氏是吐蕃王朝的旧贵族，其家庭一直有很大的政治、经济势力。贡却杰波幼年从父学宁玛密法，后学新密法。他于1073年创建萨迦寺，即开始形成独立的教派。他创立萨迦派时，决定宗教法位以家族相传的形式传承。所以，政教两权都集中于昆氏家族中。

萨迦派曾取得元朝统治者的支持，协助元朝统一了西藏，因而其势炎日炽。

1240年，元太宗窝阔台第三子阔端，派将军多达那波率一支骑兵由青海攻到藏北，烧毁了热振寺等，了解到西藏的许多情况，感到要统一西藏，离不开喇嘛教。1244年，阔端向萨迦派的首领萨班发出邀请信，请他到甘肃凉州会晤。当时年过花甲的萨班，携带两个侄儿，十岁的八思巴和六岁的恰那多吉，于1246年秋天到达凉州。第二年初，他与阔端正式举行了会谈，商妥了西藏归顺元朝的条件，为西藏正式归入元朝版图和萨迦派确立其在西藏各教派中的主导地位，奠定了基础。

1251年，萨班在凉州死去，八思巴继承法位。八思巴（1235—

1280)，本名罗追坚赞，因为自小聪慧异常，故人称为八思巴（藏语“圣者”之意）。1260年，忽必烈即大元汗位，尊八思巴为“国师”，授玉印，“任中原法王，统天下教门”，成为元朝职位最高的宗教领袖。1270年，再晋封为“帝师”，并加封为“大宝法王”。八思巴还奉忽必烈之命，以藏文为基础创制蒙古字，史称八思巴字。忽必烈给他的封号是“普天之下、大地之上、西天佛子、化身佛陀、创制文字、护持国政、精通五明班智达八思巴帝师”。1264年，元朝设置总制院（后改称宣政院），负责管辖全国的佛教事务和藏族地区的军政事务，以八思巴掌管院事。八思巴还推举其家族成员管理西藏地方行政事务。1280年，八思巴卒于萨迦寺，忽必烈又一次赐给他谥号：“皇天之下、一人之上、宣文辅治、大圣至德、普觉真智、佑国如意、大宝法王、西天佛子、大元帝师。”

元朝对喇嘛教首领人物敕封名号，并以他们管理西藏政务，为明、清两代利用喇嘛教统治西藏，提供了历史经验。清朝敕封四大活佛，并以达赖、班禅管理西藏政务，也是从这里得到历史启示的。

4. 噶举派（白教）

噶举是藏语“教授传承”的意思，该派注重密法，多以口授传法，要求徒众耳听心会领会师意。因该派始祖玛尔巴、米拉日巴等人修法时，依照印度僧人的习惯，穿白色僧衣，所以又俗称“白教”。这个派别是11世纪中叶形成的，它的支派繁多，主要的有两大系统。一是响巴噶举，二是达波噶举。

达波噶举派的创始人是达波拉结。这一派又分噶玛噶举、蔡巴噶举、拔戎噶举、帕竹噶举四个支派。

帕竹派以前藏帕竹地方的丹萨替寺为根据地，并与当地的贵族朗氏家族相结合，以朗氏家族成员承袭寺主，形成了政教合一的强大势力。1354年，帕竹地方政权建立，取代了萨迦地方政权在西藏的统治地位，统治卫藏地区达130年之久。

15世纪，噶玛噶举派势力逐渐强大，后来，又与后藏地方的贵族势力仁蚌巴、藏巴汗相结合，打败了帕竹地方政权，建立了噶玛地方政权（1618—1642），并以严厉的手段，压制新兴的格鲁派势力。

5. 格鲁派（黄教）

喇嘛教最后兴起的一个派别，也是明末和清代势力最大的一个教派，就是格鲁派。因为这一派主张严守戒律，次第修行，故通称格鲁派（格鲁意为善规）。因为宗喀巴创立这一派别时，曾戴黄色帽子，作为重振喇嘛教的象征，其徒众也以此作为与其他派别相区别的标志，所以，也俗称为“黄帽派”或“黄教”。

格鲁派的创始人是宗喀巴（1357—1419）。他的本名叫罗桑扎巴，青海湟中人。藏族称湟水叫“宗喀”，所以称他为“宗喀巴”（“巴”是藏语“人”的意思）。

宗喀巴年轻时出家为僧，当时正是帕竹地方政权操持藏政，帕竹政权对各教派兼容并蓄，使各派宗教势力竞相发展。但各教派上层喇嘛，并不专心于传经说法，而更是热衷于世俗利禄，横行霸道，掠夺财富，奸淫妇女。这不仅加剧了劳动人民同僧俗上层势力的矛盾，而且暴露了喇嘛教已变得腐朽，呈现严重颓废衰败的景象。针对这种情况，宗喀巴开始了一场大规模的宗教改革运动。他主张僧人要严守戒律，过严格的宗教生活，注意次第修行。他36岁时开始收徒，从者13人，后来徒众日多，最著名的有8人：甲曹节、克珠节（后被追认为第一世班禅）、杜曾·札巴坚赞、嘉祥曲结、释迦也失、多敦·江白嘉措、吉尊·喜饶僧格、根敦珠巴（后被追认为第一世达赖）。1409年，宗喀巴在帕竹政权及其属下贵族仁钦贝父子支持下，在拉萨东建立甘丹寺，作为宗教据点，标志着格鲁派的正式形成。1416年，他的弟子嘉央曲结在拉萨西建立了哲蚌寺。1419年，他逝世的那一年，他的另一弟子绛青曲吉又在拉萨北建立色拉寺。这黄教三大寺的建立，为后来黄教势力的迅速扩张奠定了基础。

宗喀巴为了推广黄教，对西藏各喇嘛教支派的教义和教法兼收并蓄，融汇贯通它们的长处，形成一个系统、完整、精密的宗教体系。由于它博采各家之长，很容易被其他教派徒众接受，而宗喀巴又通过各种手段和方法，笼络和争取其他教派，以扩充自己的势力，所以黄教势力发展很快。他公开宣布自己是继承噶丹派祖师阿底峡之传，使当时处于涣散状态的噶丹派徒众和寺庙，陆续改宗黄教。宗喀巴又将自己的宗教学说，写成许多宗教著作，广为传播，确立了本教派的理论基础。他还到处传经说法，以扩大影响。1409年，在帕竹政权的支持下，他在拉萨大昭寺举办了规模巨大的传召大会，使他在宗教界的声誉鹊起。他和他的弟子们，还积极扩充经济实力。他们以拉萨的甘丹寺、哲蚌寺和色拉寺，以及后藏的札什伦布寺为核心，逐步建成了一个庞大的寺庙网。这些寺庙，通过接受世俗封建主的布施，以及贸易、掠夺等手段，获得了大量的农奴、土地和牲畜，从而为黄教的发展提供了雄厚的物质基础。黄教除依靠帕竹政权的支持外，积极和各地的世俗封建领主联系，争取他们的共同支持，同时，还积极争取明朝中央政权的支持。1415年，宗喀巴派他的弟子释迦也失到北京朝贡，被明成祖封为“西天佛子大国师”，后来，又被明宣宗封为“大慈法王”。由于得到明王朝的承认，黄教在西藏的政治地位大大提高。为了保持宗教权的稳固和连续性，黄教采取了噶玛噶举派的活佛“转世”制度。

黄教势力的扩张，引起了其他教派和一些世俗封建领主的嫉妒和不安。1481年，噶玛噶举派在拉萨修建了两座寺院，以遏制黄教势力。随着帕竹政权的衰败，积极支持噶玛噶举派的仁蚌巴家族以武力攻占拉萨，立即对黄教采取了严厉的压制措施，不准黄教举行一年一度的传召大会，后来又强制一些较小的黄教寺庙改宗。直到1581年，帕竹政权的势力稍有恢复，黄教的势力才又抬头。为了扩展自己的势力，黄教开始向西藏地区以外讲经说法，寻求新的政治支持者。经过许多努力，终于取得了蒙古王公贵族的支持，并在蒙古地区广泛传播。

元朝灭亡之后，蒙古贵族的势力逐渐分崩离析。到16世纪，大体分成3部分：厄鲁特蒙古、漠北喀尔喀蒙古、漠南蒙古。

明朝嘉靖年间，漠南蒙古势力最大的土默特部俺答汗曾多次率部攻入今陕西、山西、河北北部一带，并曾兵临北京郊区，对明王朝造成了严重威胁。1559年，他率部攻入青海，命其子丙兔留驻其地。后来，他又在1573年再率兵攻入甘南及四川藏族地区。1575年，丙兔在青海西北建立了仰华寺。为了稳定在青海的势力，并进一步寻求在西藏的发展，俺答汗积极寻求西藏宗教势力的支持。而黄教势力也正想寻求新的政治靠山，于是，双方一拍即和。

1578年，俺答汗和三世达赖索南嘉措在仰华寺举行晤谈。俺答汗答应在政治上支持黄教。索南嘉措则劝说俺答汗信奉黄教。当时，俺答汗苦于连年战争，亟需要一种精神上的支持，于是同意了索南嘉措的建议。索南嘉措还建议蒙古人改变以妻妾、奴仆、乘马、财宝殉葬的习惯。这自然得到蒙古人民的欢迎。黄教很快就得到蒙古人民的信仰。

俺答汗为表示对索南嘉措的尊崇，赠给他一个尊号：“圣识一切瓦齐尔达喇达赖喇嘛”。“圣”，是汉语圣人、圣者的意思，即超越凡尘，入于圣境；“识一切”，是喇嘛教中对取得最高成就僧人的尊称，意为“遍知一切”，无所不晓；“瓦齐尔达喇”，是梵文“执金刚”的意思，是喇嘛教对密宗取得最高成就僧人的尊称；“达赖”，是蒙古语大海的意思；“喇嘛”是藏语上师的意思。从此有了“达赖喇嘛”的称号，黄教又追认了一世、二世达赖喇嘛，正式形成了达赖喇嘛活佛系统。

索南嘉措也赠给俺答汗一个尊号：“咱克瓦尔第彻辰汗”。“咱克瓦尔第”是梵文“转轮王”的意思，“彻辰汗”是蒙语聪明睿智的汗王之意。

会见结束之后，索南嘉措回青海、西藏以及四川、云南藏族地区讲经说法。俺答汗则回到土默特，并在蒙古族地区兴建了一批喇嘛庙。1583年，俺答汗病死，他的继承人请索南嘉措来内蒙为他祈冥福。索南嘉措于第二年从青海塔尔寺动身前往内蒙草原，他一路讲经说法，并调解蒙古各部纠纷，于1586年到达土默特部，并于1587年参加了俺答汗的葬礼。在这过程中，他广泛与远道而来的喀尔喀王公贵族与内蒙各部首领交谈，大力推广黄教。内外蒙古和厄鲁特蒙古，都信奉了喇嘛教，并很快与世俗贵族势力相结合，形成了强大的社会势力。

索南嘉措于1588年病死。第二年，俺答汗之孙苏密尔代青洪台吉的妻子，生育了一个儿子，被蒙古王公和黄教派僧人选定为三世达赖的转世灵童。西藏的黄教势力，为争取蒙古王公的支持，确认了这个小孩子为四世达赖，并于1603年迎至拉萨哲蚌寺供养。

索南嘉措离开藏区以后，西藏的政治形势动荡不安。仁蚌家族的臣属辛霞巴·才旦多吉推翻了仁蚌家族在后藏的统治，自称“藏堆杰波”（后藏上部之王），即藏巴汗，经过其祖孙三代的努力，统一了西藏各地区，推翻了早已名存实亡的帕竹地方政权，于1618年建了噶玛政权。藏巴汗在宗教上属于噶举派的噶玛噶举派，对黄教采取了敌视、压制的态度。传说四世达赖就是藏巴汗派人刺死的。他又下令禁止四世达赖转世，企图以此搞垮黄教。黄教则派人向青海借来蒙古骑兵，重创了藏巴汗军队，经四世班禅居中调停，藏巴汗才允许达赖转世。1622年，在四世班禅主持下，选定了五世达赖。但是，藏巴汗认为，蒙古军队之所以进击西藏，无非是因为他们信奉黄教，而四世达赖又是蒙古人的缘故，所以，他命令五世达赖离开西藏到青海去。但是，五世达赖并没有去青海，而是在西藏的山南地区隐蔽起来，暗中发展自己的宗教势力，并伺机寻找新的政治靠山。

机会终于来了。明末崇祯十二年（1639）厄鲁特蒙古的和硕特部固始汗，从新疆乌鲁木齐一带徙居青海，打垮了俺答汗后裔的力量，占据了青海。他又图谋向西藏扩张自己的势力。而和硕特部是信奉黄教的。五世达赖和四世班禅密谋，暗邀固始汗入藏，这正是固始汗梦寐以求的事情。1641 年，固始汗驱兵入藏，一举摧垮了噶玛政权，第二年，他帮助五世达赖正式建立了噶丹颇章政权。固始汗以他的儿子们掌管青海，而自己则坐镇拉萨，操纵噶丹颇章政权。他又送给四世班禅以“班禅博克多”的尊号（博克多，蒙语“圣者”的意思），让他常住札什伦布寺，管理后藏事务。同时，修缮布达拉宫，让五世达赖常住那里，总领西藏事务。他又将西藏的全部赋税作为布施，供给达赖和班禅，重新确立了拉萨作为西藏首府的地位（唐代，西藏首府是拉萨；元代萨迦派主藏政时萨迦是西藏政治中心；明代，帕竹政权的首府在乃东）。

五世达赖和固始汗下令，没收了反对和敌视黄教的寺院和世俗贵族的土地和农奴，把它们分配给较小的黄教寺院，或赏赐给在建立噶丹颇章政权过程中有功的世俗贵族。黄教势力迅速膨胀起来。

固始汗和五世达赖、四世班禅看到明朝处于风雨飘扬之中，难为靠山，而新兴的后金（清）政权，则有可能取而代之，于是经过一番计议，决定派遣喇嘛使者，积极与后金（清）政权建立政治联系。

上述这些，可以说是清朝敕封四大活佛的历史前提。而敕封四大活佛，是清朝利用喇嘛教统治蒙藏民族这项传统政策的产物。所以，我们要想了解四大活佛的由来，还需要了解清朝的喇嘛教政策。清朝这项重要传统政策的形成，是在入主中原以前。故此，我们不妨把话拉得长一点，从清朝入关以前说起。

（二）“兴黄教即所以安众蒙古”

明朝中期以后，统治集团日益腐朽，人民大众则在水深火热之中挣扎。各种社会矛盾，尖锐复杂，各派政治力量，相互角逐争雄。崛起于东北地区的后金（清）政权，势力逐渐强大，欲夺明朝的天下。

后金（清）政权的开创者和奠基者，是著名的满族首领努尔哈赤（1559—1626）。他出生在一个建州女真（满族的前身）奴隶主家庭。他的先祖，曾有多人受明朝的封赠，担任建州地方官。

努尔哈赤是一个雄才大略的军事家和政治家。1583 年（明万历十一年），其父、祖遭明军误杀，他返回建州，承袭父职为建州左卫指挥，并以父祖“遗甲十三副”起兵，开始了统一东北各部的政治生涯。经过 40

年左右的奋斗，他统一了东北女真各部，创建了一支骁勇的八旗军队。1616年（明万历四十四年）他在赫图阿拉（在现在的辽宁省新宾县）称汗，仿照汉族历代王朝体制，建元“天命”，正式建立了“大金”（史称“后金”）政权，为进一步发展自己的政治势力打下了基础。

当时，努尔哈赤的战略目标是，与明王朝争夺辽东，进而夺取全国。为此，他采取了结好朝鲜和蒙古的政策，和朝鲜建立友好关系，同时，又和喀尔喀各部订立攻守同盟，并和喀尔喀、内蒙古的一些王公贵族联姻，以结成政治上的联盟。选用一批投奔到后金（清）的蒙古王公，参加后金政权，给他们很高的政治地位和大量赏赐。为了博取蒙古王公的欢心，吸引更多的蒙古族到后金（清）所辖地区，以充实、加强自己的力量，努尔哈赤投其所好，采取了优礼喇嘛教的政策。

努尔哈赤在自己的根据地参照汉族寺庙和喇嘛庙的特点，建造了寺庙。他还发布命令，军队经过蒙古地区时，不准毁坏寺庙，不准在庙内拴牛放马，不准在庙内屎尿，违犯者逮捕治罪。对于投奔到后金（清）的喇嘛，努尔哈赤给予了特别优待。1621年（天命六年），在内蒙科尔沁部的藏族囊苏大喇嘛，率领一批徒众，投奔辽东。努尔哈赤极为高兴，亲自迎接，并与他拉着手交谈，又为他举行盛大的宴会，这使他很受感动。这个大喇嘛临死前，向努尔哈赤要求，死后一定要葬在辽东。努尔哈赤答应了他的要求，在辽阳城郊，为他修建了一座塔园，安放尸体，并派了六十三户人家常年看守喇嘛塔园，按时祭祖。由于努尔哈赤对喇嘛教的优待，后来又有许多喇嘛率领着徒众和蒙古人，投奔到后金（清），这大大加强了后金（清）的力量。

努尔哈赤死后，他的儿子皇太极凭借手中兵权，以及一些满洲贵族的支持，登上后金（清）汗位。他曾采取一系列措施，整顿内部，统一了东北广大地区，并于1636年（明崇祯九年）改国号为清，自称皇帝。他把入主中原、取代明朝统治全国，作为总的战略目标。为此，他曾两次出兵朝鲜，迫使朝鲜断绝了同明朝的政治往来，向清朝称臣纳贡，解除了进攻明朝的后顾之忧。同时，他又积极联络喀尔喀，规定喀尔喀三部每年向清朝奉献白驼一峰、白马八匹的“九白之贡”，建立了臣属关系。他又多次出兵攻击内蒙势力最大的察哈尔部，彻底统一了内蒙各部。

为了结纳蒙古王公，利用蒙古的骑兵力量，他继续奉行努尔哈赤制定的对待蒙古政策，一方面与蒙古王公结成政治联盟，一方面尊崇喇嘛教，借以结好蒙古。

在出兵内蒙古的过程中，他严厉命令军队：不准拆毁寺庙，不准擅取庙中器物，不准扰害僧人和掠取庙中财物。有一次，他的侍从和厨师拆毁了一座破废的寺庙，他得知后大怒，命兵丁将这些人捆绑起来，各鞭打一百，并用箭头刺穿耳鼻，以此收拢蒙古人心。

他还在清政权的所在地沈阳，建造了一座大喇嘛庙——实胜寺，把原在察哈尔供奉的内蒙古护法神嘛哈噶喇铜像，移到寺中供奉，借此把清政权打扮成蒙古喇嘛教最高保护者的形象。他还听从一些喇嘛的建议，在沈阳的四门之外，各建喇嘛庙一座，庙内各建塔一座。一些喇嘛借此散布说：四塔成，当一统"，为清朝夺取全国政权制造舆论。

皇太极深知，喇嘛教的发源地和中心在西藏，达赖和班禅在蒙古喇嘛教中，也有着巨大影响，于是，他决定和达赖、班禅建立政治上的联系，借以笼络、控制蒙古各部。喀尔喀三汗察知皇太极的这种想法，于1637年（崇德二年），上疏皇太极，请求他备一份厚礼，邀请达赖喇嘛到沈阳来传经说法。这当然正中皇太极的下怀。1639年（崇德四年），皇太极派出喇嘛，携带礼物和书信，随同厄鲁特蒙古的使臣，绕道塞外，前往西藏邀请达赖喇嘛。

恰在这时，统治西藏的固始汗、五世达赖、四世班禅派遣的伊拉古克三胡土克图等喇嘛使者，于1642年（明崇祯十五年、清崇德七年）到达沈阳。皇太极举行了极为隆重的欢迎仪式。他率领大臣们，到沈阳的城门外迎候达赖使者。会见时，伊拉古克三等敬献五世达赖书信及礼物，皇太极立即离开宝座站立起来，亲手接过，并与达赖使者携手就座，亲切交谈，然后杀牛屠羊，举行盛大的欢迎宴会。皇太极对于达赖使者，不惜屈尊亲迎，以平等之礼相待，当然是为了和达赖喇嘛建立密切的政治联系。第二年，达赖的使者返藏，皇太极又派蒙古喇嘛随同前往，并再次致书达赖、班禅、固始汗，又一次郑重宣布尊崇喇嘛教的政策，并要求达赖等派遣高僧到沈阳传经说法。当然，这是一种故作姿态，其主要用意，还是要向蒙古表明尊重他们的宗教信仰，以争取他们的拥戴，为清朝夺取全国政权奔走效力。

但是，这一计划尚未付诸实施，皇太极即于1643年死去，其6岁的儿子福临继位，这就是清朝的顺治皇帝。由于福临年幼，由其叔多尔衮摄政。1644年，清军入关，夺取全国政权，顺治登上北京紫禁城里的宝座，正式建立了清朝。

清朝夺取全国政权以后，继续奉行尊崇喇嘛教政策，把它作为统治蒙藏民族的工具，为了这种政治需要，就先后敕封了达赖喇嘛、班禅额尔德尼、哲布尊丹巴、章嘉胡土克图四个黄教大喇嘛，这就是清朝四大活佛的由来。

（三）达赖喇嘛名号的确定

清朝夺取全国政权之初，政局极端不稳。由于它强制汉族人民薙发，强行圈占农民土地，实行民族歧视和压迫政策，激起了汉族人民的强烈反抗。李自成领导的大顺农民军、张献忠领导的大西农民军，还有盘踞江南的南明小朝廷，都严重威胁着清朝政权。当时的内外蒙古，特别是喀尔喀蒙古，虽然对清朝表示臣服，却仍在观望，并不俯首帖耳。清朝为了集中力量消灭江南的反清力量，镇压汉族人民的反抗，只好对蒙古来采取安抚政策，老祖宗尊崇喇嘛教的办法，又被捡了起来。

顺治元年（1644），清朝刚入主中原，即派人到西藏，问候达赖、班禅，并在拉萨各大寺熬茶、发放布施，同时，敦请达赖到北京。顺治三年（1646），达赖、固始汗遣使到北京，并进贡金佛、马匹等。四年（1647），达赖、班禅又请安进贡，清朝再派官员和喇嘛进藏问候达赖、班禅，并赏赐他们金玉器皿、绸缎、甲胄等物。顺治五年（1648），清朝又派恰噶喇嘛、喜饶喇嘛，携带金镶玉带、银茶筒等贵重礼物，前往西藏敦请达赖，并致书班禅，请其劝达赖速来北京。顺治六年（1649），达赖遣使向顺治皇帝献贡，并答应于壬辰年（顺治九年）进京。清朝得知此情后，于顺治八年（1651），再派喇嘛携带重礼，前往西藏，敦促达赖早些动身。顺治九年（1652），五世达赖携带徒众等3000余人，由拉萨起身。清朝得知此信，即派出理藩院侍郎沙济达喇，以及户、礼、兵、工四部理事官，往迎达赖。五世达赖行抵青海时，钦差官员向他宣布了皇帝慰问的谕旨，并奉送喇嘛袍、帽、鞍马、珍珠、数珠等礼物。又由官府供给达赖一行口粮。行至一个叫根协的地方时，清朝又送来了金顶黄桥，供达赖乘坐入京。五世达赖向顺治奏请，觐见之地或在归化城（今呼和浩特）或在代噶（今呼和浩特南部的凉城东之岱海附近），请皇帝指示，实际是探问皇帝接见时的礼仪。

为此，清朝宫廷发生了一场激烈的辩论。满洲大臣主张皇帝应该到塞外迎接达赖，这样可以收服喀尔喀之心，于巩固政权大有好处，如果请而不迎，恐怕达赖恼怒而回，把事情搞糟。汉族大臣则坚决主张，皇帝不能以全国共主之尊，亲往迎接，这样有失体统。双方争论不休，顺治最后采取了一个折衷办法：派和硕承泽亲王等代表皇帝到塞外迎接，而顺治本人则以打猎为名，到北京南郊会见达赖。这样，既表示了对达赖的迎候之意，又不失皇帝的尊严。

当年农历十二月，五世达赖携带随从3000人到达南苑的旧衙门行宫，晋见顺治皇帝。户部拨银九万两，供给达赖一行花用。顺治举行了盛大宴会，款待达赖一行。

随后，将达赖送至专门为他修建的大喇嘛庙——黄寺居住。顺治又在太和殿为达赖举行了大规模的招待宴会，并命王公大臣轮流宴请，赏赐达赖黄金550两、白银11000两、大缎1000匹，以及许多珠宝、玉器、骏马等。

顺治十年（1653）正月，达赖上疏说："这里水土不宜，我有病，随从亦有不少人患病，请告归。"顺治立即召开御前会议讨论。一种意见认为，达赖既系请来，则应当询问他对国家大事的意见，如对我有利，则依其言而行，对我不利，则不必听从，如果不加询问，达赖心怀不满，喀尔喀和厄鲁特蒙古必然叛离；一种意见认为，不必问他国家大事，如果问了不用其言，必然恼怒，他既然要去，只要封给名号，颁给册印，也就行了。顺治最后决定不去询问达赖有关国政问题，而是派大臣转告达赖：我们初到北京时，也感到水土不服，因而得病，但慢慢习惯了也就没事了，可以多住些日子，待春暖草青时再回去。

二月，顺治在太和殿举行了盛大宴会，为达赖饯行。并命叔和硕亲王济尔哈朗、礼部尚书觉罗郎球在京郊清河与达赖宴别，又派和硕承亲王硕塞等率八旗官兵护送达赖至代噶地方。

四月，清政府派礼部尚书觉罗郎球、理藩院侍郎席达礼等，护送册封达赖喇嘛的金印、金册至代噶地方，举行了隆重的册封典礼。金印用满、汉、藏三种文字刻写："西天大善自在佛所领天下释教普通瓦赤喇怛喇达赖喇嘛之印。"这一长串的封号，反映了清朝对蒙藏民族的政策和对喇嘛教的政策，确定了达赖喇嘛在宗教上的地位。

这个封号大体分成两部分。"西天大善自在佛所领天下释教"，是从元代和明代对喇嘛教首领的封号继承来的。元朝尊八思巴为"国师"，又晋升为“帝师”，并授玉印，“任中原法王，统天下教门”，“统领诸国释教”，承认了他是全国佛教的最高首领。明朝也曾照依此例封噶玛噶举派的得银协巴为“万行具足十方最胜圆觉妙智慧善普应佑国演教如来大宝法王西天大善自在佛领天下释教”。但是明朝由于疏忽，出了一个纰漏：得银协巴的政治地位无论如何是不能和八思巴相比的，他只是西藏地方喇嘛教的首领，根本管不了天下的佛教。清朝的谋士们注意到这个问题，所以在“领天下释教”之前，加了一个“所”字。这一个字的份量很不轻，它的含意是，你所管的佛教由你管，言外之意是，不属你管的佛教你就不能管。“普通瓦赤喇怛喇达赖喇嘛”，是袭用了俺答汗送给三世达赖喇嘛的封号“圣识一切瓦齐尔达喇达赖喇嘛”，其意义完全一样，只是译写汉文时，用字不同，“普通”即“识一切”，无所不晓的意思，“瓦赤喇怛喇”即“瓦齐尔达喇”，梵文“执金刚”的意思。“达赖喇嘛”的含意，已如前述。这是一个既有汉语，又有藏语、蒙语、梵语的封号，其所以搞得这样复杂，是清朝的用心良苦，既承认他是喇嘛教的宗教首领，给予一定的尊荣，又不赋予他政治权力，暗中否定了他管辖西藏地方行政的职权。在册封五世达赖的同一年，清朝又册封了实际操纵西藏地方政权的固始汗，给他的封号是“遵行文义敏慧固始汗”，用汉、满、蒙三种文字书写金册印，这实际上是承认了他在清中央政府管辖下，管理西藏地方的行政权。乾隆十五年（1750）平定珠尔墨特那木扎勒之乱以后，清朝废除了在西藏封授郡王的制度，以驻藏大臣与达赖喇嘛共理藏政，噶厦（西藏地方政府）“遇有紧要事务，禀知达赖喇嘛与驻藏大臣，遵其指示而行”。达赖喇嘛在西藏政治地位正式法定下来。

顺治册封五世达赖之后，达赖喇嘛的名号，以法律形式确定下来，同时又法定了达赖喇嘛的政治和社会地位，达赖喇嘛宗教系统正式确立。

清朝既然册封达赖喇嘛为喇嘛教的首领，为什么又册封班禅额尔德尼呢？

（四）册封班禅额尔德尼

五世达赖晚年，专心佛教经典的研究和著述，康熙十八年（1679）他将政事全部交给第巴桑结嘉措（1653—1705）。桑结嘉措极受五世达赖的宠信，知识丰富，办事干练。但是，他登上政治舞台不久，即面临着一个重大的难题，这就是与掌握西藏地方政权的蒙藏统治集团的矛盾和斗争。

西藏地方的噶丹颇章政权，虽然是由第巴以达赖喇嘛的名义掌管，但因为手中没有军队，实权却由固始汗及其子孙操纵。固始汗在帮助五世达赖建立噶丹颇章政权之后，大部分蒙古骑兵回青海游牧，留下了八个佐领军队驻扎拉萨北部的达木草原，而固始汗本人也带了一部分军队驻扎拉萨，控制西藏政局。固始汗于顺治十一年（1645）在拉萨死去，顺治十五年（1658）其子丹增多吉继承汗位，是为达颜汗。康熙七年（1668）达颜汗死，其子丹增达赖于康熙十年（1671）继汗位，是为达赖汗，他掌握汗权30余年。藏族统治集团不满意固始汗子孙控制和操纵西藏地方政权，矛盾逐渐激化，于是，想利用厄鲁特蒙古准噶尔部的力量，驱逐固始汗子孙。

五世达赖于康熙二十一年（1682）在布达拉宫圆寂。桑结嘉措感到问题严重，害怕固始汗的子孙乘机把他搞掉，又忙于修建布达拉宫和应付拉达克战事。于是，他把五世达赖死去的事，隐瞒起来，既不向中央政府报告，也没有告诉自己周围的人，仍然以五世达赖的名义处理一切政务。但是，他所倚重的准噶尔汗噶尔丹，公开与清中央政府作对，这就使他在一些重大问题上，与清中央政府对立起来。

噶尔丹是准噶尔部巴图尔浑台吉之子，自幼出家，师从五世达赖学习黄教，和桑结嘉措是好友。但是，他对佛学没有什么兴趣，只喜欢舞枪弄棒。康熙十五年（1676），噶尔丹以阴谋手段夺取了准噶尔汗权。他一面向中央政府表示臣服，奉贡不绝，一面不断蚕食邻部，逐渐兼并了维吾尔族地区，统治了新疆广大地方，进一步又想霸占喀尔喀各部，借口自然是很容易找到的。

康熙初年，喀尔喀的扎萨克图汗内讧，一部分牧民逃到土谢图汗部，两部发生纠纷，长久得不到解决。清中央政府对这个问题非常重视，康熙二十五年（1686），派大臣与达赖喇嘛的代表（桑结嘉措以达赖名义派出的喇嘛），前往外蒙调解两部纠纷。噶尔丹也派出代表参加了会议。会议期间，达赖喇嘛的代表与土谢图汗的代表哲布尊丹巴，因座席问题发生了争执，噶尔丹即以对达赖喇嘛不恭为借口，驱兵进攻土谢图汗。噶尔丹因为有沙俄的暗中支持，气焰很凶，土谢图汗吃了败仗，举部迁居内蒙古。在这过程中，桑结嘉措却奏请康熙，擒拿土谢图汗和哲布尊丹巴，送给噶尔丹，可以不伤害二人性命。这个奏疏是桑结嘉措以五世达赖名义发出的，因而引起了康熙的猜疑。康熙末上其当。康熙二十九年（1691），噶尔丹以追击土谢图汗为名，攻入内蒙乌珠穆秦地方，距京师七百里，清朝派两路大军迎击，于乌兰布通地方大战一场，双方伤亡惨重，清军获胜，噶尔丹逃回科布多。在这场战斗中，桑结嘉措以达赖喇嘛名义派出的喇嘛，曾帮助噶尔丹，并设计协助噶尔丹军队败逃。

桑结嘉措得知噶尔丹败逃的消息，预感到将自己的政治生命捆在噶尔丹的战车上，前景不妙，为了巩固自己的权位，他于康熙三十二年（1693），用五世达赖的名义，给康熙上了一道奏疏，大意是说，五世达赖年老，政事多由第巴主之，请给桑结嘉措一个封号，以便发号施令。康熙在五世达赖生死未明的情况下，还是顾及到五世达赖的面子，又考虑到西藏地方政局的安定，于是，给了桑结嘉措一个王爵，印文为“掌瓦赤喇怛喇达赖喇嘛教弘宣佛法王布忒达阿白迪之印”。“布忒达阿白迪”是梵语“桑结嘉措”的音译。这个封号的含义是，封桑结嘉措为掌管西藏喇嘛教事务之王。清政府在这个封号上，是颇费了一番苦心的。因为西藏的行政事务，一直由固始汗的子孙掌握，如果再封桑结嘉措为西藏地方的王，势必影响固始汗子孙与清中央政府的关系。所以，给他一个掌管西藏地方宗教事务的王，既全了五世达赖的体面，又不刺激固始汗的子孙，是一石双鸟的办法。

康熙三十五年（1696），清中央政府搞清了五世达赖已死的真相，严令桑结嘉措将实际情况奏明，同时，要五世班禅到北京，掌管喇嘛教事务，并以喇嘛教首领的身份，制止噶尔丹的分裂活动。桑结嘉措以班禅未曾出痘为名，阻止五世班禅的北京之行，同时向中央政府说明了五世达赖早死，六世达赖业经选定，已长到十多岁了。清政府也只好承认了既成的事实。但是，西藏地方政局又发生了变乱，出现了真假达赖之争。

原来，达赖汗于康熙四十年（1701）死去，汗位由其子旺札尔继承，但仅仅两年之后，康熙四十二年（1703），旺札尔被其弟拉藏汗毒害。拉藏汗夺取汗位后，与桑结嘉措的矛盾日益激化。桑结嘉措买通拉藏汗的内侍，企图把他毒杀，但被拉藏汗发觉，其事未果。于是康熙四十四年（1705），双方兵戎相见。桑结嘉措兵败被俘，被拉藏汗的王妃才旺甲茂杀死。清政府封拉藏汗为“翊法恭顺汗”，令其掌管西藏地方政权。

拉藏汗认为桑结嘉措所立的达赖不容易为自己掌握，于是，上奏康熙说，桑结嘉措所立的仓央嘉措是假达赖，应予废除。康熙下令将仓央嘉措解送北京，中途死于青海。于是，拉藏汗又立自己的一个非婚生子为六世达赖，取名伊希嘉措。

但是，西藏僧俗上层贵族，本来就对固始汗子孙统治西藏不满，坚决不承认拉藏汗所立的六世达赖，他们在里塘找了一个叫格桑嘉措的小孩，立为仓央嘉措的转世灵童。这时，青海的固始汗子孙们，对拉藏汗独掌西藏地方政权不满，所以，也承认格桑嘉措是真达赖，并与西藏宗教上层人物合谋，将格桑嘉措迎至青海供养。到康熙末年，准噶尔部攻入西藏，杀拉藏汗，废除了伊希嘉措。康熙五十九年（1720）清军入藏，清除了准噶尔军队，护送格桑嘉措入藏坐床（史称七世达赖），才解决了这场真假达赖之争，这是后话。

清中央政府了解到西藏等地为立达赖问题，搞得纷争不已。仓央嘉措既被废除，拉藏汗所立的伊希嘉措又得不到西藏和青海僧侣的承认，达赖喇嘛教权的衰落，缺少了一种牵制力量，必然会使和硕特部固始汗子孙在西藏的势力膨胀。班禅在喇嘛教中的地位很高，但未经正式册封。于是，清政府决定册封班禅，即在达赖之外，另树一个喇嘛教首领，这样可以分达赖喇嘛教权，使之不可权势太专，又可在达赖喇嘛出缺的情况下，主持喇嘛教事务，这样有利于安定人心，稳定西藏地方政局。所以，康熙五十二年（1713）正式册封五世班禅为“班禅额尔德尼”，并使其管理后藏地方（据乾隆时统计，班禅所辖喇嘛 13761 名，百姓 6752 户）。“班”是梵语，“禅”系藏语，两字合起来是“大师”的意思，“额尔德尼”是满语“珍宝”的意思。清政府照封达赖喇嘛之例，赐给班禅金册、金印。从此班禅额尔德尼的名号才正式固定下来，历世班禅必须经中央政府册封才为合法，班禅宗教系统正式形成。

（五）哲布尊丹巴大喇嘛的来历

哲布尊丹巴胡土克图成为外蒙的主要活佛，有其特殊的历史条件和社会原因，这需要从黄教传入喀尔喀蒙古谈起。

16 世纪，达延汗的曾孙阿巴岱，依靠武力控制了喀尔喀左翼诸部，势力逐渐强大，在元朝后裔们纷争割据的形势中取得了新霸主的地位。他梦魂萦绕的是统一喀尔喀各部，登上大汗的宝座。但他只是一部的台吉，需要一个汗号作为政治号召，也需要一种能统一各部的精神力量。黄教向蒙古地区的扩散，恰好为他提供了一种兴奋剂。

明万历九年（1581），阿巴岱听一些从内蒙来的商人说，土默特部的俺答汗请来了西藏高僧，传播喇嘛教，于是，他也来了兴趣，就派了两个人，到土默特部迎请西藏高僧。当时，75 岁的俺答汗正在患病，向喀尔喀来使反复说明信奉喇嘛教的好处，同时派遣一名西藏高僧到喀尔喀传经说法。俺答汗病死后，三世达赖应邀到土默特部为他作祈祷，蒙古各部王公纷纷前往会见、礼拜。阿巴岱于明万历十五年（1587）也亲自前往归化城，向三世达赖献上了貂皮、撒金帐等数以万计的财帛牲畜。三世达赖对阿巴岱大加赞赏，送给他一些经典，并送给他一个“大瓦齐尔巴尼汗”的尊号。阿巴岱从此有了汗号。他回到喀尔喀后，建造了额尔德尼召，招收喇嘛，并广泛传播喇嘛教。后来，他又派人去西藏迎请高僧。他的本意是要请黄教高僧，但来到喀尔喀蒙古的却是觉囊派的僧人。

当时，掌握西藏地方政权的是藏巴汗。藏巴汗把持的噶玛王朝（1618—1642），是崇奉噶举派（白教）的，和这一教派的支系噶玛噶举派关系极为密切，而对黄教派则采取了严厉的压制措施。藏巴汗当然不愿意黄教势力在蒙古发展，他得知阿巴岱邀请高僧到喀尔喀传经说法时，便派遣觉囊派的著名高僧多罗那他（1575—1634）前往。

觉囊派作为西藏喇嘛教的一个派别，曾受到藏巴汗的支持。多罗那他自幼出家，写过一部《印度佛教史》和一些佛学著作，曾在藏巴汗支持下建造达丹彭措林寺，作为讲经传法的基地。相传，四世达赖为拉拢和争取他，在他离藏赴喀尔喀之前，送给他一个“迈达理”（弥勒佛）尊号。

多罗那他在喀尔喀二十多年。这期间喀尔喀的政治形势也有了变化。阿巴岱死，其子额列克掌管部众。额列克死后，其子衮布多尔济称汗，这就是历史上有名的土谢图汗。当时，喀尔喀并不了解西藏喇嘛教的派系斗争，对多罗那他的到来，极为欢迎，送给他一个“哲布尊丹巴”的尊号（藏语“尊贵的圣人”之意）。

明崇祯七年（1634），多罗那他在喀尔喀病死。第二年，土谢图汗恰好生了一个儿子，喀尔喀各部王公共同认定，这个小孩子是多罗那他转世，这就是第一世哲布尊丹巴胡土克图（胡土克图系藏语“朱必古”的藏语音译，意为“化身”。清朝时作为对大喇嘛的一种封号）。

一世哲布尊丹巴之所以转世于土谢图汗家族，是有其政治原因的。当时，腐朽的明王朝已日薄西山，气息奄奄。勃起于东北的满洲贵族所建立的后金（清）政权，势力正在蓬勃发展，伺机夺取全国政权。而沙俄侵略者已越过乌拉尔山，向东方扩张，逐步吞并了西伯利亚广大地区，并在勒拿河畔建立了雅库茨克城，作为入侵我国的据点。在这种形势下，喀尔喀势力最强的土谢图汗，企图成为喀尔喀各部的霸主，他得知喇嘛教和世俗势力结合，取得了西藏地方政权，而蒙古各部也都趋奉喇嘛教，如草随风。所以，他想操纵喀尔喀的宗教权，以加强自己的政治势力。车臣汗势力较弱，对土谢图汗极力趋奉，当多罗那他死后，他得知土谢图汗的妻子已经怀孕，便备了一份厚礼，并给土谢图汗写了一封信，大意为：我们都是成吉思汗的子孙，你将生下一个能统领我们的伟大人物，这是我日夜盼望的。随后，他又驱马赶往土谢图汗的驻地，共同饮宴数日，计议此事，并奉上了一个镶满宝石的摇篮。果然，天从人愿，一个男孩降生在土谢图汗的帐幕中。车臣汗率先尊这个男孩为活佛，并送上一项绕黄带的帐幕。西藏喇嘛教的觉囊派，为了在喀尔喀发展自己的势力，当然也要势力强大的土谢图汗的支持，所以，也承认了这个小男孩是多罗那他转世，奉他为本派的小教主，随同多罗那他到喀尔喀传经说法的喇嘛，为这个小教主传经授戒。喀尔喀各部的王公贵族，也纷纷向一世哲布尊丹巴献上许多牲畜财物，承认了他的喀尔喀喇嘛教教主身份。

顺治六年（1649），一世哲布尊丹巴已成为一个 14 岁的少年。为了巩固自己的喀尔喀喇嘛教首领地位，他从蒙古草原出发，翻越高山到雪域去拜师学经。这时的西藏政治形势已经发生了变化。明崇祯十四年（1641），五世达赖和四世班禅，密约固始汗率兵入藏，推翻了藏巴汗的噶玛政权，建立了噶丹颇章地方政权。这个地方政权，采取严厉手段打击反对黄教的僧俗势力，受到藏巴汗支持的觉囊派自然也在其列。五世达赖强制将达丹彭措林寺改为黄教寺院，易名为甘丹彭措林寺，将该派经书全部封存，强迫该派僧众改宗黄教，致使该派失传。

一世哲布尊丹巴到达西藏，当然不可能再从觉囊派学经，于是，先投奔札什伦布，从四世班禅学经，后赴布达拉，拜五世达赖为师。五世达赖见哲布尊丹巴聪明好学，又出身于喀尔喀最有势力的土谢图汗之家，是在喀尔喀传扬黄教的理想人选，于是，在改宗黄教后，正式授予他“哲布尊丹巴胡土克图”的称号。清顺治八年（1651），五世达赖派数百名喇嘛以及许多工匠艺人，随同一世哲布尊丹巴，到喀尔喀蒙古，修建寺院，传播黄教。原在喀尔喀传经说法的其他教派的喇嘛，见一世哲布尊丹已势力强大，也纷纷改宗了黄教。

顺治十二年（1655），一世哲布尊丹巴遣使朝贡，向清朝政府奉献佛像等礼物。秋天，他再赴西藏，从四世班禅和五世达赖学习佛法。第二年，他回到库伦，举行规模盛大的法会，广宣佛法。后来，他又多次派人向清中央政府奉贡请安，并坚决反对沙俄的入侵，和清中央政府一直保持着密切的关系。

康熙二十七年（1688），新疆准噶尔部噶尔丹在沙俄的怂恿和支持下，驱兵攻入漠北草原，肆意烧杀抢掠，喀尔喀各部大败，一些王公贵族惶惶不知所从。少数王公贵族曾提议投奔沙俄，暂时避难，哲布尊丹巴则坚决主张内附，毅然率部投奔了清中央政府，从而避免了一场可能发生的民族大分裂，这对于当时的反击沙俄入侵的正义斗争，也有着积极的作用。所以，哲布尊丹巴很受清中央政府的赞赏。

康熙三十二年（1693），清政府正式册封哲布尊丹巴为“大喇嘛”，正式承认了哲布尊丹巴总领喀尔喀喇嘛教的地位。此后，哲布尊丹巴常常是冬住北京，夏寓热河，随侍康熙左右，或者到喀尔喀各部讲经说法，并积极为清朝统一新疆奔走效力。

康熙六十一年（1722），康熙皇帝在北京死去，哲布尊丹巴得知后，极为悲痛，他不顾自己年迈体衰，与土谢图汗匆忙就道，奔赴北京祭奠，得病不起。第二年正月，圆寂于北京。清中央政府专管边疆少数民族事务的理藩院，为此专门给新皇帝雍正上了一道奏折，说“哲布尊丹巴胡土克图，黄教中第一人也。数世行善，垂九十年。当噶尔丹叛时，率七族喀尔喀来归，最有功。……诸如达赖喇嘛、班禅额尔德尼例，赐以名号、印册”。雍正批准了这项建议，亲自祭奠了这位著名的大喇嘛，并发布谕旨，准许哲布尊丹巴胡土克图转世不替，并照达赖、班禅之例，赐给金册、金印，世世掌领喀尔喀喇嘛教。又发帑银十万两，在库伦建造庆宁寺，存放一世哲布尊丹巴舍利，并作为后世哲布尊丹巴驻锡之所。从此，哲布尊丹巴活佛系统，正式法定下来，其转世灵童也必须经中央政府批准，才能取得合法地位。

清朝既然册封了哲布尊丹巴掌管喀尔喀蒙古喇嘛教，为什么又册封章嘉胡土克图作为掌管内蒙古喇嘛教的大喇嘛？这也有其特殊的政治原因。

（六）敕赠章嘉活佛

根据一些宗教界人士的说法，章嘉活佛原来是西藏喇嘛教萨迦派

（花教）的一个活佛，受清朝正式册封以前，共传十三世。著名的元朝大喇嘛八思巴是第八世，到第十世时，从著名的黄教大师宗喀巴学习佛经，改宗黄教，从而成了黄教的一个小活佛。据说，这个活佛系统的第十三世生在青海的章嘉村，因此这一个小活佛系统才正式名为章嘉活佛（另外，有人说是因为这个小活佛生在青海的一个张姓人家，故名为章嘉活佛）。这就是通常所说的第一世章嘉胡土克图。

明崇祯十五年（清崇德七年、1642），黄教祖师宗喀巴的故乡青海，一个名叫达曲格的小村庄上的一户农家，生下一个小男孩。这家的男主人名叫张益华，女主人名叫泰木沙，他们都虔诚地信奉喇嘛教。由于家庭环境的影响，这个小孩对喇嘛教的一些宗教用品和宗教活动，发生了浓厚兴趣。有的喇嘛教徒就将此事报告了班禅。当时，四世班禅协助五世达赖，在固始汗的支持下，刚刚建立噶丹颇章地方政权不久，正在大力振兴黄教，发展黄教势力，青海作为黄教祖师宗喀巴的故乡，自然受到他们的格外注意。听到喇嘛们报告了这个小孩子的情况，四世班禅极为高兴，认为这正是在青海发展黄教势力所需要的人物。于是，他决定，这个小孩子就是死去不久的章嘉活佛的转世灵童，把意嘉胡土克图的桂冠送给了他（这就是后来被清朝封为国师的二世章嘉活佛阿旺洛桑曲丹），希望他长大后，为黄教势力在青海的发展，成就一番事业。青海的黄教势力本来就很大，这时又恰值黄教代表人物达赖、班禅夺取了西藏地方政权，这好像给青海的黄教喇嘛们注射了一支兴奋剂。他们听了班禅的话，自然是很激奋，立即将这个小活佛迎至郭隆寺（后改称佑宁寺）供养起来。顺治九年（1652），五世达赖受清廷之约到京朝觐，途中遇到了这个已经长到11岁的小章嘉活佛，并为其受了戒。之后，这个小活佛继续留居郭隆寺，拜一些有名望的大喇嘛为师，学习佛经。由于他天资聪颖，刻苦努力，很快掌握了许多佛学经典，成为当地很有名望的青年喇嘛学者，受到喇嘛们的尊敬与崇拜。顺治十八年（1661），他19岁时，为继续深造，来到喇嘛教圣地西藏，拜谒四世班禅和五世达赖，潜心研究各种佛教典籍，包括许多梵文经典，从而开阔了眼界，扩充了知识领域。康熙九年（1670），他在拉萨举行了一次规模盛大的讲经法会，他的渊博的宗教学问，使许多喇嘛们折服，从而声名大震，许多喇嘛纷纷拜到他的门下，以他为师，从而使他成为西藏地区颇负盛名的大喇嘛之一。这为他后来政治上的发迹，奠定了基础。

康熙二十三年（1684），喀尔喀蒙古的扎萨克图汗和土谢图汗部的矛盾日趋激化。清政府为安定北疆，集中力量对付噶尔丹，决定派遣大臣调解两部矛盾，同时，命五世达赖以喇嘛教首领的身份，派出代表，共同前往。执掌藏政的第巴桑结嘉措，以达赖的名义，派锡埒图胡土克图与钦差大臣一起前往喀尔喀。锡埒图胡土克图途经青海时，遇到了刚从西藏返回的章嘉胡土克图。锡埒图胡土克图久仰他的声名，钦佩他渊博的学识，又预感到此行会遇到许多棘手问题，于是，邀请章嘉同行，作为助手，一同前往喀尔喀。谁知，这次偶然的邂逅，正是后来章嘉登上政治舞台的契机。

康熙二十六年（1687），康熙召见锡埒图胡土克图，询问了调解两部纠纷的情况，章嘉也随同拜见了康熙。康熙赏赐给他们许多东西，并留他们在北京住下来。在此期间，章嘉胡土克图和锡埒图胡土克图拜会了许多住在京城著名寺庙的喇嘛，并举行了法会，与一些住京的有名喇嘛辩论经典，章嘉胡土克图渊博的佛学知识，赢得了许多赞誉。康熙对章嘉胡土克图的处事才能和广博的佛学知识，颇为欣赏，并开始盘算着如何利用他为自己的政权服务。

康熙二十七年（1688），章嘉胡土克图决定返回故乡，继续开展自己的宗教活动。康熙批准了他的请求。由于有了前番的政治阅历，又晋见过皇帝，所以，章嘉的声名日隆，势力发展很快。但是，一道圣旨，又改变了他的生活道路。

日理万机的康熙，并没有忘怀这个离去几年的黄教大喇嘛。康熙三十二年（1693），康熙发出一道谕旨，宣召章嘉胡土克图进京。康熙此举，并非心血来潮一时兴之所至，而是经过深思熟虑的政治决策。他考虑到蒙藏地区政治形势的复杂，决定继续推行利用喇嘛教统治蒙藏民族的传统政策。他父亲顺治曾册封达赖作为喇嘛教的首领，而蒙古民族也都崇奉喇嘛教，所以，遇到蒙古问题，康熙常常征求达赖的意见，再作决定。而蒙古的一些王公贵族，在和清中央政府的交往中，也常常打出达赖的旗号，这又引起了康熙的很不愉快。例如，康熙十八年（1679），准噶尔部噶尔丹，以达赖喇嘛送给他一个“博硕克图汗”的尊号，“奉贡入告”，希冀得到中央政府的正式批准。康熙认为，封爵之权属于中央政府，达赖无此权力，不予承认。清初，喀尔喀蒙古向中央政府进贡，常以达赖所给文书为凭。康熙十九年（1680），喀尔喀贡使团的首领人员，与所持达赖文书开列的不符。理藩院对于是否接纳这个使团并收受贡品，委决不下，具疏请示康熙。康熙对此很生气，严厉申斥理藩院：喀尔喀进贡是否收纳，应即决定，何必以达赖喇嘛之文书为据？如果必以达赖之文为凭，那等于是说，有关喀尔喀蒙古的事情，就全由达赖处理了！从这些事情中，康熙悟出一个道理：达赖的宗教权，不可太大，不然的话，势必形成一种与中央政权相抗衡的力量。就在宣召意嘉胡土克图进京的这一年，即康熙三十二年（1693），清政府正式册封哲布尊丹巴为“大喇嘛”，使他总领喀尔喀喇嘛教，以分达赖喇嘛教权。但是，清政府也害怕哲布尊丹巴的势力在蒙古地区膨胀，故此，还想找个有名望的大喇嘛掌管内蒙古的喇嘛教，同时，清政府也需要找一个御用喇嘛，协助处理喇嘛教事务。于是，章嘉胡土克图被选中了。康熙之所以看中章嘉，除了他丰富的宗教知识以及在喇嘛教中的地位和名望外，他的宗教势力的基础主要在青海，不可能在内蒙古形成一个藩镇集团，也是一个重要原因。

章嘉奉命，携带高徒15人，来到北京，被安置在法渊寺。康熙封章嘉为扎萨克达喇嘛，并赏赐许多物品，其徒众的食用，也由官府供给。

清代在驻京喇嘛中，设掌印扎萨克达喇嘛1人，副扎萨克达喇嘛1人，扎萨克喇嘛4人，达喇嘛17人，副达喇嘛4人，苏拉喇嘛19人，教习苏拉喇嘛6人，额外教习喇嘛4人，德木齐31人，格斯贵50人，另有许多喇嘛徒众。掌印扎萨克达喇嘛掌管理藩院喇嘛印务处，具体承办中央政府交办的有关喇嘛教事务，是京师喇嘛中的最高职衔。章嘉胡土克图被授予这样的职衔，说明了康熙对他的极大信任。

第二年，章嘉随同康熙到热河避暑。其年秋，回京任职。以后，即常住北京。

康熙三十六年（1697），章嘉胡土克图奉康熙之命，主持六世达赖的坐床典礼。这是清朝消灭准噶尔部噶尔丹的分裂势力之后，为稳定西藏政局而采取的一项重大措施。当时，由于准噶尔部上层贵族经常四出劫掠邻部，并连年武装骚扰喀尔喀蒙古，许多蒙古族人民纷纷迁至青海游牧，而清政府主要集中力量打击噶尔丹的势力，对于青海无暇多顾，青海蒙古族的上层人物，对中央政府抱着一种疑畏观望的态度。章嘉胡土克图在由京赴藏的过程中，绕道宁夏、甘肃，并专程到青海，召集青海厄鲁特王公台吉，通报了清政府对噶尔丹作战的胜利，说明了清朝的有关政策，劝导他们及时进京朝觐，紧紧地依靠中央政府，青海厄鲁特王公台吉表示一定照他说的去做。这对于稳定青海政局，和后来清政府加强对青海的行政管理，都起了积极作用。

章嘉胡土克图完成使命回京后，便到多伦诺尔，指导汇宗寺的建造工程，并到内蒙各地传经说法。康熙四十年（1701）汇宗寺建成，内外蒙古各旗，均派一名喇嘛住庙焚修，表示蒙古各部对清中央政府的遵奉。康熙下达了一道谕旨，任命章嘉胡土克图为“多伦喇嘛庙总管喇嘛事务之扎萨克喇嘛”，初步确立了他总领内蒙古喇嘛教的地位。同时规定，他每年夏天，在多伦避暑，弘扬喇嘛教，冬天则回北京任职。

康熙四十四年（1705），康熙北巡，顺便视察多伦喇嘛庙，并了解各旗驻汇宗寺喇嘛的情况。蒙古王公向康熙奉献良马9匹、骆驼9峰，及其他珍物，共计9种、81件。康熙极为高兴，他认为，这是和章嘉胡土克图的活动分不开的。所以，康熙决定，让章嘉胡土克图久住汇宗寺，宣扬喇嘛教，并应许回京之后，即赏封章嘉胡土克图名号，赐与金印。

康熙果不食言，康熙四十五年（1706），正式册封章嘉胡土克图为“灌顶普善广慈大国师”，并赏给八十八两八钱八分重金印一颗。这个封号，是袭用了元朝册封八思巴为“国师”的典故。可见，康熙心目中是把章嘉胡土克图作为自己的八思巴的，其对章嘉的倚重，不言而喻。“国师”这一封号，带有“中央政府宗教顾问”的含意。清代正式得到“大国师”封号的，只有各世章嘉胡土克图，也可见清政府对章嘉活佛系统的重视。

康熙四十九年（1710），近古稀之年的章嘉胡土克图请假回到故乡青海，在各大寺讲经说法，不久又回京任职。康熙五十年（1711），清中央政府在北京专门为章嘉胡土克图修建了一座喇嘛庙，第二年，康熙亲书寺额“嵩祝寺”（现已毁，原址在北京东城区五四大街沙滩附近）。康熙五十二年（1713），章嘉胡土克图陪同康熙到热河避暑，并顺便巡视多伦喇嘛庙。康熙到汇宗寺进香，见其庙庄严壮丽，各旗来的喇嘛均一意焚修，极为高兴，当面告谕章嘉胡土克图：这座寺庙极为庄严壮丽，各旗喇嘛均安心诵经习法，我极为高兴。追根溯源，都是你一人之力。并且郑重宣布：“黄教之事，由藏东向，均归你一人掌管”。从此正式确定了章嘉胡土克图总领内蒙喇嘛教的地位。

康熙五十四年（1715），章嘉胡土克图在多伦诺尔圆寂，同年9月，龛座运供于青海喇嘛庙。康熙五十六年（1717），一些喇嘛在甘肃发现一个出生不久的小男孩，聪明颖慧，即禀报五世班禅。五世班禅携带一批大喇嘛，亲往看现，选定为章嘉胡土克图转世灵童。报经康熙批准，确定为章嘉三世。雍正时，在多伦汇宗寺附近一里左右地方，建造了善固寺，作为章嘉三世的居住、焚修之所。从此，历代章嘉胡土克图夏住善因寺，各居嵩祝寺，成为惯例。

清朝掌管理藩院喇嘛印务处，并兼管内蒙古喇嘛教事务的章嘉胡土克图活佛系统，就是这样形成和确立的。

二、四大活佛与清代历史风云

四大活佛是清代历史的产物，是清朝利用喇嘛教统治蒙藏民族政策的产物，他们的命运，与清代的历史风云紧密相连。下面，我们介绍几个清代四大活佛中的风云人物。

（一）抗击沙俄的草原雄鹰

清初，我国北部边疆，升起一股夹带血腥味的乌云。本来和我国并不接壤的沙俄，16 世纪末，越过乌拉尔山向东扩张，17 世纪初，到达外兴安岭北的勒拿河流域和贝加尔湖，并开始在这一带建立侵略据点。明万历四十七年（1691），在叶尼塞河中游建立了叶尼塞斯克；明崇祯五年（1632），又在勒拿河畔建立了雅库茨克城，作为入侵我国的桥头堡，然后，向四面八方扩张。

当时，大漠以北包括贝加尔湖一带，是我国喀尔喀蒙古和布里亚特蒙古的游牧地。喀尔喀蒙古分为扎萨克图汗、土谢图汗、车臣汗三部。沙俄对我国北蒙古地区的侵略，是通过派遣所谓“外交使节”，到我国喀尔喀诸部进行分裂、颠覆活动的，使出了挑拨离间，威胁利诱，策动叛降，刺探情报等种种卑劣手段。他们还武装侵占了我国布里亚特蒙古茂明安部的一大块地盘（清代史书上称为“尼布楚”，及其周围地方）。

沙俄对我国黑龙江流域，则多次派遣侵略军，武装侵扰。明崇祯十六年（1643），沙俄雅库茨克督军派遣文书官波雅科夫，率侵略军 133 人，入侵我国行使主权已有一千余年之久的黑龙江流域，杀人掠物达 3 年之久，结果被冻饿而死和被我当地达斡尔族人民所消灭的共 80 余人。顺治六年（1649）、顺治七年（1650），臭名昭著的沙俄侵略分子哈巴罗夫，先后两次率侵略军，侵扰我国黑龙江流域，遭到我国军民的强烈抵抗。顺治八年（1651），一支沙俄侵略军，强占我达斡尔族的城寨雅克萨，并筑垒屯兵，后被我国军民驱逐出境。康熙四年（1655），又一股沙俄侵略军，再次侵占我雅克萨城，并盘踞二十余年之久。

康熙二十年（1681），清朝平定了三藩之乱，康熙二十二年（1683），又统一了台湾，得以集中力量对付沙俄的入侵。

对有关防御、反击沙俄入侵问题，清政府一直与哲布尊丹巴等喀尔喀上层人物协商而行。康熙二十一年（1682），平定三藩之乱不久，清政府即布置反击沙俄的入侵，派遣副都统郎坦等以捕鹿为名，侦探侵入黑龙江流域的沙俄侵略军情况，并派大喇嘛垂仲格隆到哲布尊丹巴处，通报有关情况，要求喀尔喀各部停止与沙俄的贸易。之后，哲布尊丹巴不断向清中央政府"请安进贡"，随时报告北部边疆情况。康熙二十五年（1686），清中央政府派理藩院尚书阿喇尼到喀尔喀，调解各部的纠纷，希望他们团结对敌，共同防御沙俄入侵。哲布尊丹巴向阿喇尼报告了沙俄建立色楞格斯克和乌丁斯克两个侵略据点，并四出烧杀抢掠的情况，表示忠心服从清中央政府，坚决反对沙俄的侵略。他的坚定立场，对于喀尔喀人民反击沙俄的入侵，是一个有力的号召。

康熙曾多次通过外交途径致函沙皇，希望和平解决问题，均遭拒绝。清政府被迫于康熙二十四年（1685），派军队收复了雅克萨。但，沙俄随即又拼凑了一支侵略军，再次卷土重来，重占雅克萨。第二年，我国军民再次清除了雅克萨侵略军。由于侵略中国黑龙江流域匪帮连遭失败，再加国内政局不稳，沙俄才被迫接受了中国政府提出的和平谈判建议。

康熙二十五年（1686）一月，沙皇正式任命大贵族戈洛文为谈判使团的全权大使，率1900余名俄军到中国边界举行谈判。沙皇在给戈洛文的训令中强调指出："如有可能，取得（哲布尊丹巴）胡土克图的帮助，作为中俄之间一种外交的联络人"。并企图以此谋取外交上的好处。这年11月，戈洛文在旅途中，派人给哲布尊丹巴胡土克图（一世）送去了一封信，并奉上一份礼物。戈洛文企图用恫吓和收买的手段，迫使哲布尊丹巴"以全部忠忱为（沙皇）陛下效力"。

对沙俄的侵略，哲布尊丹巴早就有所警惕。当第二年春天，戈洛文的使者到来时，他派自己的管家接见这位信使，问道："全权大使前来有何贵干？带大批随行官员及军人，是否有意同中国皇帝交战？"戈洛文的信使回答，大使此行，是准备与中国谈判。于是，哲布尊丹巴收下了书信和礼品，但拒绝亲自接见信使，并将有关情况，迅速报告了康熙皇帝。

康熙二十六年（1687）秋天，哲布尊丹巴和土谢图汗派遣使者到乌丁斯克寨会见了戈洛文。使者奉哲布尊丹巴之命，当面质问戈洛文："究竟是干什么来的？带这么多军队和军用物资意欲何为？"表示只能接待少数俄国使者通过蒙古地区到北京去谈判，绝不允许大批俄国军队进入中国国境。同时，蒙古使者还对沙俄的侵略行径，提出了严正抗议，指出沙俄军队"伤害了许多蒙古乌卢斯牧民，毁坏了许多帐幕，掳走了牲畜和人丁"，并正告沙俄，以后要保证"不再侵害乌卢斯牧民，不再挑起纠纷和事端"。戈洛文理屈词穷，反咬一口，说是蒙古人袭击了沙俄占领的地方，"才对他们蒙古人采取报复行动"，会谈在唇枪舌剑中不欢而散。

这次会谈，进一步暴露了沙俄的侵略嘴脸，也使戈洛文摸清了哲布尊丹巴坚决抗击外来侵略的坚定立场。戈洛文改变了策略，决定采用武力，迫使哲布尊丹巴就范。蒙古使者回去不久，戈洛文又派出一名使者，携带一封长信，跑到哲布尊丹巴的游牧处，并送去貂皮 10 对，褐狐皮 2 张，红呢衣料 1 块，上等水獭皮 6 张。这封过于冗长的信，在虚伪的外交辞令掩饰下，潜藏着杀机。戈洛文的使者秉承其主子的旨意，狂妄地要求哲布尊丹巴胡土克图制止蒙古人民反抗沙俄侵略的正义斗争，甚至蛮横地要求"严加惩处"。同时，又别有用心地编造了一个所谓"失盗"清单，要求蒙古王公"赔偿"，并威胁说，如果拒绝这些无理要求，就要以战争解决问题，"向蒙古台吉们大兴问罪之师"，"捣毁帐幕，俘虏他们的妻子儿女"，"大军一到，蒙古人就要遭殃"。

但是，哲布尊丹巴并没有被沙俄侵略者的蛮横狂妄气焰所吓倒，在很长时间内，不愿接见戈洛文的使者。喀尔喀人民，也抱着"以血还血，以牙还牙"的决心，更加蓬勃地展开了反抗沙俄侵略者的斗争。为了制止沙俄侵略军的搜捕和抢劫，预防其大规模的武装侵扰，哲布尊丹巴和土谢图汗派他们的兄弟巴图尔珲台吉率领一支劲旅，到贝加尔湖以东进行防御，并与沙俄侵略军进行了一场血战，杀伤了许多侵略者。这支蒙古骑兵，还包围了沙俄的侵略据点色楞格斯克和乌丁斯克。他严格遵循清中央政府关于和平谈判的方针，对这两个侵略据点的侵略军围而不打，就像猎人将狼关在铁笼子里，使之不能再四处为害。阴险的沙俄侵略军又暗中怂恿和支持我国新疆准噶尔部噶尔丹，向哲布尊丹巴和土谢图汗发动了大规模的武装进攻，这等于从背后捅了巴图尔珲台吉一刀，使他不得不调转部队对付噶尔丹。康熙二十七年（1688）春，在围困色楞格斯克和乌丁斯克数月之后，巴图尔珲台吉被迫撤走了自己的军队。

在腹背受敌的困境下，哲布尊丹巴不改初衷，遵奉清中央政府的命令，为中俄谈判而不懈地进行努力。康熙二十六年（1687）11月底，他奉清政府之命，派使者到色楞格斯克，面见戈洛文，了解沙俄使团的意图和动向，问戈洛文"为何不派使者到哲布尊丹巴胡土克图处，为何不尽快与中国政府举行谈判?"实际上是质问戈洛文，究竟有没有和谈的诚意?

康熙二十七年（1688）正月，哲布尊丹巴再派使者到达色楞格斯克，面见戈洛文，向他面交了清朝理藩院给戈洛文的信，催促戈洛文即速前来谈判。信中询问戈洛文，既然已抵达色楞格斯克多日，为何迟迟不来？现在滞留何处？或者被什么事所阻？希望他说明情况，"从速前来谈判议事"。当时，戈洛文正躲在色楞格斯克，指挥侵略军四出掳掠烧杀喀尔喀人民，企图扑灭喀尔喀人民反抗沙俄侵略的烈火，以图谋外交上的好处。这个阴谋，戈洛文当然不会说出。他手持中国政府的信件，面对喀尔喀使者的质问，狼狈不堪，要起了无赖，大肆污蔑和攻击蒙古人赶走了沙俄的马匹，并打死了俄国人。哲布尊丹巴的使者据理驳斥，正告戈洛文："哲布尊丹巴胡土克图吩咐我们，转告全权大使，俄国人不断袭击蒙古人，希望能查明此事：最近，就从尼布楚地方来了一批俄国侵略军，袭击了在附近游牧的蒙古人，并掳去了不少人畜。"同时又郑重说明，巴图尔珲台吉驻兵色楞格斯克附近，是为了防御俄国对我们蒙古人的侵略，"并不是为了采取军事行动"。当面揭露了戈洛文企图利用噶尔丹进攻喀尔喀之机，侵略蒙古地区的阴谋。

2月，哲布尊丹巴又派使者去见戈洛文，希望通过和谈解决蒙古和沙俄侵略者之间的武装冲突。但是，戈洛文却暴跳如雷，无理指责"蒙古方面无端挑起战争，寻衅滋事，反复无常，非礼对待前往蒙古的使者"，把血腥的污泥浊水，统统浇到哲布尊丹巴身上。这理所当然地遭到蒙古使臣的严正驳斥。哲布尊丹巴的和谈愿望终于破灭。

7月初，沙俄政府外务衙门书吏给戈洛文送来了沙皇的诏书。沙皇在诏书中，下达了谈判要旨，同时，再次指示戈洛文，在谈判活动中，要尽量争取利用喀尔喀的宗教首领。戈洛文根据沙皇的指令，准备了一份礼物，包括质地纯正的上等全猞猁皮 30 张，精制油性革 30 张，以及若干饰金皮革，企图用这些东西作钓饵，拉拢哲布尊丹巴上钩。但是，这些东西还未来得及送出去，戈洛文就收到了情报——噶尔丹打垮了喀尔喀人，哲布尊丹巴和土谢图汗已不知去向。

8 月初，清政府谈判代表团的使者奉命到达色楞格斯克，并前往乌丁斯克会见了戈洛文，向他通报了在喀尔喀发生的不幸战乱，建议中俄谈判改期举行。戈洛文要求派人随同中国使者，前往哲布尊丹巴游牧处，探明情况，这一阴谋被中国使者识破，受到婉言拒绝。戈洛文又使出另外一手，派了一百名火枪兵，以护送中国使者为名，到喀尔喀人游牧区“捕捉舌头，以获得准确情报”。同时，他又决定趁火打劫，率领一支侵略军，四处抢掠，强迫一些被打得七零八散的蒙古人“归顺”沙俄。戈洛文又从这些蒙古人中，找出了一个名叫达尔罕兰珠的喇嘛，让他去招抚喀尔喀王公，使他们“归顺”沙俄。同时，他又命达尔罕兰珠，务必设法探明哲布尊丹巴的情况，并把“沙皇陛下的御书和厚礼”，送到他的手中，企图通过威胁利诱，迫使喀尔喀王公，投向沙俄，并许诺说，“沙皇陛下将因此赐予（哲布尊丹巴）喇嘛厚赏和荣誉”。

但是，物质利诱也罢，武力威胁也罢，戈洛文的阴谋都落了空。在外敌当前，民族面临分裂的危险关头，哲布尊丹巴大义凛然，毅然率部投奔了清中央政府，从而维护了国家的统一。

当时，遭到噶尔丹军队残酷摧残的喀尔喀，陷入极端混乱。大批帐房被战火吞噬，化为一片灰烬。牛羊被屠宰，或者惊恐地哀叫着四散奔逃。许多牧民家破人亡，妻离子散，蓬头垢面四处逃命。一时乱云翻滚，青草暗泣。一些王公贵族聚议，惶惶不知所从。很多人主张举部内徙，请求清中央政府的保护，也有少数人主张暂避沙俄，再图后举。一时间各持一端，争论不休，于是，大家请哲布尊丹巴决定。哲布尊丹巴指出：“俄罗斯不信奉佛教，风俗习尚也与我们不一样，那里不是久居之地。不如全部内徙，投奔大皇帝（清朝皇帝），可得永远幸福。”他的一席话，折服了喀尔喀众王公贵族，决定举部内迁。哲布尊丹巴与土谢图汗率领王公 30 余人，喇嘛 600 余人，牧民 20000 余人，投向了清中央政府，被打散的各部喀尔喀牧民也纷纷尾随而至，避免了一场可能发生的民族大分裂。清政府派理藩院尚书阿喇尼等，前往会见哲布尊丹巴和土谢图汗，将他们安置在苏尼特等部草原上，又调拨归化城、张家口、独石口等仓库的储粮，赈济已经贫困不堪的喀尔喀牧民。

康熙二十九年（1691），清军迎击噶尔丹军队于内蒙乌兰布通地方，噶尔丹败逃科布多。第二年春天，康熙召集喀尔喀各部和内蒙古四十九旗的王公贵族，于多伦（今内蒙多伦县）举行会盟，加强各部的统一，以消灭噶尔丹的分裂势力。

会盟是以宴会形式举行的。在觥筹交错中，康熙调解了土谢图汗与扎萨克图汗的矛盾纠纷，决定对喀尔喀各部加强行政管理，设旗编盟，如内蒙古各部之制。同时，决定在多伦建造一座大型的黄教寺院——康熙命名为汇宗寺，使内外蒙古各旗，各送一名僧人住寺，表示内外蒙古各部共尊清中央政府，犹如江河之汇于大海。在会盟中，康熙对哲布尊丹巴大加奖赏，肯定了他的功绩。康熙三十六年（1697），噶尔丹在内外交困中，势蹙而死，他的侄子策妄阿拉布坦继承汗位，哲布尊丹巴劝说他服从中央政府之命。总之，哲布尊丹巴为加强国家的统一，尽了心力，特别是为维护北部边疆的安宁，做出了应有的历史贡献。

清朝著名的蒙古族政治家，乾（隆）、嘉（庆）、道（光）三朝元老松筠，曾写诗称赞他："四部咸钦奉，初心诚抱真"，这也是对一世哲布尊丹巴比较恰当的历史评价。

（二）妙策化干戈

在清朝统一全国的历史过程中，章嘉胡土克图三世，为清朝的统一积极效劳奔走，出谋划策，更是不遗余力。

章嘉三世，生于康熙五十六年（1717），幼年被迎请到西宁郭隆寺（后称"佑宁寺"）供养。7岁时，即雍正元年（1723），郭隆寺的喇嘛因为参加了罗卜藏丹津反对清王朝的叛乱，清军将这座著名喇嘛庙焚毁。章嘉三世被几个近侍喇嘛藏到一个偏僻的山洞里隐蔽起来。清军统帅部向雍正报告后，雍正便下令清军寻找。清军接到皇帝命令之后，贴出布告，限数日之内，交出小活佛，否则将大肆烧杀。躲在山上的喇嘛，听到这个消息。哭成一团，而小活佛却"不愿连累别人，挺身而出"，坦然地走出山洞。当一群喇嘛簇拥着这个小活佛走到清军营帐，许多喇嘛被刀枪林立的森严气氛吓得魂不附体，而小活佛却毫不畏惧，对清军将领的问话，对答如流。不久，他被清军护送到北京。

雍正对这个聪明伶俐的孩子极为喜爱，有时还把他抱到怀里哄逗。雍正下令，这个小活佛，可以享受前世章嘉活佛一切尊贵的生活待遇，同时让他与皇四子弘历（即后来的乾隆皇帝）一起读书。雍正还经常派人劝谕他好好读书，“以备来日弘扬佛法”，为清朝的统治效劳。经过刻苦努力，他到18岁时，精通了汉、满、蒙三种文字，对藏文也有很深的造诣，又熟读了各种佛教经典。

雍正十二年（1734）夏天，雍正派遣年轻的章嘉活佛执行了一次重大政治任务，偕同果亲王允礼前往四川泰宁惠远庙，护送七世达赖回藏。

原来，康熙末年，清军驱逐了准噶尔部窜扰西藏的势力之后，曾将原在青海供养的七世达赖送到拉萨布达拉宫坐床，同时建立了以康济鼐为首席噶伦，阿尔布巴、隆布奈、札尔鼐为噶伦的噶厦政府。雍正元年（1723），又增加颇罗鼐为噶伦，掌管后藏。雍正五年（1727）阿尔布巴联合隆布奈、札尔鼐，并受到七世达赖之父索诺木达尔扎暗中支持，杀害了康济鼐，又起兵攻打后藏的颇罗鼐。颇罗鼐向清中央政府报告了西藏叛乱的形势。清政府派三路大军，以都察院左都御史查郎阿为统帅，进藏平乱。清军尚未进藏，颇罗鼐已将阿尔布巴等擒获。查郎阿进藏之后，立即将阿尔布巴、隆布奈、札尔鼐处死，命颇罗鼐掌管全藏事务。由于七世达赖之父索诺木达尔扎，暗中参与了这场争权斗争，事涉七世达赖，七世达赖如仍留拉萨，恐怕再出事端，同时，又怕准噶尔部乘西藏变乱之机，再次兴兵扰藏，劫持达赖，作为政治号召的工具，所以，雍正六年（1728），清政府决定，将七世达赖迁至川边，先住里塘，后移至秦宁地方的惠远庙，并派兵严加守护。

颇罗鼐效忠于清政府，治理西藏数年，局势完全稳定，又加强了对准噶尔的防御，“藏中晏然无事”。同时，五世班禅年老有病，难于主持宗教事务，所以，雍正决定，将七世达赖送回拉萨。

雍正十二年（1734）冬，章嘉三世偕同果亲王允礼，长途奔波到达泰宁，向七世达赖宣读了雍正的谕旨，并送给他许多礼品。七世达赖很高兴地为他们设宴洗尘。雍正十三年（1735）春，果亲王允礼回京复命，章嘉三世则与副都统福寿等率泰宁驻防官兵五百名，护送达赖回拉萨。一路上，两个活佛相随相伴，切磋经典，结下了深厚的友谊。7月，七世达赖于布达拉宫坐床，章嘉三世则抓紧时间，广泛结交西藏上层僧俗人物。他曾在甘丹寺、哲蚌寺等讲经说法，他的广博的佛教知识，机敏的辩经才能，折服了许多知名的大喇嘛，声名大震。据藏文史料记载，他去甘丹寺讲经时，喇嘛们纷纷脱帽铺地，深恐道路不平使这位年轻的活佛行走不便，他的洗手水，也被喇嘛们争相啜饮，对他的崇拜，简直达到了疯狂的程度。他还专程到札什伦布拜访了五世班禅。年老多病的五世班禅打算请章嘉长住西藏，宣扬教法。但是，章嘉活佛是负有政治使命的钦差喇嘛，当然不可能久居藏地。这时，传来雍正死亡，新皇帝乾隆继位的消息，因而，他匆匆整装返京。五世班禅为章嘉三世摆茶送行，并送给他许多珍贵礼物，频频叮咛他："要以佛法好好服务于大皇帝的政教事业。"七世达赖对他也满怀惜别之情，送行很远。章嘉三世护送七世达赖回藏，广泛结交西藏僧俗上层分子，对于稳定西藏政局，加强西藏僧俗上层分子对清中央政权的向心力，起到了重要作用。

章嘉三世回到北京之后，立即拜见了新皇帝乾隆，向他报告了西藏情况。乾隆对他圆满地完成这项重要政治使命十分满意，命他管理京师各寺庙喇嘛，并赏赐"扎萨克达喇嘛"印一颗，乾隆十六年（1751），又赐给他"振兴黄教大国师"印一颗。

乾隆二十一年（1756）春，清朝平定新疆准噶尔部上层分子阿睦尔撒纳的叛乱活动进入极为紧张的阶段，忽然发生了喀尔喀蒙古青滚杂卜的"撤驿之变"。由内地通往新疆前线的第 16 至 19 驿站，全部撤毁。这些驿站担负着运输军用物资、转递军书文报的重要任务，青滚杂卜把他管辖的这些驿站全部撤毁，对于清朝的平叛，无疑是一个沉重打击。

青滚杂卜是喀尔喀蒙古和托辉特部首领，因其父、祖之功，被封为郡王。他因玩忽职守，懈怠军务，遭到乾隆的训斥，又因为违犯清朝的规定，放纵所属与准噶尔互市贸易，酿成事端，受到革职处分，在随从清军进攻伊犁的过程中，他又因掳掠财物，受到"交部议处"的处分，因而对清中央政府心怀不满，借口清朝处死了额琳沁多尔济，公开发动了变乱。

额琳沁多尔济是喀尔喀蒙古谢图汗部扎萨克亲王，哲布尊丹巴二世之兄，在清朝进军伊犁平定准噶尔部达瓦齐的战争中，被任命为西路军参赞大臣。达瓦齐的势力被打垮后，阿睦尔撒纳欲乘机总揽厄鲁特蒙古四部汗权，独霸一方，他的阴谋被发觉，乾隆命其到热河朝觐，以便乘机加以处置。额琳沁多尔济亲王奉命伴随阿睦尔撒纳由新疆返回内地，实际上是执行监护任务。途中，狡猾的阿睦尔撒纳诡计逃跑，收拾残部，公开举起了叛乱的大旗，这时，正是乾隆二十年（1755）秋天。清朝不得不再派大军开赴新疆，平定叛乱。乾隆对额琳沁多尔济亲王的失误极为愤怒，下令赐死。

乾隆处死额琳沁多尔济之后，喀尔喀人心浮动。青滚杂卜乘机起事，煽动守护驿站的喀尔喀官兵私自逃跑，四出掳掠。哲布尊丹巴二世对乾隆处死其兄也非常不满。青滚杂卜利用这一混乱形势，企图煽动喀尔喀四部王公贵族武装暴乱，反叛清朝。

正在热河木兰围场狩猎的乾隆皇帝，接到这十万火急的情报，吃不下饭，睡不着觉，满腹忧愁。随侍左右的章嘉三世，觉得乾隆皇帝的情绪很不好，就问他，究竟出了什么大事？乾隆就将青滚杂卜撤驿引起的风波告诉了他。章嘉三世听后，满有把握地说："皇上不必忧愁，老僧愿备书一封，平息这场风波。"他连夜写了一封给哲布尊丹巴的长信，大意是说：清朝对我们是有大恩大德的。额琳沁多尔济犯了王法被处死，是因为皇上把喀尔喀蒙古与满洲一体看待，并不是怀疑你们有二心。如果说成吉思汗的子孙犯法就不能处死，那么，皇上的亲族犯法，又怎么办呢？况且，我们出家人早将世事置之度外，岂可随意发怒，干预国家政事？

章嘉三世派了一个姓白的徒弟，马不停蹄，驰驱十余天，到达了喀尔喀。哲布尊丹巴听说章嘉三世派人来，知道是来做说客的，命令兵丁手执刀枪，摆出一副如临大敌的阵势，让姓白的喇嘛，爬着进入帐房。章嘉三世的徒弟，没有被这森严的气氛吓倒，以如簧之舌，说明了事情的始末及其利害关系。哲布尊丹巴终于被说服，又读了章嘉三世入情入理的书信，决定不再起事，打发章嘉三世的徒弟回去复命，又劝说喀尔喀王公贵族不要乘机暴乱。清朝政府抓住有利战机，派出一支军队，追捕青滚杂卜，终于将他擒获处死，一场萌动中的暴乱平息了，这对于保证清朝统一新疆战争的胜利，起到了重要作用。

乾隆二十四年（1759），清朝统一新疆之后，面临的一个重要政治课题，就是加强对少数民族地区的治理，进一步巩固和加强国家的统一。章嘉三世也为此出了不少力。

他曾奉乾隆之命，翻译了许多佛经。著名的藏文大藏经《丹珠尔》，便是由他主持译为蒙文的。在翻译大藏经的过程中，他主持编纂了一部藏、蒙对照的辞典。乾隆三十八年（1773），乾隆下令开设清字经馆，简派皇子、大臣掌管其事，用十余年的时间，译成三部满文大藏经，给我国的历史文化宝库，增添了瑰宝。这项巨大的工程，实际也是由章嘉三世主持的。编选的内容、体例，都是由他提出，经乾隆批准的，字句的推敲、润色，均经他审定后，才送乾隆过目的。为此，他耗费了晚年的全部精力，这客观上对于促进各民族文化的交流，起到了积极的作用。

他还积极向乾隆建议，利用宗教，密切同边疆少数民族上层人物的联系，以加强对边疆的统治，巩固国家的统一。

乾隆二十年（1755），清朝平定准噶尔部达瓦齐的势力以后，乾隆就决定利用喇嘛教，治理厄鲁特蒙古。这年冬天，他下令仿西藏著名的桑鸢寺，在避暑山庄东北建造了普宁寺。乾隆二十九年（1764），又在避暑山庄以东的山岗上，仿伊犁喇嘛教的中心——固尔扎庙，建造了安远庙。乾隆认为，这些喇嘛庙的建造，对于密切同厄鲁特蒙古上层人物的联系，收到了预期的效果，还想继续照此办理，但他又想不出新的点子，乾隆三十年（1765），在热河狩猎时，他就向章嘉三世提出了这个问题。章嘉三世当然猜透了他的心思，随即向他建议说：《大藏经》记载，有个上乐王佛，是持轮王佛的化身，居处常常东向，普济众生。要建造喇嘛庙，必须是内外三层，正中开三条宽阔的道路，当中盖一座大殿，后面建造一座阇城，有层层石级盘折而上，上面再建造一座大佛龛，与磬锤峰（承德著名的风景之一，山峰如棒槌）遥遥相对，这样，少数民族王公就会拜倒在佛的脚下（即是说听从清朝的统治了）。

乾隆听了自然很高兴，下令照办。乾隆三十一年（1766）正月就动工，第二年秋天就建成了一座大喇嘛庙，乾隆命名为“普乐寺”。现在如果我们去承德参观游览，还会看到避暑山庄东面，一座形似北京天坛祈年殿的喇嘛庙，其中轴线正对磬锤峰，它的建筑格局，完全是按照章嘉三世的构思设计的。现在这座庙内还耸立乾隆撰文的巨大石碑——《普乐寺碑记》，记述了这个故事。另外，承德的普陀宗乘之庙（俗称“小布达拉”）正门前，还耸立着一块石碑，刻写着章嘉三世与大臣们议定的进庙礼佛规定。这些都说明，乾隆时，大力推行利用喇嘛教统治蒙藏民族的政策，章嘉三世曾经是一个出谋划策的人物。章嘉三世死后，乾隆下令用七千多两银子，为其造了一个鎏金银坐像，供奉于宫中。

（三）班禅东行及其引发的轩然大波

乾隆四十三年（1778），章嘉胡土克图向乾隆奏报：“班禅额尔德尼欲来京朝觐大皇帝。”五世达赖进京朝见顺治之后，后世达赖、班禅还没有来京朝觐过，这次又是六世班禅主动提出进京朝见，乾隆自然十分高兴，他立即下令："过两年，朕七十万寿，请他到热河相见。"并命理藩院立即着手准备。

原来，乾隆特别崇拜他的祖父康熙。康熙有一个惯例，每年五月间要到热河避暑山在避暑，九、十月间再回北京。这一方面是为了避暑游乐，一方面是率领军队到木兰围场打猎，训练兵丁，同时接见少数民族王公贵族，密切同他们的感情联系。这就是清代有名的木兰秋狝制度。雍正时忙于处理统治集团内部的矛盾，没有举行木兰秋狝。乾隆登极之后，事事仿照康熙而行，木兰秋狝活动继续年年举行。因为他的生日是农历八月十三日，当是在热河避暑的期间，所以，他决定在热河接见六世班禅，又决定照顺治修建黄寺接待五世达赖之例在热河仿照札什伦布寺，建造大型喇嘛庙，作为六世班禅讲经、起居之所。同时，他又命皇子永瑢和章嘉胡土克图负责这次接待工作，并通知西宁办事大臣等，预先修治道路，安排好六世班禅的沿途食宿。乾隆一下令，大臣们就纷纷忙碌起来。

乾隆之所以特别重视六世班禅来觐，是因为他认为这是一件政治大事，对清朝的统治，有着重要影响。顺治时，五世达赖曾来北京朝觐，但那时清朝刚刚入关，政权未稳，威令不达于边疆，五世达赖是由清政府数次派员入藏，"敦请"而来的。而这一次六世班禅入觐，是自己主动请求的，意义自然不大一样，说明喇嘛教的首领已经完全倾心依附清中央政权了。

顺治时，五世达赖进京朝觐之后，清朝进一步加强了对西藏地方的行政管理。康熙晚年，清朝派军入藏，清除了准噶尔的扰藏势力，稳定了西藏的社会秩序。雍正五年（1727），清朝正式设置驻藏大臣，统筹办理西藏事务，并留驻一定数量的军队，由驻藏大臣指挥。同时，清朝又平定了掌握西藏地方政权的阿尔布巴等人的争权之乱，以忠于清中央政府的颇罗鼐掌管西藏，乾隆四年（1739）正式封他为郡王。颇罗鼐执掌藏政20余年间，"克尽忠诚"，"实心效力"，维护国家的统一，服从清中央政府的指挥，使西藏地方出现了一个稳定发展的局面。乾隆十二年（1747）颇罗鼐死后，其子珠尔墨特那木扎勒袭郡王，他意欲独揽藏政，称霸一方，于乾隆十六年（1750），被驻藏大臣傅清、拉布敦设计杀死。清政府得知叛乱消息后，即命川督策楞等统兵进藏，搜捕珠尔墨特那木扎勒余党，并乘机对西藏行政体制进行了重大改革，以期西藏的长治久安。乾隆十六年

(1751）3 月，策楞等议定《西藏善后章程》十三条，报清政府批准后施行。其主要内容是，废除郡王，取消封授郡王制度和提高驻藏大臣的地位和权力，由驻藏大臣和达赖喇嘛共理藏政。西藏地方政府（噶厦）的组成人员（噶布伦）的任免，由驻藏大臣和达赖喇嘛共同商定后，请旨裁定。西藏驻军，由驻藏大臣和达赖喇嘛调遣，驻藏大臣有临机处置之权。同时，还规定革除一些弊政。此后，西藏的局势一直比较稳定，上层僧俗分子与清中央政府的关系也极为密切。六世班禅主动请求进京朝觐，正是这种密切关系的表现，乾隆当然非常高兴。

另外，当时西藏地方面临着英国入侵的严重问题。早在 17 世纪初，葡萄牙殖民主义者以传教士为工具，侵入我国的西藏，意大利、荷兰披着宗教外衣的殖民主义分子，也接踵而来。1624 年，两名耶稣会神甫偷偷侵入了我国西藏的阿里地区，两年后，他们在西藏建立了第一座耶稣教堂。1628 年耶稣会传教士潜入了后藏的日喀则。1708 年、1709 年、1712 年、1716 年，耶稣会传教士以及大主教的另一教派卡普清的修道士，多次潜入拉萨。18 世纪，英国侵略东方的工具——东印度公司，也把侵略的魔爪伸向我国西藏。乾隆三十八年（1773），东印度公司的英国侵略军，打败了西藏的藩属不丹，侵占了不丹的部分领土，不丹德布王向六世班禅求救。乾隆三十九年（1774），六世班禅派人携带礼品和一封信，会见英国东印度公司总督赫斯汀，信中说明：“……我是本地区的喇嘛和管理众生的主人。您可能从来此地旅行者处了解本地区。顷获您和不丹布久胡（德布王之名）发生数次斗争，……德布乃统治此地区达赖喇嘛之属下（现达赖年幼，由我摄政事），若您坚持对不丹进一步侵扰，则将引起达赖及其臣民之反对。”六世班禅鲜明的反对英国侵略的正义立场，无异是对赫斯汀的迎头棒喝。但是，这个英国侵略分子却认为这是入侵西藏的极好机会。他派东印度公司秘书波格尔为代表，以回礼六世班禅为名，向西藏进发，目的是要开辟西藏市场，并了解有关西藏的政治、经济情报。六世班禅得知波格尔到达不丹的消息后，当即写信给赫斯汀和波格尔，拒绝其来藏。他在信中强调指出，中国大皇帝禁止外国人来西藏。如果波格尔要来西藏，必须经中国大皇帝批准，但因西藏离北京太远，中国大皇帝一时不能批准，所以要波格尔返回加尔各答。波格尔以赫斯汀已接受六世班禅调停为名，坚持要到日喀则会见班禅，厚着脸皮于当年 11 月到达日喀则，并住到第二年，即乾隆四十年（1775）4 月才离开。在此期间，他要求与西藏订立通商条约，请求班禅介绍他到北京去，均遭拒绝。波格尔还以赫斯汀的名义，狂妄地提出“藏人与英方成立某种形式之联盟”，实质上是要将西藏从中国分裂出去，成为英国的殖民地。六世班禅严词拒绝，指出“西藏是中国的领土”，“一切需候北京政府之回示”，并声明以后不能再同意英国人来西藏，挫败了英国的侵略阴谋。

六世班禅坚定地维护祖国统一、反对外来侵略的立场，自然得到乾隆的赞赏，六世班禅也更加倾心依靠清中央政府。这也是六世班禅主动要求进京朝觐的又一个重要政治原因。

因此，六世班禅进京朝觐，对于加强西藏的行政管理，防御外来侵略，进一步密切同西藏僧俗上层人物的关系，维护国家的统一，都有十分重要的意义。同时，这对于信奉喇嘛教的蒙藏民族，也会产生重大影响，使他们更加倾心清政府。这些，正是乾隆特别重视六世班禅进京朝觐的政治原因。为此，乾隆还不顾年近古稀的高龄和政务的繁忙，下苦功夫学习了一些藏族日常用语，以备和六世班禅交谈更为亲切一些。

乾隆四十四年（1779）6 月，六世班禅率领喇嘛及护卫人员约 3000 人，从札什伦布起程。7 月 16 日到达拉萨，与八世达赖辞别，“互献哈达，各道珍重”。驻藏大臣留保住护送六世班禅向青海进发。途中，遇到由京返藏的堪布喇嘛降白洛桑等奉来乾隆问候的谕旨，“并颁（乾隆）御容一幅”，表示皇帝亲自迎候。接着，钦差又传来谕旨：“汝为西方大活佛，今后对御容无庸跪拜，以示优崇，并赐金表等物。”9 月初，六世班禅一行暂住青海塔尔寺。乾隆又派人送来哈密瓜。将要入冬，乾隆又派员送去自已服用的珍贵貂帽、貂袍。乾隆四十五年（1780）初春，六世班禅率领的浩浩荡荡的朝觐队伍，经甘肃，绕道内蒙古，向北京进发。至阿拉善旗时，因天气变暖，清朝决定为班禅一行接种牛痘，以防天花。但是，六世班禅自已却拒绝接种牛痘。沿途官员多次举行盛大宴会，备极殷勤。行抵鄂托旗时，乾隆又派人送来了大批珍贵物品：金顶御轿，黄伞、红伞一对，马上所持仪卫四十根，红漆车辆，黄围墙蒙古包，嵌珍珠袈裟一套，镶嵌宝石御帽，黄僧帽，以及许多袈裟、衣物。路经归化（呼和浩特）时，专差迎接的乾清门侍卫、銮仪卫大臣等，已在那里等候，并将乾隆赏赐的夏季衣帽、香水、避疫丹药等，送给了六世班禅。皇六子永瑢、章嘉胡土克图等，奉命到代噶地方迎接，并一直伴随六世班禅经多伦诺尔，到达热河行宫。

乾隆在六世班禅到达热河行宫的当天，就在澹泊敬诚殿接见了他。六世班禅向乾隆献上吉祥哈达，无量寿佛，并“跪请上安”。乾隆离开宝座，亲手将他扶起，用藏语问候：“长途跋涉，必感辛苦”。班禅答说：“远叨圣恩，一路平安”。后来，乾隆又在便殿多次接见六世班禅，与他亲切交谈。

六世班禅被送往专为他修建的须弥福寿之庙居住。这是一座豪华的大型喇嘛庙，仿札什伦布建造，仅大殿和供班禅起居的吉祥法喜殿的鎏金铜瓦顶，就用了黄金一万五千余两。这座融汉、藏建筑于一炉的大型喇嘛庙，至今保存完好，鎏金钢瓦顶仍然在阳光下闪闪发光。高大的碑亭内，耸立着一通巨大的石碑，用汉、满、蒙、藏四种文字，刻写着乾隆撰写的碑文，向人们述说着六世班禅东行这个真实的历史故事。

乾隆多次到须弥福寿之庙拜香礼佛，与六世班禅交谈或讲经说法。随同乾隆在热河避暑的王公大臣，争先恐后求活佛摸顶祝福，并供献布施。班禅还为乾隆最心爱的十公主起了一个法名，叫做“四朗白吉竹玛”（福祥度母）。

乾隆的恩遇和宠幸，使六世班禅极为感动。他离开热河时，留下了20多位高徒，常驻须弥福寿之庙，传授藏文经典，当地喇嘛180余人随从学经。

9月初，六世班禅在皇六子永瑢的陪同下，来到北京，住在西黄寺，到雍和宫、妙应（白塔）寺、香山宗镜大昭之庙等处拈香礼佛，又游览了圆明园，以及万商云集、百货毕陈的前门大街。

乾隆四十五年（1780）11月25日（农历十月二十九日），班禅感到身体不舒适，乾隆立即派遣御医诊视，发现天花。乾隆深为不安，亲临问候，并吩咐皇六子永瑢等加意调治。11月27日，班禅发高烧，乾隆派人送去了貂皮大衣、皮褥等应用之物。当天下午黄昏，六世班禅“挺腰闭目合十，圆寂于黄寺”。

跋涉数千里前来朝觐的活佛，就这样死在他乡。清政府一阵忙乱，害怕因此引起蒙藏僧俗上层分子的猜忌。乾隆亲率文武大臣，前往致祭，并下令用赤金七千两造金塔一座，上嵌珍珠宝石，将活佛肉身迎入金塔中。同时，又用赤金造班禅佛像一尊，供奉起来。又在班禅居住过的黄寺，用大理石建造了一座精美的“清净化城塔”，作为班禅的衣冠冢。乾隆四十六年（1781），乾隆派理藩院尚书博清额等，护送装殓六世班禅尸身的金塔，安放在后藏的札什伦布寺。

但是，事情并没有至此了结。六世班禅的死，引起了一场巨大的政治风波。

原来，六世班禅来京朝觐期间，乾隆皇帝赏赐的金银数十万两，此外，金银器皿，嵌珍珠宝石的袈裟、僧冠，各种珍贵物品，不计其数。这巨大的财富，都被六世班禅的哥哥、札什伦布的商卓特巴（管家）仲巴胡土克图独吞。而六世班禅的弟弟沙玛尔巴未能分一杯羹，不由妒火中烧，他又是一个红教喇嘛，本来在札什伦布就受到黄教徒的排斥和压抑，于是欲图报复，逃到了廓尔喀（尼泊尔），唆使廓尔喀出兵抢劫札什伦布的财富。

廓尔喀以由西藏运进的食盐掺土以及进藏贸易税重等为借口，于乾隆五十三年（1788）驱兵侵入西藏，抢掠聂拉木、宗喀、济咙等地数月之久。清朝派大臣巴忠、四川将军成德、总督鄂辉等率兵进藏，与西藏僧俗人民共同抗击入侵者。但是，巴忠等人受了廓尔喀贿赂，暗中指使噶厦与之议和。廓尔喀以聂拉木、宗喀、济咙三处地方，系他自己抢得不肯退兵，噶布伦等许以每年送银元宝三百个（合内地白银九千三百两），作为地租，收回了这三处地方。巴忠等却谎报“廓尔喀归顺”，立有“永不犯界的甘结”，以邀功请赏。

但是，“地租”只交了一年，廓尔喀再来要账，巴忠与西藏地方当局又想赖账。巴忠害怕事情闹大，于己不利，赶快设法调离西藏（后来事发，畏罪自杀）。廓尔喀则在英国侵略者的唆使下，以债务不清为借口，于乾隆五十六年（1791），再次大举侵犯西藏，践踏日喀则，劫掠了札什伦布寺的大批财物，并强占定结、定日、济咙等地，许多村寨遭焚烧和劫掠，大批藏族人民逃入深山避难，给西藏人民的生产、生活造成了很大灾难。噶布伦丹津班珠尔被俘走，七世班禅离开后藏，全藏震动。清朝以福康安为大将军，统领大军入藏，在藏族人民的支持下，乾隆五十七年（1792），击败了侵略者，廓尔喀投降纳贡。

廓尔喀的两次入侵，暴露了西藏行政管理和边防上存在的许多问题，清中央政府决定乘反击入侵战争胜利之机，对西藏的行政管理和边防进行全面整顿。乾隆五十八年（1793），清中央政府公布了著名的《钦定西藏章程》（俗称“二十九条章程”）。这个章程共29条，总结了前此施行的各项行之有效的措施，提出了许多进一步加强西藏地方行政管理的新措施，并用法律的形式，做出了详细、具体的规定，成为清代治理西藏的纲领。

章程加强了中央对于西藏地方的管理，提高了驻藏大臣的地位与职权，规定："驻藏大臣督办藏内事务，应与达赖喇嘛、班禅额尔德尼平等，自噶布伦以下番目及管事喇嘛，份系属员，事无大小，均应禀命驻藏大臣办理。仍于巡边之便，就近稽查管束。"举凡西藏地方的用人、行政、财政、军事、对外关系等事务，都由驻藏大臣统筹办理。

章程对西藏僧俗官吏的任免和管理，藏兵的训练、边境管理和巡查、财政、税收、对外贸易的改革，以及额定租赋、派用乌拉（差徭）等，都做出了明确规定。

历史就是这样为班禅东行引发的轩然大波画上了一个比较圆满的句号。

（四）黄衣称朕的大喇嘛

清朝末年，喀尔喀蒙古的掌教大喇嘛哲布尊丹巴，传到了第八世。他在沙俄的怂恿和支持下，乘全国政局混乱之机黄袍加身，擅称"大蒙古国"皇帝，演出了一场历史闹剧。

侵华是沙俄的一贯政策。鸦片战争以后，西方列强如一群饿狼扑向中国。沙俄乘机迫使清朝政府签订了《中俄爱珲条约》（1858 年）、《中俄天津条约》（1858 年）、《中俄北京条约》（1860 年）等一系列不平等条约，除了攫取其他列强在中国取得的特权外，还侵吞了我国黑龙江以北、乌苏里江以东 100 多万平方公里的领土，以及新疆巴尔喀什湖以东以南 44 万多平方公里的领土，对我国的蒙古地区，形成了钳形夹攻之势。

沙皇并不以此为满足，还日夜梦想着"占领与俄国接壤的中国几个省份"。中国的广大蒙古地区，直到长城脚下的大片领土，成为它吞噬的主要目标。日俄战争之后，沙皇和日本又暗中勾结，重新划分侵略中国的势力范围。光绪三十三年（1907），双方签订了第一个《日俄密约》，日本承认了中国的喀尔喀蒙古为沙俄的势力范围，宣统二年（1910），又签订了第二次《日俄密约》，重申了第一次密约中划定的"势力范围"，并相约互相尊重"范围内之特殊利益"，"必要时采取保护此种利益之措置"。在得到日本的纵容和支持之后，沙俄加快了侵吞我国喀尔喀蒙古的罪恶步伐。

沙俄的侵略行径，理所当然地遭到中国人民的坚决反抗。清政府的一些有识之士也对此感到极度不安，他们纷纷上疏指出，沙俄在蒙古大量培植亲俄势力，“俄人潜煽喇嘛，喇嘛潜煽蒙古王公”，是一种极为危险的“隐患”，如不采取强有力的对策，“更有土崩瓦解之惧”。面对这种危急形势，为保证北部边疆的安全，清朝在外蒙古地区，采取了以推行新政为主要内容的施政措施。

当时，署理库伦办事大臣（清朝统治外蒙地区的最高行政长官）的是三多。他“年力精壮，好文事，有干练才”，热心于新政，做事很有些魄力，大刀阔斧地在外蒙地区搞起了“新政”。

为了推行新政，三多首先改革外蒙的行政管理机构，设立了宪政筹备处、垦务局、兵备处、交涉局、卫生局、商务调查局、实业调查局等。新政的主要内容，包括以下 4 个方面：1. 开放禁令，招民垦荒。清政府废除了不准汉族人民到蒙古垦荒的禁令，实行招民开垦的政策，以充实和加强边防实力。三多积极推行这一政策，派人勘测、丈量土地，拟定具体的招垦办法；2. 筹练新军。清朝原在库伦的军队，只有宣化营马队 250 名，巡防营步兵 100 名。仅靠这点军队，要守卫边疆门户，显然是不行的。三多于 1911 年元月，在库伦建立了兵备处，统领外蒙地区的驻军，开始筹练新军。他计划招募蒙、汉青壮年，编练新军马队二队、机关炮营二队，加强军事实力；3. 奏请执行“张恰铁路”修筑计划。清朝原计划修筑北京至恰克图的铁路，但迟迟未付诸实施。三多认为，要防止沙俄对我外蒙地区的入侵，修筑这条铁路是当务之急，他说，“危急存亡，首在争路。路权所到，即兵力所到”。所以，他奏请清政府必须加紧实施这一筑路计划；4. 兴办学校，加速人才培养。三多在库伦增设了两所半日制学堂，名为“简易识字学塾”，作为改变外蒙地区文化落后状态，培养人才的重要措施。

新政的推行，遭到沙俄的蛮横干涉以及哲布尊丹巴为首的僧俗封建主的反对。沙俄害怕这些新政一旦推行，会妨碍其变外蒙地区为殖民地阴谋的实现，所以横加阻挠。沙俄驻库伦总领事就蛮横地对三多宣称，对新政，“不但不能同意，而且决不能承认其实行”。以哲布尊丹巴为首的僧俗封建领主，见清王朝江河日下，气息奄奄，早怀异心，更害怕新政的推行，损害他们的政治、经济特权，因而极为仇视，把它说成是“对蒙人的彻底奴役”。于是，一场政治阴谋，在暗中加紧策划。

沙俄通过它的驻库伦总领事，向哲布尊丹巴等表示，“若要与中国脱离关系，他们可以指望得到俄国的援助”，煽动他们背叛清朝，投靠沙俄。第八世哲布尊丹巴等上层僧俗分子，则按照沙俄的旨意，紧锣密鼓地暗中策动外蒙“独立”活动。他们调集了一批军队，藏于库伦的喇嘛庙中，在香烟缭绕中，窥测着时机，准备武装暴乱。

1911 年，推翻清朝专制统治的革命运动进入高潮。哲布尊丹巴等认为时机已经成熟。这年 3 月，外蒙古各部王公，以会盟为名，齐集库伦，秘密策划“独立”，并决定抬出第八世哲布尊丹巴为独立国的皇帝。9 月，哲布尊丹巴派杭达多尔济亲王等，以钦命外交大臣的身份，秘密潜入沙俄，寻求庇护和援助。杭达多尔济等向沙皇递交了哲布尊丹巴的一封信，表示他们叛国投俄的决心。他们埋怨清朝皇帝，多年来没有赏赐“每年例有的绸缎”，他们“要想获得承袭和爵位”，需要拿出“成千上万两白银的贿赂”，许多王公“由于没有足够的财力，多年来得不到爵位”，还埋怨说，许多汉人到蒙古开垦，破坏了他们赖以生活的牧场，等等。哲布尊丹巴在信中还表示，将汉人赶出外蒙，把贸易、铁路、邮政等特权，交给俄国，要求与沙俄签订承认外蒙独立的条约。沙皇政府对抗达多尔济亲王的到来极为重视，在他们到达圣彼得堡的第二天，即派代理外交大臣尼拉托夫与之秘密会谈。沙俄政府还召开了“远东问题特别会议”，研究中国外蒙地区的形势和俄国应采取的对策。

侵吞中国的蒙古地区，本来是沙俄蓄谋已久的。但是，当哲布尊丹巴等将这块肥肉送到嘴边的时候，沙俄政府却没有立即把它吞下去。它考虑到，立即武装占领，会引起其他帝国主义国家的嫉妒和反对，另外，它内部还有其他一些困难。所以沙俄决定制造一个戴王冠的傀儡，造成外蒙地区的“独立”。

沙俄先向清政府开展了外交攻势，把清朝在外蒙地区推行新政，说成是“敌视俄国的行为”，并威胁说，“喀尔喀一带蒙古王公并库伦喇嘛，均屡次派专员赴俄外部诉苦，俄蒙连界，休戚相关，俄断不能漠视”。清政府据理进行驳斥，说明推行新政，纯系中国内政，有利于外蒙古人民。沙俄政府图穷匕首现，公然通知清朝政府，“本政府鉴于喀尔喀之现状，已决定在库伦领署增卫队”，进行武装威胁，并无视中国的主权和清政府的劝阻，强行将 800 名俄国步兵和骑兵开进库伦。三多得报后，立即要求哲布尊丹巴设法阻止俄国继续向库伦派兵。哲布尊丹巴心知三多已发觉了他的背叛阴谋，却佯装平静，虚与委蛇，答应“电俄阻止续派兵队”，暗中却加紧了武装分裂的准备。当沙俄将15000枝步枪、750万发子弹、15000把军刀运到库伦后，哲布尊丹巴立即把它交给了准备发动武装叛乱的蒙古王公贵族。

1911年10月10日，武昌起义爆发。沙俄认为外蒙“独立”的时机已到，催促哲布尊丹巴迅速起事。

11月28日，叛乱准备就绪。哲布尊丹巴派人通知三多，为防止内地革命党人带兵前来“扰乱蒙疆”，他已向喀尔喀四部征调军队。三多闻言大惊，立即向清政府报告，又派人面见沙俄驻库伦的代理领事，希望他出面阻止哲布尊丹巴调集军队，这当然是与虎谋皮。

11月30日，哲布尊丹巴派了几个蒙古王公和喇嘛去见三多，并送去了一件公文，声称：“现闻内地各省相继独立，革命党人已带兵取道张家口来库伦，希图扰乱蒙疆”，“我佛哲布尊丹巴胡土克图已传檄，征调四盟旗兵四千名，进京保护大清皇帝。请即日按照人数，发给粮饷、枪械，以便启行”，并威胁说，“是否照准，限本日三小时内，明白批示”。三多心知箭已离弦，无法挽回，沉痛而又诚恳地告诫他们：如果我办事不妥，愿死于刀下，但不可受人愚弄，将蒙古送于他人之手。抑或不愿内地官吏管辖，欲改为自治，本大臣立刻电奏请旨，但决不可搞独立。

三多的话，招来了疯狂的辱骂。当晚，哲布尊丹巴送来驱逐令，宣布外蒙“独立”，自任“大蒙古独立国大皇帝，不日即当御极”。限三多于三日内，“带同文武官员，暨马步兵队等，迅速出境，不准逗留。如敢故违，即以兵力押解回籍”。12月4日，三多在沙俄士兵的监护下，取道恰克图，返回内地。

即将倾覆的清王朝，无力抵御沙俄对外蒙古的侵略，只能采取几项应急措施，以争取哲布尊丹巴取消“独立”：1. 革除三多职务，以缓和喀尔喀僧俗上层分子的对立情绪；2. 劝告哲布尊丹巴不要“轻举妄动，为人所愚”；3. 宣布凡不利于蒙古人民的弊政，一概革除；4. 派蒙古郡王多尔济帕拉木、科布多办事大臣，前往库伦宣慰，进行查办。但是，哲布尊丹巴等僧俗上层分子，不予理睬。

12月28日，哲布尊丹巴戴上蒜瓣黄冠，穿着绣龙黄袍，在一个黄色大蒙古包里，登上宝座，正式宣布外蒙“独立”，建立“大蒙古国”，自称“多人公举之日光皇帝”，定年号为“共戴”。一批身穿蟒服的僧俗上层分子，向这个昔日的活佛顶礼朝拜，被封为各部大臣。

其实，这不过是沙俄导演的一出丑剧，哲布尊丹巴也不过是沙俄用武力制造出来的一个傀儡皇帝。沙俄侵略军将三多的卫队缴械解散，又将清朝在库伦的驻军枪械收缴，集中看管。哲布尊丹巴傀儡王朝的各部衙门，也都派驻了俄国士兵。这个傀儡政权的一切重大活动，都由沙俄指挥，其主要官员的任免，财政的收支等，都要听命于沙俄。

这出闹剧刚刚拉上帷幕不久，沙俄又指使哲布尊丹巴武装进攻乌里雅苏台和科布多，图谋将他们变成沙俄铁骑蹂躏下的殖民地。

但是，傀儡政权的日子并不好过。由于沙俄的残酷压迫、剥削，外蒙人民的不满情绪日益高涨。全国各政党、团体和群众，纷纷集会，发表通电，痛斥沙俄侵略者的强盗行径。一些蒙古王公，也强烈谴责哲布尊丹巴的分裂活动，要求他取消伪政权。沙皇的专制政权，也处于风雨飘摇之中，无力给这个先天不足的傀儡政权大量输血，哲布尊丹巴的小朝廷，陷入了财政枯竭、民怨沸腾的泥潭之中，无法再维持下去，因而数年之后，宣布取消“独立”。1919 年，当时的北京政府，册封第八世哲布尊丹巴为“外蒙翊善辅化博克多哲布尊丹巴呼土克图汗”。1924 年，这个曾黄袍加身的哲布尊丹巴在库伦死去，结束了所扮演的不光彩角色。

（五）风雨凄迷中的传奇人物

在清末风雨凄迷的政治舞台上，十三世达赖是一个引人注目的角色。他思想复杂，一生坎坷，是一个传奇式的人物。

十三世达赖土登嘉措，光绪二年（1876）生于西藏一个农民家庭，第二年，由八世班禅、摄政通善胡土克图、三大寺和札什伦布寺僧俗官员选定为十二世达赖转世灵童，经清政府批准，免于金瓶掣签，正式成为十三世达赖喇嘛。他的幼年时期，西藏的政治局势出现了严重的动荡：一方面，英军的入侵，遭到西藏人民的强烈抵抗，西藏人民和英国侵略者的矛盾日趋激烈；另一方面，清朝日益腐败，对西藏僧俗统治集团逐步控驭失灵，双方矛盾日益加深。布达拉宫的上空，一时乱云翻滚。

19 世纪，英国先后控制了尼泊尔、哲孟雄（锡金）、不丹，作为入侵西藏的桥头堡。哲孟雄、不丹本来是西藏的藩属，理应得到中国的保护，但腐朽的清王朝面对英国肆意侵略，不加置理，无异“自撤藩篱”，敞开西藏的大门，开门揖盗。

英国上述阴谋得逞后，就把侵略的魔爪伸向了西藏。光绪五年（1879），英国根据不平等的《烟台条约》，正式提出派人由青海到西藏“游历”。清政府将此事正式通知了驻藏大臣松溎，由松溎通知西藏噶厦，派兵丁沿途照护。噶厦得知此情，召开了前后藏僧俗头人会议，专门进行了讨论，一致反对洋人入藏考察，由达赖、班禅领衔，具了甘结，给驻藏大臣上了公禀，由驻藏大臣转奏清政府。公禀义正词严地指出：“惟查洋人之性，实非善良之辈，侮灭佛教，欺哄愚人，实为冰炭，断难相处，兹据合藏僧俗共立誓词，不准入藏，出具切结，从此世世不顾生死，永远不准入境，如有来者，各路派兵阻挡，善言劝阻，相安无事，如或逞强，即以唐古忒民众，拼命相敌”！这实际上是一篇反对英国侵略者的宣言。

清政府接到驻藏大臣的奏疏和这篇火辣辣的公禀后，感到进退维谷，慌忙密谕四川总督，设法阻止英人入藏。但是，英国哪肯甘休，于光绪六年（1880）派人跑到四川西部的巴塘。当地藏族僧俗人民一闻此信，如临大敌，纷纷集合起来，手执刀枪，坚决阻挡，同时通知附近各藏族地区僧俗人民采取共同行动，决不准英人过境，又“勒令土司出具永无洋人进藏切结，方可罢兵”，如不答应，要“焚毁教堂及土司房屋”。当地官员害怕事情闹大，极力进行调停，潜入巴塘的英人也心惊胆战，只好改道云南，转往印度而回。

但是，英国并不甘心这样灰溜溜地被赶跑。光绪十一年（1885），英国又派印度政府秘书马可伦，以考察矿脉为名，进入西藏，并企图窜到拉萨。第二年，他由哲孟雄进入后藏的康巴宗，受到当地头人阻止。他气势汹汹地喊叫，要调三千军队来开仗。相持数月之久，马可伦只好悻悻而回。

西藏僧俗统治集团和腐败的清政府之间的矛盾日益加剧，也是西藏政局动荡不安的一个重要因素。杀害驻藏大臣信使事件，是这种矛盾的一个突出表现。光绪六年（1880）9月，理塘土司所辖的一个约有1700户人家的藏族查录部落，在头人的率领下，聚集了三四千人，“连营驻扎”，劫杀了驻藏大臣的信使。驻四川打箭炉的清军守将杨福萃得报后，率500兵丁前去镇压，驱散了一部分闹事的士兵。杨福萃把西藏噶厦派驻当地的番官索康色招来，要他下令撤退闹事的士兵。索康色气焰猖狂，根本不把杨福萃放在眼里，始而吵闹顶撞，继而支吾拖延，暗中却指使士兵日夜攻打杨福萃的营盘。杨福萃传令调集了附近其他寨落的1000余名士兵，围攻寻衅闹事的头人和士兵，打垮了闹事的士兵，拆毁了十余座碉堡，焚毁了三座寨落，事件才算平息下去。之后，清军又攻打了昌都所属的三岩地方的藏民寨落。光绪七年（1881），驻藏帮办大臣由川入藏，行至三岩地方，遭到抢劫，行李被夺，夫役死命。所以，光绪八年（1882），清军由粮员税秕志文率领，攻打三岩地方的紫打寨。附近一些藏族寨落约千人围攻清军，但终于没有抵挡住清军的洋枪。清军烧毁了紫打寨。这两个事件，实际上暗中都有西藏上层僧俗集团的支使。事件虽然平息下去，但西藏上层僧俗集团与清政府的矛盾，却日益加深了。

西藏政局中的这些矛盾，在隆吐山战斗中集中地爆发出来。

英国在“游历”、“考察”幌子下入侵西藏的阴谋碰壁之后，在哲孟雄加紧了武装侵略西藏的准备。火药味引起了西藏当局的严重注意。为了与英国争夺哲孟雄，西藏噶厦请哲孟雄土王到西藏避居。光绪十二年（1886），西藏地方当局又派出一支军队，在原属西藏（后给哲孟雄）的隆吐山设立了碉卡，目的是想阻止藏族人民与英人通商，同时防御英国的武装入侵。

英国侵略者得知此事，狂妄地向清政府提出“抗议”，要求中国方面撤除隆吐山哨卡，并威胁说，如果中国政府漠然置之，要武力解决。

腐朽的清政府在英国的恫吓下，不问青红皂白，急令驻藏大臣文硕，要他立即设法从隆吐山撤卡退兵。

光绪十三年（1887）2月，形势极端紧张，战争一触即发。清政府又急电文硕，要他迅速撤卡，并命令，即使英兵进攻，也决不许接仗。西藏地方当局拒绝执行这种有辱国威的命令，向驻藏大臣上了一道公禀，表达了抗英决心：“合藏僧俗人众，纵有男尽女绝之忧，惟当复仇抵御，永远力阻，别无所思！”之后，又多次给驻藏大臣上公禀，陈述利害，表达抗战到底的决心。这年年底，英国侵略军提出最后通牒，限藏军于光绪十四年（1888）正月底从隆吐山撤退，清政府屈从这一无理要求，下令藏军照办。西藏当局再次拒绝了这道昏庸命令，并对清朝政府的这种屈从外国侵略者的政策，表示了强烈的不满，怀疑驻藏官员“袒护洋人”。驻藏大臣文硕虽然是满洲贵族，但对清政府的软弱无能，也不赞成，上疏清政府，对藏族人民的抗英斗争进行了辩解。结果，清政府却以文硕不服从政令，将其革职，而以主张媚外投降的升泰代理其职权（新任驻藏大臣长庚一年后才到职）。

战争已经不可避免。光绪十四年（1888）3月20日，四、五百名英国侵略军向藏军的隆吐山哨卡发起猛攻。西藏军民同仇敌忾，伤毙敌人百余名，初战获胜。但是，4天之后，英军又加强兵力猛冲，藏军伤亡惨重，不支而退。

西藏地方当局调集了军民约万余人，开往增援，决心收复隆吐山。拉萨三大寺的喇嘛也组织起来，准备随时开赴前线。十三世达赖亲自给每个赴前线作战的士兵摸顶，并发给开赴前线的喇嘛念过咒语的特制白伞盖轮一个，作为护身符。他还命令喇嘛们在布达拉宫诵经，诅咒英军的失败。

当年6月，藏军向隆吐山发动猛烈反攻，力图收复失地，但未成功。10月，又组织强大的反攻，但在英军强烈的炮火下，又遭到失败。

主张抗击英国侵略的驻藏大臣文硕被革职以后，帮办大臣升泰秉承清政府的旨意，向达赖和西藏地方政府提出了“撤兵”、“定界”、“通商”的方针，并施加压力，要西藏当局屈服。在未征得西藏当局同意的情况下，升泰作为清朝的全权大臣，前往加尔各答，于光绪十六年（1890）春天，与英国侵略者签订了《藏印条约》。这个条约承认了英国对哲孟雄的占领。后来，英国侵略者又向升泰正式提出了通商、交涉、游历三项“建议”，升泰未表示反对，但西藏地方当局坚决不同意。光绪十八年（1892）9月，升泰病死。在英国逼压下，清朝又依照升泰原议，于光绪十九年（1893），与英国签订了《藏印续约》。根据这两个不平等条约，英国不仅打开了西藏的大门，而且取得了在西藏建立据点和自由通商的权利。但是，西藏地方当局和西藏人民始终坚决反对这两个不平等条约。

清政府对英国侵略者屈辱妥协政策，激起了十三世达赖和西藏僧俗统治集团的强烈不满，他们和驻藏大臣的矛盾日益加深，感到腐败的清政府已难为靠山。而英帝国主义，对西藏则虎视眈眈，步步紧逼。在这黑云乱翻、血雨腥风即将到来的形势下，西藏僧俗统治集团极力想把十三世达赖推向政治舞台，以便与驻藏大臣抗衡，加强地方势力。所以，他们借口“神意”，要求摄政第穆胡土克图辞职，由达赖亲自执掌藏政。

本来，照惯例，达赖喇嘛年满18岁就要亲政。十三世达赖19岁时，即光绪二十年（1894），清政府曾下令要他亲政，但达赖以年幼经典未熟，推辞不就。光绪二十一年（1895），黄教三大寺和僧俗官员，召开会议讨论，一致要求达赖亲政。

8月8日，布达拉和西藏的所有寺庙、村庄，屋顶上都悬挂五彩缤纷的布幡，点燃松枝，喇嘛们击鼓吹号，诵经拜佛。拉萨街头，队队穿着鲜艳服装的青年男女，载歌载舞，一片欢腾。在这欢乐的气氛中，十三世达赖在布达拉宫举行了隆重的亲政大典，第穆胡土克图正式辞去摄政，“回寺参禅”。十三世达赖就是这样被推上了政治舞台。

十三世达赖亲政后的第一个重大政治行动，就是清除原摄政第穆胡土克图的势力，以巩固自己的政治地位。根据藏文史料记载，第穆胡土克图辞谢摄政之后，即回丹吉林寺焚修。他的弟弟傲布才仁和僧官同丹，对达赖亲政不满，欲图谋害达赖，恢复第穆胡土克图的摄政权，以保持自己的权势。他们勾结达赖的侍从，将达赖的生辰八字，写在符咒上，埋在布达拉宫四周以及桑鸢寺的海布山上和其他一些“神地”，又将写了达赖生辰八字的符咒，缝在一双靴子底里，送给达赖穿用，诅咒其死。恰好达赖身体不适，感到心神恍愧，不思饮食。经布达拉宫护法喇嘛作法，查出了靴底符咒，追查出是傲布才仁和同丹搞的鬼。噶厦及三大寺僧官，联席进行了审讯，他们也供认不讳。第穆胡土克图听到这个消息后，当晚暴病死去（也有人说是被谋害而死）。达赖下令，擒杀了第穆胡土克图的亲信，没收了第穆胡土克图所属的所有寺庙、庄田、财产，革除其名号，永远不准转世。经过一番政治清洗，十三世达赖巩固了自己的政治地位，威势大增。

面对磨刀霍霍的英国侵略者，十三世达赖登上政治舞台之后，原想进行一番抵抗。光绪二十五年（1899），他通过哲布尊丹巴向光绪皇帝上了一道奏折，主要内容是，搞好与尼泊尔、哲孟雄、不丹的关系，巩固藩篱，请求中央政府帮助西藏地方解决军火、财政困难，加强防御侵略的能力。同时，请求遇到紧要事务时，由达赖径报理藩院代奏。清政府对达赖的奏疏未加审慎考虑，即轻率地进行逐条“驳斥”。这使西藏僧俗统治集团，早已存在的对清政府的不满情绪，更加深化，达赖于是想通过联俄，来抑制英国的侵略，而这种情绪，正好中了沙俄所设置的圈套。

沙俄早就对我国的西藏怀有侵略野心。早在18世纪，沙俄就不断派遣间谍，刺探有关西藏的情报。鸦片战争之后，沙俄通过不平等条约，侵吞了我国东北、西北大片领土，侵略野心更加膨胀，企图进一步侵吞我国东北、西北、蒙古和西藏，实现“直叩印度的大门”与英国瓜分亚洲的野心，并企图通过霸占西藏，阻挡英国势力的扩张。为此沙俄大量向西藏派遣间谍，刺探有关情报，并煽动、拉拢西藏僧俗统治集团的上层人物，其中一个名叫德尔智的喇嘛，为达赖和沙俄秘密牵上了线。德尔智是俄属布里亚特蒙古人，沙俄利用其信奉黄教的民族特点，对他进行了多年培养，然后派他以喇嘛的身份，到西藏学习藏文和经典。德尔智在西藏的喇嘛庙一住十几年，学会了一口流利的藏语，掌握了许多佛教经典。他通过收买拉拢等各种阴谋手段，逐渐爬上了达赖侍讲（陪同达赖学习、辩论经典的经师）的显要地位。

德尔智利用各种手段向达赖和西藏权贵灌输亲俄思想。西藏僧俗群众中，原来流传着一种迷信传说，克什米尔一带的佛教，有一天将为回教所灭，但是，佛教将重新振兴。重新振兴佛教的救世主，是“强祥巴拉”的大王，他是宗喀巴的化身。“强”是北方的意思，“祥巴拉”是克什米尔以北的一个地方。德尔智附会说，“强祥巴拉”就是俄国，沙皇就是宗喀巴的化身，西藏对沙俄一定要尊崇，沙皇是喇嘛教的护法皇帝，等等。十三世达赖亲政以后，德尔智频繁地来往于拉萨和圣彼得堡之间，充当着秘密使者的角色。沙皇亲自接见了达赖派去的使者，并送给达赖许多贵重礼物。十三世达赖在给光绪的奏疏被逐条驳斥之后，对清政府大失所望，幻想依靠沙俄，抵御英国的侵略，因而他的亲俄思想日益滋长。

沙俄侵略西藏的阴谋，直接威胁着英国的侵略利益。它不愿将既得利益分给沙俄一杯羹，又想在霸占西藏问题上，捷足先登，于是，再调动大批军队，武装侵略西藏。

光绪二十八年（1902），英国侵略军200余人，侵入西藏南部的康巴宗所属的甲岗地方，掠走羊5,000余只，牛600余头。第二年，臭名昭著的英国侵略分子荣赫鹏，再率侵略军600余人，侵抵康巴宗。西藏地方当局发布总动员令，准备武装抗击侵略者。一场恶战即将爆发。

光绪二十九年（1903）12月。英国侵略军约万名，在隆吐山集结，由荣赫鹏率领，突然向西藏地方发动猛攻。达赖派自己的亲信，在江孜地方，率领西藏军民，与英国侵略军展开了一场激战，给敌人以重大杀伤，连侵略军头目荣赫鹏都险些亡命，这就是近代史上著名的江孜保卫战。但是，终因武力悬殊，没能阻止英国侵略军向腹地进军。

光绪三十年（1904）8月3日，荣赫鹏率领一支侵略军侵入拉萨。当拉萨危急之时，十三世达赖匆忙指定大喇嘛罗桑坚措为代理摄政，没有通知驻藏大臣有泰，即带侍从数十人，在夜幕掩护下，向青海方向出走。

驻藏大臣有泰以十三世达赖“事前不遵约束，临时复昏夜潜逃”为由，将英军侵占拉萨的责任全部推给了达赖，向清政府奏请参革，清政府批准，暂时革去十三世达赖喇嘛的名号。

当年10月，十三世达赖到达库伦，受到库伦办事大臣、哲布尊丹巴，以及僧俗民众的热烈欢迎。清政府得知达赖到达库伦的消息后，立即派一名钦差大臣，赶赴库伦，看望达赖，并献上光绪皇帝和慈禧太后的许多礼品。

达赖从拉萨出走，主谋是沙俄间谍德尔智。他和几十名布里亚特蒙古喇嘛，名为保护达赖途中安全，紧随达赖左右，实际上是存心将达赖裹胁到沙俄。但是，十三世达赖已经知道，沙俄在日俄战争中吃了败仗，国内政局也很不稳，难为靠山，亲俄的思想开始发生动摇，只派德尔智秘密赴沙俄，向沙皇通报了情况，没有提出前往沙俄的问题。沙俄当时也自顾不暇，没有力量进一步侵略西藏，所以，也只是派了一名使者，前往库伦会见达赖，并送上一些礼品，表示慰问。

十三世达赖在库伦逗留了将近一年时间。这期间，他曾派大喇嘛前往北京，向清政府说明了西藏的情况。光绪三十一年（1905）夏天，西藏噶厦政府和三大寺僧俗，要求清政府恢复达赖名号，并派出代表团，迎请达赖回藏。达赖这时也和哲布尊丹巴存在一些芥蒂，正想返回拉萨，乃于光绪三十二年（1906）4月，由库伦起程，以朝佛拜寺、讲经说法为名，离开库伦，返回内地。

达赖由库伦起程后，清政府恢复了他的名号。在此期间，清政府电令派往印度与英国商谈修改《拉萨条约》的张荫棠，“前往西藏查办事件”。张荫棠到西藏之后，首先揭露了驻藏官员的一些积弊，电请中央政府批准，将有泰革职查办，并处置了一批腐败透顶的官吏，得到了西藏僧俗人民的欢迎，稍稍稳定了西藏政局。他又提出一系列整顿西藏内部事务的新措施，包括防御外来侵略，开发矿业，发展农业和商业，整顿交通，发展教育，创办报纸、银行，改革风俗习惯等。这些政策，曾得到清政府的批准，但因为妨碍了西藏僧俗统治集团的利益，清政府又在风雨飘摇之中，难为后盾，放这些措施未能彻底实行。

对于达赖返藏问题，英国是坚决反对的。张荫棠也认为，达赖立即返藏，于整顿西藏事务不利，电请清政府设法将十三世达赖滞留京师。班禅和前藏僧俗统治集团早就存在的矛盾日益加深，班禅向张荫棠提出“赴京陛见”的请求，前藏噶厦及三大寺得知此信，连续召开了几天的专门会议，决定请达赖先班禅进京，以争取清政府的支持。清政府对各方面的情况进行了研究，于光绪三十三年（1907）冬，由礼部出面，邀请达赖到山西五台山朝佛，对班禅赴京事，未表示同意。

光绪三十四年（1908）7月，清政府派军机大臣和山西巡抚，前往五台山，迎请达赖进京陛见。达赖到达北京后，拜见了慈禧太后和光绪皇帝，请求“保护黄教和西藏众生安全”，帮助西藏抵抗外来侵略。慈禧太后和光绪答应了他的请求。达赖又要求遇事直接上奏皇帝，不必通过驻藏大臣转奏，这一请求未被接受。为了表示对达赖的尊重，光绪在中南海举行了盛大宴会，为他洗尘，并赏赐给他许多贵重礼品。

达赖在京期间，还开展了一系列外交活动，寻求支持。他在雍和宫礼佛的间隙，接见了英国驻华公使，向他表示“过去发生之不幸事变，并非本人初意，深望今后藏印（英）两方，永保和平友好之精神”，并希望他将此意代达英王。狡猾的英国驻华公使，立即感觉到达赖暗送秋波，意在讨好，于是，又使尽浑身解数，拉拢达赖。原来，达赖依靠沙俄抵制英国的幻想破灭，又对腐败无能的清朝感到失望，于是由坚决反对英国侵略，转向想讨好英国，乞求英国同意他回西藏。这次会见英国驻华公使，是他后来落入英国掌握之中的一种契机。

达赖留居北京期间，紫禁城里发生了重大变故。慈禧太后和光绪皇帝先后奔赴黄泉路，光绪三十四年（1908）10月，三岁的小娃娃溥仪被抱上了太和殿宝座，称为宣统皇帝。达赖乘这混乱之机，提出返藏请求，很快即被批准。

在达赖返藏的过程中，西藏政局也出现了新形势。当时的驻藏大臣联豫，正在实行新政改革，主要内容，包括开辟商埠，添练新兵，兴办学堂，筹垦荒地，开采矿山，于进藏要路安设重兵等。四川总督赵尔丰也在川边藏族地区大力推行改土归流，土司和喇嘛庙的世俗特权被削弱。达赖离开北京之后，清政府对西藏又采取了两项重大措施：任命赵尔丰为驻藏大臣兼川滇边务大臣；由锺颖统领四川精兵两千，分为两营，向拉萨挺进。这使西藏僧俗统治集团与清中央政府之间，早就存在的矛盾，更加激化。宣布赵尔丰为驻藏大臣，意味着将在西藏实行改土归流，僧俗统治集团的特权，将被剥夺，所以，他们极力反对，扬言如果川军入藏，将以武装抵抗。这当然也影响着达赖的政治情绪。

达赖进驻拉萨的时候，一件不愉快的摩擦事件，点燃了矛盾剧烈爆发的导火索。联豫率领属僚到拉萨城郊迎接达赖时，达赖傲然不理，联豫心甚愤懑，思欲报复，乃扬言达赖私运俄国军火，带领亲兵到布达拉宫搜查，但无所获，又派军队查验尚未进入拉萨的达赖行李和辎重队，也未找到军械，而被派去检查的军队，乘机掠走了不少财物。达赖闻报后，也采取了激烈的报复手段：停止供应驻藏大臣衙署所需的柴草、粮食、夫役，断绝驿站交通，征调军队，阻止川军入藏。

宣统二年（1910）春，川军向拉萨进发，达赖下令藏军在昌都、江达地方抵抗，但均被川军击溃。达赖乃邀驻藏帮办大臣会晤，达成协议，同意恢复对驻藏大臣的生活供应，撤退藏兵；驻藏帮办大臣答应，川军到藏，不扰乱地方，不杀害喇嘛，维护达赖教权。

但是，不幸的事情又发生了。当川军进入拉萨时，联豫派卫队去欢迎，当时正值黄教传召大会期间，20000多喇嘛云集大昭寺，川军、联豫卫队与维持秩序的喇嘛发生了冲突，开枪打死了一名喇嘛，混乱之中，又有一些士兵向大昭寺、布达拉宫开枪射击，拉萨街头一时大乱。

当时正是藏历的正月初三日。黄昏时候，达赖在布达拉宫召开了紧急会议，宣布以噶丹寺主持大喇嘛为摄政，本人将外出暂时避难。当天夜间，达赖率一支卫队，逃离拉萨。联豫得到消息后，派了一支小部队前往追赶，遭到达赖卫队的阻击。

经过几天奔波，达赖到了英国驻藏边亚东商务代表麦克唐纳的公署。在此期间，他曾写信，要求英国的保护。清朝派驻亚东监督商务的官员，奉命会见了达赖，劝他不要离开西藏。但是，麦克唐纳却对达赖说，有一支清军正追索而来。达赖来不及仔细考虑，立即化装，率领亲随，逃往印度。

十三世达赖逃亡印度之后，清政府立即宣布。革除其名号，由驻藏大臣另找灵童代替。但是，这项决定公布之后，遭到广大喇嘛教徒的反对，清政府害怕因此引起更大混乱，采取了一些缓和矛盾的措施，宣布革去驻藏帮办大臣温宗尧的职务，取消对赵尔丰驻藏大臣的任命，调为四川总督，停止寻找达赖灵童，派人到印度劝导达赖回藏。联豫曾想采取有泰用过的老办法，即把班禅抬出来，代替达赖。班禅应邀到了拉萨，对川军表示了慰问，但是，他知道前藏僧俗统治集团和他的历史矛盾很深，为稳定西藏政局，婉言谢绝联豫要其主持西藏政教的请求，返回了札什伦布寺。

十三世达赖逃离藏境之后，立即落入英国的掌握之中。英国驻哲孟雄的行政官柏尔陪同他会见了印度总督。英国侵略者认为他们已经牢牢掌握了达赖，于是，调整了过去以军事征服、条约束缚为主的侵藏方针，改用拉拢达赖，策动西藏僧俗统治集团叛国、制造西藏“独立”的方针。他们派了一支全副武装的部队，到藏印边界地方驻扎，扬言保护英商的生命财产，实则为达赖张目撑腰。达赖则在英国侵略者编织的金丝笼子里，靠着别人的喂养，过着可悲的流亡生活。

宣统三年（1911），辛亥革命爆发。印督认为时机已到，前往会见达赖，鼓动他策动西藏各地掀起驱汉暴动，以实现西藏“独立”的阴谋。清朝的驻藏官员和军队，发生分裂，西藏噶厦利用达赖名义，发布战争动员令，与站在清朝方面的官兵展开了战斗，并最后控制了西藏局势。在这场动乱中，九世班禅以及哲蚌寺、丹吉林寺（即前摄政第穆胡土克图所在寺庙）的僧众是站在清朝方面的。

1912 年（当时称为民国元年）初夏，十三世达赖返回西藏，并于冬天进驻拉萨。他以严厉手段处罚了援助过驻藏大臣和川军的喇嘛与寺庙，连九世班禅也被罚银四万两，以示惩罚，一些在反对川军斗争中“有功”人员得到奖赏和晋升。驻藏清军被胁迫离开西藏，经印度返回内地。但达赖这时并没有想搞独立，还是同意驻藏大臣留驻拉萨，不过由于清朝已经灭亡，联豫不久还是率属僚返回了内地。

十三世达赖重登政治舞台，再次掌握西藏政教大权之后，曾经推行了一些“新政”，以图加强自己的实力。他采取了整顿吏治的措施，以稳定西藏局势，改进藏军的武器装备，培养了一批藏族军官，整顿西藏税收，鼓励垦荒，开办了一些学校，成立了藏医院，建立了银行，开办电站等。这些措施，曾在西藏历史上产生过重要影响。在英国的挑唆下，他于 1914 年又派出一支军队进犯川边藏族地区，遭到各族人民的坚决反对。

1919 年，中央政府派员入藏，与达赖建立了直接联系。在清末政治风云中，几经沉浮，并曾陷入迷途的十三世达赖，开始清醒，感到脱离祖国是没有出路的，他沉痛地对中央政府的特派专员说，“余亲英非出本心，因钦差逼迫过甚，不得已而为之”，并表示“誓倾心内向，同谋五族幸福”。

十三世达赖和中央政府的接触，使英帝国主义感到不安。1920 年，英国派驻哲孟雄的行政官柏尔，到拉萨进行挑拨离间的阴谋活动。柏尔向达赖提出，扩编藏军，加征赋税，特别是向寺庙和上层贵族征税。这立即遭到西藏僧俗人民的强烈反对，黄教三大寺的反对尤为激烈，一些喇嘛发生了暴动。哲蚌寺的5000喇嘛又准备集体下山，驱逐英国侵略者出境。柏尔只好灰溜溜地逃走。

但是，英国侵略西藏的野心不死，又派人到西藏训练警察，企图通过警察控制西藏人民的反英斗争。这一阴谋遭到西藏人民的强烈反对，也告失败。英国侵略者则采取了更为毒辣的手段，即扶持藏军中亲英的少壮派军官，阴谋发动政变，推翻噶厦和达赖，另组西藏政府。达赖得到情报，立即革退了参与这一阴谋的亲英军官，停办了英国在江孜所办的军官训练学校，使这一阴谋流产了。

这对达赖的亲英思想是一次残酷的嘲弄，使他从恶梦中醒来。他和西藏僧俗统治集团认识到，依靠外国侵略者，最终只有死路一条，只有和祖国各族人民联合，才能抗击外国的侵略，保持西藏地方的安定，并寻求发展。所以，十三世达赖在晚年，曾采取了一些积极措施，加强与当时的中央政府的联系。1930年，他派雍和宫堪布贡觉仲尼为西藏总代表，常驻南京。第二年，又派喇嘛到南京成立了“西藏驻京办事处”。1933年，十三世达赖病逝，南京政府曾发布追封令，并举行了隆重的追悼大会，还派大员赴藏致祭。

由清朝册封的四大活佛之一的十三世达赖，在清末复杂的政治风云中，扮演了一个引人注目的角色，留下了许多扑朔迷离的典故，由后人评说。

（《清代四大活佛》曾独立成书，出版单行本。中国人民大学出版社1989年初版，台湾云龙出版社1992年再版。本文系据单行本删节、缩写）

汉文典籍为何特多藏族史料

当《唐宋元明清藏事史料彙编》清样放在书案，我如释重负地长长舒了口气。对众多师友和热心读者多年来的指导、支持和期望，总算可以有个交代了。它与已问世的《清朝治藏法规彙编》、《中国西藏及甘青川滇藏区方志彙编》、《民国藏事史料彙编》，共同组成一套图书系列，总计约一亿一千万字，精装一百四十册，将唐朝至民国千余年间有关藏事基本汉文历史文献，大体网罗其中，形成了一个独具特色的专题史料库。多年前向读者许诺的《中国藏学汉文历史文献集成》编纂计划，总算没有成为空谈。

这套丛书，从拟议到正式出版，用了十年左右。（不包括前期二、三十年搜集、整理史料时间）这在历史长河中，不过是电光石火的瞬间；但对人生来说，却是漫长之路。如果以工作为标尺计，一般来说，人的一生不过二、三个或三、四个"十年"。所以，世间风云和许多人生大事，常以"十年"为说，如"十年磨一剑"、"十年辛苦不寻常"等等。经过十易寒暑的求索煎熬，才深刻体味出其中的真谛。这套书之所以拖了这样的漫长时间，除"予之不敏"聊可塞责外，主要是许多"难"字的折磨。访书难、借阅难、摆脱俗务全身心投入难上难……其中的酸甜苦辣，难以尽言。也不想为此浪费纸墨和读者的宝贵时间，只想就多年来思考的一个问题，与读者交流一下看法，这就是：在浩如烟海的汉文历史文献中，有关藏族和藏区的记载，内容极为丰富，涉及政治、经济、文化、军事、民俗、宗教等社会的方方面面，而且一千多年来代代相承，从无间断，系统而完备。在这方面，其他少数民族很难与之相比。例如，曾经建立清朝、统治全国二百六十余年的满族，有关的汉文文献当然很多，但是，其始见于汉文典籍，是在16世纪中叶的明朝中期，（不含被满族尊为先祖的辽金时期的女真）而早在7世纪初的唐朝初年，汉文典籍就有了关于藏族先人吐蕃的系统记述，时间相差八百年左右。又如，汉文文献中有关苗族的记述是很早的，大约在公元前二三个世纪的春秋战国时代就有了，比藏族早千年左右，而且代不绝书，但是，其文字简略、内容单薄，与丰富的涉藏文献不能相提并论。其他各少数民族更不必一一论列。这是为什么？这个问号，在我脑海中翻腾了十几年，刚刚理出了一点头绪，不揣浅陋，写出来，算是一家之言，就教于方家和各位读者。

先说我想到的第一个问题。水是生命之源，这是人所共知的真理。从这个角度来说，中华民族的生命之源、文明之源在藏区。因为孕育中华民族、哺育中华文明、被喻为母亲河的黄河和长江，都发源于被称为“亚洲水塔”的青藏高原。黄河发源于昆仑山脉的巴颜喀拉山，长江发源于青藏高原的唐古拉山。

汉文典籍中有关青藏高原的记述始于昆仑山，并以其为标志。横贯新疆和青藏高原的昆仑山，早在《尚书》、《楚辞》等许多先秦典籍中，就有了明确记载。而且在很长的历史时期内，都被神化。例如，神话传说赤县神州是昆仑山余脉，它生长万物，养育了人类。又说，它是人类始祖盘古出生地，盘古氏破“浑沌”而出，才有了人类和万物，许多古籍都说“盘古开天地”，就是这样来的；又说，“昔宇宙初开之时，只有女娲兄妹二人在昆仑山，而天下未有人民”，兄妹为夫妻，于是才有了人类。还有一些类似的神话传说，寓意大体相同，都把昆仑说成是人类的始祖诞生地。另外传说昆仑山是“神物之所生，圣人仙人之所集也”，神通广大的王母娘娘即居于此。正是这些神仙，主管人间一切。同时，又说“如天之门在西北，升天之人，宜从昆仑上”，它是连结天上人间的神山。这许许多多的神话传说，剥除其各种神秘迷离外衣，可以发现一个共同的内涵：昆仑山是中华民族的“根”，中华文明的源头①。

正是这许许多多的神话传说，启发、引导人们不断探索昆仑山的秘密，至迟到汉代，人们已经探明它是母亲河——黄河的发源地。

汉武帝派张骞出使西域，其中一项重要的任务就是“探河源”。之后，几乎历代都要探河源，而且留下了不少记述。特别到了清朝，康熙和乾隆都曾多次派出高规格、高水平的河源考查团，实地勘测。乾隆还敕命编纂《河源纪略》，详细记录了多次考察结果。

中华民族，特别是汉族人民，对于昆仑山这种几千年始终不渝的尊崇心理，是与生俱来的血肉之情积淀而形成的。稍谙世事的孩童，常常会问：我从哪里来？长大之后，又会想到我最终回到哪里去。关于昆仑山的神话传说，正是古人对人生这两大问题的特殊解答形式。在全国众多大山之中，昆仑山之所以受到特别尊崇，根本原因就在于此。我想，关于以昆仑山为标志的青藏高原，几千年来，在浩瀚的汉文典籍中，史不绝书，秘密就在这里。

第二个问题，我特别注意到的，就是藏族对统一多民族国家巩固和发展所做出的巨大历史贡献。

1247 年，西藏地区各种政治势力和各宗教派别的代表萨班，与蒙古汗国宗王阔端举行凉州会谈，达成了西藏归附蒙古汗国（即后来的元朝）的协议。这不仅对藏族和西藏地区的历史进程，有着决定性的重大影响，也对中华民族的发展、多民族国家的统一有着重大意义。从此，西藏结束了吐蕃王朝之后四百年左右的分裂局面，和其他兄弟民族地区一样，纳入中央政权统一管辖和治理，从法律上正式成为中华统一多民族国家不可分割的重要组成部分。这是西藏地区历史发展的必然结果，也是我国统一多民族国家历史发展的必然趋势。它对于我国历史发展的重大意义至少有以下几点：一、为近代中国版图的形成奠定了历史基础。西藏地区面积一百二十多万平方公里，约占全国总面积的八分之一。正是由于西藏归附元朝，才使赤县神州“金瓯无缺”；二、近代史上，18、19 世纪（特别是鸦片战争前后）西方列强大规模入侵中国，西藏作为西南国门，有力地抵御了外国侵略势力，为中华民族的生存、发展做出了重大贡献；三、作为中华民族生命之源、文明之源的黄河、长江源头，统一掌握在中央政权之下，其对中华民族发展的重大意义，怎么估计都不会过分；四、西藏丰富的自然、人文资源，是国家强盛、民族发展的巨大活力，这一点随着科技的进步、历史的发展，显得越来越重要。

藏族的政治智慧，也为统一多民族国家的发展注入了巨大活力。例如，萨班等西藏僧俗上层人物提出、元朝统治者同意的，西藏作为中国的重要组成部分，在中央政府的统一领导和管理之下，民族宗教等地方事务，“因俗因地制宜”自治，从历史发展的角度来说，这是一个创举。这种治国理念，不仅为元朝所采纳，也为后来的明清两代所继承。它对于多民族国家的统一和巩固、发展，是一项重要的制度保证。对于我国现代成功推行的民族区域自治制度，仍不失历史借鉴意义。另外，元代设置宣政院，作为中央管理宗教和西藏地方事务的中央机构，并由西藏高僧主持其事，开创了藏传佛教高僧直接参予管理国家大事的先河。明、清两代虽然不再设置同样的机构，但都有不少御用大喇嘛，他们通过给皇帝出谋划策，把藏族的政治智慧注入国家政治中。有的还直接参予国家政策的制订和重大政治行动的筹划。五世达赖、哲卜尊丹巴一世、章嘉活佛若必多吉、六世班禅等藏族高僧，在守土安边、加强国家统一的历史进程中，都做出过重要的贡献。13 世纪以来，除了曾经建立元朝和清朝的蒙古族、满族情况特殊之外，这在其他少数民族中，是少见的。所以，元以来的汉文典籍中，有关藏族的记述比其他少数民族的都要多，这是历史形成的。

第三个问题，就是优秀的藏族文化极大地充实、丰富了中华传统文化宝库。

公元 8 世纪，吐蕃大臣吞米桑布扎参考梵文，结合藏语特点、藏族社会的实际而创制的藏文，比其他少数民族文字创制的时间都要早，是一种起点高、生命力强的语言文字。它不像汉文那样经过象形、甲骨文、金文等的原始创制、逐步演进到成熟的历史过程，而是从创制伊始就进入了成熟期，因而具有很强的吸纳能力和不断创新的生命活力。翻译梵文佛经，是藏文对藏族历史、也是对中华传统文化的重大贡献。从社会学、人类学的角度来说，早期的梵文佛学经典，是古印度的百科全书。通过翻译佛经，以“拿来我用”的方式，吸收了这份内容极为丰富的人类文明成果，藏族文化实现了历史的跨越。另外，藏文创制伊始，恰值唐蕃间政治、经济、文化交流的繁荣时代，这为其吸收大量汉族文明的成果提供了难得的历史机遇，例如，医药、天文，以及大量的生产和社会生活的知识，不仅极大地丰富了藏族文化宝库，也极大地提升了藏文适应藏族社会生活、适应人类文明不断发展需要的能力，使之可以不断地、全面地吸纳藏族和汉族以及其他的人类文明成果，因而日益充实、丰富。仅以藏文《大藏经》为例，略做说明。它作为藏族文化的重要载体，不仅是藏族社会的百科全书和历史发展全景记录，同时，也以其博大精深，成为中华传统文化宝库中的瑰宝。它包括《甘珠尔》和《丹珠尔》两大部分，共有经典四千五百七十部之多，这在其他少数民族文化中是难以见到的，其规模之宏伟，在世界上也是少见的，只有汉文《大藏经》才能与之相媲美[②]。清朝还花费大量的人力、物力将藏文《大藏经》译为蒙文和满文，为中华传统文化宝库，增添了光彩。仅此一例，足以说明藏族文化在中华传统文化宝库中的重要地位。

作为藏族文化重要载体的藏传佛教，传入元、明、清三朝古都——北京，以及蒙古、新疆等边疆地区，对这些地区的政治、经济、文化等社会生活的方方面面，都产生了重大影响。其哲学、建筑、音乐、工艺、美术等，也给传统的中华文化，增添了光彩，注入了活力。特别是对于蒙古等少数民族，不仅形成了其全民族的宗教信仰，而且在很大程度上改变了其传统的社会生活和思想观念，甚至从一定意义上说，改塑了其民族性格。由此，可以想见其对中华民族历史影响之大。

当然，还有其他许许多多的问题可以讨论，但我觉得这三点特别重要，所以作为一得之见，提出来与读者讨论。由此联想到的是，藏学研究的意义，不仅限于藏族和西藏问题，对于中华传统文化和中华民族发展史的研究也是非常重要的。我之所以“十年磨一剑”，或者说用后半生的大部分心血，来做这件事，内心的原动力就在这里。因此，我期望藏学家和其他文史研究专家都能从中受益。

最后，需要特别申明的是，在搜集、整理、研究浩如烟海典籍的漫长过程中，许多图书馆、资料室和众多的专家、学者、师友，都给予热情的支持和帮助，由于篇幅所限，难以一一说明感激之忱。特别要说明的是，学苑出版社总编兼社长孟白先生、责编洪文雄先生，十余年来，以崇高的社会责任感和事业心、渊博的知识和业务能力、坚强的毅力和信心，在本书的选题策划、编辑、出版过程中，付出了巨大努力，才使这被许多热心读者称之为“文化工程”的大型套书得以问世。其甘为学术补路修桥的精神令人感佩，以此造福学术界，则是功德无量。

注释：

①关于昆仑山的神话传说，汉文典籍里非常多，几乎都与中华始祖、文明起源有关联，因而是一个有重大意义的科研课题。但有关的科研成果还不多见，因而仅就笔者所见，将有代表性的神话传说，举例如下：

一、昆仑山是天地万物的中心。

海内昆仑之虚，在西北，帝之下都。昆仑之虚，方八百里，高万仞。上有木禾，长五寻，大五围。面有九井，以玉为槛；面有九门，门有开明兽守之，百神之所在。在八隅之岩，赤水之际，非仁羿莫能上冈之岩。……昆仑南渊深三百仞。开明兽身大类虎而九首，皆人面，东向立昆仑上。开明西有凤皇鸾鸟，皆戴蛇践蛇，膺有赤蛇。开明北有视肉、珠树、文玉树、玗琪树、不死树。凤皇鸾鸟皆戴瞂。又有离朱、木禾、柏树、甘水、圣木曼兑，一曰挺木牙交。开明东有巫彭、巫抵、巫阳、巫履、巫凡、巫相，夹窫窳之尸，皆操不死之药以距之。窫窳者，蛇身人面，贰负臣所杀也。服常树，其上有三头人伺琅玕树。开明南有树，鸟六首，蛟、蝮、蛇、蜼豹、鸟秩树，于表池树木，诵鸟、䴏、视肉。——《山海经·海内西经》。

昆仑，号曰昆崚，在西海之戌地，北海之亥地，去岸十三万里。又有弱水，周回绕匝。山东南接积石圃，西北接北户之室，东北临大活之井，西南至承渊之谷。此四角大山，实昆仑之支辅也。——《海内十洲记》。

昆仑山有昆陵之地，其高出日月之上。上有九层，每层相去万里。有云色，从下望之，如城阙之象。四面有风，群仙常驾龙乘鹤，遊戏其间。四面风者，言东南西北一时俱起也。又有祛尘之风，若衣服尘污者，风至吹之，衣则净如浣濯。甘露濛濛似雾，著草木则滴沥如珠。亦有朱露，望之色如丹，著木石赭然，如朱雪洒焉；以瑶器承之，如粘。昆仑山者，西方曰须弥山，对七星之下，出碧海之中。上有九层，第六层有五色玉树，荫翳五百里，夜至水上，其光如烛。第三层有禾穟，一株满车。有瓜如桂，有奈东生如碧色，以玉井水洗食之，骨轻柔能腾虚也。第五层有神龟，长一尺九寸，有四翼，万岁则升木而居，亦能言。第九层山形渐小狭，下有芝田蕙圃，皆数百顷，群仙种耨焉。傍有瑶台十二，各广千步，皆五色玉为台基。最下层有流精霄阙，直上四十丈。东有风云雨师阙。南有丹密云，望之如丹色，丹云四垂周密。西有螭潭，多龙螭，皆白色，千岁一蜕其五藏。此潭左侧有五色石，皆云是白螭肠化成此石，有琅玕璆琳之玉，煎可以为脂。北有珍林别出，折枝相扣，音声和韵。九河分流。南有赤陂红波，千劫一竭，千劫水乃更生也。——《拾遗记》卷十。

二、神州大地是昆仑山余脉形成，它生长的草木等万物养育了人民。

赤县神洲者，实为昆仑之墟。玉红之草生焉，食其一实而醉卧三百岁而后寤。——《太平御览》卷三八引《尸子》。

禹乃以息土填洪水以为名山。掘昆仑虚以下地，中有增城九重，其高万一千里百一十四步二尺六寸。上有木禾，其修五寻。珠树、玉树、琁树、不死树，在其西；沙棠、琅玕在其东；绛树在其南；碧树、瑶树在其北。旁有四百四十门，门间四里，里间九纯，纯丈五尺。旁有九井，玉横维其西北之隅。北门开以内不周之风，倾宫、旋室、县圃、凉风、樊桐在昆仑阊阖之中，是其疏圃。疏圃之池，浸之黄水，黄水三周复其原，是谓丹水，饮之不死。河水出昆仑东北陬，贯渤海入禹所导积石山。赤水出其东南陬，西南注南海丹泽之东，赤水之东。弱水出自穷石，至于合黎，余波入于流沙，绝流沙，南至南海。洋水出其西北陬，入于南海，羽民之南。凡四水者，帝之神泉，以和百药，以润万物。昆仑之丘，或上倍之，是谓凉风之山，登之而不死。或上倍之，是谓悬圃，登之乃灵，能使风雨。或上倍之，乃维上天，登之乃神，是谓太帝之居。——《淮南子·地形篇》。

三、昆仑山是中华始祖诞生地。

昆仑西有兽焉，其状如犬，长毛四足，似罴而无爪，有目而不见，行不开，有两耳而不闻，有人知往，有腹无五脏，有肠直而不旋，食物径过。人有德行而往抵触之，有凶德则往依凭之，天使其然，名为浑沌。《春秋》云："浑沌，帝鸿氏不才子也。”空居无为，常咋其尾，回转仰天而笑。——《神异经·西荒经》。

天地浑沌如鸡子，盘古生其中。万八千岁，天地开辟，阳清为天，阴浊为地。盘古在其中，一日九变，神于天，圣于地。天日高一丈，地日厚一丈，盘古日长一丈，如此万八千岁。天数极高，地数极深，盘古极长。后乃有三皇。数起于一，立于三，成于五，盛于七，处于九，故天去地九万里。——《艺文类聚》卷一引《三五历纪》。

元气濛鸿，萌芽兹始，遂分天地，肇立乾坤，启阴感阳，分布元气，乃孕中和，是为人也。首生盘古，垂死化身：气成风云，声为雷霆，左眼为日，右眼为月，四肢五体为四极五岳，血液为江河，筋脉为地里（理），肌肉为田土，髮髭为星辰，皮毛为草木，齿骨为金石，精髓为珠玉，汗流为雨泽，身之诸虫，因风所感，化为黎甿。——《绎史》卷一引《五运历年纪》。

昔宇宙初开之时，只有女娲兄妹二人在昆仑山，而天下未有人民。议以为夫妻，又自羞耻。兄即与其妹上昆仑山，咒曰：“天若遣我兄妹二人为夫妻，而烟悉合；若不，使烟散。”于烟即合。其妹即来就兄。乃结草为扇，以障其面。今时人取妇执扇，象其事也。——《独异志》卷下。

四、昆仑山是主宰天地的众神所居，日月之所隐，江河之所出，万物之所集。

西海之南，流沙之滨，赤水之后，黑水之前，有大山，名曰昆仑之丘。有神，人面虎身，有文有尾皆白处之。其下有弱水之渊环之，其外有炎火之山，投物辄然（燃）。有人戴胜，虎齿，有豹尾，穴处，名曰西王母。此山万物尽有。——《山海经·大荒西经》。

《河图括地象》曰：“地南北三亿三万五千五百里。地位之位，起形高大者，有昆仑山，广万里，高万一千里，神物之所生，圣人仙人之所集也。出五色云气，五色流水。其泉南流入中国，名曰河也。其山中应于天最居中，八十城布绕之。中国东南隅，居其一分，是奸城也。”——《博物志·地理略》。

河出昆仑。昆仑其高二千五百余里，日月所相避隐为光明也。其上有醴泉、瑶池。——《史记·大宛列传》引《禹本纪》。

昆仑之丘，或上倍之，是谓凉风之山，登之而不死；或上倍之，是谓悬圃，登之乃灵，能使风雨；或上倍之，乃维上天，登之乃神，是谓太帝之居。（高诱注：太帝，天帝。）——《淮南子·地形篇》。

中央之极，自昆仑东绝两恒山。日月之所道，江河之所出，众民之野，五穀之所宜，龙门河济相贯。以息壤堙洪水之州，东至于碣石，黄帝、后土之所司者万二千里。——《淮南子·时则篇》。

三成曰昆仑丘。《昆仑记》曰：“昆仑之山三级：下曰樊桐，一名板桐；二曰玄圃，一名阆风；上曰增城，一名为天庭，是为太帝之居。”——《水经注·河水》。

登昆仑，入天门；过糟丘，宿玉泉；开惠观，见仁君。——《易林·比之八》。

西南四百里曰昆仑之丘，是实惟帝之下都，神陆吾司之。其神虎身而九尾，人面而虎爪。是神也，司天之九部及帝之囿时。——《山海经·西次三经》。

汉武帝令张骞使大夏，寻河源，乘槎经月而至一处，见城郭如州府，室内有一女织，又见一丈夫牵牛饮河。骞问曰："此是何处？"答曰："可问严君平。"织女取楮机石与骞而还。后至蜀，问君平。君平曰："某年某月客星犯牛女。"楮机石为东方朔所识。——《天中记》卷二引《荆楚岁时记》（今本无）

五、昆仑山为主宰人间万物的西王母居处。

老子云：万民皆付西王母，唯王、圣人、真人、仙人、道人之命上属九天君耳。——《博物志·杂说上》。

昆仑在肃州酒泉县南八十里。《十六国春秋》：魏昭成帝建国十年，凉张骏酒泉，太守马岌，上言酒泉南山，即昆仑之体。周穆王见西王母乐而忘归，即谓此山。有石室、王母堂、珠玑镂师（饰），焕若神宫。又删丹西河名云弱水，《禹贡》："昆仑在临羌之西"，即此明矣。——《史记·司马相如列传》正义引《括地志》。

昆仑在弱水中，非乘龙不得至。有三足神鸟，为西王母取食。——《汉学堂丛书》辑《河图括地图》。

昆仑弱水，非乘龙不至，有三足神鸟为（西）王母取食也。弱水有二原：俱出女国北阿傉达山，南流会于国北，又南历国北东去一里，深丈余，阔六十步，非乘舟不可济，流入海。阿傉达山一名昆仑山。其山为天柱，在雍州西南一万五千三百七十里。——《括地志》卷八（孙星衍辑）

六、昆仑山有铜柱支撑天地。

昆仑月精，水之灵府；惟帝下都，西老之宇。嵥然中峙，号曰天柱。——《山海经图赞》。

昆仑山有铜柱，其高入天，所谓天柱也。围三千里，周回如削。下有仙人府，与天地同休息。男女名曰玉人。男即玉男，女即玉女，无为配匹，而仙道成也。——《太平御览》卷一八七引《神异经》（今本异）。

昆仑之山，有铜柱焉。其高入天，所谓天柱也。围三千里，周圆如削，下有回屋方百丈，仙人九府治之。上有大鸟，名曰希有，南向，张左翼覆东王公，右翼覆西王母。背上小处无羽一万九千里。西王母岁登翼上会东王公也。故其柱铭曰："昆仑铜柱，其高入天。圆周如削，肤体美焉。"其鸟铭曰："有鸟希有，碌赤煌煌，不鸣不食，东覆东王公，西覆西王母。王母欲东，登之自通，阴阳相须，唯会益工。"——《神异经·中荒经》。

昆仑铜柱下有回屋焉，壁方百丈，上有鸟，名曰希有，左翼覆东王公，右翼覆西王母。其肉若醢，仙人甘之。——《太平御览》卷八六三引《十洲记》（今本无）。

昆仑铜柱有屋，辟（壁）方百丈。上有一鸟名希有，张左翼覆东王公，右翼覆西王母。一岁再登翼上之东王公也。其喙赤，目黄如金。其肉苦醎，仙人甘之。——

《太平御览》卷九二七引《神异经》（今本无）

七、昆仑通天之门，升天要从昆仑上。

如天之门在西北，升天之人，宜从昆仑上。淮南之国，在地东南，如审升天，宜举家先从昆仑，乃得其阶。如鼓翼邪飞，越西北之隅，是则淮南王有羽翼也。今不言其从之昆仑，亦不言其身生羽翼，空言升天，竟虚非实也。——《论衡·道虚篇》

这许多神话的具体内容和表现形式各有特点，但蕴含的思想内容大致相同：昆仑山是河源所在，也是赤县神州的根基，日月星辰和世间万物中心，人类始祖诞生地，主宰世间万物的众神居处，也是人类归宿（升天）之门——这些都是“中华民族生命之源”、“中华文明之源”的不同历史表述形式。

②从公元前6世纪至公元12世纪，佛教在印度流行大约一千八百年，这段历史可分为三个六百年：初六百年为原始佛教和部派佛教，这个时期佛教典籍的总集是《巴利语三藏》，也就是南传大藏经；中六百年为大乘佛教；后六百年为密乘佛教。这中、后两个时期的佛教典籍的总集，基本上可以说就是汉文大藏经和藏文大藏经。现在流传于我国三语系的佛教，全面继承了印度三个时期的佛教。可以说，世界上完整的密教和佛教是在我国，世界上完整的佛教典籍也在我国。佛教传入我国后，我国的译经印经事业就一直没有中断过，包括刻印一千多年的房山石经在内。

巴利文大藏经是在斯里兰卡地区流传并进一步传播到其他一些亚洲国家（缅、泰、老、柬等国）的以巴利文为主的上座部佛典彙集。包括经律论三藏（大藏经由经、律、论组成。经：释迦牟尼在世时的说教以及后来增加的少数佛教徒——阿罗汉或菩萨的说教在内；律：释迦牟尼为信徒制定的必须遵守的仪轨规则；论：关于教理的解释和研究的论著。唐玄奘被称为三藏法师，就是因为其精通经、律、论三藏）和一些藏外要典，如《弥兰陀王问经》、《阿育王刻文》等。

藏文大藏经主要由从梵文和汉文佛典翻译而成的藏文佛典构成。最早的写本藏文大藏经出现在8世纪，直到13世纪都是写本，14世纪才出现木刻藏经，即所谓“纳唐古版”，但现已无印本流存。藏文大藏经在历史上也多次印刻，有多种版本，如万历版、塔尔寺版、理塘版、德格版等。藏文《大藏经》包括《甘珠尔》和《丹珠尔》两部分，各种版本卷数不尽相同，但总计约有经典四千五百七十部之多。《甘珠尔》包括经、律、论三藏和四续部，大致分为律、般若、华严、宝积、经部、续部、总目录七大类，是佛祖释迦牟尼的言教，佛祖示寂后经他的弟子们六次结集、记诵而成。《丹珠尔》主要是印度、西藏佛教大师、学者、译师对《甘珠尔》的注疏和论著的集成，其中包含很多哲学、文学、艺术、语言、逻辑、天文、历算、医药、工艺、建筑等典籍。大致分为赞颂、续部、般若、中观、经疏、唯识、俱舍、律部、本生、书翰、因明、声明、医方明、工巧明、修身部、杂部、阿底峡小部集、总目录十八类。

汉文系统大藏经种类极多，在唐代就曾印制过一些佛典，但大规模使用木版印刷。刻印大藏经始于宋代。宋代主要刻了五种大藏经：开宝藏、崇宁藏、毗卢藏、圆觉藏和碛砂藏。而后辽、金、元、明都曾刻印大藏经。比较出名的还有清代的《龙藏》。汉文大藏经除了在我国流传外，还传播到其他一些国家。一些亚洲国家在参考了我国编辑保存下来的藏经的基础上，进一步搜集整理汉文佛典，编辑了新的汉文大藏经。这类大藏经中比较著名的有“大正藏”、“高丽藏”和“续正藏”。当代中国也在编辑出版汉文大藏经，即《中华大藏经》，在台湾和内地都在进行。（参见《中国民族报》2007年1月3日《宗教周刊》）

（本文原为《唐宋元明清藏事史料汇编·总叙》）

清代民族立法略论

清朝在统一全国的历史进程中，以巨大的政治勇气和智慧，比较稳妥地解决了民族问题。同时，因时因地制宜地抓紧民族立法，颁行了一系列颇有成效的法律、法规。这对于边疆民族地区向心力的加强和社会稳定、抵御外来侵略，以及巩固和发展多民族国家统一、奠定近代中国版图等，都是巨大的历史推进力。对后来（乃至现代）中华民族的发展，也产生了重大影响。这是一份珍贵的历史文化遗产，我们应该继承，并作为新时期研究、解决民族问题的史鉴。

我国自古就是统一的多民族国家，各族人民共同创造了辉煌灿烂的中华古老文明。各族人民政治、经济、文化的交流与融合，是推动中华民族历史发展的永恒动力。当然,由于生活环境、文化传统、社会发展的不平衡等原因,在历史上,各民族之间,也曾发生过碰撞,甚至兵戎相见,从而造成一定时期内的社会动荡与国家的暂时分裂。但是,多民族统一的历史主流,总会以不同的方式为中华文明的进步开辟道路,从而在新的历史条件下,重新实现国家的统一。纵观中国历史,社会安定与动荡、国家的统一与分裂,几乎都与民族问题密切相关。历代王朝为了维护政权稳定,无一例外地十分重视民族问题,其经验与教训都为清代处理民族问题提供了历史借鉴。

清朝从1644年入主中原到1911年灭亡，统治全国260余年。清朝作为一个少数民族政权，在入主中原、进而统一全国的历史进程中，曾遭到作为国家主体民族——汉族以及边疆各少数民族顽强地、长期的抵抗。如何稳妥地解决这个问题，是其夺取和巩固全国政权的关键。所以清朝比历代王朝都更加重视民族问题。另外，作为末代王朝，和其他王朝相比较，清代历史有一个最显著的特点，就是边疆民族问题和反对西方殖民者的侵略紧密联系在一起。几乎与清朝入关同时，1640年的英国工业革命，标志着世界开始进入资本主义时代，各国的事情开始连在一起了。中国成了西方殖民者侵略的大目标。边疆民族地区成为反对外来侵略的前沿，其在国家政治生活中的地位空前提高，它不仅关系着一代王朝的兴亡隆替和各族人民的苦乐盛衰，而且直接关系到国家的安危和民族的存亡。用清朝统治者的话来说，边疆地区是“国门锁钥”，边疆民族为国家“屏藩”。因此，清朝对于民族问题给予了特别关注，在借鉴历代王朝经验教训的基础上，采取了一系列重大政策措施，并使之法制化，制订了一套比较系统、完备的近代意义上的民族法，主要有：

设置理藩院作为管理全国边疆民族事务的中央机构。其地位与吏、户、礼、兵、刑、工六部平等，直接听命于皇帝。作为主官的尚书，均由皇帝亲信的满蒙大臣充任。这是以前历代王朝都不曾设置过的中央机构，算是清朝的一个创举。以行政法形式颁行的清朝典章制度汇编——《大清会典》和《大清会典事例》，对于理藩院的职官设置与职掌，以及其处理边疆民族问题的责权和基本方针、原则等都做了详细、具体的规定。同时，将有关边疆民族问题的政策法规汇编成《理藩院（部）则例》，作为处理有关问题的法律根据。其实质是一部清代民族法，也是历史上首部由中央政府正式颁行的国家民族法。

不过，理藩院管理的主要是蒙藏事务，其“则例”的主要法律条款，多是关于蒙古族和藏族的。所以，就全国而言，它还是很不完备的民族法。因此，清朝又陆续制订了一些与之衔接并加以补充的有关民族问题的法律、法规。

首先，应该说明的是《钦定八旗则例》。八旗是清朝政权的根基，直接关系着清王朝的兴衰存亡。所以清朝特别重视，用行政法规定了八旗内部满族、蒙古族、汉族（八旗分为满洲八旗、蒙古八旗、汉军八旗）之间权益分配、关系协调，以及八旗与民人（府县所管辖汉族人民）之间关系的处理原则，从而形成了这部独具特色、兼具行政法和民族法性质的法规——《钦定八旗则例》。它是一部八旗内部的民族法。由于八旗制度随着清王朝灭亡而消亡，这部奇特的民族法，也就成了千古绝唱。

清代还根据不同地区、不同民族的特殊性，颁布了一批地区性的民族法。

最早的是《蒙古律例》。始颁于清朝入关后第二代皇帝康熙统治时期，后来又多次加以修订。对于清朝来说，蒙古有着特殊的重要性。早在入关之前，占据东北广大地区的满洲贵族就与蒙古王公结成了政治联盟，并借助蒙古铁骑夺取了中原，蒙古王公成为清朝政权的重要支柱。清朝前期，来自北方沙俄的侵略成为威胁国家主权和领土完整的主要危险。为此，清朝多次武装反击沙俄的入侵。在这场关系国家和民族命运的大搏斗中，蒙古始终处于反击外来入侵的最前线。所以，康熙说，蒙古各部为国家“屏藩”。正是在这种历史背景下，清朝颁布了《蒙古律例》，力图运用法律手段稳定蒙古地区社会秩序，加强蒙古各部的向心力，构筑抵御外敌侵略北部边疆的“政治长城”。

清朝颁布的另一部地方性民族法是《回疆则例》。清朝夺取全国政权后，经过百年左右，到乾隆统治时期，才彻底统一了割据天山南北的厄鲁特蒙古准噶尔部，设官治理。随着沙俄、英国对我国西北边疆侵略的加剧，新疆对国家安危的重要性空前提高，被视为“北门锁钥”、“西北屏藩”，“乃国家根本”重地[①]，它“东捍长城，北蔽蒙古，南联卫藏，西依葱岭，以为固居神州大陆之背，势若高屋之建瓴。得之，则足以屏卫中国，巩我藩篱；不得，则关陇隘其封，河湟失其险，一举足而中原为之动摇。”[②]正是在这种大的历史背景下，基于上述认识，清朝把安定新疆，作为维护国家安全的首要问题。当割据北疆的准噶尔部被平定以后，天山南麓的维吾尔族地区（清代称为“回疆”）就成为新疆稳定的关键。因此，乾隆二十四年（1759）彻底统一天山南北之后，陆续颁布了一系列有关维护维吾尔族地区社会秩序稳定的政策措施。在此基础上，嘉庆和道光时期根据变化了的社会情况又加以修订、补充，正式形成法律条文，于道光二十三年（1843）刊刻颁行，名为《回疆则例》。这部法规，本着强化国家统一和因俗为治、因地制宜的原则，对于维吾尔族地区的伯克（职官）制度，以及年班和赏赉、度量衡和货币、赋税和贸易、军事、卡伦设置及巡察、集市和农田水利、宗教管理、司法制度等，都用法律条文进行了规范。这是我国历史上第一部由中央政权颁行的维吾尔族地区民族法，对于维吾尔族历史的发展和新疆地区的稳定，都产生过重大影响。

清朝颁行的以“藏内善后章程”二十九条（简称“二十九条章程”）为代表的关于西藏地区和藏族的一系列法规，是清代著名的民族法，在历史上产生过重大影响。清代的西藏，不仅是西南国门，而且作为藏传佛教的发源地和中心，通过宗教，对于甘、青、川、滇，以及蒙古和新疆北部厄鲁特蒙古等地区的许多少数民族，在政治、经济、文化、宗教，乃至社会生活的方方面面都产生了重大影响。有鉴于此，清朝十分注重对西藏的治理和法规建设。雍正五年（1727），设驻藏大臣，由钦差大臣直接管理西藏重大军政事务，并开始逐步进行行政立法。乾隆十六年（1751），平定珠尔墨特那木扎勒之乱、废除郡王制之后，由清军统帅班第疏奏、乾隆皇帝批准，正式颁行《西藏善后章程》十三条，对西藏的职官制度、差徭制度等重大问题作了法律规定。这是清代由中央政权正式颁发的第一部西藏地方行政法和民族法。乾隆五十四年（1789），鄂辉再奏定“藏中各事宜”十条，对有关藏事章程条文做了补充，使之更加系统化、法制化。乾隆五十六年（1791）、五十七年（1792），在第二次反击廓尔喀（今尼泊尔）侵藏的过程中和胜利之后，统军入藏的大将军福康安、驻藏大臣和琳等，根据西藏的具体情况，就社会稳定、藏政改革，提出了一系列政策措施，经乾隆皇帝分别批准施行。福康安等将上述各项政策措施，汇编成“藏内善后章程”二十九条，经清政府批准后正式颁行。这个章程，对西藏的行政管理、地方官制、财政金融、活佛转世、宗教管理、军事与边防、涉外事宜等，都做了明确、具体的法律规定，特别是法定了驻藏大臣“总揽藏政”的行政管理体制，成为有清一代治藏纲领，也有人称之为清代西藏“基本法”。道光二十四年（1844），驻藏大臣琦善等奏定“酌拟裁禁商上积弊章程”二十八条，根据当时西藏的具体情况，对二十九条章程做了一些具体补充、修订，但基本原则未做丝毫改动。清朝末年，曾掀起一股“新政”之风，欲图挽救即将倾覆的危局。在这种情势下，驻藏大臣张荫棠、联豫先后提出了改革、整顿藏政的主张，并疏奏请中央政府批准，成为清朝末年整顿藏政的政策性文件，同时据此采取了一些具体措施，学术界将其称之为“筹藏新政”。但仅过了几年，清朝就进了历史的坟墓，筹藏新政的许多政策并没有形成正式的法律条款，只是保留在张荫棠、联豫的奏稿中，因此，我们将这些奏稿作为附录，供研究参考。

青海及甘肃、四川北部藏族地区，清代也称之为“安多”。清朝对于安多地区颁行了三部民族法规。青海连结着西藏和汉族地区，明代以前，在这一带生产、生活的主要是藏族。明朝末年，厄鲁特蒙古和硕特部从天山北麓游牧青海，其首领固始汗应四世班禅、五世达赖之邀，率兵入藏，掌握了西藏政教大权，死后由子孙继承汗位。他的另一支子孙则留居青海，成为青海的统治者。康熙末年，清朝派军队入藏清除扰藏的准噶尔势力，清中央政府开始直接任命官员管理西藏地方事务，固始汗家族在西藏的统治宣告结束，因而心怀不满。雍正元年（1723），留居青海的固始汗之孙罗卜藏丹津以“复先人霸业，总长诸部”为号召举兵反清，清朝任命年羹尧为大将军率兵平乱。第二年，青海平定，年羹尧疏奏《青海善后事宜十三条》，经雍正皇帝批准实施。其主要内容是关于青海蒙古和藏族的行政管理制度、藏传佛教的管理，以及驻防、屯垦制度等，是历史上第一部关于青海地方的民族法（由于这部法规的许多内容是关于藏族和藏传佛教的，所以有的学者认为它同时也是清朝颁行的第一部西藏民族法）。年羹尧同时还奏定了《禁约青海十二事》，对善后事宜十三条的一些内容加以补充和具体化，又增加了关于刑法和民事法的部分内容。雍正三年（1725），设置“总理青海蒙古番子事务大臣”（简称“西宁办事大臣”），这两部法规就成为其执政青海的法律依据。之后，雍正十一年（1733），西宁办事大臣达鼐等奉命据《蒙古律例》和上述两部法规，以及青海蒙藏民族的习惯法，编纂《西宁青海番夷成例》，这是一部地方性的以刑事法为主要内容（只有少量的民事法和军事法内容）的地区性民族法，其适用范围也扩展至甘肃、川北藏区。有清一代就是靠这三部法规治理安多地区。

由于历史的原因，清代众多的少数民族聚居于西南地区。清代官方文献中通常将云、贵、川、两广、两湖少数民族地区通称为“苗疆”，将这些地区的少数民族（川滇藏族、回族除外）统称为“苗民”[3]。为研究、利用清代文献方便，本文沿用其说。

由于苗疆地域广阔、民族众多，其社会情况、文化传统、风俗习惯、宗教信仰等各不相同，清朝难以颁行一部适用于苗疆各民族的系统、完备的成文法，而是以“苗律”、“苗例”、“苗疆章程”、“苗疆条款”、“戒苗条约”（或称“禁约”、“禁令”等）等不同名目，作为法律约束。出现在官方文献中的这些名目，都是苗疆民族法的各种不同初级形式。本书选辑的有关文献，大体分三类：一是皇帝圣旨、上谕和大臣奏议，以及《皇（清）朝经世文编》中的“蛮防”、“苗防”等，这些是制订苗疆民族法规的指导思想和基本原则；二是正式颁行的《大清律例》、《吏部则例》等法规中有关苗疆各民族的条款；三是有关的官书和私人著述，例如，《钦定平苗纪略》、《苗防备览》、《抚苗录》、《鄂尔泰奏疏》、《湖南苗防屯政考》、《平黔纪略》等。这些典籍保存有大量苗疆局部地区民族法规文献及相关背景史料，是研究清代苗疆民族法规的必备文献。由于这些官私著述历来刻本极少，搜求不易，故一并影印供学术界亟需。此外，还有许多地方是用官府告示、乡规民约（很多都刻石立碑，垂之永久）规范人们行为，久而久之，有的已经成为地区性民族习惯法，因此，辑录了一些有关碑刻资料，供研究参考（清代文献有时也将海南、闽台等东南沿海地区少数民族附于苗疆，故有关这些地区的乡规民约等习惯法史料，也附于此）。

另外，为便于读者了解清代边疆民族概况，将《皇清职贡图》（其内容为清代边疆少数民族图说）附后，作为研究清代民族法的参考。

从学术研究的角度来说，清朝颁行的这些民族法，有以下几个突出特点：一、强调地方服从中央、满洲皇帝为全国各民族共主的政治原则，客观上来说，就是维护多民族国家的统一；二、借鉴历代王朝治理各民族的基本经验——“修其教不易其俗，齐其政不易其宜”，在制订不同民族地区的法规时，充分照顾到各民族的生活环境、历史传统、风俗习惯等的不同，在有利于加强国家统一的前提下，具体的法律措施、条款灵活变通，不强求一律，用乾隆皇帝的话来说，就是“从俗从宜”、“因俗习为治”；三、针对不同民族而制订的民族法，都带有鲜明的地域特征，因而也是地方性法规；四、将不同民族地区的民法、刑法、行政法、军事法等合而为一，是一种“混合法”（也可以称为“综合法”），这是近代早期民族法的重要特点；五、清朝 实行的是封建专制的民族统治，各民族之间存在着事实上的不平等，它必然反映在民族法中，这是其不可避免的历史局限性；六、清朝是我国最后一个封建王朝，在面临西方殖民主义大规模入侵的特定历史条件下，颁行了系统、完备的民族法（清代以前没有近代意义上的民族法），集历代王朝处理民族问题经验教训的大成。它坚持多民族国家统一、地方服从中央的基本原则，为后世有关民族法规的制订，提供了成功的历史经验。在法制史上具有承先启后的作用。七、清朝民族法中有不少关于防御外来侵略、巩固国防的内容（这在《蒙古律例》、《回疆则例》以及治藏法规中，表现得最为突出），这是清代民族法最鲜明的时代特征；八、立法、执法、监督三权归于同一机构——理藩院，这是封建专制制度的体现。清朝民族法在贯彻执行中存在许多不利于民族地区社会发展的问题，主要根源也在于此。

从历史发展的角度看问题，清代的民族法在当时特定历史条件下，对于维系多民族国家的统一，边疆巩固，抵御外来侵略等，都起到了一定积极作用。清朝以东北一隅之力，夺取了大江南北广大地区，统治全国 260 余年，没有发生过大的民族分裂，处理民族问题比较稳妥，是其中一个重要原因。当然，由于其历史的局限性，政治上的民族不平等，也在一定程度上妨碍了民族地区经济、文化的交流与发展。其经验与教训都是宝贵的历史文化遗产，需要认真总结，以为镜鉴。这有待于历史学家、法制史专家、民族史学者的深入研究，这套文献汇编，将为之提供最主要、最基本的史料。

历史给人以启迪，又给人以智慧。回顾历史不是发思古之幽情，而是为了建设美好的今天，创造更加辉煌的明天。我们在为振兴中华伟大事业而奋斗的时候，应该继承这一份珍贵的历史遗产，借鉴历史的经验教训，从中获得启迪和智慧。例如，清代民族法中关于维护国家统一、“从俗从宜”、“因地制宜”等民族立法思想，至今不失现实意义。又如，其中的蒙古地区旗盟制、维吾尔地区政教分离、藏族地区的活佛转世和金瓶掣签，以及安多地区和“苗疆”（西南少数民族地区）的许多习惯法等，至今仍然有着广泛的社会影响。深入研究其渊源，以历史为借鉴，对于我们做好边疆民族工作，是有巨大帮助的。开卷有益，《清代民族法文献汇编》将为你开启历史知识和增广智慧之门。（与张双智合撰）

注释：

①何秋涛：《朔方备乘》卷1。

②钟广生：《新疆志稿》卷1。

③清代的“苗民”和“苗疆”有狭义、广义之分。狭义的“苗民”指苗族，“苗疆”即苗族地区，如《清史稿·鄂尔泰传》所说：“苗疆四围仅三千余里，千三百余寨，古州据其中，群寨环其外”；广义的“苗民”是指包括苗族在内的西南众多少数民族（藏族、回族除外），大体相当于清以前典籍中的“西南蛮”或“西南夷”。广义的“苗疆”则是泛指云、贵、川、两湖、两广少数民族地区。

清代官方文献除特指情况外，通常是从“苗民”、“苗疆”的广义而言。例如，乾隆皇帝就说：“云贵省分，向有僮、瑶、倮等，均系苗民”（《清高宗实录》卷1416）；《清史稿》也说：“若粤之僮、之黎，黔楚之瑶、四川之倮、之生番，云南之野人，皆苗之类。”这些，都说得很明确：“苗民”就是泛指西南地区各少数民族。

关于“苗疆”也有明确所指，如雍正皇帝所说：“云、贵、川、广、湖南等省苗疆地方，请照台湾例，令文武官弁互相稽察。”（《清世宗实录》卷147）另外，也多次称云、贵、川、两广、两湖为“边省苗疆”（参见《清世宗实录》卷49），其含义非常明确（《清代民族立法文献汇编》2000余万字，精装43册，中国民族摄影出版社2008年出版）

（本文原为《清代安邦治国民族立法文献汇编·总叙》）

《热河志略》——一部珍稀的承德地方志

承德避暑山庄（因承德在清代又名“热河”，故亦名“热河行宫”）和外八庙，是现存规模最大的皇家园林和寺庙群，曾经是清朝的第二政治中心，许多宏伟壮观的历史活剧在这里演出。有人说它是用园林寺庙制成的清代国家沙盘模型，用山林砖木记录的鸦片战争之前的清代史，是清代统一多民族国家巩固和发展的历史见证。其重要的政治、历史价值，广为人知，并津津乐道。作为全国重点文物保护单位，国家近年又拨巨款进行维修保护。作为海内外闻名的风景名胜，旅游者接踵蜂拥，年年猛增。因此，对其历史研究工作，也不断提出更高要求。

笔者曾在避暑山庄工作多年，视其为第二故乡。虽因工作需要，离开数十年，仍然念念不忘，时刻想着能为它做点什么。在一个偶然的机会，以重金获得一部从未经眼的《热河志略》抄稿本，高兴之余，反复研读，得知成书于嘉庆二十年（1815）。撰者原书和宁（后墨笔改“宁”为“瑛”，痕迹清晰），曾任热河都统。书稿用墨笔竖写，每页 8 行，计 312 页。细审其内容，绝大部分为现存两部承德地方志《热河志》、《承德府志》所不载，史料价值极高。避暑山庄博物馆和许多图出馆、科研单位都未见收藏，也未见专家学者研究、利用的介绍，故稍加整理，写下一点感受，贡献给读者作参考。

一、作者和瑛时任热河都统

作者和瑛（？—1821），原名和宁。嘉庆二十五年（1820）七月，嘉庆皇帝病逝于避暑山庄。八月，四子旻宁继位（翌年改年号为道光，史称道光皇帝）后，为避讳，改名和瑛。《热河志略》是其任热河都统时所撰写。他之所以能在两年左右任职期内完成这样一部记事详明、内容丰富、独具特色的著作，除独具职权便利外，其长期主政西藏、新疆，熟悉边情，勤于笔耕，则是得天独厚的主观条件。读其书，必先知其人。为了解作者其人和解读《热河志略》，先读《清史稿·和瑛传》：“和瑛，原名和宁，避宣宗（道光皇帝）讳改。字太庵，额勒德特氏，蒙古镶黄旗人。乾隆三十六年（1771）进士，授户部主事，历员外郎。出为安徽太平知府，调颍州。五十三年（1788）擢庐凤道，历四川按察使，安徽、四川、陕西布政使。五十八年（1793）予副都统衔，充西藏办事大臣。寻授内阁学士，仍留藏办事。和瑛在藏八年，著《西藏赋》，博采地形、民俗、物产，自为之注。嘉庆五年（1800），召为理藩院侍郎，历工部、户部，出为山东巡抚。七年（1802）金乡皂役之孙张敬礼冒考，被控，知县汪廷楷置不问。学政刘凤诰以闻，下和瑛提鞫；误听济南知府德生言，诬断，为给事中汪镛所纠，上以和瑛日事文墨，废弛政务，即解职，命镛从侍郎祖之望往按，得实，褫和瑛职。又以匿蝗灾事觉，谴戍乌鲁木齐，寻予蓝翎侍卫，充叶尔羌帮办大臣，调喀什噶尔参赞大臣。九年（1804），授理藩院侍郎，仍留边任。疏言：‘喀什噶尔、英吉沙尔仓储足供军食，请减运。伊犁布匹改征杂粮四千石，减价出粜，且请嗣后折收制钱，以免运费。’允之。劾喀喇沙尔历任办事大臣，私以库款贷与军民及土尔扈特、回子，取息钱入已，降、革治罪有差。十一年（1806），召还京，为吏部侍郎，调仓场。未几，复出为乌鲁木齐都统。十三年（1808），塔尔巴哈台参赞大臣爱星阿欲调玛纳斯戍兵四百人番上屯田，和瑛谓玛纳斯处极边，戍兵专事操防，不谙耕作，咨驳以闻，上韪之。十四年（1809），授陕甘总督，坐前在仓场失察盗米，降大理寺少卿。十六年（1811）迁盛京刑部侍郎，复州、宁海、岫岩饥，以将军观明匿灾罢免，授和瑛为将军。廉得边门章京塔清阿等承观明意，讳灾不报，降革有差。寻以误扑屯民张建谟为盗，锻炼成狱，刑部覆讯雪其冤，议革和瑛革，诏宽之，留任，调热河都统，未上（任），召为礼部尚书，调兵部。坐失察盛京宗室裕瑞强娶有夫民妇为妾，降盛京副都统，迁热河都统。二十一年（1816）授工部尚书，命赴甘肃按仓库亏缺，得总督先福徇庇及贪纵状，治如律。二十二年（1817），调兵部，加太子少保，历礼部、兵部。二十三年（1818），授军机大臣，领侍卫内大臣，充上书房总谙达，文颖馆总裁。逾一岁，调刑部，罢内值。道光元年（1821）卒。赠太子太保。谥简勤。和瑛娴习掌故，优于文学，著书多不传。久任边职，有惠政。”①

从这个传略，我们可以知道，和瑛政治生涯的辉煌时期是在嘉庆朝。虽然数次因失职受降、革处分，但旋即复出升职，历任山东巡抚、喀什噶尔尔参赞大臣（总理维吾尔族地区军政）、乌鲁木齐都统、陕甘总督、盛京将军等封疆大吏。这期间，曾两次被任命为热河都统。是因为清朝宫廷出现了安全危机，临危受命，才被委以此重任的。

这是因为，当时社会矛盾斗争激烈，政局不稳，作为皇帝每年要居住半年的避暑胜地，避暑山庄、木兰围场，及其周围地区社会安定与否，直接关乎皇帝与朝廷的安危。乾隆晚年，吏治腐败，经济衰退，人民生活困苦不堪，社会矛盾加剧，西南苗民起义，台湾林爽文举兵反抗，以及各地农民聚众反抗官府，搅得最高统治集团心神不安。嘉庆元年（1796）春爆发的白莲教大起义，如烈火燎原，很快纵横四川、湖北、陕西、甘肃、河南五省区，它搞得刚刚完成登极大典的嘉庆皇帝寝食不安。虽然花费数千万两白银，用了近十年时间，暂时把武装反抗的烈焰压下去，但是，反抗官府的斗争愈演愈烈，甚至直接威胁到皇宫。嘉庆八年（1803）一个叫陈德的北京平民，潜入紫禁城北门——神武门，欲图刺杀嘉庆。虽然失手被杀，但对于深居重兵守护的皇宫的嘉庆皇帝来说，无疑是一次严重的政治警告，令其惶恐不安，为此，除对失职官兵予以降、革、流放等严厉惩处外，还多次严令强化安全保卫，以防不测。御使费锡章等奏言加强紫禁城安全保卫的一些措施后，嘉庆借机大发胸中郁闷与烦躁不安，指出不仅要强化皇宫安全保卫，连避暑山庄等行宫都要严防死守，说："该御使所奏，系专指禁城（紫禁城）而言，但朕临御所在，皆属禁地，如驻跸圆明园、巡幸热河木兰等处各行在，即与宫廷无异……总应环卫森严，其扈跸在途之侍卫官员，尤当近依乘辇。应如何分明堂陛，酌定章程，"严令大臣们"悉心妥议具奏"。[②]。

吏治腐败，社会矛盾不断激化，也必然会反映在避暑山庄、外八庙和木兰秋狝围场中。嘉庆登上皇帝宝座之久，木兰围场已是一片衰败景象，附近农民为生活所迫，与官兵勾结，无视禁令，到围场内偷伐树木，猎取野兽。嘉庆派人查看水涸草枯树稀"绝不见有麇鹿之迹"，根本找不到野兽可供射猎了。包括避暑在内的口外行宫，因年久失修，管理官员敷衍塞责，也是一片败坏景象。嘉庆六年（1801），要举行父亲、太上皇乾隆病逝后的首次木兰狄狝，守卫口外行宫和围场的官员，害怕遭破坏的情形被发觉后受惩处，因此编造种种理由加以劝阻。之后，两三年都是如此。这使如惊弓之鸟的嘉庆皇帝不得不把它和陈德行刺事件联系起来思考。于是，派人到口外调查，被掩蔽的行宫和围场破败的真相被揭露。嘉庆极为震怒，革职并严惩了一批主管官员。但是围场被破坏的乱象并没有被遏制。这使嘉庆极为震怒，之后几乎每年都要撤换围场主管官，嘉庆十三年（1808）一年之内竟然连撤换三个。但是，问题却越来越严重。官兵和一些穷苦百姓公然结伙砍树、偷猎，甚至武装抗拒围捕官兵。有的随围官兵则在光天化日之下，抢劫财物、殴打杀伤百姓，“以致各村店多有关闭门面者”。这就迫使嘉庆决定采用更加严厉的手段强化管理，于嘉庆十五年（1810）六月，以热河地区人口越来越多、案件较繁（社会矛盾激化的表现）为由，决定设立热河都统，统管避暑山庄和口外行宫、外八庙、木兰围场以及承德府军政。都统是清代八旗驻防地区的最高军政长官，一般设于边疆民族地区、军事要隘，如乌鲁木齐都统、察哈尔都统（驻张家口）等，以军事将领兼管民政，带有军事管制性质。首任热河都统是宗室、喀什噶尔参赞大臣积拉堪。可能是因故未到任，仅一个多月再命毓秀（原热河副都统，汉军镶黄旗）任此职，并于十一月正式颁发敕书：“皇帝敕谕热河都统毓秀：兹命尔统领八旗满（洲）、蒙古官兵，驻扎热河，专管辖热河、喀喇河屯等处，兼管热河道承德府及所属州县八沟等处理事、司员，并辖（喀喇）河屯协副将绿营员弁，管理喜峰口边路夷汉台站，总管围场。尔宜持身公正，纪律严明，董率属弁，训饬兵丁，练习行围，以精技艺，整理器械，以壮军容。一应俸饷等项，委员赴部支领，尤宜加意严饬官兵，不许滋事扰民。其蒙古旗人刑名事件，由尔核办。其旗民交涉命盗等案，悉心定议，会总督后衔分别奏咨办理。该处文武各员大计、军政，均实举劾，亦会总督后衔。其新设司员，办理妥协者保奏，不称职者，听尔参处。俱与所属等计议施行。其专系民人词讼及钱谷等项，仍循旧制，由地方官经理，不必干预。尔受兹重任，须殚心奋勇，布德宣威，弭盗缉逋，乂安黎庶，如或贪黩乖张，纵兵扰民，贻误重地，责有攸归。尔其慎之。故谕。”③

这道敕书，明确规定了热河都统的职责、职权。从中可以看出，热河都统的主要职责是，统领驻防满蒙八旗军，确保包括避暑山庄在内的口外行宫和木兰围场的安全，兼领该地区民政是服从于这个主要职责的。同时被赋予独立审判权和考核、奖惩军政官员的权力（奏报后执行），是名副其实的封疆大吏。特别要说明的一点是，明确规定要“加意严饬官兵，不许滋事扰民”、“弭盗缉逋、乂安黎庶”，“如或贪黩乖张，纵兵扰民，贻误重地，责有攸归，尔其慎之。”这是严厉的训戒和政治警告，用现代语言来说，就是：如果官员腐败激发民变，或是放任官兵滋事抢财等，你要负责。一定要克尽职守，小心谨慎。——这些，是在清朝委任封疆大吏的敕书中很难见到的严厉用语。很显然是针对避暑山庄外八庙和木兰围场遭到严重破坏的特定情况而发的。

但是，个别官员的调整，无法从根本上缓解日益激化的社会矛盾，高墙壁垒、兵革森严保证不了皇宫的绝对安全，委任热河都统敕书颁发两年多之后，嘉庆十八年（1813）夏，河北、河南、山东大批农民，以天理教（白莲教支派八卦教的别名，也称“白阳教”、“荣华会”）为组织形式，举行大规模武装起义。京郊大兴县（今北京大兴区）天理教首领林清预谋策划，乘嘉庆皇帝赴热河狩猎避暑、皇宫防守薄弱之机，武装攻取紫禁城。九月十四日，他密遣200余人，潜伏皇宫周围。第二天，在一些秘密入教的低级太监引领下，90余人攻入西华门，血光刀影，皇宫顷刻变成血腥战场。虽然义民兵败被杀，但嘉庆皇帝也被吓得肝胆俱裂，惊呼为“汉唐宋明未有之事”。痛定思痛，只好把一腔悲愤怒火向文武百官喷泄说：“变起一时，祸积有日，当今大弊在‘因循怠玩’四字，实中外（即朝廷内外）之所同”，文武百官“若自甘卑鄙，则当挂冠致仕，了此一身，且勿尸禄保位。”④

于是，嘉庆皇帝决定再撤换一批官员，特别是惩处了一大批守卫紫禁城和行宫的主管官员。热河都统同时被撤换，任职两年多的毓秀被降职，八月，调高杞（字南有，满洲厢黄旗高佳氏）接任。但到职不到半年，即嘉庆十九年（1814）二月，又调和宁（即和瑛）接任，但尚未到职，改调任礼部尚书。闰二月再命文宁（后避道光皇帝讳改名文干，字远皋，满洲正红旗人）接任。但不到三个月即被解职。嘉庆对于这个关乎宫廷安全的重要职位犹疑了好几个月，有的文献说暂由晋昌（宗室，正蓝旗）署理，十二月，不得已再任命和瑛任。⑤一年之内，和瑛两次被任命为热河都统，说明嘉庆皇帝临阵选将的急切和焦灼，对于和瑛而言则是“临危受命”。这除了嘉庆皇帝对他的高度信任之外，还有一个重要原因，就是和瑛久任边职、老于边事，就个人政治素质和条件来说，比起其他同级官员更适宜担任这一要职。

避暑山庄是清朝的第二政治中心。许多重要国是，不是在北京紫禁城，而是在避暑山庄决策的。康熙设置木兰围场，每年率八旗劲旅由蒙古王公等陪同打猎，训练军队，并借以联络感情，商定绥服蒙古、安定北疆大计。乾隆时期，彻底统一新疆、平定大小金川、反击廓尔喀（尼泊尔）两次侵藏和整顿藏政、平定台湾林爽文起义、宴赏边疆各少数民族王公贵族、接见各外国使节等重大决策和重要国务活动都是在避暑山庄进行。仿新疆、西藏等地著名喇嘛庙建造的外八庙，是当时多民族国家统一和巩固的纪功碑。和瑛曾任驻藏帮办大臣八年，又任叶尔羌帮办大臣、喀什噶尔参赞大臣、乌鲁木齐都统，熟悉西藏、新疆、蒙古等边情。这也是嘉庆在面临危难情况急命和瑛充任热河都统这一要职的一个重要原因。

这一任命，对和瑛来说，无疑开通了登云之路。仅一年半多点的时间，嘉庆二十一年（1816）七月，即被调京，任工部尚书。翌年，调任兵部尚书。又一年，授军机大臣，进入最高权力核心。这也反映了嘉庆对其任职热河都统政绩的充分肯定。

了解这些历史背景，对于我们解读《热河志略》有着重要意义：

因为，从一定意义上来说，《热河志略》是一部职务作品。充任热河都统，使他可以利用职务之便，深入考察了解行宫、衙署、围场的规制、生活设施、相关制度、驻防官兵军事建制与武器装备，以及相关档案文献等。这在当时属“国家机密”，一般人是难于得知，更不用说笔之于书中。所以，充任热河都统，是和瑛撰述《热河志略》的重要客观条件。

此外，在清代数十任热河都统中，只有和瑛著有《热河志略》，是和他长期主政西藏、新疆，熟悉边情，了解建造外八庙历史背景，又勤于笔耕的个人素质分不开的。

他长期驻守西藏、新疆等边疆地区，熟悉边情，而且用心观察，勤于笔耕，写了大量内容丰富、独具特色的著作。《清史稿·本传》说他“娴习掌故，优于文学”，“在藏八年，著《西藏赋》，博采地形、民俗、物产，自为之注”。这篇《西藏赋》，广为流传，影响深远，至今仍是研究清代西藏史的重要文献；又说他著书多不传。这不确切，主要是因为传记作者历史条件所限，难于广泛搜集史料造成的。其实，他所撰写的关于西藏、新疆的著作，流传至今，并被学术界视为研究清代边疆问题必读的历史文献就有好几种，如《卫藏通志》、《回疆通志》等。《卫藏通志》是历史上第一部地方志，收录清朝对西藏施政的史料极为丰富，至今仍是研究清代西藏的权威文献。但长期以来撰者佚名，经笔者严密考证，其作者就是和宁（和瑛）；他在长期担任总领新疆维吾尔族地区（清代称为“回疆”）军政的叶尔羌帮办大臣、喀什噶尔参赞大臣期间，深入考察、研究维吾尔族历史与社会，撰写了首部维吾尔族地区地方志——《回疆通志》，同时也是首部汉文维吾尔史志，至今仍被中外学术界视为这方面的经典文献。另外，还有《易简斋诗钞》传世，收录诗歌576首，大部分都是有关西藏、新疆的边塞诗。另外还有不少诗文传世。像他这样长期主持西藏、新疆边政，熟悉边情，又有很多传世之作的封疆大吏，在清代属于凤毛麟角。虽然因宦海倾轧，曾加以“日事文墨，废弛政务”的罪名，遭解职处分。但他泰然处之，始终勤奋笔耕。这些难得的边疆从政经历和醉心著述的品格，是其任热河都统仅一年多的短时间就完成《热河志略》最重要的主观条件。

二、重要的文献史料价值

《热河志略》成书后，从未印刷出版。只有稿本传世，见到的人很少，从未有学者研究、引用过，堪称珍稀。因此对于避暑山庄、外八庙、木兰围场，以及承德地区的历史研究，都具有重要价值。

它虽然是地方志，但不同于一般官修方志，而是学者的私家著述。官修方志一般是多人分工编写，组装成书。无论是史料取舍、学识水平、文笔风格等参差不齐，类似资料“拼盘”，品种齐全，但缺乏特色。《热河志略》也有方志必备的历史、地理、行政建置、经济等内容，保持了地方志的基本特色。但在资料选择、行文叙事等方面有着明显的学者个人风格。最突出的是大量有关宫廷的内容，我们只要简单看一下目录，就可以有个大体了解：

全书分星野、疆域（考证附）、山川、行宫、寺庙、守卫、设官、兴学、统制（事宜附）、驻防、营汛、驿站、围场、藩卫，计十四篇。除星野、疆域、山川、兴学为一般方志所必备外，其余十篇，百分之八十以上内容，都是关于行宫和围场的。包括建筑规制、管理制度、官兵布防和武器装备等。这是一般方志所没有的，也不可能有的。有许多还是《清实录》等清代官书所没有的，而这正是《热河志略》所特有的重要文献价值。略举数例：

热河都统的设置，是在社会矛盾加剧的背景下，清朝强化避暑山庄等口外行宫和木兰围场管理的重大措施，即实行军府制。清代在内地各省实行督抚制，即文官主政；而在蒙古、新疆、西藏等边疆民族地区实行的是军府制，即由军事将领充任办事大臣、都统，兼领民政，以军驭政，即军事管制制度。热河都统的设置，即是这种性质的军府制。

热河都统的设置以及避暑山庄和木兰围场管理制度的沿革，《热河志略》的《设官》和《统制》两篇记载最为详备：

“热河总管，康熙四十二年（1703）设，专管汉军官兵等，守卫口外行宫”。“乾隆三年（1738）裁（热河）总管、副总管，改设副都统。嘉庆十五年（1810）裁副都统，改设都统，总理旗民地方事务。”这年四月十七日颁布谕旨：“口外沿边地方，自康熙年间，已有内地民人在彼耕种居住。百余年来，流寓渐多，生齿益众。雍正元年（1723），添设官员。现在吉林、盛京、直隶、山西，口外毗连一带，共设有一府、一州、五县、十二厅。此内各厅有隶吉林将军统辖者，有隶奉天府尹统辖者，有隶山西巡府统辖者。至承德府所属各州县，及宣化府口外三厅，皆属直隶总督统辖。地方辽阔，于吏治察核，刑名审转，诸多不便，朕意于热河地方，设一大员，将承德府等处附近各属专令统辖。如何改隶统属，并建置各事宜，著大学士会同各该部妥议具奏。”六月，军机大臣会同吏、户、兵等部暨理藩院议奏：“口外蒙古各札萨克旗分皆系于国初分封时恩赏游牧，俾资属下蒙古生计。自康熙年间以来，近边各札萨克利于得授租银，渐次将游牧地亩租赁出口民人耕种，历年久远，地亩开垦日多，聚处民人成乡成邑，不能不设官经理。……惟该处蒙古民人交涉事件，向系八沟（今河北平原县）、三座塔（今内蒙古朝阳县）、乌兰哈达（今内蒙古赤峰市）三税员与平泉、建昌、朝阳、赤峰等州县会办。由税员呈报理藩院，由该州县申详府、道司，总督并无汇总核办之衙门。该税员既职分较轻，不足以资弹压，而直隶总督相距窎远，又于该税员向无统属，办理未免隔膜。臣等细心酌议：热河原设有副都统一员，应请裁汰，改设都统一员，除管辖驻防官兵外，所有附近一带蒙古事件，俱改归都统专办，等因。具奏。奉旨：‘依议。钦此’。”

据此，议定热河都统章程八条。之后，八月再续议十三条，共计二十一条章程，内容包括：都统职责职权、衙署职官编制及选任、奖惩、薪俸等，以及刑名案件审理法定程序、税收和蒙汉人民游牧和垦种等事宜，都以行政立法的形式加以规范。这些，在当年十一月，都提纲挈领的写入颁发给毓秀的敕书中，成为历任热河都统履行职责职权和失职问责的法律依据。这些，都是《热河志》、《承德府志》所缺载，其对避暑山庄、外八庙和木兰围场，以及承德地方史的研究，其重要意义不言而喻。《清仁宗实录》只是在是年六月，就设置热河都统有简单记述，上述这些具体的、详细的历史文献都付缺如。所以，对清史研究来说，它也是珍稀史料。

又如，对避暑山庄周围十二座喇嘛庙（俗称外八庙）的喇嘛名额、饷银、守卫官兵，都按庙分别作了记述。例如："溥仁寺：达喇嘛一名、格思贵一名、二两饷银喇嘛十九名、一两五钱饷银喇嘛三十名；副千总一名、兵五名。此庙香灯等银二百六十余两，由总管衙门支领"。其他各庙，都依此例详明记载。又总计喇嘛名额和饷银发放、领取办法："以上（各庙）自堪布至食八钱五分银喇嘛月支米俱由京城札萨克掌印处关领；食一两五钱喇嘛六百名。饷银系由户部请领。在都统衙门贮库按月支放。其饷米由部管仓库按季支放。以上共大小喇嘛一千零九名。"其记述的详细具体，于此可见一斑。对研究工作来说，是难得的第一手档案史料。

对于驻防官兵的记载，极为具体。热河行宫（避暑山庄和口外行宫）驻防官兵：

"雍正二年（1724）初设总管一员、副总管二员、佐领十六员、骁骑校十六员、笔帖式二员，兵八百名，分驻热河、喀喇河屯、桦榆沟三处；乾隆三年（1738）裁总管、副总管，改设副都统一员，增置协领六员。（三十八年裁蒙古右翼四旗协领一员）、防御二十员，又增佐领四员、骁骑校四员，兵一千二百名；嘉庆十五年（1810），裁副都统，改设都统一员，辖协领五员、佐领二十员（内五佐领，办领兼管）、防御二十员、骁骑校二十员，笔帖式二员，兵二千名。又（曾）于（乾隆）五十一（1786）、五十七（1792）奉旨赏添兵二百名。共兵二千二百名。（俱隶热河都统，桦榆沟官兵均移驻热河）"

木兰围场驻防官兵：

"旧志载，凡围场官制：总管一员，康熙四十五年（1706）设，秩四品；乾隆十八年（1753）改为三品，左右翼长各一员。乾隆十八年设秩四品章京八员；康熙四十五年设秩六品、乾隆改五品骁骑校八员。乾隆十八年设秩六品（恩骑尉?）。总管属理藩院管辖。翼长、章京、骁骑校由总管遴选本处官员，送院请旨补放。

今按现行规制：围场共官二十员，三品总管一员，（岁支俸银一百三十两，来折银九十一两，补支养廉银二百两），四品翼长二员（每员岁支俸银一百零五两，米折七十三两五钱，补支养廉银一百两），五品防御八员（每员岁支俸银八十两，米折银五十六两），六品骁骑校八员（岁支饷银六二两，米折银四十二两），七品恩骑尉一员（岁支俸银四十五两，米折三十一两五两。世袭）。每年由户部共应领俸廉米折等项，共银二千九百五十八两五钱。

旧志裁：凡围场驻防官兵八旗满洲、蒙古共兵八百名。康熙四十五年（1703）增一百一名，雍正十二年（1734）增设九十十名，乾隆十八年（1753）增六百九名。由八旗都统于八旗满洲、蒙古兵丁内挑取。每兵一名给地一顷二十亩。又，以都呼岱口、兴安等处地冷霜早，难以耕种，将镶黄、正黄、正红三旗兵丁，每名改给乳牛三头，每三十头名给犍牛一、羊三十只。

凡围场禁令：卡伦以内，蒙古、民人毋得滥入。其盗牲畜者，分别治罪；该官员处分；如系蒙古，交札萨克严行约束。

今按现行规制：于原设兵二百八十名增至八百名，嗣经前任副都统保奏，请添设三十名。又，嘉庆十八年（1813）经前任署都统毓秀奏请添设一百五十名，共兵一千名”。

此外，对于古北口外至避暑山庄和山庄至围场各行宫、驿站和各围哨卡驻防官兵及其俸银等，都有具体到人的详细记载。对于滦平、八沟（平泉）、丰宁、赤峰、朝阳、建昌等县的山川地理、建置沿革和道路里程等都有考述，特别是地亩、人丁、税收等，具体记述到个位数字，是难得的经济史统计资料。这些在《热河志》、《承德府志》和《清实录》中都是缺载的，对于避暑山庄、外八庙和木兰围场，以及承德地方史的研究来说无疑是珍稀文献。其中收录的许多官署内部档案文献，真实地记录了康熙建成避暑山庄之后，内地逃往古北口外的农民不断增加，造成社会矛盾不断激化，致使驻守行宫和围场的官兵，公开掠民和抢劫，这些折射了清朝盛衰转折轨迹，这些也是《清实录》缺载的，对于清史研究来说，当然也是弥足珍贵的，或许书中涉及的当时“国家机密”文献太多，所以没有公开刊印。正因为如此，更凸现了它的历史文献价值，及其学术研究价值。

注释：

①《清史稿》卷353。

②故宫博物院原掌故部编：《掌故丛编》，中华书局1990年版，第604页。

③《热河志略·统制》。

④（清）林春熙辑：《国朝掌故辑要》，江苏广陵古籍刻印社 1990 年景印本第 888 页。

⑤此据《清仁宗实录》；章伯锋编：《清代各地将军都统大臣等年表（1796—1911）》（中华书局 1977 年版）作嘉庆十九年二月任。

中国古代吏治文化述略

吏治文化是源远流长、博大精深的中华传统文化的重要组成部分。它是我们先人治国安邦理念的集中体现，数千年民族政治智慧的结晶。在历史的长河中，它为中华民族的发展进步起到了重要的凝聚作用，对于我们今天中华民族的复兴，仍是不可或缺的历史借鉴。

为以实际行动落实“弘扬传统文化”、“做好文化典籍整理工作”的复兴中华文化发展战略，在众多专家学者、良师益友，以及社会各界的精心指导、大力支持和帮助下，花费十余年的精力，编纂了这套《中国古代吏治文化文献集成》，约计收录有关典籍五百余种，总计八千余万字。分为历代官制、官吏选任、监督立法、居官之道、官箴教化等专辑陆续出版。

我国古代百官通称为“吏”或“官吏”。皇帝和国家政权对百官的管理称为“吏政”，按职位配置百官称为“职官”，选拔、考课、任免官吏通称为“选举”，诫勉官吏加强道德操守的说教称之为“官箴”。官吏牧民治事称之为“吏治”。历代王朝一般设吏部负责官吏日常管理，礼部负责官吏选拔考课，都察院负责官吏的监督、监察等，并颁行相应法律法规。同时，古代也将一切施政活动及相关事务统称为“政”。“在君为政，在臣为事”，“凡施行为政，布告为令”，故关于官吏的方针、政策、法律、制度及施政活动，也可统称为“吏治”。本套丛书以“吏治文化”名，即于此取义。

吏治是政权的重要载体，关系一代王朝存亡兴衰，为其命脉所係。所以，历代王朝都高度重视，同时也是全社会关注的焦点。因此，留存下来的文献典籍极其丰富。例如，《二十五史》中，有关的内容非常多，各朝典章汇编，吏部必居首位。有关的著述，层出不穷，汗牛充栋。我们选辑其中最重要、最具代表性的文献，汇纂成编，供研究参考。这些有关吏治的典籍，反映着历代王朝兴衰隆替的轨迹，蕴含着大量历史发展的信息和古人治国安邦的理念，凝结着先人治理社会的经验教训，是一笔宝贵的历史文化遗产，我们应该加以认真总结。

吏治主要是通过官吏制度和官吏施政，对国家和社会的发展产生重大影响。官吏制度主要包括：职官设置、职责职权、相应待遇、铨选任免、考核奖励、行为规范、品德操守、约束制衡等国家机器运转所必须的诸多方面内容，施政是指官吏利用职权进行的一切公务活动，是吏治对社会的直接作用。历史经验证明，吏治清浊直接关系到国家安危、民族兴衰、社会治乱、百姓苦乐，对历史的发展起着至关重要的作用。因此，为了维护政权的稳定和既得的政治、经济特权，历代王朝都十分重视吏治问题，一般来说，一代王朝初建和上升时期，都会在前朝官吏制度基础上增删损益，对官吏及其施政行为要求严格，政权比较稳定，人民生活相对安定，社会发展进步；到其晚期，吏治腐败，官吏制度形同虚设，这时政权根基动摇，社会混乱，人民生活陷入苦难，历史处于停滞或倒退，预示着一代王朝即将灭亡。故察吏治，知兴亡。

一代吏治随着一代王朝的兴衰隆替而存废。特别是官吏制度会随着一代王朝的灭亡而变成一纸空文，但它并不会被埋葬，而是转化为一种历史文化流传下来，代代积累，十分丰厚。现在，古代社会的官吏制度，已经随着封建王朝的灭亡而进了历史博物馆。但是，经过漫长历史沉淀的吏治文化，则成为中华传统文化宝库中独具特色的瑰宝，有着经久不衰的魅力。这是因为，它对于人们了解过去，借鉴历史，促进社会的文明进步，有着重要的启迪和增广智慧的作用。例如，官吏的铨选和定期考察、制度和法律对官吏及其施政行为的约束、回避和监察等制度；“修身、齐家、治国、平天下”、“先天下之忧而忧，后天下之乐而乐”、“勤政爱民”等官德箴言；许多衙署大堂前警示碑上所刻“尔俸尔禄，民脂民膏；下民易虐，上天难欺”警句，等等，对于我们今天提高执政能力和廉政建设，都有着重要的借鉴意义。

如果从有正式文字记载的商周算起，职官制度的形成已有三四千年历史；即使从秦朝统一全国算起，也已有二千余年。历代王朝增删损益而形成的系统、完备的官吏制度，在历史上曾经起过重要的作用。同时，也是世界文明发展史上，延续时间最长、最为系统完备而又独具特色的官吏体系，在历史上曾经对东方文明的发展产生过重大而深远的影响。由其转化而形成的吏治文化，是先人留给我们的一笔宝贵文化遗产，我们应该认真加以总结，为振兴中华的伟大事业增添一份历史文化助力。

大规模系统整理和出版吏治文化文献史料，是学术界和出版界的一个空白，这套大型文献史料汇编的出版，期望能够推进对这份珍贵历史文化遗产的研究。

（本文原为《中国古代吏治文化文献集成·总叙》）

为大清史编纂献言

当21世纪的曙光刚刚普照大地，传来了国家启动清史编纂文化工程的特大喜讯。作为清史研究爱好者，我感到由衷的高兴。盛世修史，自古皆然。这项巨大文化工程启动，是国家政通人和、社会进步、经济发展的体现。它不仅仅是史学界乃至文化界的盛事，也是新世纪精神文明建设的一件大事。通过编纂清史，有清一代的许多重大历史事件和人物，将被重新审视、评议，并得到科学的评价，这其实就是一个大规模的、系统的总结历史经验教训的社会活动，必将为物质文明、精神文明、政治文明建设提供可贵的历史借鉴，为新世纪中华民族的伟大腾飞增添一份精神助力。

“人生能有几回搏。”对于广大清史研究者来说，这是一个难得的历史机遇，也是一次严峻的考验。为不辜负国家和人民的重托，交出一份经得起历史检验的答案，需要齐心协力，共克难关。作为清史爱好者，本人当然愿意为这项巨大文化工程做些搬砖添瓦的琐事，以效绵薄。北京的会议，因故未能参加，失去了一次向专家学者学习的好机会，深感遗憾。读了清史编纂体裁体例调研大纲收录的各位专家学者的意见，特别是戴逸先生关于清史编纂体例的几点补充意见，反复咀嚼玩味，获益良多，再几经揣摸思考，有了一些不成熟的想法，不揣浅陋，拉杂写来，愚者千虑，或有一得可供参考。

一、有关一些基本原则的思考

这次由国家组织的清史编纂，可以说是“多兵种大规模协同作战”，必须明确目标、统一思想。令行禁止、整齐步伐，才能夺取胜利。要做到这一点，首要的是在总体上要有一个基本统一的认识，然后才是行动（编写）的统一。

关于历史定位。确定这部新编大型清史在中国史学的地位，是编写工作的重要前提，也是预期的目标。这个问题，用一句话来说就是“承前启后”。不过，这需要略加解释和说明。所谓“承前”，是指承接二十四史；所谓“启后”，是说它应该对编写清代以后的历史（例如民国史、共和国史等），起到示范和样板作用，成为一个新的史书范例。

我们说，中国传统文化博大精深，源远流长，其中重要的一点就是，以《史记》为龙头的二十四史，把几千年的文明历程环环链接起来，这在世界文明史上是独一无二的。从一定意义也可以说，正史是中华民族发展的真实记录。所以新编清史必须与二十四史相链接，不然，将会给人造成一种中华传统文化的断裂感，这无论如何是行不通的。关于这一点，我想大家都会同意的，不会有什么异议。

需要补充说明的一点是，据我所知，大多数专家学者的意见，所谓“链接”，是说与《明史》的续接，在一般意义上来说，这当然是不错的。我在这里想提出的是，关于与《明史》续接，是否就意味着将《清史稿》排除于正史之外？对此，我想谈一点不同的想法。《清史稿》是在民国初年，由一批怀故国之思的文人仓促编成，无论政治观点还是史实上，都存在不少问题，这一点人所共知，不必讨论。故此，《清史稿》一直未被列入正史，历史地位有些不明不白，但它的历史价值和作用，还是应该客观地做出实事求是的评价：在一个世纪的历史长河中，它始终是人们了解、研究清史的基本史书；《清史稿》编修时，距清朝刚刚灭亡不久，参与编修的很多人都是清朝旧臣，熟悉有关文献、掌故，因而书中保留了大量难得见到的史料；虽然它存在着很多明显不足与缺陷，但它毕竟将有清一代重要史实进行了梳理，为后人了解、研究封建社会（特别是中国历史上最后一个封建王朝）提供了难得的史料（例如，关于宫廷制度等封建典制方面的内容，这次编写清史，不可能用有那么大篇幅作详细记述，因而其史料价值随着时间的推移便会逐渐凸显出来）。

花费了这些笔墨谈《清史稿》，似乎是偏离了主题，有节外生枝之嫌。但仔细想来，还是很有必要的。因为，如果对上述问题达成共识，对我们编写清史是有帮助的。这样，我们再谈新编清史的历史链接问题，就不能一般地说与《明史》的续接，还有一个与《清史稿》内容的衔接处理问题。例如，有关宫廷制度部分，新编清史就不可能、也没有必要像《清史稿》那样详述。其他问题，也可考虑凡《清史稿》详述的新编清史就略写，反之亦然。这样不仅可以避免重复，亦可节省大量笔墨。这样做是否可行，提出来，供专家学者参考。

顺便说一下新编清史的定名问题。笔者认为有两种选择，一是名之为清史，表明将它正式列入二十四史之后，接续《明史》，对《清史稿》来说，它是将“稿本”变“正本”；二是名之为新（编）清史，除了和《明史》链接的意义外，含有间接承认《清史稿》列入正史的意义，为后人研究、处理《清史稿》与这次新编清史的历史地位问题留下一个较大空间。将来，《清史稿》和新编清史，是否会像新旧《唐书》、新旧《五代史》那样并列于正史，这主要由两个因素来决定：一是新编清史的质量，二是后人对这个问题的认识。花开花落、草木荣枯。后人的价值观念、思想水平、取舍标准肯定与我们不同，我们不必自寻烦恼，将问题留给子孙后代来解决吧！

至于说新编清史的“启后”问题，用不着花费更多笔墨去讨论。我们希望它以一个全新的面貌问世之后，为民国及以后的历史编写，起到一个示范作用。

关于指导思想问题。我认为，总的指导思想可以用“一体两翼、三位一体”来概括。当然，这需要略加解释说明。所谓一体，是说以阐释多民族国家的统一、巩固和发展为最主要、最基本的指导思想；所谓两翼，是说以揭示以反对外来侵略为主要内容的爱国主义、揭示封建社会必然灭亡的历史规律作为基本指导思想的补充与完善，形成三位一体的指导思想。

这是由清朝历史的基本特点与新编清史的历史使命决定的。如果说，公元前221年秦始皇灭六国一统天下，为多民族国家的统一举行了历史的奠基礼，那么，中间经过近两千年的分分合合，到清代康雍乾时期，则是统一多民族国家胜利完成的伟大历史庆典。其间，汉、唐、宋、元、明虽然都曾经统一过全国，为多民族国家的统一与发展做出过应有的贡献，但是，从中华民族历史发展的角度来说，都不能与清朝对全国的统一同日而语：以前历代的统一，都没有像清朝那样彻底统一边疆广大地区。各边疆民族地区完全统一在中央政权之下，中国统一多民族国家历史地巩固下来，从此之后，再没有出现过大的民族分裂；由于清朝的有效治理，边疆各民族地区经过长期的稳定发展，基本形成了现代民族分布的格局。各民族与其生活地区自然环境的和谐，有利于各民族的发展与边疆地区的开发。又由于全国的统一，废除了民族地区之间的政治藩篱，从而促进了民族之间的政治、经济、文化交流。最重要的是，清朝的统一奠定了近现代中国的版图，这是对中国历史的最大贡献，也是对中华民族发展的最大贡献。所以，这应该成为清史编纂的一个基本指导思想，是不应该存在疑义的。

另外，清朝的强盛，统一多民族国家的巩固、发展，是和中国各族人民反抗外来侵略的斗争紧密联系在一起的。从清朝初年的雅克萨反击战，到清朝末年的反抗八国联军侵略北京，在清朝二百六十余年的历史上，中华民族以百折不挠的斗争，维护了国家疆域的完整，同时增强了中华民族的凝聚力。

我们稍微勾画一下清代中国人民反抗外来斗争的光辉历程，就会发现，它大体上可以鸦片战争为标志分为前后两个不同历史阶段：鸦片战争前，外国势力对中国的侵略，是以抢掠财富为主要目的，侵略活动大体上是在沿边少数民族地区。当时清朝国力强盛，中国人民的反抗，是以国家组织的抵抗行动为主体、以官军为主要力量的，而且都是以胜利而告终。这可以康熙时的雅克萨反击战以及乾隆末年的两次反击廓尔喀侵藏为代表；从鸦片战争开始，随着世界远洋航海技术的发展，英国等西方殖民势力对中国的侵略，除了陆路，还跨海而来，不仅侵略中国沿边地区，还深入中国内地，甚至一度攻掠京城。其目的除了抢掠财富之外，更多的是以侵占中国领土和攫取在华权益为主，沙俄鲸吞中国160余万平方公里的土地和英法联军、八国联军进攻北京，是突出的代表性事件。这个时期的清朝江河日下，日益腐败，已经不能组织大规模的反击活动以御敌于国门之外。各族人民成了反击外来侵略的主力军。他们的浴血奋战精神，挽救了民族的危亡。这种精神，铸造了近现代中华民族的灵魂。这也是鸦片战争以后的清代历史的精髓所在。

所以，我们编写清史，要着重总结清代多民族国家的统一与反对外来侵略的经验教训，这不仅是编写清史的宗旨所在，也是当前和今后一个相当长的历史时期内，中华民族的发展所面临的最主要的、也是必须正确解决的问题。对于中华民族来说，新的世纪为民族的伟大复兴提供了难得的历史机遇，但是挑战如影随形而来，困难与希望同在。夺取胜利最根本的条件之一，就是国家的统一、民族的团结，以及和平发展的社会环境。霸权主义和民族分裂是最大的危险。为此，必须内强国力，外御强敌。我们应该通过编写清史，总结相关的经验教训，为国家和人民提供历史的借鉴。

清朝是中国历史上的最后一个封建王朝，它的灭亡和历史上其他封建王朝灭亡之后的改朝换代不一样，取而代之的是社会性质完全不同的中华民国。所以，从根本性质上来说，清朝的灭亡是中国封建社会的灭亡。这是清史不同于以往任何封建王朝历史的基本特点，是我们编纂清史不能回避、也无法回避的问题，而且是必须从史实上、理论上做出回答的问题。这里，涉及一个理论创新问题。中国封建制度“寿终正寝”的主要原因是什么？过去，史学界有一个基本理论，说农民起义是推动历史发展的主要动力（现在一般不这样提了）。但清朝并不是农民起义推翻的，农民是不是消灭封建制度的主要社会力量，恐怕很难得出肯定的结论；官僚的贪污腐败是清朝灭亡的一个重要因素，这不会存在异议，但它和封建制度的灭亡是否存在必然联系？因为这是历代封建王朝普遍存在的，并非清朝独有。帝国主义的大规模入侵和中国封建制度的灭亡，有什么因果关系？还有其他一些相关的问题。总之，新编清史对这些问题，应该有个明确的理论说明，并将其渗透到各个部分的编写中，这是创新的一个重要体现。

之所以应该将这个问题列为新编清史的重要指导思想，还有一个重要的原因，是它具有重要的历史借鉴意义。中国封建社会经历了两千余年，形成了一套完备的社会制度和思想体系。作为一种社会制度，封建专制制度是随着清朝的灭亡而灭亡了，但其影响还在；而作为一种思想体系，它并没有随着清朝的灭亡而消灭，而且还有很大的社会影响力。我们回想一下清朝灭亡后近百年的历史，就无法否认这一点。我们现在正进行中华民族发展史上前所未有的伟大事业，全面建设小康社会，物质文明、精神文明、政治文明建设任务非常艰巨，任重而道远。要实现预期的理想目标，重要的一条，就是要继承、弘扬优良文化传统，清除、摒弃一切落后、腐朽的东西，其中就包括彻底清除一切封建残余。编纂清史应该有这种历史使命感，它应该告诉人们封建制度和思想的腐朽落后性，作为三个文明建设的历史借鉴。

总之，这种一体两翼、三位一体的编写指导思想，是由清朝历史特点和新编清史应承担的历史使命所决定的科学命题。

关于编纂中应遵循的一些基本原则。这部新编清史卷帙浩繁，内容丰富，撰写人员众多，因此，制定一些应遵循的基本原则，至关重要，不然难以“组装”，玉成一体。至少以下几个关系应该予以特别关注：

传统与创新的关系。传统是民族文化特色的体现，而创新是民族文化发展的生命力。强调传统而缺乏创新，是停滞落后的枯萎文化；片面强调创新而抛弃传统，则是难以落地生根的空中花朵。我们遵循的原则应该是：尊重、继承优良传统，勇于、善于创新。

以编写体例为例。如果完全抛弃传统、置以二十四史为代表的具有中国特色的传统史学于不顾，企图创造一种“全新”的正史体系，不仅会给中国五千年文明史造成一种“断层”的感觉，而且也不会为广大读者所接受；如果完全拘泥于二十四史的传统，意图以旧瓶装新酒，恐怕很难体现时代精神，缺乏生命的活力。况且，二十四史本身也不完全相同，而是各具特点，代有创新。没有万古不变的模式。所以，就体裁而言，笔者主张，大体参照（而不是照搬或模仿）二十四史的纪传体，充分吸收编年体、纪事本末体以及现代史学论著（例如章节体等）的优点和长处，综合创新，使之成为既有传统正史的特色、又具有时代精神的新体裁。

当然，传统与创新远不止于体裁，它包括书稿的方方面面，贯串于编写过程的始终。例如，既要继承古代史学实事求是、秉笔直书的优良传统，又要考虑社会效益，考虑是否有利于国家和民族发展，以此决定取舍。议论不囿于旧说，力求新意。史料方面力求有新的发现。在写作上，力除陈规旧套，讲求新的技巧，等等。总之，要在继承传统的前提下，努力创新，在创新时不要抛弃传统。这是关系到清史编纂成败的一个大问题，必须处理好。

正确处理史实与现实的关系。实事求是、尊重历史的真实是史学的生命线，也是一部史书永久生命力的保证。但是，在历史的发展变化中，常常会出现史实与现行政策的矛盾，这就需要深思妥处，既不能违背现行政策，也不能歪曲史实。

处理一些历史与现实有关连的问题时也宜慎之又慎。历史是不断发展变化的，今天是昨天和前天发展的结果，但不是昨天和前天的翻版，发展变化中会有很多变异。我们写的是历史，只能如实记述而不能改写历史。但人生活在现实生活中，又不能不考虑现实的诸多情况和问题，不能不考虑到现实的需要。编写任何史书都离不开当代。我们的目的和责任，是告诉人们历史的真实，使人们通过借鉴和汲取历史经验教训，了解历史的发展变化及其前进方向，增强前进的信心。

国家统一过程中的民族关系问题。中国是个多民族国家，清朝对全国统一的最大问题是民族问题。清朝入关后，对汉族地区的统一，不过用了二三十年的时间，但对少数民族地区的统一所花的时间却要长得多。可以说，统一边疆民族地区，贯串了清朝全部历史，其在清史编纂中的分量，可想而知。从一定意义上来说，处理好这个问题是清史编纂的一大关键，不仅直接影响着书稿的质量，甚至关系着书稿的成败。所以，一定要解决好。我们编修清史，要讲清历史发展的大趋势，说明国家的统一是各民族共同发展的基本条件和前提，符合各民族的长远利益。这也是我们编写清史过程中，关于国家统一与民族关系问题的根本原则和唯一标准，不能有丝毫动摇和偏颇，作一个铁面史官，不能被任何消极不利情绪所干扰。

关于个人学术观点与汲取先进科研成果的关系问题。对每一个重大历史事件和人物，往往都有两种以上不同的看法和评价，甚至发生争鸣，这是正常的，也是学术发展的生命力的表现。每一位执笔的专家学者，也都有自己的学术观点，这是客观存在，也是必然的。同时，我们也要看到，《清史稿》成书以后的一个世纪，特别是改革开放以来，史学日益繁荣，有了长足的发展，新的史料大量发现（特别是少数民族文字史料和档案），许多新的科研成果令世人耳目全新。执笔的专家学者不可能看到全部新史料，也不可能完全掌握科研新成果，这就存在一个局限性问题。对这个问题，总的来说是要在尊重史实的前提下，出以公心，克服自我。所谓出以公心，就是以全书大局为重，以基本指导思想为重，不能将这样一部集体作品作为争鸣的阵地。对于不同学术观点，不能随意“上纲上线”，更不能进行人身攻击，或故为标新立异而无谓纠缠。人生最难是克服自我，凡成就大事业、有大学问者，都是在不断克服自我中铸造辉煌的。当个人的学术观点和公认的最新科研成果发生矛盾时，应该勇敢地抛弃自我。这当然是一种痛苦、一种精神磨难，但不这样就很难筑成这座学术大厦。

二、框架结构的设想

中国古代建造房屋，先立好四梁八柱，这样才能做到“墙倒屋不塌”；现代构筑高楼大厦，先用钢筋水泥做好框架。建筑与写史虽为异事，事理则同。编纂清史这样规模浩大的文化工程，也必须先立好框架，计议周详，慎重决策，方能胜券在握。其重要性人人皆知，毋庸赘言。仅略陈管见，以为决策拾遗补阙。

我对框架的总体设想是，以叙论、编年、事记、传记、典志五者经纬一代史实，附以图表说明，立体地反映清朝社会的各个方面及其发展演变。试做简要说明：

（一）叙　论

叙者，叙述有清一代268年之盛衰发展变化；论者，评说其在政治、经济、文化、民族宗教、对外关系等方方面面的成败得失。它为全书之“龙头”，亦为全书之纲要，它摄取全书之精华，为全书之灵魂。在编写方法上，可以鸦片战争为标志，分上下两篇，以明清朝盛衰大势。夹叙夹议，在叙述史实同时，评说其成败得失。可分为政治、经济、文化等若干专题，以便反映清代社会的各个方面及其流变，画卷式地展现清朝社会全景。为了全书体例一致，可不用章节体，而采用一、二、三……序列数字划分段落。

（二）编　年

叙论之后应为编年。以年月日为经、以史实为纬的编年体史书，是中国传统史书的重要体裁。虽然《史记》以来的正史很少利用，但其不容忽视的优点是易于展现同一时间发生的各种事件的联系以及一代王朝盛衰变化的轨迹。新编清史于叙论之后，以编年体勾勒出清朝盛衰演变的过程，可使读者对清朝发展的脉络有个概括了解，对了解全书的内容也会有所帮助。当然，编年体的缺点也是人所共知的，它使读者对事件和典章制度有管中窥豹的割裂感，难得其原委和全过程，对人物的生平也难以概括了解，因此，须以大事记、人物传记、典章制度等相互印证，才能相得益彰。

（三）事　记

中国古代史书有纪事本末体，详记事件的首尾及其演变，事记即取其长处，再加改造，做构筑清史的一个重要部件。史家的政治、学术观点以及功力，反映在事件的选择及史实的评述上。有清一代重大事件很多，哪些应该列入事记，需要认真研究、筛选才能确定。但是，旧史中的许多历史偏见（例如，重政治、军事大事，轻经济、文化大事；重封建统治集团上层的事件，轻边疆少数民族地区的重大事件，等等），应该克服纠正。举例来说，清代前期西北各民族与中原地区的贸易问题，直接影响着清朝对新疆的统一，从一定意义上来说，没有肃州贸易，就没有平定准噶尔；中原地区与藏族地区的茶马贸易，从宋代以降直到清代，一直是中央政府与西藏地方关系中的一件大事，有的外国史学家甚至说，清朝统治西藏主要是靠茶叶，这种观点当然极为偏颇，但这个问题的重要性是不容忽视的。从文化上来说，旧史对于清初文字狱、修《四库全书》较重视，但对编修满、蒙古、藏文《大藏经》这种对民族文化交流有重大影响的文化大事就较为忽视。再如，对于西藏的阿尔布巴之乱、珠尔墨特那木札勒之乱、两次抗英斗争、森巴战争等对国家统一直接有着重大影响的边疆民族地区的事件，旧史都是比较忽视的，这些在新编清史中均应予以注意，建议列入事记。

另外，一些争论较大、难于“定性”的重大问题，也可以列入事记，处理起来比较主动、灵活。比如，对于清朝统一新疆之前的准噶尔，原苏联学者写过一本《准噶尔汗国史》，认为准噶尔是一个独立汗国。这只能算是一家之言，不能成为定论，因为噶尔丹本人就说“我与中华一道同轨”，承认是中国的一部分，你怎么解释？总不能把许多不同的观点集中起来，一一加以分析评判，那样这部清史就无法编写了。我意以“平定准噶尔”为题，列入事记，实事求是地叙述就可以了，不必“定性”，以免引起无休止的争论。其他类似问题也照此办理，否则清朝初年的台湾郑氏政权、南明政权写起来就很难了。太平天国等大规模农民起义以列入事记为宜。

顺便谈一个与大事记有关、历史研究中约定俗成的“错误”问题。现在的史学论著和教科书中，都说清朝的灭亡、民国的建立是在 1911 年（以武昌起义为标志时间）。实际上，孙中山宣布中华民国建立、就任临时大总统是在 1912 年 1 月 1 日，隆裕太后发布清朝退位诏书是在当年 3 月。应该说，这两件事才是清朝灭亡的正式标志。在这个问题上，编写清史可以不必公开地纠正这个社会公认的“错误”，但是，要把退位诏书作为大事列入清史（包括编年），不能把它列入民国史，不然，清史就变得有头无尾了。

总之，凡是对国家统一、历史发展有重要影响的政治、经济、军事、文化、民族宗教、对外关系等方面的重大事件，都应列入事记，基本上按事件发生的时间先后为序编排，使之成为一个立体的历史画廊，使读者能够具体地、完整地了解一代大事。

（四）传　记

人是历史的主体，历史发展是人类活动的总和。人物传记历来是史书的核心。从《史记》首创纪传体以来，历代史书都遵循其例，是因为它客观上符合了历史发展的规律。清史编纂当然也不例外。作为全书主体部分，从一定意义上来说，人物传记代表着书稿的水平，影响着书稿的质量，需要格外下工夫，自不待言。

有清一代268年，其间在历史上产生过重要影响的人物为数众多，难以精确统计。除《清史稿》人物传外，清国史馆纂修的大臣传稿本，以及《清史列传》、《国朝耆献类征》、《满汉名臣传》等清代传记数十种，所收立传人物三千余。但学术界普遍认为，无论数量还是质量，都还差得很远。这次新编清史所收录人物，估计在4000至5000。对编纂工作来说，这不仅是“重头戏”，而且是重中之重。

在体例上，究竟是以人物生卒年月为序，还是分类编写，愚意以后者为宜。前者虽然对编写来说比较简单，做起来也较容易，但不利于读者。后者虽然编写起来颇费周章，但眉目清楚，感染力强，利于阅读。例如，帝王虽然不另立本纪，但要单列一组，因为帝王作为最高统治权的代表，其言（谕旨）行（政治活动）是一代政治的集中体现，帝王先后衔接立传，而且要列于诸多传记之首，此非为尊崇帝王，乃因其为一代政治历史之纲要，于其他各传有提纲挈领的作用，便于读者了解清朝发展大势，明了一代政治的大体。如果按生卒年代与其他人物传记混编，历史将会显得杂乱无章。其他人物传如果按生卒年混编，也会出现同样的问题。所以，人物传以分类编排为宜。

至于人物如何分类，是需要认真研究的一个重大课题，不是这篇短文能够承担的重任。但是，有几点意见要在此申明，以供研究时参考：

旧史中贰臣传、逆臣传、忠义传、列女传等，是当时封建思想的产物，对于今人和后人已无多大意义，不应再用（至于后人研究这些问题，翻阅旧史即可）。

建议重点增加民族宗教人物。例如，西藏的五世至十三世达赖喇嘛、四世至九世班禅、固始汗、第巴桑结、颇罗鼐父子、历任摄政等；新疆的噶尔丹、达瓦齐、阿睦尔撒纳、渥巴锡、大小和卓、张格尔等；青海的罗卜藏丹津、察罕诺们汗等；蒙古的喀尔喀汗、车臣汗、土谢图汗、赛音诺颜汗等；对清代政治有重大影响的章嘉呼图克图（二世、三世）、哲布尊丹巴呼图克图（一世和二世）等。他们是当时民族完教的代表性人物，他们的政治活动，从不同侧面、不同角度反映着多民族国家统一的历史进程。为他们立传，从实质上来说，是记述清代统一多民族国家巩固和发展的历史轨迹，对于今天，对于子孙后代，都有重要的借鉴作用。

应增加革命党人传记。清朝是我国最后一个封建王朝，它灭亡之后，中华民国成立，而不是另外一个新的封建王朝的建立，这是清朝历史的一个重要特点。新编清史，理应突出这个特点。增加革命党人传，是体现这个重要历史特点不可或缺的。像秋瑾、邹容等志士仁人，以及孙中山等早期同盟会领袖人物，这些为推翻中国最后一个封建王朝做出过巨大历史贡献的人物，虽然有的正式成为中国历史舞台上的重要角色是在民国建立之后，但其在清朝末年的革命活动，无疑为清朝灭亡敲响了丧钟。编写清史为其立传，当然是要记述他们在民国建立前的革命活动，这样做，虽然传主的生平不完整，甚至不能反映传主的主要业绩，但对于反映清王朝和中国封建专制制度的必然灭亡有着重要的意义，而且对于链接民国史，也显得自然妥帖。为了使历史人物有一个完整的形象，可以对传主在民国时期的主要事迹，用一两句话做个简单交待。

对于曾在清朝任要职，或对当时政治有过重大影响，或在文化交流方面做出过重要贡献的来华外国人，也应立传。17 世纪中叶，几乎与清朝入关的同时，英国发生工业革命，航海技术发达，各国之间政治、经济、文化的交往日益频繁。外来因素成为国家发展变化的不可忽视的条件，有时甚至是重要的条件。鸦片战争、八国联军攻掠北京等，这些外来因素对清朝历史演变的影响是人所共知的。如果没有外敌入侵，清朝的衰亡是否会延迟，值得认真研究。如果编写清史，对于重要的来华外国人不予立传，就很难全面、客观地反映清朝历史的真实状况及其特点。例如，曾在清朝担任要职或在中西文化交流中做出过贡献的汤若望（曾任钦天监监正、诰封通议大夫、通政使司通政使），南怀仁（曾任职钦天监、加太常寺卿衔，又加通政使司通政使衔，再晋工部右侍郎），戴进贤（雍正时任钦天监监正，加礼部侍郎衔），安国宁（曾任钦天监监副、监正），郎世宁（供奉内廷，以绘画名），甚至鸦片战争时英国侵略军司令兼全权代表懿律，以及八国联军攻占北京时的八国联军统帅瓦德西等反派人物，都应有传。这其中既有西方文化的传播者，也有侵华的头面人物，他们都从不同侧面、不同角度对清朝历史产生过重要影响。为他们立传，恰好反映了历史演进的多元性，体现了清史不同于以往历代王朝史的特点。

（五）典　志

继人物传之后，应为典志。其任务“是对历史现象进行剖视”，“是对纪传体中书志的改造和发展”，主要内容应包括地理、民族、社会经济、政治制度、军事制度、法律、礼俗、中外关系等——白寿彝先生的这些主张，我是基本同意的。现仅就一些具体栏目的设置，略陈管见：

地理志应首列疆域志。我们一直强调，清代奠定了近现代中国的版图，那么，典志部分开宗明义对这个问题就应该有个明确的交待，清代版图是个什么样子，东西南北四至都要说明，鸦片战争以后的变迁也要说清楚。这不仅有重要的学术价值，也有重要的政治意义。

次列政区志。除十三行省之外，设置将军、办事大臣管辖的地区，例如西藏、青海、新疆、蒙古等，都要详述其建置沿革及行政区划，其重要意义不言而喻。

再次，应列驿站志。清代曾以京师为中心，设置通往各边疆地区的驿站网，这是清朝加强和巩固国家统一的重大举措，为国脉所系。

后列江河志。江河水系是民族生存命脉，故为历代正史所重。志其发源、流经及其水道变迁即可。

关于民族志问题，我以为有不少疑难之处，需要提出来商讨。首先是“民族”的界定，如果以现在的56个民族为标准去写，则无法着笔，因为现实的56个民族是20世纪五六十年代及其以后才正式确定的，以此写清朝的民族，显然不合适，而且很难个个写到，这势必带来许多现实问题。如果以清代情况来写，人数较少的民族也势必有遗漏，而且同一民族往往生活在不同行政区，很难写全面。所以，我的意见，不单列民族志，而是代之以清朝对各民族施行的不同管理制度，例如八旗志（记满族及东北少数民族）、旗盟志（写蒙古各部）、伯克志（记新疆维吾尔族）、政教合一志（清代官书称为喇嘛辖众者，例如前、后藏，以及青海诸们汗等）、土司志（记湖南、湖北、青海以及云南、贵州、四川等西南各土司）等，这样或许比列民族志更容易编写，也更符合清朝的实际情况。

至于经济制度、政治制度、军事制度、法律、礼俗、中外关系等，可统一筹划，参酌旧志，另立新目，需要考虑周详，缜密设计。这里，仅就有关的一些问题，贡献一些不成熟的想法。

有关经济方面的典志，除田地、人口、租赋、仓储等必备之志外，建议列灾荒志。旧史志常有灾异志，除天灾之外，多记一些诸如禾有五穗、牛长三足等异常之事，这些无补于史，无益于世，我们理应不取。但是，灾害是影响人类社会发展的大事。有些大的天灾还常常引发社会的变乱，作为一代信史，不可不记，如地震、水灾、旱灾、虫灾、雪灾、风灾、雹灾、火灾等等。客观地、尽可能详尽地记录这些灾害，不仅可以使人们更能深刻地了解清代社会，而且可以使人们总结这些灾害的规律，以及救灾的经验教训。

另外，铁路、矿山、工厂、电信等，对晚清的社会有着重大影响，应该列入经济典志，这也是清以前历代王朝史所没有的，也算清史的一个特点。

有关政治制度方面，应增设朝贡志、朝觐志。清朝对边疆少数民族地区一般是免其正赋，建立向中央贡献土特产的朝贡制度，这不能简单地看做封建礼制，而是以经济手段表示的政治隶属关系。清朝建立的一套朝觐制度，即各少数民族王公贵族定期晋京朝觐皇帝，这也不是单纯的封建礼俗，而有着深刻的政治内容，即维护中央对边疆少数民族地区的权威。这些，都是维系和加强多民族统一的一种重要政治措施，故应单独列志，这也是突出编写指导思想的具体体现。

在军事制度部分，除满蒙八旗、绿营应该列志之外，湘军、淮军也应有志。特别需要说明的是，对于地方部队，重要的也应单独列志。例如，乾隆末年曾经整编藏军，并将其列入国家军队序列，有一整套严格的制度，在反对英国侵藏、反击森巴入侵战争中，这支藏军曾发挥过重要作用。故此，应列藏军志，这是清代统一多民族国家在军事上的重要体现，清史如果遗漏这些，就很难充分体现编写指导思想。

旧史的邦交志，建议改为外交志，以系统地记述清朝与外国交往的关系，既包括友好往来，也包括武装“对话”。从《尼布楚条约》开始，凡清朝与外国签订的一切条约，应一律收录，向子孙后代有个交代，使之牢记“落后就要挨打”的历史教训。

艺文志建议改为典籍志，以解决编写困难，且更加名实相副。戴逸老师在关于清史编纂体例的几点补充意见里指出：“《清史稿》艺文志共九卷，人訾其缺漏太多，一补再补，今山东王绍曾先生补至书籍五万种，三巨册。悉数编入新修清史实难容纳，若欲筛选精华，何者入选，何者舍弃，亦难着手，将何策以处之?”我反复思考，是否可以这样解决：一是扩大收录范围，二是提高入选门栏，三是凡已收录于丛书、类书的，不另单列书目。

所谓扩大收录范围，是指在《清史稿》艺文志的基础上，广采博收。旧史一般以官书和儒家经典作为主要收录标准，这很难全面、客观地反映文化典藏情况，所以必须扩大范围。例如，《红楼梦》、《聊斋志异》、《儒林外史》等小说、剧本、笔记等；少数民族的重要典籍，如蒙古族的《蒙古源流》、《蒙古黄金史纲》（它们与《元朝秘史》合称为蒙古族三大史书）；藏族的《五世达赖喇嘛传》、《颇罗鼐传》等高僧及名人传记等；清代编纂的佛教典籍，如汉、满、蒙古、藏各民族文字《大藏经》；来华传教士等在华期间用汉文写的著作；重要的山志、寺志、日记等。凡《清史稿》艺文志未收者均应收录。所谓“提高人选门栏”，即严格收录标准，凡具有较高政治、经济、军事、文化、科技、学术等价值的应予选录，平庸之作可不选。另外，可以考虑，凡《古今图书集成》、《四库全书》等丛书、类书已经收录的著作，不再列书目，只在丛书、类书之后注明共录多少种书即可。这样做，可节省大量篇幅。

（六）附录图表问题

新编清史应收录清代全国地图以及省级政区图。谭其骧先生主编的《中国历史地图集》清代部分，重加审订之后，可资借用（政区志至省级，历史地图亦至省级，省级以下行政区界极难处理）。旧史中的诸王、公主表等改造后应仍保留，需要增订的是大臣年表。除《清史稿》各有关年表外，钱实甫先生编的《清代职官年表》，章伯锋先生编的《清代各地将军都统大臣等年表》，重加审订，均可借资。图表的优点是将全书的主要内容提炼为形象语言，给读者以深刻印象。这是新编清史有别于旧史、吸收新的科研成果、利用新的科技手段的重要体现。至于为什么将其作为附录放在全书最后，从印制来说，图表作为单独一两册便于印制；从内容来说，图表与文字的体例、表达形式和方法都有明显的不同，如果放在全书中间，会给人一种断裂感，影响阅读效果。另外，图表作为形象化的语言殿后于全书，可使读者阅读大量文字之后调整一下视线，稍感轻松，重温一下全书主要内容。

综上所述，我认为，新编清史既应与二十四史相链接，又要为后世编史树立一个新范例，定位于“承前启后”；始终坚持以阐述多民族国家的统一、巩固与发展为主线，以揭示爱国主义、揭示封建社会必然灭亡的规律为辅翼的“一体两翼、三位一体”的指导思想；以《史记》开创的纪传体为基础，充分吸收编年体、纪事本末体、现代论著章节体的优点，形成一种新的史书体裁，即以叙伦、编年、事记、传记、典志经纬一代史实，附以图表说明，再经千锤百炼、精雕细琢，使之玉成一体，力争为史书“开一代新风”。由于我已离开了清史研究的正规“兵团”，只能算个散兵游勇，囿于见闻，所言未必确当，立雪程门，诚心待教。

（原载《清史编纂体裁体例讨论集》中国人民大学出版社 2004 年版）

附：读史随笔

努尔哈赤——清朝的开创者和奠基者

战马嘶鸣，刀剑流光。土城之外，两军对战。突然，一声断喝，一个盔甲鲜明、身体魁梧的满洲大将，挥舞大刀，单骑冲入阵中，左冲右杀，把那支四五十人的守城部队杀得四散而逃。那员大将大刀一挥，率部冲入城中，欢呼着胜利——这是1586年我国东北地区鹅儿浑城一个真实的历史场面。那员单骑冲入敌阵的满洲大将，就是著名的满族首领努尔哈赤。

努尔哈赤（1559—1626），号淑勒贝勒，是我国历史上著名政治家，满族的杰出首领，清王朝的奠基者。他在政局极端混乱的明朝末年，艰苦奋斗40多年，统一女真各部，建立后金（清）政权，为清王朝统一全国，奠定了历史基础。他的许多动人业绩，现在仍然广泛流传。

以"遗甲十三副"起兵，统一女真各部

苏克苏浒河是辽河的一个支流。它穿过深山密林，九曲百转，在费阿拉（现辽宁省新宾县）地方，婉转流淌。这里土厚草丰，景色宜人。满族祖先女真人的一支——建州女真，就生活在这个地方。明嘉靖三十八年（1559），努尔哈赤出生在一个家道中衰的建州女真奴隶主家庭。他的六世祖猛哥帖木儿，是明朝册封的建州左卫都督。其家族世掌建州左卫，不少人被明朝册封为建州左卫都指挥使、都督佥事、都督等官职，但到其祖父、父亲时，已经式微。

努尔哈赤10岁丧母，继母刻薄寡恩，19岁时，分得薄产，自立门户。为生活计，他曾到深山野林采松子、刨药材、挖人参，到抚顺贩马。

后又投奔明辽东将领李成梁，开始了军伍生涯。因作战勇敢，屡立战功，很受李成梁赏识。

艰苦的生活，严酷的战斗，铸就了努尔哈赤的坚毅性格、强壮体魄，并使他练就了一身好武艺。有一次，他和一个名叫纽安肩的射箭能手比赛射箭，靶子是百步之外的一棵柳树。纽安肩连发五箭，只中三矢，且上下不一，努尔哈赤则五箭皆中，且攒于一处。

在和蒙、汉人民的交往中，他学会了蒙语、蒙文，并粗通汉语、汉文。他崇拜历史上那些叱咤风云的英雄人物，特别喜爱阅读《三国演义》、《水浒传》，从中学习政治、军事韬略，吸取汉族历史文化和统治经验，决心做一番轰轰烈烈的大事业。

当时，正值明朝末年，朱氏王朝日益腐败，对边疆少数民族地区的控制逐渐松弛。生活在东北地区的女真族，各部分立，争雄残杀。女真按经济和活动地区，大体可分为四大部：建州部、长白部、扈伦部和东海部。建州部、长白部又称“建州女真”，扈伦部又称“海西女真”，东海部又称“野人女真”。

明王朝一方面进行经济封锁，一方面派驻重兵防范镇压，同时又采取分而治之的手法，唆使女真各部互相残杀。这使东北地区的生产遭到极大破坏，人民生活遭受极大痛苦。女真人民迫切要求统一，努尔哈赤则想乱世称雄，一展宏图。

历史终于给他提供了一个有利的机会。明万历十一年（1583）正月，苏克苏浒部图伦城主尼堪外兰引导明辽东总兵李成梁的军队攻打古勒城主阿台，努尔哈赤的祖父觉昌安、父亲塔克世随明军同往，企图劝说阿台投降，并救出阿台之妻（觉昌安之孙女，塔克世侄女）。他们进入重兵包围的古勒城劝降，却遭拒绝。由于久围不胜，李成梁欲问尼堪外兰之罪。尼堪外兰害怕，便亲至城下招降，高喊：“谁杀阿台，谁就为此城之主!”阿台部下信以为真，杀死了阿台。明军攻入城中，大肆屠杀，觉昌安、塔克世也死于乱刀之下。努尔哈赤惊闻祖父、父亲惨死的噩耗，愤怒诘责明朝，“为什么杀害我的父、祖?”明廷自知理屈，只好承认是误杀，同时，给努尔哈赤敕书30道、马30匹，复给都督敕书，算是报偿。努尔哈赤自知力量微弱，尚不足与明廷抗争，只好强咽仇恨，以父、祖“遗甲十三副”起兵，攻打尼堪外兰，扬言复仇，实际上开始了他统一女真各部的大业，时年25岁。当年五月，攻克图伦城，但尼堪外兰逃走鹅儿浑城。

1536年，努尔哈赤终于在本文开头提到的那场激战中，杀尼堪外兰，控制了苏克苏浒部。

努尔哈赤不是一介赳赳武夫，而是富有政治头脑和战略眼光的政治家和军事家。统一女真各部战争刚开始，他就制定了“恩威并行，顺者以德服，逆者以兵临”的正确战略原则。当时，各部争雄，亲族争权，险象环生，针对这种情况，努尔哈赤采取了缩小目标、不多树敌的策略。

1584年四月，他半夜醒来，听到门外有脚步声，知有刺客来了，便翻身起床，握刀执弓，藏好子女，故意命妻子以去厕所为掩护，开门而出，自己则藏于妻子身后，出门藏于烟囱处。待妻子回屋后，他看到了敌影，立即以刀背将其击倒。家人主张立即将刺客杀掉，但努尔哈赤考虑到，刺客必是奉命而来，若将其杀掉，其主人必以此为辞，率兵来攻，而自己兵少力微，难以抵挡。于是他大声喝道：“你必是来偷牛！”刺客回答：“确是偷牛。”努尔哈赤不顾家人反对，将刺客放掉了。过了一个月，他又抓到一名刺客，家族亲友又主张把刺客杀掉。努尔哈赤说：“假若把他杀了，他的主人一定会借故发兵来抢我们的粮食。粮食被掠，部属必会叛散，而敌人肯定来攻，那时我们则难以御敌。因此，不如把刺客放掉为好。”遂纵之使去。

他的“集中目标一个个解决”的策略，取得了成功。1584年降服董鄂部；翌年征服浑河部；1586年控制苏克苏浒部；1587—1588年收服哲陈部、完颜部，完成了对建州女真各部的统一。

努尔哈赤势力的扩张，引起其他女真各部首领的嫉恨，必欲将其消灭。1593年，海西女真叶赫部联合哈达、乌拉、锡伯等九部，组成联军约3万人，大举进攻努尔哈赤的根据地。努尔哈赤毫无畏惧，寝食如常。妻子有些沉不住气，半夜把他推醒说：“敌兵将到，为什么照样酣睡？”他坦然地说：“害怕敌人的人才睡不着觉。我早就听说九部联兵三路来攻，当时未得虚实，心里有些不安；现在，他们真的来了，我悬着的心定下来了，所以要睡好觉，养足精神，以一决雌雄！”他派人探明敌军情况，将兵屯于险要处，以逸待劳，并制定了正确的作战方针。他告诉众将官：“这是一群乌合之众，首领甚多，杂乱不一，没有统一指挥。我们集中兵力，伤其一二头目，敌人必散。我兵虽少，拼力一战，必获全胜！”结果，果如其言。

努尔哈赤深知，仅用武力是不能彻底征服各部的，他又用了招抚的一手。在破叶赫等九部联兵的战斗中，努尔哈赤俘虏了乌喇部首领满太之弟布占泰。努尔哈赤亲去其缚，并赐猞猁狲裘等许多贵重物品。后来，还把自己的女儿嫁他为妻，以结其心。东海女真窝集部的二位酋长未以兵戎相见，只以进贡土产的名义进行经济往来，努尔哈赤就以六个大臣的女儿与之结亲，进行招抚。

努尔哈赤还能不记私仇，优待俘虏，以加强政治号召力。在攻打瓮哥落城战斗中，他被一个名叫鹅儿古尼的敌人一箭射中头部，血流至足部，他犹奋战不已，接着又被一个名叫老科的敌人射中脖子，兵卒把他救回，他昏迷一天一夜，流血才被止住。攻克瓮哥落城后，捉住了鹅儿古尼、老科二人，众将坚决要求把他们杀掉。努尔哈赤说："他们射伤我，乃是在战场上各为其主效命，我们应该把他们放了，他们归顺后，必会为我们死力效命的。这样英勇之士，死在战场犹当惋惜，我何忍心以伤我而杀之!"遂将二人放了，并给予许多赏赐，使之掌管一个牛录（300 人）。

努尔哈赤破九部联兵后乘胜挥师东进，到 1619 年，统一了海西女真，同时又征服了东海女真，从而完成了对女真各部的统一。努尔哈赤深知，只依靠武力征服，难成统一大业。因此，在统一女真各部的过程中，他又从政治、经济上进行一番整顿，把自己的辖区建设成巩固的根据地。

1587 年努尔哈赤下令修建费阿拉城，并定立法制，形成割据政权雏形。1603 年，再建赫图阿拉城（在今辽宁省新宾县永陵乡），形成了女真各部政治、经济、军事、文化的中心。当时，女真各部只有语言而无文字，来往书信文报多用蒙文。1599 年，努尔哈赤命额尔德尼和噶盖两人，以蒙文字母拼写女真语，创制出无圈点老满文，加速了女真各部的统一。此外，还创建了八旗制度。1601 年，在"牛录"组织的基础上，设立四旗，以黄、白、红、蓝四色力标志。到 1615 年，因人口日众，在四旗之外，又设镶黄、镶白、镶红、镶蓝四旗。八旗是一套完整的军政合一的组织，也是生产组织。它有力地加强了满洲军队的战斗能力，促进了女真各部的统一。为了广揽人才，加强政权建设，努尔哈赤还多次要求部下荐举贤才。他说，"今国事繁琐，须多得贤人"，主张用人不必求全责备，"全才是很少的，人各有长短，有的勇于冲锋陷阵，有的善于处理行政事务，应该随材任用。"这种思想在当时是很先进的，因而获得不少人才。1615 年，又设立议政大臣五员、都堂十员，协助八旗旗主处理日常政务。另外，规定了诉讼程序，促进社会秩序的安定，同时还采取了一些发展生产、安定人民生活的措施。这样，努尔哈赤已为进一步与明朝争夺天下，奠定了坚实基础。

建立后金（清）政权，进入辽沈地区

1616年（明万历四十四年）正月，赫图阿拉城一片喜气洋洋，58岁的努尔哈赤登上宝座，接受群臣朝拜，自称大金（史称后金）皇帝，建元天命，正式建立了与明朝分庭抗礼的地方政权。这标志着努尔哈赤战略目标的重大转移，即由统一女真各部，转变为与明朝争夺天下。

为此，努尔哈赤进行了深入广泛的舆论宣传和政治思想动员。他指出：由大变小，由小变大，这种古今兴亡的事例是很多的。过去夏朝桀王暴虐无道，仅有70里的成汤起来反抗，获得了桀王的天下。殷商纣王暴虐无道，仅有500里的文王起来反抗，获得了纣王的天下。秦始皇暴虐无道，泗上亭长刘邦起来反抗，获得了秦始皇的天下……明朝万历皇帝暴虐无道，干涉异国事务，以是为非，以非为是，背理裁断，天以为非。努尔哈赤用历史事实说明了取代明朝的合理性、必然性，同时用两年时间，大力整顿内部，以加强实力。1618年（万历四十六年，天命三年）四月十三日，努尔哈赤以“七大恨”告天，作为伐明檄文，开始了与明朝在辽东地区的角逐。

智取抚顺，旗开得胜。抚顺是东北的战略重镇，也是当时明朝与女真各部进行贸易的主要场所。努尔哈赤早年常到抚顺贸易，对这里的山川形势、要隘兵防非常熟悉。他对敌我双方的力量和各种条件，进行了一番研究后，决定智取。四月十四日，他先派人给抚顺守城明将送去一个口信：明天有一大批女真商人要来做买卖。明军信以为真，第二天清晨大开城门，大批军民出城等待交易。这时，3000兵将扮成的女真商队来了。他们佯装贸易，努尔哈赤率领大批满洲军队紧随其后，一声呐喊，冲入城中。抚顺守将李永芳投降。后金还缴获大批物资。七月，努尔哈赤又智取清河城。

努尔哈赤夺取抚顺、清河的消息，使紫禁城内一片震惊、慌乱不堪。几经筹措，明朝决定任命兵部侍郎杨镐为辽东经略，以杜松、李如柏、刘綎为副，派遣10万大军，于1619年（万历四十七年、后金天命四年），分东西南北四路，直扑赫图阿拉，企图一举消灭后金。

当时努尔哈赤只有 6 万军队，硬拼是不行的。他正确地分析了敌军的部署，认为，明军前进迟速不一，各路军的强弱也不同，其中主力是杜松率领的西路军，只要破此一路，其他自溃。所以，他制定了“凭你几路来，我只一路去”的作战方案，全力对付杜松的西路军。这样，后金就由战略上的劣势，变成了具体战斗中的优势。

三月初一日，明西路军抵达萨尔浒（距赫图阿拉 120 里，今抚顺东大伙房水库附近)。有勇无谋、急功好利的杜松，将兵一分为二：1 万人驻扎萨尔浒，1 万人奔袭后金的界凡城。这就分散了兵力。努尔哈赤则集中六旗的兵力，突袭明军萨尔浒大营，一举成功，随即挥师与筑界凡城的军队合击来袭明军，又获胜利，杜松也在乱兵中授首。翌日，努尔哈赤乘胜攻击明北路军马林，又获全胜，马林仅带数骑逃跑。初四日，努尔哈赤继续统得胜之军，与派去迎击明东路刘綎的军队合击，以降顺明军装扮成杜松军卒，赚诱刘挺，内外夹攻，全歼刘綎部。明南路军统帅李如柏受杨镐军命，急速撤军，途中又遭后金伏击。萨尔浒之战，总共不过 5 天，后金大获全胜，从此，后金由防御转入进攻。

明朝为挽救败局，任命熊廷弼取代杨镐为辽东经略。熊廷弼取守势，与后金形成一个短暂相持局面。但明廷腐败的阉党势力却以作战不力的罪名，将熊罢官。努尔哈赤乘机于 1621 年（天启元年、天命六年）攻取沈阳、辽阳等 70 余城，并将统治中心迁至辽阳。辽沈失守，明廷又陷入一片混乱。为图振作，再起用熊廷弼为辽东经略，又命王化贞为广宁巡抚，受经略节制。王化贞狂妄自大，不听熊廷弼集中兵力的正确主张，以致后金军队冲杀进了城，他尚且茫然不知。1622 年（天启二年、天命七年），努尔哈赤驱兵夺取广宁，王化贞仓皇逃走。不久，熊廷弼被明廷处死，传首九边。

努尔哈赤为进一步夺取中原计，于 1625 年（天启五年、天命十年），将统治中心再迁至沈阳，并将大批女真人迁至辽沈地区，并且努力整顿内部，发展生产，以加强经济实力。

努尔哈赤在各方面都取得了成就，但在如何对待辽东的汉人这个问题上，却采取了一些错误的政策和做法，致使他从胜利的巅峰上滚滑下来。他一方面谕令不要杀掠，收养汉人，一方面又采取了极为残酷的民族歧视和压迫政策。这激起了汉族人民的强烈反抗。他们成户、成村地大批逃离后金统治地区，甚至举行武装暴动，有几次竟有上万人武装与后金对抗，这大大削弱了后金的力量。努尔哈赤为了振作士气，再图进攻明朝，但这时明朝辽东主将已易人，经孙承宗、袁崇焕的数年苦心经营，有了一定的防御能力。1626 年（明天启六年、后金天命十一年）努尔哈赤率兵 13 万号称 20 万，大举进攻袁崇焕驻守的宁远。袁崇焕有勇有谋，早做好了准备，与当地人民同仇敌忾，与后金血战到底。后金军队在猛烈的炮火轰击下溃退了，努尔哈赤也在战斗中受了伤。这是他起兵以来最惨重的一次失败，因而心情郁闷，再加上内部争权斗争愈演愈烈，使他的病情更加沉重。这年八月，努尔哈赤在返回根据地的途中，在离沈阳 40 里的叆鸡堡死去，时年 68 岁。

（《人物》1988 年 2 期）

努尔哈赤的蒙古政策

努尔哈赤（1559—1626）以一个女真部落酋长和明朝的地方官员的身份，在短短四十年左右时间，统一了东北地区，为满洲贵族统一全国奠定了基础，成为清政权的开创者和奠基人，这与他执行了一系列颇有成效的蒙古政策，是有重要关系的。

努尔哈赤提出和推行的一系列蒙古政策，主要包括以下几个方面：

一、与喀尔喀各部订立伐明的攻守同盟

努尔哈赤运用纵横捭阖的手段，离间喀尔喀各部与明朝及朝鲜的关系，以防其结成联盟；又以同俗同服为词，要求与喀尔喀结成伐明的联盟。天命四年（1619）五六月间，他派人送给喀尔喀五部首领的信说："……我祈求天地，讨伐尼堪国（即明朝）。天地以我为是而眷顾，现我想从南边讨伐。我讨伐时，喀尔喀的蒙古诸贝勒！你们也想讨伐吗？如果你们讨伐，你们蒙古兵和我们的兵，在尼堪的境内相遇时，怎么办呢？相遇后谁有邪恶的人，贪得东西而杀人，夺乘马时，又怎么对待呢？尼堪和朝鲜两国语言不同，衣服、生活方式完全相同。蒙、诸申（满洲）两国语言不同，衣服、生活方式完全一样，两国的兵在尼堪境内相遇，如果杀人夺马，不是坏我们的名声吗？为此，你们要立一个坚守的誓言吗？想听你们的回答。"[①]这很快得到喀尔喀各部的响应，同年十月，喀尔喀各部复书努尔哈赤，表示"大明乃敌国也，征之必同心，合谋直抵山海关，负此言者天神鉴之"[②]，这当然是努尔哈赤梦寐以求的，所以，他迅即于十一月初一日派出使者，与喀尔喀各部"共谋联合"，"宰白马、乌牛，设酒、肉、血、骨、土各一碗，对天地誓"，"会盟征仇国大明，务同心合谋"[③]。为此，努尔哈赤命令部属与蒙古各部友好相处，避免与之发生武装冲突，努尔哈赤的目的很明显，是要与喀尔喀各部"如同一家那样共处，共同商议征伐尼堪国"[④]，保证集中力量争夺明朝辽东地方。

二、联　姻

为了巩固同蒙古各部的联盟，争取投奔后金的蒙古王公同心同德，得其辅佐之力，努尔哈赤鼓励他们与满洲贵族联姻。天命七年（1622）三月二十九日，他在“给从蒙古来的诸贝勒的文书”中说：“你们和各自愿意的诸贝勒结成亲家，嫁女儿、娶儿媳、交友，你们可以随意。如果那样与诸贝勒结亲交友过活，我反倒高兴。就像你们蒙古那样父子兄弟无别，我们的八家像一家。”⑤努尔哈赤本人即娶有科尔沁孔果尔及明安贝勒之女，他的儿子们，也都娶有蒙古福晋，例如，古英巴图鲁娶扎鲁特蒙古钟嫩贝勒之女，莽古尔泰娶扎鲁特纳齐汗之女，皇太极娶科尔沁莽古斯贝勒之女及吴克善台古之妹，德格类娶扎鲁特哈拉巴拜贝勒之女，汤古岱娶兀鲁特福晋等。同时，努尔哈赤也把宗族女儿嫁给蒙古王公，例如，把自己的女儿松郭图格格嫁给逃到辽东的蒙古台吉古尔布什，把弟弟的女儿嫁给喀尔喀恩格德尔台吉等。据《满文老档》天命七年（1622）四月初一日的记载：

集合从察哈尔、喀尔喀来的诸贝勒，汗到衙门嘱咐诸贝勒各自结亲。汗的亲家卓礼克图的子兀勒泽伊图、吹尔扎尔、噶尔玛、索诺木、博奔；大贝勒的亲家莽果尔额驸的父子，代青的子拜音岱、绰尔济、密赛、伊林泰、额布根、伊思阿布；阿敏贝勒的亲家，白兴的子清济勒、青济勒的子达赖；莽古尔泰贝勒的亲家额尔德尼达赖的子多尔济、德灵；四贝勒的亲家兀鲁特的七贝勒的已故隆贝勒的一妻的子明安。明安的三子昂坤、班第、多尔济；德格类阿哥的亲家奇卜塔尔；阿巴泰贝勒的亲家莽阿泰的子布当、衮济、实尔呼纳克、阿金。岳托的亲家魏征的子布彦岱；济尔哈朗阿哥的亲家巴拜台吉；宰桑古阿哥的亲家古尔布什台吉；多铎阿哥的亲家布当的子恩格垒。这都是察哈尔的诸贝勒，英明汗希望他的儿子们很好地恩养，特意指示结成亲家。

从这里我们可以了解到，满洲贵族与蒙古王公错综复杂的婚姻义系。很显然，努尔哈赤是希图通过这种血统交流，与蒙古王公结成伐明的政治联盟。

三、优礼、"恩养"逃奔辽东的蒙古族

对于逃奔后金的蒙古王公贵族，努尔哈赤都给予很高的礼遇，派大臣亲自迎接，并设宴招待。天命六年（1621）五月十四日，蒙古"达尔汉巴图鲁贝勒的儿子恩格德尔额驸的弟莽郭勒台吉带妻子、畜群、属下的诸申三十家"逃奔后金，"大贝勒离汗城五里的地方迎接，杀牛四头，羊四只，设宴。入城，在汗的大衙门下马，设宴"⑥。同年十二月，"巴约特地方的额塞贝勒的儿子古尔布什台吉带八户"等投奔后金，努尔哈赤亲自设宴招待⑦。天命七年（1622）二月二十六日，"兀鲁特部的明安、索诺木、吹尔扎尔、噶尔玛、昂坤、多尔济、古鲁、绰尔齐、奇卜塔尔、青巴图鲁，这十贝勒率子女们、男千人逃到广宁城"，努尔哈赤极为重视，亲自举行欢迎礼，设宴招待，同时，又令"八旗的诸福晋们会见，为蒙古的福晋们杀羊八头，设宴"⑧。

对于投奔辽东的普通蒙古族群众，努尔哈赤有时也不惜屈尊迎接，并设宴招待。天命六年（1621）十二月二十三日"蒙古的巴克贝勒的男子二人，女子一人到了。汗到衙门，摆桌杀牛设宴"⑨；这年的十一月二十一日，努尔哈赤还曾为逃来的四十九个蒙古人"亲自去衙门，为来的逃人设宴"⑩。

即使是曾经与后金作过战，但后来又与后金和好的蒙古王公，努尔哈赤也给予极高的礼遇。例如，曾在万历二十一年（1568）与叶赫、辉发等部组成九部联军攻打努尔哈赤的利尔沁明安贝勒，战败后与努尔哈赤和好，把自己的女儿送给努尔哈赤作福晋，并于天命二年（1617）亲自到辽东拜见努尔哈赤，努尔哈赤对此极为重视，"亲自率领福晋、子弟们出城，在一百里外住二宿迎接"，"以礼相待"，"每日摆小宴，隔日设大宴"，在其返回时，"欢送到三十里外住宿"。⑪

平时，努尔哈赤也经常设宴款待逃奔后金的蒙古王公，《满文老档》记载了许多这样的事例。天命七年（1622）二月二十六日，"蒙古诸贝勒、诸福晋谒见汗的礼，设宴。赏给缎子，蟒缎财物"，又"杀牛二头，羊二只，聚集蒙古的诸贝勒、诸福晋，带来演尼堪（指汉族）的各种顽艺人表演，设大宴"⑫三月，努尔哈赤"带领福晋、逃来的蒙古诸贝勒和诸福晋，去新移居的地方，设宴"⑬。这些都是一种政治活动，旨在与蒙

古王公联络感情，收其心，得其力。

对于投奔后金的蒙古人，努尔哈赤实行“恩养”政策，天命七年（1622）二月十六日，他曾公开阐明这一点说“（蒙古）仰慕我而来的人，有才能的好人，以才能之功收养；没有才能的人，以归附之功善养”⑭。

对于刚刚逃到后金的蒙古人，努尔哈赤首先给予粮食，解决吃饭问题。他在天命六年（1621）十二月二十二日给沈阳的游击刘尤宽下达的命令中指示。“把沈阳仓库的老米，按人数给逃来的蒙古人，一月各给二升。牛马一头各给二升，羊一只给一升”⑮；天命七年（1622）二月，“都堂下达给镇安堡的参将的文书”，也特别指明了这一点：“清查人数，给蒙古人的编户，每一口四升粮”⑯。

对于投奔后金的蒙古族王公，努尔哈赤更是给予极优厚的待遇，给予奴仆、牛马，使之享受与满洲贵族同样的待遇。他在天命七年（1622）六月十六日下达的一项指令中，着重指出：“汗恩养国人，赏给仰慕而来的蒙古人使用的阿哈（奴仆）、耕地的牛、骑的马、官服。分付我们的诸大臣收养。牛录的人祭祀时，要把那吩咐收养的蒙古人带去吃（肉），喝烧酒、黄酒，瓜、茄子、葱、莴苣等菜园的产品，要共同吃。如果要更换新布衫和裤，旧的也要给。赏给蒙古人的阿哈要与本家的阿哈合在一起，无论碾米还是打柴，都要共同劳动。如果逃走了，你要补偿”⑰。

努尔哈赤还经常把蟒缎、金银等贵重物品赏给投奔来的蒙古王公。公天命七年（1622）四月二日努尔哈赤一次就用三千余两银子和大批绸缎等物资，赏给蒙古王公，这在当时财政非常困难的情况下，确实是一件了不起的事，反映了他的政治远见和魄力。

和当时后金掠夺汉人作奴隶的做法相反，努尔哈赤对蒙古族给予特别的优惠，优礼相待，善为“恩养”，这除了同服同俗这个客观原因之外，吸引更多的蒙古人投奔后金，以充实和壮大自己的力量，是一个主要目的，这与同蒙古订立攻守同盟和联姻的政策是相辅相成的。总的都是服从于争夺明朝辽东地方这个战略目标。

四、提高投奔后金的蒙古王公的政治地位，吸收他们参加后金政权

努尔哈赤对于投奔后金的蒙古王公，除了生活上给予特殊的优厚待遇，还大大提高他们的政治地位，和八旗贝勒同样看待。天命八年（1622）七月，在努尔哈赤亲自主持下，他的儿子们与蒙古王公立誓，和

衷共济。蒙古王公立誓说："我们蒙古贝勒们，谁心怀恶意逆行，那么天将鉴之，其人必遭祸殃"，努尔哈赤也命令自己的儿子们立誓说："天佑汗合并不同的蒙古国（部）各处的诸贝勒。念天意合并，蒙古国（部）的诸贝勒犯各种死罪，也不处死。若不念天意合并，这里的诸贝勒谁心生恶意，天必鉴之，生恶意的诸贝勒将遭殃祸。如遵守对天的誓言，念天意合并，共议公共地友好相处，那么天佑，世世代代过安乐太平的日子"。努尔哈赤还亲自宣布，从法律上免除投奔后金的蒙古王公的死罪，他说："那样仰慕而来的（蒙古）诸贝勒，无论犯什么罪，与我们八贝勒本身同样看待，即使犯了死罪，也不处死，送回故地"⑱。

天命十年（1625）十一月，在科尔沁蒙古传教的藏族喇嘛萨哈尔察，率领一批信徒投奔后金。努尔哈赤命令"由于这来的功，随从来的萨哈尔察等子孙万代免纳贡赋。犯了罪，另作处理，犯了罚财物的罪，也免罚"，并且把这项指令记录在案，还"给了一百三十二人敕书"，以为凭证⑲。

努尔哈赤还让辖区内的蒙古王公参加后金政权。天命七年（1622）三月，"八王共议，设立诸申大臣八人、尼堪大臣八人、蒙古大臣八人。那八大臣之下，设立诸申的断事官八人，尼堪断事官八人、蒙古断事官八人。众断事官理事，要向诸大臣报告；诸大臣审定后，向八王上报"，同时，"在八王那里任命诸申的巴克什八人、尼堪的巴克什八人、蒙古的巴克什八人"⑳。天命八年（1623）二月初七日"任命八旗都堂八人，每旗断事官各二人，蒙古断事官八人，尼堪的断事官八人，监视诸贝勒挂在脖子上的箴言各四人"㉑。这体现了后金政权，是以满洲贵族为主体、满蒙汉上层分子相结合的封建政权。

提高蒙古王公的政治地位，吸收他们参加政权，这对于吸引更多的蒙古族投奔后金，巩固后金的政权，从而保证争夺明朝辽东地方战略目标的实现，无疑是一项至关重要的措施。用努尔哈赤自己的话说就是。"诸申、尼堪、蒙古三国人合在一起，三国可恶的光棍汉、盗贼还有什么忧虑！㉒

五、优礼和尊崇喇嘛教

在和蒙古族长期的交往中，熟谙历史和封建统治权术的努尔哈赤深知，当时喇嘛教已风靡蒙古，大喇嘛在蒙古地区有着很大的政治势力，往往能够影响蒙古的人心向背。所以，为了结好蒙古族，努尔哈赤也把优礼和尊崇喇嘛教，作为对蒙古的一项重要政策。

首先是建造佛寺。1615 年（明万历四十三），即建元天命的前一年，努尔哈赤下令在赫图阿拉城东的高阜上，“始建三世诸佛、天上玉皇庙等，共七大庙”㉓，用了三年时间才全部完成。当时，后金的和尚、喇嘛是同住一庙的，并不区分佛教与喇嘛教——蒙藏佛教，努尔哈赤建造“三世诸佛”的佛寺，主要目的是表示对蒙古族宗教信仰的尊重，以消除其疑畏心理。

其次，努尔哈赤下令保护佛寺。天命六年（1621）十一月，他严令：“不准任何人毁坏庙宇！不准在庙内拴马牛！不准在庙内屎尿！如有违令——毁庙或（在庙内）拴牛马者，即逮捕治罪!”㉔，据《满文老档）的记载，在颁发这项命令的前一天，努尔哈赤曾命令“阿布泰纳克出兵一千，去戍守蒙古方向的边境”。关于保护寺庙的命令是否针对这次军事行动而发，我们不便臆断，但我们可以肯定，努尔哈赤命令中所指的庙宇，主要是佛寺。

寺庙是和尚、喇嘛等宗教信徒集中生活和进行宗教活动的场所，在蒙古族聚居区，也是蒙古族群众进行宗教活动的公共场所。对于寺庙的态度，往往最能体现统治阶级的宗教政策。历史的经验证明，强行毁坏寺庙，往往容易刺激宗教人员和宗教信仰很深的少数民族的感情，从而加深对立情绪，甚至激起反抗。努尔哈赤在戎马倥偬的战争岁月，即特别注意了寺庙的保护问题，这有助于树立他作为佛教保护者的形象，从而争取蒙古族的倾心。

由于满、蒙之间的联合是上层贵族联合，所以努尔哈赤优礼和尊崇喇嘛教，更主要的是优礼和尊崇大喇嘛。天命六年（1621）藏族大喇嘛囊苏从科尔沁来到后金，努尔哈赤“从坐着的地方站起来，握喇嘛的手会见，陪坐设大宴”㉕。囊苏喇嘛对此很感动，要求死后也葬在辽东地方，他在病情危重的时候，转告努尔哈赤说：“如果怜爱我，等我死后，把我的尸体委托给在辽东的巴噶巴喇嘛祭祀”。在天聪六年（1621）八月二十一日圆寂后，努尔哈赤指令对其妥善安葬，并拟建造宝塔，敛藏舍利，因累年征伐而未及实行，权厝于辽阳城南参将哈纳园屯内，“委托巴喇嘛祭祀，并派遣名叫图鲁什的人，去率领在利尔沁的囊苏喇嘛属下的诸申六十三户，还给予尼堪的一堡，住在喇嘛的尸体那里，又让习射，赏弓五十五张、甲五十付、马五十头、驴二十头，使役的阿哈（奴仆）男五十人、女五十人”[26]。后来，天聪四年（1630），皇太极遵父遗命，命瘗其骸骨，建塔其上，拨官银祭祀。康熙三年（1664）又在塔园之南别建莲花寺，增大祀典. 现存天聪四年建造《大金喇嘛法师宝记》碑，记述了努尔哈赤对囊苏喇嘛“敬礼尊师，倍常供给”的情况[27]。

努尔哈赤对蒙古族的政策，在当时曾产生了广泛的影响，收到了明显的效果。许多蒙古人认为“蒙古的诸贝勒养活不好，汗（指努尔哈赤）养活的好”[28]，因而纷纷从草原投奔后金，最初是少数的几个人或几户，后来是整批或整个部落，先是一般牧民，及至后来某些蒙古王公，也率部投奔后金辖区。笔者根据《满文老档》作了一个粗略的统计，从天命五年至九年（1620—1624）仅四五年的时间，投奔后金的蒙古人就达 882 户、3495 口，携带马 978 匹、牛 2306 头、羊 5784 只、驼 9 峰。总的趋势是，投奔后金的蒙古族人数越发展越多，规模越发展越大。另据《清太祖武皇帝实录》记载：天命六年（1621）十一月“蒙古胯尔胯（喀尔喀）部内古里布什台吉，蟒古尔台吉率民六百四十五户并携牧畜叛来”；天命七年二月“蒙古兀轮特国明安……十七贝勒并胯尔胯等部台吉率所部军民三千余户并牲畜叛来”。投奔后金的蒙古人，一次就达数百甚至数千，确实是值得注意的历史现象。这不仅大大增加了后金地区的劳动力，更重要的是，许多骁勇的骑兵，加入了八旗行列，大大提高和加强了后金的军事力量。

结好蒙古，使努尔哈赤可以放心大胆地集中力量争夺明朝辽东地方，而且取得了迅速的进展。天命三年（1618）努尔哈赤“以七大恨告天”，向明朝的辽东发动了猛烈进攻，围攻抚顺，迫使明守将李永芳投降。次年，萨尔浒大战，击败明军十余万人，占领界藩、铁岭，掳掠了大批物资和人口，使辽东地区政治、军事力量的对比，发生了有利于后金的根本性变化。天命六年（1621），努尔哈赤亲率大军攻掠沈阳，继而夺得辽阳，以风卷残云之势占领金州、复州、盖州、耀州、海州等七十余城，席卷辽河以东地区，努尔哈赤把根据地迁至沈阳。天命七年（1622），后金又攻占了广宁，其“所属四十余城皆降”，又于辽阳东五里太子河边建立了东京城。直到天命十一年（1626），努尔哈赤在攻打宁远城时受挫，不久病死，其占领全辽、直逼山海关的企图未及实现，从此明朝和后金进入了一个暂时的对峙阶段。总的看，从天命三年（1618）开始，努尔哈赤战略重点的转移，是取得了成功的，在仅仅七八年的时间里，他把自己的势力扩展到辽东大部地区，为后金政权的进一步巩固和发展进而夺取全国，奠定了一个坚实的基础。其所以能够如此，和他推行了一条颇有成效的对蒙古族的政策，是有一定关系的。从历史发展的角度看，努尔哈赤对蒙古族的政策的主要精神，被他的继承者继承了下来，对有清一代的政治，都有着深远的影响。至于从更广阔的角度评价这项政策的影响和得失，那需要另外的文章才能承担。

注释：

①《满文老挡》第10卷，天命四年五月至六月。

②《清太祖武皇帝实录》卷3。

③《清太祖武皇帝实录》卷3，另，《满文老档》第13卷、天命四年十二月所载誓词与此大体相同，可参见。

④《满文老档》第15卷，天命五年六月。

⑤《满文老档》第40卷，天命七年三月。

⑥《满文老档》第22卷，天命六年五月。

⑦《满文老档》第31卷，天命六年十二月。

⑧《满文老档》第36卷，天命七年二月。

⑨《满文老档》第31卷，天命六年十二月。

⑩《满文老档》第29卷，天命六年十一月。

⑪《满文老档》第5卷，天命二年正月。

⑫《满文老档》第37卷，天命七年二月。

⑬《满文老档》第38卷，天命七年三月。

⑭《满文老档》第36港，天命七年二月。

⑮《辫文老档》第31卷，天命六年十二月。

⑯《满文老档》第36卷，天命七年二月。

⑰《满文老档》第42卷，天命七年六月。

另据《满文老档》这条资料以下，有如下记载："明安、兀勒泽尹图、索诺木、布当、多尔济、吹尔扎尔、布彦岱、绰尔济、达赖，这九人是第一等；多尔济、密赛、实尔呼纳克、奇塔尔、昂坤、噶玛、恩格垒、博奔，这十人是第二等；德灵、衮济、阿金、伊思阿市、额市根，班第、绰锡，这七人是第三等"。这当是此次赏赐的蒙古族王公名单。

⑱《满文老档》第57卷，天命八年七月。

⑲《满文老档》第66卷，天命十年十一月。

⑳《满文老档》第38卷，天命七年三月。

㉑《满文老档》第45卷，天命八年二月。

㉒《满文老档》第39卷，天命七年三月。

㉓《满文老档》第4卷，乙卯年。另据《满洲实录》卷4、《清太祖武皇帝实录》卷3、《清太祖高皇帝实录》卷4，均记载这七大庙“三年乃成”。

㉔《满文老档》第29卷，天命六年十一月。

㉕《满文老档》第20卷，天命六年五月。

㉖《满文老档》第40卷，天命七年三月。

㉗罗福颐：《满洲金石志》卷6。并参见《辽阳县志》、《辽宁乡土志》等。此碑现存辽阳文管所。

㉘《清太祖武皇帝实录》卷3、卷4；另见《满洲实录》卷7，蒋良骐：《东华录》卷1。

（原载《满族研究》1988年2期）

“贪污之王”和珅

历史是一幅巨大而神奇的画卷。有的人，以其英雄业绩流芳千古；有的人，因其劣迹昭著遗臭万年。和珅（1750—1799），这个清朝乾隆后期权倾一时的军机大臣，即以其贪污闻名于后世。其赃款数额之巨，历代贪污官僚望尘莫及，因而后人谥以“贪污之王”的恶号。

平步青云

历史上常有这样的事情：偶然的机遇，使一个默默无闻的平庸小人，骤然成为显赫一时的风云人物。

和珅就是这样一个闻名的历史丑类。他字致斋，原为正红旗满洲人，钮祜禄氏。其父曾任副都统兼三等轻车都尉。但到和珅时，家道已趋衰落，所以史书称他“少贫无籍”（《清史稿·和珅传》）。和珅十九岁承袭三等轻车都尉，三年后被授为三等侍卫，旋即挑补粘竿处侍卫，即管理皇帝銮舆的侍卫。这在当时“正途”出身的官僚看来，仍然是一个卑贱的差使。所以，他当了大学士以后，旧的史学家仍说他“起自寒微”（陈焯《归云室见闻杂记》）。

粘竿处侍卫虽然位卑但可亲近皇帝，从而使他得到了意外的发迹机会。有一次，乾隆偶然要出行。因事出仓促，伞盖等仪仗一时未备。乾隆很生气，厉声喝问：“是谁的过错?!”太监及侍卫各员一时惶恐，不知所措。和珅则应声答道：“司其事者不得辞其责!”乾隆听其声音宏亮，又见其仪态清雅，怒气稍减，喃喃自语：“这班人中竟有如此聪慧之人!”从此，和珅在乾隆心目中留下了一个印象。

和珅的运气接踵而来。他扈从乾隆巡幸山东。一次，傍辇而行，乾隆忽然记起了这个年轻侍卫的名字，便问道：“你是什么出身?”和珅答道：“文生员”。

乾隆又问：“曾经应考过吗?”

和珅答:"庚寅(乾隆三十五年)曾应举试。"

问:"试题是什么?"

答:"孟公绰一节。"

问:"还能背诵你的文章吗?"

和珅虽无深学,但诗云子曰之类,颇能记得几句,再加口齿伶俐,因而滔滔不绝说了一通。乾隆听罢,说:"这样的文章,也可得中的!"从此,和珅便得到了乾隆的青睐。乾隆四十年闰十月(1775 年 11 月),和珅被破格提拔为乾清门侍卫。这是通常只有皇帝的亲近大臣和勋戚子弟才能得到的荣誉职位。和珅遂得以充位簪缨之列,成了一个正式的官僚。十一月,又被擢升为御前侍卫,正蓝旗副都统。次年(1776)正月,转户部右侍郎,三月,在军机大臣上行走。他从此进入了权力的核心。以后,即迭居要津,曾充任总管皇室事务的总管内务府大臣,负责京城警卫及防务的步军统领(俗称"九门提督"),并先后兼任过吏、兵、刑、户各部及理藩院(管理民族事务的中央机构)尚书等要职。被授予大学士,太子太保,封一等公。赫赫扬扬,擅权二十余年。

和珅以低贱的三等侍卫,无涓尘之功,平步青云,不数年即入主军机处,这在历史上是比较少见的。很多旧的史学家对此迷茫不解。清代薛福成把它说成是"奇缘入相"。其实,说穿了,也并不稀奇,它是当时专制政治的一种产物。

乾隆时代君主专制制度发展到了顶峰。乾隆本人始终坚持"纲乾独揽","太阿在握、威柄不移"(《清高宗实录》第 1129 卷)的信条。在这种制度下,皇帝至耄耋之期,疲于政务,但又不肯大权旁落,往往要找一个亲信做他的代理人,于是,和珅被乾隆所选中。假如没有和珅,也会有另外一个人代替他的角色。这是绝对君权发展的一种必然结果。从这个意义上来说,和珅不过是由历史所挑选的,并且在历史舞台上充分扮演了他所应当扮演的一个角色。

贪赃如山

和珅充任军机大臣以后,极力逢迎谄上以邀宠,同时营私结党以固权势。他与满族军机大臣福长安结成死党,又使弟弟和琳的姻戚苏隆阿也充任军机大臣,排斥汉军机大臣。他还把弟弟和琳放任四川总督,在六部衙门及各省督抚大员中安插亲信，形成了一个盘根错节的权力网，势焰赫赫。他的官邸有一千余名士兵充当差役，另有一千二百余名男女奴仆听其役使。

许多官僚都仰承其鼻息，趋炎奉承，争以谒见为荣。山东某县令入京，欲求见和珅一面，以夸耀于同僚。他以二千两银子贿赂看门人，于和珅回府时，长跪门前，自呈手版。和珅则在舆中呵道："县令是个什么东西，亦来叩见"，可见其骄横之态。

和珅凭借权势，大量贪污纳贿，搜刮财富。有一次陕西巡抚某，企图以二十万两银子向和珅行贿，花了五千两银子才见到和珅的家丁。两淮盐商徽瑞，向和珅纳贿两次就用了四十万两银子。贪赃枉法更是常事。贝子永泽的庄头许伍德，与同主家人霍三德有隙，互相控告，转托和珅的亲戚恒德，请和珅重惩霍三德。事成之后，和珅受贿六千两银子、二十顷地。

他还利用收租，放高利贷等手段聚敛财富。他出租地一千二百六十余顷，出租房一千余间。另外，在大城、新城、容城、天津、静海、青县、交河等地，囤积粮食一万一千六十五石，以乘青黄不接时高价出售，牟取暴利。还有当铺、银号等。

他在蓟州（今天津蓟县）为自己修建了极为豪华的坟墓，占地六顷半，当地人称为"和陵"。

和珅揽权用事的二十余年，搜刮了惊人的财富。据清代无名氏撰写的《殛珅记略》"查抄和珅家产清单"所列，和珅据有的房屋田地、金银财宝、古玩器皿、绫罗绸缎等等，数量之巨，是十分惊人的。另据薛福成《庸盦笔记》记载，仅以不完全的统计，和珅的家产即有二亿两（银）之多。和珅被处死之后，这巨大的财富，都没入了皇宫，当时有"和珅跌倒，嘉庆吃饱"的谚语。

黄粱梦破

随着和珅的日益得宠及其权力的不断膨胀，越来越激起许多失势大臣、特别是汉族大员的嫉妒和强烈不满。以大学士王杰、董诰、刘墉及嗣皇帝嘉庆的师傅朱珪等为首的一些汉族官僚，伺机向和珅发动了猛烈的进攻。他们把和珅及其同伙的贪污作为突破口。

首先是剪除其羽翼。乾隆四十七年（1782）御史钱沣在刘墉等的支持下，弹劾和珅的同党、山东巡抚国泰及布政使于易简贪污巨款。乾隆命和珅与刘墉往山东办理此案，又令钱沣随行。钱沣受命之后，即易服先行。至良乡，见有强悍的仆役，催索人夫，暗中访察知为和珅差往山东送信者。钱沣记其容貌，封锁路口，待其回还，立即逮捕，搜其身，得国泰私书一封，言已借款填库备查，且有许多暗语。钱沣奏明了乾隆，扣留了送信仆役。及至和珅、刘墉、钱沣到了山东济南，盘查银库，果见银色驳杂。钱沣暗中盘问管库吏卒，知是借商人银两以充数。于是出布告，召商人即速认领银两，如迟迟不领，则封库入官。于是商贾争先恐后，纷纷认领，银库为之一空。再往各州县盘查，情况亦大体相同。于是，国泰、于易简被处死。汉族官僚对和珅的斗争，取得了一个胜利。

乾隆五十一年（1786）御史曹锡宝乘和珅陪乾隆到热河避暑之机，参奏和珅得力家丁刘全“服用奢侈，器具完美”，多有“逾制”，指斥其“倚势营私”，意在弹劾和珅。但是，其奏稿被同乡吴省兰、吴省钦见到。二吴系和珅同党，立即向和珅告密。和珅派人连夜赶回北京，命刘全即速毁掉“逾制”的房屋、车马、器玩等。及至曹锡宝奉命回京与留京王大臣奉旨察看时，刘全的贪污踪迹都已泯灭不存了。曹锡宝以诬告得罪，但乾隆心中有数，也不便过事声张，给了他一个“革职留任”的处分了事。在这一回合中，和珅占了上风。

乾隆死后由谁继承皇位，这是关系权力分配的关键问题，双方斗争的焦点也在这里。朱珪是皇十五子颙琰（即后来的嘉庆皇帝）的老师。他积极培养，多方教导颙琰，使之在诸皇子争夺皇位的斗争中，处于有利地位。乾隆四十五年（1780）他被任命为福建学政，临行，授颙琰“五箴”：养心、敬身、勤业、虚己、致诚，使之培养威望，励炼自身，以图大事。这使和珅感到极为不安。嘉庆元年（1796），乾隆举行“内禅”礼，自称太上皇，而以嘉庆为嗣皇帝，但仍独断朝政。和珅派亲信吴省兰为嘉庆抄录书稿，暗中进行监视。朱珪按惯例向嘉庆“进颂册”，和珅则指斥其向嗣皇帝谄媚邀宠，企图利用乾隆之手，搞掉朱珪以除嘉庆羽翼。乾隆认为他们有师徒之情，属于正常来往，未加置理。时军机大臣出缺，乾隆欲以朱珪填补，召其进京。嘉庆闻之甚喜，写诗向老师祝贺。但诗稿未竟，和珅即取呈乾隆，说这是“嗣皇帝想买好师傅”。乾隆心中震怒，问当时在旁的董诰：“你久在军机处和刑部，这从法律上来说应怎么办？”董诰急忙叩头，回答说：“嗣皇帝没说什么错话”。乾隆沉思良久，感到嘉庆羽翼已成，难于处置，只好作罢，但把朱珪调往外地任巡抚。嘉庆从此则更加韬晦，政事唯听乾隆决断，不置一言，连平时喜怒哀乐，也随乾隆脸色而定。他对和珅表面上佯装亲近、奉承，心中的仇恨却愈积愈深。

嘉庆四年正月初三日（1799年2月7日），乾隆一命呜呼。次日，嘉庆即下令撤销了和珅步军统领的职务，解其兵权，令其守护乾隆灵柩，不准回家。次日，将其系狱治罪。十八日，即赐死狱中。

“贪污之王”和珅，在统治阶级的争权斗争中失败后，就了结了他弄权贪财的一生。清人钱泳在《履园丛话》中，曾引用元人吊脱脱丞相的一首诗，讥讽和珅：

百千万贯犹嫌少，堆积黄金北斗边。
可惜太师无脚费，不能搬运到黄泉！

（原载《人物》1982年3期）

皇帝与“九”

九为阳数的极数，即单数最大的数字。超过九，只是零的增加。中国古代认为，天地万物都是阴阳结合。例如，日为阳，月为阳，男为阳，女为阴，等等。数字也是这样，单数为阳，双数为阴的增添或倍数。所以它又是阳数的基础数字。在中国古代，多用九数附会帝王，常以九五称帝王之位。《易・乾》：“九五，飞龙在天，利见大人。”九，阳爻；五，第五爻。龙为传说中的神物，并以其附会帝王，后来因以九五称帝王在位。天安门城楼建筑格局，取九五之数，意思就在这里。《楚辞・九辩》：“君之门以九重”，京师置九门，即此意。

明永乐时建筑北京城，即置九门：南有丽正、文明、顺城；东有齐化、东直；西有平则、西直；北有安定、德胜。正统中，改丽正为正阳，文明为崇文、顺城为宣武、齐化为朝阳、平则为阜城，余四门仍旧。清仍明制。清代设步军统领，掌管九门锁匙、白塔信炮、大内合符等，权势很重，俗呼为九门提督。

紫禁城的房屋，九千九百九十余间。天安门城楼，面阔九间，进深五间。

紫禁城以及皇家园林、行宫的大门，装饰用“九路钉”，每扇门的门钉纵横各九，共八十一钉。

清代定制，蒙古各部王公每年向皇帝进献白马八匹，白驼一匹，谓之“九白之贡”。

其余贡品，亦多以“九”数计算，例如十八为二“九”，四十五为五“九”，余类推。康熙十三年（1674）题准：每年节，科尔沁等十旗，共进十二“九”，计羊一百零八只，乳酒一百零八瓶；鄂尔多斯六旗，吴喇特三旗，共进九“九”，计羊八十一只，乳酒八十一瓶；余二十五旗，共进三“九”，计羊二十七只，乳酒二十七瓶。

敕建寺庙，金佛斤重，亦以九数铸成，假如金铜重八十一斤，则为九“九”之数，七十二斤则是八“九”之数。铸佛数量，亦以九计，例如，乾隆四十五年（1780），为庆祝皇帝七十寿辰，内外王公，文武大臣、官员等，共造佛二千二百九十九“九”，合计当为二万零六百九十一尊。

现在承德博仁寺宝相长新殿。供无量寿佛九尊，是康熙五十二年（1713）蒙古王公为庆祝皇帝六十寿辰铸造的。

清代宫廷年节大宴，包括水果、蜜饯，点心等，共计九十九品。

清代皇帝过生日，要举行大的娱乐活动，表演杂技、放万年春灯等，共九“九”即八十一种节目，而以梅花灯终之，名叫“九九大庆会”。

后妃宫殿的陈设、帝后寿礼、赏赐等，尊者均以“九”计（即同类物品九件为一“九”），以九“九”最为尊贵。其他，即使贵为皇妃、皇子等，均不得用“九”。

据《清朝宫史续编》卷六九所记皇妃寝宫陈设器用，皇太后：玉盏金台一分（份）、金器用凡三十有六（四“九”），银器用凡一百三十有五（十五“九”），铜器用凡五十有四（六“九”），锡器用凡六十有九（六为“禄”谐音，九与“久”谐音，寓意“禄久”），铁器用凡二十七（三“九”），瓷器用凡一千七十有一（一百九十九“九”），漆器用凡七十有二（八“九”），各式灯件五十有二；皇后：玉盏金台一分（份），金器用凡三十有六（四“九”），银器用凡一百有五，铜器用凡四十有六，锡器用凡六十有五，铁器用凡十有六，瓷器用凡一千十有四，漆器用凡六十有八，各式灯件三十有四。

皇太后最尊贵，凡器物陈设者用“九”，皇后位虽尊，但在皇太后之下，故金器用四“九”之外，其他都不得用“九”，且数量者要少于皇太后。皇贵妃及以下各位，都不得用“九”，且数量要依等级递减，例如，皇贵妃用金器总计七件，其他各种器物也不准用“九”，数量也都要比皇后减少。余此类推。

对皇妃赏赐，最尊贵的也以“九”计。例如，皇后生日（清宫称为“皇后千秋”），恩赐金九十两、银九百两、上用缎纱等四十五匹（其中蟒缎九匹、宁绸九匹、宫绸九匹、纱九匹）、春绸九匹、绫九匹。皇贵妃以下各等级妃嫔，例赏不用“九”，而且数量递减。例如，皇贵妃生日（“皇贵妃千秋”）恩赐上用缎六匹、官用缎六匹、春绸六匹、绫六匹。其他各妃嫔按等级递减。

皇后寿辰，是清宫盛大庆典，寿礼都以“九”进贡。例如，据《清宫史》记载：乾隆十六年（1751）十一月二十五日，是其母皇太后六十大庆。自二十一日起，每日恭进寿礼九“九”，五日而止。

二十一日恭进：佛像一“九”、宝灯一“九”、玛瑙器一“九”、玉器一“九”、古铜器一“九”、果盒一“九”、画手卷一“九”。

二十二日恭进：皇帝御笔书画等贡献一“九”、香几一“九”、如意一“九”、盘一“九”、香一“九”、手炉一“九”、葫芦器一“九”、象牙器九“九”。另，玻璃器九“九”、各色菊花盘九“九”。

二十三日恭进：各种宝器一“九”、水晶器一“九”、古瓷器一“九”、朝珠一“九”、冠服一“九”、簪饰一“九”、彝鼎一“九”、花瓶一“九”。另，万岁金九“九”、百炼银九“九”、貂皮九“九”。

二十四日恭进：供器一“九”、罗汉二“九”、磬一“九”、杯盘一“九”、石盘一“九”、镜一“九”、鼻烟一“九”、花篮一“九”、几盒一“九”。另鼻烟壶九“九”、宜兴瓷九“九”、彩缎九“九”。

二十五日恭进：鼎一“九”、屏一“九”、石磬一“九”、玉碗一“九”、手炉一“九”、杯一“九”、珐琊器一“九”、香一“九”。另漆奁粧三对、南漆几柜一对、南漆奁对一件、无量寿佛九“九”、钧窑瓷器九“九”、亿载泉流钱九“九”。

乾隆二十六年（1761）十一月二十五日，是皇太后七十大寿，于年例恭进外，每日恭进寿礼九“九”，自十六日起，共十一日。

十六日恭进：佛九百尊、如意一“九”。

十七日恭进：佛九千尊、般若珍台掛龛二十八座、掛龙二十八座、如意一“九”、紫檀黄缎秀金龙九屏一座、九天垂拱紫檀缂丝金龙宝座一张。

十八日恭进：佛一“九”、佛龛一“九”；又，佛九“九”、佛经一“九”、佛塔二“九”、供器三“九”、七珍八宝八吉祥九份、红彩漆几盒一“九”，另九重春色紫檀缂丝宝座一张。

十九日恭进：御笔职恭图掛屏一件，如意九柄，西洋各国和缅甸、苏禄、安南（今越南）、琉球、暹罗、朝鲜、扶桑（日本）等国恭品各以“九”进，土鲁番、伊犁、和阗、拉达克、痕都斯坦等地区民族土特产也各以“九”进，另红彩漆捧盒一“九”，五屏风一座、紫檀缂丝宝座一张。

（二十日缺载）

二十一日恭进：御笔图一轴，玛璃器一“九”、彩画掛屏一“九”、玉器一“九”、青绿器一“九”、填漆菊花式捧盒一“九”、画掛轴一“九”、画册一“九”、手卷一“九”，另，元宝九“九”、瓷尊瓶九“九”、葫芦器九“九”、十二屏一座、紫檀缂丝宝座一张。

二十二日恭进：御书条对一份，迎手靠背坐褥一份、如意一“九”、玉磬一“九”、水晶器一“九”、古瓷器一“九”、朝珠一“九”、漆器一“九”、花瓶一“九”、填漆菊花式捧盒一“九”，另百炼金一“九”、恭银一“九”、貂皮九“九”、花卉九屏一座、紫檀缂丝宝座一张。

（二十三日、二十四日、二十五日缺载）

二十六日恭进：御书无量寿佛经一部、水晶寿星一尊、迎手靠背坐褥一份、碧玉器一“九”、铜掐丝珐琅盆景一“九”、香几一“九”、洋瓷器一“九”、宝盒一“九”、手炉一“九”、葫芦器一“九”、象牙器一“九”、红彩漆捧盒一“九”、玻璃器九“九”、铜镜九“九”、缎九“九”、紫檀缂丝花卉九屏一座、紫檀缂丝宝座一张。

二十七日恭进：御书寿宫掛屏四件、自鸣钟一架、迎手靠背坐褥一份、如意一“九”、楚石插屏一“九”、玉器一“九”、杯盘一“九”、石器一“九”、木器一“九”、（瓶装）鼻烟一“九”、唾盂一“九”、红彩漆盒一“九”、红彩漆捧盒一“九”、鼻烟壶九“九”、铜手炉九“九”、瓷器九“九”绣花卉九屏一座、紫檀缂丝宝座一张。

二十八日恭进：御书匾额一面、御书寿国舒长对一副、玉如意九柄、玉磬一“九”、水晶器一“九”、玉器一“九”、玛璃器一“九”、珐琊瓶一“九”、珐琊盘二“九”、玻璃碟三“九”、窑器三“九”、瓷器五“九”、玉佩一“九”、仙人一“九”、鼻烟壶一“九”、南漆绣罩都盛盘陈设一“九”；另，珐琊插架洋漆格二对、紫檀简粧一对、抿蓖九十匣、木梳九十匣、红头绳九十匣、紫檀镶玻璃九件。

二十九日恭进：御书香山九老锦镶掛屏一件、如意一“九”、玉磬一“九”、珐琊器一“九”、鼻烟壶一“九”、插屏一“九”、太平车一“九”、匙一“九”、香一“九”、碟一“九”、瓷器五“九”；另，檀香福寿茶盘十件、彩牙陈设一对、紫檀嵌牙玻璃掛格三对、包头九十匣、蓖子九十匣、豆面四十五匣。

三十日恭进：御书嵩呼介景万寿图四卷、绣迎手靠背坐褥一份、如意一“九”、玉器一“九”、掛屏一“九”、石磬一“九”、玉盌一“九”、手炉一“九”、玉杯一“九”、珐琊器一“九”、香一“九”、漆木器一

“九”、红彩捧盒一“九”、彩缎九“九”、白铜盆九“九”、宝源万载钱九“九”、紫檀缂丝九屏一座、紫檀缂丝宝座一张。

《诗·小雅·天保》：“如山如阜，如冈如陵，如川之方至，以莫不增……如月之恒，如日之升，如南山之寿，不骞不崩，如松柏之茂，无不尔或承。”诗为祝寿之辞，祝贺福寿延绵不绝之意。因诗名“天保”，连用九个“如”字，因以“天保如九”为祝寿之语。所以清代皇帝的寿筵及春节大宴食品、娱乐节目以及臣僚的祝贺“圣寿”的贡品等，也以九计，含有敬祝万寿无疆的意思。久而久之，九这个数字，被皇帝独占了，而一般人民，包括达官贵族，凡起居饮食器物等，都不能以九计了。

（原载《古代礼制风俗漫谈》，中华书局 1983 年版）

天安门前说“华表”

当你第一次来到北京的时候，一定会到天安门前去游览一番，尽情欣赏那古老宫殿与现代化建筑交相辉映的壮丽风光。也许，你会对天安门前那一对汉白玉雕刻的华表产生兴趣吧。你看，它那挺拔笔直的柱身上雕刻着精美的蟠龙流云纹饰；柱的上部横插着一块云形长石片，一头大，一头小，远远望去，似柱身直插云间。真给人以美的享受呵。它已经成为中华的标志，不是吗？那些用“中华”作为商品牌号的，哪一个不是用华表作商标？

深受人们喜爱的华表，有着十分悠久的历史，相传在原始社会的尧舜时代就出现了。最早，可能是人们用木桩作标识。《尚书·禹贡》说：“禹敷土，随山刊木，定高山大川”；《史记·夏本纪》说禹是“行山表木，定高山大川”。这都是说禹带领众人砍伐树木，留下树干，作为测量山川形势的标识。此外，那时人们在交通要道竖立木柱，作为识别道路的标志，因此叫它“华表木”或“桓表”。表者，标也，就是标示道路的木柱，相当于现在的指路标。

另外，也让人们在木柱上刻写意见，因此又叫“诽谤木”。诽谤这个词在古代是指议论是非，指责过失，即现代意义的提意见，并不是指造谣污蔑、恶意中伤。例如，《吕氏春秋·贵信》说：“臣不信，则百姓诽谤，社稷不宁。”用现代语言来解释，就是说，君臣不诚信，那么百姓就会批评指责，国家就不得安宁；《汉书·贾山传》也有“（秦）退诽谤之人，杀直谏之士，是以道谀偷合苟容”的话，“退诽谤之人”就是指的斥退提意见的人；北宋马司光《资治通鉴·汉纪五》说：“朝有进善之旌、诽谤之木，所以通治道而来谏者也”。其大意是说，朝廷和官府前面设置进善旌旗和诽谤木，是为了疏通治理国家的渠道，鼓励广大民众提出批评、建议。所以“诽谤木”类似现在的“意见箱”。

关于诽谤木，在历史典籍中是有记载的。《淮南子·主术训》：“尧置敢谏之鼓，舜立诽谤之木”；《后汉书·杨震传》：“臣闻尧舜之时，谏鼓谤木，立之于朝”。远古时代的诽谤木是个什么样子呢？崔豹《古今注·问答释义》载：“程雅问曰：‘尧设诽谤之木，何也？’答曰：‘今之华表木也。以横木交柱头，状若花也，形似桔槔，大路交衢悉施焉。或谓之表木，以表王者纳谏也，亦以表识衢路也’。”今天，天安门前的华表仍然保持了“以横木交柱头”、“形似桔槔”的基本形制。

随着原始社会的瓦解，奴隶制、封建制度的确立，广大人民群众议论政治是非的权利也被剥夺了，“诽谤木”上，再也不能刻写“谏言”了，而被作为皇权象征的云龙纹所代替。它被置于皇宫或帝王陵寝的前面，作为皇家建筑的一种特殊标志。它作为道路标志的职能，也大大褪化了，偶尔设于桥梁之头，城垣之外，作为标识，但大都在京城，一般地方就很难见到了。

如果你仔细观察一下，就会发现，天安门前的一对华表，每个柱头上都有一个蹲兽，头向宫外；天安门后面还有一对华表，上面的蹲兽是头朝宫内。据北京故老传说：华表柱头上的蹲兽，名叫犼，性好望。犼头向内是希望帝王不要沉湎于纸醉金迷的宫廷生活，它好像在对帝王说，经常出来看看你的臣民吧，因而名叫“望帝出”；犼头向外，是希望帝王不要耽恋山水，废弃政务，它好像在对出游的皇帝说，快些回来治理朝政吧，因而名叫“望帝归”。当然，这只是古人对君王的一种虚幻的期望。我们在观赏这精心雕琢的艺术珍品时，这类传说不是正可增加游人的兴味吗？

本文原载《文史知识》1983 年第 2 期，并辑录于《古代礼制风俗漫谈（二集）》（中华书局 1986 年版），后多家报刊转载。近年被作为中学教材，例如：《阅读与欣赏》（初中），河北教育出版社 2008 年 9 月版；《月读》（第 12 辑；干部经典读本），中华书局 2010 年 12 月版；《新课标》（高一语文必修〈2〉；教师用书），人民教育出版社 2010 年及之后历年各版。

《晚清宫廷生活见闻》求疵录

全国政协文史资料研究委员会根据征集的有关清末宫廷生活资料选编成书的《晚清宫廷生活见闻》（文史出版社1982年出版），是一部具有阅读和保存价值的书，出版几年来，颇受读者欢迎。它为广大读者了解那时清宫贵族们穷奢极欲的生活方式，以及他们之间的矛盾斗争，提供了可读性的文章，也为国内外史学研究单位和个人，提供了具体研究资料。因此，这本书的读者面很广，影响颇大。

诚如编者在《出版说明》中所说，这些文章“绝大多数都是清室或接近清室的人士亲自撰写的，而且多系亲身见闻的第一手资料。内容翔实具体，叙事生动活泼，具有一定的史料价值”，读后获益颇多。不过在阅读过程中，我也发现某些不够确切的地方，或因事隔年久作者偶有误记，或因得自耳食未加核对，因而与当时历史情况不符。故不避吹毛求疵之嫌，检出有关典章制度者数条，排比成文。先揭原书篇名，再加按语说明，以便读者对照，但愿有助于有兴趣者进一步研求也。

一、《清宫回忆》（溥佳）：“宫女都是从内务府三旗的人家挑选的，宫内叫做选‘秀女’。被选上的都要在宫内当差三年，然后才准回家；倘被‘主子’所赏识，那就不知什么时候才能回家了。我记得每年春秋选秀女，就有成队的女孩子来应选，可是被选的一分派到宫内，就再也见不到她们的影子了，原来他们都住在宫内的最后一排房子里，除了早晚伺候太妃们起居的时候以外，绝对不能到前殿来。这些穷苦人家的女孩子来到宫里，简直无异于在这里坐三年的监狱”（原书第17页）。

按：所记有误。清代选秀女，并非都穷苦旗人家的女孩子。而是包括内务府三旗在内的八旗官员之未婚女子。她们也并非进宫当苦差，其中有相当一部分人是为皇子、皇孙或亲王、郡王指婚。她们也不是在宫中当差三年即可出，而是要到二十五岁时才能放出宫外结婚。

清人吴振棫《养吉斋丛录》卷二十五，记选秀女较为详细，录供参考：“旧制：挑选秀女，皇后及内廷主位之亲姊妹皆免挑。凡八旗官员、兵丁、闲散之女子，皆备挑。嘉庆十一年（1806），命汉军自笔帖式、骁骑校以上女子备选。十八年（1813），命满洲、蒙古自护军、领催以上女子备选。其拜唐阿、马甲以下女子不备选；近制（指咸丰、同治时期）：十五岁预选，五年即放还择配（康熙间年三十以上遣出，雍正间年二十五遣出）。八旗挑选秀女，或备内廷主位，或为皇子、皇孙拴婚，或为亲、郡王及亲郡王之子指婚，典婚各有等差，而挑选之制则无异也。若选宫中承值伺应之人，则惟内务府三旗，于每年正月备挑一次，他旗不与（皇子或亲、郡王拴婚及结髮，皆奏派大臣）。挑选八旗秀女，事隶户部。每旗分满、蒙、汉为先后。满、蒙、汉之中，以女子之年岁长幼为先后，造册分咨各旗。其年自十四至十六为合例。有应挑而以病未与者，下届仍补挑。年已在十七以上谓之逾岁，则列于本届合例女子之后。每日选两旗，以人数多寡匀配，不序旗分也。挑选之前一日，该旗参领、领催等先排车。如挑正黄、厢黄两旗，则正黄之满、蒙、汉分三处，每一处按年岁册，分先后排定。厢黄之满、蒙、汉亦分三处，每一处亦按年岁册，分先后排定，然后车始行。首正黄之满洲，而蒙古，而汉军，继以厢黄之满、蒙、汉，贯鱼衔尾而进。车树双灯，各有标识。日夕发轫，夜分入后门，至神武门外，候门启，以次下车而入。其车即由神武门夹道出东华门。由崇文门大街，至直北街市，还绕入后门而至神武门。计时已在次日巳午之间。选毕者，复以次登车而出，各归其家。虽千百辆车，而井然有序。俗谓之排车。闻旧时车马杂沓，先后凌乱，应选者争路不得进，不特堕珥遗簪而已。自嘉庆间额驸丹巴尔济定此法，人皆称便。又，内务府三旗挑选，亦排车在地安门之沙滩地方。应选女子入神武门，至顺贞门外恭候，有户部司官在彼管理。至时，太监按班引入，每班五人，立而不跪。当意者留名版，谓之留牌子。定期复看，复看而不留者谓之撂牌子。其牌子书某官某人之女，某旗满洲人（蒙古、汉军则书蒙古、汉军），年若干岁。”

《光绪大清会典》对清末选秀女也有明确规定：户部“选秀女则掌其排单（按秀女年岁及伊父官职大小分别排列）”（见卷二十一“户部”）；内务府则负责选取秀女的具体活动：“凡选秀女，书其氏旗、年齿，以备阅。既入选，则待其及岁而遣还焉。”“每年于内府三旗佐领、管领，及回子佐领、健锐营番子佐领下女子，年十三岁以上者，造册送司，奏交宫殿监督领侍等带领引阅。每六人为一班，挨次带领。如女子内有嫔以上之亲姊妹，及亲兄弟、亲姊妹之女者，另为一班，先行带领。入选者留宫，余令其父母择配。惟盛京及关内，关外打牲乌拉各庄女子，及乳母之女，皆不赴选”；“留宫之女，至二十五岁，皆遣还，听其与八旗及三旗佐领、管领下人等结婚。”（见卷九十四，“内务府”）

可见，并不是穷苦旗人家的女孩子才选秀女，八旗官员之女也在入选之列。秀女被选进宫，也不是当三年苦差就遣出，一般未经指婚的秀女，要到二十五岁才能遣还回家。如果十三四岁的女孩子被选取秀女入宫，到二十五岁被遣出宫，则要在宫中“当差”十余年。

二、《晚清见闻琐记》（溥雪斋述、溥杰记）：“清制所谓‘显爵’有五，即亲王、郡王、贝勒、贝子、公。公爵有镇国公和辅国公之分，辅国公又有入八分、不入八分之别。‘八分’就是八样标志，即朱轮（红车轮）、紫缰（乘马用紫色缰绳）、宝石顶（一品用珊瑚顶，宝石在珊瑚之上）、双眼花翎、牛角灯、茶搭子（盛热水用，略同现今之暖壶）、马坐褥和门钉（府门上铜钉）。”（见原书第51页）

按：清代宗室封爵共十二等，不仅辅国公有入八分、不入八分之别，镇国公也有入八分、不入八分之别，清朝对此都有明确规定：“凡宗室封爵之等十有二：曰和硕亲王、曰多罗贝子、曰多罗贝勒、曰固山贝子、曰奉恩镇国公、曰奉恩辅国公、曰不入八分镇国公、曰不入八分辅国公、曰镇国将军、曰辅国将军、曰奉国将军（镇国、辅国、奉国将军又各有三等）、曰奉恩将军。无爵则给以品。”（见《光绪大清会典》）

“八分就是八样标志”的说法，则是以讹传讹。关于“入八分”、“不入八分”的含意，在清代已不甚了了，即使清朝宗室，也多不明其意，大都以“八样标志”讹传（关于“八样标志”，还有另外的说法）。其实这是没有根据的。例如，朱轮（红车轮）车，和硕公主、固伦公主、郡主、县主，以及亲王福晋、亲王世子福晋、郡王福晋、贝勒夫人、贝子夫人、镇国公夫人、辅国公夫人、镇国将军夫人、辅国将军夫人、奉国将军淑人、奉恩将军恭人等都可以用（其等级区别在于盖、帏、缘），并非入八分公特用的标志（见《清史稿》卷一百二）。

紫缰也并非入八分公所专用，贝勒、贝子等也可以用，其余大臣等经特赏也可以用。清人福格《听雨丛谈》卷一，对此说得很明确：“贝勒、贝子、入八分镇国公，用紫缰，其余大臣须特赏方准用。”对其余大臣特赏用紫缰是种荣誉和奖励，一般是对清廷有特殊贡献者才能受此特赏。乾隆时曾赏章嘉活佛用紫缰，当时这种制度叫“赏用紫缰”。

宝石顶和双眼花翎也不是八分公的特有标志。皇子、亲王、贝勒、贝子、镇国公、辅国公、镇国将军等朝冠，顶上金龙皆衔红宝石。官员朝冠所戴孔雀翎之翎眼，是品级的一种标志。清朝规定："凡孔雀翎翎端三眼者，贝子戴之；二眼者，镇国公、辅国公、和硕额驸戴之"，"吉服冠，入八分公顶用红宝石，未入八分公用珊瑚，皆戴双眼孔雀翎"（参见《清史稿》卷一百三）。可见，入八分公和不入八分公皆可戴双眼孔雀翎。

其余，如牛角灯、茶搭子，更不是官员品级的标志，清朝也没有这方面的规定。至于铜门钉，是以数目标示等级的，例如，皇宫的大门铜门钉是横九纵九，亲王是横七纵九，《大清会典》均有明确规定，因此，铜门钉根本不是入八分公的特有标志。

由上述可知，入八分公、不入八分公的区别，标本不在于所谓"八样标志"。那么，入八分公、不入八分公的含意究竟是什么？清代学者福格对此做过专门考证，他指出："宗室公爵，有入八分、不入八分之称。或言入八分者，如汉魏九锡之赐，今则曰宝石顶戴、曰双眼花翎、曰府邸、曰官属、曰转龙黼服、曰朝马、曰紫缰、曰豹尾枪，皆非不入八分公所得服用之具，故曰入八分公。沿说以来，莫知其误。谨按《会典》注：天命间，立八和硕贝勒，共议国政，各置官属，朝会燕飨，皆异其体，锡赉必均，是为八分。天聪以后，宗室内有特恩封公及亲王余子授封，皆不入八分，其封至贝子降袭者，准入八分云云。今恩封王爵，其适世子替袭贝勒、贝子递为入八分镇国公罔替，余子初封不入八分公，嫡系递降至奉恩将军，余子递降至四品宗室。是八分之名，盖言得预朝政之称，非章服之荣也。"（《听雨丛谈》卷一）福格生活于咸丰、同治时期，本身也是满族官员。他的说法是符合历史事实的，揭示了清朝区分入八分、不入八分公爵的初衷。这也有《大清会典》为证。

光绪二十五年（1899）续修的《大清会典》，在不入八分镇国公、不入八分辅国公下注明："天命年间，立八和硕贝勒共议国政，各置官属，朝会燕飨皆异其礼，锡赉均之，是为八分。后定封爵，贝子以上者皆入八分，镇国公、辅国公有入八分者，有不入八分者。入八分公与王、贝勒、贝子一体分左右翼列班，不入八分公与镇国将军以下各随旗行走。"（《光绪大清会典》卷一）《大清会典》的解释，当然应该被视为权威，入八分、不入八分与"八样标志"无关，是显而易见的。

三、《晚清见闻琐记》（溥雪斋述、溥杰记）："王爵有'功封'和

‘恩封’两种。功封即因功而封，如清初以来的八家世袭罔替王爵。恩封即降袭爵位，如皇子分封亲王，逐代降一等袭爵至镇国公为止不再降，成为世袭罔替；郡王降袭至辅国公；贝勒降袭至八分镇国公；贝子降袭至八分辅国公；镇国公降袭至镇国将军；辅国公降袭至辅国将军。”（原书第41页）

按：上述说法，不十分确切。清代宗室封爵有“功封”、“恩封”、“袭封”、“考封”四种，而不是两种。“恩封”也不是“降袭爵位”。这些，《大清会典》都有明确规定。

《光绪大清会典》卷一“凡封爵，有功封、有恩封、有袭封、有考封”；“宗室王公有功绩受封者为功封”；“以天潢近支得封为恩封，皇子生十五岁，例由（宗人）府奏请封爵，如奉旨暂停者，每至五年再奏请”；“亲王以下、奉恩将军以上缺出，由（宗人）府选其子嗣内人才、骑射、清语优者数人，无论嫡庶，引见钦定。其大宗原袭之子孙因罪降革，如系功，准以旁支子孙一体承袭”——此即袭封。

考封，即经考试所得应封之爵。按清朝规定：“亲王以下，除一子袭封外，诸子至二十岁，例推封”，就是除袭封之子外，其余诸子根据其生母的尊卑，降等封爵，例如，“亲王余子封不入八分辅国公，亲王侧福晋子封二等镇国将军，别室所居妾媵子封三等辅国将军；郡王余子封一等镇国将军，侧福晋封三等镇国将军，别室所居妾媵子封三等奉国将军”，余类推。——这是应封之爵，但需经考试合格，才能得封，否则按应封之爵降等封授，称为考封。其具体办法是：“（凡需考封之宗室子弟）皆由（宗人）府汇题，试以繙绎、马步射。皆优者，授应封之爵，两优一平者，降一等；一优两平、两优一劣者降二等；三平及一优一平一劣者，降三等；一优两劣、两平一劣、一平两劣及全劣者，皆停封。凡因考停封者，下届不准与考。其应封奉恩将军无等可降，如应降一等者，停俸二年；降二等者，停俸三年；降三等者，停俸四年。若应封二等奉国将军有降三等者，应封三等奉国将军有降二等、三等者，降至奉恩将军外，仍有应降三等，每等停俸一年有半。奉恩将军一子承袭外，其余有优者，奏请考试，准食云骑尉俸。惟王、公过继子于及岁时，准用三品顶戴，不考封。”（《光绪大清会典》卷一）

凡宗室封爵，除世袭罔替者外，“其余恩封、考封之爵，皆以次递降：和硕亲王降至奉恩镇国公而止，多罗郡王降至奉恩辅国公而止，固山贝子降至不入八分辅国公而止，奉恩镇国公降至一等镇国将军而止，奉恩辅国公降至一等辅国将军而止，余爵降至奉恩将军而止。并准世袭罔替。军功王公旁支子孙降等袭封至奉恩将军者，袭至五次而止。恩封、考封旁支子孙降等袭封至奉恩将军者，袭至三次而止”（见《光绪大清会典》卷一）。

四、《我的家庭“庆亲王府”片断》（溥铨）：“乾隆四十九年长子安定亲王永璜曾孙载锡，是乾隆的玄孙。因此他在雍和宫后室、大内景福宫、承德避暑山庄等处，皆书‘五代五福堂’匾额，认为是历代帝王罕见之事，并自署为‘十全老人’。”（见原书第274页）

按：“五代五福堂”系“五福五代堂”之误。乾隆自诩为“十全老人”是在乾隆五十七年（1792），事在得玄孙载锡八年之后，与首得玄孙无直接关系。

五福，来自《尚书·洪范》：“五福：一曰寿、二曰富、三曰康宁、四曰攸好德、五曰考命终”，指人生幸福之五事。乾隆四十九年（1784），得玄孙载锡，乾隆认为五代同堂是人生难得的盛事，极为高兴，因此在紫禁城内、避暑山庄、雍和宫等处，题“五福五代堂”匾，并制宝以志庆，又多次以此为题与大臣们做诗联句。例如，《清高宗御制诗五集》有“五福五代堂联句”。在这首联句的陆费墀联句注中写道：“皇上七旬万寿，镌古稀天子宝，甲辰（即乾隆四十九年）既颜斯堂，又镌五福五代堂宝，又连其文镌五福五代堂古稀天子宝。奎章宝帙皆钤用之”。这颗“五福五代堂古稀天子宝”藏紫禁城内，其制“青玉、方四寸一分、交龙纽、高一寸四分”，《清朝文献通考》卷一百四十三有载。

乾隆自署“十全老人”，是在乾隆五十七年（1792）。是年，清朝反击廓尔喀（尼泊尔）第二次侵藏战争，取得了彻底胜利。乾隆认为自己执掌政权以来，取得了十次战争的彻底胜利，因而极为高兴，写了一篇《十全记》，宣扬自己的武功：“昨准廓尔喀归降，命凯旋班师，诗有十全大武扬之句，盖引而未发，兹特叙而记之。夫记者，志也。《虞书》：‘朕志先定，乃在心’；《周礼·春官》：‘掌邦国之志，乃在事。’旅獒，志以道宁，则兼心与事而考之。然总不出夫道。得其道，乃能合于天，以冀承乎贶。则予之十全武功，庶几有契于斯，而可志以记之乎？十功者，平准噶尔为二，定回部为一，扫金川为二，靖台湾为一。降缅甸、安南各一，即今二次受廓尔喀降，合为十。”

之后，乾隆又命镌刻了一颗“十全老人”之宝，并写了一篇《十全老人之宝说》：“十全记既成，因选和阗玉镌‘十全老人之宝’，并为之说曰：十全本以记武功，而十全老人之宝，则不啻此也。何言之？武功不过为君之一事，幸赖天佑，訖勑蒇局，未加一赋，而赋乃蠲四，弗劳一民，而民收无万，只或免穷黩之讥耳。若夫老人之十全，则尚未全也。盖君人之职，岂止武功一事哉：朱子曰：‘一日立乎其位，则一日业乎其官，一日不得乎其官，则一日不敢立乎其位。’官者何？职之位也。君之职不能尽言，况敢云尽其职乎？未尽其职，则十全老人之宝，不亦涉自欺与誇而增惭愧乎？然老人之十全，实更有奢望，不敢必以敬待天佑者。十全武功，诚叨天佑矣。则十全之尽君职，或亦可以希天佑乎？夫适百者半九十里。予今三年归政之全人，不啻半九十，而且如三十年之久矣。是以逮七十而系，犹日孜孜以为箴，至八十而系，自强不息以为勉。则此可必不可必。三年中敢不益励宵衣旰食之勤，益切敬天爱民之念，虔俟昊贶，或允臻十全之境，视三年诚如三十年之远，幸何如之，企何如之，惕何如之。是为说。”（见《清高宗御制诗文十全集》卷五十四）

可见，乾隆自署“十全老人”，无非是自诩完美无缺、十全十美的皇帝而已，与其得玄孙载锡，并无直接关系。

五、《清末贵族之生活》（载涛、恽宝惠）：“（亲王府第）正面为宫门，门罩（上有起脊屋顶而下无门窗者曰罩）凡五间（郡王三间）。……进抱厦后，正面大殿，俗称银安殿，亲王五间，郡王三间。亲王大殿及宫门用绿琉璃筒子瓦，郡王则用筒子瓦。东西两配楼。大殿则非有大典礼不开，由东西夹道绕进，是为二殿（三间），东西配房各若干间，为首领太监及使唤太监居住。凡皇子分府，必由官内将向来供使役之太监常住，而以首领管理之”（原书第 331 页）。

按：所述多与清制不符。《光绪大清会典》（卷五十八，工部）“亲王府制：正门五间，启门三。缭以祟垣，基高三尺。正殿七间，基高四尺五寸，翼楼各九间，前墀环护石阑，台基高七尺二寸。后殿五间，基高二尺。后寝七间，基高二尺五寸。后楼七间，基高尺有八寸。共屋五重。正殿设座，基高一尺五寸、广十一尺，后列屏风三，高八尺，绘金云龙。凡正门殿寝，均覆绿琉璃瓦，脊安吻兽，门柱丹雘，饰以五采金云龙文，禁雕刻龙首。压脊七种。门钉纵九横七。楼屋旁庑均用筒瓦，其府库仓廪厨厩及典司执事之屋，分别左右，皆板瓦，黑油门柱。

“亲王世子府制：正门五间、启门三。缭以崇垣，基高二尺五寸。正殿五间，基高三尺五寸，翼楼皆五间，前墀环以石阑，台基高四尺五寸。后殿五间，基高二尺。后寝五间，基高二尺五寸。后楼五间，基高一尺四寸。共屋五重。殿不设屏座，梁栋绘金釆花卉、四爪云蟒，金钉压脊，各减亲王七分之二。余与亲王同”，“郡王府制亦如之”。

据此，亲王大殿（即俗称银安殿）为七间，而非五间。二殿为五间，而非三间。郡王府制既与亲王世子相同，则其正门（即宫门）为五间，并非三间；其大殿（即正殿，世俗称银安殿）为五间，并非三间。其大殿及宫门亦用绿琉璃瓦而不是灰筒子瓦。

（原载《文史》第三十七辑，中华书局1993年出版）

“怀柔郝氏”辨正

清朝宗室昭梿《啸亭续录》中关于“怀柔郝氏”的一条资料，被作为乾隆时期土地高度集中的一个典型事例，为许多有关清史研究的史学专著和文章所引用，因而有着较广泛的影响。但是，这条资料有不少问题，很难作为立论的根据，因而有加以辨析的必要。

为了说明的方便，我们首先把《啸亭续录》中关于“怀柔郝氏”的这条资料，抄录如下：“怀柔郝氏，膏腴万顷，喜施济贫乏，人呼为‘郝善人’。纯皇帝（指清高宗乾隆帝）尝驻跸其家，进奉上方水陆珍错至百余品，其他王公近侍以及舆儓奴隶，皆供食馔，一日之餐，费至十余万云”（昭梿：《啸亭续录》卷二“本朝富民之多”条）。

作为史料，这条资料主要有两点需要搞清楚：一、“怀柔郝氏”是否确有其人；二、“膏腴万顷”，是否确有其事。我们的辨析，主要也是围绕这两点。

一、关于“怀柔郝氏”其人

准情酌理，如果怀柔确有郝氏其人，且曾接待皇帝，当为其县望族，县志应当有载。但是，我翻阅了康熙《怀柔县新志》，毫无踪迹可寻。光绪年间编纂的《畿辅通志》、《顺天府志》等有关怀柔的志书，也不见郝氏的踪影。因而颇觉昭梿记载可疑。

也有的史学工作者根据《啸亭续录》中“纯皇帝尝驻跸其家”这条线索，加以引申、发挥，说是：“有一次乾隆皇帝到承德避暑山庄时，路过怀柔，就驻跸于他（指怀柔郝氏）的家中”，写得煞有其事。当时怀柔确有行宫，且为清代皇帝每年到承德避暑山庄的必经之地，假如怀柔确有郝氏其人，不无这种可能。但是，我检阅了《热河志》、《清高宗实录》以及现存的乾隆朝“起居注册”，统计从乾隆六年（1741）弘历首举木兰秋狝之典起，至嘉庆三年（1798）乾隆帝最后一次出巡口外到承德避暑，乾隆皇帝一生路经怀柔到承德避暑山庄，共五十余次，关于驻跸怀柔郝氏家的记载，都毫无蛛丝马迹。乾隆这个人是喜欢舞文弄墨的，他每到一个地方，总喜欢写几句诗，以附庸风雅。据《清高宗御制诗集》，总共有五万二千余首诗词，我粗略地翻了一下，也没有发现一首与"怀柔郝氏"有关。因而，我认为，乾隆到避暑山庄时路经怀柔驻跸郝氏家的说法，只是后人的一些推测，是没有史实根掘的。这也不能不使我们怀疑怀柔是否确有郝氏其人。

在翻阅有关北京一带的清代史料过程中，我偶然发现清代京东望族，确有一个郝氏，不过不是在怀柔，而是在蓟州（今天津市蓟县）。清代咸同时代的文人乔重禧曾亲宿其家，并把这件事写诗记录在他的文集中。为便于和昭梿所记"怀柔郝氏"进行比较研究，现将乔重禧有关蓟州郝氏的全文抄录如下："《宿蓟州郝善人宅感赋》自序：蓟州郝氏，家城外盘山下，七世同居，未尝分爨，食指以千计。男耕女织，家法严肃。士读书应考入学中举人，不赴礼部试，无入仕者。子弟出游，不得越二十里内外。官僚奉使过其地，咸住其家，备供顿，不纤悉累地方。四民之往来，则设酒醴饮食无虚日。其余睦姻任恤，事不胜书，人皆称郝善人。余偕学使过此，即其宅为行馆，供张尤极丰腆云：义门张公艺，盛阀尉迟恭。峨峨蓟州郝，早峙千秋同。彝训守家法，会食追古风。千指合一心，七世无分饔。执业绝游惰，岂维礼教从。读书务修明，勿慕印绶封。余事施兼济，守约赒恤丰。壶浆遍道路，供张及王公。薰德化善良，义问周畿东。古人尚宗法，收族必敬宗。庶人各分视，九两系族隆。授地壹贫富，井田仁政通。慨自宗法亡，骨肉难相容。孝廉父别居，西汉陋俗丛。后世盛折箸，子孙书契重。岂知通德门，保合和气浓。积庆易卦协，惠洽虞书重。德厚世益昌，仁声垂无穷"（乔重禧：《陔南池馆遗集》卷一）。

乔重禧路过蓟州，是同治年间事，上距昭梿写《啸亭续录》的嘉庆年间，不过四五十年。据乔重禧的记载，蓟州郝氏七代同居，则在乾隆嘉庆间，也是一个大家族。另外，据民国年间仇锡廷编纂的《蓟县志》，该县确有一个郝家庄，其村即以郝氏得名。比较昭梿所记怀柔郝氏与乔重禧所记蓟州郝氏，有许多共同之处：1. 同为京东望族；2. 都以周济贫乏闻名乡里，被称为"郝善人"；3. 都"供张及王公"，与官府有牵连；4. 都广有钱财，是非常富有的大地主。

我们细审昭梿原文，他并未亲至郝家，当是得自传闻。两个郝家极为相似，我以为当是一家，乔重禧曾亲至其家，当以为是，昭梿可能是误书。当时怀柔与蓟州是邻县，昭梿的误书是可能的。

二、关于“膏腴万顷”问题

这是《啸亭续录》中“怀柔郝氏”这条资料的关键所在，因而需要对其起初性和可靠性作些考证。

根据康熙末年怀柔知县吴景果主持编纂的《怀柔新志》统计：怀柔县在明末时，“原额征粮推白地共一千三百九十二顷二十二亩一分五厘”，清朝顺治二年（1645）至康熙五年十七亩六分七厘四毫一丝”，仅剩民田三百余顷。吴景果在按语中指出，“怀邑地亩，自圈之后，所余民地无几，奸黠者又将民地投入旗下”，因而“向之田连阡陌者，今无立锥”。在所剩寥寥无几的民田中，再除去“斶荒、水冲”不能耕种者外，至康熙六十年（1721）左右统计，怀柔全县仅存“大粮民地一百四十九顷五十九亩八分二厘五毫五忽”，因为被圈占土地太多，清政府间陆续给怀柔拨补、兑补了一些土地。计有：保安、宣府、蔚州等拨补地一百八十八亩二分二厘七丝八忽；任邱、肃宁等县兑补地一百七十二顷六亩六分二厘九毫。

这样，至康熙六十年（1721）左右，怀柔全县所有的征粮民地以及外州县拨补、兑补的土地，总计也不过三百二十三顷五十三亩多。虽然到乾隆时期可能少有增加，但也不可能存在“膏腴万顷”的大地主。

再看蓟州的土地情况。

据道光时期沈锐主持编纂的《蓟州志》统计：

顺治元年（1644），“原额民地五千五百顷二十八亩二分，内除学田、水田、庙宇、香火、义塚、祠堂、接官厅、营房、水冲、沙压、挑河、修边、屯租、无主、老荒等去地一千一百五十一顷五十九亩四分七厘，实存民地四千三百四十八顷六十八亩七分”，后经圈占、投充去地四千二百七十八顷零四亩七分四厘四毫。

至顺治七年（1650）“实存原额民地七十顷六十三亩九分八厘六毫”。

后又经开荒、退补、清查等，至康熙三十五年（1696）蓟州共有民地一千八百三十七顷二十二亩八分六厘四毫五丝。

至道光九年（1829）统计，全州共有“旧存、开垦、退归地等四千二百六十三顷三十四亩三分五厘一毫”。因而，乾隆时期，蓟州也不可能有“膏腴万顷”的大地主。

即使把当时怀柔、蓟州的土地加在一起，也不过五千余顷，也不及"膏腴万顷"。

据此，我们可以断定，《啸亭续录》所说怀柔郝氏"膏腴万顷"的话，犹如"田连阡陌"一样，仅是形容其土地之多，而绝非写实之词。

综上所述，我认为昭梿《啸亭续录》所记"怀柔郝氏"应为"蓟州郝氏"之误；其"膏腴万顷"，与形容人富有的"百万富翁"一样，仅为夸张之词，并非实有其数。我们在研究乾隆时期土地集中的问题时，最好不要把这条资料作为信史和立论的根据。

（原载《清史通讯》第1期，中国人民大学清史研究所1980年编印）

关于新发现的孔尚任《寄青沟和尚书》及佚诗

我在翻阅清代史料过程中，从清初僧智朴编的《盘山志·补遗》中，检得《桃花扇》作者孔尚任《寄青沟和尚书》一篇、《奉怀青沟和尚并谢山志》佚诗一首，都不见他书著录。近人汪蔚林辑《孔尚任诗》（科学出版社1958年出版，以下简称《诗》）、《孔尚任诗文集》（中华书局1962年出版，以下简称《诗文集》），是至目前为止，搜罗孔氏诗文较全的本子，也遗漏未录。今辑录如下。

寄青沟和尚书

从阮翁游，熟知师名，如诵古尊宿，不易瞻仰。时隔地阻，同一离恨也。侍者到寓，颁惠《山志》，挑灯读竟，恍入林壑。世外支许，自属吾辈，身隐心隐，愈入愈深，古之荷蒉晨门，特不立教耳。弟潦倒金门，已逾十载，闭斋高卧，寂若空山。昔人所称大隐者，弟无乃似乎？然不得趺坐青松白石间，出不成出，处不成处，究竟自欺欺人。一部《山志》，移我情矣。敬谢和尚慈悲外，二断句奉怀乞教之。

又，先达黄贞父先生《寓林集》内有游盘三首，何以未收？谨录去，或可续入也。弟发愿必一登山，倾慕之私，统俟晤语。

奉怀青沟和尚并谢山志二首（录其一）

欲识真僧拼一官，烟郊有路问何难。
今秋渐次经霜叶，红到盘山第几盘？

一

前录《书》及佚诗，均出自《桃花扇》作者之手，是无可怀疑的。

1.《盘山志·补遗》在《书》前的作者名字孔尚任之下，按其书“籍贯、官职爰附本名之下”（《盘山志·补遗·凡例》）的编辑体例，注明“东塘曲阜圣裔国子博士”。孔尚任号东塘，为孔子第六十四代孙，于康熙二十四年（1685）充任国子监博士，这是众所周知的。

2.《书》及佚诗的收受人青沟和尚，即《盘山志》的编辑者智朴，其号拙庵（详下），《盘山志》十卷，经当时名家王士祯、朱彝尊校订过，材料丰富而翔实。其《补遗》四卷，也经王士祯校订过。据智朴《盘山志·补遗·凡例》云：“凡诸公与（智）朴往复手札、酬唱诗文，但及此山者，悉载之”。故《补遗》所收材料，都是智朴与时人往来书札及酬唱之作，其真实性无庸置疑。他自己编本人与当时名家往来书札及唱和诗，决不会出于伪作。

3.《盘山志·补遗》收录的孔尚任写给青沟和尚的诗共四首，除前面所录佚诗外，其余三首均选入孔尚任与好友刘廷玑于康熙五十三年（1714）以自己的著作互选的《长留集》，都是得到作者本人首肯的，不会有伪，这也有力地证明了佚诗出自孔尚任之手。

汪蔚林曾将《长留集》所载孔尚任诗，照录于其所辑《诗》及《诗文集》（本文所引孔尚任诗文，凡未往明出处的，均出自此两书），我们用它与《盘山志·补遗》对勘，可以发现有一些不同。

《长留集》收录一首题为《怀盘山拙公禅师并谢寄到山志》七言绝句：“青沟禅院涧之滨，雨翠晴岚隔世尘。寄到名山书十卷，却同花片引渔人。”其诗句与《盘山志·补遗》所录《奉怀青沟和尚并谢山志二首》的第一首完全一样。智朴号拙庵，拙公禅师即青沟和尚，两者标题虽文字有异，但意义全同，同为一首无疑。《长留集》在收录这首诗时，除改动了标题的文字外。也去掉了“二首”的字样，因而将前面所录佚诗，悄然无迹的删掉了。其何以如此，我们现在找不到确凿的证据，或许是因为“欲识真僧拼一官”一句，怕招惹麻烦。从《书》中“敬谢和尚慈悲外，二断句奉怀乞教之”的说法，我们可以肯定，原作为二首无疑，《长留集》删掉一首，则恰恰证明了佚诗为孔尚任所作无疑。

二

关于《书》及佚诗的写作时间，当在康熙三十三年（1694）八、九月。其证据有如下几点：

其一，《书》中云：“侍者到寓，颁惠《山志》”，这件事，为考订作

《书》的时间提供了线索。据智朴《山志凡例》云：将有关盘山资料“汇成一编，数记十卷，遂质之当代名公。互相参考，以广见闻”，“惟冀同此好者，惠而教我，刻入补遗”。这说明，智朴编好《盘山志》十卷后，曾将刻样分送当时名家征求意见，并搜求遗文，以备续编《补遗》。《书》中所提“侍者到寓，颁惠《山志》”，即是指这件事，时当康熙三十二年（1693）春之后。

僧智朴《盘山志·补遗·凡例》云：“康熙癸酉春，《山志》镌梓事竣，又得诸公寄到古今篇什若干首，书、记、杂缀若干首。随得随录……癸酉后作，当云《续集》，今既统名《补遗》者，以省分别部首，多出头目”。康熙癸酉即康熙三十二年（1693），《盘山志》十卷编刻竣工，即在这年春天。其分送名家，应在此之后，各名家接读样书并复信，要有一段时间。智朴既有“癸酉后作”云云，说明《补遗》所收时人书札、诗词，多为康熙三十二年（1693）后所作。但时间也不会太久远，据理而论，当为康熙三十三年（1694）较合情理，而且，这也有例证。《盘山志·补遗》卷一所录龙震《游盘山记》末署“甲戌三月既望”，甲戌即康熙三十三年

其次，《书》的内容，提供了确凿的根据。《书》中说：“弟潦倒金门，已逾十载”。金门原为汉代宫门名，此处借指京师。这句话的意思是说，孔尚任到京城，穷愁潦倒，已十阅春秋。据《出山异数记》，孔尚任是康熙二十四年（1686）“乘传赴京”，“升国子先生座”的。从这一年算起，至康熙三十三年（1694）正是十个年头。

至于“已逾十载”，在这里绝不能解释作“已经过了十年”，而是作“已有十年”解释，即第十个年头。这一点，可以从孔氏的其他诗文得到证明。孔尚任在《燕台杂兴四十首》的小序里说：“于十年博士，在馆者六载……甲戌春，坐舆人肩上，偶触时事，怀时人，辄吟断句，归书条纸于榻屏”。据此，孔尚任“十年博士”的年头，正是甲戌，即康熙三十三年（1694）。

最后，从《书》中“敬谢和尚慈悲外，二断句奉怀乞教之”一句来看，可以断定《奉怀青沟和尚并谢山志二首》，是与《书》同时寄出的。从“今秋渐次经霜叶，红到盘山第几盘?”这句诗来看，其写作时间，正值霜染枫叶的节侯，当为这年农历八、九月无疑。

三

青沟和尚及其与孔尚任的关系，有关研究孔尚任的著作，多未提到，袁世硕编著的《孔尚任年谱》（山东人民出版社 1962 年版）及所附《孔尚任交游考》，也付缺如，因而不为一般人所知。现根据《盘山志》等有关材料，略作介绍。

青沟和尚，即僧智朴，号拙庵，“徐州人，姓张氏”。“少曾过江，参百愚斯大师于青浦之青龙隆福寺受记戒，实洞宗第三十世”，“后隐匡庐、崆峒”，“辛亥（康熙十年，1671）北游，爱盘山丘涧，因止其地”（《盘山志》卷四），“结茅盘谷为终老计”（《盘山志·自叙》）。盘山在今天津市蓟县，“盘谷居盘（山）之中，群峰围绕。水汇于一”（《盘山志》卷一），旧建有盘谷寺，清代又称青沟禅院。“盘谷一名青沟”（郑缵祖《盘山志序》），故此智朴又称“青沟和尚”。康熙二十五年（1686）清帝玄烨东游至盘山，青沟和尚曾与之“在山相唱和”（李江《盘山志补遗践》），因而名噪一时。公卿、名流，如大学士孙廷铨、魏裔介、宋权、梁青等，以及文坛领袖王士祯、朱彝尊、洪升等，多与之往来，青沟和尚得以身披袈裟而侧身簪缨间。他“工诗”，有“诗僧”之名，著作颇富，有《谷响集》、《电光景》、《云鹤集》、《盘谷集》、《存诚录》、《台游集》、《辛壬蔓草》等。其所编《盘山志》十卷及《补遗》四卷，因得当时名流王士祯、朱彝尊“讨论考订，广搜博采”，而流传颇广。

他与孔尚任的交往是通过王士祯介绍的。这从《书》中“从阮翁游，熟知师名”一句可以得知。阮翁即阮亭，为王士祯的号。

王士祯是山东济南府新城人。与孔尚任算是同乡，二人同在京城，过从甚密。“班行虽阻隔，倡和最缠绵。巷小轮常驻，堂空马任牵”（《留别王阮亭先生》）。

王士祯与青沟和尚“结支许之契，将十五年”（《盘山志》卷四）交往也甚厚。并常有书信往来及诗作唱和，并应青沟和尚之请，校订《盘山志》。因而，由王士祯作孔尚任与青沟和尚的介绍人，是很自然的。

从《书》中“如诵古尊宿，不易瞻仰。时隔地阻，同一离恨也”的说法，我们可以知道，孔尚任于作《书》时，尚未与青沟和尚晤谈过，但他在《书》中却敢于倾吐“闭斋高卧，寂若空山”的郁闷闲愁心绪，写出“欲识真僧拼一官”这样大胆的诗句，这一方面反映了他对王士祯介绍的朋友深信不疑，另一方面也表现了这位一代才人的坦荡胸襟。

青沟和尚对孔尚任也是久已闻名，因而主动把《盘山志》刻样送他阅看。他对孔尚任推荐明朝黄贞父游盘山三首的意见很重视，专门写信请教朱彝尊，得到肯定答复之后，便编入了《盘山志·补遗》（见《补遗》卷一所录黄贞父《朝发盘山饭千象寺》、《自中盘到上方寺》、《登上盘塔一宿》三诗）。

孔尚任在《书》里说：“弟发愿必一登山”，在诗里又说道：“寄到名山书十卷，却同花片引渔人”，宣称“欲识真僧拼一官”，说明他有意游览盘山，并期望与青沟和尚晤谈。

但是，他的这一愿望并没有实现。《盘山志·补遗》收录的题为《长安雪后，寄怀拙庵大师二首》的孔氏诗，可以证明这一点。其原文如下：“马蹄蹀躞御河滨，顷刻春泥踏作尘。翻笑盘山松寂寞，百年曾见几游人”（其一）；“博士由来最冷官，思山有梦去仍难。空劳看雪遥相忆，独扫晴峰上下盘”（其二）。《长留集》收录这二首诗时，诗题及诗句的个别文字，稍有改动。

从诗的内容看，当是作《书》的那年冬天写的，对自己发誓游盘山的愿望未能实现表示惋惜。对此，《盘山志·补遗》还收有青沟和尚的答诗，题作《孔东塘寄怀，依韵奉酬二首》，其一：“只隔潞河一水滨，马蹄谁肯踏青尘？书来准拟山灵约，我愿为山作主人。”其二：“人生谁不乐高官，官到高时解组难。不说金台行乐处，却向方外问三盘。”

这是目前我所看到的孔尚任与青沟和尚交往的全部材料。至于后来他们两人的关系，由于史料的缺乏，则不甚了了。

四

《书》及佚诗的发现，为研究孔尚任的思想，提供了一些新材料。

孔尚任的思想是很复杂的，充满矛盾的。他对康熙的接见、赏识，准他“不拘定例”，“从优额外授为国子博士”，是抱着“士为知己者死”的感激之情的，自称“书生遭际，自觉非分，犬马图报，期诸没齿”（《出山异数记》），企图在政治上一展抱负，以报知遇之恩。

但是，宦海浮沉，仕途坎坷，他的官运并不亨通，一直在国子监博士的冷板凳上坐了十年，才得到一个户部主事的头衔。“博士由来最冷官”——这是孔尚任积十年的郁闷和牢骚而写成的一句冷诗！国子博士既无权势，薪俸又薄，因而不免别有一番滋味在心头：“弹指十年官尚冷，踏穿门巷是芒鞋！”（《岸塘予京寓也，在海波寺街，其前有青厂，乃是先朝牧马处》）“才拙何辞薪俸薄，官闲仍与住山同！”（《闱中同孙孝堪登楼望春》）

他的这种思想情绪在《书》中赤裸裸地流露出来。他对青沟和尚自我剖白说：“弟潦倒金门，已逾十载。闭斋高卧，寂若空山”。“出不成出，处不成处”——是郁闷，是愁苦，是幽怨，是自嘲？这是只有个中人才能体会出来的复杂心情。于是，他不禁脱口而出：“欲识真僧拚一官”，企图寻找一条自我解脱的道路。

总之，我们读了《书》及佚诗，对于孔尚任思想的了解，会得到一些新的启示。对《桃花扇》的研究也会有所补益。

（原载《文献》第十六辑，书目文献出版社 1983 年版）

张羽新学术简历

张羽新，男，汉族，1942年6月生，河北省河间县人。原任中国藏学出版社总编辑兼《中国藏学》（汉文）主编、研究员（教授）。政府特殊津贴享受者。受聘国务院发展研究中心民族发展研究所名誉所长。

简历与主要学术成就

1981年毕业于中国人民大学清史研究生班，获历史学硕士学位。历任国家文物局人事处处长、文化部古文献研究室副主任、中国文物研究所副所长。长期从事文物部门研究和科研管理工作，在清史研究、文物和古建园林、民族宗教、藏学等许多领域都有很高的造诣和丰硕的科研成果，建树颇多，自成一家之言。出版学术著作11种，计300余万字；主编各类学术丛书10余种，总计近3亿字。

学术专著（11种，计300余万字）

《清政府与喇嘛教》（西藏人民出版社1988年出版）；

《清代喇嘛教碑文辑注》（天津古籍出版社1987年出版）；

《清代四大活佛》（中国人民大学出版社1989年出版，台湾云龙出版社1991年再版）；

《避暑山庄的造园艺术》（文物出版社1991年出版）；

《清代前期西部边政史论》（黑龙江教育出版社1995年出版）；

《清代治藏典章研究》（中国藏学出版社2002年出版）；

《清代治藏要论》（中国藏学出版社2004年出版）；

《玉泉寺》（民主与建设出版社2002年出版）；

《历史的见证》（主编，五洲传播出版社2001年出版）；

《承德行宫园林巡礼》（河北教育出版社2006年出版）；

《后宫那些事》（文物出版社2008年出版）；

主编各类学术丛书（10 余种，总计近 3 亿字）

《和平解放五十周年纪念文集》（主编，中国藏学出版社，2001 年出版）；

《中国佛寺宝典》（主编，中国藏学出版社 2002 年出版）；

《现代中国藏学文库》（主编，中国藏学出版社 2002 年开始陆续出版多卷本。本人退休后主编易人）；

《西藏七百年》（五洲传播出版社 2001 年出版）；

《清代治藏法规全编》（主编，学苑出版社 2002 年出版）；

《中国西藏及甘青川滇藏区方志汇编》（张羽新、张双智主编，学苑出版社 2004 年出版）；

《民国藏事史料汇编》（张羽新、张双智主编，学苑出版社 2005 年出版）；

《唐宋元明清藏事史料汇编》（张羽新、张双智主编，学苑出版社 2009 年出版）；

《清朝治理新疆方略汇编》（张羽新、张双智主编，学苑出版社 2006 年出版）；

《清朝安边治国民族立法文献汇编》（张羽新主编、张双智副主编，中国民族摄影艺术出版社，2009 年出版）；

《关帝文献集成》（张羽新、张双智主编，线装书局 2009 年出版）；

《中国古代吏治文化文献集成》（张羽新、张双智主编，北京燕山出版社 2012 年出版）。

另有清史和园林古建论文数十篇，百余万字。其 30 余年前发表的《我国统一多民族国家巩固和发展的历史见证——避暑山庄和外八庙》等一系列论文，在史学界和文物界产生过重要影响，成为国家大规模整修避暑山庄和外八庙的理论依据。《避暑山庄的造园艺术》是一部独具特色的学术专著，凝集了作者多年研究清代皇家园林和宫殿建筑的科研成果，是避暑山庄和外八庙整修的重要参考资料。《清代前期西部边政史论》、《清代治藏典章研究》、《清代治藏要论》等学术专著，在清史界、藏学界、民族宗教学界都受到广泛好评，受到学术界的重视。《清政府与喇嘛教》是一部独具特色的学术专著，全面、系统地论述了清朝喇嘛教政策产生的历史背景、主要内容，及其对历史发展的影响，学术界20世纪90年代评论认为，“是近年来有关喇嘛教研究的一部代表作”。《驻藏大臣政治地位和职权的历史考察》一文，2000年被美国柯尔比科学文化信息中心评选为世纪优秀学术论文，获选进入国际互联网的全球信息网作世界性介绍。

其花费一二十年心血编纂的《清代治藏法规全编》等4部大型藏学史料汇编，集中国藏学汉文历史文献大成，填补了学术空白，总计2亿多字，精装200册，堪称鸿篇巨制。新华社多次发通稿介绍，十余家专业报刊给予高度评价。国内外学术界引起了极大反响，获得广泛好评。其他，如《清朝治理新疆方略汇编》、《清代安边治国民族立法文献汇编》、《关帝文化集成》、《中国古代吏治文化文献集成》等，每种都在2000万字以上。多家报刊评介，在学术界产生了重要影响。

香港版大型国际文化交流系列《世界名人录》、《世界优秀专家人才名典》，以及《世界华人文学艺术界名人录》、《中外名人辞典》、《二十一世纪人才库》、《中国专家人名大辞典》、《中国当代历史学学者辞典》、《中国当代人才大典》、《中华魂·中国百业领导英才大典》、《当代中国人的佛教研究·人物篇》（台湾商鼎文化出版社1993年版）等均有专条介绍。

（《世界名人录》第2卷，〈香港〉世界人物出版社、中国国际交流出版社2013年版，并参见1999年版第6卷及以后各版。）

弘扬历史文化
展现文博新姿

北京市文博系统职工摄影比赛作品选

北京燕山出版社

文博

北京市文博系统职

北京市

北京
BEIJI